EVANGELIO 2025
CON EL PAPA FRANCISCO
Ciclo C

TEXTO OFICIAL DE LA LITURGIA ESPAÑOLA

- **EVANGELIO DE LA EUCARISTÍA DIARIA**
  Y LAS LECTURAS DE LOS DOMINGOS

CADA DÍA:
- Comentario del Papa Francisco.
- Oración-reflexión.
- Calendario litúrgico.
- Santoral oficial de la Iglesia con cuadros o fotos.

ANEXOS:
- Índice de Santos.
- Oraciones y vida cristiana, con las oraciones del cristiano y preces por enfermos, moribundos y difuntos.
- Biblioteca básica cristiana: libros, audiolibros, música, películas.

EDIBESA. Juan de Urbieta, 51 28007 MADRID
Tel. 91 345 19 92 • email: edibesa@edibesa.com
www.edibesa.com

Cubierta: Virgen con niño, Murillo. Copia
Convento de San Esteban. PP. Dominicos. Salamanca

Lecturas: Texto oficial de la Iglesia católica,
Enseñanzas del Papa Francisco.
Maquetación: GRÁFICAS JIDER

© Jorge Luis Álvarez Álvarez, O.P. 2024
© Juan Carlos González del Cerro, O.P. 2024, de sus textos (oraciones).
© PROVINCIA DE HISPANIA (ESPAÑA)
ORDEN DE PREDICADORES (DOMINICOS) 2024
© SAN ESTEBAN EDITORIAL – EDIBESA 2024
Sede Social: Plaza Concilio de Trento, s/n 37001 SALAMANCA
© EDIBESA 2024
Administración y pedidos: c/ Juan de Urbieta, 51 28007 MADRID
Tlf.: **91 345 19 92** – www.edibesa.com – E-mail: info@edibesa.com

INTRODUCCIÓN

LA ALEGRÍA DE LA ESPERANZA

El Evangelio es una buena noticia que trae la alegría de la esperanza al corazón de todo hombre. No es una esperanza cualquiera sino **una esperanza que no defrauda** (Rm 5,5), como señala el papa Francisco en la bula por la que convoca el Jubileo Ordinario de 2025. Todo ser humano desea, espera el bien. Sin embargo, a menudo, siente el futuro como una amenaza que siembra el temor y el miedo en su interior.

El Jubileo Ordinario de 2025 intenta reavivar esa esperanza, y la Palabra de Dios es una herramienta fundamental para ese esfuerzo puesto que nos ayuda a encontrar razones que participen de ella. *Nosotros, los que acudimos a él, nos sentimos poderosamente estimulados a aferrarnos a la esperanza que se nos ofrece. Esta esperanza que nosotros tenemos es como un ancla del alma, sólida y firme, que penetra más allá del velo, allí mismo donde Jesús entró por nosotros, como precursor (Hb 6, 18-20).* Una esperanza más necesaria que nunca en un mundo marcado por la guerra y la desigualdad a nivel global, y por la pérdida de sentido y orientación radical que sufren muchos hombres.

La Iglesia de Dios, peregrina en el mundo, intenta ser predicadora de la gracia. Y ese afán por contar a Jesucristo produce la esperanza del surgimiento de una nueva humanidad. Ver la vida como algo dotado de entusiasmo que es necesario compartir y donar. Luchar por la paz creyendo en la fuerza de la palabra, y el diálogo como medio para eliminar la división y el conflicto. Dar un horizonte a tantos jóvenes que están heridos por la ausencia de oportunidades, y un futuro donde haya dignidad. Combatir la desigualdad en un planeta que tiene recursos para todos, pero donde la brecha entre ricos y pobres se acrecienta.

Todas estas tareas solo tienen sentido desde el llamamiento a vivir con esperanza como algo esencial en el existir del cristiano.

La imagen del ancla es muy luminosa en este sentido. Necesitamos que sobreabunde la esperanza para testimoniar de manera creíble la fe y el amor que llevamos en el corazón. Ahí está lo nuclear de nuestra fe. El ancla de la esperanza nos hace permanecer firmes en la fe. Nos da estabilidad y seguridad al encomendarnos a Jesús. Nos hace ir más allá de nuestras pequeñeces y miserias, y nos introduce en el horizonte salvífico de la vida en Cristo.

El EVANGELIO 2025 de EDIBESA, fiel a su cita anual, quiere estar al servicio de ese vivir esperanzado que deseamos para toda la comunidad cristiana. Esperamos que la Palabra sirva a ese noble esfuerzo de un mundo donde la humanidad sea digno relato de Dios.

Jorge Luis Álvarez, O.P.
Editor
Convento de San Esteban, Salamanca
22 de junio de 2024, Santo Tomás Moro

SIGLAS DE LOS SANTOS Y BEATOS

(Si son varios, acaban en «s»)

ab	abad, abadesa	**em**	emperador, emperatriz	**ob**	obispo
ap	apóstol	**er**	ermitaño, anacoreta	**pb**	presbítero
AT	Antiguo Testamento	**es**	esposo, esposa	**pf**	padre de familia
cf	confesor	**ev**	Evangelista	**pp**	papa
co	compañeros	**la**	laico, laica	**prof**	profeta
ct	catequista	**mf**	madre de familia	**re**	rey, reina
dc	doctor de la Iglesia	**mj**	monje, monja	**rl**	religioso, religiosa
di	diácono	**mr**	mártir	**vd**	viuda
		NT	Nuevo Testamento	**vg**	virgen

LECTURA DE LA PALABRA
EN CLIMA DE ORACIÓN

1. Hago silencio, *exterior e interior.*

Estoy en la presencia del Señor

Contemplo a Dios que me quiere, me acoge, me escucha, me habla.

2. Petición:

Humildemente te pido, a ti, Señor, que eres la luz verdadera y la fuente misma de toda luz, que, meditando fielmente tu Palabra, viva siempre en tu claridad.

Por Jesucristo, tu Hijo, nuestro Señor.

3. Palabra de Dios

Leo tranquila y detenidamente el texto evangélico para hoy, en comunión con toda la Iglesia. Me fijo bien en todos los detalles.

4. Ante la Palabra leída

–*¿Qué dice este texto?* (*Lectura honda: personas, circunstancias, actitudes…*).

–*¿Qué me dice a mí, personalmente?* (*Meditación*).

–*Desde esto, ¿qué te digo yo ahora, Señor?* (*Oración*).

–*¡Quiero identificarme contigo, Señor! ¿Qué hacer?*

(*Contemplación, iluminación de mi vida concreta*).

5. Oración

Hay una oración-reflexión propia de cada día, como inicio de respuesta al texto evangélico. Al final puede añadirse la siguiente:

Gracias, Señor, por tu presencia y tu cercanía en este rato de oración; y por la luz y la fuerza que me has dado. Ayúdame a vivir según tu voluntad y sirviendo siempre a mis hermanos. Por Jesucristo, tu Hijo, nuestro Señor.

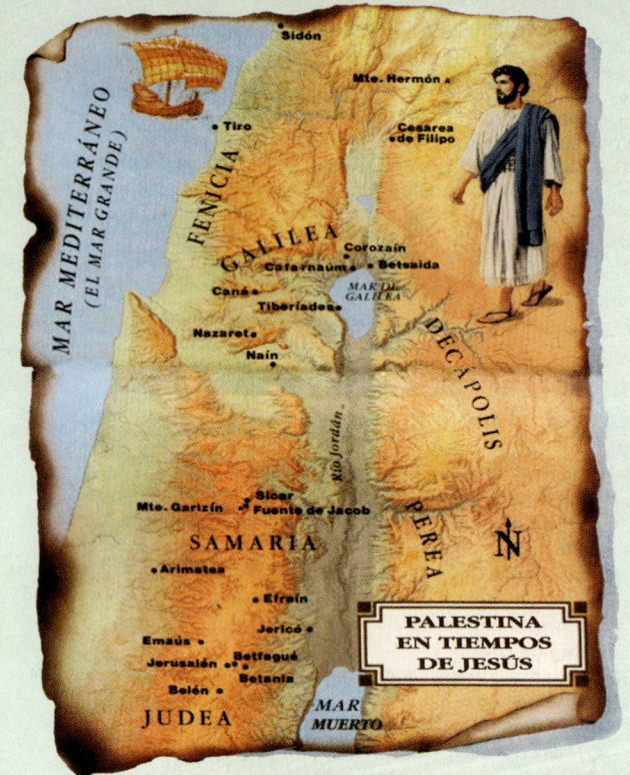

PALESTINA
EN TIEMPOS
DE JESÚS

Los Santos Lugares se deben salvaguardar en su sacralidad, tutelando así no solo el legado del pasado, sino también a las personas que los visitan hoy y que los visitarán en el futuro. Que Jerusalén sea verdaderamente la Ciudad de la paz. Que resplandezca plenamente su identidad y su carácter sagrado, su valor universal, religioso y cultural, como tesoro para toda la humanidad. Qué bello que los peregrinos y los residentes puedan acudir libremente a los Lugares Santos y participar en las celebraciones.

Franciscus

ENERO

*María es la Madre de Dios ("Theotókos"),
pues por obra del Espíritu Santo concibió en
su seno virginal y dio al mundo a Jesucristo, el Hijo de Dios. La Encarnación encuentra su prolongación en el misterio de
la Iglesia, cuerpo de Cristo.*
(San Juan Pablo II, "Redemptoris Mater", 5)

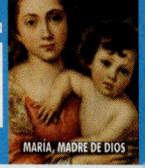

MARÍA, MADRE DE DIOS

SOLEMNIDAD DE SANTA MARÍA, MADRE DE DIOS.
Manuel (Enmanuel),
San Fulgencio de Ruspe *ob*

JORNADA MUNDIAL POR LA PAZ

Papa Francisco: Comenzamos el año nuevo encomendándolo a María Madre de Dios. El Evangelio de la liturgia de hoy habla de ella, remitiéndonos nuevamente al encanto del pesebre. Los pastores van sin demora hacia la gruta y ¿qué encuentran? Encuentran —dice el texto— «a María y a José, y al niño acostado en el pesebre». Detengámonos en esta escena e imaginemos a María que, como mamá tierna y cuidadosa, acaba de depositar a Jesús en el pesebre. En ese colocar suavemente podemos ver un don hecho a nosotros: la Virgen no tiene al Hijo para sí misma, sino que nos lo presenta; no lo estrecha sólo en sus brazos, sino que lo deposita para invitarnos a mirarlo, a acogerlo y a adorarlo. He aquí la maternidad de María: el Hijo que ha nacido nos lo ofrece a todos nosotros. Siempre dando al Hijo, señalando al Hijo, jamás guardando el Hijo como algo propio, no. Es así durante toda la vida de Jesús. (01-01-2022)

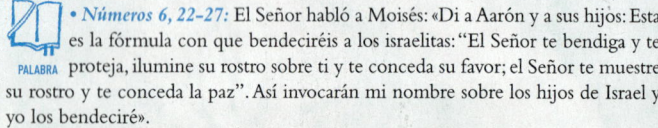

PALABRA

• *Números 6, 22-27:* El Señor habló a Moisés: «Di a Aarón y a sus hijos: Esta es la fórmula con que bendeciréis a los israelitas: "El Señor te bendiga y te proteja, ilumine su rostro sobre ti y te conceda su favor; el Señor te muestre su rostro y te conceda la paz". Así invocarán mi nombre sobre los hijos de Israel y yo los bendeciré».

• *Salmo 66, 2-8:* **Que Dios tenga piedad y nos bendiga.**

• *Gálatas 4, 4-7:* Cuando llegó la plenitud del tiempo envió Dios a su Hijo, nacido de mujer, nacido bajo la ley, para rescatar a los que estaban bajo la ley, para que recibiéramos la adopción filial. Como sois hijos, Dios envió a nuestros corazones el Espíritu de su Hijo, que clama: "Abba, Padre". Así que ya no eres esclavo, sino hijo; y si eres hijo, eres también heredero por voluntad de Dios.

• **LUCAS, 2, 16-21:** Los pastores fueron corriendo hacia Belén y encontraron a María y a José, y al niño acostado en el pesebre. Al verlo, contaron lo que se les había dicho de aquel niño. Todos los que lo oían se admiraban de lo que les habían dicho los pastores. María, por su parte, conservaba todas estas cosas, meditándolas en su corazón. Y se volvieron los pastores dando gloria y alabanza a Dios por todo lo que habían oído y visto, conforme a lo que se les había dicho. Cuando se cumplieron los ocho días para circuncidar al niño, le pusieron por nombre Jesús, como lo había llamado el ángel antes de su concepción.

ORACIÓN

SEÑOR Jesús, como María, yo también quiero conservar y meditar estas cosas en mi corazón. **Quiero descubrir con Ella tu inmensa misericordia y llenarme de la paz de tu nacimiento para transmitirla a los hermanos.**

Papa Francisco: Juan es grande porque siempre se pone a un lado. Él es grande porque es humilde y elige abajarse, anonadarse, el mismo camino que luego seguirá Jesús. Y también Juan da un gran testimonio: abre el camino del abajarse, de vaciarse de sí mismo, que fue más tarde también el camino de Jesús. (16-12-2016)

PALABRA Este es el testimonio de Juan, cuando los judíos enviaron desde Jerusalén sacerdotes y levitas a que le preguntaran: «¿Tú quién eres?». Él confesó y no negó; confesó: «Yo no soy el Mesías». Le preguntaron: «¿Entonces, qué? ¿Eres tú Elías?». Él dijo: «No lo soy». «¿Eres tú el Profeta?». Respondió: «No». Y le dijeron: «¿Quién eres, para que podamos dar una respuesta a los que nos han enviado? ¿Qué dices de ti mismo?». Él contestó: «Yo soy la voz que grita en el desierto: "Allanad el camino del Señor", como dijo el profeta Isaías». Entre los enviados había fariseos y le preguntaron: «Entonces, ¿por qué bautizas si tú no eres el Mesías, ni Elías, ni el Profeta?». Juan les respondió: «Yo bautizo con agua; en medio de vosotros hay uno que no conocéis, el que viene detrás de mí, y al que no soy digno de desatar la correa de la sandalia». Esto pasaba en Betania, en la otra orilla del Jordán, donde Juan estaba bautizando.

1Juan 2, 22-28; *Salmo* 97, 1-4 • **JUAN 1, 19-28**

SEÑOR Jesús, como Juan Bautista, quiero ser tu testigo y voz que ORACIÓN proclame con fuerza tu Palabra, la cual te pido que arraigue fuerte primero en mi vida. *Los confines de la tierra han contemplado la salvación de nuestro Dios (Salmo 97, 3cd).*

ENERO
3
VIERNES

Viernes 2° Navidad · Tomo I - Salterio 2ª semana

SANTÍSIMO NOMBRE DE JESÚS.
Santos Antero *pp*, **Genoveva** *vg*,
Ciriaco Elías *ob*

Anagrama del
NOMBRE DE JESÚS

Papa Francisco: El testimonio de Juan el Bautista nos invita a empezar una y otra vez en nuestro camino de fe: empezar de nuevo desde Jesucristo, el Cordero lleno de misericordia que el Padre ha dado por nosotros. Sorprendámonos una vez más por la elección de Dios de estar de nuestro lado, de solidarizarse con nosotros los pecadores, y de salvar al mundo del mal haciéndose cargo de él totalmente. (19-01-2020)

Al día siguiente, al ver Juan a Jesús que venía hacia él, exclamó: «Este es el Cordero de Dios, que quita el pecado del mundo. Este es aquel de quien yo dije: "Tras de mí viene un hombre que está por delante de mí, porque existía antes que yo". Yo no lo conocía; pero he salido a bautizar con agua, para que sea manifestado a Israel». Y Juan dio testimonio diciendo: «He contemplado al Espíritu que bajaba del cielo como una paloma y se posó sobre él. Yo no lo conocía, pero el que me envió a bautizar con agua me dijo: "Aquel sobre quien veas bajar el Espíritu y posarse sobre él, ese es el que bautiza con Espíritu Santo". Y yo lo he visto, y he dado testimonio de que este es el Hijo de Dios».

1Juan 2, 29 - 3, 6; *Salmo* 97, 1-6 • **JUAN 1, 29-34**

SEÑOR Jesús, conviérteme, por la fe sincera y por el testimonio de amor a los demás, en signo vivo que te señale a ti; **en humilde instrumento por el cual otros lleguen a ti.** *Los confines de la tierra han contemplado la salvación de nuestro Dios* (Salmo 97,3cd).

SAN MANUEL GONZALEZ

Tomo I - Salterio 2ª semana   **Sábado 2° Navidad**   ENERO

4

SÁBADO

Santos Genoveva Torres *vg*,
Manuel González *ob*,
Zedíslava de Lemberk *mf*,
Isabel Ana Seton *mf*

Papa Francisco: Detengámonos un momento en esta experiencia de encuentro con Cristo que nos llama a estar con Él. Cada llamada de Dios es una iniciativa de su amor. Siempre es Él quien toma la iniciativa, Él te llama. Dios llama a la vida, llama a la fe, y llama a un estado de vida particular. "Yo te quiero aquí". La primera llamada de Dios es a la vida; con ella nos constituye como personas; es una llamada individual, porque Dios no hace las cosas en serie. Después Dios llama a la fe y a formar parte de su familia, como hijos de Dios. Finalmente, Dios nos llama a un estado de vida particular: a darnos a nosotros mismos en el camino del matrimonio, en el del sacerdocio o en el de la vida consagrada. Son maneras diferentes de realizar el proyecto que Dios, ese que tiene para cada uno de nosotros, que es siempre un plan de amor. Dios llama siempre. Y la alegría más grande para cada creyente es responder a esta llamada, a entregarse completamente al servicio de Dios y de sus hermanos. (17-01-2021)

PALABRA En aquel tiempo, estaba Juan con dos de sus discípulos y, fijándose en Jesús que pasaba, dice: «Este es el Cordero de Dios». Los dos discípulos oyeron sus palabras y siguieron a Jesús. Jesús se volvió y, al ver que lo seguían, les pregunta: «¿Qué buscáis?». Ellos le contestaron: «Rabí (que significa Maestro), ¿dónde vives?». Él les dijo: «Venid y veréis». Entonces fueron, vieron dónde vivía y se quedaron con él aquel día; era como la hora décima. Andrés, hermano de Simón Pedro, era uno de los dos que oyeron a Juan y siguieron a Jesús; encuentra primero a su hermano Simón y le dice: «Hemos encontrado al Mesías (que significa Cristo)». Y lo llevó a Jesús. Jesús se le quedó mirando y le dijo: «Tú eres Simón, el hijo de Juan; tú te llamarás Cefas (que se traduce: Pedro)».

1Juan 3,7-10; *Salmo* 97,1.7-9 • **JUAN 1, 35-42**

ORACIÓN **SEÑOR,** eres tú quien hoy me pregunta a mí "¿qué buscas?". Te busco a ti, fuente de amor y de vida. **Te busco a ti, maestro, guardián y razón de mi existir.** *Los confines de la tierra han contemplado la salvación de nuestro Dios* (Salmo 97,3cd).

ENERO

5

DOMINGO

Domingo 3° Navidad   Tomo I - Salterio 3ª semana

Santos **Juan Nepomuceno Neumann** *ob*,
Deogracias *ob*, **Emiliana** *vg*.
Beato Carlos Houben *pb*

S. JUAN NEPOM. NEUMANN

Papa Francisco: Jesús es la Palabra eterna de Dios, que desde siempre piensa en nosotros y desea comunicar con nosotros, y para hacerlo fue más allá de las palabras ya que "se hizo carne y habitó entre nosotros" (v. 14). La expresión "se hizo carne" hace referencia al hecho de que Dios se hizo **fragilidad** para tocar de cerca nuestras fragilidades, por lo tanto, desde el momento en que el Señor se hizo carne, nada en nuestra vida le es ajeno: Fue una decisión audaz la de Dios, la de hacerse carne. [...] Dios se hizo carne para decirte que te ama precisamente allí, en tus fragilidades; precisamente allí donde más te avergüenzas. Se hizo carne y no se volvió atrás. No asumió nuestra humanidad como un vestido, que se pone y se quita. No, nunca se separó de nuestra carne. Y jamás se separará de ella: ahora y por siempre está en el cielo con su cuerpo de carne humana. Se unió para siempre a nuestra humanidad. (03-01-2021)

• *Eclesiástico* 24,1-2.8-12: La sabiduría hace su propia alabanza, entra su honor en Dios y se gloría en medio de su pueblo. En la asamblea del Altísimo abre su boca y se gloría ante el Poderoso. «El Creador del universo me dio una orden, el que me había creado estableció mi morada y me dijo: "Pon tu tienda en Jacob, y fija tu heredad en Israel". Desde el principio antes de los siglos, me creó y nunca jamás dejaré de existir. Ejercí mi ministerio en la tierra santa delante de él, así me establecí en Sion en la ciudad amada encontré descanso, y en Jerusalén reside mi poder. Arraigué en un pueblo glorioso, en la porción del Señor en su heredad».

• *Salmo* 147,12-13.14-15.19-20: *El Verbo se hizo carne y habitó entre nosotros.*

• *Efesios* 1, 3-6.15-18: Bendito sea Dios, Padre de nuestro Señor Jesucristo, que nos ha bendecido en Cristo con toda clase de bendiciones espirituales en los cielos. Él nos eligió en Cristo, antes de la fundación del mundo, para que fuésemos santos e intachables ante él por el amor. Él nos ha destinado por medio de Jesucristo, según el beneplácito de su voluntad, a ser sus hijos, para alabanza de la gloria de su gracia, que tan generosamente nos ha concedido en el Amado. Por eso, habiendo oído hablar de vuestra fe en Cristo y de vuestro amor a todos los santos, no ceso de dar gracias por vosotros, recordándoos en mis oraciones, a fin de que el Dios de nuestro Señor Jesucristo, el Padre de la gloria, os dé espíritu de sabiduría y revelación para conocerlo, e ilumine los ojos de vuestro corazón, para que comprendáis cuál es la esperanza a la que os llama, cuál la riqueza de gloria que da en herencia a los santos.

• JUAN 1, 1-18: En el principio existía el Verbo, y el Verbo estaba junto a Dios, y el Verbo era Dios. Este estaba en el principio junto a Dios. Por medio de él se hizo todo, y sin él no se hizo nada de cuanto se ha hecho. En él estaba la vida, y la vida era la luz de los hombres. Y la luz brilla en la tiniebla, y la tiniebla no lo recibió. Surgió un hombre enviado por Dios, que se llamaba Juan: este venía como testigo, para dar testimonio de la luz, para que todos creyeran por medio de él. No era la luz, sino el que daba testimonio de la luz. El Verbo era la luz verdadera, que alumbra a todo hombre, viniendo al mundo. En el mundo estaba; el mundo se hizo por medio de él, y el mundo no lo conoció. Vino a su casa, y los suyos no lo recibieron. Pero a cuantos lo recibieron, les dio poder de ser hijos de Dios, a los que creen en su nombre. Estos no han nacido de sangre, ni de deseo de carne, ni de deseo de varón, sino que han nacido de Dios. Y el Verbo se hizo carne y habitó entre nosotros, y hemos contemplado su gloria: gloria como del Unigénito del Padre, lleno de gracia y de verdad. Juan da testimonio de él y grita diciendo: «Este es de quien dije: El que viene detrás de mí se ha puesto delante de mí, porque existía antes que yo». Pues de su plenitud todos hemos recibido gracia tras gracia. Porque la ley se dio por medio de Moisés, la gracia y la verdad nos han llegado por medio de Jesucristo. A Dios nadie lo ha visto jamás: Dios unigénito, que está en el seno del Padre, es quien lo ha dado a conocer.

SEÑOR Jesús, Verbo de Dios, Verbo de Luz y de Vida, que te has hecho carne, que has puesto tu tienda entre nosotros. **Habita en mí, ORACIÓN ven a mi casa, resplandece en mí y hazme testigo de tu amor.**

SOLEMNIDAD DE LA EPIFANÍA DEL SEÑOR.
Santos Andrés Corsini *ob*, **Pedro Tomás** *ob*

Colecta del catequista nativo y del IEME

ADORACIÓN DE LOS MAGOS

Papa Francisco: ¡Pensemos en estos sabios que se postran, es decir, se inclinan hasta el suelo para adorar a un niño! Parece una contradicción. Sorprende este gesto tan humilde de hombres tan ilustres. Postrarse ante una autoridad que se presentaba con los signos del poder y la gloria era normal en aquellos tiempos. E incluso hoy no sería extraño. Pero frente al Niño de Belén no es fácil. No es fácil adorar a este Dios, cuya divinidad permanece oculta y no parece triunfante. Significa acoger la grandeza de Dios, que se manifiesta en la pequeñez. (06-01-2022)

Isaías 60, 1-6: La gloria del Señor amanece sobre ti.
• *Salmo* 71,1bc-2.7-8.10-13: *Se postrarán ante ti, Señor, todos los pueblos de la tierra.*
• *Efesios* 3, 2-3a. 5-6: Ahora ha sido revelado que los gentiles son coherederos de la promesa.

PALABRA

• **MATEO 2, 1-12:** Habiendo nacido Jesús en Belén de Judea en tiempos del rey Herodes, unos magos de Oriente se presentaron en Jerusalén preguntando: «¿Dónde está el Rey de los judíos que ha nacido? Porque hemos visto salir su estrella y venimos a adorarlo». Al enterarse el rey Herodes, se sobresaltó y todo Jerusalén con él; convocó a los sumos sacerdotes y a los escribas del país, y les preguntó dónde tenía que nacer el Mesías. Ellos le contestaron: «En Belén de Judea, porque así lo ha escrito el profeta: "Y tú, Belén, tierra de Judá, no eres ni mucho menos la última de las poblaciones de Judá; pues de ti saldrá un jefe que pastoreará a mi pueblo Israel"». Entonces Herodes llamó en secreto a los magos para que le precisaran el tiempo en que había aparecido la estrella, y los mandó a Belén diciéndoles: «Id y averiguad cuidadosamente qué hay del niño y, cuando lo encontréis, avisadme, para ir yo también a adorarlo». Ellos, después de oír al rey, se pusieron en camino, y de pronto la estrella que habían visto salir comenzó a guiarlos hasta que vino a pararse encima de donde estaba el niño. Al ver la estrella, se llenaron de inmensa alegría. Entraron en la casa, vieron al niño con María, su madre, y cayendo de rodillas lo adoraron; después, abriendo sus cofres, le ofrecieron regalos: oro, incienso y mirra. Y habiendo recibido en sueños un oráculo, para que no volvieran a Herodes, se retiraron a su tierra por otro camino.

SEÑOR Jesús, te doy mi vida entera, rendida a tus pies, dispuesta para ti. Gracias por tu manifestación, gracias por tu venida, gracias por tu salvación. **Guíame siempre hacia ti con la estrella de la fe.**

ORACIÓN

S. RAIMUNDO DE PEÑAFORT

Martes después de Epifanía

Santos **RAIMUNDO DE PEÑAFORT** *pb,*
Luciano *pb mr,* Ciro *ob mr*

ENERO
7
MARTES

Papa Francisco: El evangelista nos ofrece un flash de especial intensidad, fotografiando los ojos del divino Maestro y su actitud. Observemos los tres verbos de este fotograma: ver, tener compasión, enseñar. Los podemos llamar los verbos del Pastor. La mirada de Jesús no es una mirada neutra, o peor, fría o alejada, porque Jesús mira siempre con los ojos del corazón. Y su corazón es tan tierno y está tan lleno de compasión, que sabe acoger las necesidades de las personas que permanecen incluso más escondidas. Además, su compasión no indica simplemente una reacción emotiva frente a una situación de malestar de la gente, sino que va más allá: es la actitud y la predisposición de Dios hacia el hombre y su historia. Jesús aparece como la preocupación y el cuidado de Dios por su pueblo.

PALABRA En aquel tiempo, Jesús vio una multitud y le dio lástima de ella, porque andaban como ovejas que no tienen pastor, y se puso a enseñarles muchas cosas. Cuando se hizo tarde se acercaron sus discípulos a decirle: «Estamos en despoblado y ya es muy tarde. Despídelos, que vayan a los cortijos y aldeas de alrededor y se compren de comer». Él les replicó: «Dadles vosotros de comer». Ellos le preguntaron: «¿Vamos a ir a comprar doscientos denarios de pan para darles de comer?». Él les dijo: «¿Cuántos panes tenéis? Id a ver". Cuando lo averiguaron le dijeron: «Cinco, y dos peces». Él les mandó que la gente se recostara sobre la hierba en grupos de cien y de cincuenta. Y tomando los cinco panes y los dos peces, alzando la mirada al cielo, pronunció la bendición, partió los panes y se los iba dando a los discípulos para que se los sirvieran. Y repartió entre todos los dos peces. Comieron todos y se saciaron; y recogieron las sobras: doce cestos de pan y de peces. Los que comieron eran cinco mil hombres.

1Juan 4, 7-10; *Salmo* 71, 1-4.7-8 • **MARCOS 6, 34-44**

ORACIÓN **SEÑOR Jesús,** lleno de amor y compasión, toca mi corazón, sana mi egoísmo, **multiplica la generosidad y amor en mi vida.** *Se postrarán ante ti, Señor, todos los pueblos de la tierra (Salmo 71,11).*

Miércoles después de Epifanía

Santos Apolinar *ob*, **Severino** *ab*,
Lorenzo Justiniano *ob*

SAN APOLINAR

Papa Francisco: Cuando no existe lo concreto se acaba por vivir un cristianismo de ilusiones, porque no se comprende bien dónde está el centro del mensaje de Jesús. El amor no llega a ser concreto y se convierte en un amor de ilusiones. Es una ilusión también la que tenían los discípulos cuando, mirando a Jesús, creían que fuese un fantasma. Pero un amor de ilusiones, no concreto, no nos hace bien. [...] Hay un criterio fundamental para vivir de verdad el amor. El criterio del permanecer en el Señor y el Señor en nosotros y el criterio de lo concreto en la vida cristiana es lo mismo, siempre: el Verbo vino en la carne. El criterio es la fe en la encarnación del Verbo, Dios hecho hombre. Y no existe un cristianismo auténtico sin este fundamento. La clave de la vida cristiana es la fe en Jesucristo, Verbo de Dios hecho hombre. (09-01-2014)

Después de haberse saciado los cinco mil hombres, Jesús enseguida apremió a los discípulos a que subieran a la barca y se le adelantaran hacia la orilla de Betsaida, mientras él despedía a la gente. Y después de despedirse de ellos, se retiró al monte a orar. Llegada la noche, la barca estaba en mitad del mar, y Jesús, solo, en tierra. Viéndolos fatigados de remar, porque tenían viento contrario, a eso de la cuarta vigilia de la madrugada, fue hacia ellos andando sobre el mar, e hizo ademán de pasar de largo. Ellos, viéndolo andar sobre el mar, pensaron que era un fantasma y dieron un grito, porque todos lo vieron y se asustaron. Pero habló enseguida con ellos y les dijo: «Ánimo, soy yo, no tengáis miedo». Entró en la barca con ellos y amainó el viento. Ellos estaban en el colmo del estupor, pues no habían comprendido lo de los panes, porque tenían la mente embotada.

1Juan 4, 11-18; *Salmo* 71, 1-2.10-13 • **MARCOS 6, 45-52**

SEÑOR, en medio de mis cansancios y dificultades, te escucho decir "ánimo, soy yo, no tengas miedo". **Gracias, Jesús, te necesito.** *Se postrarán ante ti, Señor, todos los pueblos de la tierra (Salmo 71, 11).*

SAN EULOGIO DE CORDOBA

Santos EULOGIO DE CÓRDOBA *pb mr,*
Adrián *ab,* **Marcelino** *ob,* **Águeda Yi** *vg mr*

Papa Francisco: El Espíritu del Señor está sobre mí. Cada uno de nosotros puede decir esto; y no es presunción, es una realidad, pues todo cristiano, especialmente todo sacerdote, puede hacer suyas las siguientes palabras: «porque el Señor me ha ungido». Hermanos, sin méritos, por pura gracia hemos recibido una unción que nos ha hecho padres y pastores en el Pueblo santo de Dios. Consideremos, pues, este aspecto del Espíritu: la unción. (06-04-2023)

PALABRA Jesús volvió a Galilea con la fuerza del Espíritu; y su fama se extendió por toda la comarca. Enseñaba en las sinagogas, y todos lo alababan. Fue a Nazaret, donde se había criado, entró en la sinagoga, como era su costumbre los sábados, y se puso en pie para hacer la lectura. Le entregaron el rollo del profeta Isaías y, desenrollándolo, encontró el pasaje donde estaba escrito: «El Espíritu del Señor está sobre mí, porque él me ha ungido. Me ha enviado a evangelizar a los pobres, a proclamar a los cautivos la libertad, y a los ciegos, la vista; a poner en libertad a los oprimidos; a proclamar el año de gracia del Señor». Y, enrollando el rollo, y devolviéndolo al que lo ayudaba, se sentó. Toda la sinagoga tenía los ojos clavados en él. Y él comenzó a decirles: «Hoy se cumple esta Escritura que acabáis de oír». Y todos le expresaban su aprobación y se admiraban de las palabras de gracia que salían de su boca.

1Juan 4, 19 - 5,4; *Salmo* 71, 1-2.14-17 • **LUCAS 4, 14-22a**

ORACIÓN **SEÑOR,** de tu boca siempre salen palabras de gracia que me animan y corrigen, que me ilusionan y me hacen caminar, **que me construyen y me llenan de vida.** *Se postrarán ante ti, Señor, todos los pueblos de la tierra* (Salmo 71, 11).

ENERO	Viernes después de Epifanía
10	Santos Gregorio de Nisa *ob*,
VIERNES	Miltiades *pp*, Guillermo *ob*.
	Beatos Ana de los Ángeles *vg*, Gonzalo *pb*

Papa Francisco: En la actualidad, en todo el mundo, hay muchos hermanos y hermanas que sufren de lepra, o de otras enfermedades y condiciones a las que, lamentablemente, se asocian prejuicios sociales y en algunos casos hay incluso discriminación religiosa. Un sufrimiento del que nadie está completamente exento, ya que a cada uno de nosotros nos puede ocurrir y experimentarlo a lo largo de la vida: heridas, fracasos, sufrimientos, egoísmos que nos cierran a Dios y a los demás. Frente a todo esto, Jesús nos anuncia que Dios no es una idea o una doctrina abstracta, sino Aquel que se "contamina" con nuestra humanidad herida y que no teme entrar en contacto con nuestras heridas. (14-02-2021)

Sucedió que, estando Jesús en una de las ciudades, se presentó un hombre lleno de lepra; al ver a Jesús, cayendo sobre su rostro, le suplicó diciendo: «Señor, si quieres puedes limpiarme».Y extendiendo la mano, lo tocó diciendo: «Quiero, queda limpio».Y enseguida la lepra se le quitó.Y él le ordenó no comunicarlo a nadie; y le dijo: «Ve, preséntate al sacerdote y ofrece por tu purificación según mandó Moisés para que les sirva de testimonio». Se hablaba de él cada vez más, y acudía mucha gente a oírlo y a que los curara de sus enfermedades. Él, por su parte, solía retirarse a despoblado y se entregaba a la oración.

1Juan 5, 5-13; *Salmo* 147, 12-15.19-20 • **LUCAS 5, 12-16**

SEÑOR, lepra no falta en mi corazón, por eso renueva tu voluntad de limpiarme, de ponerme siempre a punto, **así estaré preparado para seguirte y anunciarte.** *Glorifica al Señor, Jerusalén (Salmo 147, 12a).*

Sábado después de Epifanía

Santos Higinio *pp*, Honorata *vg*,
Tomás de Cori *pb*, Teodosio *er*

SAN HIGINIO, PAPA

ENERO

11

SÁBADO

Papa Francisco: Juan pone a sus discípulos sobre las huellas de Jesús. No está interesado en tener seguidores, en obtener prestigio y éxito, sino que presenta su testimonio y luego da un paso atrás para que muchos tengan la alegría de encontrar a Jesús. Con este espíritu de servicio, con su capacidad de dejar sitio, Juan el Bautista nos enseña una cosa importante: la libertad respecto a los apegos. Sí, porque es fácil apegarse a roles y posiciones, a la necesidad de ser estimados, reconocidos y premiados. Sin embargo, este apego, aunque si es natural, no es bueno, porque el servicio implica la gratuidad, el cuidar de los demás sin ventajas para uno mismo, sin segundos fines. Nos hará bien cultivar, como Juan, la virtud del hacernos a un lado en el momento oportuno, testimoniando que el punto de referencia de la vida es Jesús. (15-01-2023)

En aquel tiempo, fue Jesús con sus discípulos a Judea, se quedó allí con ellos y bautizaba. También Juan estaba bautizando en Enón, cerca de Salín, porque había allí agua abundante; la gente acudía y se bautizaba. A Juan todavía no lo habían metido en la cárcel. Se originó entonces una discusión entre un judío y los discípulos de Juan acerca de la purificación; ellos fueron a Juan y le dijeron: «Rabí, el que estaba contigo en la otra orilla del Jordán, de quien tú has dado testimonio, ese está bautizando, y todo el mundo acude a él». Contestó Juan: «Nadie puede tomarse algo para sí, si no se lo dan desde el cielo. Vosotros mismos sois testigos de que yo dije: "Yo no soy el Mesías, sino que he sido enviado delante de él". El que tiene la esposa es el esposo; en cambio, el amigo del esposo, que asiste y lo oye, se alegra con la voz del esposo; pues esta alegría mía está colmada. Él tiene que crecer, y yo tengo que menguar».

1Juan 5,14-21; *Salmo* 149, 1-6a.9 • **JUAN 3, 22-30**

SEÑOR Jesús, tú eres el Esposo que había de venir para desposarse con la humanidad. Juan lo sabe y su alegría está colmada. **Mi alegría también porque tú eres mi salvador, tú eres mi vida, tú eres mi luz.** *El Señor ama a su pueblo (Salmo 149, 4a).*

ENERO	
12	**FIESTA DEL BAUTISMO DEL SEÑOR.**
	Santos Martino de León *pb*, Arcadio *mr*,
DOMINGO	Cesárea *ab*, Antonio María Pucci *pb*

EL BAUTISMO DE JESÚS

Papa Francisco: La oración – para usar una bella imagen del Evangelio de hoy – "abre el cielo". La oración abre el cielo: da oxígeno a la vida, da respiro incluso en medio de las angustias, y hace ver las cosas de modo más amplio. Sobre todo, nos permite tener la misma experiencia de Jesús en el Jordán: nos hace sentir hijos amados del Padre. También a nosotros, cuando rezamos, el Padre dice, como a Jesús en el Evangelio: "Tú eres mi hijo, Tú eres el amado". Nuestro ser hijos comenzó el día del Bautismo, que nos ha inmerso en Cristo y, miembros del pueblo de Dios, nos ha hecho convertirnos en hijos amados del Padre. ¡No olvidemos la fecha de nuestro Bautismo! Si yo preguntara ahora a cada uno de ustedes: ¿cuál es la fecha de tu Bautismo? Tal vez algunos no lo recuerdan. Esto es algo hermoso: recordar la fecha del Bautismo, porque es nuestro renacimiento, ¡el momento en que hemos sido hijos de Dios con Jesús! (09-01-2022)

• **Isaías** 42,1-4.6-7: Esto dice el Señor: «Mirad a mi siervo, a quien sostengo; mi elegido, en quien me complazco. He puesto mi espíritu sobre él, manifestará la justicia a las naciones. No gritará, no clamará, no voceará por las calles. La caña cascada no la quebrará, la mecha vacilante no la apagará. Manifestará la justicia con verdad. No vacilará ni se quebrará hasta implantar la justicia en el país. En su ley esperarán las islas. Yo, el Señor, te he llamado en mi justicia, te cogí de la mano, te formé e hice de ti alianza de un pueblo y luz de las naciones, para que abras los ojos de los ciegos, saques a los cautivos de la cárcel, de la prisión a los que habitan en las tinieblas».

• **Salmo** 28,1b-3ac-4.3b.9c-10: *El Señor bendice a su pueblo con la paz.*

• **Hechos de los Apóstoles** 10,34-38: En aquellos días, Pedro tomó la palabra y dijo: «Ahora comprendo con toda verdad que Dios no hace acepción de personas, sino que acepta al que lo teme y practica la justicia, sea de la nación que sea. Envió su palabra a los hijos de Israel, anunciando la Buena Nueva de la paz que traería Jesucristo, el Señor de todos. Vosotros conocéis lo que sucedió en toda Judea, comenzando por Galilea, después del bautismo que predicó Juan. Me refiero a Jesús de Nazaret, ungido por Dios con la fuerza del Espíritu Santo, que pasó haciendo el bien y curando a los oprimidos por el diablo, porque Dios estaba con él».

• LUCAS 3, 15-16.21-22: En aquel tiempo, como el pueblo estaba expectante, y todos se preguntaban en su interior sobre Juan si no sería el Mesías, Juan les respondió dirigiéndose a todos: «Yo os bautizo con agua; pero viene el que es más fuerte que yo, a quien no merezco desatarle la correa de sus sandalias. Él os bautizará con Espíritu Santo y fuego». Y sucedió que, cuando todo el pueblo era bautizado, también Jesús fue bautizado; y, mientras oraba, se abrieron los cielos, bajó el Espíritu Santo sobre él con apariencia corporal semejante a una paloma y vino una voz del cielo: «Tú eres mi Hijo, el amado: en ti me complazco».

SEÑOR Jesús, Siervo de Dios dispuesto a la entrega por amor. Renueva en nosotros la fuerza de tu Espíritu, otorgado ya en nuestro bautismo, **para ser como tú buenos hijos en los que Dios se complazca.**

ORACIÓN

Cambio de tomo de la
LITURGIA DE LAS HORAS

Desde mañana lunes,
TOMO III

SAN HILARIO DE POITIERS

TIEMPO ORDINARIO
TOMO III de *la Liturgia de las Horas*

Papa Francisco: Se ha cumplido el tiempo de la salvación porque ha llegado Jesús. [...] Sin embargo, la salvación no es automática; la salvación es un don de amor, y como tal, ofrecido a la libertad humana. Siempre, cuando se habla de amor, se habla de libertad. Un amor sin libertad no es amor. Puede ser interés, puede ser miedo, muchas cosas. Pero el amor siempre es libre. Y, siendo libre, requiere una respuesta libre: requiere nuestra conversión. Es decir, se trata de cambiar de mentalidad. Esta es la conversión: cambiar de mentalidad y cambiar de vida, no seguir más los modelos del mundo, sino el de Dios, que es Jesús, como hizo Jesús y como Él nos enseñó. (24-01-2021)

PALABRA Después de que Juan fue entregado, Jesús se marchó a Galilea a proclamar el Evangelio de Dios; Decía: «Se ha cumplido el tiempo y está cerca el reino de Dios. Convertíos y creed en el Evangelio». Pasando junto mar de Galilea, vio a Simón y a Andrés, el hermano de Simón, echando las redes en el mar, pues eran pescadores. Jesús les dijo: «Venid en pos de mí y os haré pescadores de hombres». Inmediatamente dejaron las redes y lo siguieron. Un poco más adelante vio a Santiago, hijo de Zebedeo, y a su hermano Juan, que estaban en la barca repasando las redes. A continuación, los llamó, dejaron a su padre Zebedeo en la barca con los jornaleros y se marcharon en pos él.

Hebreos 1, 1-6; *Salmo* 96, 1-2b.6-7c.9 • **MARCOS 1,14-20**

ORACIÓN **SEÑOR Jesús,** conviérteme para que tu evangelio cale en mí y se transparente en todo lo que pienso y hago. **Quiero seguirte "inmediatamente"**, con decisión. *Adorar a Dios todos sus Ángeles* (Salmo 96, 7c).

Papa Francisco: Jesús enseñaba la ley, enseñaba a Moisés y a los profetas. ¿Dónde está lo nuevo? Tiene poder, el poder de la santidad, porque los espíritus impuros huyen. La novedad de Jesús es que lleva consigo la Palabra de Dios, el mensaje de Dios, es decir, el amor de Dios por cada uno de nosotros. Acerca a la gente a Dios. Y para hacerlo se acerca Él. Es cercano a los pecadores, va a comer con Mateo, un ladrón, traidor de la patria; perdona a la adúltera que la ley decía que debía ser castigada; habla de teología con la Samaritana que no era un "angelito", tenía su historia. Por lo tanto, Jesús busca el corazón de las personas, Jesús se acerca al corazón herido de las personas. A Jesús sólo le interesa la persona y Dios. Y busca acercar a Dios a las personas y a las personas a Dios. (14-01-2014)

En la ciudad de Cafarnaún, el sábado entra Jesús en la sinagoga a enseñar; estaban asombrados de su enseñanza, porque **PALABRA** les enseñaba con autoridad y no como los escribas. Había precisamente en su sinagoga un hombre que tenía un espíritu inmundo, y se puso a gritar: «¿Qué tenemos que ver nosotros contigo, Jesús Nazareno? ¿Has venido a acabar con nosotros? Sé quién eres: El Santo de Dios». Jesús lo increpó: «Cállate y sal de él». El espíritu inmundo lo retorció violentamente y, dando un grito muy fuerte, salió de él. Todos se preguntaron estupefactos: «¿Qué es esto? Una enseñanza nueva expuesta con autoridad. Incluso manda a los espíritus inmundos y lo obedecen». Su fama se extendió enseguida por todas partes, alcanzando la comarca entera de Galilea.

Hebreos 2, 5-12; *Salmo* 8, 2ab.5-9 • **MARCOS 1, 21b-28**

SEÑOR Jesús, sigue enseñándome con esa autoridad que me hace estar pendiente de ti. **Necesito tu Palabra que me fortalece para lu- ORACIÓN char contra el mal.** *Diste a tu Hijo el mando sobre las obras de tus manos (Salmo 8, 7a).*

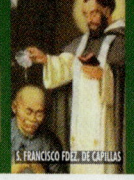

S. FRANCISCO FDEZ. DE CAPILLAS

Papa Francisco: Inclinarse para hacer que el otro se levante. No olvidemos que la única forma lícita de mirar a una persona de arriba hacia abajo es cuando tú tiendes la mano para ayudarla a levantarse. La única. Y esta es la misión que Jesús ha encomendado a la Iglesia. El Hijo de Dios manifiesta su Señorío no "de arriba hacia abajo", no a distancia, sino inclinándose, tendiendo la mano; manifiesta su Señorío en la cercanía, en la ternura y en la compasión. Cercanía, ternura, compasión son el estilo de Dios. Dios se hace cercano y se hace cercano con ternura y con compasión. (07-02-2021)

PALABRA

En aquel tiempo, al salir Jesús de la sinagoga, fue con Santiago y Juan a casa de Simón y Andrés. La suegra de Simón estaba en cama con fiebre, e inmediatamente le hablaron de ella. Él se acercó, la tomó de la mano y la levantó. Se le pasó la fiebre y se puso a servirles. Al anochecer, cuando se puso el sol, le llevaron todos los enfermos y endemoniados. La población entera se agolpaba a la puerta. Curó a muchos enfermos de diversos males y expulsó muchos demonios; y como los demonios lo conocían, no les permitía hablar. Se levantó de madrugada, cuando todavía estaba muy oscuro, se marchó a un lugar solitario y allí se puso a orar. Simón y sus compañeros fueron en su busca y, al encontrarlo, le dijeron: «Todo el mundo te busca». Él les respondió: «Vámonos a otra parte, a las aldeas cercanas, para predicar también allí; que para eso he salido». Así recorrió toda Galilea, predicando en las sinagogas y expulsando los demonios.

Hebreos 2,14-18; *Salmo* 104, 1-4.6-9; • **MARCOS 1, 29-39**

ORACIÓN

SEÑOR Jesús, en medio de tu jornada de predicación y sanación, buscas el sosiego de la oración. **Que en medio de mis afanes y preocupaciones esté unido a ti y por ti, al Padre.** *El Señor se acuerda de su alabanza eternamente* (Salmo 104, 8a).

Santos Fulgencio *ob*, **Marcelo** *pp*,
Honorato, Berardo y *co mrs.*
Beata Juana M.ª Condesa *vg*

SAN FULGENCIO DE CARTAGENA

Papa Francisco: Hermanos y hermanas, ninguna enfermedad es causa de impurezas: La enfermedad ciertamente atañe a toda la persona, pero de ninguna manera afecta o impide su relación con Dios. Al contrario, una persona enferma puede estar todavía más unida a Dios. En cambio, el pecado, ¡ese sí que nos vuelve impuros! El egoísmo, el orgullo, entrar en el mundo de la corrupción, estas son enfermedades del corazón de las que debemos ser purificados, recurriendo a Jesús como el leproso: "¡Si quieres, puedes limpiarme!". (11-02-2018)

PALABRA En aquel tiempo, se acercó a Jesús un leproso, suplicándole de rodillas: «Si quieres, puedes limpiarme». Compadecido, extendió la mano y lo tocó diciendo: «Quiero: queda limpio». La lepra se le quitó inmediatamente y quedó limpio. Él lo despidió, encargándole severamente: «No se lo digas a nadie; pero, para que conste, ve a presentarte al sacerdote y ofrece por tu purificación lo que mandó Moisés, para que les sirva de testimonio». Pero cuando se fue, empezó a pregonar bien alto y a divulgar el hecho, de modo que Jesús ya no podía entrar abiertamente en ningún pueblo; se quedaba fuera, en lugares solitarios; y aun así acudían a él de todas partes.

Hebreos 3,7-14: *Salmo* 94,6-7cd-9.10-11; • **MARCOS 1, 40-45**

ORACIÓN **SEÑOR Jesús,** compasivo y misericordioso, **gracias de corazón por estar siempre con tu mano tendida para tocarme y limpiarme.** *Ojalá escuchéis hoy la voz del Señor: «No endurezcáis vuestro corazón»* (Salmo 94, 7d-8a).

SAN ANTONIO ABAD

Papa Francisco: ¡Qué maravilloso ejemplo de sanación! La acción de Cristo es una respuesta directa a la fe de esas personas, a la esperanza que depositan en Él, al amor que demuestran tener los unos por los otros. Y por tanto Jesús sana, pero no sana simplemente la parálisis, sana todo, perdona los pecados, renueva la vida del paralítico y de sus amigos. Hace nacer de nuevo, digamos así. Una sanación física y espiritual, todo junto, fruto de un encuentro personal y social. Imaginamos cómo esta amistad, y la fe de todos los presentes en esa casa, hayan crecido gracias al gesto de Jesús. ¡El encuentro sanador con Jesús! (05-08-2020)

PALABRA

Cuando a los pocos días entró Jesús en Cafarnaún, se supo que estaba en casa. Acudieron tantos que no quedaba sitio ni a la puerta. Y les proponía la palabra. Y vinieron trayéndole un paralítico llevado entre cuatro y, como no podían presentárselo, por el gentío, levantaron la techumbre encima de donde él estaba, abrieron un boquete y descolgaron la camilla donde yacía el paralítico. Viendo Jesús la fe que tenían, le dice al paralítico: «Hijo, tus pecados te son perdonados». Unos escribas, que estaban allí sentados, pensaban para sus adentros: «¿Por qué habla este así? Blasfema. ¿Quién puede perdonar pecados sino uno solo, Dios?». Jesús se dio cuenta de lo que pensaban y dijo: «¿Por qué pensáis eso? ¿Qué es más fácil: decir al paralítico: "Tus pecados quedan perdonados", o decir: "Levántate, coge la camilla y echa a andar"? Pues, para que veáis que el Hijo del hombre tiene autoridad en la tierra para perdonar pecados –dice al paralítico–: «Te digo: levántate, toma tu camilla y vete a tu casa». Se levantó, cogió inmediatamente la camilla y salió a la vista de todos. Se quedaron atónitos y daban gloria a Dios diciendo: «Nunca hemos visto una cosa igual».

Hebreos 4, 1-5.11; *Salmo* 77,3-4bc. 6c-8 • **MARCOS 2, 1-12**

ORACIÓN

SEÑOR, me cuesta a veces tomar la camilla de mi vida porque me siento cansado y paralizado, pero tu Palabra me anima y me da movilidad. **No dejes nunca de proclamarla sobre mí. ¡No olvidéis las acciones de Dios!** (Salmo 77, 7b).

Tomo III - Salterio 1ª semana   **Sábado 1º Tiempo Ordinario**

Santos **Margarita de Hungría** *vg,*
Prisca de Roma *la mr,* **Deícola** *ab*

SANTA MARGARITA DE HUNGRÍA

ENERO
18
SÁBADO

18 - 25 enero
OCTAVARIO DE ORACIÓN POR LA UNIDAD DE LOS CRISTIANOS

Papa Francisco: La Iglesia no es una comunidad de perfectos, sino de discípulos en camino, que siguen al Señor porque se reconocen pecadores y necesitados de su perdón. La vida cristiana es, pues, una escuela de humildad que se abre a la gracia, en la que se aprende a ver a nuestros hermanos a la luz del amor y de la misericordia del Padre. Nos reconforta contemplar a Jesús que no excluye a nadie. Él es el buen médico que se compadece de nuestras enfermedades. No hay ninguna que él no pueda curar. Nos libra del miedo, de la muerte y del demonio. Nos hace sus comensales, ofreciéndonos la salvación en la doble mesa de la Palabra y de la Eucaristía. Estas son las medicinas con las que el Divino Maestro nos nutre, nos transforma y nos redime. (13-04-2016)

PALABRA En aquel tiempo, Jesús salió de nuevo a la orilla del mar; la gente acudía a él y les enseñaba. Al pasar vio a Leví, el de Alfeo, sentado al mostrador de los impuestos y le dice: «Sígueme». Se levantó y lo siguió. Sucedió que, mientras estaba él sentado a la mesa en casa de Leví, muchos publicanos y pecadores se sentaron con Jesús y sus discípulos, pues eran muchos los que lo seguían. Los escribas de los fariseos, al ver que comía con pecadores y publicanos, decían a sus discípulos: «¿Por qué come con publicanos y pecadores?». Jesús lo oyó y les dijo: «No necesitan médico los sanos, sino los enfermos. No he venido a llamar a los justos, sino a los pecadores».

Hebreos 4,12-16; *Salmo* 18, 8-10.15 • **MARCOS 2, 13-17**

SEÑOR Jesús, siéntate a mi mesa, es la de un pecador también, pero eres bondad y compasión. **Mírame, perdóname, cúrame y sáname.** ORACIÓN *Tus palabras, Señor, son espíritu y vida (Salmo: Juan 6, 63c).*

ENERO

19

DOMINGO

DOMINGO II DEL TIEMPO ORDINARIO   Tomo III - Salterio 2ª semana

Santos Arsenio *ob*, Germánico *mr*,
Macario *ab*, Liberata y Faustina *vgs mrs*.
Beato Marcelo Spínola *ob*

JORNADA Y COLECTA DE LA INFANCIA MISIONERA

B. MARCELO SPINOLA

Papa Francisco: Es bello pensar que el primer signo que Jesús cumple no es una curación extraordinaria o un prodigio en el templo de Jerusalén, sino un gesto que sale al encuentro de una necesidad simple y concreta de gente común, un gesto doméstico, un milagro —digámoslo así— "de puntillas", discreto, silencioso. Él está dispuesto a ayudarnos, para levantarnos. Y entonces, si estamos atentos a estos "signos", su amor nos conquista y nos hacemos discípulos suyos. (16-01-2022)

PALABRA

• *Isaías* 62,1-5: Por amor de Sion no callaré, por amor de Jerusalén no descansaré, hasta que rompa la aurora de su justicia y su salvación llamee como antorcha. Los pueblos verán tu justicia, y los reyes, tu gloria; te pondrán un nombre nuevo, pronunciado por la boca del Señor. Serás corona fúlgida en la mano del Señor y diadema real en la palma de tu Dios. Ya no te llamarán «Abandonada», ni a tu tierra «Devastada»; a ti te llamarán «Mi predilecta», y a tu tierra «Desposada»; porque el Señor te prefiere a ti y tu tierra tendrá un esposo. Como un joven se desposa con una doncella, así se desposan tus constructores. Como se regocija el marido con su esposa, se regocija tu Dios contigo.

• *Salmo* 95,1-3.7-10: *Contad las maravillas del Señor a todas las naciones.*

• *1Corintios* 12,4-11: Hay diversidad de carismas, pero un mismo Espíritu; hay diversidad de ministerios, pero un mismo Señor; y hay diversidad de actuaciones, pero un mismo Dios que obra todo en todos. Pero a cada cual se le otorga la manifestación del Espíritu para el bien común. Y así uno recibe del Espíritu el hablar con sabiduría; otro, el hablar con inteligencia, según el mismo Espíritu. Hay quien, por el mismo Espíritu, recibe el don de la fe; y otro, por el mismo Espíritu, don de curar. A este se le ha concedido hacer milagros; a aquel, profetizar. A otro, distinguir los buenos y los malos espíritus. A uno, la diversidad de lenguas; a otro, el don de interpretarlas. El mismo y único Espíritu obra todo esto, repartiendo a cada uno en particular como él quiere.

• **JUAN 2,1-11:** En aquel tiempo, había una boda en Caná de Galilea y la madre de Jesús estaba allí; Jesús y sus discípulos estaban también invitados a la boda. Faltó el vino y la madre de Jesús le dice: «No tienen vino». Jesús le dice: «Mujer ¿qué tengo yo que ver contigo. Todavía no ha llegado mi hora». Su madre dice a los sirvientes: «Haced lo que él os diga». Había allí colocadas seis tinajas de piedra, para las purificaciones de los judíos, de unos cien litros cada una. Jesús les dijo: «Llenad las tinajas de agua». Y las llenaron hasta arriba. Entonces les mandó: «Sacad ahora, y llevadlo al mayordomo». Ellos se lo llevaron. El mayordomo probó el agua convertida en vino sin saber de dónde venía (los sirvientes sí lo sabían, pues habían sacado el agua), y entonces llama al esposo y le dice «Todo el mundo pone primero el vino bueno y cuando ya están bebidos el peor; tú en cambio has guardado el vino bueno hasta ahora». Este fue el primero de los signos que Jesús realizó en Caná de Galilea; así manifestó su gloria y sus discípulos creyeron en él.

Haced lo que él os diga

ENERO

20

LUNES

Lunes 2° Tiempo Ordinario   Tomo III · Salterio 2ª semana

Santos **FABIÁN** pp y **SEBASTIÁN** mrs,
FRUCTUOSO ob, **AUGURIO** y
EULOGIO mrs, Eustoquia ab

SANTOS FABIÁN Y SEBASTIÁN

Papa Francisco: La ley está al servicio del hombre, que está al servicio de Dios, y para esto el hombre tiene que tener el corazón abierto. La actitud de los que dicen: «Siempre se ha hecho así ...» en realidad nace de un corazón cerrado. En cambio, Jesús nos dijo: «Voy a enviar al Espíritu Santo y él os conducirá a la verdad plena». Por lo tanto, si tú tienes el corazón cerrado a la novedad del Espíritu, nunca llegarás a la verdad plena. Y tu vida cristiana será una vida a medias, parcheada, remendada de cosas nuevas, pero sobre una estructura que no está abierta a la voz del Señor: un corazón cerrado, porque no eres capaz de cambiar los odres. (18-01-2016)

PALABRA

En aquel tiempo, como los discípulos de Juan y los fariseos estaban ayunando, vinieron unos y le preguntaron a Jesús: «Los discípulos de Juan y los discípulos de los fariseos ayunan. ¿Por qué los tuyos no?». Jesús les contesta: «¿Es que pueden ayunar los amigos del esposo, mientras el esposo está con ellos? Mientras el esposo está con ellos, no pueden ayunar. Llegarán días en que les arrebatarán al esposo, y entonces ayunarán en aquel día. Nadie le echa un remiendo de paño sin remojar a un manto pasado; porque la pieza tira del manto –lo nuevo de lo viejo– y deja un roto peor. Tampoco se echa vino nuevo en odres viejos; porque el vino revienta los odres, y se pierden el vino y los odres; a vino nuevo, odres nuevos».

Hebreos 5,1-10; *Salmo* 109, 1bcde.2-4 • **MARCOS 2,18-22**

SEÑOR, "vino nuevo en odres nuevos". Rejuvenece mi corazón, disponme a esa novedad extraordinaria que nos traes y **que elimina lo caduco y marchito que hay en mi vida.** *Tú eres sacerdote eterno según el rito de Melquisedec (Salmo 109, 4bc).*

SANTA INÉS

Papa Francisco: La enseñanza de Jesús tiene la misma autoridad de Dios que habla. Su palabra obra lo que dice, porque Él es el profeta definitivo, es más, es el Verbo mismo de Dios hecho hombre. El Maestro predica con autoridad propia, como alguien que tiene una doctrina que procede de sí mismo, y no como los escribas que repetían tradiciones anteriores y leyes recibidas. (31-01-2021)

PALABRA Sucedió que un sábado Jesús atravesaba un sembrado; y sus discípulos, mientras caminaban, iban arrancando espigas. Los fariseos le preguntan: «Mira, ¿por qué hacen en sábado lo que no está permitido?». Él les responde: «¿No habéis leído nunca lo que hizo David cuando él y sus hombres se vieron faltos y con hambre, cómo entró en la casa de Dios, en tiempo del sumo sacerdote Abiatar, comió de los panes de la proposición, que solo está permitido comer a los sacerdotes, y se los dio también a quienes estaban con él?».Y les decía: «El sábado se hizo para el hombre y no el hombre para el sábado; así que el Hijo del hombre es señor también del sábado».

Hebreos 6,10-20; *Salmo* 110,1b-2.4-5.9.10c • **MARCOS 2, 23-28**

SEÑOR Jesús, Tú y tu mandamiento nuevo del amor es lo central y prioritario. A veces me distraigo. **Ilumíname y fortaléceme.** *El Señor* ORACIÓN *recuerda siempre su alianza* (Salmo 110, 5b).

ENERO

22

MIÉRCOLES

Miércoles 2° Tiempo Ordinario   Tomo III - Salterio 2ª semana

Santos **VICENTE** *di mr*, Vicente Pallotti *pb.*
Beatos Guillermo J. Chaminade *pb*,
Laura Vicuña *vg*

SAN VICENTE MARTIR

Papa Francisco: Jesús no era un filántropo que se ocupaba de los sufrimientos y las enfermedades humanas: era y es mucho más. En Él no sólo hay bondad: hay salvación, y no una salvación esporádica –que me salva de una enfermedad o de un momento de desánimo- sino la salvación total, la mesiánica, la que da esperanza en la victoria definitiva de la vida sobre la muerte. (16-06-2021)

PALABRA En aquel tiempo, Jesús entró otra vez en la sinagoga, y había allí un hombre que tenía una mano paralizada. Lo estaban observando, para ver si curaba en sábado y acusarlo. Entonces le dice al que tenía la mano paralizada: «Levántate y ponte ahí en medio».Y a ellos les pregunta: «¿Qué está permitido en sábado?, ¿hacer lo bueno o lo malo?, ¿salvarle la vida a un hombre o dejarlo morir?». Ellos callaban. Echando en torno una mirada de ira, y dolido por la dureza de su corazón, dice al hombre: Extiende la mano». La extendió y su mano quedó restablecida. En cuanto salieron, los fariseos se confabularon con los herodianos para acabar con él.

Hebreos 7, 1-3.15-17; *Salmo* 109,1bcde.2-4 • **MARCOS 3, 1-6**

ORACIÓN **SEÑOR Jesús,** te duele la dureza de corazón de aquellos que no quieren entender tu misericordia. **Quiero tener un corazón dócil. Asísteme con tu gracia.** *Tú eres sacerdote eterno, según el rito de Melquisedec (Salmo 109, 4bc).*

Santos **ILDEFONSO** *ob*, Francisco Gil de Fréderic *pb mr*, Emerenciana *mr*

SAN ILDEFONSO DE TOLEDO (Murillo)

Papa Francisco: Jesús no eliminó el mal del mundo, lo derrotó en su raíz, teniendo en cuenta que su salvación no es mágica, sino paciente, puesto que implica la paciencia del amor, que se hace cargo de la iniquidad y le quita su poder. La paciencia del amor: el amor nos hace pacientes. (01-01-2020)

En aquel tiempo, Jesús se retiró con sus discípulos a la orilla del mar, y lo siguió una gran muchedumbre de Galilea. Al PALABRA enterarse de las cosas que hacía, acudía mucha gente de Judea, Jerusalén, Idumea, Transjordania y cercanías de Tiro y Sidón. Encargó a sus discípulos que le tuviesen preparada una barca, no lo fuera a estrujar el gentío. Como había curado a muchos, todos los que sufrían de algo se le echaban encima para tocarlo. Los espíritus inmundos, cuando lo veían, se postraban ante él, y gritaban: «Tú eres el Hijo de Dios». Pero él les prohibía severamente que lo diesen a conocer.

Hebreos 7, 25 – 8, 6; *Salmo* 39, 7-8ab. 9-10.17 • **MARCOS 3, 7-12**

SEÑOR Jesús, Hijo de Dios vivo, gracias por tu palabra, gracias por tu amor, gracias por tu cercanía y por la fuerza que nos das. **Bendito** ORACIÓN **seas por siempre.** *Aquí estoy, Señor, para hacer tu voluntad* (Salmo 39, 8a. 9a).

SAN FRANCISCO DE SALES

Papa Francisco: Con el bautismo recibimos una vocación y una misión, es decir, el Señor nos llama para estar con Él y para enviarnos a anunciar la Buena Noticia. Por eso, apóstoles no son solo los doce discípulos que eligió Jesús, sino todos los bautizados, que formamos el santo Pueblo fiel de Dios. [...] El testimonio de los primeros cristianos ilumina también nuestro apostolado en la Iglesia de hoy. Sus experiencias nos muestran que es Dios quien nos elige y nos da la gracia para la misión —que a veces parece superar nuestras capacidades—, y que a ese don gratuito corresponde una respuesta gratuita de nuestra parte. La tarea apostólica, como hemos dicho, es común a todos los bautizados, y cada uno la lleva adelante de manera activa y creativa, según los dones y carismas que ha recibido. (15-03-2023)

PALABRA

En aquel tiempo, Jesús, subió al monte, llamó a los que quiso, y se fueron con él. E instituyó doce para que estuvieran con él y para enviarlos a predicar, y que tuvieran autoridad para expulsar a los demonios: Simón, a quien puso el nombre de Pedro, Santiago el de Zebedeo y Juan, el hermano de Santiago, a quienes puso el nombre de Boanerges, es decir, los hijos del trueno, Andrés, Felipe, Bartolomé, Mateo, Tomás, Santiago el de Alfeo, Tadeo, Simón el de Caná y Judas Iscariote, el que lo entregó.

Hebreos 8, 6-13; *Salmo* 84, 8.10-14 • **MARCOS 3, 13-19**

SEÑOR, añade mi nombre a la lista de discípulos, quiero seguirte, quiero estar contigo, quiero ser tu testigo, **quiero ser mensajero de tu amor.** *La misericordia y la fidelidad se encuentran. (Salmo 84, 11a).*

ORACIÓN

CONVERSIÓN DE SAN PABLO

Papa Francisco: Cuando Saulo de Tarso, perseguidor de los cristianos, encuentra a Jesús en la visión de luz que lo envuelve y le cambia la vida, le pregunta: «¿Qué debo hacer, Señor?». No "¿qué debo hacer para heredar?" sino "¿qué debo hacer, Señor?" El Señor es el objetivo de la petición, la verdadera herencia, el sumo bien. Pablo no cambia de vida según sus propósitos, no se vuelve mejor por realizar sus proyectos. Su conversión nace de un cambio existencial, donde el primado ya no le pertenece a su perfección frente a la Ley, sino a la docilidad para con Dios, en una apertura total a lo que Él quiere. No a su perfección sino a su docilidad, de la perfección a la docilidad. (25-02-2024)

En aquel tiempo, Jesús se apareció a los Once y les dijo: «Id al mundo entero y proclamad el Evangelio a toda la creación. El que crea y sea bautizado se salvará; el que no crea será condenado. A los que crean, les acompañarán estos signos: echarán demonios en mi nombre, hablarán lenguas nuevas, cogerán serpientes en sus manos y, si beben un veneno mortal, no les hará daño. Impondrán las manos a los enfermos, y quedarán sanos».

Hechos 22, 3-16; *Salmo* 116,1-2 • **MARCOS 16, 15-18**

SEÑOR Jesús, con San Pablo hoy te digo que eres "con mucho lo mejor". **No me falte nunca tu gracia para permanecer en ti y en tu amor.** *Id al mundo entero y proclamad el Evangelio (Marcos 16, 15).*

ENERO

26

DOMINGO

DOMINGO III DEL TIEMPO ORDINARIO   Tomo III - Salterio 3ª semana

Santos **TIMOTEO** y **TITO** *obs,*
Paula *vd,* **Alberico** *ab*

DOMINGO DE LA PALABRA DE DIOS

SANTOS TIMOTEO Y TITO

Papa Francisco: Para convertirnos al Dios verdadero, Jesús nos indica de dónde debemos partir: de la Palabra. Ella, contándonos la historia del amor que Dios tiene por nosotros, nos libera de los miedos y de los conceptos erróneos sobre Él, que apagan la alegría de la fe. La Palabra derriba los falsos ídolos, desenmascara nuestras proyecciones, destruye las representaciones demasiado humanas de Dios y nos muestra su rostro verdadero, su misericordia. La Palabra de Dios nutre y renueva la fe, ¡volvamos a ponerla en el centro de la oración y de la vida espiritual! Al centro la Palabra que nos revela como es Dios y nos hace cercanos a Él. (23-01-2022)

PALABRA

• *Nehemías* 8,2-4a.5-6.8-10: En aquellos días, el día primero del mes séptimo, el sacerdote Esdras trajo el libro de la ley ante la comunidad: hombres y mujeres y cuantos tenían uso de razón. Leyó el libro, en la plaza que está delante de la Puerta del Agua, desde la mañana hasta el mediodía, ante los hombres, las mujeres y los que tenían uso de razón. Todo el pueblo escuchaba con atención la lectura del libro de la ley. El escriba Esdras se puso en pie sobre una tribuna de madera levantada para la ocasión. Esdras abrió el libro en presencia de todo el pueblo, de modo que toda la multitud podía verlo; al abrirlo, el pueblo entero se puso en pie. Esdras bendijo al Señor, el Dios grande, y todo el pueblo respondió con las manos levantadas: «Amén, amén». Luego se inclinaron y adoraron al Señor, rostro en tierra. Los levitas leían el libro de la ley de Dios con claridad y explicando su sentido, de modo que entendieran la lectura. Entonces el gobernador Nehemías, el sacerdote y escriba Esdras, y los levitas que instruían al pueblo dijeron a toda la asamblea: «Este día está consagrado al Señor nuestro Dios. No estéis tristes ni lloréis» (y es que todo el pueblo entero lloraba al escuchar las palabras de la ley). Nehemías les dijo: «Id, comed buenos manjares y bebed buen vino, e invitad a los que no tienen nada preparado, pues este día está consagrado al Señor. ¡No os pongáis tristes; el gozo del Señor es vuestra fuerza!».

• *Salmo* 18, 8-10.15: *Tus palabras, Señor, son espíritu y vida.*

• *1Corintios* 12,12-14.27: Hermanos: Lo mismo que el cuerpo es uno y tiene muchos miembros, y todos los miembros del cuerpo, a pesar de ser muchos, son un solo cuerpo, así es también Cristo. Pues todos nosotros, judíos y griegos, esclavos y libres, hemos sido bautizados en un mismo Espíritu, para formar un solo cuerpo. Y todos hemos bebido de un solo Espíritu. Pues el cuerpo no lo forma un solo miembro, sino muchos. Pues bien, vosotros sois el cuerpo de Cristo y cada uno es un miembro.

• **LUCAS 1,1-4; 4,14-21:** Ilustre Teófilo: Puesto que muchos han emprendido la tarea de componer un relato de los hechos que se han cumplido entre nosotros, como nos los transmitieron los que fueron desde el principio testigos oculares y servidores de la palabra, también yo he resuelto escribírtelos por su orden, después de investigarlo todo diligentemente desde el principio, para que conozcas la solidez de las enseñanzas que has recibido. En aquel tiempo, Jesús volvió a Galilea, con la fuerza del Espíritu; y su fama se extendió por toda la comarca. Enseñaba en las sinagogas y todos lo alababan. Fue a Nazaret, donde se había criado, entró en la sinagoga, como era su costumbre los sábados, y se puso en pie para hacer la lectura. Le entregaron el rollo del profeta Isaías y, desenrollándolo, encontró el pasaje donde estaba escrito: «El Espíritu del Señor está sobre mí, porque él me ha ungido. Me ha enviado a evangelizar a los pobres, a proclamar a los cautivos la libertad, y a los ciegos, la vista; a poner en libertad a los oprimidos; a proclamar el año de gracia del Señor». Y, enrollando el rollo y devolviéndolo al que le ayudaba, se sentó. Toda la sinagoga tenía los ojos clavados en él. Y él comenzó a decirles: «Hoy se ha cumplido esta Escritura que acabáis de oír».

SEÑOR, hazme amar tu Palabra, escucharla con atención, **meditarla en el corazón y testimoniarla en mi vida.**

ORACIÓN

SANTA ÁNGELA DE MÉRICI

Papa Francisco: Existe esta gran maravilla, este sacerdocio de Jesús en tres etapas. Aquella en la que perdona los pecados, una vez para siempre; aquella en la que intercede ahora por nosotros y aquella que sucederá cuando vuelva. Pero también está lo contrario, "la imperdonable blasfemia". Es duro escuchar decir a Jesús estas cosas, pero Él lo dice, y si Él lo dice es verdad. «En verdad os digo: todo será perdonado a los hijos de los hombres». Y nosotros sabemos que el Señor perdona todo si nosotros abrimos un poco el corazón. ¡Todo! (23-01-2017)

PALABRA En aquel tiempo, los escribas que habían bajado de Jerusalén decían: «Tiene dentro a Belzebú y expulsa a los demonios con el poder del jefe de los demonios». Él los invitó a acercarse y les hablaba en parábolas: «¿Cómo va a echar Satanás a Satanás? Un reino dividido internamente no puede subsistir; una familia dividida no puede subsistir. Si Satanás se rebela contra sí mismo, para hacerse la guerra, no puede subsistir, está perdido. Nadie puede meterse en casa de un hombre forzudo para arramblar con su ajuar, si primero no lo ata; entonces podrá arramblar con la casa. En verdad os digo, todo se les podrá perdonar a los hombres: los pecados y cualquier blasfemia que digan; pero el que blasfeme contra el Espíritu Santo no tendrá perdón jamás, cargará con su pecado para siempre». Se refería a los que decían que tenía dentro un espíritu inmundo.

Hebreos 9, 15.24–28; *Salmo* 97, 1bcde.2-6 • **MARCOS 3, 22-30**

ORACIÓN **SEÑOR Jesús,** el pecado me hace necio. Que la luz de tu Espíritu ilumine siempre mi corazón y **tu gracia me dé fuerza para evitarlo y rechazarlo.** *Cantad al Señor un cántico nuevo porque ha hecho maravillas.* (Salmo 97, 1bc).

Santo **TOMÁS DE AQUINO** *pb dc*,
Julián de Cuenca *ob*,
Águeda Lin Zhao *vg mr*

SANTO TOMÁS DE AQUINO

Papa Francisco: Lleno del espíritu de comprensión del Altísimo, Santo Tomás de Aquino, sacerdote y Doctor de la Iglesia, compartió su inmensa sabiduría espiritual y humana a través de oraciones y escritos. El honor de la Orden de los Frailes Predicadores, nunca envanecido por el saber, sino siempre edificado por la caridad. Lleno de maravillosos conocimientos, escribió muchas obras y enseñó innumerables cosas, y estaba bien cualificado en las disciplinas filosóficas y teológicas. Brillaba por su recta inteligencia y lucidez, y mientras investigaba reverentemente los misterios divinos, los contemplaba con fe ferviente. (11-06-2023)

En aquel tiempo, llegaron la madre de Jesús y sus hermanos y, desde fuera, lo mandaron llamar. La gente que tenía sentada alrededor le dice: «Mira, tu madre y tus hermanos y tus hermanas están fuera y te buscan». Él les pregunta: «¿Quiénes son mi madre y mis hermanos?». Y, mirando a los que estaban sentados alrededor, dice: «Estos son mi madre y mis hermanos. El que haga la voluntad de Dios, ese es mi hermano y mi hermana y mi madre».

Hebreos 10, 1-10; *Salmo* 39, 2.4ab.7-8a.10-11 • **MARCOS 3, 31-35**

SEÑOR Jesús, quiero ser de tu familia, de tus íntimos. **Ayúdame, por tanto, a estar dispuesto siempre a cumplir la voluntad de Dios.** *Aquí estoy, Señor, para hacer tu voluntad (Salmo 39, 8a.9a).*

ENERO

29

MIÉRCOLES

Miércoles 3º Tiempo Ordinario Tomo III - Salterio 3ª semana

Santos Valero *ob*, **Afraates** *er*.
Beato Manuel Domingo y Sol *pb*

SAN VALERO

Papa Francisco: La parábola del sembrador es un poco la "madre" de todas las parábolas, porque habla de la escucha de la Palabra. Nos recuerda que la Palabra de Dios es una semilla que en sí misma es fecunda y eficaz; y Dios la esparce por todos lados con generosidad, sin importar el desperdicio. ¡Así es el corazón de Dios! Cada uno de nosotros es un terreno sobre el que cae la semilla de la Palabra, ¡sin excluir a nadie! (12-07-2020)

PALABRA

En aquel tiempo, Jesús se puso a enseñar otra vez junto al mar. Acudió un gentío tan enorme, que tuvo que subirse a una barca y, ya en el mar se sentó; y el gentío se quedó en tierra junto al mar. Les enseñaba muchas cosas con parábolas y les decía instruyéndolos: «Escuchad: Salió el sembrador a sembrar; al sembrar, algo cayó al borde del camino, vinieron los pájaros y se lo comieron. Otra parte cayó en terreno pedregoso, donde apenas tenía tierra; como la tierra no era profunda, brotó enseguida; pero, en cuanto salió el sol, se abrasó y, por falta de raíz, se secó. Otra parte cayó entre abrojos; los abrojos crecieron, la ahogaron, y no dio grano. El resto cayó en tierra buena: nació, creció y dio grano; y la cosecha fue del treinta o del sesenta o del ciento por uno». Y añadió: «El que tenga oídos para oír que oiga». Cuando se quedó a solas los que lo rodeaban y los doce le preguntaban el sentido de las parábolas. Él les dijo: «A vosotros se os ha dado el misterio del Reino de Dios; en cambio a los de fuera todo se les presenta en parábolas, para que "por más que miren, no vean, por más que oigan, no entiendan, no sea que se conviertan y sean perdonados"». Y añadió: «¿No entendéis esta parábola? ¿pues como vais a conocer todas las demás? El sembrador siembra la palabra. Hay unos que están al borde del camino donde se siembra la palabra; pero, en cuanto la escuchan, viene Satanás y se lleva la palabra sembrada en ellos. Hay otros que reciben la semilla como terreno pedregoso: son los que al escuchar la palabra enseguida la acogen con alegría, pero no tienen raíces, son inconstantes y, cuando viene una dificultad o persecución por la palabra, enseguida sucumben. Hay otros que reciben la semilla entre abrojos; estos son los que escuchan la palabra, pero los afanes de la vida, la seducción de las riquezas y el deseo de todo lo demás los invaden, ahogan la palabra, y se queda estéril. Los otros son los que reciben la semilla en tierra buena; escuchan la palabra, la aceptan y dan una cosecha del treinta o del sesenta o del ciento por uno».

Hebreos 10, 11-18; *Salmo* 109, 1bcde.2-4 • **MARCOS 4, 1-20**

ORACIÓN

SEÑOR Jesús, quiero ser tierra buena que acoja la semilla de tu Palabra que tú me regalas. **Ayúdame a arar mi campo y despedregarlo, para que germine y de fruto en mí.** *Tú eres sacerdote eterno según el rito de Melquisedec (Salmo 109, 4bc).*

Papa Francisco: Jesús nos habla de la lámpara, que no se pone debajo del celemín, sino en el candelero. Ella es luz, y el evangelio de Juan nos dice que el misterio de Dios es luz y que la luz vino al mundo y las tinieblas no la acogieron. Una luz, añadió, que no puede esconderse, sino que sirve para iluminar. He aquí, pues, uno de los rasgos del cristiano, que ha recibido la luz del Bautismo y debe darla. El cristiano es un testigo. Y precisamente la palabra «testimonio» encierra una de las peculiaridades de las actitudes cristianas. En efecto, un cristiano que lleva esta luz, debe hacerla ver porque él es un testigo. Y si un cristiano prefiere no hacer ver la luz de Dios y prefiere las propias tinieblas, entonces le falta algo y no es un cristiano completo. (28-01-2016)

En aquel tiempo, dijo Jesús al gentío: «¿Se trae la lámpara para meterla debajo del celemín o debajo de la cama?, ¿no es para ponerla en el candelero? No hay nada escondido, sino para que sea descubierto; no hay nada oculto, sino para que salga a la luz. El que tenga oídos para oír, que oiga». Les dijo también: «Atención a lo que estáis oyendo: la medida que uséis la usarán con vosotros, y con creces. Porque al que tiene se le dará, y al que no tiene se le quitará hasta lo que tiene».

Hebreos 10, 19-25; *Salmo* 23, 1b-4ab.5-6 • **MARCOS 4,21-25**

SEÑOR Jesús, como discípulo tuyo estoy llamado a ser candelero para que tu luz brille en mí y alumbre. También a vivir desde la medida generosa del amor. **Estoy dispuesto, ayúdame.** *Esta es la generación que busca tu rostro, Señor* (Salmo 23, 6).

ENERO
31
VIERNES

Viernes 3° Tiempo Ordinario   Tomo III · Salterio 3ª semana

Santos **JUAN BOSCO** *pb*,
Ciro y Juan *mrs*, **Marcela** *vb*, **Waldo** *ob*

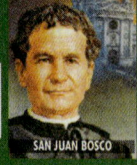

SAN JUAN BOSCO

Papa Francisco: El Reino de Dios crece en el mundo de forma misteriosa, de forma sorprendente, desvelando el poder escondido de la pequeña semilla, su vitalidad victoriosa. Dentro de los pliegues de eventos personales y sociales que a veces parecen marcar el naufragio de la esperanza, es necesario permanecer confiados en el actuar tenue pero poderoso de Dios. Por eso, en los momentos de oscuridad y de dificultad nosotros no debemos desmoronarnos, sino permanecer anclados en la fidelidad de Dios, en su presencia que siempre salva. Recordad esto: Dios siempre salva. Es el salvador. (17-06-2018)

PALABRA En aquel tiempo, Jesús decía al gentío: «El reino de Dios se parece a un hombre que echa semilla en la tierra. Él duerme de noche y se levanta de mañana; la semilla germina y va creciendo, sin que él sepa cómo. La tierra va produciendo fruto sola: primero los tallos, luego la espiga, después el grano. Cuando el grano está a punto, se mete la hoz, porque ha llegado la siega». Dijo también: «¿Con qué podemos comparar el reino de Dios? ¿Qué parábola usaremos? Con un grano de mostaza: al sembrarlo en la tierra es la semilla más pequeña, pero después de sembrada crece, se hace más alta que las demás hortalizas y echa ramas tan grandes que los pájaros del cielo pueden anidar a su sombra». Con muchas parábolas parecidas les exponía la palabra, acomodándose a su entender. Todo se lo exponía con parábolas, pero a sus discípulos se lo explicaba todo en privado.

Hebreos 10,32-39 ; *Salmo* 36, 3-6.23.24.39-40 • **MARCOS 4, 26-34**

SEÑOR Jesús, tú me invitas a ser constructor de tu Reino. Gracias por contar conmigo. Que sea buen apóstol tuyo desde la humildad y el servicio ORACIÓN permanente. *El Señor es quien salva a los justos (Salmo 36, 39a).*

FEBRERO

Cuarenta días después del nacimiento de Jesús, María y José llevaron al niño a Jerusalén para presentarlo al Señor. Había en el Templo un hombre justo y piadoso, llamado Simeón: «Tomó en brazos al niño», y, vuelto al Señor, dijo: «Han visto mis ojos tu salvación, la que has preparado a la vista de todos los pueblos, luz para iluminar a los gentiles y gloria de tu pueblo Israel. Este está puesto para caída y elevación de muchos en Israel, y para ser señal de contradicción»; y añade con referencia a María: «Y a ti misma una espada te atravesará el alma».

(San Juan Pablo II: "Redemptoris Mater, 16)

FEBRERO

1

SÁBADO

Sábado 3° Tiempo Ordinario   Tomo III - Salterio 3ª semana

Santos Raimundo de Fitero *ab*,
Severo *ob*,
Pablo Hong Yong-ju, *ct* y *co mrs*

SAN RAMON DE FITERO

Papa Francisco: Jesús, implorado por los discípulos, calma el viento y las olas. Y les plantea una pregunta, una pregunta que nos concierne también a nosotros: «¿Por qué estáis con tanto miedo? ¿Cómo no tenéis fe?». Los discípulos se habían dejado llevar por el miedo, porque se habían quedado mirando las olas más que mirar a Jesús. Y el miedo nos lleva a mirar las dificultades, los problemas difíciles y no a mirar al Señor, que muchas veces duerme. También para nosotros es así: ¡cuántas veces nos quedamos mirando los problemas en vez de ir al Señor y dejarle a Él nuestras preocupaciones! ¡Cuántas veces dejamos al Señor en un rincón, en el fondo de la barca de la vida, para despertarlo solo en el momento de la necesidad! Pidamos hoy la gracia de una fe que no se canse de buscar al Señor, de llamar a la puerta de su Corazón. (20-06-2021)

PALABRA Aquel día, al atardecer, dijo Jesús a sus discípulos: «Vamos a la otra orilla». Dejando a la gente, se lo llevaron en barca, como estaba; otras barcas lo acompañaban. Se levantó una fuerte tempestad, y las olas rompían contra la barca hasta casi llenarla de agua. Él estaba a popa, dormido sobre un cabezal. Lo despertaron, diciéndole: «Maestro, ¿no te importa que perezcamos?». Se puso en pie, increpó al viento y dijo al mar: «¡Silencio, enmudece!». El viento cesó y vino una gran calma. Él les dijo: «¿Por qué tenéis miedo? ¿Aún no tenéis fe?». Se llenaron de miedo y se decían unos a otros: «¿Pero quién es este? ¡Hasta el viento y el mar lo obedecen!».

Hebreos 11, 1-2.8-19; *Salmo: Lucas* 1, 69-75; • **MARCOS 4,35-41**

SEÑOR, a veces tengo miedo. Es inevitable. Soledad, preocupaciones, dolor, sufrimientos, dudas. **Es mi propia tempestad. Pero tú estás conmigo. Esa es mi seguridad.** *Bendito sea el Señor, Dios de Israel, porque ha visitado a su pueblo (Salmo: Lucas 1, 68).*

ORACIÓN

PRESENTACIÓN DEL SEÑOR

FIESTA DE LA PRESENTACIÓN DEL SEÑOR
Purificación de María. Virgen de la Candelaria, de Copacabana, de la Calle. Santos Lorenzo *ob*, **Burcardo** *ob*

FEBRERO
2
DOMINGO

JORNADA DE LA VIDA CONSAGRADA

Papa Francisco: María y José «estaban admirados de lo que se decía de él [de Jesús]». La admiración es también una reacción explícita del viejo Simeón, que en el Niño Jesús ve con sus ojos la salvación obrada por Dios en nombre de su pueblo: esa salvación que había estado esperando durante años. Y lo mismo ocurre con Ana, que también «alababa a Dios» y hablaba de Jesús a la gente. Es una santa habladora, hablaba bien, hablaba de cosas buenas, no de cosas malas. Decía, anunciaba: una santa que iba de una mujer a otra mostrándoles a Jesús. Estas figuras de creyentes están envueltas en la admiración, porque se dejaron capturar e involucrar por los eventos que estaban sucediendo ante sus ojos. La capacidad de maravillarse ante las cosas que nos rodean favorece la experiencia religiosa y hace fructífero el encuentro con el Señor. Por el contrario, la incapacidad de admirar nos hace indiferentes y amplía la distancia entre el viaje de la fe y la vida cotidiana. ¡Hermanos y hermanas, siempre en movimiento y dejándonos abiertos a la admiración! (02-02-2020)

PALABRA

• Malaquías 3,1- 4: Esto dice el Señor Dios: «Voy a enviar a mi mensajero para que prepare el camino ante mí. De repente llegará a su santuario el Señor de quien vosotros andáis buscando; y el mensajero de la alianza en quien os regocijáis, mirad que está llegando, dice el Señor del universo. ¿Quién resistirá el día de su llegada? ¿Quién se mantendrá en pie ante su mirada? Pues es como fuego de fundidor, como lejía de lavandero. Se sentará como fundidor que refina la plata; reinará a los levitas y los acrisolará como oro y plata, y el Señor recibirá ofrenda y oblación justas. Entonces agradará al Señor la ofrenda de Judá y de Jerusalén, como en tiempos pasados, como antaño».

• *Salmo* 23,7-10: *El Señor, Dios del universo, él es el Rey de la gloria.*

• *Hebreos* 2, 14-18: Lo mismo que los hijos participan de la carne y de la sangre, así también participó Jesús de nuestra carne y sangre, para aniquilar mediante la muerte al señor de la muerte, es decir, al diablo, y liberar a cuantos, por miedo a la muerte, pasaban la vida entera como esclavos. Notad que tiende una mano a los hijos de Abrahán, no a los ángeles. Por eso tenía que parecerse en todo a sus hermanos, para ser sumo sacerdote misericordioso y fiel en lo que a Dios se refiere, y expiar los pecados del pueblo. Pues, por el hecho de haber padecido sufriendo la tentación, puede auxiliar a los que son tentados.

• **LUCAS 2, 22-40:** Cuando se cumplieron los días de la purificación, según la ley de Moisés, los padres de Jesús lo llevaron a Jerusalén, para presentarlo al Señor, de acuerdo con lo escrito en la ley del Señor: «Todo varón primogénito será consagrado al Señor», y para entregar la oblación, como dice la ley del Señor: «un par de tórtolas o dos pichones». Había entonces en Jerusalén un hombre llamado Simeón, hombre justo y piadoso, que aguardaba el consuelo de Israel; y el Espíritu Santo estaba con él. Le había sido revelado por el Espíritu Santo que no vería la muerte antes de ver al Mesías del Señor. Impulsado por el Espíritu, fue al templo. Cuando entraban con el niño Jesús sus padres para cumplir con él lo acostumbrado según la ley, Simeón lo tomó en brazos y bendijo a Dios diciendo: «Ahora, Señor, según tu promesa, puedes dejar a tu siervo irse en paz. Porque mis ojos han visto a tu Salvador, a quien has presentado ante todos los pueblos: luz para alumbrar a las naciones y gloria de tu pueblo Israel». Su padre y su madre estaban admirados por lo que se decía del niño. Simeón los bendijo, diciendo a María, su madre: «Este está puesto para que muchos en Israel caigan y se levanten; y será como un signo de contradicción – y a ti misma una espada te traspasará el alma –, para que se pongan de manifiesto los pensamientos de muchos corazones». Había también una profetisa, Ana, hija de Fanuel, de la tribu de Aser, ya muy avanzada en años. De joven había vivido 7 años casada, y luego viuda hasta los 84; no se apartaba del templo, sirviendo a Dios con ayunos y oraciones noche y día. Presentándose en aquel momento, alababa también a Dios y hablaba del niño a todos los que aguardaban la liberación de Jerusalén. Y, cuando cumplieron todo lo que prescribía la ley del Señor, se volvieron a Galilea, a su ciudad de Nazaret. El niño, por su parte, iba creciendo y robusteciéndose, lleno de sabiduría; y la gracia de Dios estaba con él.

SEÑOR, te doy gracias hoy por la vida consagrada, por tantas hermanas y hermanos que entregándose totalmente a ti reflejan tu rostro
ORACIÓN pobre, célibe y obediente. **Te pido por su fidelidad y que les bendigas con nuevas vocaciones.**

SAN BLAS

Santos BLAS *ob mr*, ÓSCAR *ob*, Simeón y Ana *NT*, Claudina Thévenet *vg*, Berlinda *vg*

Papa Francisco: Quien encuentra a Jesús no tiene dudas, siente que es eso lo que buscaba, lo que esperaba y lo que responde a sus aspiraciones más auténticas: quien conoce a Jesús, quien lo encuentra personalmente, queda fascinado, atraído por tanta bondad, tanta verdad, tanta belleza, y todo en una gran humildad y sencillez. Buscar a Jesús, encontrar a Jesús: ¡este es el gran tesoro! (27-07-2014)

PALABRA

En aquel tiempo, Jesús y sus discípulos llegaron a la otra orilla del mar, a la región de los gerasenos. Apenas desembarcó, le salió al encuentro, de entre los sepulcros, un hombre poseído de espíritu inmundo. Y es que vivía entre los sepulcros; ni con las cadenas podía ya nadie sujetarlo; muchas veces lo habían sujetado con cepos y cadenas, pero él rompía las cadenas y destrozaba los cepos, y nadie tenía fuerza para dominarlo. Se pasaba el día y la noche en los sepulcros y en los montes, gritando e hiriéndose con piedras. Viendo de lejos a Jesús echó a correr, se postró ante él y gritó con voz potente: «¿Qué tienes que ver conmigo, Jesús, hijo de Dios altísimo? Por Dios te lo pido, no me atormentes». Porque Jesús le estaba diciendo: «Espíritu inmundo, sal de este hombre». Y le preguntó: «¿Cómo te llamas?». Él respondió: «Me llamo Legión, porque somos muchos». Y le rogaba con insistencia que no los expulsara de aquella comarca. Había cerca una gran piara de cerdos paciendo en la falda del monte. Los espíritus le rogaron: «Envíanos a los cerdos para que entremos en ellos». Él se lo permitió. Los espíritus inmundos salieron del hombre y se metieron en los cerdos; y la piara, unos dos mil, se abalanzó acantilado abajo al mar y se ahogó en el mar. Los porquerizos huyeron y dieron la noticia en la ciudad y en los campos. Y la gente fue a ver qué había pasado. Se acercaron a Jesús y vieron al endemoniado que había tenido la legión, sentado, vestido y en su juicio. Y se asustaron. Los que lo habían visto les contaron lo que había pasado al endemoniado y a los cerdos. Ellos le rogaban que se marchase de su comarca. Mientras embarcaba, el que había estado poseído por el demonio le pidió que le permitiese estar con él. Pero no se lo permitió, sino que le dijo: «Vete a casa con los tuyos y anúnciales lo que el Señor ha hecho contigo y que ha tenido misericordia de ti». El hombre se marchó y empezó a proclamar por la Decápolis lo que Jesús había hecho con él; todos se admiraban.

Hebreos 11, 32-40; *Salmo* 30, 20-24 • **MARCOS 5,1-20**

ORACIÓN

SEÑOR Jesús, el pecado nos destruye y nos arruina, pero tu gracia nos renueva y purifica. **Gracias por tu perdón y por tu misericordia.** *Sed valientes de corazón, los que esperáis en el Señor* (Salmo 30,25).

FEBRERO

4

MARTES

Santos Catalina de Ricci *vg*, Juan de Britto *pb mr*, Gilberto *pb*, Rabano Mauro *ob*, Beata Isabel Canori *mf*

SANTA CATALINA DE RICCI

Papa Francisco: Jesús es el Señor y delante de Él la muerte física es un sueño: no hay motivo para desesperarse. Otra es la muerte de la que tener miedo: la del corazón endurecido por el mal. ¡De esa sí que tenemos que tener miedo! [...] Pero incluso el pecado, incluso el corazón momificado, para Jesús nunca es la última palabra, porque Él nos ha traído la infinita misericordia del Padre. (01-06-2018)

PALABRA

En aquel tiempo, Jesús atravesó de nuevo en barca a la otra orilla, se le reunió mucha gente a su alrededor y se quedó junto al mar. Se acercó un jefe de la sinagoga, que se llamaba Jairo, y, al verlo, se echó a sus pies, rogándole con insistencia: «Mi niña está en las últimas; ven, impón las manos sobre ella, para que se cure y viva». Se fue con él y lo seguía mucha gente que lo apretujaba. Había una mujer que padecía flujos de sangre desde hacía doce años. Había sufrido mucho a manos de los médicos y se había gastado en eso toda su fortuna; pero, en vez de mejorar, se había puesto peor. Oyó hablar de Jesús y, acercándose por detrás, entre la gente, le tocó el manto, pensando: «Con solo tocarle el manto curaré». Inmediatamente se secó la fuente de sus hemorragias, y notó que su cuerpo estaba curado. Jesús, notando que había salido fuerza de él, se volvió enseguida, en medio de la gente, y preguntaba: «¿Quién me ha tocado el manto?». Los discípulos le contestaban: «Ves cómo te apretuja la gente y preguntas:"¿Quién me ha tocado?"». Él seguía mirando alrededor, para ver a la que había hecho esto. La mujer se acercó asustada y temblorosa, al comprender lo que le había ocurrido, se le echó a los pies y le confesó toda la verdad. Él le dice: «Hija, tu fe te ha curado. Vete en paz y queda curada de tu enfermedad». Todavía estaba hablando, cuando llegaron de casa del jefe de la sinagoga para decirle: «Tu hija se ha muerto. ¿Para qué molestar más al maestro?». Jesús alcanzó a oír lo que hablaban y le dijo al jefe de la sinagoga: «No temas; basta que tengas fe». No permitió que lo acompañara nadie, más que Pedro, Santiago y Juan, el hermano de Santiago. Llegan a casa del jefe de la sinagoga y encuentra el alboroto de los que lloraban y se lamentaban a gritos y después de entrar les dijo: «¿Qué estrépito y qué lloros son estos? La niña no está muerta; está dormida». Se reían de él. Pero él los echó fuera a todos y, con el padre y la madre de la niña y sus acompañantes, entró donde estaba la niña, la cogió de la mano y le dijo: «Talitha qumi» (que significa: «Contigo hablo, niña, levántate»). La niña se levantó inmediatamente y echó a andar; tenía doce años. Y quedaron fuera de sí llenos de estupor. Les insistió en que nadie se enterase; y les dijo que dieran de comer a la niña.

Hebreos 12, 1-4; *Salmo* 21, 26b-28.30-32 • **MARCOS 5, 21-43**

ORACIÓN

SEÑOR Jesús, te preocupas de todos nosotros personalmente y tu amor quiere llegar al hondón de cada corazón. **Bendito seas por tanta dedicación y bondad.** *Te alabarán, Señor, los que te buscan (Salmo 21,27b).*

Tomo III - Salterio 4ª semana **Miércoles 4º Tiempo Ordinario**

FEBRERO

5

MIÉRCOLES

Santos ÁGUEDA *vg mr*,
Pedro Bautista *pb mr*,
Jesús Méndez *pb mr*, Adelaida *ab*

SANTA ÁGUEDA

Papa Francisco: Dios no se ajusta a los prejuicios. Debemos esforzarnos por abrir el corazón y la mente, para acoger la realidad divina que nos sale al encuentro. Se trata de tener fe: la falta de fe es un obstáculo para la gracia de Dios. Muchos bautizados viven como si Cristo no existiera: los gestos y signos de fe se repiten, pero no corresponden a una verdadera adhesión a la persona de Jesús y a su Evangelio. Cada cristiano - todos nosotros, cada uno de nosotros - está llamado a profundizar en esta pertenencia fundamental, tratando de dar testimonio de ella con una forma de vida coherente, cuyo hilo conductor sea siempre la caridad. (08-07-2018)

En aquel tiempo, Jesús se dirigió a su ciudad y lo seguían sus discípulos. Cuando llegó el sábado, empezó a enseñar en la sinagoga; la multitud que lo oía se preguntaba asombrada: «¿De dónde saca todo eso? ¿Qué sabiduría es esa que le ha sido dada? ¿Y esos milagros que realizan sus manos? ¿No es este el carpintero, el hijo de María, hermano de Santiago y José y Judas y Simón? Y sus hermanas ¿no viven con nosotros aquí?». Y se escandalizaban a cuenta de él. Les decía: «No desprecian a un profeta más que en su tierra, entre sus parientes y en su casa». No pudo hacer allí ningún milagro, solo curó algunos enfermos imponiéndoles las manos. Y se admiraba de su falta de fe. Y recorría los pueblos de alrededor enseñando.

Hebreos 12,4-7.11-15; *Salmo* 102,1bc-2.13-14.17-18a • **MARCOS 6, 1-6**

SEÑOR Jesús, la fe es nuestro sí a tu persona y a tu palabra. **Ayúdanos a acrecentarla y a madurarla.** *La misericordia del Señor dura por siempre, para aquellos que lo temen* (Salmo 102,17).

SAN PABLO MIKI Y COMPAÑEROS

Papa Francisco: Si algo debe inquietarnos santamente y preocupar nuestra conciencia, es que tantos hermanos nuestros vivan sin la fuerza, la luz y el consuelo de la amistad con Jesucristo, sin una comunidad de fe que los contenga, sin un horizonte de sentido y de vida. Más que el temor a equivocarnos, espero que nos mueva el temor a encerrarnos en las estructuras que nos dan una falsa contención, en las normas que nos vuelven jueces implacables, en las costumbres donde nos sentimos tranquilos, mientras afuera hay una multitud hambrienta y Jesús nos repite sin cansarse: "¡Dadles vosotros de comer! (20-07-2020)

PALABRA

En aquel tiempo, llamó Jesús a los Doce y los fue enviando de dos en dos, dándoles autoridad sobre los espíritus inmundos. Les encargó que llevaran para el camino un bastón y nada más, pero ni pan, ni alforja, ni dinero suelto en la faja; que llevasen sandalias, pero no una túnica de repuesto. Y decía: «Quedaos en la casa donde entréis, hasta que os vayáis de aquel sitio. Y si un lugar no os recibe ni os escucha, al marcharos sacudíos el polvo de los pies, en testimonio contra ellos». Ellos salieron a predicar la conversión, echaban muchos demonios, ungían con aceite a muchos enfermos y los curaban.

Hebreos 12,18-19.21-24; *Salmo* 47, 2-4.9-11 • **MARCOS 6, 7-13**

SEÑOR, te sigo. Hoy quiero renovar mi compromiso y **disponibilidad para anunciarte y dar testimonio de ti.** *Oh Dios, meditamos tu misericordia en medio de tu templo* (Salmo 47, 10).

ORACIÓN

Santos Ricardo *pf,*
Juliana *vd.* Beatos Pío IX *pp,*
Anselmo Polanco *ob* y Felipe *pb mrs*

Papa Francisco: La vida sólo tiene valor al donarla, al donarla en el amor, en la verdad, al donarla a los demás, en la vida cotidiana, en la familia. Donarla siempre. Si alguien toma la vida para sí mismo, para custodiarla, como el rey en su corrupción, o la señora con el odio, o la joven, la muchacha, con su propia vanidad – un poco adolescente, inconsciente – la vida muere, la vida termina marchitada, no sirve. (08-02-2019)

PALABRA En aquel tiempo, como la fama de Jesús se había extendido, el rey Herodes oyó hablar de él. Unos decían: «Juan el Bautista ha resucitado de entre los muertos y por eso las fuerzas milagrosas actúan en él». Otros decían: «Es Elías». Otros: «Es un profeta como los antiguos». Herodes, al oírlo, decía: «Es Juan, a quien yo decapité, que ha resucitado». Es que Herodes había mandado prender a Juan y lo había metido en la cárcel, encadenado. El motivo era que Herodes se había casado con Herodías, mujer de su hermano Filipo, y Juan le decía que no le era lícito tener la mujer de su hermano. Herodías aborrecía a Juan y quería matarlo, pero no podía, porque Herodes respetaba a Juan, sabiendo que era un hombre justo y santo, y lo defendía. Al escucharlo quedaba muy perplejo, aunque lo oía con gusto. La ocasión llegó cuando Herodes, por su cumpleaños, dio un banquete a sus magnates, a sus oficiales y a la gente principal de Galilea. La hija de Herodías entró y danzó, gustando mucho a Herodes y a los convidados. El rey le dijo a la joven: «Pídeme lo que quieras, que te lo daré».Y le juró: «Te daré lo que me pidas, aunque sea la mitad de mi reino». Ella salió a preguntarle a su madre: «¿Qué le pido?». La madre le contestó: «La cabeza de Juan el Bautista». Entró ella enseguida, a toda prisa, se acercó al rey y le pidió: «Quiero que ahora mismo me des en una bandeja la cabeza de Juan el Bautista». El rey se puso muy triste; pero, por el juramento y los convidados, no quiso desairarla. Enseguida le mandó a uno de su guardia que trajese la cabeza de Juan. Fue, lo decapitó en la cárcel, trajo la cabeza en una bandeja y se la entregó a la joven; la joven se la entregó a su madre. Al enterarse sus discípulos, fueron a recoger el cadáver y lo pusieron en un sepulcro.

Hebreos 13, 1-8; *Salmo* 26, 1.3.5.8-9 • **MARCOS 6, 14-29**

SEÑOR, creer en ti implica defender la verdad y la justicia. A veces me cuesta. **Necesito tu fuerza y tu ayuda.** *El Señor es mi luz y mi salvación (Salmo 26, 1b).*

ORACIÓN

FEBRERO

8

SÁBADO

Sábado 4° Tiempo Ordinario   Tomo III - Salterio 4ª semana

Santos Jerónimo EMILIANI *pb*, Josefina
BAKHITA *vg*, Honorato *ob*, Esteban *er*.
Beata Esperanza de Jesús *Amor Misericordioso*.

B. ESPERANZA ALHAMA

Papa Francisco: He aquí el primer pan que el Mesías ofrece a la multitud hambrienta y perdida: el pan de la Palabra. Todos nosotros tenemos necesidad de palabras de verdad que nos guíen y que iluminen nuestro camino. Sin la verdad, que es Cristo mismo, no es posible encontrar la orientación correcta en la vida. Cuando nos alejamos de Jesús y de su amor, nos perdemos y la existencia se transforma en desilusión e insatisfacción. Con Jesús al lado, se puede proceder con seguridad, se pueden superar las pruebas, avanzar en el amor hacia Dios y hacia el prójimo. Jesús se hizo don para los demás, convirtiéndose así en modelo de amor y de servicio para cada uno de nosotros. (22-07-2018)

PALABRA En aquel tiempo, los apóstoles volvieron a reunirse con Jesús y le contaron todo lo que habían hecho y enseñado. Él les dijo: «Venid vosotros a solas a un lugar desierto a descansar un poco». Porque eran tantos los que iban y venían que no encontraban tiempo ni para comer. Se fueron en barca a un lugar desierto. Muchos los vieron marcharse y los reconocieron; entonces de todas las aldeas fueron corriendo por tierra a aquel sitio y se les adelantaron. Al desembarcar, Jesús vio una multitud y se compadeció de ella, porque andaban como ovejas que no tienen pastor; y se puso a enseñarles muchas cosas.

Hebreos 13, 15-17.20-21; *Salmo* 22, 1b-3a. 3b-6 • **MARCOS 6, 30-34**

ORACIÓN **SEÑOR Jesús,** gracias porque velas por nosotros y nos llamas al encuentro contigo a través de la oración y de la contemplación, **tan necesarias en nuestra vida cristiana.** *El Señor es mi pastor, nada me falta (Salmo 22, 1b).*

Tomo III - Salterio 1ª semana   **DOMINGO V DEL TIEMPO ORDINARIO**

FEBRERO

9

Santos Apolonia *vg mr*, Miguel Febres *rl*,
Sabino *ob*, Rainaldo *ob.* Beatos
Leopoldo de Alpandeire *rl*,
Ana Catalina Emmerick *mj*

DOMINGO

B. ANA CAT. EMMERICK

Papa Francisco: Así es como el Señor reconstruye la confianza de Pedro. Tras subir a su barca, después de predicar, le dice: "Rema mar adentro". No era una hora adecuada para pescar, era pleno día, pero Pedro confía en Jesús. No se apoya en las estrategias de los pescadores, que conocía bien, sino que se apoya en la novedad de Jesús. Aquel asombro que lo movía a hacer aquello que Jesús le decía. Lo mismo ocurre con nosotros: si acogemos al Señor en nuestra barca, podemos ir mar adentro. Con Jesús se navega por el mar de la vida sin miedo, sin ceder a la decepción cuando no se pesca nada, y sin ceder al "no hay nada más que hacer". Siempre, tanto en la vida personal como en la vida de la Iglesia y de la sociedad, se puede hacer algo que sea hermoso y valiente: siempre. Siempre podemos volver a empezar, el Señor siempre nos invita a volver a ponernos en juego porque Él abre nuevas posibilidades. Aceptemos, pues, la invitación: ahuyentemos el pesimismo y la desconfianza y entremos mar adentro con Jesús. Incluso nuestra pequeña barca vacía será testigo de una pesca milagrosa. (06-02-2022)

• *Isaías* 6,1–2a.3–8: El año de la muerte del rey Ozías, vi al Señor sentado sobre un trono alto y excelso: la orla de su manto llenaba el templo. Junto a él estaban los serafines, y se gritaban uno a otro diciendo: «¡Santo, santo, santo, el Señor del universo, llena está la tierra de su gloria!». Temblaban las jambas y los umbrales al clamor de su voz, y el templo estaba lleno de humo. Yo dije: «¡Ay de mí, estoy perdido! Yo, hombre de labios impuros, que habito en medio de gente de labios impuros, he visto con mis ojos al Rey, Señor del universo». Uno de los seres de fuego voló hacia mí con un ascua en la mano, que había tomado del altar con unas tenazas; la aplicó a mi boca y me dijo: «Al tocar esto tus labios, ha desaparecido tu culpa, está perdonado tu pecado». Entonces escuché la voz del Señor, que decía: «¿A quién enviaré? ¿Y quién irá por nosotros?». Contesté: «Aquí estoy, mándame».

• *Salmo* 137, 1–8: *Delante de los ángeles tañeré para ti, Señor.*

• *1Corintios* 15, 1–11: Os recuerdo, hermanos, el Evangelio que os anuncié y que vosotros aceptasteis, en el que además estáis fundados, y que os está salvando, si os mantenéis en la palabra que os anunciamos; de lo contrario, creísteis en vano. Porque yo os transmití en primer lugar, lo que también yo recibí: que Cristo murió por nuestros pecados, según las Escrituras; y que fue sepultado y que resucitó al tercer día, según las Escrituras; y que se apareció a Cefas y más tarde a los Doce; después se apareció a más de quinientos hermanos juntos, la mayoría de los cuales viven todavía, otros han muerto; después se le apareció a Santiago, más tarde a todos los apóstoles; por último, como un aborto, se me apareció también a mí. Porque yo soy el menor de los apóstoles y no soy digno de ser llamado apóstol, porque he perseguido a la Iglesia de Dios. Pero por la gracia de Dios soy lo que soy, y su gracia para conmigo no se ha frustrado en mí. Antes bien, he trabajado más que todos ellos. Aunque no he sido yo, sino la gracia de Dios conmigo. Pues bien; tanto yo como ellos predicamos así, y así lo creísteis vosotros.

• **LUCAS 5,1-11:** En aquel tiempo, la gente se agolpaba en torno a Jesús para oír la palabra de Dios. Estando él de pie junto al lago de Genesaret, vio dos barcas que estaban en la orilla; los pescadores, que habían desembarcado, estaban lavando las redes. Subiendo a una de las barcas, que era la de Simón, le pidió que la apartara un poco de tierra. Desde la barca, sentado, enseñaba a la gente. Cuando acabó de hablar, dijo a Simón: «Rema mar adentro y echad vuestras redes para la pesca». Simón contestó: «Maestro, hemos estado bregando toda la noche y no hemos recogido nada; pero, por tu palabra, echaré las redes». Y, puestos a la obra, hicieron una redada tan grande de peces, que las redes comenzaban a reventarse. Entonces hicieron señas a los compañeros, que estaban en la otra barca, para que vinieran a echarles una mano. Vinieron y llenaron las dos barcas, hasta el punto de que casi se hundían. Al ver esto, Simón Pedro se echó a los pies de Jesús, diciendo: «Señor, apártate de mí, que soy un hombre pecador». Y es que el estupor se había apoderado de él y de los que estaban con él, por la redada de peces que habían recogido; y lo mismo les pasaba a Santiago y Juan, hijos de Zebedeo, que eran compañeros de Simón. Y Jesús dijo a Simón: «No temas; desde ahora serás pescador de hombres». Entonces sacaron las barcas a tierra y, dejándolo todo, lo siguieron.

SEÑOR Jesús, nos eliges, nos llamas y nos haces partícipes de tu misión. **Que nuestra respuesta sea siempre amor y fidelidad.**

ORACIÓN

SANTA ESCOLÁSTICA

Tomo III - Salterio 1ª semana   **Lunes 5° Tiempo Ordinario**

Santos **ESCOLÁSTICA** *vg*,
José Sánchez del Río *mr*, Silvano *ob*,
Guillermo *er*. Beatos Luis Stepinac *ob*,
Eusebia Palomino *vg*

FEBRERO

10

LUNES

Papa Francisco: El Padre, a través del Espíritu Santo, atrae a las personas hacia Jesús. Cuando el Padre atrae a la gente a Jesús, hay otro que atrae de manera opuesta y te hace la guerra por dentro. Y por eso Pablo habla de la vida cristiana como una lucha: una lucha cotidiana. Pensemos en cómo es nuestro corazón: ¿siento esa lucha en mi corazón? ¿Creo que mi vida mueve el corazón de Jesús? Si no lo creo, debo rezar mucho para creerlo, para que se me conceda esta gracia. Que cada uno busque en su propio para ver cómo es la situación en él. Y pidamos al Señor que nos haga cristianos que sepan discernir lo que pasa en nuestro propio corazón y elegir bien el camino por el que el Padre nos atrae a Jesús. (19-01-2017)

Terminada la travesía, Jesús y sus discípulos llegaron a Genesaret y atracaron. Apenas desembarcados, lo reconocieron y se pusieron a recorrer toda la comarca; cuando se enteraba la gente dónde estaba Jesús, le llevaba los enfermos en camillas. En los pueblos, ciudades o aldeas donde llegaba, colocaban a los enfermos en la plaza y le rogaban que les dejase tocar al menos la orla de su manto; y los que lo tocaban se curaban.

Génesis 1, 1-19; *Salmo* 103, 1-2a.5.6.10.12.24.35c • **MARCOS 6, 53-56**

SEÑOR Jesús, siempre preocupado por nuestros sufrimientos y necesidades, **gracias por tanto amor y tan grande misericordia.** *Goce el Señor con sus obras* (Salmo 103,31b).

BIENAVENTURADA VIRGEN MARÍA DE LOURDES
Santos Pedro Maldonado *pb mr,*
Sotera *vg mr,* **Pascual I** *pp*

VIRGEN DE LOURDES

JORNADA MUNDIAL DEL ENFERMO

Papa Francisco: Servir al Señor significa escuchar su palabra y ponerla en práctica. Es la recomendación, sencilla pero esencial de la madre de Jesús y el programa de vida del cristiano. Para cada uno de nosotros, beber de la tinaja equivale a confiar en la Palabra de Dios para sentir su eficacia en la vida. Entonces, junto con el maestresala que probó el agua convertida en vino, nosotros también podemos exclamar: "Has guardado el vino bueno hasta ahora". Sí, el Señor continúa reservando el mejor vino para nuestra salvación, así como continúa fluyendo desde su costado traspasado. (08-06-2016)

PALABRA Había una boda en Caná de Galilea, y la madre de Jesús estaba allí. Jesús y sus discípulos estaban también invitados a la boda. Faltó el vino, y la madre de Jesús le dice: «No tienen vino». Jesús le dice: «Mujer, ¿qué tengo yo que ver contigo? Todavía no ha llegado mi hora». Su madre dijo a los sirvientes: «Haced lo que él os diga». Había allí colocadas seis tinajas de piedra, para las purificaciones de los judíos, de unos cien litros cada una. Jesús les dice: «Llenad las tinajas de agua». Y las llenaron hasta arriba. Entonces les dice: «Sacad ahora y llevadlo al mayordomo». Ellos se lo llevaron. El mayordomo probó el agua convertida en vino sin saber de dónde venía (los sirvientes sí lo sabían, pues habían sacado el agua), y entonces llama al esposo y le dice: «Todo el mundo pone primero el vino bueno, y cuando ya están bebidos, el peor; tú, en cambio, has guardado el vino bueno hasta ahora». Este fue el primero de los signos que Jesús realizó en Caná de Galilea; así manifestó su gloria y sus discípulos creyeron en él.

Isaías 66, 10-14c; *Salmo: Judit* 13, 18-19 • **JUAN 2, 1-11**

ORACIÓN **SEÑOR Jesús,** gracias por habernos regalado a tu Madre, la Virgen María, a quien invocamos como "salud de los enfermos". **Que su protección, ayuda e intercesión nos una más a Ti.** *Tú eres el honor de nuestro pueblo* (Judit 13,15).

S. EULALIA DE BARCELONA

Santos Eulalia de Barcelona *vg mr,*
Mártires de Abitinia. Beata Umbelina *ab*

Papa Francisco: El cristianismo no contempla alimentos impuros. Pero la atención que debemos tener es la interior: por lo tanto, no en la comida en sí, sino en nuestra relación con ella. Y Jesús sobre esto dice claramente que lo que hace la bondad o la maldad, digamos, de un alimento, no es el alimento en sí, sino la relación que tenemos con él. Y nosotros lo vemos, cuando una persona tiene una relación desordenada con la comida, miramos cómo come, come con prisas, como con las ganas de saciarse y nunca se sacia, no tiene una buena relación con la comida, es esclavo de la comida. Esta relación serena que Jesús ha establecido con respecto a la alimentación debería ser redescubierta y valorizada, especialmente en las sociedades del llamado bienestar, donde se manifiestan tantos desequilibrios y tantas patologías. (10-01-2024)

PALABRA

En aquel tiempo, llamó Jesús de nuevo a la gente y les dijo: «Escuchad y entended todos: Nada que entre de fuera puede hacer al hombre impuro; lo que sale de dentro es lo que hace impuro al hombre». Cuando dejó a la gente y entró en casa, le pidieron sus discípulos que les explicara la parábola. Él les dijo: «¿También vosotros seguís sin entender? ¿No comprendéis? Nada que entre de fuera puede hacer impuro al hombre, porque no entra en el corazón, sino en el vientre, y se echa en la letrina». (Con esto declaraba puros todos los alimentos). Y siguió: «Lo que sale de dentro del hombre, eso sí hace impuro al hombre. Porque de dentro, del corazón del hombre, salen los pensamientos perversos, las fornicaciones, robos, homicidios, adulterios, codicias, malicias, fraudes, desenfreno, envidia, difamación, orgullo, frivolidad. Todas esas maldades salen de dentro y hacen al hombre impuro».

Génesis 2, 4b-9.15-17; *Salmo* 103, 1-2a.27-30 • **MARCOS 7, 14-23**

ORACIÓN

SEÑOR Jesús, quiero vivir con un corazón limpio de donde brote continuamente recta intención, **bondad y verdad.** *Bendice, alma mía, al Señor (Salmo 103, 1a).*

B. JORDÁN DE SAJONIA

Papa Francisco: Cada uno de nosotros tiene su propia historia y no siempre es una historia limpia; muchas veces es una historia difícil, con muchos dolores, muchos problemas y muchos pecados. ¿Qué hago, yo, con mi historia? ¿La escondo? ¡No! Tenemos que llevarla delante del Señor: "¡Señor, si Tú quieres, puedes sanarme!" Esto es lo que nos enseña esta mujer, esta buena mujer: la valentía de llevar la propia historia de dolor delante de Dios, delante de Jesús; tocar la ternura de Dios, la ternura de Jesús. (16-08-2020)

PALABRA

En aquel tiempo, Jesús fue a la región de Tiro. Entró en una casa, procurando pasar desapercibido, pero no logró ocultarse. Una mujer que tenía una hija poseída por un espíritu impuro se enteró enseguida, fue a buscarlo y se le echó a los pies. La mujer era pagana, una fenicia de Siria, y le rogaba que echase el demonio de su hija. Él le dijo: «Deja que se sacien primero los hijos. No está bien tomar el pan de los hijos y echárselo a los perritos». Pero ella replicó: «Señor, pero también los perros, debajo de la mesa, comen las migajas que tiran los niños». Él le contestó: «Anda, vete, que, por eso que has dicho, el demonio ha salido de tu hija». Al llegar a su casa, se encontró a la niña echada en la cama; el demonio se había marchado.

Génesis 2, 18 - 25; *Salmo* 127, 1bc - 5 • **MARCOS 7, 24–30**

ORACIÓN

SEÑOR Jesús, gracias por ser tan generoso en tu gracia y en tu amor para con nosotros. **Bendito seas por siempre.** *Dichosos los que temen al Señor* (Salmo 127, 1b).

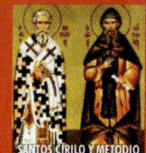

SANTOS CIRILO Y METODIO

FIESTA DE SAN CIRILO Y SAN METODIO
PATRONOS DE EUROPA
Valentín *mr*,
Juan B. de la Concepción *pb*, Vital *mr*

Papa Francisco: La pobreza como camino del discípulo. Sí, el discípulo, pobre, porque su riqueza es Jesús. Pobre, porque no está apegado a la riqueza: primer paso. Pobre, porque es paciente frente a pequeñas o grandes persecuciones: segundo paso. Pobre, porque entra en este estado de ánimo al final de la vida que nos recuerda el de San Pablo: abandonado. Y el mismo camino de Jesús que termina con esa oración al Padre: "Padre, Padre, ¿por qué me has abandonado?". Que esta revelación de la predilección del Señor por la pobreza nos ayude a avanzar y orar por los discípulos, por todos los discípulos, sean sacerdotes, hermanas, obispos, papas, laicos: todos. Para que sepan recorrer el camino de la pobreza como quiere el Señor. (18-10-2018)

PALABRA
En aquel tiempo, designó el Señor otros setenta y dos y los mandó delante de él, de dos en dos, a todos los pueblos y lugares adonde pensaba ir él. Y les decía: «La mies es abundante y los obreros pocos; rogad, pues, al dueño de la mies que envíe obreros a su mies. ¡Poneos en camino! Mirad que os envío como corderos en medio de lobos. No llevéis bolsa, ni alforja, ni sandalias; y no saludéis a nadie por el camino. Cuando entréis en una casa, decid primero: "Paz a esta casa". Y si allí hay gente de paz, descansará sobre ellos vuestra paz; si no, volverá a vosotros. Quedaos en la misma casa, comiendo y bebiendo de lo que tengan, porque el obrero merece su salario. No andéis cambiando de casa en casa. Si entráis en una ciudad y os reciben, comed lo que os pongan, curad a los enfermos que haya en ella, y decidles: "El reino de Dios ha llegado a vosotros"».

Hechos 13, 46-49; *Salmo* 116,1.2 • LUCAS 10, 1-9

ORACIÓN
SEÑOR Jesús, tu mies sigue siendo mucha. El testimonio de estos santos evangelizadores, Cirilo y Metodio, **nos aliente para seguir bien comprometidos en la misión que nos encomiendas.** *Id al mundo entero y proclamad el Evangelio (Marcos 16, 15).*

FEBRERO

15

SÁBADO

Sábado 5° Tiempo Ordinario   Tomo III - Salterio 1ª semana

Santos Claudio de la Colombière *pb*,
Onésimo *NT*, Faustino y Jovita *mrs*,
Georgia *vg*, Sigfrido *ob*

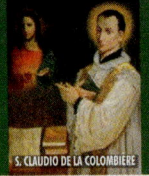

S. CLAUDIO DE LA COLOMBIÈRE

Papa Francisco: Nosotros tratamos de acumular y aumentar lo que tenemos; Jesús, en cambio, pide dar, disminuir. Nos encanta añadir, nos gustan las adiciones; a Jesús le gustan las sustracciones, quitar algo para dárselo a los demás. Queremos multiplicar para nosotros; Jesús aprecia cuando dividimos con los otros, cuando compartimos. Es curioso que en los relatos de la multiplicación de los panes presentes en los Evangelios no aparezca nunca el verbo "multiplicar". Es más, los verbos utilizados son de signo opuesto: "partir", "dar", "distribuir". (25-07-2021)

PALABRA

Por aquellos días, como de nuevo se había reunido mucha gente y no tenían qué comer, Jesús llamó a sus discípulos y les dijo: Siento compasión de la gente, porque llevan ya tres días conmigo y no tienen qué comer, y, si los despido a sus casas en ayunas, se van a desmayar por el camino. Además, algunos han venido desde lejos». Le replicaron sus discípulos: «¿Y de dónde se puede sacar pan, aquí, en despoblado, para saciar a tantos?». Él les preguntó: «¿Cuántos panes tenéis?». Ellos contestaron: «Siete». Mandó que la gente se sentara en el suelo, tomó los siete panes, dijo la acción de gracias, los partió y los fue dando a sus discípulos para que los sirvieran. Ellos los sirvieron a la gente. Tenían también unos cuantos peces; Jesús pronunció sobre ellos la bendición, y mandó que los sirvieran también. La gente comió hasta quedar saciada y de los trozos que sobraron llenaron siete canastas; eran unos cuatro mil y los despidió; y enseguida se montó en la barca con sus discípulos y se fue a la región de Dalmanuta.

Génesis 3, 9-24; *Salmo* 89, 2-6.12-13 • **MARCOS 8, 1-10**

ORACIÓN

SEÑOR Jesús, la generosidad multiplica y el egoísmo resta. **Ayúdame a cambiar mi amor propio por amor entregado.** *Señor, tú has sido nuestro refugio de generación en generación* (Salmo 89,1bc).

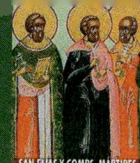

Tomo III - Salterio 2ª semana   **DOMINGO VI Tiempo Ordinario**

FEBRERO

16

Santos Elías y *co mrs*, Juliana *vg mr.*
Beato José Allamano *pb*

DOMINGO

SAN ELÍAS Y COMPS. MÁRTIRES

JORNADA Y COLECTA DE LA CAMPAÑA CONTRA EL HAMBRE EN EL MUNDO

Papa Francisco: Ante la paradoja de las Bienaventuranzas, el discípulo se deja poner en crisis, consciente de que no es Dios quien debe entrar en nuestras lógicas, sino nosotros en las suyas. Y esto requiere de un camino, a veces fatigoso, pero siempre acompañado de alegría. Porque el discípulo de Jesús es alegre con la alegría que le viene de Jesús. Porque, no lo olvidemos, la primera palabra que Jesús dice es: bienaventurados; de ahí el nombre de las Bienaventuranzas. Este es el sinónimo del ser discípulos de Jesús. El Señor, al liberarnos de la esclavitud del egocentrismo, desencaja nuestras cerrazones, disuelve nuestra dureza y nos abre la verdadera felicidad, que a menudo se encuentra donde nosotros no pensamos. Es Él quien guía nuestra vida, no nosotros, con nuestras ideas preconcebidas o nuestras exigencias. Finalmente, el discípulo es aquel que se deja guiar por Jesús, que abre su corazón a Jesús, lo escucha y sigue su camino. (13-02-2022)

• *Jeremías* 17, 5-8: Esto dice el Señor: «Maldito quien confía en el hombre, y busca el apoyo de las criaturas, apartando su corazón del Señor. Será como un cardo en la estepa, que nunca recibe la lluvia; habitará en un árido desierto, tierra salobre e inhóspita. Bendito quien confía en el Señor y pone en el Señor su confianza. Será un árbol plantado junto al agua, que alarga a la corriente sus raíces; no teme la llegada del estío, su follaje siempre está verde; en año de sequía no se inquieta, ni dejará por eso de dar fruto».

• *Salmo* 1,1-6: *Dichoso el hombre que ha puesto su confianza en el Señor.*

• *1Corintios* 15, 12.16-20: Hermanos: Si se anuncia que Cristo ha resucitado de entre los muertos, ¿cómo dicen algunos de entre vosotros que no hay resurrección de muertos? Pues si los muertos no resucitan, tampoco Cristo ha resucitado; y si Cristo no ha resucitado, vuestra fe no tiene sentido, seguís estando en vuestros pecados; de modo que incluso los que murieron en Cristo han perecido. Si hemos puesto nuestra esperanza en Cristo solo en esta vida, somos los más desgraciados de toda la humanidad. Pero Cristo ha resucitado de entre los muertos y es primicia de los que han muerto.

• **LUCAS, 6, 17.20-26:** En aquel tiempo, Jesús bajó del monte con los Doce, se paró en una llanura con un grupo grande de discípulos y una gran muchedumbre del pueblo, procedente de toda Judea, de Jerusalén y de la costa de Tiro y de Sidón. Él, levantando los ojos hacia sus discípulos, les decía: «Bienaventurados los pobres, porque vuestro es el reino de Dios. Bienaventurados los que ahora tenéis hambre, porque quedaréis saciados. Bienaventurados los que ahora lloráis, porque reiréis. Bienaventurados vosotros cuando os odien los hombres, y os excluyan, y os insulten y proscriban vuestro nombre como infame, por causa del Hijo del hombre. Alegraos ese día y saltad de gozo: porque vuestra recompensa será grande en el cielo. Eso es lo que hacían vuestros padres con los profetas. Pero, ¡ay de vosotros, los ricos, porque ya habéis recibido vuestro consuelo! ¡Ay de vosotros, los que estáis saciados, porque tendréis hambre! ¡Ay de los que ahora reís, porque haréis duelo y lloraréis! ¡Ay si todo el mundo habla bien de vosotros! Eso es lo que vuestros padres hacían con los falsos profetas».

ORACIÓN **SEÑOR Jesús,** confío en ti. Tú eres mi verdadera seguridad, tú mi bienaventuranza, la alegría de mi corazón, la vida de mi alma, la luz que me guía. **Te doy gracias.**

Bienaventurados los pobres

Papa Francisco: Hermanos y hermanas, también Jesús recorre el camino de los profetas: se presenta como no nos lo esperamos. No lo encuentra quien busca milagros —si nosotros buscamos milagros no encontraremos a Jesús—, quien busca sensaciones nuevas, experiencias íntimas, cosas extrañas; quien busca una fe hecha de poder y signos externos. No, no lo encontrará. Solo lo encuentra, en cambio, quien acepta sus caminos y sus desafíos, sin quejas, sin sospechas, sin críticas ni caras largas. En otras palabras, Jesús te pide que lo acojas en la realidad cotidiana que vives; en la Iglesia de hoy, tal como es; en los que están cerca de ti cada día, en la concreción de los necesitados, en los problemas de tu familia, en los padres, en los hijos, los abuelos, acoger a Dios allí. Ahí está Él, invitándonos a purificarnos en el río de la disponibilidad, y en tantos y saludables baños de humildad. Se necesita humildad para encontrar a Dios, para dejarnos encontrar por Él. (30-01-2022)

En aquel tiempo, se presentaron los fariseos y se pusieron a discutir con Jesús; para ponerlo a prueba, le pidieron un signo del cielo. Jesús dio un profundo suspiro y dijo: «¿Por qué esta generación reclama un signo? En verdad os digo que no se le dará un signo a esta generación». Los dejó, se embarcó de nuevo y se fue a la otra orilla.

Génesis 4, 1–15.25; *Salmo* 49, 1–8. 16–21 • **MARCOS 8, 11–13**

SEÑOR Jesús, te reclamamos signos y tú nos pides fe. **Perdona mi desconfianza, perdona mis exigencias, fortalece mi fe.** *Ofrece a Dios un sacrificio de alabanza (Salmo 49, 14a).*

FEBRERO

18

MARTES

Martes 6° Tiempo Ordinario   Tomo III - Salterio 2ª semana

Santos Sadot *ob* y *co mrs,* Eladio *ob,*
Francisco Regis *pb mr.*
Beato Juan de Fiésole (Fray Angélico) *pb*

B. JUAN DE FIÉSOLE (FRAY ANGÉLICO)

Papa Francisco: Existe una levadura "mala" que "arruina", que hace crecer "hacia adentro". Es la de los fariseos [...] Esta levadura – dice Jesús – es peligrosa. Estén atentos. Es la hipocresía. Jesús no tolera la hipocresía: este presentarse bien, también con bellas formas de educación, pero con malos hábitos dentro. Y el mismo Jesús dice: "De afuera ustedes son bellos, como los sepulcros, pero dentro hay putrefacción o destrucción, están los escombros". Esta levadura que hace crecer hacia adentro, es una levadura que hace crecer sin futuro, porque en el egoísmo, en el hecho de dirigirse a sí mismo, no hay futuro. (19-10-2018)

En aquel tiempo, a los discípulos se les olvidó tomar pan, y no tenían más que un pan en la barca. Jesús les ordenaba diciendo: «Estad atentos, evitad la levadura de los fariseos y de Herodes». Y discutían entre ellos sobre el hecho de que no tenían panes. Dándose cuenta, les dijo Jesús: «¿Por qué andáis discutiendo que no tenéis pan? ¿Aún no entendéis ni comprendéis? ¿Tenéis el corazón embotado? ¿Tenéis ojos y no veis, tenéis oídos y no oís? ¿No recordáis cuántos cestos de sobras recogisteis cuando repartí cinco panes entre cinco mil?». Ellos contestaron: «Doce». «¿Y cuántas canastas de sobras recogisteis cuando repartí siete entre cuatro mil?». Le respondieron: «Siete». Él les dijo: «¿Y no acabáis de comprender?».

Génesis 6,5-8; 7,1-5.10; *Salmo* 28,1-4.9-10 • **MARCOS 8, 14-21**

SEÑOR, mi corazón se embota porque me cuesta escuchar tu palabra y darme cuenta de tu presencia. **Estoy demasiado centrado en mí. Ilumíname, fortaléceme, sáname.** *El Señor bendice a su pueblo con la paz* (Salmo 28, 11b).

Santos Lucía Yi *vg mr,* **Conrado Confalonieri** *er.* **Beato Álvaro de Córdoba** *pb*

B. ÁLVARO DE CÓRDOBA

Papa Francisco: Un nuevo encuentro con el Evangelio de la fe, de la esperanza y del amor nos invita a asumir un espíritu creativo y renovado. De esta manera, seremos capaces de transformar las raíces de nuestras enfermedades físicas, espirituales y sociales. Podremos sanar en profundidad las estructuras injustas y sus prácticas destructivas que nos separan los unos de los otros, amenazando la familia humana y nuestro planeta. El ministerio de Jesús ofrece muchos ejemplos de sanación. Cuando sana a aquellos que tienen fiebre, lepra, parálisis; cuando devuelve la vista, el habla o el oído, en realidad sana no solo un mal físico, sino toda la persona. De tal manera la lleva también a la comunidad, sanada; la libera de su aislamiento porque la ha sanado. (05-08-2020)

Jesús y los discípulos llegaron a Betsaida. Y le trajeron un ciego pidiéndole que lo tocase. Él lo sacó de la aldea, llevándolo de la mano, le untó saliva en los ojos, le impuso las manos y le preguntó: «¿Ves algo?». Levantando los ojos dijo: «Veo hombres; me parecen árboles, pero andan». Le puso otra vez las manos en los ojos; el hombre miró: estaba curado y veía todo con claridad. Jesús lo mandó a casa, diciéndole que no entrase en la aldea.

Génesis 8, 6-13. 20-22; *Salmo* 115, 12-15.18-19 • **MARCOS 8, 22-26**

SEÑOR, cura mi ceguera, da luz a mis ojos para que me dé cuenta de tu presencia junto a nosotros. **Gracias, Jesús.** *Te ofreceré, Señor, un sacrificio de alabanza (Salmo 115, 17a).*

SANTOS FRANCISCO Y JACINTA DE FÁTIMA

Papa Francisco: El Señor quiere que sus discípulos de ayer y de hoy establezcan con Él una relación personal, y así lo acojan en el centro de sus vidas. Por este motivo los exhorta a ponerse con toda la verdad ante sí mismos y les pregunta: «Y vosotros, ¿quién decís que soy yo?». Jesús, hoy, nos vuelve a dirigir esta pregunta tan directa y confidencial a cada uno de nosotros: «¿Tú quién dices que soy? ¿Vosotros quién decís que soy? ¿Quién soy yo para ti?». Cada uno de nosotros está llamado a responder, en su corazón, dejándose iluminar por la luz que el Padre nos da para conocer a su Hijo Jesús. Y puede sucedernos a nosotros lo mismo que le sucedió a Pedro, y afirmar con entusiasmo: «Tú eres el Cristo». (16-09-2018)

PALABRA

En aquel tiempo, Jesús y sus discípulos se dirigieron a las aldeas de Cesarea de Filipo; por el camino, preguntó a sus discípulos: «¿Quién dice la gente que soy yo?». Ellos le contestaron: «Unos, Juan Bautista; otros, Elías, y otros, uno de los profetas». Él les preguntó: «Y vosotros, ¿quién decís que soy?». Tomando la palabra Pedro le dijo: «Tú eres el Mesías». Y les conminó a que no hablaran a nadie acerca de esto. Y empezó a instruirlos: «El Hijo del hombre tiene que padecer mucho, ser reprobado por los ancianos, sumos sacerdotes y escribas, ser ejecutado y resucitar a los tres días». Se lo explicaba con toda claridad. Entonces Pedro se lo llevó aparte y se puso a increparlo. Pero él se volvió y, mirando a los discípulos, increpó a Pedro: «¡Ponte detrás de mí, Satanás! ¡Tú piensas como los hombres, no como Dios!».

Génesis 9, 1-13; *Salmo* 101, 16-21.29.22-23 • **MARCOS 8, 27-33**

ORACIÓN

SEÑOR Jesús, te reconozco como hijo de Dios y salvador, pero a veces pienso demasiado según mis criterios y no según los del Evangelio. Cambia mi mente y mi corazón. **Quiero seguirte.** *El Señor, desde el cielo, se ha fijado en la tierra (Salmo 101, 20b).*

Tomo III - Salterio 2ª semana   **Viernes 6º Tiempo Ordinario**

FEBRERO

21

VIERNES

Santos **PEDRO DAMIANI** *ob dc,*
Germán *ab,* **Roberto Southwell** *pb mr*

SAN PEDRO DAMIANI

Papa Francisco: No hay amor verdadero sin cruz, es decir, sin un precio a pagar en persona. Y lo dicen muchas madres, muchos padres que se sacrifican tanto por sus hijos y soportan verdaderos sacrificios, cruces, porque aman. Y si se lleva con Jesús, la cruz no da miedo, porque Él siempre está a nuestro lado para apoyarnos en la hora de la prueba más dura, para darnos fuerza y coraje. Tampoco es necesario inquietarse por preservar la vida, con una actitud temerosa y egoísta. Jesús amonesta: «El que encuentre su vida, la perderá; y el que pierda su vida por mí —es decir, por amor, por amor a Jesús, por amor al prójimo, por servir a los demás—, la encontrará». Es la paradoja del Evangelio. (28-06-2020)

En aquel tiempo, llamando a la gente y a sus discípulos, Jesús les dijo: «Si alguno quiere venir en pos de mí, que se niegue a sí mismo, tome su cruz y me siga. Porque quien quiera salvar su vida, la perderá; pero el que pierda su vida por mí y por el Evangelio, la salvará. Pues ¿de qué le sirve a un hombre ganar el mundo entero y perder su alma? ¿O qué podrá dar uno para recobrarla? Quien se avergüence de mí y de mis palabras, en esta generación adúltera y pecadora, también el Hijo del hombre se avergonzará de él, cuando venga con la gloria de su Padre entre sus santos ángeles». Y añadió: «En verdad os digo que algunos de los aquí presentes no gustarán la muerte hasta que vean el reino de Dios en toda su potencia».

Génesis 11, 1-9; *Salmo* 32, 10-15 • **MARCOS 8, 34; 9, 1**

SEÑOR Jesús, querer seguirte implica tenerte como centro y aprender a amar dando la vida. **Quiero asumir este compromiso con la fuerza de tu gracia.** *Dichoso el pueblo que Dios se escogió como heredad* (Salmo 32, 12b).

La Cátedra de San Pedro, Santos
Margarita de Cortona *rl*,
Papías *ob*, Maximiano *ob*

CÁTEDRA DE SAN PEDRO

FIESTA DE LA CÁTEDRA DE SAN PEDRO

Papa Francisco: También con nosotros, hoy, Jesús quiere continuar construyendo su Iglesia, esta casa con fundamento sólido, pero donde no faltan las grietas, y que continuamente necesita ser reparada. Siempre. La Iglesia siempre necesita ser reformada, reparada. Nosotros ciertamente no nos sentimos rocas, sino solo pequeñas piedras. Aun así, ninguna pequeña piedra es inútil, es más, en las manos de Jesús la piedra más pequeña se convierte en preciosa, porque Él la recoge, la mira con gran ternura, la trabaja con su Espíritu, y la coloca en el lugar justo, que Él desde siempre ha pensado y donde puede ser más útil a toda la construcción. Cada uno de nosotros es una pequeña piedra, pero en las manos de Jesús participa en la construcción de la Iglesia. Y todos nosotros, aunque seamos pequeños, nos hemos convertido en «piedras vivas», porque cuando Jesús toma en la mano su piedra, la hace suya, la hace viva, llena de vida, llena de vida del Espíritu Santo, llena de vida de su amor, y así tenemos un lugar y una misión en la Iglesia: esta es comunidad de vida, hecha de muchísimas piedras, todas diferentes, que forman un único edificio en su signo de la fraternidad y de la comunión. (27-08-2017)

En aquel tiempo, al llegar a la región de Cesarea de Filipo, Jesús preguntó a sus discípulos: «¿Quién dice la gente que es el Hijo del hombre?». Ellos contestaron: «Unos que Juan el Bautista, otros que Elías, otros que Jeremías o uno de los profetas». Él les preguntó: «Y vosotros, ¿quién decís que soy yo?». Simón Pedro tomó la palabra y dijo: «Tú eres el Mesías, el Hijo del Dios vivo». Jesús le respondió: «¡Bienaventurado tú, Simón, hijo de Jonás!, porque eso no te lo ha revelado ni la carne ni la sangre, sino mi Padre que está en los cielos. Ahora yo te digo: tú eres Pedro, y sobre esta piedra edificaré mi Iglesia, y el poder del infierno no la derrotará. Te daré las llaves del reino de los cielos; lo que ates en la tierra quedará atado en los cielos, y lo que desates en la tierra, quedará desatado en los cielos».

1Pedro 5, 1-4; *Salmo* 22, 1-6 • **MATEO 16, 13-19**

SEÑOR Jesús, mi oración es hoy por el Papa, a quien has puesto al frente de tu Iglesia para servirla en tu Nombre. **Ayúdale, confórtale y asístele en su importante misión.** *El Señor es mi pastor, nada me falta* (Salmo 22,1b).

Papa Francisco: Poner la otra mejilla no significa sufrir en silencio, ceder a la injusticia. Jesús con su pregunta denuncia lo que es injusto. Pero lo hace sin ira, sin violencia, es más, con gentileza. No quiere desencadenar una discusión, sino desactivar el rencor, esto es importante: apagar juntos el odio y la injusticia, tratando de recuperar al hermano culpable. Esto no es fácil, pero Jesús lo hizo y nos dice que lo hagamos nosotros también. Esto es poner la otra mejilla: la mansedumbre de Jesús es una respuesta más fuerte que el golpe que recibió. Poner la otra mejilla no es el repliegue del perdedor, sino la acción de quien tiene una fuerza interior más grande. Poner la otra mejilla es vencer al mal con el bien, que abre una brecha en el corazón del enemigo, desenmascarando lo absurdo de su odio. Y esta actitud, este poner la otra mejilla, no es dictado por el cálculo o por el odio, sino por el amor. (20-02-2022)

•1 Samuel 26, 2.7-9.12-13.22-23: En aquellos días, Saúl emprendió la bajada al desierto de Zif, llevando tres mil hombres escogidos de Israel, para buscar a David allí. David y Abisay llegaron de noche junto a la tropa. Saúl dormía, acostado en el cercado, con la lanza hincada en tierra a la cabecera. Abner y la tropa dormían en torno a él. Abisay dijo a David: «Dios pone hoy al enemigo en tu mano. Déjame que lo clave de un golpe con la lanza en la tierra. No tendré que repetir». David respondió: «No acabes con él, pues ¿quién ha extendido su mano contra el ungido del Señor y ha quedado impune?». David cogió la lanza y el jarro de agua de la cabecera de Saúl, y se marcharon. Nadie los vio, ni se dio cuenta, ni se despertó. Todos dormían, porque el Señor había hecho caer sobre ellos un sueño profundo. David cruzó al otro lado y se puso en pie sobre la cima de la montaña, lejos, manteniendo una gran distancia entre ellos, y gritó: «Aquí está la lanza del rey. Venga por ella uno de sus servidores. Y que el Señor pague a cada uno según su justicia y su fidelidad. Él te ha entregado hoy en mi poder, pero yo no he querido extender mi mano contra el ungido del Señor».

•Salmo 102, 1-4.8.10.12-13: *El Señor es compasivo y misericordioso.*

•**1Corintios** 15,45-49: Hermanos: El primer hombre, Adán, se convirtió en ser viviente. El ultimo Adán, en espíritu vivificante. Pero no fue primero lo espiritual, sino primero lo material y después lo espiritual. El primer hombre, que proviene de la tierra, es terrenal; el segundo hombre es del cielo. Como el hombre terrenal, así son los de la tierra: como el celestial, así son los del cielo. Y lo mismo que hemos llevado la imagen del hombre terrenal, llevaremos también la imagen del celestial.

• **LUCAS 6, 27-38:** En aquel tiempo, dijo Jesús a sus discípulos: «A vosotros los que me escucháis os digo: amad a vuestros enemigos, haced el bien a los que os odian, bendecid a los que os maldicen, orad por los que os calumnian. Al que te pegue en una mejilla, preséntale la otra; al que te quite la capa, no le impidas que tome también la túnica. A quien te pide, dale; al que se lleve lo tuyo, no se lo reclames. Tratad a los demás como queréis que ellos os traten. Pues si amáis a los que os aman, ¿qué mérito tenéis? También los pecadores aman a los que los aman. Y si hacéis bien solo a los que os hacen bien, ¿qué mérito tenéis? También los pecadores hacen lo mismo. Y si prestáis a aquellos de los que esperáis cobrar, ¿qué mérito tenéis? También los pecadores prestan a otros pecadores, con intención de cobrárselo. Por el contrario, amad a vuestros enemigos, haced el bien y prestad sin esperar nada; será grande vuestra recompensa y seréis hijos del Altísimo, que es bueno con los malvados y desagradecidos. Sed misericordiosos como vuestro Padre es misericordioso; no juzguéis, y no seréis juzgados; no condenéis, y no seréis condenados; perdonad, y seréis perdonados; dad, y se os dará: os verterán una medida generosa, colmada, remecida, rebosante, pues con la medida con que midiereis se os medirá a vosotros».

SEÑOR Jesús, amar como tú nos pides es cosa seria, es amar con misericordia, radicalmente, incluso a los enemigos. Así se manifiesta ORACIÓN nuestra identidad de hijos de Dios, el Padre misericordioso. **Ayúdame a vivir desde esta medida generosa.**

Tomo III - Salterio 3ª semana **Lunes 7º Tiempo Ordinario**

Santos Etelberto *cf,* Modesto *ob,*
Pedro Palatino *mr.*
Beata Ascensión Nicol *vg*

FEBRERO

24

LUNES

BEATA ASCENSIÓN NICOL

Papa Francisco: La oración es un impulso, es una invocación que va más allá de nosotros mismos: algo que nace en lo más profundo de nuestra persona y llega, porque siente la nostalgia de un encuentro. Esa nostalgia que es más que una necesidad, más que una necesidad: es un camino. La oración es la voz de un "yo" que va a tientas, que procede a tientas, en busca de un "tú". El encuentro entre el "yo" y el "tú" no se puede hacer con calculadoras: es un encuentro humano y muchas veces procedemos a tientas para encontrar el "tú" que mi "yo" está buscando. (13-05-2020)

En aquel tiempo, Jesús y los tres discípulos bajaron del monte y cuando volvieron a donde estaban los demás discípulos, vieron mucha gente alrededor, y a unos escribas discutiendo con ellos. Al ver a Jesús, la gente se sorprendió, y corrió a saludarlo. Él les preguntó: «¿De qué discutís?». Uno de la gente le contestó: «Maestro, te he traído a mi hijo; tiene un espíritu que no lo deja hablar y, cuando lo agarra, lo tira al suelo, echa espumarajos, rechina los dientes y se queda rígido. He pedido a tus discípulos que lo echen, y no han sido capaces». Él, tomando la palabra, les dice: «¡Generación incrédula! ¿Hasta cuándo estaré con vosotros? ¿Hasta cuándo os tendré que soportar? Traédmelo». Se lo llevaron. El espíritu, en cuanto vio a Jesús, retorció al niño; este cayó por tierra y se revolcaba echando espumarajos. Jesús preguntó al padre: «¿Cuánto tiempo hace que le pasa esto?». Contestó él: «Desde pequeño. Y muchas veces hasta lo ha echado al fuego y al agua, para acabar con él. Si algo puedes, ten compasión de nosotros y ayúdanos». Jesús replicó: «¿Si puedo? Todo es posible al que tiene fe». Entonces el padre del muchacho se puso a gritar: «Creo, pero ayuda mi falta de fe». Jesús, al ver que acudía gente, increpó al espíritu inmundo, diciendo: «Espíritu mudo y sordo, yo te lo mando: Sal de él y no vuelvas a entrar en él». Gritando y sacudiéndolo violentamente, salió. El niño se quedó como un cadáver, de modo que muchos decían que estaba muerto. Pero Jesús lo levantó, tomándolo de la mano, y el niño se puso en pie. Al entrar en casa, sus discípulos le preguntaron a solas: «¿Por qué no pudimos echarlo nosotros?». Él les respondió: «Esta especie solo puede salir con oración».

Eclesiástico 1, 1-10b; *Salmo* 92, 1-2.5 • **MARCOS 9, 14-29**

SEÑOR Jesús, la oración intensa neutraliza las fuerzas del mal que quieren acaparar nuestro corazón y nos protege ante las asechanzas del tentador. **Aumenta en mí el deseo de orar.** *El Señor reina, vestido de majestad (Salmo 92, 1a).*

SS. LUIS VERSIGLIA Y CALIXTO

FEBRERO	
25	**Martes 7º Tiempo Ordinario** Tomo III · Salterio 3ª semana
MARTES	**Santos Luis Versiglia y Calixto** *mrs,* **Aldetrudis** *vg ab,* **Toribio Romo** *pb mr,* **Cesáreo** *cf,* **Néstor** *ob mr,* **Sebastián A.** *rl.* **Beato Ciriaco M.ª Sancha** *ob*

Papa Francisco: ¿Quién es el más importante de la Iglesia? El Papa, los obispos, los monseñores, los cardenales, los párrocos de las más bellas parroquias, los presidentes de asociaciones laicas... ¡No! El más grande de la Iglesia es el que se hace servidor de todos, aquel que sirve a todos, no el que tiene más títulos. Y para hacer entender esto, tomó un niño, lo puso en medio de ellos y, abrazándolo con ternura -porque Jesús hablaba con ternura, tenía tanta - les dijo: " El que recibe a uno de estos pequeños, me recibe a mí", es decir, el que acoge al más humilde, al más servidor. Éste es el camino. Contra el espíritu del mundo hay sólo un camino: la humildad. Servir a los demás, elegir el último lugar, no trepar. (25-02-2020)

PALABRA En aquel tiempo, Jesús y sus discípulos atravesaron Galilea; no quería que nadie se enterase, porque iba instruyendo a sus discípulos. Les decía: «El Hijo del hombre va a ser entregado en manos de los hombres, y lo matarán; y después de muerto, a los tres días resucitará». Pero no entendían lo que decía, y les daba miedo preguntarle. Llegaron a Cafarnaún, y una vez en casa, les preguntó: «¿De qué discutíais por el camino?». Ellos callaban, pues por el camino habían discutido quién era el más importante. Jesús se sentó, llamó a los Doce y les dijo: «Quien quiera ser el primero, que sea el último de todos y el servidor de todos». Y, tomando un niño, lo puso en medio de ellos, lo abrazó y les dijo: «El que acoge a un niño como este en mi nombre me acoge a mí; y el que me acoge a mí no me acoge a mí, sino al que me ha enviado».

Eclesiástico 2, 1-11; *Salmo* 36, 3-4.18-19.27-28.39-40 • **MARCOS 9, 30-37**

ORACIÓN **SEÑOR Jesús,** quiero aprender con ganas en la escuela del servicio y **de la entrega para ser discípulo de verdad y no de nombre.** *Encomienda tu camino al Señor, y él actuará (Salmo 36, 5).*

Santos Paula Montal *vg*, **Alejandro** *ob*,
Porfirio *ob*, **Víctor** *er.*
Beata Piedad de la Cruz *vg*

SANTA PAULA MONTAL

Papa Francisco: La gran libertad de Dios al donarse a nosotros constituye un desafío y una exhortación a modificar nuestras actitudes y nuestras relaciones. Es la invitación que nos dirige Jesús hoy. Él nos llama a no pensar según las categorías de «amigo/enemigo», «nosotros/ellos», «quien está dentro/quien está fuera», «mío/tuyo», sino para ir más allá, a abrir el corazón para poder reconocer su presencia y la acción de Dios también en ambientes insólitos e imprevisibles y en personas que forman parte de nuestro círculo. Se trata de estar atentos más a la autenticidad del bien, de lo bonito y de lo verdadero que es realizado, que no al nombre y a la procedencia de quien lo cumple. Y —como nos sugiere la parte restante del Evangelio de hoy— en vez de juzgar a los demás, debemos examinarnos a nosotros mismos, y «cortar» sin compromisos todo lo que puede escandalizar a las personas más débiles en la fe. (30-09-2018)

En aquel tiempo, Juan dijo a Jesús: «Maestro, hemos visto a uno que echaba demonios en tu nombre, y se lo hemos querido impedir, porque no es de los nuestros». Jesús respondió: «No se lo impidáis, porque uno que hace milagros en mi nombre no puede luego hablar mal de mí. El que no está contra nosotros está a favor nuestro».

Eclesiástico 4,11-19; *Salmo* 118,165.168.171-172.174-175
• **MARCOS 9,38-40**

SEÑOR Jesús, concédeme una mirada bondadosa, sin recelos hacia los demás, **considerando lo bueno que tú has puesto en el corazón de cada persona.** *Mucha paz tienen los que aman tu ley, Señor (Salmo 118, 165a).*

FEBRERO

27

JUEVES

Jueves 7° Tiempo Ordinario   Tomo III · Salterio 3ª semana

Santos Gabriel de la Dolorosa *rl,*
Ana Line *vd mr, Gregorio de Narek ab dc,*
Baldomero *cf,* Honorina *vg mr*

S. GABRIEL DE LA DOLOROSA

Papa Francisco: Dios es generoso: La generosa gratitud de Dios Padre tiene en cuenta hasta el más pequeño gesto de amor y servicio a nuestros hermanos y hermanas. Es una gratitud contagiosa que nos ayuda a cada uno de nosotros a mostrar gratitud hacia aquellos que se preocupan por nuestras necesidades. (28-06-2020)

PALABRA   En aquel tiempo, dijo Jesús a sus discípulos: «El que os dé a beber un vaso de agua, porque sois de Cristo, en verdad os digo que no se quedará sin recompensa. El que escandalice a uno de estos pequeñuelos que creen, más le valdría que le encajasen en el cuello una piedra de molino y lo echasen al mar. Si tu mano te induce a pecar, córtatela: más te vale entrar manco en la vida, que ir con las dos manos a la "gehenna", al fuego que no se apaga. Y si tu pie te induce a pecar, córtatelo: más te vale entrar cojo en la vida, que ser echado con los dos pies a la "gehenna". Y si tu ojo te induce a pecar, sácatelo: más te vale entrar tuerto en el Reino de Dios, que ser echado con los dos ojos a la "gehenna", donde el gusano no muere y el fuego no se apaga. Todos serán salados a fuego. Buena es la sal; pero si la sal se vuelve sosa, ¿con qué la salaréis? Tened sal entre vosotros y vivid en paz unos con otros».

Eclesiástico 5, 1-8; *Salmo* 1, 1-6 • **MARCOS 9, 41-50**

ORACIÓN   **SEÑOR Jesús,** tu gracia me preceda y **acompañe siempre para que me ayude a evitar lo que pueda dañar el testimonio de mi vida cristiana.** *Dichoso el hombre que ha puesto su confianza en el Señor (Salmo 39, 5ab).*

Tomo III - Salterio 3ª semana   **Viernes 7º Tiempo Ordinario**

Santos Mártires de Alejandría, Román *ab*,
Osvaldo *ob*, **Marana y Cira** *vgs*.
Beato Daniel Brottier *pb*

FEBRERO

28

VIERNES

SANTOS MÁRTIRES DE ALEJANDRÍA

Papa Francisco: El matrimonio según la Revelación cristiana no es una ceremonia o un acontecimiento social, ni una formalidad; tampoco es un ideal abstracto: es una realidad con su precisa consistencia, no una mera forma de gratificación afectiva que puede constituirse de cualquier manera y modificarse de acuerdo con la sensibilidad de cada uno. [...] Todo esto nos lleva a reconocer que todo verdadero matrimonio, incluso el no sacramental, es un don de Dios a los cónyuges. (27-01-2023)

En aquel tiempo, Jesús se marchó a Judea y a Transjordania; otra vez se le fue reuniendo gente por el camino, y según costumbre les enseñaba. Se acercaron unos fariseos y le preguntaron para ponerlo a prueba: «¿Le es lícito a un hombre divorciarse de su mujer?». Él les replicó: «¿Qué os ha mandado Moisés?». Contestaron: «Moisés permitió escribir el acta de divorcio y repudiarla». Jesús les dijo: «Por la dureza de vuestro corazón dejo escrito Moisés este precepto. Pero al principio de la creación Dios los creó hombre y mujer. Por eso dejará el hombre a su padre y a su madre, se unirá a su mujer y serán los dos una sola carne. De modo que ya no son dos, sino una sola carne. Lo que Dios ha unido, que no lo separe el hombre». En casa, los discípulos volvieron a preguntarle sobre lo mismo. Él les dijo: «Si uno repudia a su mujer y se casa con otra, comete adulterio contra la primera. Y si ella repudia a su marido y se casa con otro, comete adulterio».

Eclesiástico 6, 5-7; *Salmo* 118, 12.16.18.27.34.35 • **MARCOS 10, 1-12**

SEÑOR Jesús, mi oración es hoy por los matrimonios cristianos. Fortalécelos en su vocación de ser imagen de tu amor. **Que vivan felices en la fidelidad y la entrega mutua.** *Guíame, Señor, por la senda de tus mandatos* (Salmo 118, 35a).

BIBLIOTECA MARIANA

Colección de grandes clásicos sobre la Virgen María.
Formato 14 x 17 cm.

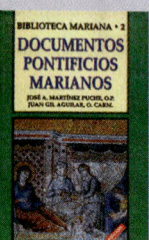
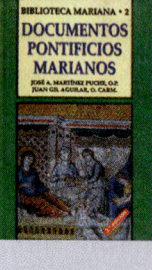

1 María en la Biblia y en los Padres de la Iglesia. (3ª ed.) J-R. Flecha, K. Stock, S.J., J. A. M. Puche O.P. 392 p. 13,25 €

2 Documentos pontificios marianos. J. A. M. Puche, O.P., J. Gil, O.Carm. 510 p. (3ª ed.) 16,50 €. Diecinueve siglos de Magisterio.

3 San Bernardo de Claraval y san Alberto Magno hablan de María. *Homilías marianas.* Marial. D Yáñez, O.C.S.O., J. Álvarez, O.A.R. J. A. M. Puche, O.P. 322 p. 2ª ed. 11,30 €

4 San Luis Mª G. de Montfort y san Alfonso hablan de María. San Luis: *Tratado de la verdadera devoción a la Santísima Virgen. El secreto de María.* San Alfonso: *Las glorias de María, La salve. Las virtudes de María.* 490 p. 3ª ed. 17,25 €

5 Antología mariana. *100 autores hablan de María.* (3ª ed.) J. A. M. Puche, O.P., R. de Andrés, S.J 422 p. 3ª ed. 14,90 €

6 María en la literatura y en el arte. Fray Luis de Granada (*Vida de María*). Poetas pintores y escultores honran a la Virgen. 382 p 2ª ed. Color. 19,50 €

7 El Año Mariano. Cada día con María. J. A. Martínez Puche, O.P. 688 p. 2ª ed. 23,50 € Liturgia, teología, historia, piedad. Apéndice: E Rosario. El Escapulario del Carmen.

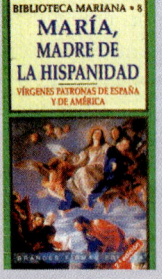

8 María, Madre de la Hispanidad. *Vírgenes patronas de España y América.* J. A. M. Puche, O.P., R. del Olmo, O.S.A. 636 p.+84 en color. 2ª ed. 24,50 €

Colección completa + Enciclopedia de la Virgen 179 €

MARZO

"San José nos enseña que tener fe en Dios incluye además creer que Él puede actuar incluso a través de nuestros miedos, de nuestras fragilidades, de nuestra debilidad. Y nos enseña que, en medio de las tormentas de la vida, no debemos tener miedo de ceder a Dios el timón de nuestra barca".

(Papa Francisco, Carta apostólica "Patris Corde".)

MARZO
1
SÁBADO

Sábado 7° Tiempo Ordinario   Tomo III - Salterio 3ª semana

Santos Félix III *pp*, Rosendo *ob ab*,
Albino *ob*, David *ob*, Suitbert *ob*

SAN ROSENDO

Papa Francisco: Los niños nos recuerdan que somos siempre hijos: incluso cuando se llega a la edad de adulto, o anciano, también si se convierte en padre, si ocupa un sitio de responsabilidad, por debajo de todo esto permanece la identidad de hijo. Todos somos hijos. Y esto nos reconduce siempre al hecho de que la vida no nos la hemos dado nosotros mismos, sino que la hemos recibido. El gran don de la vida es el primer regalo que nos ha sido dado. A veces corremos el riesgo de vivir olvidándonos de esto, como si fuésemos nosotros los dueños de nuestra existencia y, en cambio, somos radicalmente dependientes. En realidad, es motivo de gran alegría sentir que, en cada edad de la vida, en cada situación, en cada condición social, somos y permanecemos hijos. Este es el principal mensaje que nos dan los niños con su presencia misma: sólo con ella nos recuerdan que todos nosotros y cada uno de nosotros somos hijos. (18-03-2015)

En aquel tiempo, le acercaban a Jesús niños para que los tocara, pero los discípulos los regañaban. Al verlo, Jesús se enfadó y les dijo: «Dejad que los niños se acerquen a mí: no se lo impidáis, pues de los que son como ellos es el reino de Dios. En verdad os digo que quien no reciba el reino de Dios como un niño, no entrará en él». Y tomándolos en brazos los bendecía imponiéndoles las manos.

Eclesiástico 17.1-15; *Salmo* 102, 13-18 • **MARCOS 10, 13-16**

SEÑOR Jesús, a través de la imagen del niño nos enseñas a vivir como verdaderos hijos en plena confianza con Dios Padre. **Así viviste tú y así quiero vivir yo también.** *La misericordia del Señor dura por siempre, para aquellos que lo temen* (Salmo 102, 17).

SAN CEADA

Tomo III - Salterio 4ª semana   **DOMINGO VIII TIEMPO ORDINARIO**

Santos Ceada *ob*, **Troadio** *mr*

DIA DE HISPANOAMÉRICA

MARZO

2

DOMINGO

Papa Francisco: El Señor nos invita a limpiar nuestra mirada. En primer lugar, nos pide que miremos nuestro interior para reconocer nuestras miserias. Porque si no somos capaces de ver nuestros defectos, tenderemos siempre a exagerar los de los demás. En cambio, si reconocemos nuestros errores y nuestras miserias, se abre para nosotros la puerta de la misericordia. Y, después de que hayamos mirado nuestro interior, Jesús nos invita a mirar a los demás como lo hace Él —este es el secreto: mirar a los demás como lo hace Él—, que no ve antes que nada el mal sino el bien. Dios nos mira así: no ve en nosotros errores irremediables, sino que ve hijos que se equivocan. El punto de vista cambia: no se concentra en los errores, sino en los hijos que se equivocan. Dios distingue siempre la persona de sus errores. Salva siempre la persona. Cree siempre en la persona y está siempre dispuesto a perdonar los errores. Sabemos que Dios perdona siempre. Y nos invita a hacer lo mismo: a no buscar en los demás el mal, sino el bien. (27-02-2022)

PALABRA • *Eclesiástico* 27,4–7: Cuando se agita la criba, quedan los desechos; así, cuando la persona habla, se descubren sus defectos. El horno prueba las vasijas del alfarero, y la persona es probada en su conversación. El fruto revela el cultivo del árbol, así la palabra revela el corazón de la persona. No elogies a nadie antes de oírlo hablar, pues ahí es donde se prueba una persona.

• *Salmo* 91, 2-3.13-16: *Es bueno darte gracias, Señor.*

• *1Corintios* 15, 54-58: Hermanos: Cuando esto corruptible se vista de incorrupción, y esto mortal se vista de inmortalidad, entonces se cumplirá la palabra que está escrita: «La muerte ha sido absorbida en la victoria. ¿Dónde está, muerte, tu victoria? ¿Dónde está, muerte, tu aguijón?». El aguijón de la muerte es el pecado, y la fuerza del pecado, la ley. ¡Gracias a Dios, que nos da la victoria por medio de nuestro Señor Jesucristo! De modo que, hermanos míos queridos, manteneos firmes e inconmovibles. Entregaos siempre sin reservas a la obra del Señor, convencidos de que vuestro esfuerzo no será vano en el Señor.

• **LUCAS 6, 39-45:** En aquel tiempo, dijo Jesús a los discípulos una parábola: «¿Acaso puede un ciego guiar a otro ciego? ¿No caerán los dos en el hoyo? No está el discípulo sobre su maestro, si bien, cuando termine su aprendizaje, será como su maestro. ¿Por qué te fijas en la mota que tiene tu hermano en el ojo y no reparas en la viga que llevas en el tuyo? ¿Cómo puedes decirle a tu hermano: "Hermano, déjame que te saque la mota del ojo", sin fijarte en la viga que llevas en el tuyo? ¡Hipócrita! Sácate primero la viga de tu ojo, y entonces verás claro para sacar la mota del ojo de tu hermano. Pues no hay árbol bueno que dé fruto malo, ni árbol malo que dé fruto bueno; por ello, cada árbol se conoce por su fruto; porque no se recogen higos de las zarzas, ni se vendimian racimos de los espinos. El hombre bueno, de la bondad que atesora en su corazón saca el bien, y el que es malo, de la maldad saca el mal; porque de lo que rebosa el corazón, habla la boca».

SEÑOR Jesús, muchas veces juzgo a los demás y veo sus defectos sin reparar en los míos. **Quiero curarme de esa hipocresía con la verdad que destella tu Palabra, la cual me ilumina y me ayuda a ser humilde.**

ORACIÓN

De lo que rebosa el corazón habla la boca

Santos Emeterio y Celedonio *mrs,*
Catalina Drexel *vg,* **Cunegunda** *em*

SS. EMETERIO Y CELEDONIO

Papa Francisco: Quien está demasiado apegado a sus propias ideas, a sus propias certezas, difícilmente sigue realmente a Jesús, lo sigue un poco, sólo en las cosas en las que 'él está de acuerdo con él y está de acuerdo conmigo'. Esto, además, trae la tristeza, porque las cuentas no le cuadran, porque la realidad escapa a sus esquemas mentales y se encuentra insatisfecho. El discípulo, en cambio, sabe interrogarse a sí mismo, sabe buscar humildemente a Dios todos los días. (13-02-2022)

PALABRA   En aquel tiempo, cuando salía Jesús al camino, se le acercó uno corriendo, se arrodilló ante él y le preguntó: «Maestro bueno, ¿qué haré para heredar la vida eterna?». Jesús le contestó: «¿Por qué me llamas bueno? No hay nadie bueno más que Dios. Ya sabes los mandamientos: no matarás, no cometerás adulterio, no robarás, no darás falso testimonio, no estafarás, honra a tu padre y a tu madre». Él replicó: «Maestro, todo eso lo he cumplido desde mi juventud». Jesús se lo quedó mirando, lo amó y le dijo: «Una cosa te falta: anda, vende lo que tienes, dáselo a los pobres, así tendrás un tesoro en el cielo, y luego ven y sígueme». A estas palabras, él frunció el ceño y se marchó triste, porque era muy rico. Jesús, mirando alrededor, dijo a sus discípulos: «¡Qué difícil les será entrar en el reino de Dios a los que tienen riquezas!». Los discípulos quedaron sorprendidos de estas palabras. Pero Jesús añadió: «Hijos, ¡qué difícil es entrar en el reino de Dios! Más fácil le es a un camello pasar por el ojo de una aguja, que a un rico entrar en el reino de Dios». Ellos se espantaron y comentaban: «Entonces, ¿quién puede salvarse?». Jesús se les quedó mirando y les dijo: «Es imposible para los hombres, no para Dios. Dios lo puede todo».

Eclesiástico 17, 24-29; *Salmo* 31, 1b-2.5-7 • **MARCOS 10, 17-27**

ORACIÓN   **SEÑOR,** ayúdame a vivir sin apego a los bienes materiales. **Que sepa servirme de ellos, pero que no les sirva yo a ellos ni les entregue mi corazón que es solo para ti.** *Alegraos, justos, y gozad con el Señor (Salmo 31, 11a).*

SAN CASIMIRO, REY

Papa Francisco: Esa medida desbordante con la que Dios da sus dones: "Recibiréis todo. Nadie que haya dejado casa, hermanos, hermanas, madres, padres, hijos o hacienda por mí y por el Evangelio, que no reciba ya ahora en este tiempo quedará sin recibir cien veces más en casas, hermanos, hermanas, madres, campos, y la vida eterna que vendrá". Todo. Esta es la respuesta. El Señor no sabe dar menos de todo. Cuando Él dona algo, se dona a sí mismo, que es todo. (28-02-2017)

Pedro se puso a decir a Jesús: «Ya ves que nosotros lo hemos dejado todo y te hemos seguido». Jesús dijo: «En verdad os digo que no hay nadie que haya dejado casa, o hermanos o hermanas, o madre o padre, o hijos o tierras, por mí y por el Evangelio, que no reciba ahora, en este tiempo, cien veces más –casas y hermanos y hermanas y madres e hijos y tierras, con persecuciones–, y en la edad futura, vida eterna. Muchos primeros serán últimos, y muchos últimos primeros».

Eclesiástico 35, 1-12; *Salmo* 49, 5-8.14.23 • **MARCOS 10, 28–31**

SEÑOR Jesús, tu respondes generosamente a quien lo deja todo por ti. **Tu eres el verdadero tesoro de la vida. Que te ame con todo mi corazón.** *Al que sigue buen camino le haré ver la salvación de Dios (Salmo 49, 23cd).*

TIEMPO DE CUARESMA
TOMO II DE LA LITURGIA DE LAS HORAS

SAN LUCIO, PAPA

Santos Lucio *pp*, Teófilo *ob*,
Adrián *mr*, Juan J. de la Cruz *pb*

Ayuno y abstinencia

TIEMPO DE CUARESMA

Papa Francisco: La ceniza saca a la luz la nada que se esconde detrás de la búsqueda frenética de recompensas mundanas. Nos recuerdan que la mundanidad es como el polvo, que un poco de viento es suficiente para llevársela. Hermanas, hermanos, no estamos en este mundo para perseguir el viento; nuestros corazones tienen sed de eternidad. La Cuaresma es un tiempo que el Señor nos da para volver a la vida, para curarnos interiormente y caminar hacia la Pascua, hacia lo que permanece, hacia la recompensa del Padre. Es un camino de curación. No para cambiar todo de la noche a la mañana, sino para vivir cada día con un espíritu nuevo, con un estilo diferente. Este es el propósito de la oración, la caridad y el ayuno. (02-03-2022)

PALABRA

Dijo Jesús a sus discípulos: «Cuidad de no practicar vuestra justicia delante de los hombres para ser vistos por ellos; de lo contrario, no tendréis recompensa de vuestro Padre celestial. Por tanto, cuando hagas limosna, no mandes tocar la trompeta ante ti, como hacen los hipócritas en las sinagogas y por las calles para ser honrados por la gente; en verdad os digo que ya han recibido su recompensa. Tú, en cambio, cuando hagas limosna, que no sepa tu mano izquierda lo que hace tu derecha; así tu limosna quedará en secreto, y tu Padre, que ve en lo secreto, te recompensará. Cuando oréis, no seáis como los hipócritas, a quienes les gusta orar de pie en las sinagogas y en las esquinas de las plazas, para que los vean los hombres. En verdad os digo que ya han recibido su recompensa. Tú, en cambio, cuando ores, entra en tu cuarto, cierra la puerta y ora a tu Padre, que está en lo secreto, y tu Padre, que ve en lo secreto, te lo recompensará. Cuando ayunéis, no pongas cara triste, como los hipócritas que desfiguran sus rostros para hacer ver a los hombres que ayunan. En verdad os digo que ya han recibido su paga. Tú, en cambio, cuando ayunes, perfúmate la cabeza y lávate la cara, para que tu ayuno lo note, no los hombres, sino tu Padre, que está en lo escondido; y tu Padre, que ve en lo escondido, te recompensará».

Joel 2, 12-18; *Salmo* 50, 3-6.12-14.17; *2 Corintios* 5, 20 – 6, 2 • **MATEO 6, 1-6.16-18**

ORACIÓN

SEÑOR, Que tu Palabra me guíe para no echar en saco roto el don de tu gracia. *Misericordia, Señor, hemos pecado (Salmo 50, 3a).*

★ El miércoles de ceniza y el viernes santo son días de **ayuno y abstinencia.** Los viernes de cuaresma son días de **abstinencia.** Y todos los viernes del año, como toda la cuaresma, son días de **penitencia,** en los que se recomiendan las privaciones voluntarias, la limosna, las obras de caridad y la ayuda a las misiones (Ver **Catecismo Igl. Cat.,** n. 1438).

SAN OLEGARIO

Papa Francisco: Nosotros «no podemos pensar en la vida cristiana fuera de este camino, de este camino que Él recorrió primero. Es el camino de la humildad, incluso de la humillación, de la negación de sí mismo, porque el estilo cristiano sin cruz no es de ninguna manera cristiano, y si la cruz es una cruz sin Jesús, no es cristiana. Asumir un estilo de vida cristiano significa, pues, tomar la cruz con Jesús e ir adelante. Cristo mismo nos mostró este estilo negándose a sí mismo. Él, aun siendo igual a Dios, no se glorió de ello, no lo consideró un bien irrenunciable, sino que se humilló a sí mismo y se hizo siervo por todos nosotros. (06-03-2014)

En aquel tiempo, dijo Jesús a sus discípulos: «El Hijo del hombre tiene que padecer mucho, ser desechado por los ancianos, sumos sacerdotes y escribas, ser ejecutado y resucitar al tercer día». Entonces decía a todos: «Si alguno quiere venir en pos de mí, que se niegue a sí mismo, tome su cruz cada día y me siga. Pues el que quiera salvar su vida la perderá; pero el que pierda su vida por mi causa la salvará. ¿De qué le sirve a uno ganar el mundo entero si se pierde o se arruina a sí mismo?».

Deuteronomio 30, 15-20; *Salmo* 1, 1-4.6. • LUCAS 9, 22-25

SEÑOR, al inicio de la Cuaresma, pones delante de mí tu Cruz como testimonio de tu entrega por amor. **Este es el camino que conduce a la Vida.** *Dichoso el hombre que ha puesto su confianza en el Señor* (Salmo 39, 5ab).

SANTAS PERPETUA Y FELICIDAD

Santos PERPETUA y FELICIDAD *mrs,*
Teresa M. Redi *vg,* **Simeón Berneux** y *co mr*

Abstinencia

Papa Francisco: Recordemos que en la vida personal, como en la vida de la Iglesia, lo que cuenta no es lo exterior, los juicios humanos y el aprecio del mundo; sino sólo la mirada de Dios, que lee el amor y la verdad. Si nos ponemos humildemente bajo su mirada, entonces la limosna, la oración y el ayuno no se quedan en gestos exteriores, sino que expresan quiénes somos verdaderamente: hijos de Dios y hermanos entre nosotros. La limosna, la caridad, manifestará nuestra compasión con quien está necesitado, nos ayudará a volver a los demás; la oración dará voz a nuestro íntimo deseo de encontrar al Padre, haciéndonos volver a Él; el ayuno será una gimnasia espiritual para renunciar con alegría a lo que es superfluo y nos sobrecarga, para ser interiormente más libres y volver a lo que realmente somos. Encuentro con el Padre, libertad interior, compasión. (22-02-2023)

PALABRA En aquel tiempo, los discípulos de Juan se acercan a Jesús, preguntándole: «¿Por qué nosotros y los fariseos ayunamos a menudo y, en cambio, tus discípulos no ayunan?». Jesús les dijo: «¿Es que pueden guardar luto los amigos del esposo, mientras el esposo está con ellos? Llegarán días en que les arrebatarán al esposo, y entonces ayunarán».

Isaías 58,1-9a; *Salmo* 50, 3-6.18-19 • **MATEO 9, 14-15**

ORACIÓN **SEÑOR,** quiero aprender el valor del ayuno, unido a la oración y a la limosna. Me cuesta porque prefiero la comodidad. **Tu gracia me ilumine y me sostenga en los buenos propósitos.** *Un corazón quebrantado y humillado, oh Dios, tú no lo desprecias (Salmo 50, 19cd).*

MARZO

8

SÁBADO

Sábado después de Ceniza   Tomo II - Salterio 4ª semana

Santos JUAN DE DIOS *rl*,
Faustino Míguez *pb*,
Veremundo *ab*, **Félix** *pb*,
Beato José Olallo Valdés *rl*

SAN JUAN DE DIOS

Papa Francisco: La salvación puede entrar en el corazón cuando nosotros nos abrimos a la verdad y reconocemos nuestras equivocaciones, nuestros pecados; entonces hacemos experiencia, esa bella experiencia de Aquel que ha venido, no para los sanos, sino para los enfermos, no para los justos, sino para los pecadores. Experimentamos su paciencia - ¡tiene mucha! -, su ternura, su voluntad de salvar a todos. Y ¿cuál es la señal? La señal es que nos hemos vuelto "nuevos" y hemos sido transformados por el amor de Dios. (21-06-2015)

PALABRA En aquel tiempo, vio Jesús a un publicano llamado Leví, sentado al mostrador de los impuestos, y le dijo: «Sígueme». Él, dejándolo todo, se levantó y lo siguió. Leví ofreció en su honor un gran banquete en su casa, y estaban a la mesa con ellos un gran número de publicanos y otros. Y murmuraban los fariseos y sus escribas diciendo a los discípulos de Jesús: «¿Cómo es que coméis y bebéis con publicanos y pecadores?». Jesús les respondió: «No necesitan médico los sanos, sino los enfermos. No he venido a llamar a los justos, sino a los pecadores a que se conviertan».

Isaías 58, 9b-14; *Salmo* 85,1-6 • **LUCAS 5, 27-32**

ORACIÓN **SEÑOR,** me consuela tu cercanía con los pecadores. Soy pecador y estoy necesitado de ti. **Comparte mi mesa, entra en mi casa y hazme sentir la alegría de tu amor que me perdona.** *Enséñame, Señor, tu camino, para que siga tu verdad* (Salmo 85, 11ab).

Santos **FRANCISCA ROMANA** *rl*,
Paciano *ob*, Bruno *ob*

SANTA FRANCISCA ROMANA, viuda

Papa Francisco: El diablo: a menudo llega "con ojos dulces", "con cara de ángel"; ¡incluso sabe disfrazarse de motivaciones sagradas, aparentemente religiosas! Si cedemos a sus halagos, acabamos justificando nuestra falsedad enmascarándola con buenas intenciones. Por ejemplo, cuántas veces hemos escuchado esto: "He hecho cosas extrañas, pero he ayudado a los pobres"; "me he aprovechado de mi rol —de político, de gobernante, de sacerdote, de obispo—, pero también para hacer el bien"; "he cedido a mis instintos, pero al final no le he hecho daño a nadie", estas justificaciones y cosas por el estilo, una detrás de otra. Por favor, ¡no hay que hacer tratativas con el mal! ¡Con el diablo, nada de diálogo! Con la tentación no se debe dialogar, no debemos caer en ese adormecimiento de la conciencia que nos hace decir: "Pero en el fondo, no es grave, ¡todos lo hacen así!". Fijémonos en Jesús, que no busca acomodarse, no pacta con el mal. Se opone al diablo con la Palabra de Dios, que es más fuerte que el diablo, y así vence las tentaciones. (06-03-2022)

PALABRA

• *Deuteronomio* 26, 4-10: Moisés habló al pueblo diciendo: «El sacerdote tomará de tu mano la cesta con las primicias de todos los frutos y la pondrá ante el altar del Señor, tu Dios. Entonces tomarás la palabra y dirás ante el Señor, tu Dios: "Mi padre fue un arameo errante, que bajó a Egipto, y se estableció allí como emigrante, con pocas personas, pero allí se convirtió en un pueblo grande, fuerte y numeroso. Los egipcios nos maltrataron, nos oprimieron, y nos impusieron una dura esclavitud. Entonces clamamos al Señor, Dios de nuestros padres, y el Señor escuchó nuestros gritos, miró nuestra indefensión, nuestra angustia y nuestra opresión. El Señor nos sacó de Egipto con mano fuerte y brazo extendido, en medio de gran terror, con signos y prodigios, y nos trajo a este lugar, y nos dio esta tierra, una tierra que mana leche y miel. Por eso, ahora traigo aquí las primicias de los frutos del suelo que tú, Señor, me has dado". Los pondrás ante el Señor, tu Dios, y te postrarás en presencia del Señor, tu Dios».

• *Salmo* 90,1-2.10-15: *Quédate conmigo, Señor, en la tribulación.*

• *Romanos* 10, 8-13: ¿Qué dice la Escritura: «La palabra está cerca de ti: la tienes en los labios y en el corazón». Se refiere a la palabra de la fe que anunciamos. Porque, si profesas con tus labios que Jesús es Señor, y crees con tu corazón que Dios lo resucitó de entre los muertos, serás salvo. Pues con el corazón se cree para alcanzar la justicia, y con los labios se profesa para alcanzar la salvación. Pues dice la Escritura: «Nadie que crea en él quedará confundido». En efecto, no hay distinción entre judío y griego; porque uno mismo es el Señor de todos, generoso con todos los que lo invocan, pues «todo el que invoca el nombre del Señor será salvo».

• **LUCAS 4, 1-13:** En aquel tiempo, Jesús, lleno del Espíritu Santo, volvió del Jordán, y el Espíritu lo fue llevando durante cuarenta días por el desierto, mientras era tentado por el diablo. En todos aquellos días estuvo sin comer y, al final, sintió hambre. Entonces el diablo le dijo: «Si eres Hijo de Dios, di a esta piedra que se convierta en pan». Jesús le contestó: «Está escrito: "No solo de pan vive el hombre"». Después, llevándolo a lo alto, el diablo le mostró en un instante todos los reinos del mundo, y le dijo: «Te daré el poder y la gloria de todo eso, porque a mí me ha sido dado, y yo lo doy a quien quiero. Si tú te arrodillas delante de mí, todo será tuyo». Respondiendo Jesús, le dijo: «Está escrito: "Al Señor, tu Dios, adorarás y a él solo darás culto"». Entonces lo llevó a Jerusalén y lo puso en el alero del templo y le dijo: «Si eres Hijo de Dios, tírate de aquí abajo, porque está escrito: "Ha dado órdenes a sus ángeles acerca de ti, para que te cuiden", y también: "Te sostendrán en sus manos, para que tu pie no tropiece contra ninguna piedra"». Respondiendo Jesús le dijo: «Está escrito: "No tentarás al Señor, tu Dios"». Acabada toda tentación, el demonio se marchó hasta otra ocasión.

SEÑOR, la tentación se hace presente en mi vida. Me siento vulnerable y dudo entre el bien y el mal. **Que no me falta nunca tu Palabra que me ilumina, me vivifica y me fortalece ante la tentación.**

ORACIÓN

Santos Cayo y Alejandro *mrs*, **Macario** *ob*, **Víctor** *mr*, **Juan Ogilvie** *pb mr*, **M.ª Eugenia Milleret** *vg*. **Beatos Mateo Elías del Socorro Nieves** *pb mr*, **Juan José Lataste** *pb*

B. JUAN JOSÉ LATASTE

Papa Francisco: El Señor, pues, en el fin del mundo, pasará revista a su rebaño, y lo hará no sólo del lado del pastor, sino también del lado de las ovejas, con las que se ha identificado. Y nos preguntará: "¿Has sido un poco pastor, como yo?". "¿Has sido pastor mío, de mí, que estaba presente en esa gente necesitada, o has sido indiferente?". Hermanos y hermanas, guardémonos de la lógica de la indiferencia, de lo que viene inmediatamente a la mente: mirar a otra parte cuando vemos un problema. (22-11-2020)

PALABRA En aquel tiempo, dijo Jesús a sus discípulos: «Cuando venga en su gloria el Hijo del hombre, y todos los ángeles con él, se sentará en el trono de su gloria, y serán reunidas ante él todas las naciones. Él separará a unos de otros, como un pastor separa las ovejas de las cabras. Y pondrá las ovejas a su derecha y las cabras a su izquierda. Entonces dirá el rey a los de su derecha: "Venid vosotros, benditos de mi Padre; heredad el reino preparado para vosotros desde la creación del mundo. Porque tuve hambre y me disteis de comer, tuve sed y me disteis de beber, fui forastero y me hospedasteis, estuve desnudo y me vestisteis, enfermo y me visitasteis, en la cárcel y vinisteis a verme". Entonces los justos le contestarán: "Señor, ¿cuándo te vimos con hambre y te alimentamos, o con sed y te dimos de beber?; ¿cuándo te vimos forastero y te hospedamos, o desnudo y te vestimos?; ¿cuándo te vimos enfermo o en la cárcel y fuimos a verte?". Y el rey les dirá: "En verdad os digo que cada vez que lo hicisteis con uno de estos, mis hermanos más pequeños, conmigo lo hicisteis". Entonces dirá a los de su izquierda: "Apartaos de mí, malditos, id al fuego eterno preparado para el diablo y sus ángeles. Porque tuve hambre y no me disteis de comer, tuve sed y no me disteis de beber, fui forastero y no me hospedasteis, estuve desnudo y no me vestisteis, enfermo y en la cárcel y no me visitasteis". Entonces también estos contestarán: "Señor, ¿cuándo te vimos con hambre o con sed, o forastero o desnudo, o enfermo o en la cárcel, y no te asistimos?". Él les replicará: "En verdad os digo: lo que no hicisteis con uno de estos, los más pequeños, tampoco lo hicisteis conmigo". Y estos irán al castigo eterno, y los justos a la vida eterna».

Levítico 19,1-2.11-18; *Salmo* 18, 8-10.15 • **MATEO** 25,31-46

SEÑOR, al final todo se resumirá en el amor. Las obras de misericordia orientan la vida cristiana. Este es el camino de la santidad. **Ayúdame y enséñame a vivirlo.** *Tus palabras, Señor, son espíritu y vida* (Juan 6, 63).

SANTO DOMINGO CAM

Papa Francisco: El que reza aprende a decir "gracias". Y nosotros muchas veces nos olvidamos de decir "gracias", somos egoístas. El que reza aprende a decir "gracias" y le pide a Dios que sea benévolo con él o con ella. Por mucho que nos esforcemos, siempre hay una deuda inagotable con Dios, que nunca podremos pagar: Él nos ama infinitamente más de lo que nosotros lo amamos. Y luego, por mucho que nos comprometamos a vivir de acuerdo con las enseñanzas cristianas, en nuestras vidas siempre habrá algo por lo que pedir perdón: pensemos en los días pasados perezosamente, en los momentos en que el rencor ha ocupado nuestro corazón y así sucesivamente... Son experiencias desafortunadamente no es-casas, las que nos hace implorar: "Señor, Padre, perdona nuestras ofensas". Así pedi-mos perdón a Dios. (24-04-2019)

PALABRA En aquel tiempo, dijo Jesús a sus discípulos: «Cuando recéis, no uséis muchas palabras, como los gentiles, que se imaginan que por hablar mucho les harán caso. No seáis como ellos, pues vuestro Padre sabe lo que os hace falta antes de que lo pidáis. Vosotros orad así: "Padre nuestro que estás en el cielo, santificado sea tu nombre, venga a nosotros tu reino, hágase tu voluntad en la tierra como en el cielo, danos hoy nuestro pan nuestro de cada día, perdona nuestras ofensas, como también nosotros perdonamos a los que nos ofenden, no nos dejes caer en la tentación, y líbranos del mal". Porque si perdonáis a los hombres sus ofensas, también os perdonará vuestro Padre celestial, pero si no perdonáis a los hombres, tampoco vuestro Padre perdonará vuestras ofensas».

Isaías 55, 10-11; *Salmo* 33, 4-7.16-19 • MATEO 6, 7-15

SEÑOR, quiero orar de verdad con el Padrenuestro, tu oración, la que nos regalaste. **Que sea la norma de mi vida, que se cumpla totalmente en mí.** *Dios libra a los justos de sus angustias* (Salmo 33, 18b).

ORACIÓN

SAN LUIS ORIONE

Santos Luis Orione *pb*,
Maximiliano *mr*, **Inocencio I** *pp*

Papa Francisco: Si la ley no lleva a Jesucristo, no nos acerca a Jesucristo, está muerta. Es por esto que Jesús reprende a los miembros de esa generación por estar cerrados. Cerrados, por no ser capaces de conocer los signos de los tiempos, por no estar abiertos al Dios de las sorpresas, que no están en camino hacia ese triunfo final del Señor, hasta el punto que cuando Él lo explicita, ellos creen que es una blasfemia. (13-10-2024)

PALABRA En aquel tiempo, la gente se apiñaba alrededor de Jesús, y él se puso a decirles: «Esta generación es una generación perversa. Pide un signo, pero no se le dará más signo que el signo de Jonás. Pues como Jonás fue un signo para los habitantes de Nínive, lo mismo será el Hijo del hombre para esta generación. La reina del Sur se levantará en el juicio contra los hombres de esta generación y hará que los condenen, porque ella vino desde los confines de la tierra para escuchar la sabiduría de Salomón, y aquí hay uno que es más que Salomón. Los hombres de Nínive se alzarán en el juicio contra esta generación y harán que la condenen; porque ellos se convirtieron con la proclamación de Jonás, y aquí hay uno que es más que Jonás».

Jonás 3,1-10; *Salmo* 50, 3-4.12-13.18-19 • **LUCAS 11, 29-32**

ORACIÓN **SEÑOR Jesús,** quiero dejar de pedirte signos y confiar más en tu Palabra, sin rodeos, sin excusas, de verdad. **Ten misericordia de mí.** *Un corazón quebrantado y humillado, oh Dios, tú no lo desprecias (Salmo 50, 19cd).*

MARZO

13

JUEVES

Jueves 1° de Cuaresma   Tomo II - Salterio 1ª semana

Santos Rodrigo y Salomón *mrs*,
Macedonio y Patricia *es* e hija,
Modesta *mrs*, **Sabino** *mr*

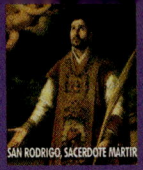

SAN RODRIGO, SACERDOTE MÁRTIR

Papa Francisco: Con estas palabras, Jesús nos hace entender que Dios siempre responde, que ninguna oración quedará sin ser escuchada, ¿por qué? Porque es un Padre, y no olvida a sus hijos que sufren. Por supuesto, esta afirmación nos pone en crisis, porque muchas de nuestras oraciones parecen no obtener ningún resultado. ¿Cuántas veces hemos pedido y no hemos obtenido, todos lo hemos experimentado, cuántas veces hemos llamado y encontrado una puerta cerrada? Jesús nos insta, en esos momentos, a insistir y no rendirnos. La oración siempre transforma la realidad, siempre. Si las cosas no cambian a nuestro alrededor, al menos nosotros cambiamos, cambiamos nuestro corazón. Jesús prometió el don del Espíritu Santo a cada hombre y a cada mujer que reza. (09-01-2019)

PALABRA

En aquel tiempo, dijo Jesús a sus discípulos: «Pedid y se os dará, buscad y encontraréis, llamad y se os abrirá; porque todo el que pide recibe, quien busca encuentra y al que llama se le abre. Si a alguno de vosotros le pide su hijo pan, ¿le va a dar una piedra?; y si le pide pescado, ¿le dará una serpiente? Pues si vosotros, aun siendo malos, sabéis dar cosas buenas a vuestros hijos, ¡cuánto más vuestro Padre que está en los cielos dará cosas buenas a los que le piden! Así, pues, todo lo que deseáis que los demás hagan con vosotros, hacedlo vosotros con ellos; pues esta es la Ley y los Profetas».

Ester 4, 17 k.l-z; *Salmo* 137,1-3.7-8 • MATEO 7, 7-12

ORACIÓN

SEÑOR, me invitas a la oración constante, confiando en el amor providente del Padre bueno. **Enséñame esta confianza que me renueva y me llena de paz.** *Cuando te invoqué, me escuchaste, Señor* (Salmo 137, 3a).

SANTA MATILDE, reina

Tomo II - Salterio 1ª semana   **Viernes 1º de Cuaresma**

MARZO

14

VIERNES

Santos Matilde *re*, Alejandro *mr*,
Lázaro *ob*, Paulina *rl*

Abstinencia

Papa Francisco: Jesús siempre sabe caminar con nosotros, nos da el ideal, nos acompaña hacia el ideal, nos libera de este encarcelamiento de la rigidez de la ley y nos dice: "Haced hasta el punto que podáis". Y Él nos comprende bien. Es este nuestro Señor, es este el que nos enseña a nosotros diciéndonos: "Por favor, no os insultéis y no seáis hipócritas: vais a alabar a Dios con la misma lengua con la que insultáis al hermano, no, esto no se hace, pero haced lo que podáis, al menos evitad la guerra entre vosotros, poniéndoos de acuerdo". (09-06-2016)

PALABRA   En aquel tiempo, dijo Jesús a sus discípulos: «Si vuestra justicia no es mayor que la de los escribas y fariseos, no entraréis en el reino de los cielos. Habéis oído que se dijo a los antiguos: "No matarás", y el que mate será reo de juicio. Pero yo os digo: todo el que se deja llevar de la cólera contra su hermano será procesado. Y si uno llama a su hermano "imbécil", tendrá que comparecer ante el Sanedrín, y si lo llama "necio", merece la condena de la "gehena" del fuego. Por tanto, si cuando vas a presentar tu ofrenda sobre el altar, te acuerdas allí mismo de que tu hermano tiene quejas contra ti, deja allí tu ofrenda ante el altar y vete primero a reconciliarte con tu hermano, y entonces vuelve a presentar tu ofrenda. Con el que te pone pleito, procura arreglarte enseguida, mientras vais todavía de camino, no sea que te entregue al juez, y el juez al alguacil, y te metan en la cárcel. En verdad te digo que no saldrás de allí hasta que hayas pagado el último céntimo.

Ezequiel 18, 21-28; *Salmo* 129, 1-8 • **MATEO 5, 20-26**

ORACIÓN   **SEÑOR,** para ofrecerte un culto sincero es necesaria la concordia y la fraternidad entre nosotros siempre fortalecida con la reconciliación. **Toca mi corazón y hazlo más disponible a perdonar.** *Si llevas cuenta de los delitos, Señor, ¿quién podrá resistir?* (Salmo 129, 3).

Sábado 1° de Cuaresma Tomo II - Salterio 1ª semana

Clemente M. Hofbauer *pb*,
Leocricia *vg mr*, **Sisebuto** *ab*

SAN CLEMENTE M. HOFBAUER

Papa Francisco: Jesús nos pide amar a los enemigos. ¿Cómo se puede hacer? Jesús nos dice: rezad, rezad por vuestros enemigos. La oración hace, milagros; y esto vale no sólo cuando tenemos enemigos; sino también cuando percibimos alguna antipatía, alguna pequeña enemistad. El amor a los enemigos nos empobrece, nos hace pobres, como Jesús, quien, cuando vino, se abajó hasta hacerse pobre. Tal vez no es un «buen negocio», o al menos no lo es según la lógica del mundo. Sin embargo, es el camino que recorrió Dios, el camino que recorrió Jesús hasta conquistarnos la gracia que nos ha hecho ricos. (18-06-2013)

En aquel tiempo, dijo Jesús a sus discípulos: «Habéis oído que se dijo: «Amarás a tu prójimo' y aborrecerás a tu enemigo». Pero yo os digo: amad a vuestros enemigos, y rezad por los que os persiguen, para que seáis hijos de vuestro Padre celestial, que hace salir su sol sobre malos y buenos, y manda la lluvia a justos e injustos. Porque, si amáis a los que os aman, ¿qué premio tendréis? ¿No hacen lo mismo también los publicanos? Y, si saludáis solo a vuestros hermanos, ¿qué hacéis de extraordinario? ¿No hacen lo mismo también los gentiles? Por tanto, sed perfectos, como vuestro Padre celestial es perfecto».

Deuteronomio 26, 16-19; *Salmo* 118, 1-2.4-5.7-8 • MATEO 5, 43-48

SEÑOR, tu amor es total, abarca hasta los enemigos. ¿Podré amar así? Solo con tu gracia que todo lo cambia y lo transforma. **Confío en ti.** *Dichoso el que camina en la ley del Señor* (Salmo 118, 1b).

Tomo II - Salterio 2ª semana   **DOMINGO II DE CUARESMA**   MARZO
16
DOMINGO

Santos José Gabriel del Rosario
Brochero *pb*, Eusebia *ab*,
Heriberto *ob*, Julián *mr*

DÍA DEL SEMINARIO

S. JOSÉ G. DEL ROSARIO BROCHERO

Papa Francisco: El tiempo fuerte de la Cuaresma es una oportunidad. Es un período en el que Dios quiere despertarnos del letargo interior, de esta somnolencia que no deja que el Espíritu se exprese. Porque —no lo olvidemos nunca— mantener el corazón despierto no depende de nosotros: es una gracia, y hay que pedirla. Los tres discípulos del Evangelio así lo demuestran: eran buenos, habían seguido a Jesús al monte, pero solo con sus fuerzas no conseguían mantenerse despiertos. Nos sucede también a nosotros. Pero se despiertan justo durante la Transfiguración. Podemos pensar que fue la luz de Jesús la que los despertó. Como ellos, también nosotros necesitamos la luz de Dios, que nos hace ver las cosas de otra manera; nos atrae, nos despierta, reaviva el deseo y la fuerza de rezar, de mirar dentro de nosotros y dedicar tiempo a los demás. Podemos vencer la fatiga del cuerpo con la fuerza del Espíritu de Dios. Y cuando no podamos superar esto, debemos decirle al Espíritu Santo: "Ayúdanos. Ven, ven Espíritu Santo. Ayúdame: quiero encontrar a Jesús, quiero estar atento, despierto". Pedirle al Espíritu Santo que nos saque de esta somnolencia que nos impide rezar. (13-03-2022)

• *Génesis* 15,5-12.17-18: Dios sacó afuera a Abrán y le dijo: «Mira al cielo, y cuenta las estrellas si puedes contarlas». Y añadió: «Así será tu descendencia». Abrán creyó al Señor y se le contó como justicia. Después le dijo: «Yo soy el Señor que te saqué de Ur de los Caldeos, para darte en posesión esta tierra». Él replicó: «Señor Dios, ¿cómo sabré que voy a poseerla?». Respondió el Señor: «Tráeme una novilla de tres años, una cabra de tres años, un carnero de tres años, una tórtola y un pichón». Él los trajo y los cortó por el medio, colocando cada mitad frente a la otra, pero no descuartizó las aves. Los buitres bajaban a los cadáveres y Abrán los espantaba. Cuando iba a ponerse el sol, un sueño profundo invadió a Abrán y un terror intenso y oscuro cayó sobre él. El sol se puso y vino la oscuridad; una humareda de horno y una antorcha ardiendo pasaban entre los miembros descuartizados. Aquel día el Señor concertó alianza con Abrán en estos términos: «A tu descendencia le daré esta tierra, desde el río de Egipto hasta el gran río Éufrates».

• *Salmo* 26,1.7-9. 13-14: **El Señor es mi luz y mi salvación.**

• *Filipenses* 3,17 – 4,1: Hermanos, sed imitadores míos y fijaos en los que andan según el modelo que tenéis en nosotros. Porque -como os decía muchas veces, y ahora lo repito con lágrimas en los ojos- hay muchos que andan como enemigos de la cruz de Cristo: su paradero es la perdición; su Dios, el vientre; su gloria, sus vergüenzas; solo aspiran a cosas terrenas. Nosotros, en cambio, somos ciudadanos del cielo, de donde aguardamos un Salvador: el Señor Jesucristo. Él transformará nuestro cuerpo humilde, según el modelo de su cuerpo glorioso, con esa energía que posee para sometérselo todo. Así, pues, hermanos míos queridos y añorados, mi alegría y mi corona, manteneos así, en el Señor, queridos.

• **LUCAS 9, 28b-36:** En aquel tiempo, Jesús tomó a Pedro, a Juan y a Santiago y subió a lo alto del monte para orar. Y, mientras oraba, el aspecto de su rostro cambió y sus vestidos brillaban de resplandor. De repente dos hombres conversaban con él: eran Moisés y Elías, que, apareciendo con gloria, hablaban de su éxodo, que él iba a consumar en Jerusalén. Pedro y sus compañeros se caían de sueño; pero se espabilaron y vieron su gloria y a los dos hombres que estaban con él. Mientras estos se alejaban de él, dijo Pedro a Jesús: «Maestro, ¡qué bueno es que estemos aquí! Haremos tres tiendas: una para ti, otra para Moisés y otra para Elías». No sabía lo que decía. Todavía estaba diciendo esto cuando llegó una nube que los cubrió con su sombra. Se llenaron de temor al entrar en la nube. Y una voz desde la nube decía: «Este es mi Hijo, el Elegido, escuchadlo». Después de oírse la voz, se encontró Jesús solo. Ellos guardaron silencio y, por aquellos días, no contaron a nadie nada de lo que habían visto.

SEÑOR, la oración me cambia y transfigura porque me permite estar ante ti y dejarme iluminar por ti, gozar de tu amor, meditar tu Palabra. ORACIÓN **Quiero escucharte, Jesús, Maestro y guardián de mi vida.**

SAN PATRICIO

Santos **PATRICIO** *ob*, Gertrudis de Brabante *ab*, Juan Sarkander *pb mr*. Beato Juan Nepomuceno Zegrí *pb*

Papa Francisco: La Iglesia no puede ser si no sacramento de la misericordia de Dios en el mundo, en todos los tiempos y para toda la humanidad. Cada cristiano, por lo tanto, es llamado a ser testigo de la misericordia, y esto sucede en el camino hacia la santidad. Pensemos en cuántos santos se han vuelto misericordiosos porque se han dejado llenar el corazón por la divina misericordia. Han dado forma al amor del Señor derramando sobre las múltiples necesidades de la humanidad sufriente. En este florecer de tantas formas de caridad es posible distinguir los reflejos del rostro misericordioso de Cristo. (21-09-2016)

PALABRA En aquel tiempo, dijo Jesús a sus discípulos: «Sed misericordiosos como vuestro Padre es misericordioso; no juzguéis, y no seréis juzgados; no condenéis, y no seréis condenados; perdonad, y seréis perdonados; dad, y se os dará: os verterán una medida generosa, colmada, remecida, rebosante. Pues con la medida con que midiereis se os medirá a vosotros».

Daniel 9, 4b-10; *Salmo* 78, 8-9.11.13 • **LUCAS 6, 36-38**

ORACIÓN **SEÑOR Jesús,** qué rapidez tengo para juzgar y condenar; qué lentitud para la misericordia. Necesito cambiar mi corazón. **No me dejes, dame la fuerza.** *Señor, no nos trates como merecen nuestros pecados (Salmo 102, 10a).*

Martes 2º de Cuaresma   Tomo II - Salterio 2ª semana

Santos CIRILO DE JERUSALÉN *ob dc,*
Salvador de Horta *rl,* **Eduardo** *re*

SAN CIRILO DE JERUSALÉN

Papa Francisco: Todos somos hermanos y no debemos de ninguna manera dominar a los otros y mirarlos desde arriba. No. Todos somos hermanos. Si hemos recibido cualidades del Padre celeste, debemos ponerlas al servicio de los hermanos, y no aprovecharnos para nuestra satisfacción e interés personal. No debemos considerarnos superiores a los otros; la modestia es esencial para una existencia que quiere ser conforme a la enseñanza de Jesús, que es manso y humilde de corazón y ha venido no para ser servido sino para servir. (05-11-2017)

PALABRA   En aquel tiempo, Jesús habló a la gente y a sus discípulos, diciendo: «En la cátedra de Moisés se han sentado los escribas y los fariseos: haced y cumplid todo lo que os digan; pero no hagáis lo que ellos hacen, porque ellos dicen pero no hacen. Lían fardos pesados y se los cargan a la gente en los hombros, pero ellos no están dispuestos a mover un dedo para empujar. Todo lo que hacen es para que los vea la gente: alargan las filacterias y agrandan las orlas del manto; les gustan los primeros puestos en los banquetes y los asientos de honor en las sinagogas; que les hagan reverencias en las plazas y que la gente los llame "rabbí". Vosotros, en cambio, no os dejéis llamar "rabbí", porque uno solo es vuestro maestro, y todos vosotros sois hermanos. Y no llaméis padre vuestro a nadie en la tierra, porque uno solo es vuestro Padre, el del cielo. No os dejéis llamar maestros, porque uno solo es vuestro maestro, el Mesías. El primero entre vosotros será vuestro servidor. El que se enaltece será humillado, y el que se humilla será enaltecido».

Isaías 1, 10.16-20; *Salmo* 49, 8-9.16bc-17. 21.23 • MATEO 23, 1-12

ORACIÓN   **SEÑOR,** quiero aprender de ti la humildad de corazón. Solo así seré de verdad discípulo tuyo. Tu gracia no me faltará. **Gracias, Jesús.** *Al que sigue buen camino le haré ver la salvación de Dios* (Salmo 49, 23cd)

SAN JOSÉ. Francisco Salzillo

SOLEMNIDAD DE SAN JOSÉ, ESPOSO DE LA BIENAVENTURADA VIRGEN MARÍA

Papa Francisco: La felicidad de José no está en la lógica del auto-sacrificio, sino en el don de sí mismo. Nunca se percibe en este hombre la frustración, sino sólo la confianza. Su silencio persistente no contempla quejas, sino gestos concretos de confianza. El mundo necesita padres, rechaza a los amos, es decir: rechaza a los que quieren usar la posesión del otro para llenar su propio vacío; rehúsa a los que confunden autoridad con autoritarismo, servicio con servilismo, confrontación con opresión, caridad con asistencialismo, fuerza con destrucción. Toda vocación verdadera nace del don de sí mismo, que es la maduración del simple sacrificio. (Carta apostólica Patris Corde)

PALABRA Jacob engendró a José, el esposo de María, de la cual nació Jesús, llamado Cristo. La generación de Jesucristo fue de esta manera: María, su madre, estaba desposada con José y, antes de vivir juntos, resultó que ella esperaba un hijo por obra del Espíritu Santo. José, su esposo, que era justo y no quería difamarla, decidió repudiarla en privado. Pero, apenas había tomado esta resolución, se le apareció en sueños un ángel del Señor que le dijo: «José, hijo de David, no temas acoger a María, tu mujer, porque la criatura que hay en ella viene del Espíritu Santo. Dará a luz un hijo, y tú le pondrás por nombre Jesús, porque él salvará a su pueblo de sus pecados». Cuando José se despertó, hizo lo que le había mandado el ángel del Señor.

2Samuel 7,4-5a.12-14a.16; *Salmo* 88,2-5.27.29; *Romanos* 4,13.16-18.22
• MATEO 1, 16.18-21.24a

ORACIÓN **SEÑOR Jesús,** te doy gracias por San José, el servidor prudente y fiel que te cuidó y te protegió. **Que su ejemplo me estimule a vivir en fidelidad a Dios y a su voluntad como hizo él siempre.** *Su linaje será perpetuo (Salmo 88,37a).*

**Santos Martín de Braga ob,
Juan Nepomuceno pb mr**

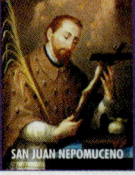

SAN JUAN NEPOMUCENO

Papa Francisco: Lázaro nos enseña que el otro es un don. La justa relación con las personas consiste en reconocer con gratitud su valor. Incluso el pobre en la puerta del rico, no es una carga molesta, sino una llamada a convertirse y a cambiar de vida. La primera invitación que nos hace esta parábola es la de abrir la puerta de nuestro corazón al otro, porque cada persona es un don, sea vecino nuestro o un pobre desconocido. La Cuaresma es un tiempo propicio para abrir la puerta a cualquier necesitado y reconocer en él o en ella el rostro de Cristo. (18-10-2016)

PALABRA

En aquel tiempo, dijo Jesús a los fariseos: «Había un hombre rico que se vestía de púrpura y de lino y banqueteaba cada día. Y un mendigo llamado Lázaro estaba echado en su portal, cubierto de llagas, y con ganas de saciarse de lo que caía de la mesa del rico. Y hasta los perros venían y le lamían las llagas. Sucedió que se murió el mendigo, y fue llevado por los ángeles al seno de Abrahán. Murió también el rico y fue enterrado. Y, estando en el infierno, en medio de los tormentos, levantó los ojos, vio de lejos a Abrahán, y a Lázaro en su seno, y gritando, dijo: "Padre Abrahán, ten piedad de mí y manda a Lázaro que moje en agua la punta del dedo y me refresque la lengua, porque me torturan estas llamas". Pero Abrahán le dijo: "Hijo, recuerda que recibiste tus bienes en vida, y Lázaro, a su vez, males: por eso ahora él es aquí consolado, mientras que tú eres atormentado. Y, además, entre nosotros y vosotros se abre un abismo inmenso, para que los que quieran cruzar desde aquí hacia vosotros no puedan hacerlo, ni tampoco pasar de ahí hasta nosotros". Él dijo: "Te ruego, entonces, padre, que lo mandes a casa de mi padre, pues tengo cinco hermanos: que les dé testimonio de estas cosas, no sea que también ellos vengan a este lugar de tormento". Abrahán le dice: "Tienen a Moisés y a los profetas: que los escuchen". Pero él le dijo: "No, padre Abrahán. Pero si un muerto va a ellos, se arrepentirán". Abrahán le dijo: "Si no escuchan a Moisés y a los profetas, no se convencerán ni aunque resucite un muerto"».

Jeremías 17, 5-10; ***Salmo*** 1, 1-4.6 • LUCAS 16,19-31

ORACIÓN

SEÑOR, que nunca sienta indiferencia ante el dolor y el sufrimiento de los demás. **Quiero tener un corazón más solidario y abierto a las necesidades del prójimo.** *Dichoso el hombre que ha puesto su confianza en el Señor (Salmo 39,5ab).*

SAN NICOLAS DE FLUE

Santos Nicolás de Flue *pf er,*
Jacobo el Confesor *mr*

Abstinencia

Papa Francisco: Con esta dura parábola, Jesús pone a sus interlocutores frente a su responsabilidad, y lo hace con extrema claridad. Pero no pensemos que esta advertencia valga solamente para los que rechazaron a Jesús en aquella época. Vale para todos los tiempos, incluido el nuestro. También hoy Dios espera los frutos de su viña de aquellos que ha enviado a trabajar en ella. A todos nosotros. (04-10-2020)

PALABRA

En aquel tiempo, dijo Jesús a los sumos sacerdotes y a los ancianos del pueblo: «Escuchad otra parábola: Había un propietario que plantó una viña, la rodeó con una cerca, cavó en ella un lagar, construyó una torre, la arrendó a unos labradores y se marchó lejos. Llegado el tiempo de los frutos, envió sus criados a los labradores, para percibir los frutos que le correspondían. Pero los labradores, agarrando a los criados, apalearon a uno, mataron a otro, y a otro lo apedrearon. Envió de nuevo otros criados, más que la primera vez, e hicieron con ellos lo mismo. Por último, les mandó a su hijo, diciéndose: "Tendrán respeto a mi hijo". Pero los labradores, al ver al hijo, se dijeron: "Este es el heredero: venid, lo matamos y nos quedamos con su herencia". Y agarrándolo, lo sacaron fuera de la viña y lo mataron. Cuando vuelva el dueño de la viña, ¿qué hará con aquellos labradores?». Le contestan: «Hará morir de mala muerte a esos malvados y arrendará la viña a otros labradores que le entreguen los frutos a su tiempo». Y Jesús les dice: «¿No habéis leído nunca en la Escritura: "La piedra que desecharon los arquitectos es ahora la piedra angular. Es el Señor quien lo ha hecho, ha sido un milagro patente"? Por eso os digo que se os quitará a vosotros el reino de Dios y se dará a un pueblo que produzca sus frutos». Los sumos sacerdotes y los fariseos, al oír sus parábolas, comprendieron que hablaba de ellos. Y, aunque intentaban echarle mano, temieron a la gente que lo tenía por profeta.

Génesis 37, 3-4.12-13a.17b-28; *Salmo* 104, 16-21
• **MATEO 21, 33-43.45-46**

ORACIÓN

SEÑOR, despreciado y echado de la viña te convertiste en piedra angular. Me amaste hasta entregarte por mí. **Gracias, Jesús, por tu amor y la salvación que nos trajo tu entrega.** *Recordad las maravillas que hizo el Señor (Salmo 104, 5a).*

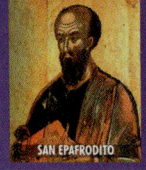

SAN EPAFRODITO

Papa Francisco: La figura del padre de la parábola desvela el corazón de
Dios. Él es el Padre misericordioso que en Jesús nos ama más allá de cualquier medida. (06-03-2016)

PALABRA

En aquel tiempo, se acercaron a Jesús todos los publicanos y los pecadores a escucharlo. Y los fariseos y los escribas murmuraban diciendo:
«Ese acoge a los pecadores y como con ellos». Jesús les dijo esta parábola: «Un hombre tenía dos hijos; el menor de ellos dijo a su padre:
"Padre, dame la parte que me toca de la fortuna". El padre les repartió
los bienes. No muchos días después, el hijo menor, juntando todo lo suyo, se
marchó a un país lejano, y allí derrochó su fortuna viviendo perdidamente.
Cuando lo había gastado todo, vino por aquella tierra un hambre terrible, y
empezó él a pasar necesidad. Fue entonces y se contrató con uno de los ciudadanos de aquel país que lo mandó a sus campos a apacentar cerdos. Deseaba
saciarse de las algarrobas que comían los cerdos; pero nadie le daba nada. Recapacitando entonces, se dijo: "Cuántos jornaleros de mi padre tienen abundancia de pan, mientras yo aquí me muero de hambre. Me levantaré, me
pondré en camino adonde está mi padre, y le diré: Padre, he pecado contra el
cielo y contra ti; ya no merezco llamarme hijo tuyo: trátame como a uno de
tus jornaleros". Se levantó y vino adonde estaba su padre; cuando todavía estaba lejos, su padre lo vio y se le conmovieron las entrañas; y, echando a correr,
se le echó al cuello y lo cubrió de besos. Su hijo le dijo: "Padre, he pecado
contra el cielo y contra ti; ya no merezco llamarme hijo tuyo". Pero el padre
dijo a sus criados: "Sacad enseguida la mejor túnica y vestídsela; ponedle un
anillo en la mano y sandalias en los pies; traed el ternero cebado y sacrificadlo;
comamos y celebremos un banquete, porque este hijo mío estaba muerto y
ha revivido; estaba perdido, y lo hemos encontrado". Y empezaron a celebrar
el banquete. Su hijo mayor estaba en el campo. Cuando al volver se acercaba
a la casa, oyó la música y la danza, y, llamando a uno de los criados, le preguntó
qué era aquello. Este le contestó: "Ha vuelto tu hermano; y tu padre ha sacrificado el ternero cebado, porque lo ha recobrado con salud". Él se indignó y
no quería entrar, pero su padre salió e intentaba persuadirlo. Entonces él respondió a su padre: "Mira: en tantos años como te sirvo, sin desobedecer nunca
una orden tuya, a mí nunca me has dado un cabrito para tener un banquete
con mis amigos; en cambio, cuando ha venido ese hijo tuyo que se ha comido
tus bienes con malas mujeres, le matas el ternero cebado". El padre le dijo:
"Hijo, tú estás siempre conmigo, y todo lo mío es tuyo: pero era preciso celebrar un banquete y alegrarse, porque ese hermano tuyo estaba muerto y ha
revivido; estaba perdido, y lo hemos encontrado"».

Miqueas 7,14-15.18-20; *Salmo* 102, 1bc-4.9-12 • **LUCAS 15, 1-3.11-32**

ORACIÓN

SEÑOR, Qué ingratitud hay a veces en mi corazón. Hoy le pido perdón y corro a sus brazos que me esperan. *El Señor es compasivo y
misericordioso (Salmo 102, 8a).*

SANTO TORIBIO DE MOGROVEJO

Papa Francisco: Hermanos y hermanas, ¡Dios cree en nosotros! Dios se fía de nosotros y nos acompaña con paciencia, la paciencia de Dios con nosotros. No se desanima, sino que pone siempre esperanza en nosotros. Dios es Padre y te mira como un padre: como el mejor de los papás, no ve los resultados que aún no has alcanzado, sino los frutos que puedes dar; no lleva la cuenta de tus faltas, sino que realza tus posibilidades; no se detiene en tu pasado, sino que apuesta con confianza por tu futuro. Porque Dios está cerca, está a nuestro lado. Es el estilo de Dios, no lo olvidemos: cercanía; Él está cerca con misericordia y ternura. Así nos acompaña Dios, es cercano, misericordioso y tierno. (20-03-2022)

PALABRA

• *Éxodo* 3,1–8a.13–15: Pastoreaba Moisés el rebaño de su suegro Jetró, sacerdote de Madián. Llevó el rebaño trashumando por el desierto hasta llegar a Horeb, la montaña de Dios. El ángel del Señor se le apareció en una llamarada entre las zarzas. Moisés se fijó: la zarza ardía sin consumirse. Moisés se dijo: «Voy a acercarme a mirar este espectáculo admirable, a ver por qué no se quema la zarza». Viendo el Señor que Moisés se acercaba a mirar, lo llamó desde la zarza: «Moisés, Moisés». Respondió él: «Aquí estoy». Dijo Dios: «No te acerques; quítate las sandalias de los pies, pues el sitio que pisas es terreno sagrado». Y añadió: «Yo soy el Dios de tus padres, el Dios de Abrahán, el Dios de Isaac, el Dios de Jacob». Moisés se tapó la cara, porque temía ver a Dios. El Señor le dijo: «He visto la opresión de mi pueblo en Egipto y he oído sus quejas contra los opresores; conozco sus sufrimientos. He bajado a librarlo de los egipcios, a sacarlo de esta tierra, para llevarlo a una tierra fértil y espaciosa, tierra que mana leche y miel». Moisés replicó a Dios: «Mira, yo iré a los israelitas y les diré: "El Dios de vuestros padres me ha enviado a vosotros. Si ellos me preguntan: "¿Cuál es su nombre?", ¿qué les respondo?». Dios dijo a Moisés: «Yo soy el que soy»; esto dirás a los hijos de Israel: "Yo soy", me envía a vosotros». Dios añadió: «Esto dirás a los hijos de Israel: "El Señor, Dios de vuestros padres, el Dios de Abrahán, Dios de Isaac, Dios de Jacob, me envía a vosotros. Este es mi nombre para siempre: así me llamaréis de generación en generación"».

• *Salmo* 102,1b–8.11: *El Señor es compasivo y misericordioso.*

• **1Corintios** 10,1-6.10-12: No quiero que ignoréis, hermanos, que nuestros padres estuvieron todos bajo la nube y todos atravesaron el mar y todos fueron bautizados en Moisés por la nube y por el mar; y todos comieron el mismo alimento espiritual; y todos bebieron la misma bebida espiritual, pues bebían de la roca espiritual que les seguía; y la roca era Cristo. Pero la mayoría de ellos no agradaron a Dios, pues sus cuerpos quedaron tendidos en el desierto. Estas cosas sucedieron en figura para nosotros, para que no codiciemos el mal como lo codiciaron ellos. Y para que no como murmuréis, como murmuraron algunos de ellos, y perecieron a manos del Exterminador. Todo esto les sucedía alegóricamente: y fue escrito para escarmiento nuestro, a quienes nos ha tocado vivir en la última de las edades. Por lo tanto, el que se crea seguro, cuídese de no caer.

• **LUCAS 13,1-9:** En aquel momento, se presentaron algunos a contar a Jesús lo de los galileos, cuya sangre había mezclado Pilato con la de los sacrificios que ofrecían. Jesús respondió: «¿Pensáis que esos galileos eran más pecadores que los demás galileos porque han padecido esto? Os digo que no; y si no os convertís, todos pereceréis lo mismo. O aquellos dieciocho sobre los que cayó la torre de Siloé y los mató, ¿pensáis que eran más culpables que los demás habitantes de Jerusalén? Os digo que no. Y si no os convertís, todos pereceréis de la misma manera». Y les dijo esta parábola: «Uno tenía una higuera plantada en su viña, y fue a buscar fruto en ella, y no lo encontró. Dijo entonces al viñador: "Ya ves: tres años llevo viniendo a buscar fruto en esta higuera, y no lo encuentro. Córtala. ¿Para qué va a perjudicar el terreno?". Pero el viñador respondió: "Señor, déjala todavía este año; y mientras tanto yo cavaré alrededor y le echaré estiércol, a ver si da fruto en adelante. Si no, la puedes cortar"».

ORACIÓN · **SEÑOR Jesús,** siempre me ofreces nuevas oportunidades de conversión para que mi vida dé fruto. Gracias por tu amor y tu paciencia. Sigue mirándome con misericordia. **Bendito seas, quiero responder a tu amor.**

SAN ÓSCAR ROMERO

Santos **Óscar Arnulfo Romero** *ob mr*,
Catalina de Suecia *vg*,
Beato Diego José de Cádiz *pb*.

Papa Francisco: Hermanos y hermanas, también Jesús recorre el camino de los profetas: se presenta como no nos lo esperamos. No lo encuentra quien busca milagros —si nosotros buscamos milagros no encontraremos a Jesús—, quien busca sensaciones nuevas, experiencias íntimas, cosas extrañas; quien busca una fe hecha de poder y signos externos. No, no lo encontrará. Solo lo encuentra, en cambio, quien acepta sus caminos y sus desafíos, sin quejas, sin sospechas, sin críticas ni caras largas. En otras palabras, Jesús te pide que lo acojas en la realidad cotidiana que vives; en la Iglesia de hoy, tal como es; en los que están cerca de ti cada día, en la concreción de los necesitados, en los problemas de tu familia, en los padres, en los hijos, los abuelos, acoger a Dios allí. (30-01-2022)

PALABRA

Habiendo llegado Jesús a Nazaret, le dijo al pueblo en la sinagoga: «En verdad os digo que ningún profeta es aceptado en su pueblo. Puedo aseguraros que en Israel había muchas viudas en los días de Elías, cuando estuvo cerrado el cielo tres años y seis meses, y hubo una gran hambre en todo el país; sin embargo, a ninguna de ellas fue enviado Elías, sino a una viuda de Sarepta, en el territorio de Sidón. Y muchos leprosos había en Israel en tiempos del profeta Eliseo, sin embargo, ninguno de ellos fue curado, sino Naamán, el sirio». Al oír esto, todos en la sinagoga se pusieron furiosos y, levantándose, lo empujaron fuera del pueblo hasta un precipicio del monte sobre el que estaba edificado su pueblo, con intención de despeñarlo. Pero Jesús se abrió paso entre ellos y seguía su camino.

2Reyes 5,1-15a; *Salmo* 41,2-3; 42,3-4. • LUCAS 4, 24-30

ORACIÓN

SEÑOR, fuiste rechazado muchas veces por decir la verdad. **Hazme valiente para vivir en la verdad con humildad y con amor.** *Mi alma tiene sed del Dios vivo; ¿Cuándo veré el rostro de Dios?* (Salmo 41, 3).

SOLEMNIDAD DE LA ANUNCIACIÓN DEL SEÑOR

Santos Dimas (Buen Ladrón) *NT*,
Matrona *mr*, **Margarita Clitherow** *mf mr*,
Lucía Filippini *rl*

JORNADA POR LA VIDA

ANUNCIACIÓN DEL SEÑOR

Papa Francisco: La Virgen María nos acompaña; ella misma entregó a Dios su desconcierto. El anuncio del ángel le daba serias razones para temer. Le proponía algo impensable, que iba más allá de sus fuerzas y que ella sola no hubiera podido manejar; habrían surgido demasiadas dificultades: problemas con la ley mosaica, con José, con las personas de su pueblo y con su gente. Todas estas son dificultades, no temas. Pero María no presentó objeciones. Le fue suficiente ese no temas, le bastó la garantía de Dios. (25-03-2022)

PALABRA El ángel Gabriel fue enviado por Dios a una ciudad de Galilea llamada Nazaret, a una virgen desposada con un hombre llamado José, de la casa de David: el nombre de la virgen era María. El ángel, entrando en su presencia, dijo: «Alégrate, llena de gracia, el Señor está contigo». Ella se turbó grandemente ante estas palabras y se preguntaba qué saludo era aquel. El ángel le dijo: «No temas, María, porque has encontrado gracia ante Dios. Concebirás en tu vientre y darás a luz un hijo, y le pondrás por nombre Jesús. Será grande, se llamará Hijo del Altísimo, el Señor Dios le dará el trono de David, su padre, reinará sobre la casa de Jacob para siempre, y su reino no tendrá fin». Y María dijo al ángel: «¿Cómo será eso, pues no conozco varón?». El ángel le contestó: «El Espíritu Santo vendrá sobre ti, y la fuerza del Altísimo te cubrirá con su sombra; por eso el Santo que va a nacer se llamará Hijo de Dios. También tu pariente Isabel ha concebido un hijo en su vejez, y ya está de seis meses la que llamaban estéril, "porque para Dios nada hay imposible"». María contestó: «He aquí la esclava del Señor; hágase en mí según tu palabra». Y el ángel se retiró.

Isaías 7, 10-14; 8,10b; *Salmo* 39, 7-11; *Hebreos* 10, 4-10 • **LUCAS 1, 26-38**

ORACIÓN **SEÑOR,** con tu encarnación empieza todo a florecer de nuevo; un nuevo principio salvador para la historia y la humanidad. ***Gracias por tu entrega y por el bendito "sí" de tu Madre. Aquí estoy, Señor, para hacer tu voluntad*** *(Salmo 39,8a-9a).*

SAN BRAULIO DE ZARAGOZA

Papa Francisco: Acogiendo la Ley de Dios en nuestros corazones entendemos que, cuando no amamos a nuestro prójimo, nos matamos de alguna manera a nosotros mismos y a los demás, porque el odio, la rivalidad y la división matan la caridad fraterna, que es la base de las relaciones interpersonales. Y esto se aplica a lo que he dicho sobre las guerras y también a las habladurías, porque el lenguaje mata. Aceptando la Ley de Dios en el corazón se entiende que los deseos deben ser guiados, porque no se puede tener todo lo que uno desea, y no es bueno ceder a sentimientos egoístas y posesivos. Cuando se acepta la Ley de Dios en el corazón, se comprende que hay que abandonar un estilo de vida de promesas rotas, así como pasar de la prohibición del perjurio a la decisión de no jurar en absoluto, asumiendo la actitud de plena sinceridad con todos. (16-02-2020)

En aquel tiempo, dijo Jesús a sus discípulos: «No creáis que he venido a abolir la Ley y los Profetas: no he venido a abolir, sino a dar plenitud. En verdad os digo que antes pasarán el cielo y la tierra que deje de cumplirse hasta la última letra o tilde de la Ley. El que se salte uno solo de los preceptos menos importantes, y se lo enseñe así a los hombres será el menos importante en el reino de los cielos. Pero quien los cumpla y enseñe será grande en el reino de los cielos».

Deuteronomio 4,1.5-9; *Salmo* 147,12-16.19-20 • **MATEO 5, 17-19**

SEÑOR Jesús, hazme responsable ante tu Palabra. Que no acepte solo lo que me gusta. **Que tome tu Palabra en serio y quiera vivir con plenitud todo lo que me enseña.** *Glorifica al Señor, Jerusalén* (Salmo 147, 12a).

SAN RUPERTO

Papa Francisco: Cada uno de nosotros hoy puede preguntarse: «¿Me detengo para escuchar la Palabra de Dios, tomo la Biblia en las manos, y me está hablando? ¿mi corazón se ha endurecido? ¿Me he alejado del Señor? ¿He perdido la fidelidad al Señor y vivo con los ídolos que me ofrece la mundanidad de cada día? ¿He perdido la alegría del estupor del primer encuentro con Jesús?». Hoy es una jornada para escuchar. «Escuchad, hoy, la voz del Señor», hemos rezado. «No endurezcáis vuestro corazón». Pidamos esta gracia: la gracia de escuchar para que nuestro corazón no se endurezca. (23-03-2017)

PALABRA En aquel tiempo, estaba Jesús echando un demonio que era mudo. Sucedió que, apenas salió el demonio, empezó a hablar el mudo. La multitud se quedó admirada, pero algunos de ellos dijeron: «Por arte de Belzebú, el príncipe de los demonios, echa los demonios». Otros, para ponerlo a prueba, le pedían un signo en el cielo. Él, conociendo sus pensamientos, les dijo: «Todo reino dividido contra sí mismo va a la ruina y cae casa sobre casa. Si, pues, también Satanás se ha dividido contra sí mismo, ¿cómo se mantendrá su reino? Pues vosotros decís que yo echo los demonios con el poder de Belzebú. Pero, si yo echo los demonios con el poder de Belzebú, vuestros hijos, ¿por arte de quién los echan? Por eso, ellos mismos serán vuestros jueces. Pero, si yo echo los demonios con el dedo de Dios, entonces es que el reino de Dios ha llegado a vosotros. Cuando un hombre fuerte y bien armado guarda su palacio, sus bienes están seguros, pero, cuando otro más fuerte lo asalta y lo vence, le quita las armas de que se fiaba y reparte el botín. El que no está conmigo está contra mí; el que no recoge conmigo desparrama».

Jeremías 7, 23-28; *Salmo* 94, 1-2.6-9 • **LUCAS 11, 14-23**

ORACIÓN **SEÑOR,** quiero estar contigo. Mi vida lejos de ti se "desparrama", se dispersa, pierde un centro desde el que apoyarse. **Tú eres mi todo, mi esperanza, mi felicidad.** *Ojalá escuchéis hoy la voz del Señor: «No endurezcáis vuestro corazón»* (Salmo 94, 7d-8a).

Santos Esteban Harding *ab,*
Cástor *mr,* **Gúntram** *re*

Abstinencia

Papa Francisco: Amar a Dios es vivir de Él y para Él, por aquello que Él es y por lo que Él hace. Y nuestro Dios es donación sin reservas, es perdón sin límites, es relación que promueve y hace crecer. Por eso, amar a Dios quiere decir invertir cada día nuestras energías para ser sus colaboradores en el servicio sin reservas a nuestro prójimo, en buscar perdonar sin límites y en cultivar relaciones de comunión y de fraternidad. (04-11-2018)

En aquel tiempo, un escriba se acercó a Jesús y le preguntó: «¿Qué mandamiento es el primero de todos?». Respondió Jesús: «El primero es: "Escucha, Israel, el Señor, nuestro Dios, es el único Señor: amarás al Señor, tu Dios, con todo tu corazón, con toda tu alma, con toda tu mente, con todo tu ser". El segundo es este: "Amarás a tu prójimo como a ti mismo". No hay mandamiento mayor que estos». El escriba replicó: «Muy bien, Maestro, sin duda tienes razón cuando dices que el Señor es uno solo y no hay otro fuera de él; y que amarlo con todo el corazón, con todo el entendimiento y con todo el ser, y amar al prójimo como a uno mismo vale más que todos los holocaustos y sacrificios». Jesús, viendo que había respondido sensatamente, le dijo: «No estás lejos del reino de Dios».Y nadie se atrevió a hacerle más preguntas.

Oseas 14,2-10; *Salmo* 80, 6c.8-11ab.14.17 • **MARCOS 12, 28b-34**

SEÑOR, quiero amarte con todo mi ser y quiero amar al prójimo como tú me enseñas y me pides. Quiero estar en tu Reino, vivir tu Reino, tu proyecto de vida nueva que me ofreces. **Necesito tu gracia.** *Yo soy el Señor, Dios tuyo; escucha mi voz (Salmo 80, 11.9a).*

Sábado 3º de Cuaresma Tomo II - Salterio 3ª semana

Santos Eustasio *ob*,
Guillermo Tempier *ob*, Ludolfo *ob*

SAN EUSTASIO

Papa Francisco: Los pobres son para nosotros como maestros. Nos enseñan que una persona no es valiosa por lo que posee, por lo que tiene en su cuenta en el banco. Un pobre, una persona que no tiene bienes materiales, mantiene siempre su dignidad. Los pobres pueden enseñarnos mucho, también sobre la humildad y la confianza en Dios. En la parábola del fariseo y el publicano, Jesús presenta a este último como modelo, porque es humilde y se considera pecador (21-01-2014)

PALABRA En aquel tiempo, dijo Jesús esta parábola a algunos que confiaban en sí mismos por considerarse justos y despreciaban a los demás: «Dos hombres subieron al templo a orar. Uno era fariseo; el otro, un publicano. El fariseo, erguido, oraba así en su interior: "¡Oh Dios!, te doy gracias, porque no soy como los demás: hombres ladrones, injustos, adúlteros; ni tampoco como ese publicano. Ayuno dos veces por semana y pago el diezmo de todo lo que tengo". El publicano, en cambio, quedándose atrás, no se atrevía ni a levantar los ojos al cielo, sino que se golpeaba el pecho, diciendo: "¡Oh Dios!, ten compasión de este pecador". Os digo que este bajó a su casa justificado, y aquel no. Porque todo el que se enaltece será humillado, y el que se humilla será enaltecido».

Oseas 6, 1-6; *Salmo* 50, 3-4.18-21 • LUCAS 18, 9-14

ORACIÓN **SEÑOR,** quiero orar con corazón humilde, sin arrogancia, sin jactancia, **reconociendo mis faltas y esperándolo todo de tu amor.** *Quiero misericordia, y no sacrificio* (Oseas 6, 6a).

DOMINGO LAETARE

Papa Francisco: Dios perdona siempre, somos nosotros los que nos cansamos de pedir perdón, pero Él perdona siempre. Nos dice que Dios es Padre, que no solo acoge de nuevo, sino que se alegra y hace fiesta por su hijo, que ha vuelto a casa después de haber derrochado todos sus bienes. Nosotros somos ese hijo, y conmueve pensar en cuánto nos ama y espera siempre el Padre. (27-03-2022)

• *Josué* 5, 9a.10-12: En aquellos días dijo el Señor a Josué: «Hoy os he quitado de encima el oprobio de Egipto». Los hijos de Israel acamparon en Guilgal y celebraron allí la Pascua al atardecer del día catorce del mes, en la estepa de Jericó. Al día siguiente a la Pascua, comieron ya de los productos de la tierra: ese día, panes ácimos y espigas tostadas. Y desde ese día en que comenzaron a comer de los productos de la tierra, cesó el maná. Los hijos de Israel ya no tuvieron maná, sino que ya aquel año comieron de la cosecha de la tierra de Canaán.

• *Salmo* 33, 2-7: *Gustad y ved qué bueno es el Señor.*

• *2Corintios* 5, 17-21: Hermanos: Si alguno está en Cristo es una criatura nueva. Lo viejo ha pasado, ha comenzado lo nuevo. Todo procede de Dios, que nos reconcilió consigo por medio de Cristo y nos encargó el ministerio de la reconciliación. Porque Dios mismo estaba en Cristo reconciliando al mundo consigo, sin pedirles cuenta de sus pecados, y ha puesto en nosotros el mensaje de la reconciliación. Por eso, nosotros actuamos como enviados de Cristo, y es como si Dios mismo exhortara por medio de nosotros. En nombre de Cristo os pedimos que os reconciliéis con Dios. Al que no conocía el pecado, lo hizo pecado en favor nuestro, para que nosotros llegáramos a ser justicia de Dios en él.

• **LUCAS 15, 1-3.11-32:** En aquel tiempo, solían acercarse a Jesús todos los publicanos y pecadores a escucharlo. Y los fariseos y los escribas murmuraban diciendo: «ese acoge a los pecadores y come con ellos». Jesús les dijo esta parábola: «Un hombre tenía dos hijos; el menor de ellos dijo a su padre: "Padre, dame la parte que me toca de la fortuna". El padre les repartió los bienes. No muchos días después, el hijo menor, juntando todo lo suyo, se marchó a un país lejano, y allí derrochó su fortuna viviendo perdidamente. Cuando lo había gastado todo, vino por aquella tierra un hambre terrible, y empezó él a pasar necesidad. Fue entonces y se contrató con uno de los ciudadanos de aquel país que lo mandó a sus campos a apacentar cerdos. Deseaba saciarse de las algarrobas que comían los cerdos; pero nadie le daba nada. Recapacitando entonces, se dijo: "Cuántos jornaleros de mi padre tienen abundancia de pan, mientras yo aquí me muero de hambre. Me levantaré, me pondré en camino adonde está mi padre, y le diré: Padre, he pecado contra el cielo y contra ti; ya no merezco llamarme hijo tuyo: trátame como a uno de tus jornaleros". Se levantó y vino adonde estaba su padre; cuando todavía estaba lejos, su padre lo vio y se le conmovieron las entrañas; y, echando a correr, se le echó al cuello y lo cubrió de besos. Su hijo le dijo: "Padre, he pecado contra el cielo y contra ti; ya no merezco llamarme hijo tuyo". Pero el padre dijo a sus criados: "Sacad enseguida la mejor túnica y vestídsela; ponedle un anillo en la mano y sandalias en los pies; traed el ternero cebado y sacrificarlo; comamos y celebremos un banquete, porque este hijo mío estaba muerto y ha revivido; estaba perdido, y lo hemos encontrado".Y empezaron a celebrar el banquete. Su hijo mayor estaba en el campo. Cuando al volver se acercaba a la casa, oyó la música y la danza, y, llamando a uno de los criados, le preguntó qué era aquello. Este le contestó: "Ha vuelto tu hermano; y tu padre ha sacrificado el ternero cebado, porque lo ha recobrado con salud". Él se indignó y no quería entrar, pero su padre salió e intentaba persuadirlo. Entonces él respondió a su padre: "Mira: en tantos años como te sirvo, sin desobedecer nunca una orden tuya, a mí nunca me has dado un cabrito para tener un banquete con mis amigos; en cambio, cuando ha venido ese hijo tuyo que se ha comido tus bienes con malas mujeres, le matas el ternero cebado". El padre le dijo: "Hijo, tú estás siempre conmigo, y todo lo mío es tuyo: pero era preciso celebrar un banquete y alegrarse, porque este hermano tuyo estaba muerto y ha revivido; estaba perdido, y lo hemos encontrado"».

SEÑOR, tu Pascua se acerca y eso alegra mi corazón porque tu entrega es mi Vida y mi Salvación. Te entregas porque amas con misericordia. Gracias Jesús. **Enséñame a vivir en ese amor.**

ORACIÓN

Santos **Benjamín** *di mr,*
Balbina *mr,* **Guido** *ab*

SAN BENJAMÍN

Papa Francisco: Fe, perseverancia y valentía. En estos días en que es necesario rezar, rezar más, pensemos si rezamos de esta manera: con fe en que el Señor puede intervenir, con perseverancia y con valor. El Señor no decepciona, no decepciona. Nos hace esperar, se toma su tiempo, pero no nos decepciona. Fe, perseverancia y valor. (23-03-2020)

En aquel tiempo, salió Jesús de Samaría para Galilea. Jesús mismo había atestiguado: «Un profeta no es estimado en su propia patria». Cuando llegó a Galilea, los galileos lo recibieron bien, porque habían visto todo lo que había hecho en Jerusalén durante la fiesta, pues también ellos habían ido a la fiesta. Fue Jesús otra vez a Caná de Galilea, donde había convertido el agua en vino. Había un funcionario real que tenía un hijo enfermo en Cafarnaún. Oyendo que Jesús había llegado de Judea a Galilea, fue a verle, y le pedía que bajase a curar a su hijo que estaba muriéndose. Jesús le dijo: «Si no veis signos y prodigios, no creéis». El funcionario insiste: «Señor, baja antes de que se muera mi niño». Jesús le contesta: «Anda, tu hijo vive». El hombre creyó en la palabra de Jesús y se puso en camino. Iba ya bajando, cuando sus criados vinieron a su encuentro diciéndole que su hijo vivía. Él les preguntó a qué hora había empezado la mejoría. Y le contestaron: «Ayer a la hora séptima lo dejó la fiebre». El padre cayó en la cuenta de que esa era la hora cuando Jesús le había dicho: «Tu hijo vive». Y creyó él con toda su familia. Este segundo signo lo hizo Jesús al llegar de Judea a Galilea.

Isaías 65,17-21; *Salmo* 29,2.4-6.11-13 • **JUAN 4, 43-54**

SEÑOR, quiero renovar mi fe en ti y **creer firmemente en tu Palabra poderosa que todo lo transforma.** *Te ensalzaré, Señor, porque me has librado (Salmo 29, 2a).*

PARA LOS MÁS PEQUEÑOS

LA BIBLIA MI AMIGA

Los 50 episodios más bonitos de la Biblia para que camines de la mano de Dios y descubras a Jesucristo.
Un regalo ideal para la Primera Comunión.

Lion Hudson PLC.
Cartoné. 320 p. 18 €

EVANGELIO
RECUERDO DE MI PRIMERA COMUNIÓN

Edición renovada del clásico de Edibesa.
El regalo perfecto de los catequistas y el párroco a los niños y niñas que reciben por primera vez el sacramento de la Eucaristía.

José Antonio Martínez Puche
Rústica. 224 p. 3 €

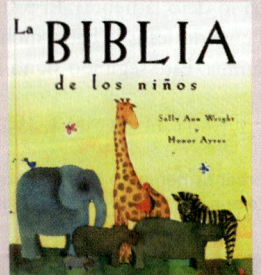

LA BIBLIA DE LOS NIÑOS

Bellas historias de la Biblia para iniciar a los que comienzan a leer, en la Historia Sagrada.
Completamente ilustrada.

Sally Ann Wright
Cartoné. 320 p. 17 €

ABRIL

*La Redención, llevada a cabo por medio
de la Cruz, ha vuelto a dar al hombre
la dignidad y el sentido de su existencia.
La Redención se ha cumplido
en el misterio pascual, que,
a través de la Cruz y la Muerte del Señor,
conduce a la Resurrección.*

(San Juan Pablo II, "Redemptor hominis", 10)

Martes 4° de Cuaresma   Tomo II - Salterio 4ª semana

Santos María Egipcíaca *er*, **Nuño Alvares** *rl*,
Celso *ob*, **Hugo** *ob*, **Venancio** *ob mr*.
Beatos Juan Bretton *pf mr*, **José Girotti** *pb mr*

SANTA MARÍA EGIPCÍACA

Papa Francisco: La Iglesia es la casa de Jesús y Jesús acoge, pero no sólo acoge: va al encuentro de la gente, así como fue a buscar a ese hombre. Y si la gente está herida, ¿qué hace Jesús?, ¿la reprende diciéndole: por qué está herida? No, va y la carga sobre los hombros. Esto se llama misericordia. Precisamente de esto habla Dios cuando reprende a su pueblo: «Misericordia quiero, no sacrificios». (17-03-2015)

PALABRA Se celebraba una fiesta de los judíos, y Jesús subió a Jerusalén. Hay en Jerusalén, junto a la puerta de las ovejas, una piscina que llaman en hebreo Betesda. Esta tiene cinco soportales, y allí estaban echados muchos enfermos, ciegos, cojos, paralíticos. Estaba también allí un hombre que llevaba treinta y ocho años enfermo. Jesús, al verlo echado, y sabiendo que ya llevaba mucho tiempo, le dice: «¿Quieres quedar sano?». El enfermo le contestó: «Señor, no tengo a nadie que me meta en la piscina cuando se remueve el agua; para cuando llego yo, otro se me ha adelantado». Jesús le dice: «Levántate, toma tu camilla y echa a andar». Y al momento el hombre quedó sano, tomó su camilla y echó a andar. Aquel día era sábado, y los judíos dijeron al hombre que había quedado sano: «Hoy es sábado, y no se puede llevar la camilla». Él les contestó: «El que me ha curado es quien me ha dicho: Toma tu camilla y echa a andar». Ellos le preguntaron: «¿Quién es el que te ha dicho que tomes la camilla y eches a andar?». Pero el que había quedado sano no sabía quién era, porque Jesús, a causa del gentío que había en aquel sitio, se había alejado. Más tarde lo encuentra Jesús en el templo y le dice: «Mira, has quedado sano; no peques más, no sea que te ocurra algo peor». Se marchó aquel hombre y dijo a los judíos que era Jesús quien lo había sanado. Por esto los judíos perseguían a Jesús, porque hacía tales cosas en sábado.

Ezequiel 47, 1-9.12; *Salmo* 45, 2.3.5.6.8.9 • **JUAN 5, 1-16**

ORACIÓN **SEÑOR,** tu palabra me levanta de mis caídas, me sana de mi parálisis. Tú mueves mi vida llenándola de fuerza y vitalidad. **Quiero escucharte, quiero caminar contigo, quiero seguirte.** *El Señor del universo está con nosotros, nuestro alcázar es el Dios de Jacob (Salmo 45, 8).*

Tomo II - Salterio 4ª semana   **Miércoles 4º de Cuaresma**

ABRIL

2

MIÉRCOLES

Santos FRANCISCO DE PAULA er,
Domingo Tuóc pb mr, Abundio ob,
Niceto ob, Teodora vg mr

SAN FRANCISCO DE PAULA

Papa Francisco: Todos somos hijos amados por Dios. No hay ninguna maldición sobre nuestra vida, sino solo una bondadosa palabra de Dios, que ha creado nuestra existencia de la nada. La verdad de todo es esa relación de amor que une al Padre con el Hijo mediante el Espíritu Santo, relación en la que nosotros somos acogidos por gracia. En Él, en Jesucristo, nosotros hemos sido queridos, amados, deseados. (14-06-2017)

PALABRA En aquel tiempo, Jesús dijo a los judíos: «Mi Padre sigue actuando, y yo también actúo». Por eso los judíos tenían más ganas de matarlo: porque no solo quebrantaba el sábado, sino también llamaba a Dios Padre suyo, haciéndose igual a Dios. Jesús tomó la palabra y les dijo: «En verdad, en verdad os digo: El Hijo no puede hacer nada por su cuenta sino lo que viere hacer al Padre. Lo que hace este, eso mismo hace también el Hijo, pues el Padre ama al Hijo y le muestra todo lo que él hace, y le mostrará obras mayores que esta, para vuestro asombro. Lo mismo que el Padre resucita a los muertos y les da vida, así también el Hijo da vida a los que quiere. Porque el Padre no juzga a nadie, sino que ha confiado al Hijo todo el juicio, para que todos honren al Hijo como honran al Padre. El que no honra al Hijo no honra al Padre que lo envió. En verdad, en verdad os digo: quien escucha mi palabra y cree al que me envió posee la vida eterna y no incurre en juicio, sino que ha pasado ya de la muerte a la vida. En verdad, en verdad os digo: llega la hora, y ya está aquí, en que los muertos oirán la voz del Hijo de Dios, y los que hayan oído vivirán. Porque, igual que el Padre tiene vida en sí mismo, así ha dado también al Hijo tener vida en sí mismo. Y le ha dado potestad de juzgar, porque es el Hijo del hombre. No os sorprenda esto, porque viene la hora en que los que están en el sepulcro oirán su voz: los que hayan hecho el bien saldrán a una resurrección de vida; los que hayan hecho el mal, a una resurrección de juicio. Yo no puedo hacer nada por mí mismo; según le oigo, juzgo, y mi juicio es justo, porque no busco mi voluntad, sino la voluntad del que me envió».

Isaías 49, 8-15; *Salmo* 144, 8-9.13-14.17-18 • **JUAN 5, 17-30**

ORACIÓN **SEÑOR,** creo en ti, creo en tu Palabra. Acogerte a ti, honrarte a ti es honrar al Padre. Por ti estamos unidos al Padre, a su amor. **Quiero cumplir su voluntad como tú.** *El Señor es clemente y misericordioso* (Salmo 144, 8a).

Santos Sixto I *pp*, Ricardo Wych *ob*,
Luis Scrosoppi *pb*

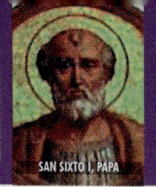

SAN SIXTO I, PAPA

Papa Francisco: Ser cristiano, en primer lugar, es dar testimonio de Jesús... Y esto es lo que hicieron los Apóstoles: dieron testimonio de Jesús, y por eso el cristianismo se difundió en todo el mundo. Testimonio y martirio: es lo mismo. Se da testimonio en las cosas pequeñas, y algunos llegan a las grandes: a dar su vida en el martirio, como los Apóstoles. (15-01-2017)

PALABRA En aquel tiempo, Jesús dijo a los judíos: «Si yo doy testimonio de mí mismo, mi testimonio no es verdadero. Hay otro que da testimonio de mí, y sé que es verdadero el testimonio que da de mí. Vosotros enviasteis mensajeros a Juan, y él ha dado testimonio en favor de la verdad. No es que yo dependa del testimonio de un hombre; si digo esto es para que os salvéis. Juan era la lámpara que ardía y brillaba, y vosotros quisisteis gozar un instante de su luz. Pero el testimonio que yo tengo es mayor que el de Juan: las obras que el Padre me ha concedido llevar a cabo, esas obras que hago dan testimonio de mí: que el Padre me ha enviado. Y el Padre que me envió, él mismo ha dado testimonio de mí. Nunca habéis escuchado su voz, ni visto su rostro, y su palabra no habita en vosotros, porque al que él envió no lo creéis. Estudiáis las Escrituras pensando encontrar en ellas vida eterna; pues ellas están dando testimonio de mí, ¡y no queréis venir a mí para tener vida! No recibo gloria de los hombres; además, os conozco y sé que el amor de Dios no está en vosotros. Yo he venido en nombre de mi Padre, y no me recibisteis; si otro viene en nombre propio, a ese sí lo recibiréis. ¿Cómo podréis creer vosotros, que aceptáis gloria unos de otros y no buscáis la gloria que viene del único Dios? No penséis que yo os voy a acusar ante el Padre, hay uno que os acusa: Moisés, en quien tenéis vuestra esperanza. Si creyerais a Moisés, me creeríais a mí, porque de mí escribió él. Pero, si no creéis en sus escritos, ¿cómo vais a creer en mis palabras?».

Éxodo 32,7-14; *Salmo* 105, 19-23 • **JUAN 5, 31-47**

ORACIÓN **SEÑOR,** quiero ir a ti, tú eres la Vida. Ayúdame a no buscar mi propia gloria sino la tuya, **amándote a ti y cumpliendo tu Palabra.** *Acuérdate de mí, Señor, por amor a tu pueblo* (Salmo 105, 4ab).

Santos Platón *ab*, **Pedro** *ob.*
Beato José Benito Dusmet *ob*

SAN PLATÓN, ABAD

Abstinencia

Papa Francisco: Jesús está siempre con nosotros, nos mira, está siempre vivo para interceder en nuestro favor. Para enseñar las llagas al Padre, por nosotros. En una palabra, Jesús intercede; está en el mejor "lugar", delante del Padre suyo y nuestro, para interceder por nosotros. La intercesión es fundamental. También nos ayuda a nosotros esta fe: nos ayuda a no perder la esperanza, a no desanimarnos. Delante del Padre hay alguien que le enseña las llagas e intercede. (21-05-2023)

PALABRA En aquel tiempo, recorría Jesús Galilea, pues no quería andar por Judea porque los judíos trataban de matarlo. Se acercaba la fiesta judía de las tiendas. Una vez que sus hermanos se hubieron marchado a la fiesta, entonces subió él también, no abiertamente, sino a escondidas. Entonces algunos que eran de Jerusalén dijeron: «¿No es este el que intentan matar? Pues mirad cómo habla abiertamente, y no le dicen nada. ¿Será que los jefes se han convencido de que este es el Mesías? Pero este sabemos de dónde viene, mientras que el Mesías, cuando llegue, nadie sabrá de dónde viene». Entonces Jesús, mientras enseñaba en el templo, gritó: «A mí me conocéis, y conocéis de dónde vengo. Sin embargo, yo no vengo por mi cuenta, sino que el Verdadero es el que me envía; a ese vosotros no lo conocéis; yo lo conozco, porque procedo de él, y él me ha enviado». Entonces intentaban agarrarlo; pero nadie le pudo echar mano, porque todavía no había llegado su hora.

Sabiduría 2, 1a.12-22; *Salmo* 33, 17-21.23 • **JUAN 7, 1-2.10.25-30**

SEÑOR, quieren echarte mano, pero no ha llegado todavía tu hora. Gracias por tu entrega. Me duele mi egoísmo. **Sana mi corazón.** *El Señor está cerca de los atribulados (Salmo 33, 19a).*
ORACIÓN

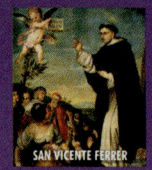

SAN VICENTE FERRER

Papa Francisco: Jesús atrae a la gente con su autoridad es también el profeta que libera, el profeta prometido que es el Hijo de Dios que cura. Escuchemos, nosotros, las palabras de Jesús que son de autoridad. Llevemos siempre un pequeño Evangelio con nosotros. ¡Siempre, no lo olviden! Lleven un pequeño Evangelio en el bolsillo o en el bolso, para leerlo durante el día, para escuchar esa palabra de autoridad de Jesús. (31-01-2021)

PALABRA En aquel tiempo, algunos de entre la gente, que habían oído los discursos de Jesús, decían: «Este es de verdad el profeta». Otros decían: «Este es el Mesías». Pero otros decían: «¿Es que de Galilea va a venir el Mesías? ¿No dice la Escritura que el Mesías vendrá del linaje de David, y de Belén, el pueblo de David?». Y así surgió entre la gente una discordia por su causa. Algunos querían prenderlo, pero nadie le puso la mano encima. Los guardias del templo acudieron a los sumos sacerdotes y fariseos, y estos les dijeron: «¿Por qué no lo habéis traído?». Los guardias respondieron: «Jamás ha hablado nadie como ese hombre». Los fariseos les replicaron: «¿También vosotros os habéis dejado embaucar? ¿Hay algún jefe o fariseo que haya creído en él? Esa gente que no entiende de la Ley son unos malditos». Nicodemo, el que había ido en otro tiempo a visitarlo y que era fariseo, les dijo: «¿Acaso nuestra ley permite juzgar a nadie sin escucharlo primero y averiguar lo que ha hecho?». Ellos le replicaron: «¿También tú eres galileo? Estudia y verás que de Galilea no salen profetas». Y se volvieron cada uno a su casa.

Jeremías 11, 18-20; *Salmo* 7, 2-3.9-12 • **JUAN** 7, 40-53

ORACIÓN **SEÑOR Jesús,** "jamás nadie ha hablado como tú" porque tú eres la Palabra. Toma mi voz, toma mi vida, **hazme instrumento vivo que contribuya a que tu Palabra siga teniendo eco en el mundo.** *Señor, Dios mío, a ti me acojo (Salmo 7, 2a).*

Papa Francisco: Jesús, la Palabra de Dios en persona, rehabilita completamente a la mujer, devolviéndole la esperanza. De esta situación aprendemos que cualquier observación, si no está movida por la caridad y no contiene caridad, hunde ulteriormente a quien la recibe. Dios, en cambio, siempre deja abierta una posibilidad y sabe encontrar caminos de liberación y de salvación en cada circunstancia. La vida de esa mujer cambió gracias al perdón. Se encontraron la Misericordia y la miseria. Misericordia y miseria estaban allí. Y la mujer cambió. Incluso se podría pensar que, perdonada por Jesús, aprendió a su vez a perdonar. Quizá haya visto en sus acusadores ya no personas rígidas y malvadas, sino personas que le permitieron encontrar a Jesús. El Señor desea que también nosotros sus discípulos, nosotros como Iglesia, perdonados por Él, nos convirtamos en testigos incansables de la reconciliación, testigos de un Dios para el que no existe la palabra "irrecuperable"; de un Dios que siempre perdona, siempre. (03-04-2022)

PALABRA

• *Isaías* 43, 16-21: Esto dice el Señor, que abrió camino en el mar y una senda en las aguas impetuosas; que sacó a batalla carros y caballos, la tropa y los héroes: caían para no levantarse, se apagaron como mecha que se extingue. «No recordéis lo de antaño, no penséis en lo antiguo; mirad que realizo algo nuevo; ya está brotando, ¿no lo notáis? Abriré un camino por el desierto, corrientes en el yermo; me glorificarán las bestias salvajes, chacales y avestruces, porque pondré agua en el desierto, corrientes en la estepa, para dar de beber a mi pueblo elegido, a este pueblo que yo he formado, para que proclame mi alabanza.

• *Salmo* 125, 1b-6: *El Señor ha estado grande con nosotros, y estamos alegres.*

• *Filipenses* 3, 8-14: Hermanos: todo lo considero pérdida, comparado con la excelencia del conocimiento de Cristo Jesús, mi Señor. Por él lo perdí todo, y todo lo considero basura con tal de ganar a Cristo y ser hallado en él, no con una justicia mía, la que viene de la ley, sino con la que viene de la fe de Cristo, la justicia que viene de Dios y se apoya en la fe. Todo para conocerlo a él, y la fuerza de su resurrección, y la comunión con sus padecimientos, muriendo su misma muerte, con la esperanza de llegar a la resurrección de entre los muertos. No es que ya lo haya conseguido, o que ya sea perfecto: yo lo persigo, a ver si lo alcanzo, como yo he sido alcanzado por Cristo. Hermanos, yo no pienso haber conseguido el premio. Solo busco una cosa: olvidándome de lo que queda atrás y lanzándome hacia lo que está por delante, corro hacia la meta, hacia el premio, al cual me llama Dios desde arriba en Cristo Jesús.

• **JUAN 8, 1-11:** En aquel tiempo, Jesús se retiró al monte de los Olivos. Al amanecer se presentó de nuevo en el templo, y todo el pueblo acudía a él, y, sentándose, les enseñaba. Los escribas y los fariseos le traen una mujer sorprendida en adulterio y, colocándola en medio, le dijeron: «Maestro, esta mujer ha sido sorprendida en flagrante adulterio. La ley de Moisés nos manda apedrear a las adúlteras; tú, ¿qué dices?». Le preguntaban esto para comprometerlo y poder acusarlo. Pero Jesús, inclinándose, escribía con el dedo en el suelo. Como insistían en preguntarle, se incorporó y les dijo: «El que esté sin pecado, que le tire la primera piedra». E inclinándose otra vez, siguió escribiendo. Ellos, al oírlo, se fueron escabullendo uno a uno, empezando por los más viejos. Y quedó solo Jesús, con la mujer en medio, que seguía allí delante. Jesús se incorporó y le preguntó: «Mujer, ¿dónde están tus acusadores?; ¿ninguno te ha condenado?». Ella contestó: «Ninguno, Señor». Jesús dijo: «Tampoco yo te condeno. Anda y en adelante no peques más».

SEÑOR, qué hipocresía la de los escribas y fariseos, qué hipocresía la mía también cuando digo una cosa y hago otra, cuando juzgo a los ORACIÓN demás por sus errores sin reparar en los míos. **Perdóname y ayúdame a vivir en la verdad.**

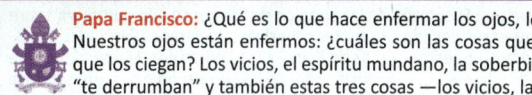

Santos Juan B. de la Salle pb, Teodoro ob,
Germán José pb,
Pedro Nguyên Van Luu pb mr

Papa Francisco: ¿Qué es lo que hace enfermar los ojos, los ojos de la fe? Nuestros ojos están enfermos: ¿cuáles son las cosas que "los debilitan", que los ciegan? Los vicios, el espíritu mundano, la soberbia. Los vicios que "te derrumban" y también estas tres cosas —los vicios, la soberbia, el espíritu mundano— te llevan a asociarte con los otros para permanecer seguro en las tinieblas. Hablamos a menudo de mafias: es esto. Pero hay "mafias espirituales", hay "mafias domésticas", siempre, buscar a otro para ocultarse y permanecer en las tinieblas. No es fácil vivir en la luz. La luz nos hace ver muchas cosas feas dentro de nosotros que no queremos ver: los vicios, los pecados... Pensemos en nuestros vicios, pensemos en nuestra soberbia, pensemos en nuestro espíritu mundano: todo esto nos ciega, nos aleja de la luz de Jesús. (06-05-2020)

PALABRA En aquel tiempo, Jesús habló a los fariseos, diciendo: «Yo soy la luz del mundo; el que me sigue no camina en tinieblas, sino que tendrá la luz de la vida». Le dijeron los fariseos: «Tú das testimonio de ti mismo, tu testimonio no es válido». Jesús les contestó: «Aunque yo doy testimonio de mí mismo, mi testimonio es verdadero, porque sé de dónde he venido y adónde voy; en cambio, vosotros no sabéis de dónde vengo ni adónde voy. Vosotros juzgáis según la carne; yo no juzgo a nadie; y, si juzgo yo, mi juicio es legítimo, porque no estoy yo solo, sino que estoy con el que me ha enviado, el Padre; y en vuestra ley está escrito que el testimonio de dos es verdadero. Yo doy testimonio de mí mismo, y además da testimonio de mí el que me envió, el Padre». Ellos le preguntaban: «¿Dónde está tu Padre?». Jesús contestó: «Ni me conocéis a mí ni a mi Padre; si me conocierais a mí, conoceríais también a mi Padre». Jesús tuvo esta conversación junto al arca de las ofrendas, cuando enseñaba en el templo. Y nadie le echó mano, porque todavía no había llegado su hora.

Daniel 13, 41c–62; *Salmo* 22, 1b.3-6 • JUAN 8, 12-20

ORACIÓN **SEÑOR,** yo creo que tu testimonio es verdadero porque tú eres la Verdad que ilumina mi vida, **la Luz del mundo que destruye toda tiniebla y que me permite caminar sin tropezar.** *Aunque camine por cañadas oscuras, nada temo, porque tú vas conmigo* (Salmo 22, 4ab).

Santos Dionisio de Corinto ob, Julia Billiart vg, Ágabo NT

S. DIONISIO DE CORINTO

Papa Francisco: El corazón de la salvación de Dios es su hijo que carga sobre sí todos nuestros pecados, nuestras soberbias, nuestras seguridades, nuestras vanidades, nuestras ganas de llegar a ser como Dios. Un cristiano que no sabe gloriarse en Cristo crucificado, no ha comprendido lo que significa ser cristiano. Nuestras llagas, las que deja el pecado en nosotros, se curan sólo con las llagas del Señor, con las llagas de Dios hecho hombre, humillado, anonadado. Este es el misterio de la cruz. No es sólo un ornamento que debemos poner en las iglesias, sobre el altar; no es sólo un símbolo que nos debe distinguir de los demás. La cruz es un misterio: el misterio del amor de Dios que se humilla, que se anonada» para salvarnos de nuestros pecados. (08-04-2014)

PALABRA

En aquel tiempo, dijo Jesús a los fariseos: «Yo me voy y me buscaréis, y moriréis por vuestro pecado. Donde yo voy no podéis venir vosotros». Y los judíos comentaban: «¿Será que va a suicidarse, y por eso dice: "Donde yo voy no podéis venir vosotros"?». Y él les dijo: «Vosotros sois de aquí abajo, yo soy de allá arriba: vosotros sois de este mundo, yo no soy de este mundo. Con razón os he dicho que moriréis por vuestros pecados: pues, si no creéis que "Yo soy", moriréis por vuestros pecados». Ellos le decían: «¿Quién eres tú?». Jesús les contestó: «Lo que os estoy diciendo desde el principio. Podría decir y condenar muchas cosas en vosotros; pero el que me ha enviado es veraz, y yo comunico al mundo lo que he aprendido de él». Ellos no comprendieron que les hablaba del Padre. Y entonces dijo Jesús: «Cuando levantéis al Hijo del hombre, sabréis que "Yo soy", y que no hago nada por mi cuenta, sino que hablo como el Padre me ha enseñado. El que me envió está conmigo, no me ha dejado solo; porque yo hago siempre lo que le agrada». Cuando les exponía esto, muchos creyeron en él.

Números 21, 4-9; *Salmo* 101, 2-3.16-21 • JUAN 8, 21-30

SEÑOR, viviste siempre agradando al Padre en el cumplimiento de su voluntad y así te manifestaste como su Hijo bienamado. Yo también quiero vivir así. **Dame tu gracia, Jesús.** *Señor, escucha mi oración, que mi grito llegue hasta ti* (Salmo 101, 2).

ORACIÓN

SANTA CASILDA DE TOLEDO

Tomo II - Salterio 1ª semana | **Miércoles 5° de Cuaresma** | ABRIL

9

MIÉRCOLES

Santos Casilda vg, Hugo ob, Liborio ob, Máximo ob.

Papa Francisco: La libertad es un tesoro que se aprecia realmente solo cuando se pierde. Para muchos de nosotros, acostumbrados a vivir en la libertad, a menudo aparece más como un derecho adquirido que como un don y una herencia para custodiar. ¡Cuántos malentendidos en torno al tema de la libertad, y cuántas visiones diferentes se han enfrentado a lo largo de los siglos! [...] La llamada, por tanto, es sobre todo a permanecer en Jesús, fuente de la verdad que nos hace libres. La libertad cristiana se funda sobre dos pilares fundamentales: primero, la gracia del Señor Jesús; segundo, la verdad que Cristo nos desvela y que es Él mismo. (06-11-2021)

PALABRA En aquel tiempo, dijo Jesús a los judíos que habían creído en él: «Si permanecéis en mi palabra, seréis de verdad discípulos míos; conoceréis la verdad, y la verdad os hará libres». Le replicaron: «Somos linaje de Abrahán y nunca hemos sido esclavos de nadie. ¿Cómo dices tú: "Seréis libres"?». Jesús les contestó: «En verdad, en verdad os digo: todo el que comete pecado es esclavo. El esclavo no se queda en la casa para siempre, el hijo se queda para siempre. Y si el Hijo os hace libres, seréis realmente libres. Ya sé que sois linaje de Abrahán; sin embargo, tratáis de matarme, porque mi palabra no cala en vosotros. Yo hablo de lo que he visto junto a mi Padre, pero vosotros hacéis lo que le habéis oído a vuestro padre». Ellos replicaron: «Nuestro padre es Abrahán». Jesús les dijo: «Si fuerais hijos de Abrahán, haríais lo que hizo Abrahán. Sin embargo, tratáis de matarme a mí, que os he hablado de la verdad que escuché a Dios, y eso no lo hizo Abrahán. Vosotros hacéis lo que hace vuestro padre». Le replicaron: «Nosotros no somos hijos de prostitución; tenemos un solo padre: Dios». Jesús les contestó: «Si Dios fuera vuestro padre, me amaríais, porque yo salí de Dios, y he venido. Pues no he venido por mi cuenta, sino que él me envió».

Daniel 3, 14-20.91-92.95; *Salmo: Daniel* 3, 52ac-56 • **JUAN 8, 31-42**

SEÑOR, tú me haces realmente libre porque sanas mi voluntad caprichosa y me enseñas a vivir sin esclavitudes, **no regido por la mundanidad sino por los valores de tu evangelio. *¡A ti la gloria y alabanza por los siglos!*** *(Daniel 3, 52b).*

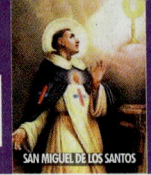

SAN MIGUEL DE LOS SANTOS

Santos Miguel de los Santos *pb*, Terencio
y *co mrs*, Magdalena de Canosa *vg*, Beda *mj*

Papa Francisco: La esperanza es esa virtud humilde, esa virtud que corre bajo el agua de la vida, pero que nos sostiene para no ahogarnos en medio de numerosas dificultades, para no perder ese deseo de encontrar a Dios, de encontrar ese rostro maravilloso que todos, un día, veremos. Y hoy es un bonito día para reflexionar sobre esto: el mismo Dios que llamó a Abraham y lo hizo salir de su tierra sin saber adónde tenía que ir, es el mismo Dios que va a la cruz para realizar la promesa que había hecho. Él es el mismo Dios que en la plenitud de los tiempos hace que esa promesa se haga realidad para todos nosotros. Y lo que une ese primer momento con este último momento es el hilo de la esperanza. Así, lo que une mi vida cristiana a nuestra vida cristiana, de un momento a otro, para ir siempre adelante —pecadores, pero adelante— es la esperanza. (17-03-2016)

PALABRA

En aquel tiempo, dijo Jesús a los judíos: «En verdad, en verdad os digo: quien guarda mi palabra no verá la muerte para siempre». Los judíos le dijeron: «Ahora vemos claro que estás endemoniado; Abrahán murió, los profetas también, ¿y tú dices: "Quien guarde mi palabra no gustará la muerte para siempre"? ¿Eres tú más que nuestro padre Abrahán, que murió? También los profetas murieron, ¿por quién te tienes?». Jesús contestó: «Si yo me glorificara a mí mismo, mi gloria no valdría nada. El que me glorifica es mi Padre, de quien vosotros decís: "Es nuestro Dios", aunque no lo conocéis. Yo sí lo conozco, y si dijera: "No lo conozco" sería, como vosotros, un embustero; pero yo lo conozco y guardo su palabra. Abrahán, vuestro padre, saltaba de gozo pensando ver mi día; lo vio, y se llenó de gracia». Los judíos le dijeron: «No tienes todavía cincuenta años, ¿y has visto a Abrahán?». Jesús les dijo: «En verdad, en verdad os digo: antes de que Abrahán existiera, yo soy». Entonces cogieron piedras para tirárselas, pero Jesús se escondió y salió del templo.

Génesis 17, 3-9; *Salmo* 104, 4-9 • **JUAN 8, 51-59**

ORACIÓN

SEÑOR, amo tu palabra que me da vida, me regenera, me conduce a la vida eterna. Ninguna palabra de este mundo puede compararse con la tuya. **Que te escuche siempre.** *El Señor se acuerda de su alianza eternamente* (Salmo 104, 8a).

SAN ESTANISLAO DE CRACOVIA

Santos ESTANISLAO *ob mr*, **Isaac** *mj*.
Beata Elena Guerra *vg*

Abstinencia

Papa Francisco: Jesús no es un Dios lejano, y no puede serlo. La encarnación lo reveló de una manera completa y humanamente impensable. Así, inaugurando su misión, Jesús se pone a la cabeza de un pueblo de penitentes, como encargándose de abrir una brecha a través de la cual todos nosotros, después de Él, debemos tener la valentía de pasar. Pero la vía, el camino, es difícil; pero Él va, abriendo el camino. (28-10-2020)

PALABRA En aquel tiempo, los judíos agarraron piedras para apedrear a Jesús. Él les replicó: «Os he hecho ver muchas obras buenas por encargo de mi Padre: ¿por cuál de ellas me apedreáis?». Los judíos le contestaron: «No te apedreamos por una obra buena, sino por una blasfemia: porque tú, siendo un hombre, te haces Dios». Jesús les replicó: «¿No está escrito en vuestra ley: "Yo os digo: sois dioses"? Si la Escritura llama dioses a aquellos a quienes vino la palabra de Dios, y no puede fallar la Escritura, a quien el Padre consagró y envió al mundo, ¿decís vosotros: "¡Blasfemas!" Porque he dicho: "Soy Hijo de Dios"? Si no hago las obras de mi Padre, no me creáis, pero si las hago, aunque no me creáis a mí, creed a las obras, para que comprendáis y sepáis que el Padre está en mí, y yo en el Padre». Intentaron de nuevo detenerlo, pero se les escabulló de las manos. Se marchó de nuevo al otro lado del Jordán, al lugar donde antes había bautizado Juan, y se quedó allí. Muchos acudieron a él y decían: «Juan no hizo ningún signo; pero todo lo que Juan dijo de este era verdad». Y muchos creyeron en él allí.

Jeremías 20, 10-13; *Salmo* 17, 2-7 • **JUAN 10, 31-42**

ORACIÓN **SEÑOR,** nos acercamos a tu pasión. En este viernes de Dolores, junto a tu Madre María, **contemplamos ya tu Cruz agradeciéndote de corazón tu gran amor por nosotros.** *En el peligro invoqué al Señor, y él me escuchó (Salmo 17, 7).*

ABRIL
12
SABADO

Sabado 5° de Cuaresma   Tomo II - Salterio 1ª semana

Santos David Uribe *pb mr,* **Julio I** *pp,*
José Moscati *cf,* **Damián** *ob,*
Víctor *mr,* **Visia y Sofía** *mrs*

SAN DAVID URIBE

Papa Francisco: He aquí que Jesús es precisamente el modelo, el icono: ha sufrido mucho el Señor, ha sido perseguido; y al actuar así ha asumido todas las persecuciones de su pueblo. Pero aún hoy lo cristianos son perseguidos. Y son perseguidos porque a esta sociedad mundana, a esta sociedad tranquila que no quiere problemas, dicen la verdad y anuncian a Jesucristo. De verdad hoy hay mucha persecución […]. Para los cristianos siempre habrá persecuciones, incomprensiones. Pero hay que afrontarlas con la certeza de que Jesús es el Señor y este es el desafío y la cruz de nuestra fe. (04-04-2014)

PALABRA En aquel tiempo, muchos judíos que habían venido a casa de María, al ver lo que había hecho Jesús [la resurrección de Lázaro], creyeron en él. Pero algunos acudieron a los fariseos y les contaron lo que había hecho Jesús. Los sumos sacerdotes y los fariseos convocaron el Sanedrín y dijeron: «¿Qué hacemos? Este hombre hace muchos signos. Si lo dejamos seguir, todos creerán en él, y vendrán los romanos y nos destruirán el lugar santo y la nación». Uno de ellos, Caifás, que era sumo sacerdote aquel año, les dijo: «Vosotros no entendéis ni palabra; no comprendéis que os conviene que una muera por el pueblo, y que no perezca la nación entera». Esto no lo dijo por propio impulso, sino que, por ser sumo sacerdote aquel año, habló proféticamente, anunciando que Jesús iba a morir por la nación; y no solo por la nación, sino también para reunir a los hijos de Dios dispersos. Y aquel día decidieron darle muerte. Por eso Jesús ya no andaba públicamente entre los judíos, sino que se retiró a la región vecina al desierto, a una ciudad llamada Efraín, y pasaba allí el tiempo con los discípulos. Se acercaba la Pascua de los judíos, y muchos de aquella región subían a Jerusalén, antes de la Pascua, para purificarse. Buscaban a Jesús y, estando en el templo, se preguntaban: «¿Qué os parece? ¿Vendrá a la fiesta?». Los sumos sacerdotes y fariseos habían mandado que el que se enterase de dónde estaba les avisara para prenderlo.

Ezequiel 37, 21-28; *Salmo: Jeremías* 31, 10-13 • **JUAN 11, 45-57**

ORACIÓN **SEÑOR Jesús,** mueres por nosotros, los dispersos, para reunirnos en un solo rebaño, siendo tú nuestro buen y único Pastor que das la vida por las ovejas. **Gracias por tu entrega.** *El Señor nos guardará como un pastor a su rebaño (Jeremías 31, 10d).*

Santos **MARTÍN I** *pp mr*,
HERMENEGILDO *mr*,
Sabás Reyes *pb mr*

Papa Francisco: Jesús dice: Padre, perdónalos. A diferencia de otros mártires, que son mencionados en la Biblia, no reprocha a sus verdugos ni amenaza con castigos en nombre de Dios, sino que reza por los malvados. Clavado en el patíbulo de la humillación, aumenta la intensidad del don, que se convierte en per-dón. Hermanos, hermanas, pensemos que Dios hace lo mismo con nosotros. Cuando le causamos dolor con nuestras acciones, Él sufre y tiene un solo deseo: poder perdonarnos. Para darnos cuenta de esto, contemplemos al Crucificado. El perdón brota de sus llagas, de esas heridas dolorosas que le provocan nuestros clavos. Contemplemos a Jesús en la cruz y pensemos que nunca hemos recibido palabras más bondadosas: Padre, perdónalos. Contemplemos a Jesús en la cruz y veamos que nunca hemos recibido una mirada más tierna y compasiva. Contemplemos a Jesús en la cruz y comprendamos que nunca hemos recibido un abrazo más amoroso. Contemplemos al Crucificado y digamos: "Gracias, Jesús, me amas y me perdonas siempre, aun cuando a mí me cuesta amarme y perdonarme". (10-04-2022)

PROCESIÓN

• **LUCAS 19, 28-40:** En aquel tiempo, Jesús caminaba delante de sus discípulos, subiendo hacia Jerusalén. Al acercarse a Betfagé y a Betania, junto al monte llamado de los Olivos, mandó a dos discípulos diciéndoles: «Id a la aldea de enfrente: al entrar a ella, encontraréis un pollino atado, que nadie ha montado todavía. Desatadlo y traedlo. Y si alguien os pregunta: "¿Por qué lo desatáis?", le diréis así: "El Señor lo necesita"». Fueron, pues, los enviados y lo encontraron como les había dicho. Mientras desataban el pollino, los dueños les dijeron: «¿Por qué desatáis el pollino?». Ellos dijeron: «El Señor lo necesita». Se lo llevaron a Jesús, y, después de poner sus mantos sobre el pollino, ayudaron a Jesús a montar sobre él. Mientras él iba avanzando, extendían sus mantos por el camino. Y, cuando se acercaba ya a la bajada del monte de los Olivos, la multitud de los discípulos, llenos de alegría, comenzaron a alabar a Dios con grandes voces por todos los milagros que habían visto, diciendo: «¡Bendito el rey que viene en nombre del Señor! Paz en el cielo y gloria en las alturas». Algunos fariseos de entre la gente le dijeron: «Maestro, reprende a tus discípulos». Y respondiendo, dijo: «Os digo que, si estos callan, gritarán las piedras».

- *Isaías* 50, 4-7: El Señor Dios me ha dado una lengua de discípulo, para saber decir al abatido una palabra de aliento. Cada mañana me espabila el oído, para que escuche como los discípulos. El Señor Dios me abrió el oído; yo no resistí ni me eché atrás. Ofrecí la espalda a los que me golpeaban, la mejilla a los que mesaban mi barba; no escondí el rostro ante ultrajes y salivazos. El Señor Dios me ayudaba, por eso no sentía los ultrajes; por eso endurecí el rostro como pedernal, sabiendo que no quedaría defraudado.

- *Salmo* 21, 8-9.17-20.23.24: **Dios mío, Dios mío, ¿por qué me has abandonado?**

- *Filipenses* 2, 6-11: Cristo Jesús, siendo de condición divina, no retuvo ávidamente el ser igual a Dios; al contrario, se despojó de sí mismo tomando la condición de esclavo, hecho semejante a los hombres. Y así, reconocido como hombre por su presencia, se humilló a sí mismo hecho obediente hasta a la muerte, y una muerte de cruz. Por eso Dios lo exaltó sobre todo, y le concedió el Nombre-sobre-todo-nombre; de modo que al nombre de Jesús toda rodilla se doble en el cielo, en la tierra, en el abismo, y toda lengua proclame: Jesucristo es Señor, para gloria de Dios Padre.

• LUCAS 23, 1-49: PASIÓN DE NUESTRO SEÑOR JESUCRISTO.

En aquel tiempo, Los ancianos del pueblo, con los jefes de los sacerdotes y los escribas, llevaron a Jesús a presencia de Pilato. Y se pusieron a acusarlo diciendo: «Hemos encontrado que este anda amotinando a nuestra nación, y oponiéndose a que se paguen tributos al César, y diciendo que él es el Mesías rey». Pilato le preguntó: «¿Eres tú el rey de los judíos?». Él le responde: «Tú lo dices». Pilato dijo a los sumos sacerdotes y a la gente: «No encuentro ninguna culpa en este hombre». Pero ellos insistían con más fuerza diciendo: «Solivianta al pueblo enseñando por toda Judea, desde que comenzó por Galilea hasta llegar aquí». Pilato, al oírlo, preguntó si el hombre era galileo; y al enterarse de que era de la jurisdicción de Herodes, que estaba precisamente en Jerusalén por aquellos días, se lo remitió. Herodes, al ver a Jesús, se puso muy contento; pues hacía bastante tiempo que deseaba verlo, porque oía hablar de él y esperaba verle hacer algún milagro. Le hacía muchas preguntas con abundante berborrea; pero él no le contestó nada. Estaban allí los sumos sacerdotes y los escribas acusándolo con ahínco. Herodes, con sus soldados, lo trató con desprecio y, después de burlarse de él poniéndole una vestidura blanca, se lo remitió a Pilato. Aquel mismo día se hicieron amigos entre sí Herodes y Pilato, porque antes estaban enemistados entre sí. Pilato, después de convocar a los sumos sacerdotes, a los magistrados y al pueblo, les dijo: «Me habéis traído a este hombre como agitador del pueblo; y resulta que yo lo he interrogado delante de vosotros, y no he encontrado en este hombre ninguna de las culpas de que le acusáis; pero tampoco Herodes, porque nos lo ha devuelto: ya veis que no ha hecho nada digno de muerte. Así que le daré un escarmiento y lo soltaré». Ellos vociferaron en masa: «¡Quita de en medio a ese! Suéltanos a Barrabás».

Este había sido metido en la cárcel por una revuelta acaecida en la ciudad y un homicidio. Pilato volvió a dirigirles la palabra queriendo soltar a Jesús. Pero ellos seguían gritando: «¡Crucifícalo, crucifícalo!». Por tercera vez les dijo: «Pues, ¿qué mal ha hecho este? No he encontrado en él ninguna culpa que merezca la muerte. Así que le daré un escarmiento y lo soltaré». Pero ellos se le echaban encima pidiendo a gritos que lo crucificara; e iba creciendo el griterío. Pilato entonces sentenció que se realizara lo que pedían: soltó al que reclamaban (al que había metido en la cárcel por revuelta y homicidio), y a Jesús se lo entregó a su voluntad. Mientras lo conducían, echaron mano de un cierto Simón de Cirene, que volvía del campo, y le cargaron la cruz para que la llevase detrás de Jesús. Lo seguía un gran gentío del pueblo, y de mujeres que se golpeaban el pecho y lanzaban lamentos por él. Jesús se volvió hacia ellas y les dijo: «Hijas de Jerusalén, no lloréis por mí, llorad por vosotras y por vuestros hijos, porque mirad que vienen días en los que dirán: "Bienaventuradas las estériles y los vientres que no han dado a luz y los pechos que no han criado". Entonces empezarán a decirles a unos montes: "Caed sobre nosotros", y a las colinas: "Cubridnos"; porque si esto hacen con el leño verde, ¿qué harán con el seco?». Conducían también a otros dos malhechores para ajusticiarlos con él. Y cuando llegaron al lugar llamado «La Calavera», lo crucificaron allí, a él y a los malhechores, uno a la derecha y otro a la izquierda. Jesús decía: «Padre, perdónalos, porque no saben lo que hacen». Hicieron lotes con sus ropas y los echaron a suerte. El pueblo estaba mirando, pero los magistrados le hacían muecas diciendo: «A otros ha salvado; que se salve a sí mismo, si él es el Mesías de Dios, el Elegido». Se burlaban de él también los soldados, que se acercaban y le ofrecían vinagre, diciendo: «Si eres tú el rey de los judíos, sálvate a ti mismo». Había también por encima de él un letrero: «Este es el rey de los judíos». Uno de los malhechores crucificados lo insultaba diciendo: «¿No eres tú el Mesías? Sálvate a ti mismo y a nosotros». Pero el otro, respondiéndole e increpándolo, le decía: «¿Ni siquiera temes tú a Dios, estando en la misma condena? Nosotros, en verdad, lo estamos justamente, porque recibimos el justo pago de lo que hicimos; en cambio, este no ha hecho nada malo». Y decía: «Jesús, acuérdate de mí cuando llegues a tu Reino». Jesús le respondió: «En verdad te digo: hoy estarás conmigo en el paraíso». Era ya como la hora sexta y vinieron las tinieblas sobre toda la tierra, hasta la hora nona, porque se oscureció el sol. El velo del templo se rasgó por medio. Y Jesús, clamando con voz potente, dijo: «Padre, a tus manos encomiendo mi espíritu». Y dicho esto, expiró. El centurión, al ver lo ocurrido, daba gloria a Dios diciendo: «Realmente, este hombre era justo». Toda la muchedumbre que había concurrido a este espectáculo, al ver las cosas que habían ocurrido, se volvía dándose golpes de pecho. Todos sus conocidos y las mujeres que lo habían seguido desde Galilea se mantenían a distancia, viendo todo esto.

ORACIÓN

SEÑOR Jesús, gloria a ti por los siglos; bendito seas por tu pasión gloriosa; gloria a ti rey de amor, **vencedor inmortal.**

LUNES SANTO

Santos Lamberto *ob*, **Bernardo** *ab*,
Ludivina *vg*.
Beato Pedro González (San Telmo) *pb*

SAN TELMO

Papa Francisco: No seremos juzgados por el lujo o los viajes que hayamos hecho o la importancia social que hayamos tenido. Seremos juzgados por nuestra relación con los pobres. Pero si yo, hoy, ignoro a los pobres, los dejos de lado, creo que no existen, el Señor me ignorará el día del juicio. Cuando Jesús dice: "Porque pobres siempre tendréis con vosotros", quiere decir: "Yo siempre estaré con vosotros en los pobres. Estaré presente ahí". (06-04-2020)

PALABRA

Seis días antes de la Pascua, fue Jesús a Betania, donde vivía Lázaro, a quien había resucitado de entre los muertos. Allí le ofrecieron una cena; Marta servía, y Lázaro era uno de los que estaban con él a la mesa. María tomó una libra de perfume de nardo, auténtico y costoso, le ungió a Jesús los pies y se los enjugó con su cabellera. Y la casa se llenó de la fragancia del perfume. Judas Iscariote, uno de sus discípulos, el que lo iba a entregar, dice: «¿Por qué no se ha vendido este perfume por trescientos denarios para dárselos a los pobres?». Esto lo dijo, no porque le importasen los pobres, sino porque era un ladrón; y como tenía la bolsa, se llevaba de lo que iban echando. Jesús dijo: «Déjala, lo tenía guardado para el día de mi sepultura; porque a los pobres los tenéis siempre con vosotros, pero a mí no siempre me tenéis». Una muchedumbre de judíos se enteró de que estaba allí y fueron no solo por Jesús, sino también para ver a Lázaro, al que había resucitado de entre los muertos. Los sumos sacerdotes decidieron matar también a Lázaro, porque muchos judíos, por su causa, se les iban y creían en Jesús.

Isaías 42, 1-7; *Salmo* 26, 1-3.13-14 • JUAN 12, 1-11

ORACIÓN

SEÑOR, como un hermoso frasco de perfume te rompes para embriagarnos con la fragancia de la salvación. Te damos gracias y te bendecimos. **Haznos portadores del perfume de tu amor.** *El Señor es mi luz y mi salvación* (Salmo 26, 1b).

SAN DAMIÁN DE MOLOKAI, LEPROSO

MARTES SANTO

Santos Damián de Molokai *ph*, Abundio *cf*, Teodoro y Pausilipo *mrs*

Papa Francisco: Hoy quiero invitaros a rezar por nosotros, obispos, porque también nosotros somos pecadores, también nosotros tenemos debilidades, también nosotros corremos el peligro de Judas: también él había sido elegido como columna. Sí, también nosotros corremos el peligro de no rezar, de hacer algo que no es anunciar el Evangelio y expulsar los demonios. Por eso hay que rezar para que los obispos sean lo que Jesús quería, y que todos nosotros demos testimonio de la resurrección de Jesús. (22-01-2016)

En aquel tiempo, estando Jesús a la mesa con sus discípulos, se turbó en su espíritu y dio testimonio diciendo: «En verdad, en verdad os digo: uno de vosotros me va a entregar». Los discípulos se miraron unos a otros perplejos, por no saber de quién lo decía. Uno de ellos, el que Jesús amaba, estaba reclinado a la mesa en el seno de Jesús. Simón Pedro hizo señas para que averiguase por quién lo decía. Entonces él, apoyándose en el pecho de Jesús, le preguntó: «Señor, ¿quién es?». Le contestó Jesús: «Aquel a quien yo le dé este trozo de pan untado». Y, untando el pan, se lo dio a Judas, hijo de Simón el Iscariote. Detrás del pan, entró en él Satanás. Entonces Jesús le dijo: «Lo que vas a hacer, hazlo pronto». Ninguno de los comensales entendió a qué se refería. Como Judas guardaba la bolsa, algunos suponían que Jesús le encargaba comprar lo necesario para la fiesta o dar algo a los pobres. Judas, después de tomar el pan, salió inmediatamente. Era de noche. Cuando salió, dijo Jesús: «Ahora es glorificado el Hijo del hombre, y Dios es glorificado en él. Si Dios es glorificado en él, también Dios lo glorificará en sí mismo: pronto lo glorificará. Hijitos, me queda poco de estar con vosotros. Me buscaréis, pero lo que dije a los judíos os lo digo ahora a vosotros: "Donde yo voy, no podéis venir vosotros"». Simón Pedro le dijo: «Señor, ¿adónde vas?». Jesús le respondió: «Adonde yo voy no me puedes seguir ahora, me seguirás más tarde». Pedro replicó: «Señor, ¿por qué no puedo seguirte ahora? Daré mi vida por ti». Jesús le contestó: «¿Conque darás tu vida por mí? En verdad, en verdad te digo: no cantará el gallo antes de que me hayas negado tres veces».

Isaías 49, 1-6; *Salmo* 70, 1-6.15.17 • **JUAN 13, 21-33.36-38**

SEÑOR, bendita humanidad la tuya que se turba como yo ante la prueba. Qué real y hermosa tu encarnación. **Qué lección me das para seguir adelante sin caer en el desánimo y la desesperación.** *Mi boca contará tu salvación, Señor* (Salmo 70, 15ab).

MIÉRCOLES SANTO

Santos Engracia y co mrs, Bernardita Soubirous vg, Benito José Labre cf, Toribio de Astorga ob.

SANTA ENGRACIA

Papa Francisco: Pensemos en tantos Judas institucionalizados en este mundo, que explotan a la gente. Y también pensemos en el pequeño Judas que cada uno de nosotros tiene dentro de sí a la hora de elegir: entre lealtad o interés. Cada uno de nosotros tiene la capacidad de traicionar, de vender, de elegir por el propio interés. Cada uno de nosotros tiene la posibilidad de dejarse atraer por el amor al dinero o a los bienes o el bienestar futuro. (08-04-2020)

PALABRA En aquel tiempo, uno de los Doce, llamado Judas Iscariote, fue a los sumos sacerdotes y les propuso: «¿Qué estáis dispuestos a darme, si os lo entrego?». Ellos se ajustaron con él en treinta monedas de plata. Y desde entonces andaba buscando ocasión propicia para entregarlo. El primer día de los Ácimos se acercaron los discípulos a Jesús y le preguntaron: «¿Dónde quieres que te preparemos la cena de Pascua?». Él contestó: «Id a la ciudad, a casa de quien vosotros sabéis, y decidle: "El Maestro dice: Mi hora está cerca; voy a celebrar la Pascua en tu casa con mis discípulos"». Los discípulos cumplieron las instrucciones de Jesús y prepararon la Pascua. Al atardecer se puso a la mesa con los Doce. Mientras comían dijo: «En verdad os digo que uno de vosotros me va a entregar». Ellos, muy entristecidos, se pusieron a preguntarle uno tras otro: «¿Soy yo acaso, Señor?». Él respondió: «El que ha metido conmigo la mano en la fuente, ese me va a entregar. El Hijo del hombre se va, como está escrito de él; pero, ¡ay de aquel por quien el Hijo del hombre es entregado!; ¡más le valdría a ese hombre no haber nacido!». Entonces preguntó Judas, el que lo iba a entregar: «¿Soy yo acaso, Maestro?». Él respondió: «Tú lo has dicho».

Isaías 50, 4-9a; *Salmo* 68, 8-10.21-22.31.33-34 • MATEO 26, 14-25

ORACIÓN **SEÑOR Jesús,** traicionado y rechazado. **Perdona mis deserciones, mis infidelidades, mis rechazos también.** *Señor, que me escuche tu gran bondad el día de tu favor* (Salmo 68, 14cb).

2025

SANTO TRIDUO PASCUAL
De la tarde del Jueves Santo al Domingo de Pascua

ABRIL
17
JUEVES

JUEVES SANTO DE LA CENA DEL SEÑOR
Santos Roberto *ab*, **Elías, Pablo e Isidoro**
de Córdoba *mrs*, **Pablo y Hermógenes** *mrs*

Papa Francisco: El amor de Jesús por nosotros no tiene límites: cada vez más, cada vez más. No se cansa de amar. A ninguno. Nos ama a todos nosotros, hasta el punto de dar la vida por nosotros. Sí, dar la vida por todos nosotros; sí, dar la vida por cada uno de nosotros. Y cada uno puede decir: «Dio la vida por mí». Por cada uno. Ha dado la vida por ti, por mí, por él… por cada uno, con nombre y apellido. Su amor es así: personal. El amor de Jesús nunca defrauda, porque Él no se cansa de amar, como no se cansa de perdonar, no se cansa de abrazarnos. Jesús nos amó, a cada uno de nosotros, hasta el extremo (2-4-2015).

• *Éxodo* 12, 1-8.11-14: En aquellos días, dijo el Señor a Moisés y a Aarón en tierra de Egipto: «Este mes será para vosotros el principal de los meses; será para vosotros el primer mes del año. Decid a toda la asamblea de los hijos de Israel: "El diez de este mes cada uno procurará un animal para su familia, uno por casa. Si la familia es demasiado pequeña para comérselo, que se junte con el vecino más próximo a su casa, hasta completar el número de personas; y cada uno comerá su parte hasta terminarlo. Será un animal sin defecto, macho, de un año; lo escogeréis entre los corderos o los cabritos. Lo guardaréis hasta el catorce del mes y toda la asamblea de los hijos de Israel lo matará al atardecer". Tomaréis la sangre y rociaréis las dos jambas y el dintel de la casa donde lo comáis. Esa noche comeréis la carne, asada a fuego, y comeréis panes sin fermentar y hierbas amargas. Y lo comeréis así: la cintura ceñida, las sandalias en los pies, un bastón en la mano; y os lo comeréis a toda prisa, porque es la Pascua, el Paso del Señor. Yo pasaré esta noche por la tierra de Egipto y heriré a todos los primogénitos de la tierra de Egipto, desde los hombres hasta los ganados, y me tomaré justicia de todos los dioses de Egipto. Yo, el Señor. La sangre será vuestra señal en las casas donde habitáis. Cuando yo vea la sangre, pasaré de largo ante vosotros, y no habrá entre vosotros plaga exterminadora, cuando yo hiera a la tierra de Egipto. Este será un día memorable para vosotros; en él celebraréis fiesta en honor del Señor. De generación en generación, como ley perpetua lo festejaréis».

- *Salmo* 115, 12-13.15-18: *El cáliz de la bendición es comunión con la sangre de Cristo.*
- *1Corintios* 11, 23-26: Yo he recibido una tradición, que procede del Señor y que a mi vez os he transmitido: que el Señor Jesús, en la noche en que iba a ser entregado, tomó pan y, pronunciando la Acción de Gracias, lo partió y dijo: «Esto es mi cuerpo, que se entrega por vosotros. Haced esto en memoria mía». Lo mismo hizo con el cáliz, después de cenar, diciendo: «Este cáliz es la nueva alianza en mi sangre: haced esto cada vez que lo bebáis, en memoria mía». Por eso, cada vez que coméis este pan y bebéis del cáliz, proclamáis la muerte del Señor, hasta que vuelva.

• JUAN 13, 1-15: Antes de la fiesta de la Pascua, sabiendo Jesús que había llegado su hora de pasar de este mundo al Padre, habiendo amado a los suyos que estaban en el mundo, los amó hasta el extremo. Estaban cenando, ya el diablo había suscitado en el corazón de Judas, hijo de Simón Iscariote, la intención de entregarlo; y Jesús, sabiendo que el Padre había puesto todo en sus manos, que venía de Dios y a Dios volvía, se levanta de la cena, se quita el manto y, tomando una toalla, se la ciñe; luego echa agua en la jofaina y se pone a lavarles los pies a los discípulos, secándolos con la toalla que se había ceñido. Llegó a Simón Pedro, y este le dice: «Señor, ¿lavarme los pies tú a mí?». Jesús le replicó: «Lo que yo hago tú no lo entiendes ahora, pero lo comprenderás más tarde». Pedro le dice: «No me lavarás los pies jamás». Jesús le contestó: «Si no te lavo, no tienes parte conmigo». Simón Pedro le dice: «Señor, no solo los pies, sino también las manos y la cabeza». Jesús le dice: «Uno que se ha bañado no necesita lavarse más que los pies, porque todo él está limpio. También vosotros estáis limpios, aunque no todos». Porque sabía quién lo iba a entregar, por eso dijo: «No todos estáis limpios». Cuando acabó de lavarles los pies, tomó el manto, se lo puso otra vez y les dijo: «¿Comprendéis lo que he hecho con vosotros? Vosotros me llamáis "el Maestro" y "el Señor", y decís bien, porque lo soy. Pues si yo, el Maestro y el Señor, os he lavado los pies, también vosotros debéis lavaros los pies unos a otros; os he dado ejemplo para que lo que yo he hecho con vosotros, vosotros lo hagáis».

SEÑOR Jesús, qué fuego de amor desprende el Cenáculo donde cenas esta noche con tus discípulos. **Quiero que me laves como a ellos, quiero tener parte contigo, quiero cumplir el mandato del amor que me dejas como testamento.**

ORACIÓN

SANTO TRIDUO PASCUAL

Santos Eusebio *ob*, **Anastasia** *vd*,
Perfecto *pb mr*. **María de la Encarnación** *mf rl*.
Beato Andrés Hibernón *rl*.

Ayuno y Abstinencia

ABRIL

18

VIERNES

COLECTA POR LOS SANTOS LUGARES

Papa Francisco: Al mirar a Cristo en la cruz, dándonos su vida, nos obliga a reconocerlo también en quienes, hoy como él, padecen sus propias cruces, una exigencia de solidaridad y el papá nos urge a responder: "Él, por amor, entrando en el abismo del dolor y del sufrimiento nos redime y no salva dando sentido a nuestras aflicciones y tribulaciones. Pondremos ante Jesús crucificado a todos los crucificados de hoy, hermanos y hermanas víctimas inocentes del sufrimiento y la maldad del mundo. Sólo él puede consolarlos y darles amor". Caminar junto a Cristo como discípulos, nos lleva a compartir su suerte de cruz, pero siempre con la esperanza y la certeza de participar también de esa resurrección con que él venció a la muerte y nos regaló una vida nueva. (03-04-2021)

PALABRA

• *Isaías* 52,13 - 53,12: Mirad, mi siervo tendrá éxito, subirá y crecerá mucho. Como muchos se espantaron de él, porque desfigurado no parecía hombre, ni tenía aspecto humano, así asombrará a muchos pueblos, ante él los reyes cerrarán la boca, al ver algo inenarrable y comprender algo inaudito. ¿Quién creyó nuestro anuncio?; ¿a quién se reveló el brazo del Señor? Creció en su presencia, como brote, como raíz en tierra árida, sin figura, sin belleza. Lo vimos sin aspecto atrayente, despreciado y evitado por los hombres, como un hombre de dolores, acostumbrado a sufrimientos, ante el cual se ocultaban los rostros; despreciado y desestimado. Él soportó nuestros sufrimientos y aguantó nuestros dolores; nosotros lo estimamos leproso, herido de Dios y humillado; pero él fue traspasado por nuestras rebeliones, triturado por nuestros crímenes. Nuestro castigo saludable cayó sobre él, sus cicatrices nos curaron. Todos errábamos como ovejas, cada uno siguiendo su camino; y el Señor cargó sobre él todos nuestros crímenes. Maltratado, voluntariamente se humillaba y no abría la boca; como cordero llevado al matadero, como oveja ante el esquilador, enmudecía y no abría la boca. Sin defensa, sin justicia, se lo llevaron. ¿Quién se preocupará de su estirpe? Lo arrancaron de la tierra de los vivos, por los pecados de mi pueblo lo hirieron. Le dieron sepultura con los malvados y una tumba con los malhechores, aunque no había cometido crímenes, ni hubo engaño en su boca. El Señor quiso triturarlo con el sufrimiento y entregar su vida como expiación: verá su descendencia, prolongará sus años, lo que el Señor quiere prosperará por su mano. Por los trabajos de su alma verá la luz, el justo se saciará de conocimiento. Mi siervo justificará a muchos, porque cargó con los crímenes de ellos. Le daré una multitud como parte y tendrá como despojo una muchedumbre. Porque expuso su vida a la muerte y fue contado entre los pecadores, él tomó el pecado de muchos e intercedió por los pecadores.

• *Salmo* 30, 2.6.12.13.15–17.25: *Padre, a tus manos encomiendo mi espíritu.*

• *Hebreos* 4, 14–16; 5, 7–9: Hermanos: Ya que tenemos un sumo sacerdote grande que ha atravesado el cielo, Jesús, Hijo de Dios, mantengamos firme la confesión de fe. No tenemos un sumo sacerdote incapaz de compadecerse de nuestras debilidades, sino que ha sido probado en todo, como nosotros, menos en el pecado. Por eso, comparezcamos confiados ante el trono de la gracia, para alcanzar misericordia y encontrar gracia para un auxilio oportuno. Cristo, en efecto, en los días de su vida mortal, a gritos y con lágrimas, presentó oraciones y súplicas al que podía salvarlo de la muerte, siendo escuchado por su piedad filial. Y, aun siendo Hijo, aprendió, sufriendo, a obedecer. Y, llevado a la consumación, se convirtió, para todos los que lo obedecen, en autor de salvación eterna.

• **JUAN 18, 1 – 19, 42: PASIÓN DE NUESTRO SEÑOR JESUCRISTO.**
En aquel tiempo, salió Jesús con sus discípulos al otro lado del torrente Cedrón, donde había un huerto, y entraron allí él y sus discípulos. Judas, el que lo iba a entregar, conocía también el sitio, porque Jesús se reunía a menudo allí con sus discípulos. Judas entonces, tomando una cohorte y unos guardias de los sumos sacerdotes y de los fariseos, entró allá con faroles, antorchas y armas. Jesús, sabiendo todo lo que venía sobre él, se adelantó y les dijo: «¿A quién buscáis?». Le contestaron: «A Jesús, el Nazareno». Les dijo Jesús: «Yo soy». Estaba también con ellos Judas, el que lo iba a entregar. Al decirles: «Yo soy», retrocedieron y cayeron a tierra. Les preguntó otra vez: «¿A quién buscáis?». Ellos dijeron: «A Jesús, el Nazareno». Jesús contestó: «Os he dicho que soy yo. Si me buscáis a mí, dejad marchar a estos». Y así se cumplió lo que había dicho: «No he perdido a ninguno de los que me diste». Entonces Simón Pedro, que

llevaba una espada, la sacó e hirió al criado del sumo sacerdote, cortándole la oreja derecha. Este criado se llamaba Malco. Dijo entonces Jesús a Pedro: «Mete la espada en la vaina. El cáliz que me ha dado mi Padre, ¿no lo voy a beber?».

Llevaron a Jesús ante Anás y Caifás. Negaciones de Pedro

La cohorte, el tribuno y los guardias de los judíos prendieron a Jesús, lo ataron y lo llevaron primero a Anás, porque era suegro de Caifás, sumo sacerdote aquel año; Caifás era el que había dado a los judíos este consejo: «Conviene que muera un solo hombre por el pueblo». Simón Pedro y otro discípulo seguían a Jesús. Este discípulo era conocido del sumo sacerdote y entró con Jesús en el palacio del sumo sacerdote, mientras Pedro se quedó fuera a la puerta. Salió el otro discípulo, el conocido del sumo sacerdote, habló a la portera e hizo entrar a Pedro. La criada portera dijo entonces a Pedro: «¿No eres tú también de los discípulos de ese hombre?». Él dijo: «No lo soy». Los criados y los guardias habían encendido un brasero, porque hacía frío, y se calentaban. También Pedro estaba con ellos de pie, calentándose. El sumo sacerdote interrogó a Jesús acerca de sus discípulos y de la doctrina. Jesús le contestó: «Yo he hablado abiertamente al mundo; yo he enseñado continuamente en la sinagoga y en el templo, donde se reúnen todos los judíos, y no he dicho nada a escondidas. ¿Por qué me preguntas a mí? Pregunta a los que me han oído de qué les he hablado. Ellos saben lo que yo he dicho». Apenas dijo esto, uno de los guardias que estaba allí le dio una bofetada a Jesús, diciendo: «¿Así contestas al sumo sacerdote?». Jesús respondió: «Si he faltado al hablar, muestra en qué he faltado; pero si he hablado como se debe, ¿por qué me pegas?». Entonces Anás lo envió atado a Caifás, sumo sacerdote. Simón Pedro estaba de pie, calentándose, y le dijeron: «¿No eres tú también de sus discípulos?». Él lo negó, diciendo: «No lo soy». Uno de los criados del sumo sacerdote, pariente de aquel a quien Pedro le cortó la oreja, le dijo: «¿No te he visto yo en el huerto con él?». Pedro volvió a negar, y enseguida cantó un gallo.

Mi reino no es de este mundo

Llevaron a Jesús de casa de Caifás al pretorio. Era el amanecer, y ellos no entraron en el pretorio para no incurrir en impureza y poder así comer la Pascua. Salió Pilato afuera, adonde estaban ellos, y dijo: «¿Qué acusación presentáis contra este hombre?». Le contestaron: «Si este no fuera un malhechor, no te lo entregaríamos». Pilato les dijo: «Lleváoslo vosotros y juzgadlo según vuestra ley». Los judíos le dijeron: «No estamos autorizados para dar muerte a nadie». Y así se cumplió lo que había dicho Jesús, indicando de qué muerte iba a morir. Entró otra vez Pilato en el pretorio, llamó a Jesús y le dijo: «¿Eres tú el rey de los judíos?». Jesús le contestó: «¿Dices eso por tu cuenta o te lo han dicho otros de mí?». Pilato replicó: «¿Acaso soy yo judío? Tu gente y los sumos sacerdotes te han entregado a mí; ¿qué has hecho?». Jesús le contestó: «Mi reino no es de este mundo. Si mi reino fuera de este mundo, mi guardia habría luchado para que no cayera en manos de los judíos. Pero mi reino no es de aquí». Pilato le dijo: «Entonces, ¿tú eres rey?». Jesús le contestó: «Tú lo dices: soy rey. Yo para esto he nacido y para esto he venido al mundo: para dar testimonio de la verdad. Todo el que es de la verdad escucha mi voz». Pilato le dijo: «Y, ¿qué es la verdad?». Dicho esto, salió otra vez a donde estaban los judíos y les dijo: «Yo no encuentro en él ninguna culpa. Es costumbre entre vosotros que por Pascua ponga a uno en libertad. ¿Queréis que os suelte al rey de los judíos?». Volvieron a gritar: «A ese no, a Barrabás». El tal Barrabás era un bandido.

¡Salve, rey de los judíos! ¡Crucifícalo!

Entonces Pilato tomó a Jesús y lo mandó azotar. Y los soldados trenzaron una corona de espinas, se la pusieron en la cabeza y le echaron por encima un manto color púrpura; y, acercándose a él, le decían: «¡Salve, rey de los judíos!». Y le daban bofetadas. Pilato salió otra vez afuera y les dijo: «Mirad, os lo saco afuera, para que sepáis que no encuentro en él ninguna culpa». Y salió Jesús afuera, llevando la corona de espinas y el manto color púrpura. Pilato les dijo: «He aquí al hombre». Cuando lo vieron los sumos sacerdotes y los guardias, gritaron: «¡Crucifícalo, crucifícalo!». Pilato les dijo: «Lleváoslo vosotros y crucificadlo, porque yo no encuentro culpa en él». Los judíos le contestaron: «Nosotros tenemos una ley, y según esa ley tiene que morir, porque se ha hecho Hijo de Dios». Cuando Pilato oyó estas palabras, se asustó aún más. Entró otra vez en el pretorio y dijo a Jesús: «¿De dónde eres tú?». Pero Jesús no le dio respuesta. Y Pilato le dijo: «¿A mí no me hablas? ¿No sabes que tengo autoridad para soltarte y autoridad para crucificarte?». Jesús le contestó: «No tendrías ninguna autoridad sobre mí, si no te la hubieran dado de lo alto. Por eso el que me ha entregado a ti tiene un pecado mayor». Desde este momento Pilato trataba de soltarlo, pero los judíos gritaban: «Si sueltas a ese, no eres amigo del César. Todo el que se hace rey está contra el César». Pilato entonces, al oír estas palabras, sacó afuera a Jesús y lo sentó en el tribunal, en el sitio que llaman «el Enlosado» (en hebreo Gábbata). Era el día de la Preparación de la Pascua, hacia el mediodía. Y dijo Pilato a los judíos: «He aquí a vuestro rey». Ellos gritaron: «¡Fuera, fuera; crucifícalo!». Pilato les dijo: «¿A vuestro rey voy a crucificar?». Contestaron los sumos sacerdotes: «No tenemos más rey que al César». Entonces se lo entregó para que lo crucificaran.

Crucifixión. Ahí tienes a tu madre. "Entregó el espíritu"

Tomaron a Jesús, y, cargando él mismo con la cruz, salió al sitio llamado «de la Calavera» (que en hebreo se dice "Gólgota"), donde lo crucificaron; y con él a otros dos, uno a cada lado, y en medio, Jesús. Y Pilato escribió un letrero y lo puso encima de la cruz; en él estaba escrito: «Jesús, el Nazareno, el rey de los judíos». Leyeron el letrero muchos judíos, porque estaba cerca el lugar donde crucificaron a Jesús, y estaba escrito en hebreo, latín y griego. Entonces los sumos sacerdotes de los judíos dijeron a Pilato: «No escribas: "El rey de los judíos", sino: "Este ha dicho: soy el rey de los judíos"». Pilato les contestó: «Lo escrito, escrito está». Los soldados cuando crucificaron a Jesús, tomaron su ropa, haciendo cuatro partes, una para cada soldado, y apartaron la túnica. Era una túnica sin costura, tejida toda de una pieza de arriba abajo. Y se dijeron: «No la rasguemos, sino echémosla a suerte, a ver a quién le toca». Así se cumplió la Escritura: «Se repartieron mis ropas y echaron a suerte mi túnica». Esto hicieron los soldados. Junto a la cruz de Jesús estaba su madre, la hermana de su madre, María, la de Cleofás, y María, la Magdalena. Jesús, al ver a su madre y junto a ella al discípulo al que amaba, dijo a su madre: «Mujer, ahí tienes a tu hijo». Luego, dijo al discípulo: «Ahí tienes a tu madre». Y desde aquella hora, el discípulo la recibió como algo propio. Después de esto, sabiendo Jesús que ya todo estaba cumplido, para que se cumpliera la Escritura dijo: «Tengo sed». Había allí un jarro lleno de vinagre. Y, sujetando una esponja empapada en vinagre a una caña de hisopo, se la acercaron a la boca. Jesús, cuando tomó el vinagre, dijo: «Está cumplido». E, inclinando la cabeza, entregó el espíritu.

Y al punto salió sangre y agua. Sepultura

Los judíos entonces, como era el día de la Preparación, para que no se quedaran los cuerpos en la cruz el sábado, porque aquel sábado era un día grande, pidieron a Pilato que les quebraran las piernas y que los quitaran. Fueron los soldados, le quebraron las piernas al primero y luego al otro que habían crucificado con él; pero al llegar a Jesús, viendo que ya había muerto, no le quebraron las piernas, sino que uno de los soldados, con la lanza, le traspasó el costado, y al punto salió sangre y agua. El que lo vio da testimonio, y su testimonio es verdadero, y él sabe que dice verdad, para que también vosotros creáis. Esto ocurrió para que se cumpliera la Escritura: «No le quebrarán un hueso»; y en otro lugar la Escritura dice: «Mirarán al que traspasaron».

Después de esto, José de Arimatea, que era discípulo de Jesús, aunque oculto por miedo a los judíos, pidió a Pilato que le dejara llevarse el cuerpo de Jesús. Y Pilato lo autorizó. Él fue entonces y se llevó el cuerpo. Llegó también Nicodemo, el que había ido a verlo de noche, y trajo unas cien libras de una mixtura de mirra y áloe. Tomaron el cuerpo de Jesús y lo envolvieron en los lienzos con los aromas, según se acostumbra a enterrar entre los judíos. Había un huerto en el sitio donde lo crucificaron, y en el huerto un sepulcro nuevo donde nadie había sido enterrado todavía. Y como para los judíos era el día de la Preparación, y el sepulcro estaba cerca, pusieron allí a Jesús.

🙏 **SEÑOR Jesús,** por fin llegó la "hora" anunciada. Es momento de silencio, de mirarte solo a ti, "taladrado y hecho desprecio de los hombres". ORACIÓN Quiero estar con María, la herencia que recibo como "algo propio". **En medio de este silencio solo tengo palabras de agradecimiento.**

ABRIL

19

SÁBADO

SANTO TRIDUO PASCUAL

SÁBADO SANTO DE LA SEPULTURA DEL SEÑOR
Santos León IX *pp*,
Jorge de Antioquía *ob*, Marta *vg mr*

Papa Francisco: Hermanos y hermanas, esto nos puede suceder también a nosotros. A veces sentimos que una lápida ha sido colocada pesadamente en la entrada de nuestro corazón, sofocando la vida, apagando la confianza, encerrándonos en el sepulcro de los miedos y de las amarguras, bloqueando el camino hacia la alegría y la esperanza. Son "escollos de muerte" y los encontramos, a lo largo del camino, en todas las experiencias y situaciones que nos roban el entusiasmo y la fuerza para seguir adelante; en los sufrimientos que nos asaltan y en la muerte de nuestros seres queridos, que dejan en nosotros vacíos imposibles de colmar; los encontramos en los fracasos y en los miedos que nos impiden realizar el bien que deseamos; los encontramos en todas las cerrazones que frenan nuestros impulsos de generosidad y no nos permiten abrirnos al amor; los encontramos en los muros del egoísmo y de la indiferencia, que repelen el compromiso por construir ciudades y sociedades más justas y dignas para el hombre; los encontramos en todos los anhelos de paz quebrantados por la crueldad del odio y la ferocidad de la guerra. Cuando experimentamos estas desilusiones, tenemos la sensación de que muchos sueños están destinados a hacerse añicos y también nosotros nos preguntamos angustiados: ¿quién nos correrá la piedra del sepulcro? (30-03-2024)

SEÑOR Jesús, me sumerjo contigo en el misterio de tu muerte. Dejo que desciendas a lo profundo de mí. **Allí, enciende una nueva luz que me haga vivir de nuevo.**

ORACIÓN

Descendió a los infiernos

Santos Inés de Montepulciano *vg*,
Aniceto *pp*, Secundino *mr*, Marcelino *ob*

DOMINGO DE PASCUA DE LA RESURRECCIÓN DEL SEÑOR

Papa Francisco: Necesitamos al Crucificado Resucitado para creer en la victoria del amor, para esperar en la reconciliación. Hoy más que nunca lo necesitamos a Él, para que poniéndose en medio de nosotros nos vuelva a decir: ¡La paz esté con ustedes!». Sólo Él puede hacerlo. Sólo Él tiene hoy el derecho de anunciarnos la paz. Sólo Jesús, porque lleva las heridas, nuestras heridas. Esas heridas suyas son doblemente nuestras: nuestras porque nosotros se las causamos a Él, con nuestros pecados, con nuestra dureza de corazón, con el odio fratricida; y nuestras porque Él las lleva por nosotros, no las ha borrado de su Cuerpo glorioso, ha querido conservarlas consigo para siempre. Son un sello indeleble de su amor por nosotros, una intercesión perenne para que el Padre celestial las vea y tenga misericordia de nosotros y del mundo entero. Las heridas en el Cuerpo de Jesús resucitado son el signo de la lucha que Él combatió y venció por nosotros pudiéramos tener paz, estar en paz, vivir en paz. Mirando sus llagas gloriosas, nuestros ojos incrédulos se abren, nuestros corazones endurecidos se liberan y dejan entrar el anuncio pascual: «¡La paz esté con ustedes!». (17-04-2022)

VIGILIA PASCUAL EN LA NOCHE SANTA

PALABRA

- *Génesis* 1,1; 2, 2: Vio Dios todo lo que había hecho: y era muy bueno.
- *Génesis* 22, 1-18: El sacrificio de Abrahán, nuestro padre en la fe.
- *Éxodo* 14, 15; 15, 1a: Los hijos de Israel entraron en medio del mar, por lo seco.
- *Isaías* 54, 5-14: Con amor eterno te quiere el Señor, tu libertador.

- **Isaías** 55, 1-11: Venid a mí y viviréis. Sellaré con vosotros una alianza perpetua.
- **Baruc** 3, 9-15.32; 4, 4: Camina al resplandor del Señor.
- **Ezequiel** 36, 16-17a. 18-28: Derramaré sobre vosotros un agua pura, y os daré un corazón nuevo.
- **Salmo** 41, 3.5cdef; 42, 3-4: *Como busca la cierva corrientes de agua, así mi alma te busca a ti, Dios mío.*
- **Romanos** 6, 3-11: Hermanos: Cuantos fuimos bautizados en Cristo Jesús fuimos bautizados en su muerte. Por el bautismo fuimos sepultados con él en la muerte, para que lo mismo que Cristo resucitó de entre los muertos por la gloria del Padre, así también nosotros andemos en una vida nueva. Pues si hemos sido incorporados a él en una muerte como la suya, lo seremos también en una resurrección como la suya; sabiendo que nuestro hombre viejo fue crucificado con Cristo, para que fuera destruido el cuerpo de pecado, y, de este modo, nosotros dejáramos de servir al pecado; porque quien muere ha quedado libre del pecado. Si hemos muerto con Cristo, creemos que también viviremos con él; pues sabemos que Cristo, una vez resucitado de entre los muertos, ya no muere más; la muerte ya no tiene dominio sobre él. Porque quien ha muerto, ha muerto al pecado de una vez para siempre; y quien vive, vive para Dios. Lo mismo vosotros, consideraos muertos al pecado y vivos para Dios en Cristo Jesús.
- **Salmo** 117, 1-2.16-17.22-23: *ALELUYA, ALELUYA, ALELUYA.*
- **LUCAS 24,1-12:** El primer día de la semana, de madrugada, las mujeres fueron al sepulcro llevando los aromas que habían preparado. Encontraron corrida la piedra del sepulcro. Y entrando no encontraron el cuerpo del Señor Jesús. Mientras estaban desconcertadas por esto, se les presentaron dos hombres con vestidos refulgentes. Ellas quedaron despavoridas y con las caras mirando al suelo y ellos les dijeron: «¿Por qué buscáis entre los muertos al que vive? No está aquí. **HA RESUCITADO.** Recordad cómo os habló estando todavía en Galilea, cuando dijo que el Hijo del hombre tiene que ser entregado en manos de hombres pecadores, ser crucificado y al tercer día resucitar». Y recordaron sus palabras. Habiendo vuelto del sepulcro, anunciaron todo esto a los Once y a todos los demás. Eran María la Magdalena, Juana y María la de Santiago. También las demás que estaban con ellas, contaban esto mismo a los Apóstoles. Ellos lo tomaron por un delirio y no las creyeron. Pedro, sin embargo, se levantó y fue corriendo al sepulcro. Asomándose, ve solo los lienzos. Y volvió a su casa, admirándose de lo sucedido.

MISA DEL DÍA DE PASCUA

- **Hechos** 10, 34a.37-43: En aquellos días, Pedro tomó la palabra y dijo: «Vosotros conocéis lo que sucedió en toda Judea, comenzando por Galilea, después del bautismo que predicó Juan. Me refiero a Jesús de Nazaret, ungido por Dios con la fuerza del Espíritu Santo, que pasó haciendo el bien y curando a todos los oprimidos por el diablo; porque Dios estaba con él.

Nosotros somos testigos de todo lo que hizo en la tierra de los judíos y en Jerusalén. A este lo mataron, colgándolo de un madero. Pero Dios lo resucitó al tercer día y le concedió la gracia de manifestarse, no a todo el pueblo, sino a los testigos designados por Dios: a nosotros, que hemos comido y bebido con él después de su resurrección de entre los muertos. Nos encargó predicar al pueblo, dando solemne testimonio de que Dios lo ha constituido juez de vivos y muertos. De él dan testimonio todos los profetas: que todos los que creen en él reciben, por su nombre, el perdón de los pecados».

• *Salmo* 117, 1-2.16-17.22-23: *Este es el día que hizo el Señor: sea nuestra alegría y nuestro gozo.*

• *Colosenses* 3, 1-4: Hermanos: Si habéis resucitado con Cristo, buscad los bienes de allá arriba, donde Cristo está sentado a la derecha de Dios; aspirad a los bienes de arriba, no a los de la tierra. Porque habéis muerto; y vuestra vida está con Cristo escondida en Dios. Cuando aparezca Cristo, vida vuestra, entonces también vosotros apareceréis gloriosos, juntamente con él.

• *SECUENCIA: Ofrezcan los cristianos/ ofrendas de alabanza/ a gloria de la Víctima/ propicia de la Pascua.*

–Cordero sin pecado/ que a las ovejas salva,/ a Dios y a los culpables/ unió con nueva alianza.

–Lucharon vida y muerte/ en singular batalla,/ y, muerto el que es la Vida,/ triunfante se levanta.

–"¿Qué has visto de camino,/ María, en la mañana?"/ A mi Señor glorioso,/ la tumba abandonada,

–Los ángeles testigos,/ sudarios y mortaja./

–Resucitó de veras/ mi amor y mi esperanza./ Venid a Galilea,/ allí el Señor aguarda;/ allí veréis los suyos/ la gloria de la Pascua".

–Primicia de los muertos/ sabemos por tu gracia/ que estás resucitado;/ la muerte en ti no manda./

–Rey vencedor, apiádate/ de la miseria humana/ y da a tus fieles parte/ en tu victoria santa.

• **JUAN 20, 1-9:** El primer día de la semana, María la Magdalena fue al sepulcro al amanecer, cuando aún estaba oscuro, y vio la losa quitada del sepulcro. Echó a correr y fue donde estaba Simón Pedro y el otro discípulo, a quien Jesús amaba, y les dijo: «Se han llevado del sepulcro al Señor y no sabemos dónde lo han puesto». Salieron Pedro y el otro discípulo camino del sepulcro. Los dos corrían juntos, pero el otro discípulo corría más que Pedro; se adelantó y llegó primero al sepulcro; e, inclinándose, vio los lienzos tendidos; pero no entró. Llegó también Simón Pedro detrás de él y entró en el sepulcro: vio los lienzos tendidos y el sudario con que le habían cubierto la cabeza, no con los lienzos, sino enrollado en un sitio aparte. Entonces entró también el otro discípulo, el que había llegado primero al sepulcro; vio y creyó. Pues hasta entonces no habían entendido la Escritura: que él había de resucitar de entre los muertos.

 SEÑOR Jesús, gloria a ti por tu resurrección, por tu vida nueva, por tu Pascua salvadora de liberación y de vida. **Gracias por hacerme partícipe de este don maravilloso.**

ORACIÓN

TIEMPO PASCUAL
LUNES OCTAVA DE PASCUA

Santos **ANSELMO** *ob dc,* **Anastasio** *ab,*
Conrado de Parzham *rl,*
Román Adame *pr mr*

SAN ANSELMO

Papa Francisco: La resurrección de Jesús nos dice que a la muerte no le corresponde la última palabra, sino a la vida. Al resucitar al Hijo unigénito, Dios Padre ha manifestado plenamente su amor y misericordia por la humanidad de todos los tiempos. Si Cristo ha resucitado, es posible mirar con confianza cada hecho de nuestra existencia, incluso los más difíciles, llenos de angustia e incertidumbre. Este es el mensaje de Pascua que estamos llamados a proclamar, con palabras y, sobre todo, con el testimonio de la vida. Que esta noticia resuene en nuestros hogares y en nuestros corazones: «¡Cristo, mi esperanza, ha resucitado!». (13-04-2020)

• **SECUENCIA** (como el Domingo de Pascua; opcional)

PALABRA En aquel tiempo, las mujeres se marcharon a toda prisa del sepulcro; llenas de miedo y de alegría, corrieron a anunciarlo a los discípulos. De pronto, Jesús les salió al encuentro y les dijo: «Alegraos». Ellas se acercaron, le abrazaron los pies y se postraron ante él. Jesús les dijo: «No temáis: id a comunicar a mis hermanos que vayan a Galilea; allí me verán». Mientras las mujeres iban de camino, algunos de la guardia fueron a la ciudad y comunicaron a los sumos sacerdotes todo lo ocurrido. Ellos, reunidos con los ancianos, llegaron a un acuerdo y dieron a los soldados una fuerte suma, encargándoles: «Decid que sus discípulos fueron de noche y robaron el cuerpo mientras vosotros dormíais. Y si esto llega a oídos del gobernador, nosotros nos lo ganaremos y os sacaremos de apuros». Ellos tomaron el dinero y obraron conforme a las instrucciones. Y esta historia se ha ido difundiendo entre los judíos hasta hoy.

Hechos 2, 14.22-33; *Salmo* 15, 1b-2a.5.7-11 • **MATEO 28, 8-15**

ORACIÓN **SEÑOR,** me invitas a la alegría por tu Pascua. **Gracias por este gozo que me inunda de esperanza.** *Protégeme, Dios mío, que me refugio en ti* (Salmo 15, 1b).

SS. SOTERO Y CAYO, PAPAS

Santos Sotero y Cayo pps; Leonidas mr.; Oportuna ab.; Teodoro ob

Papa Francisco: ¡Qué bonito es pensar que la primera aparición del Resucitado —según los Evangelios— sucedió de una forma tan personal! Que hay alguien que nos conoce, que ve nuestro sufrimiento y desilusión, que se conmueve por nosotros, y nos llama por nuestro nombre. Es una ley que encontramos esculpida en muchas páginas del Evangelio. En torno a Jesús hay muchas personas que buscan a Dios; pero la realidad más prodigiosa es que, mucho antes, está sobre todo Dios que se preocupa por nuestra vida, que la quiere revivir, y para hacer esto nos llama por nuestro nombre, reconociendo el rostro personal de cada uno. Cada hombre es una historia de amor que Dios escribe en esta tierra. Cada uno de nosotros es una historia de amor de Dios. A cada uno de nosotros Dios nos llama por el propio nombre: nos conoce por el nombre, nos mira, nos espera, nos perdona, tiene paciencia con nosotros. (17-05-2017)

• **SECUENCIA** (como el Domingo de Pascua; opcional)

En aquel tiempo, estaba María [Magdalena] fuera, junto al sepulcro, llorando. Mientras lloraba, se asomó al sepulcro y vio dos ángeles vestidos de blanco, sentados, uno a la cabecera y otro a los pies, donde había estado el cuerpo de Jesús. Ellos le preguntan: «Mujer, ¿por qué lloras?». Ella les contesta: «Porque se han llevado a mi Señor y no sé dónde lo han puesto». Dicho esto, se vuelve y ve a Jesús, de pie, pero no sabía que era Jesús. Jesús le dice: «Mujer, ¿por qué lloras?, ¿a quién buscas?». Ella, tomándolo por el hortelano, le contesta: «Señor, si tú te lo has llevado, dime dónde lo has puesto y yo lo recogeré». Jesús le dice: «¡María!». Ella se vuelve y le dice: «¡Rabbuní!», que significa «¡Maestro!». Jesús le dice: «No me retengas, que todavía no he subido al Padre. Pero, anda, ve a mis hermanos y diles: "Subo al Padre mío y Padre vuestro, al Dios mío y Dios vuestro"». María la Magdalena fue y anunció a los discípulos: «He visto al Señor y ha dicho esto».

Hechos 2, 36-41; *Salmo* 32, 4-5.18-20.22 • **JUAN 20, 11-18**

SEÑOR, cesa mi llanto cuando escucho de tus labios mi nombre y te siento tan vivo en mi alma. **Bendito seas por tu victoria.** *La misericordia del Señor llena la tierra* (Salmo 32, 5b).

ORACIÓN

MIÉRCOLES OCTAVA DE PASCUA

Santos JORGE *mr,*
Adalberto *ob mr,* **Gerardo** *ob.*
Beato Gil de Asís *rl*

SAN JORGE

Papa Francisco: Queridos hermanos y hermanas, en la vida siempre estamos en camino. Y nos convertimos en aquello hacia lo que vamos. Escojamos el camino de Dios. (23-04-2020)

• **SECUENCIA** (como el Domingo de Pascua; opcional)

PALABRA Aquel mismo día, el primero de la semana, dos de los discípulos de Jesús iban caminando a una aldea llamada Emaús, distante de Jerusalén unos sesenta estadios; iban conversando entre ellos de todo lo que había sucedido. Mientras conversaban y discutían, Jesús en persona se acercó y se puso a caminar con ellos. Pero sus ojos no eran capaces de reconocerlo. Él les dijo: «¿Qué conversación es esa que traéis mientras vais de camino?». Ellos se detuvieron con aire entristecido. Y uno de ellos, que se llamaba Cleofás, le respondió: «¿Eres tú el único forastero en Jerusalén, que no sabes lo que ha pasado allí estos días?». Él les dijo: "¿Qué?". Ellos contestaron: "Lo de Jesús el Nazareno, que fue un profeta poderoso en obras y palabras, ante Dios y ante todo el pueblo; cómo lo entregaron los sumos sacerdotes y nuestros jefes para que lo condenaran a muerte, y lo crucificaron. Nosotros esperábamos que él iba a liberar a Israel, pero, con todo esto, ya estamos en el tercer día desde que esto sucedió. Es verdad que algunas mujeres de nuestro grupo nos han sobresaltado: pues habiendo ido muy de mañana al sepulcro, y no habiendo encontrado su cuerpo, vinieron diciendo que incluso habían visto una aparición de ángeles, que dicen que está vivo. Algunos de los nuestros fueron también al sepulcro y lo encontraron como habían dicho las mujeres; pero a él no lo vieron». Entonces él les dijo: «¡Qué necios y torpes sois para creer lo que anunciaron los profetas! ¿No era necesario que el Mesías padeciera esto y entrara así en su gloria?». Y, comenzando por Moisés y siguiendo por los profetas, les explicó lo que se refería a él en todas las Escrituras. Llegaron cerca de la aldea adonde iban, y él simuló que iba a seguir caminando; pero ellos le apremiaron, diciendo: «Quédate con nosotros, porque atardece y el día va de caída». Y entró para quedarse con ellos. Sentado a la mesa con ellos, tomó el pan, pronunció la bendición, lo partió y se lo iba dando. A ellos se les abrieron los ojos y lo reconocieron. Pero él desapareció de su vista. Y se dijeron el uno al otro: «¿No ardía nuestro corazón mientras nos hablaba por el camino y nos explicaba las Escrituras?». Y, levantándose en aquel momento, se volvieron a Jerusalén, donde encontraron reunidos a los Once con sus compañeros, que estaban diciendo: «Era verdad, ha resucitado el Señor y se ha aparecido a Simón». Y ellos contaron lo que les había pasado por el camino y cómo lo habían reconocido al partir el pan.

Hechos 3,1-10; *Salmo* 104, 1-4.6-9 • LUCAS 24,13-35

ORACIÓN **SEÑOR,** Déjame sentarme a tu mesa, que vea cómo partes el pan y así te reconozca y te alabe. *Que se alegren los que buscan al* **Señor** (Salmo 104, 3b).

SAN FIDEL DE SIGMARINGA

Santos **FIDEL DE SIGMARINGA** *pb mr*,
M.ª Cleofé y M.ª Salomé *NT*,
Gregorio de Elvira *ob*, Benito Menni *pb*,
M.ª Eufrasia Pelletier *vg*

Papa Francisco: La paz que Jesús nos da en Pascua no es la paz que sigue las estrategias del mundo, que cree obtenerla por la fuerza, con las conquistas y con varias formas de imposición. Esta paz, en realidad, es solo un intervalo entre las guerras: lo sabemos bien. La paz del Señor sigue el camino de la mansedumbre y de la cruz: es hacerse cargo de los otros. Cristo, de hecho, ha tomado sobre sí nuestro mal, nuestro pecado y nuestra muerte. Ha tomado consigo todo esto. Así nos ha liberado. Él ha pagado por nosotros. Su paz no es fruto de algún acuerdo, sino que nace del don de sí. (13-04-2022)

• **SECUENCIA** (como el Domingo de Pascua; opcional)

PALABRA En aquel tiempo, los discípulos de Jesús contaron lo que les había pasado por el camino y cómo habían reconocido a Jesús al partir el pan. Estaban hablando de estas cosas, cuando él se presentó en medio de ellos y les dice: «Paz a vosotros». Pero ellos, aterrorizados y llenos de miedo, creían ver un espíritu. Él les dijo: «¿Por qué os alarmáis?, ¿por qué surgen dudas en vuestro corazón? Mirad mis manos y mis pies: soy yo en persona. Palpadme y daos cuenta de que un espíritu no tiene carne y huesos, como veis que yo tengo». Dicho esto, les mostró las manos y los pies. Pero como no acababan de creer por la alegría, y seguían atónitos, les dijo: «¿Tenéis ahí algo de comer?». Ellos le ofrecieron un trozo de pez asado. Él lo tomó y comió delante de ellos. Y les dijo: «Esto es lo que os dije mientras estaba con vosotros: que era necesario que se cumpliera todo lo escrito en la Ley de Moisés y en los Profetas y Salmos acerca de mí». Entonces les abrió el entendimiento para comprender las Escrituras. Y les dijo: «Así estaba escrito: el Mesías padecerá, resucitará de entre los muertos al tercer día y en su nombre se proclamará la conversión para el perdón de los pecados a todos los pueblos, comenzando por Jerusalén. Vosotros sois testigos de esto».

Hechos 3, 11-26; *Salmo* 8, 2a.5-9 • **LUCAS 24, 35-48**

ORACIÓN **SEÑOR,** ábreme también a mí el entendimiento con el don de **tu Espíritu para que comprenda el alcance de tu amor por nosotros.** *Señor, Dios nuestro, ¡qué admirable es tu nombre en toda la tierra!* (Salmo 8, 2ab).

VIERNES OCTAVA DE PASCUA

SANTOS MARCOS *EV*
Pedro de Betancur *rl*, **Aniano** *ob*, **Franca** *ab*

SAN MARCOS EVANGELISTA

Papa Francisco: Queridos hermanos y hermanas, no renunciemos a la Palabra de Dios. Es la carta de amor escrita para nosotros por Aquel que nos conoce como nadie más. Leyéndola, sentimos nuevamente su voz, vislumbramos su rostro, recibimos su Espíritu. La Palabra nos acerca a Dios; no la tengamos lejos. (24-01-2021)

• **SECUENCIA** (como el Domingo de Pascua; opcional)

PALABRA

En aquel tiempo, Jesús se apareció otra vez a los discípulos junto al lago de Tiberíades. Y se apareció de esta manera. Estaban juntos Simón Pedro, Tomás, apodado el Mellizo; Natanael, el de Caná de Galilea; los Zebedeos y otros dos discípulos suyos. Simón Pedro les dice: «Me voy a pescar». Ellos contestan: «Vamos también nosotros contigo». Salieron y se embarcaron; y aquella noche no pescaron nada. Estaba ya amaneciendo, cuando Jesús se presentó en la orilla; pero los discípulos no sabían que era Jesús. Jesús les dice: «Muchachos, ¿tenéis pescado?». Ellos contestaron: «No». Él les dice: «Echad la red a la derecha de la barca y encontraréis». La echaron, y no podían sacarla, por la multitud de peces. Y aquel discípulo a quien Jesús amaba le dice a Pedro: «Es el Señor». Al oír que era el Señor, Simón Pedro, que estaba desnudo, se ató la túnica y se echó al agua. Los demás discípulos se acercaron en la barca, porque no distaban de tierra más que unos doscientos codos, remolcando la red con los peces. Al saltar a tierra, ven unas brasas con un pescado puesto encima y pan. Jesús les dice: «Traed de los peces que acabáis de pescar». Simón Pedro subió a la barca y arrastró hasta la orilla la red repleta de peces grandes: ciento cincuenta y tres. Y aunque eran tantos, no se rompió la red. Jesús les dice: «Vamos, almorzad». Ninguno de los discípulos se atrevía a preguntarle quién era, porque sabían bien que era el Señor. Jesús se acerca, toma el pan y se lo da, y lo mismo el pescado. Esta fue la tercera vez que Jesús se apareció a los discípulos después de resucitar de entre los muertos.

Hechos 4, 1-12; *Salmo* 117, 1-2.4.22-27a • **JUAN 21, 1-14**

ORACIÓN

SEÑOR Jesús, resucitado de entre los muertos, te necesito en mi barca para que las redes de mi vida tengan fruto, **siempre a tu lado, siempre contigo.** *La piedra que desecharon los arquitectos es ahora la piedra angular* (Salmo 117, 22).

Santos **ISIDORO** *ob dc*, **Cleto** *pp*.
Beatos **Domingo y Gregorio** *pbs*

SAN ISIDORO

Papa Francisco: El mundo necesita evangelizadores que le hablen de un Dios a quien ellos mismos conocen y tratan familiarmente. No es transmitir una ideología o una "doctrina" sobre Dios, no. Es transmitir a Dios que se hace vida en mí: esto es dar testimonio; y además porque el hombre contemporáneo escucha más a gusto a los que dan testimonio que a los que enseñan, [...] o si escuchan a los que enseñan, es porque dan testimonio. El testimonio de Cristo, por tanto, es al mismo tiempo el primer medio de la evangelización y condición esencial para su eficacia, para que sea fructuoso el anuncio del Evangelio. Ser testigos. (22-03-2023)

• **SECUENCIA** (como el Domingo de Pascua; opcional)

Jesús, resucitado al amanecer del primer día de la semana, se apareció primero a María Magdalena, de la que había echado siete demonios. Ella fue a anunciárselo a sus compañeros, que estaban de duelo y llorando. Ellos, al oírle decir que estaba vivo y que lo había visto, no la creyeron. Después se apareció en figura de otro a dos de ellos que iban caminando al campo. También ellos fueron a anunciarlo a los demás, pero no los creyeron. Por último, se apareció Jesús a los Once, cuando estaban a la mesa, y les echó en cara su incredulidad y dureza de corazón, porque no habían creído a los que lo habían visto resucitado. Y les dijo: «Id al mundo entero y proclamad el Evangelio a toda la creación».

Hechos 4, 13-21; *Salmo* 117, 1.14-21 • **MARCOS 16, 9-15**

SEÑOR, a veces me cuesta creer, aumenta mi fe. **Hazme mensajero de tu Pascua.** *Te doy gracias, Señor, porque me escuchaste* (Salmo 117, 21a).

DOMINGO II DE PASCUA   Tomo II - Salterio 2ª semana

Santos Rafael Arnáiz *mj*,
Zita *vg*, Simeón *ob mr*.
Ntra. Sra. de Montserrat

SAN RAFAEL ARNÁIZ

DOMINGO DE LA DIVINA MISERICORDIA

Papa Francisco: Jesús sale al encuentro de la incredulidad de Tomás invitándole a tocar sus llagas. Constituyen la fuente de la paz, porque son el signo del amor inmenso de Jesús, que derrotó a las fuerzas hostiles contra el hombre, es decir, el pecado, el mal y la muerte. Lo invita a tocar las llagas, es una enseñanza para nosotros, como si Jesús dijera a cada uno de nosotros: «Si no estás en paz, toca mis llagas». (28-04-2019)

PALABRA

• *Hechos* 5, 12-16: Por mano de los apóstoles se realizaban muchos signos y prodigios en medio del pueblo. Todos se reunían con un mismo espíritu en el pórtico de Salomón; los demás no se atrevían a juntárseles, aunque la gente se hacía lenguas de ellos; más aún, crecía el número de creyentes, una multitud tanto de hombres como de mujeres, que se adherían al Señor. La gente sacaba los enfermos a las plazas, y los ponía en catres y camillas, para que, al pasar Pedro, su sombra por lo menos, cayera sobre alguno. Acudía incluso mucha gente de las ciudades cercanas a Jerusalén llevando a enfermos y poseídos de espíritu inmundo, y todos eran curados.

• *Salmo* 117, 2-4.22-27a: *Dad gracias al Señor porque es bueno, porque es eterna su misericordia.*

• *Apocalipsis* 1,9-11a.12-13.17-19: Yo, Juan, vuestro hermano y compañero en la tribulación, en el reino y en la perseverancia en Jesús, estaba desterrado en la isla llamada Patmos, a causa de la palabra de Dios y del testimonio de Jesús. El día del Señor fui arrebatado en espíritu y escuché detrás de mí una voz potente, como de trompeta, que decía: Lo que estás viendo, escríbelo en un libro, y envíalo a las siete iglesias. Me volví para ver la voz que hablaba conmigo, y vuelto, vi siete candelabros de oro, y en medio de los candelabros como un Hijo de hombre, vestido de una túnica talar, y ceñido el pecho con un cinturón de oro. Cuando lo vi, caí a sus pies como muerto. Pero él puso su mano derecha sobre mí diciéndome: «No temas; yo soy el Primero y el Último, el Viviente; estuve muerto, pero ya ves: vivo por los siglos de los siglos, y tengo las llaves de la muerte y del abismo. Escribe, pues, lo que estás viendo: lo que es y lo que ha de suceder después de esto».

• JUAN 20, 19–31: Al atardecer de aquel día, el primero de la semana, estaban los discípulos en una casa, con las puertas cerradas por miedo a los judíos. Y en esto entró Jesús, se puso en medio y les dijo: «Paz a vosotros». Y, diciendo esto, les enseñó las manos y el costado. Y los discípulos se llenaron de alegría al ver al Señor. Jesús repitió: «Paz a vosotros. Como el Padre me ha enviado, así también os envío yo». Y, dicho esto, exhaló su aliento sobre ellos y les dijo: «Recibid el Espíritu Santo; a quienes les perdonéis los pecados, les quedan perdonados; a quienes se los retengáis, les quedan retenidos». Tomás, uno de los Doce, llamado el Mellizo, no estaba con ellos cuando vino Jesús. Y los otros discípulos le decían: «Hemos visto al Señor». Pero él les contestó: «Si no veo en sus manos la señal de los clavos, si no meto el dedo en el agujero de los clavos y no meto la mano en su costado, no lo creo». A los ocho días, estaban otra vez dentro los discípulos y Tomás con ellos. Llegó Jesús, estando cerradas las puertas, se puso en medio y dijo: «Paz a vosotros». Luego dijo a Tomás: «Trae tu dedo, aquí tienes mis manos; trae tu mano y métela en mi costado; y no seas incrédulo, sino creyente». Contestó Tomás: «¡Señor mío y Dios mío!» Jesús le dijo: «¿Porque me has visto has creído? Bienaventurados los que crean sin haber visto». Muchos otros signos, que no están escritos en este libro, hizo Jesús a la vista de los discípulos. Estos han sido escritos para que creáis que Jesús es el Mesías, el Hijo de Dios, y para que, creyendo, tengáis vida en su nombre.

SEÑOR Resucitado, lleno de bondad y misericordia infinita, consume con el fuego de tu amor mis dudas y recelos. Disponme, con el regalo de tu Espíritu, **para ser tu servidor fiel que anuncie por el mundo la alegría de tu resurrección.**

ABRIL	Lunes 2º de Pascua	Tomo II - Salterio 2ª semana
28	Santos PEDRO CHANEL *pb mr*,	
LUNES	LUIS M.ª G. DE MONTFORT *pb*, Vital *mr*, Prudencio *ob*, Juana Beretta Molla *mf*. Beato José Cebula *pb mr*	

SANTA JUANA BERETTA MOLLA

Papa Francisco: En nuestra vida cristiana muchas veces nos detenemos, como Nicodemo, ante el "por tanto", no sabemos qué paso dar, no sabemos cómo hacerlo o no tenemos la confianza en Dios para dar este paso y dejar entrar al Espíritu. Nacer de nuevo es dejar que el Espíritu entre en nosotros y que sea el Espíritu quien me guíe y no yo y aquí: libre, con esta libertad del Espíritu que nunca sabrás dónde acabarás. (20-04-2020)

PALABRA Había un hombre del grupo de los fariseos llamado Nicodemo, jefe judío. Este fue a ver a Jesús de noche y le dijo: «Rabí, sabemos que has venido de parte de Dios, como maestro; porque nadie puede hacer los signos que tú haces si Dios no está con él». Jesús le contestó: «En verdad, en verdad te digo: el que no nazca de nuevo no puede ver el reino de Dios». Nicodemo le pregunta: «¿Cómo puede nacer un hombre, siendo viejo? ¿Acaso puede por segunda vez entrar en el vientre de su madre y nacer?». Jesús le contestó: «En verdad, en verdad te digo: el que no nazca de agua y de Espíritu no puede entrar en el reino de Dios. Lo que nace de la carne es carne, lo que nace del Espíritu es espíritu. No te extrañes de que te haya dicho: "Tenéis que nacer de nuevo"; el viento sopla donde quiere y oyes su ruido, pero no sabes de dónde viene ni adónde va. Así es todo el que ha nacido del Espíritu».

Hechos 4, 23-31; *Salmo* 2, 1-9 • JUAN 3, 1-8

ORACIÓN **SEÑOR Jesús,** nos has hecho nacer de nuevo por el agua y el Espíritu. **Gracias por esa vida nueva regalada en el bautismo y que hemos de testimoniar.** *Dichosos los que se refugian en ti, Señor* (*Salmo 2, 12e*).

Santos **CATALINA DE SIENA** *vg dc*,
Tíquico *NT*, **Hugo** *ab*

SANTA CATALINA DE SIENA

FIESTA DE SANTA CATALINA DE SIENA, VIRGEN Y DOCTORA DE LA IGLESIA, PATRONA DE EUROPA

Papa Francisco: La invitación del Señor es sorprendente: llama para que le sigan a personas sencillas y sobrecargadas por una vida difícil, llama para que le sigan a personas que tienen tantas necesidades y les prometen que en Él encontrarán descanso y alivio. La invitación está dirigida de manera imperativa: «venid a mí», «tomad mi yugo», «aprended de mí». ¡Ojalá todos los líderes del mundo pudieran decir esto! (14-09-2016)

PALABRA En aquel tiempo tomó la palabra Jesús y dijo: «Te doy gracias, Padre, Señor del cielo y de la tierra, porque has escondido estas cosas a los sabios y entendidos y se las has revelado a los pequeños. Sí, Padre, así te ha parecido bien. Todo me ha sido entregado por mi Padre, y nadie conoce al Hijo más que el Padre, y nadie conoce al Padre sino el Hijo y aquel a quien el Hijo se lo quiera revelar. Venid a mí todos los que estáis cansados y agobiados y yo os aliviaré. Tomad mi yugo sobre vosotros y aprended de mí, que soy manso y humilde de corazón, y encontraréis descanso para vuestras almas. Porque mi yugo es llevadero y mi carga ligera».

1Juan 1,5 - 2,2; *Salmo* 102,1b-4.8-9.13-14.17-18a • **MATEO 11, 25-30**

ORACIÓN **SEÑOR Jesús,** me mueve hoy a bendecirte el ejemplo de Santa Catalina de Siena, mujer valiente que te amó sin medida, **que te dio su corazón. Acepta también el mío.** *Bendice, alma mía, al Señor* (Salmo 102, 1b).

Santos **PÍO V** *pp*, José Benito Cottolengo *pb*,
Amador y *co mrs*,
M.ª de la Encarnación Guyart *vd rl*

SAN PÍO V

Papa Francisco: Dios Padre ama tanto al mundo que, para salvarlo, da lo más precioso que tiene: su único Hijo, que da su vida por la humanidad, resucita, vuelve al Padre y, junto con Él, envía el Espíritu Santo. La Trinidad es por lo tanto Amor, totalmente al servicio del mundo, al que quiere salvar y recrear. Y hoy pensando en Dios, Padre, Hijo y Espíritu Santo, ¡pensemos en el amor de Dios! Y sería bueno que nos sintiéramos amados: "¡Dios me ama!". Este es el sentimiento de hoy. (07-06-2020)

PALABRA Tanto amó Dios al mundo, que entregó a su Unigénito, para que todo el que cree en él no perezca, sino que tengan vida eterna. Porque Dios no envió a su Hijo al mundo para juzgar al mundo, sino para que el mundo se salve por él. El que cree en él no será juzgado; el que no cree ya está juzgado, porque no ha creído en el nombre del Unigénito de Dios. Este es el juicio: que la luz vino al mundo, y los hombres prefirieron la tiniebla a la luz, porque sus obras eran malas. Pues todo el que obra el mal detesta la luz, y no se acerca a la luz, para no verse acusado por sus obras. En cambio, el que obra la verdad se acerca a la luz, para que se vea que sus obras están hechas según Dios.

Hechos 5, 17–26; *Salmo* 33, 2-9 • **JUAN 3, 16-21**

SEÑOR, "tanto amó Dios al mundo", esa es la razón de tu Pascua y de tu entrega. **Damos gracias a Dios Padre y a ti por cumplir su voluntad.** *El afligido invocó al Señor, y él lo escuchó (Salmo 33, 7ab).*

ORACIÓN

MAYO

Virgen de la Consolación (Jerez de la Frontera)
Venid y vamos todos con flores a porfía
con flores a María que Madre nuestra es.
De nuevo aquí nos tienes purísima doncella
más que la luna bella postrados a tus pies.
A ofrecerte venimos flores del bajo suelo
con cuánto amor y anhelo Señora Tú lo ves.

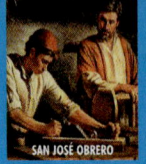

Santos JOSÉ OBRERO, Jeremías *prof,*
Ricardo Pampuri *rl,* **Segundo** *ob,*
Segismundo *re.* **Beata Mafalda** *vg*

SAN JOSÉ OBRERO

San José Obrero

Papa Francisco: Dios se ha encarnado: Dios es humilde, Dios es tierno, Dios está escondido, se hace cercano a nosotros habitando la normalidad de nuestra vida cotidiana. Y entonces, a nosotros nos sucede como a los paisanos de Jesús, corremos el riesgo de que, cuando pase, no lo reconozcamos. Vuelvo a decir una bonita frase de San Agustín: "Tengo miedo de Dios, del Señor, cuando pasa". Pero, Agustín, ¿por qué tienes miedo? "Tengo miedo de no reconocerlo. Tengo miedo del Señor cuando pasa. Timeo Dominum transeuntem". No lo reconocemos, nos escandalizamos de Él. Pensemos en cómo está nuestro corazón respecto a esta realidad. (04-07-2021)

PALABRA

En aquel tiempo, Jesús fue a su ciudad y se puso a enseñar en su sinagoga. La gente decía admirada: «¿De dónde saca este esa sabiduría y esos milagros? ¿No es el hijo del carpintero? ¿No es su Madre María, y sus hermanos Santiago, José, Simón y Judas? ¿No viven aquí todas sus hermanas? Entonces, ¿de dónde saca todo eso?». Y se escandalizaban a causa de él. Jesús les dijo: «Solo en su tierra y en su casa desprecian a un profeta». Y no hizo allí muchos milagros, por su falta de fe.

Génesis 1,26 - 2,3; *Salmo* 89, 2-4.12-14.16 • **MATEO 13, 54–58**

SEÑOR, te damos gracias por el ejemplo de San José Obrero y **te pedimos que no le falte a nadie un trabajo digno para su vida y desarrollo.** *Haz prósperas las obras de nuestras manos, Señor (Salmo 89, 17c).*

ORACIÓN

Santos **ATANASIO** *ob dc,*
Félix de Sevilla *di mr,*
Hesperio y Zoes *es e hijos mrs.*

Papa Francisco: ¿Por qué privar a una persona, sobre todo a un muchacho, de lo que ha traído de casa y tiene derecho a quedárselo para sí? ¿Por qué quitarle a uno lo que en cualquier caso no es suficiente para saciar a todos? Humanamente es ilógico. Pero no para Dios. De hecho, gracias a ese pequeño don gratuito y, por tanto, heroico, Jesús puede saciar a todos. Es una gran lección para nosotros. Nos dice que el Señor puede hacer mucho con lo poco que ponemos a su disposición. (25-07-2021)

En aquel tiempo, Jesús se marchó a la otra parte del mar de Galilea, o de Tiberíades. Lo seguía mucha gente, porque habían visto los signos que hacía con los enfermos. Subió Jesús entonces a la montaña y se sentó allí con sus discípulos. Estaba cerca la Pascua, la fiesta de los judíos. Jesús entonces levantó los ojos, y al ver que acudía mucha gente, dice a Felipe: «¿Con qué compraremos panes para que coman estos?». Lo decía para probarlo, pues bien sabía él lo que iba a hacer. Felipe le contestó: «Doscientos denarios de pan no bastan para que a cada uno le toque un pedazo». Uno de sus discípulos, Andrés, el hermano de Simón Pedro, le dice: «Aquí hay un muchacho que tiene cinco panes de cebada y dos peces; pero, ¿qué es eso para tantos?». Jesús dijo: «Decid a la gente que se siente en el suelo». Había mucha hierba en aquel sitio. Se sentaron; solo los hombres eran unos cinco mil. Jesús tomó los panes, dijo la acción de gracias y los repartió a los que estaban sentados, y lo mismo todo lo que quisieron del pescado. Cuando se saciaron, dice a sus discípulos: «Recoged los pedazos que han sobrado; que nada se pierda». Los recogieron y llenaron doce canastos con los pedazos de los cinco panes de cebada que sobraron a los que habían comido. La gente entonces, al ver el signo que había hecho, decía: «Este es verdaderamente el Profeta que va a venir al mundo». Jesús, sabiendo que iban a llevárselo para proclamarlo rey, se retiró otra vez a la montaña él solo.

Hechos 5, 34-42; *Salmo* 26, 1.4.13-14 • **JUAN 6, 1-15**

SEÑOR, pan de vida generosamente multiplicado en favor nuestro, **aliméntame, sáciame, lléname de ti.** *Una cosa pido al Señor: habitar en su casa (Salmo 26, 4ac).*

FIESTA DE SAN FELIPE y SANTIAGO, APÓSTOLES
Santos Timoteo y Maura *mrs,* **Juvenal** *ob*

SAN FELIPE Y SANTIAGO

Papa Francisco: Hay caminos que no llevan al Cielo: los caminos de la mundanidad, los caminos para autoafirmarse, los caminos del poder egoísta. Y está el camino de Jesús, el camino del amor humilde, de la oración, de la mansedumbre, de la confianza, del servicio a los demás. No es el camino de mi protagonismo, es el camino de Jesús como protagonista de mi vida. Es ir adelante cada día preguntándole: "Jesús, ¿qué piensas de esta decisión que he tomado? ¿Qué harías en esta situación, con estas personas?". Nos hará bien preguntar a Jesús, que es el camino, las indicaciones para el Cielo. (10-05-2020)

PALABRA En aquel tiempo, dijo Jesús a Tomás: «Yo soy el camino y la verdad, y la vida. Nadie va al Padre, sino por mí». «Si me conocierais a mí, conoceríais también a mi Padre. Ahora ya lo conocéis y lo habéis visto». Felipe le dice: «Señor, muéstranos al Padre y nos basta». Jesús le replica: «Hace tanto que estoy con vosotros, ¿y no me conoces, Felipe? Quien me ha visto a mí ha visto al Padre. ¿Cómo dices tú: "Muéstranos al Padre"? ¿No crees que yo estoy en el Padre, y el Padre en mí? Lo que yo os digo no lo hablo por cuenta propia. El Padre, que permanece en mí, él mismo hace las obras. Creedme: yo estoy en el Padre, y el Padre en mí. Si no, creed a las obras. En verdad en verdad os digo: el que cree en mí, también él hará las obras que yo hago, y aún mayores, porque yo me voy al Padre. Y lo que pidáis en mi nombre, yo lo haré, para que el Padre sea glorificado en el Hijo. Si me pedís algo en mi nombre, yo lo haré».

1Corintios 15, 1-8; *Salmo* 18, 2-5 • **JUAN 14, 6-14**

ORACIÓN **SEÑOR Jesús,** camino, verdad y vida, haznos apóstoles y discípulos tuyos hoy. **Que con fuerza y amor hablemos de ti a los demás con testimonio firme y auténtico.** *A toda la tierra alcanza su pregón (Salmo 18, 5a).*

B. CEFERINO GIMÉNEZ, GITANO MÁRTIR

Tomo II - Salterio 3ª semana   **DOMINGO III DE PASCUA**   MAYO

4

DOMINGO

Santos José M.ª Rubio *pb*, Florián *mr*,
Silvano y *co mrs*, Antonina *mr*.
Beato Ceferino Jiménez *mr*

Papa Francisco: Queridos hermanos y hermanas, hoy Cristo resucitado nos invita a un nuevo impulso, a todos, a cada uno de nosotros, nos invita zambullirnos en el bien sin miedo de perder algo, sin hacer demasiados cálculos, sin esperar a que empiecen los otros. ¿Por qué? No esperar a los otros, porque para ir al encuentro de Jesús hay que comprometerse. Hay que tomar posición con valentía, recomenzar, y recomenzar comprometiéndose, arriesgar. Preguntémonos: ¿soy capaz de un arranque de generosidad, o contengo los impulsos del corazón y me cierro en la costumbre, en el miedo? Lanzarse, zambullirse. Esta es la palabra de hoy de Jesús. (01-05-2022)

• *Hechos* 5,27b-32.40b-41: En aquellos días, El sumo sacerdote interrogó a los apóstoles, diciendo: «¿No os habíamos ordenado formalmente no enseñar en ese Nombre? En cambio, habéis llenado Jerusalén con vuestra enseñanza y queréis hacernos responsables de la sangre de ese hombre». Pedro y los apóstoles replicaron: «Hay que obedecer a Dios antes que a los hombres. El Dios de nuestros padres resucitó a Jesús a quien vosotros matasteis colgándolo de un madero. Dios lo ha exaltado con su diestra haciéndolo jefe y salvador, para otorgar a Israel la conversión y el perdón de los pecados. Testigos de esto somos nosotros y el Espíritu Santo, que Dios da a los que lo obedecen». Prohibieron a los apóstoles hablar en nombre de Jesús, y los soltaron. Ellos, pues, salieron del Sanedrín contentos de haber merecido aquel ultraje por el Nombre.

• *Salmo* 29,2.4-6.11-13b: *Te ensalzaré, Señor, porque me has librado.*

• *Apocalipsis* 5,11-14: Yo, Juan, miré, y escuché la voz de muchos ángeles alrededor del trono, de los vivientes y de los ancianos, y eran miles de miles, miríadas de miríadas, y decían con voz potente: «Digno es el Cordero degollado de recibir el poder, la riqueza, la sabiduría, la fuerza, el honor, la gloria y la alabanza». Y escuché a todas las criaturas que hay en el cielo, en la tierra, bajo la tierra, en el mar –todo cuanto hay en ellos–, que decían: «Al que está sentado en el trono y al Cordero la alabanza, el honor, la gloria y el poder por los siglos de los siglos». Y los cuatro vivientes respondían: «Amén». Y los ancianos se postraron y adoraron.

• **JUAN 21,1-19:** En aquel tiempo Jesús se apareció otra vez a los discípulos junto al lago de Tiberíades. Y se apareció de esta manera. Estaban juntos Simón Pedro, Tomás, apodado el Mellizo; Natanael, el de Caná de Galilea; los Zebedeos y otros dos discípulos suyos. Simón Pedro les dice: «Me voy a pescar». Ellos contestan: «Vamos también nosotros contigo». Salieron y se embarcaron; y aquella noche no pescaron nada. Estaba ya amaneciendo, cuando Jesús se presentó en la orilla; pero los discípulos no sabían que era Jesús. Jesús les dice: «Muchachos, ¿tenéis pescado?». Ellos contestaron: «No». Les dice: «Echad la red a la derecha de la barca y encontraréis». La echaron, y no podían sacarla, por la multitud de peces. Y aquel discípulo a quien Jesús amaba le dice a Pedro: «Es el Señor». Al oír que era el Señor, Simón Pedro, que estaba desnudo, se ató la túnica y se echó al agua. Los demás discípulos se acercaron en la barca, porque no distaban de tierra más que unos doscientos codos, remolcando la red con los peces. Al saltar a tierra, ven unas brasas con un pescado puesto encima y pan. Jesús les dice: «Traed de los peces que acabáis de pescar». Simón Pedro subió a la barca y arrastró hasta la orilla la red repleta de peces grandes: ciento cincuenta y tres. Y aunque eran tantos, no se rompió la red. Jesús les dice: «Vamos, almorzad». Ninguno de los discípulos se atrevía a preguntarle quién era, porque sabían bien que era el Señor. Jesús se acerca, toma el pan y se lo da, y lo mismo el pescado. Esta fue la tercera vez que Jesús se apareció a los discípulos después de resucitar de entre los muertos. Después de comer, dice Jesús a Simón Pedro: «Simón, hijo de Juan, ¿me amas más que estos?». Él le contestó: «Sí, Señor, tú sabes que te quiero». Jesús le dice: «Apacienta mis corderos». Por segunda vez le pregunta: «Simón, hijo de Juan, ¿me amas?». Él le contesta: «Sí, Señor, tú sabes que te quiero». Él le dice: «Pastorea mis ovejas». Por tercera vez le pregunta: «Simón, hijo de Juan, ¿me quieres?». Se entristeció Pedro de que le preguntara por tercera vez: «¿Me quieres?», y le contestó: «Señor, tú conoces todo, tú sabes que te quiero». Jesús le dice: «Apacienta mis ovejas. En verdad en verdad te digo: cuando eras joven, tú mismo te ceñías e ibas adonde querías; pero cuando seas viejo, extenderás las manos, otro te ceñirá y te llevará adonde no quieras». Esto dijo aludiendo a la muerte con que iba a dar gloria a Dios. Dicho esto, añadió: «Sígueme».

SEÑOR, "tú conoces todo, tú sabes que te quiero" … A pesar de mi fragilidad y debilidad, te amo y quiero seguirte. **Gracias, Jesús, porque no me rechazas, sino que me fortaleces.**

ORACIÓN

Santos Ángel de Sicilia *pb mr*,
Francisco Laval *ob*, **Máximo** *ob*,
Niceto *ob*.

Papa Francisco: Cada uno de nosotros puede preguntarse: ¿cómo sigo yo a Jesús? ¿Y cómo sé, cómo puedo saber si sigo bien a Jesús o si soy interesado? De aquí un consejo: «el consejo de la memoria». El justo discernimiento puede llegar del «refrescar la memoria». Es decir, nosotros podemos preguntarnos: «¿qué ha hecho Jesús por mí?», pensando sobre todo y concretamente en nuestra vida. Entonces encontraremos muchas cosas grandes que Jesús nos ha dado gratuitamente, porque nos ama: a cada uno de nosotros. (16-04-2018)

PALABRA Después de que Jesús hubo saciado a cinco mil hombres, sus discípulos lo vieron caminando sobre el mar. Al día siguiente, la gente que se había quedado al otro lado del mar notó que allí no había habido más que una barca y que Jesús no había embarcado con sus discípulos, sino que sus discípulos se habían marchado solos. Entretanto, unas barcas de Tiberíades llegaron cerca del sitio donde habían comido el pan después que el Señor había dado gracias. Cuando la gente vio que ni Jesús ni sus discípulos estaban allí, se embarcaron y fueron a Cafarnaún en busca de Jesús. Al encontrarlo en la otra orilla del lago, le preguntaron: «Maestro, ¿cuándo has venido aquí?». Jesús les contestó: «En verdad, en verdad os digo: me buscáis, no porque habéis visto signos, sino porque comisteis pan hasta saciaros. Trabajad no por el alimento que perece, sino por el alimento que perdura para la vida eterna, el que os dará el Hijo del hombre; pues a este lo ha sellado el Padre, Dios». Ellos le preguntaron: «Y, ¿qué tenemos que hacer para realizar las obras de Dios?». Respondió Jesús: «La obra de Dios es esta: que creáis en el que él ha enviado».

Hechos 6, 8-15; *Salmo* 118, 23-24.26-27.29-30 • **JUAN 6, 22-29**

SEÑOR, aunque muchas veces me mueve el interés, no quiero amarte interesadamente sino realmente, **vivamente, con autenticidad.** *Dichoso el que camina en la ley del Señor (Salmo 118, 1b).*

ORACIÓN

MAYO

6

MARTES

Martes 3° de Pascua   Tomo II - Salterio 3ª semana

Santos Domingo Savio *cf,* **Pedro Nolasco** *rl,*
Benita *vg,* **Mariano y Santiago** *mrs,*
Lucio Cireneo *NT*

SANTO DOMINGO SAVIO

Papa Francisco: ¿Qué significa pan de la vida? Para vivir se necesita el pan. Quien tiene hambre no pide comidas refinadas y caras, pide pan. Quien no tiene trabajo no pide sueldos altos, sino el "pan" de un empleo. Jesús se revela como el pan, es decir lo esencial, lo necesario para la vida de cada día, sin Él no funciona. No un pan entre muchos otros, sino el pan de la vida. En otras palabras, nosotros, sin Él, más que vivir, sobrevivimos: porque solo Él nos nutre el alma, solo Él nos perdona de ese mal que solos no conseguimos superar, solo Él nos hace sentir amados aunque todos nos decepcionen, solo Él nos da la fuerza de amar, solo Él nos da la fuerza de perdonar en las dificultades, solo Él da al corazón esa paz que busca, solo Él da la vida para siempre cuando la vida aquí en la tierra se acaba. Es el pan esencial de la vida. (08-08-2021)

PALABRA

En aquel tiempo, El gentío dijo a Jesús: «¿Y qué signo haces tú, para que veamos y creamos en ti? ¿Cuál es tu obra? Nuestros padres comieron el maná en el desierto, como está escrito: "Pan del cielo les dio a comer"». Jesús les replicó: «En verdad, en verdad os digo: no fue Moisés quien os dio pan del cielo, sino que es mi Padre el que os da el verdadero pan del cielo. Porque el pan de Dios es el que baja del cielo y da vida al mundo». Entonces le dijeron: «Señor, danos siempre de este pan». Jesús les contestó: «Yo soy el pan de vida. El que viene a mí no tendrá hambre, y el que cree en no tendrá sed jamás».

Hechos 7, 5 - 8, 1a; *Salmo* 30, 3-4.6-8a.17.21ab • **JUAN 6, 30-35**

SEÑOR, pan de la vida, sacia mi hambre y mi sed con tu Palabra y tu Eucaristía, **fuente de vida y salvación.** *A tus manos, Señor, encomiendo mi espíritu (Salmo 30, 6a).*

ORACIÓN

SANTA FLAVIA DOMITILA

Papa Francisco: No basta encontrar a Jesús para creer en Él, no basta leer la Biblia, el Evangelio, eso es importante ¿eh?, pero no basta. No basta ni siquiera asistir a un milagro, como el de la multiplicación de los panes. Muchas personas estuvieron en estrecho contacto con Jesús y no le creyeron, es más, también lo despreciaron y condenaron. Y yo me pregunto: ¿por qué, esto? ¿No fueron atraídos por el Padre? No, esto sucedió porque su corazón estaba cerrado a la acción del Espíritu de Dios. Y si tú tienes el corazón cerrado, la fe no entra. Dios Padre siempre nos atrae hacia Jesús. Somos nosotros quienes abrimos nuestro corazón o lo cerramos. (09-08-2015)

PALABRA En aquel tiempo, dijo Jesús a gentío: «Yo soy el pan de vida. El que viene a mí no tendrá hambre, y el que cree en mí no tendrá sed jamás; pero, como os he dicho, me habéis visto y no creéis. Todo lo que me da el Padre vendrá a mí, y al que venga a mí no lo echaré afuera, porque he bajado del cielo no para hacer mi voluntad, sino la voluntad del que me ha enviado. Esta es la voluntad del que me ha enviado: que no pierda nada de lo que me dio, sino que lo resucite en el último día. Esta es la voluntad de mi Padre: que todo el que ve al Hijo y cree en él tenga vida eterna, y yo lo resucitaré en el último día».

Hechos 8, 1b-8; *Salmo* 65, 1b-3a.4-7a • **JUAN 6, 35-40**

SEÑOR, creyendo en ti y estando contigo tenemos la vida eterna. La muerte ya no tiene nada que hacer ante el poder de tu amor. **Gracias, Jesús.** *Aclamad al Señor, tierra entera (Salmo 65, 1b).*

ORACIÓN

Jueves 3° de Pascua   Tomo II - Salterio 3ª semana

Ntra. Sra. de los Desamparados,
Patrona de Valencia; de Luján,
Patrona de Argentina.
Santos Eladio *ob*, Víctor *mr*, Arsenio *di*.

NTRA. SRA. DE LOS DESAMPARADOS

Papa Francisco: Jesús sabe que el Padre le pide no solo dar de comer a la gente, sino darse a sí mismo, partirse a sí mismo, la propia vida, la propia carne, el propio corazón para que nosotros podamos tener la vida. Estas palabras del Señor despiertan en nosotros el estupor por el don de la Eucaristía. Nadie en este mundo, por mucho que ame a otra persona, puede hacerse alimento para ella. Dios lo ha hecho, y lo hace, por nosotros. Renovemos este estupor. Hagámoslo adorando el Pan de vida, porque la adoración llena la vida de estupor. (08-08-2021)

PALABRA

En aquel tiempo, dijo Jesús al gentío «Nadie puede venir a mí, si no lo atrae el Padre que me ha enviado. Y yo lo resucitaré en el último día. Está escrito en los profetas: "Serán todos discípulos de Dios". Todo el que escucha al Padre y aprende, viene a mí. No es que nadie haya visto al Padre, a no ser el que procede de Dios: ese ha visto al Padre. En verdad, en verdad os digo: el que cree tiene vida eterna. Yo soy el pan de la vida. Vuestros padres comieron en el desierto el maná y murieron: este es el pan que baja del cielo, para que el hombre coma de él y no muera. Yo soy el pan vivo que ha bajado del cielo; el que coma de este pan vivirá para siempre. Y el pan que yo daré es mi carne por la vida del mundo».

Hechos 8, 26-40; *Salmo* 65, 8-9.16-17.20 • **JUAN 6, 44–51**

ORACIÓN

SEÑOR, dame hambre de ti, pan de la vida bajado del Cielo, deseo de tu Eucaristía, **deseo ardiente de comunión contigo.** *Aclamad al Señor, tierra entera (Salmo 65, 1b).*

SANTA LUISA DE MARILLAC

Santos Luisa de Marillac *rl,* **Isaías** *prof,*
Hermes *NT,* **Pacomio** *ab,*
Catalina de Bolonia *vg.*

Papa Francisco: La Eucaristía es Jesús mismo que se dona por entero a nosotros. Nutrirnos de Él y vivir en Él mediante la Comunión eucarística, si lo hacemos con fe, transforma nuestra vida, la transforma en un don a Dios y a los hermanos. Nutrirnos de ese «Pan de vida» significa entrar en sintonía con el corazón de Cristo, asimilar sus elecciones, sus pensamientos, sus comportamientos. Significa entrar en un dinamismo de amor y convertirse en personas de paz, personas de perdón, de reconciliación, de compartir solidario. Lo mismo que hizo Jesús. (16-08-2015)

PALABRA En aquel tiempo, disputaban los judíos entre sí: «¿Cómo puede este darnos a comer su carne?». Entonces Jesús les dijo: «En verdad, en verdad os digo: si no coméis la carne del Hijo del hombre y no bebéis su sangre no tenéis vida en vosotros. El que come mi carne y bebe mi sangre tiene vida eterna, y yo lo resucitaré en el último día. Mi carne es verdadera comida, y mi sangre es verdadera bebida. El que come mi carne y bebe mi sangre habita en mí y yo en él. Como el Padre que vive me ha enviado y yo vivo por el Padre, así, del mismo modo, el que me come vivirá por mí. Este es el pan que ha bajado del cielo; no como el de vuestros padres, que lo comieron y murieron. El que come este pan vivirá para siempre». Esto lo dijo Jesús en la sinagoga, cuando enseñaba en Cafarnaún.

Hechos 9, 1-20; *Salmo* 116, 1-2 • **JUAN 6, 52-59**

ORACIÓN **SEÑOR,** habita en mí. Te necesito. Ven a mi casa, **lléname de tu luz, de tus dones, de tu amor inmenso.** *Id al mundo entero y proclamad el Evangelio (Marcos 16, 15).*

SAN JUAN DE ÁVILA
Patrono de los sacerdotes españoles
Santos Antonino de Florencia *ob*,
Job *AT*, Solongia *vg mr*

Papa Francisco: Dios se hizo carne y sangre: se rebajó a ser hombre como nosotros, se humilló hasta asumir nuestros sufrimientos y nuestro pecado, y, por tanto, nos pide que no lo busquemos fuera de la vida y de la historia, sino en la relación con Cristo y con los hermanos. Buscarlo en la vida, en la historia, en nuestra vida cotidiana. Y este, hermanos y hermanas, es el camino para el encuentro con Dios: la relación con Cristo y los hermanos. (22-08-2021)

PALABRA En aquel tiempo, muchos de los discípulos de Jesús dijeron: «Este modo de hablar es duro, ¿quién puede hacerle caso?». Sabiendo Jesús que sus discípulos lo criticaban, les dijo: «¿Esto os escandaliza?, ¿y si vierais al Hijo del hombre subir a donde estaba antes? El Espíritu es quien da vida; la carne no sirve para nada. Las palabras que os he dicho son espíritu y vida. Y con todo, hay algunos de entre vosotros que no creen». Pues Jesús sabía desde el principio quiénes no creían y quién lo iba a entregar. Y dijo: «Por eso os he dicho que nadie puede venir a mí, si el Padre no se lo concede». Desde entonces, muchos discípulos suyos se echaron atrás y no volvieron a ir con él. Entonces Jesús les dijo a los Doce: «¿También vosotros queréis marcharos?». Simón Pedro le contestó: «Señor, ¿a quién vamos a acudir? Tú tienes palabras de vida eterna; nosotros creemos y sabemos que tú eres el Santo de Dios».

Hechos 9, 31-42; *Salmo* 115, 12-17 • JUAN 6, 60-69

ORACIÓN **SEÑOR,** quiero vivir de tu Espíritu y dejarme guiar por él que me conduce siempre hacia ti, porque **"¿a quién voy a acudir siendo tú el Salvador, el "Santo de Dios"?".** *¿Cómo pagaré al Señor todo el bien que me ha hecho? (Salmo 115, 12).*

Tomo II - Salterio 4ª semana **DOMINGO IV DE PASCUA**

MAYO

11

Santos Francisco de Jerónimo *pb*,
Mamerto *ob.* Beato Ceferino Namuncurá *la*.

DOMINGO

SAN FRANCISCO DE JERÓNIMO

JORNADA MUNDIAL DE ORACIÓN POR LAS VOCACIONES

Papa Francisco: Jesús conoce a sus ovejas. Pero esto no significa solo que sabe muchas cosas sobre nosotros: conocer en sentido bíblico quiere decir también amar. Quiere decir que el Señor, mientras "nos lee dentro", nos quiere, no nos condena. Si le escuchamos, descubrimos esto, que el Señor nos ama. El camino para descubrir el amor del Señor es escucharlo. Entonces la relación con Él ya no será impersonal, fría o de fachada. Jesús busca una cálida amistad, una confidencia, una intimidad. (08-05-2022)

• *Hechos* 13,14.43-52: En aquellos días, Pablo y Bernabé continuaron desde Perge y llegaron hasta Antioquía de Pisidia; el sábado entraron en la sinagoga y tomaron asiento. Muchos judíos y prosélitos adoradores de Dios siguieron a Pablo y Bernabé, que hablaban con ellos, exhortándolos a perseverar fieles a la gracia de Dios. El sábado siguiente casi toda la ciudad acudió a oír la palabra del Señor. Al ver el gentío, los judíos se llenaron de envidia y respondían con blasfemias a las palabras de Pablo. Entonces Pablo y Bernabé dijeron con toda valentía: «Teníamos que anunciaros primero a vosotros la palabra de Dios; pero como la rechazáis y no os consideráis dignos de la vida eterna, sabed que nos dedicamos a los gentiles. Así nos lo ha mandado el Señor: "Yo te he puesto como luz de los gentiles, para que lleves la salvación hasta el confín de la tierra"». Cuando los gentiles oyeron esto, se alegraron y alababan la palabra del Señor; y creyeron los que estaban destinados a la vida eterna. La palabra del Señor se iba difundiendo por toda la región. Pero los judíos incitaron a las señoras distinguidas adoradoras de Dios y a los principales de la ciudad, provocaron una persecución contra Pablo y Bernabé y los expulsaron del territorio. Ellos sacudieron el polvo de los pies contra ellos y se fueron a Iconio. Los discípulos, por su parte, quedaban llenos de alegría y de Espíritu Santo.

- *Salmo* 99, 1b-3.5: *Nosotros somos su pueblo y ovejas de su rebaño.*
- *Apocalipsis* 7,9.14b-17: Yo, Juan, vi una muchedumbre inmensa, que nadie podría contar, de todas las naciones, razas, pueblos y lenguas, de pie delante del trono y delante del Cordero, vestidos con vestiduras blancas y con palmas en sus manos. Y uno de los ancianos me dijo: «Estos son los que vienen de la gran tribulación: han lavado y blanqueado sus vestiduras en la sangre del Cordero. Por eso están ante el trono de Dios dándole culto día y noche en su templo. El que se sienta en el trono acampará entre ellos. Ya no pasarán hambre ni sed, no les hará daño el sol ni el bochorno. Porque el Cordero que está delante del trono los apacentará y los conducirá hacia fuentes de aguas vivas. Y Dios enjugará toda lágrima de sus ojos».

- **JUAN 10, 27-30:** En aquel tiempo dijo Jesús: «Mis ovejas escuchan mi voz, y yo las conozco y ellas me siguen, y yo les doy la vida eterna; no perecerán para siempre, y nadie las arrebatará de mi mano. Lo que mi Padre me ha dado es más que todas las cosas, y nadie puede arrebatar nada de la mano de mi Padre. Yo y el Padre somos uno».

SEÑOR, tú eres mi Pastor y yo quiero ser oveja fiel de tu rebaño que te escucha y te ama. Te pido por las diversas vocaciones a tu seguimiento. **Sigue llamando, sigue contando con nosotros.**

ORACIÓN

Yo doy la vida eterna a mis ovejas

SAN PANCRACIO

Tomo II - Salterio 4ª semana   **Lunes 4° de Pascua**

Santos NEREO Y AQUILES *mrs*,
PANCRACIO *mr*,
Domingo de la Calzada *pb*, Germán *ob*.
BB. Imelda Lambertini *vg*,
Juana de Portugal *mj*, Álvaro del Portillo *ob*.

MAYO
12
LUNES

Papa Francisco: Las ovejas, en efecto, siguen a Jesús porque conocen su voz. ¡Conocer la voz de Jesús! No penséis que os estoy hablando de una aparición, que vendrá Jesús y te dirá: "Haz esto". ¡No, no! Y entonces alguno podría preguntar: «Padre, ¿cómo puedo conocer la voz de Jesús?» Y, también, «¿cómo defenderme de la voz de aquellos que no son Jesús, que entran por la ventana, que son salteadores, que destruyen, que engañan?». Una vez más la «receta» es «sencilla» [...] Ante todo, encontrarás la voz de Jesús en las Bienaventuranzas. Por ello, si alguien enseña una senda contraria a las bienaventuranzas, es alguien que ha entrado por la ventana: ¡no es Jesús! (18-04-2016)

PALABRA

En aquel tiempo, dijo Jesús: «En verdad, en verdad os digo: el que no entra por la puerta en el aprisco de las ovejas, sino que salta por otra parte, ese es ladrón y bandido; pero el que entra por la puerta es pastor de las ovejas. A este le abre el guarda y las ovejas atienden a su voz, y él va llamando por el nombre a sus ovejas y las saca fuera. Cuando ha sacado todas las suyas, camina delante de ellas, y las ovejas lo siguen, porque conocen su voz: Aun extraño no lo seguirán, sino que huirán de él, porque no conocen la voz de los extraños». Jesús les puso esta comparación, pero ellos no entendieron de que les hablaban. Por eso añadió Jesús: «En verdad en verdad os digo: yo soy la puerta de las ovejas. Todo los que han venido antes de mí son ladrones y bandidos; pero las ovejas no lo escucharon. Yo soy la puerta: Quien entre por mí se salvará y podrá entrar y salir, y encontrará pastos. El ladrón no entrará sino para robar y matar y hacer estragos; yo he venido para que tengan vida y la tengan abundante».

Hechos 11, 1-18; *Salmo* 41, 2-3; 42, 3-4 • **JUAN 10, 1-10**

ORACIÓN

SEÑOR, pastor, puerta y pasto, mi todo, vida de mi vida. Quiero entrar en ti, en tu corazón, acógeme, **déjame sentir el calor de tu amor. Mi alma tiene sed de ti, Dios vivo** (Salmo 41, 3a).

MAYO

13

MARTES

Martes 4° de Pascua   Tomo II - Salterio 4ª semana

NTRA. SRA. DE FÁTIMA.
Santos Pedro Regalado *pb*,
Inés de Poitiers *ab*

VIRGEN DE FÁTIMA

Papa Francisco: En la Virgen María, la natural intuición femenina es exaltada por su singular unión con Dios en la oración. Por esto, leyendo el Evangelio, notamos que algunas veces parece que ella desaparece, para después volver a aflorar en los momentos cruciales: María está abierta a la voz de Dios que guía su corazón, que guía sus pasos allí donde hay necesidad de su presencia. Presencia silenciosa de madre y de discípula. María está presente porque es Madre, pero también está presente porque es la primera discípula, la que ha aprendido mejor las cosas de Jesús. María nunca dice: "Venid, yo resolveré las cosas". Sino que dice: "Haced lo que Él os diga", siempre señalando con el dedo a Jesús. Esta actitud es típica del discípulo, y ella es la primera discípula: reza como Madre y reza como discípula. (18-11-2020)

PALABRA En aquel tiempo, mientras Jesús hablaba a la gente, una mujer de entre el gentío, levantando la voz, le dijo: «Bienaventurado el vientre que te llevó y los pechos que te criaron». Pero él dijo: «Mejor, bienaventurados los que escuchan la Palabra de Dios y la cumplen».

Apocalipsis 11, 19a;12, 1–6a. 10ab; *Salmo* 44, 11–17 • **LUCAS 11, 27-28**

SEÑOR Jesús, como tu Madre, quiero vivir en la escucha y cumplimiento veraz de la palabra de Dios. **Que Ella siempre me guíe hacia ti.** *Escucha, hija, mira: inclina el oído* (Salmo 44,11).

ORACIÓN

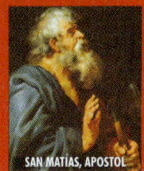

SAN MATÍAS, APÓSTOL

FIESTA DE SAN MATÍAS, APÓSTOL

Papa Francisco: El amor que Jesús nos dona es el mismo con el que el Padre lo ama a Él: amor puro, incondicionado, amor gratuito. No se puede comprar, es gratuito. Donándonoslo, Jesús nos trata como amigos —con este amor—, dándonos a conocer al Padre, y nos involucra en su misma misión por la vida del mundo. (09-05-2021)

En aquel tiempo, dijo Jesús a sus discípulos: «Como el Padre me ha amado, así os he amado yo; permaneced en mi amor. Si guardáis mis mandamientos, permaneceréis en mi amor; lo mismo que yo he guardado los mandamientos de mi Padre y permanezco en su amor. Os he hablado de esto para que mi alegría esté en vosotros, y vuestra alegría llegue a plenitud. Este es mi mandamiento: que os améis unos a otros como yo os he amado. Nadie tiene amor más grande que el que da la vida por sus amigos. Vosotros sois mis amigos, si hacéis lo que yo os mando. Ya no os llamo siervos, porque el siervo no sabe lo que hace su señor; a vosotros os llamo amigos, porque todo lo que he oído a mi Padre os lo he dado a conocer. No sois vosotros los que me habéis elegido, soy yo quien os he elegido y os he destinado para que vayáis y deis fruto, y vuestro fruto permanezca. De modo que lo que pidáis al Padre en mi nombre os lo dé. Esto os mando: que os améis unos a otros».

Hechos 1,15-17.20-26; *Salmo* 112, 1b-8 • **JUAN 15, 9-17**

SEÑOR, nos has elegido porque has querido, por amor. Gracias por este don inmerecido, **por este don de tu gracia que nos hace tus testigos siempre a tu servicio.** *El Señor lo sentó con los príncipes de su pueblo (Sal 112, 8).*

MAYO

15

JUEVES

Jueves 4° de Pascua   Tomo II - Salterio 4ª semana

San Isidro Labrador
Santos Juana de Lestonnac *rl*,
Indalecio, Torcuato y Eufrasio *obs mrs*

SAN ISIDRO LABRADOR

Papa Francisco: Cada uno de nosotros cuando va a misa tiene el derecho de recibir abundantemente la Palabra de Dios bien leída, bien dicha y después bien explicada en la homilía. ¡Es un derecho! Y cuando la Palabra de Dios no está bien leída, no es predicada con fervor por el diácono, por el sacerdote o por el obispo, se falta a un derecho de los fieles. Nosotros tenemos el derecho de escuchar la Palabra de Dios. El Señor habla para todos, pastores y fieles. Él llama al corazón de cuantos participan en la misa, cada uno en su condición de vida, edad, situación. El Señor consuela, llama, suscita brotes de vida nueva y reconciliada. Y esto, por medio de su Palabra. ¡Su Palabra llama al corazón y cambia los corazones! (14-02-2018)

En aquel tiempo, dijo Jesús a sus discípulos: «Yo soy la verdadera vid, y mi Padre es el labrador. A todo sarmiento que no da fruto en mi lo arranca, y a todo el que da fruto lo poda, para que dé más fruto. Vosotros ya estáis limpios por las palabras que os he hablado; permaneced en mí, y yo en vosotros. Como el sarmiento no puede dar fruto por sí, si no permanece en la vid, así tampoco vosotros, si no permanecéis en mí. Yo soy la vid, vosotros los sarmientos; el que permanece en mí y yo en él, ese da fruto abundante; porque sin mí no podéis hacer nada. Al que no permanece en mí lo tiran fuera, como el sarmiento, y se seca; luego los recogen y los echan al fuego, y arden. Si permanecéis en mí, y mis palabras permanecen en vosotros, pedid lo que deseáis, y se realizará».

Santiago 5, 7-8.11.16-18; *Salmo* 1, 1-4.6 • **JUAN 15, 1-7**

SEÑOR, quiero permanecer en ti. Eso es la santidad, la comunión permanente con tu amor que todo lo mejora en nosotros. **Te lo pido por intercesión de San Isidro.** *Su gozo es la ley del Señor* (Salmo 1, 2a).

ORACIÓN

SANTA GEMA GALGANI

Santos **Simón Stock** *pb*, **Gema Galgani** *vg*, **Andrés Bobola** *pb mr*, **Alipio y Posidio** *obs*. Beato **Gil de Santarem** *pb*

Papa Francisco: Es Jesús mismo quien nos dice que Él es el camino: «Yo soy el camino, la verdad y la vida. Todo. Yo te doy la vida, yo me manifiesto como verdad y si tú vienes conmigo, soy el camino». He aquí entonces que para conocer a quien se presenta como «camino, verdad y vida», es necesario ponerse en camino. Es más, el conocimiento de Jesús es el trabajo más importante de nuestra vida. También porque conociéndole se llega a conocer al Padre. (16-05-2014)

En aquel tiempo, dijo Jesús a sus discípulos: «No se turbe vuestro corazón, creed en Dios y creed también en mí. En la casa de mi Padre hay muchas moradas; si no, os lo habría dicho, porque me voy a prepararos un lugar. Cuando vaya y os prepare un lugar, volveré y os llevaré conmigo, para que donde estoy yo, estéis también vosotros. Y adonde yo voy, ya sabéis el camino». Tomás le dice: «Señor, no sabemos adónde vas, ¿cómo podemos saber el camino?». Jesús le responde: «Yo soy el camino y la verdad y la vida. Nadie va al Padre sino por mí».

Hechos 13, 26-33; *Salmo* 2, 6-12a • **JUAN 14, 1-6**

SEÑOR, que nos preparas sitio en tu Reino eterno. Tu bondad hacia nosotros no tiene límite. **Gracias, Jesús, quiero serte fiel.** *Tú eres mi hijo: yo te he engendrado hoy* (Salmo 2, 7bc).

ORACIÓN

Sábado 4° de Pascua   Tomo II - Salterio 4ª semana

Santos **PASCUAL BAILÓN** *rl*,
Víctor *mr*, **Heraclio y Pablo** *mrs*

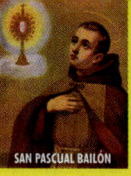

SAN PASCUAL BAILÓN

Papa Francisco: Jesús no quiere ser protagonista de la historia, sino que quiere ser protagonista de tu hoy, de mi hoy; no un profeta lejano, ¡Jesús quiere ser el Dios cercano! Cristo no es un recuerdo del pasado, sino el Dios del presente. (27-08-2023)

PALABRA   En aquel tiempo, dijo Jesús a sus discípulos: «Si me conocierais a mí, conoceríais también a mi Padre. Ahora ya lo conocéis y lo habéis visto». Felipe le dice: «Señor, muéstranos al Padre y nos basta». Jesús le replica: «Hace tanto que estoy con vosotros, ¿y no me conoces, Felipe? Quien me ha visto a mí ha visto al Padre. ¿Cómo dices tú: "Muéstranos al Padre"? ¿No crees que yo estoy en el Padre, y el Padre en mí? Lo que yo os digo no lo hablo por cuenta propia. El Padre, que permanece en mí, él mismo hace las obras. Creedme: yo estoy en el Padre, y el Padre en mí. Si no, creed a las obras. En verdad en verdad os digo: el que cree en mí, también él hará las obras que yo hago, y aún mayores, porque yo me voy al Padre. Y lo que pidáis en mi nombre, yo lo haré, para que el Padre sea glorificado en el Hijo. Si me pedís algo en mi nombre, yo lo haré».

Hechos 13, 44–52; *Salmo* 97, 1-4 • **JUAN 14, 7-14**

ORACIÓN   **SEÑOR,** digo que te conozco y, en realidad, cuánto me falta todavía. **Quiero conocerte cada día más y mejor y estrechar mi comunión contigo.** *Los confines de la tierra han contemplado la salvación de nuestro Dios* (Salmo 97, 3cd).

SANTA MARÍA JOSEFA C. J.

Tomo II - Salterio 1ª semana   **DOMINGO V DE PASCUA**

Santos **JUAN I** *pp mr*, **Rafaela M.ª** *vg*, **M.ª Josefa del Corazón de Jesús** *vg*, **Félix de Cantalice** *rl*, **Eric** *re*

MAYO

18

DOMINGO

Papa Francisco: El amor que recibimos del Señor es la fuerza que transforma nuestra vida, nos ensancha el corazón y nos predispone para amar. Por eso Jesús dice «así como yo los he amado, ámense también ustedes los unos a los otros». Este así no es solamente una invitación a imitar el amor de Jesús, significa que sólo podemos amar porque Él nos ha amado, porque da a nuestros corazones su mismo Espíritu, el Espíritu de santidad, amor que nos sana y nos transforma. Es por eso que podemos tomar decisiones y realizar gestos de amor en cada situación y con cada hermano y hermana que encontramos. Porque somos amados tenemos la fuerza de amar. Así como yo soy amado, puedo amar. Siempre, el amor que yo doy está unido al amor de Jesús por mí: "así". Así como Él me ha amado, así yo puedo amar. (15-05-2022)

• *Hechos* 14, 21b-27: En aquellos días, Pablo y Bernabé volvieron a Listra, a Iconio y a Antioquía, animando a los discípulos y exhortándolos PALABRA a perseverar en la fe, diciéndoles que hay que pasar por muchas tribulaciones para entrar en el reino de Dios. En cada Iglesia designaban presbíteros, oraban, ayunaban y los encomendaban al Señor en quien habían creído. Atravesaron Pisidia y llegaron a Panfilia. Y después de predicar la Palabra en Perge, bajaron a Atalía y allí se embarcaron para Antioquía, de donde los habían encomendado a la gracia de Dios, para la misión que acababan de cumplir. Al llegar, reunieron a la Iglesia, les contaron lo que Dios había hecho por medio de ellos y cómo había abierto a los gentiles la puerta de la fe.

• *Salmo* 144, 8-13ab: ***Bendeciré tu nombre por siempre, Dios mío, mi rey.***

• *Apocalipsis* 21, 1-5a: Yo, Juan, vi un cielo nuevo y una tierra nueva, pues el primer cielo y la primera tierra desaparecieron, y el mar ya no existe. Y vi la ciudad santa, la nueva Jerusalén, que descendía del cielo, de parte de Dios, preparada como una esposa que se ha adornado para su esposo. Y oí una gran voz desde el trono que decía: «He aquí la morada de Dios entre los hombres, y morará entre ellos y ellos serán su pueblo y el "Dios con ellos" será su Dios». Y enjugará toda lágrima de sus ojos y ya no habrá muerte, ni duelo, ni llanto, ni dolor, porque lo primero ha desaparecido. Y dijo el que estaba sentado en el trono: «Mira, hago nuevas todas las cosas».

• **JUAN 13, 31-33a.34-35:** Cuando salió Judas del cenáculo, dijo Jesús: «Ahora es glorificado el Hijo del Hombre y Dios es glorificado en él. Si Dios es glorificado en él, también Dios lo glorificará en sí mismo: pronto lo glorificará. Hijitos, me queda poco de estar con vosotros. Os doy un mandamiento nuevo: que os améis unos a otros como yo os he amado, amaos también unos a otros. En esto conocerán todos que sois discípulos míos: si os améis unos a otros».

SEÑOR, vivir el mandamiento nuevo del amor nos muestra como auténticos creyentes que han renacido en tu Pascua de vida nueva. **Confío en tu gracia para que me enseñe cada día a vivir el amor cristiano a imagen tuya.**

ORACIÓN

Os doy un mandamiento nuevo: que os améis unos a otros

SAN FRANCISCO COLL

Santos Francisco Coll *pb*, **Urbano I** *pp*,
Celestino V *pp*, **Ivón** *pb*

Papa Francisco: El Espíritu que enseña: nos enseñará todo, es decir, hará crecer la fe, nos introducirá en el misterio; el Espíritu que nos recuerda: nos recuerda la fe, nos recuerda nuestra vida; es el Espíritu que en esta enseñanza y en este recuerdo nos enseña a discernir las decisiones que debemos tomar. Y los Evangelios le dan un nombre, al Espíritu Santo —sí, Paráclito, porque te sostiene, pero otro nombre más hermoso—: es el Don de Dios. El Espíritu es el Don de Dios. El Espíritu es realmente el Don. No os dejaré solos, os enviaré un Paráclito que os sostendrá y os ayudará a seguir adelante, a recordar, discernir y crecer. El don de Dios es el Espíritu Santo. (11-05-2020)

PALABRA

En aquel tiempo, dijo Jesús a sus discípulos: «El que acepta mis mandamientos y los guarda, ese me ama; y el que me ama, será amado por mi Padre, y yo también lo amaré y me manifestaré a él». Le dijo Judas, no el Iscariote: «Señor, ¿qué ha sucedido para que te reveles a nosotros y no al mundo?». Respondió Jesús y le dijo: «El que me ama guardará mi palabra, y mi Padre lo amará, y vendremos a él y haremos morada en él. El que no me ama, no guardará mis palabras. Y la palabra que estáis oyendo no es mía, sino del Padre que me envió. Os he hablado de esto ahora que estoy a vuestro lado, pero el Paráclito, el Espíritu Santo, que enviará el Padre en mi nombre, será quien os lo enseñe todo y os vaya recordando todo lo que os he dicho».

Hechos 14, 5-18; *Salmo* 113B, 1-4.15-16 • **JUAN 14, 21-26**

ORACIÓN

SEÑOR, mi vida cristiana no tiene sentido cuando digo que acepto tus mandamientos, pero no los llevo a la práctica. **Hoy te pido fuerza y decisión para cumplirlos.** *No a nosotros, Señor, sino a tu nombre da la gloria (Salmo 113B, 1ab).*

SAN BERNARDINO DE SIENA

Papa Francisco: La paz de Dios es una paz real, que va en la realidad de la vida, que no niega la vida. Porque la vida es así: hay sufrimiento, hay enfermos, hay muchas cosas feas, hay guerras, pero esa paz de dentro, que es un regalo, no se pierde, sino que se sigue adelante llevando la cruz y el sufrimiento. Una paz sin cruz no es la paz de Jesús: es una paz que se puede comprar. Quizás podemos fabricarla nosotros, pero no es duradera: termina. (16-05-2017)

PALABRA

En aquel tiempo, dijo Jesús a sus discípulos: «La paz os dejo, mi paz os doy; no os la doy yo como la da el mundo. Que no se turbe vuestro corazón ni se acobarde. Me habéis oído decir: "Me voy y vuelvo a vuestro lado". Si me amarais, os alegraríais de que vaya al Padre, porque el Padre es mayor que yo. Os lo he dicho ahora, antes de que suceda, para que cuando suceda creáis. Ya no hablaré mucho con vosotros, pues se acerca el Príncipe de este mundo; no es que él tenga poder sobre mí, pero es necesario que el mundo comprenda que yo amo al Padre, y que, como el Padre me ha ordenado, así actúo».

Hechos 14, 19-28; **Salmo** 144, 10-13ab.21 • JUAN 14, 27-31a

ORACIÓN

SEÑOR, queremos tu paz, necesitamos tu paz. Nuestro mundo en guerra necesita instrumentos y agentes de tu paz. **Heme aquí, estoy dispuesto.** *Tus amigos, Señor, proclaman la gloria de tu reinado* (Salmo 144, 12).

Santos **CRISTÓBAL MAGALLANES** y
co mrs, Eugenio de Mazenod *ob.*
Beato Jacinto M.ª Cormier *pb*

Papa Francisco: Después de que Jesús subió al Padre, es tarea de los discípulos, es tarea nuestra, seguir anunciando el Evangelio con la palabra y con obras. Y los discípulos —nosotros, discípulos de Jesús— lo hacen dando testimonio de su amor: el fruto que hay que dar es el amor. Unidos a Cristo, recibimos los dones del Espíritu Santo, y así podemos hacer el bien al prójimo, hacer el bien a la sociedad, a la Iglesia. Por sus frutos se reconoce el árbol. Una vida verdaderamente cristiana da testimonio de Cristo. (02-05-2021)

PALABRA   En aquel tiempo, dijo Jesús a sus discípulos: «Yo soy la verdadera vid, y mi Padre es el labrador. A todo sarmiento que no da fruto en mí lo arranca, y a todo el que da fruto lo poda, para que dé más fruto. Vosotros ya estáis limpios por la palabra que os he hablado; permaneced en mí, y yo en vosotros. Como el sarmiento no puede dar fruto por sí, si no permanece en la vid, así tampoco vosotros, si no permanecéis en mí. Yo soy la vid, vosotros los sarmientos; el que permanece en mí y yo en él, ese da fruto abundante; porque sin mí no podéis hacer nada. Al que no permanece en mí lo tiran fuera, como el sarmiento, y se seca; luego los recogen y los echan al fuego, y arden. Si permanecéis en mí, y mis palabras permanecen en vosotros, pedid lo que deseáis, y se realizará. Con esto recibe gloria mi Padre, con que deis fruto abundante; así seréis discípulos míos».

Hechos 15, 1-6; *Salmo* 121, 1bc-5 • **JUAN 15, 1-8**

SEÑOR, sarmiento tuyo soy. Límpiame, pódame, **quiero dar fruto por la comunión contigo cada vez más estable y más fuerte.** *Vamos alegres a la casa del Señor (Salmo 121, 1bc).*

ORACIÓN

MAYO

22

JUEVES

Jueves 5° de Pascua　　　Tomo II - Salterio 1ª semana

Santos **JOAQUINA DE VEDRUNA** *rl*,
RITA DE CASIA *vl rl*, **Quiteria** *vg*,
Domingo Ngôn *pf mr*

SANTA JOAQUINA DE VEDRUNA

Papa Francisco: El verdadero amor no puede aislarse, porque si se aísla no es amor y se convierte, más bien, en una forma espiritualista de egoísmo, un permanecer cerrado en sí mismo, buscando el propio provecho. En una palabra, es «egoísmo». Permanecer en el amor de Jesús significa permanecer en el amor del Padre que nos ha enviado a Jesús; permanecer en el amor de Jesús significa hacer, no sólo decir; permanecer en el amor de Jesús significa capacidad de comunicar, de diálogo, tanto con el Señor como con nuestros hermanos. (07-05-2015)

PALABRA　En aquel tiempo, dijo Jesús a sus discípulos: «Como el Padre me ha amado, así os he amado yo; permaneced en mi amor. Si guardáis mis mandamientos, permaneceréis en mi amor; lo mismo que yo he guardado los mandamientos de mi Padre y permanezco en su amor. Os he hablado de esto para que mi alegría esté en vosotros, y vuestra alegría llegue a plenitud».

Hechos 15, 7-21; *Salmo* 95, 1-3.10 • **JUAN 15, 9-11**

ORACIÓN　**SEÑOR Jesús,** solo permaneciendo en tu amor hay alegría en mi corazón. Cuando me alejo de ti, solo encuentro oscuridad y desaliento. **No me dejes, átame a ti.** *Contad las maravillas del Señor a todas las naciones* (Salmo 95, 3).

Tomo II - Salterio 1ª semana — **Viernes 5° de Pascua**

MAYO

23

VIERNES

SAN EUTIQUIO ABAD

Santos Eutiquio *ab,* **Lucio** y *co mrs,*
Desiderio *ob.*

Papa Francisco: Jesús nos muestra el camino para seguirle, el camino del amor. Su mandamiento no es un simple precepto, que siempre es algo abstracto o ajeno a la vida. El mandamiento de Cristo es nuevo porque Él fue el primero en realizarlo, le dio carne, y así la ley del amor se escribe una vez y para siempre en el corazón del hombre. (10-05-2015)

PALABRA

En aquel tiempo, dijo Jesús a sus discípulos: «Este es mi mandamiento: Que os améis unos a otros como yo os he amado. Nadie tiene amor más grande que el que da la vida por sus amigos. Vosotros sois mis amigos si hacéis lo que yo os mando. Ya no os llamo siervos, porque el siervo no sabe lo que hace su señor: a vosotros os llamo amigos, porque todo lo que he oído a mi Padre os lo he dado a conocer. No sois vosotros los que me habéis elegido, soy yo quien os he elegido; y os he destinado para que vayáis y deis fruto, y vuestro fruto permanezca. De modo que lo que pidáis al Padre en mi nombre, os lo dé. Esto os mando: que os améis unos a otros».

Hechos 15, 22-31; *Salmo* 56, 8-12 • **JUAN 15, 12-17**

ORACIÓN

SEÑOR, qué alegría saber que contamos con tu amistad. Nos llamas amigos, nos quieres amigos. **Gracias Jesús, bendito seas.** *Te daré gracias ante los pueblos, Señor (Salmo 56, 10a).*

Sábado 5º de Pascua Tomo II - Salterio 1ª semana

María Auxiliadora. Santos Vicente de Lérins *pb mj,* **Simeón Estilita** *pb er,* **Juana mujer de Cusa** *NT,* **Traslación de Santo Domingo**

MARÍA AUXILIADORA

Papa Francisco: Jesús nos amó primero, nos amó a pesar de nuestras debilidades, nuestras limitaciones y nuestras debilidades humanas. Fue Él quien nos hizo dignos de su amor, que no conoce límites y nunca termina. Al darnos el nuevo mandamiento, nos pide que nos amemos no solo y no tanto con nuestro amor, sino con el suyo, que el Espíritu Santo infunde en nuestros corazones si lo invocamos con fe. De esta manera, y -solo de esta manera- podemos amarnos unos a otros no solo como nos amamos a nosotros mismos, sino como Él nos amó, es decir inmensamente más. (19-05-2019)

PALABRA En aquel tiempo, dijo Jesús a sus discípulos: «Si el mundo os odia, sabed que me ha odiado a mí antes que a vosotros. Si fuerais del mundo, el mundo os amaría como cosa suya, pero como no sois del mundo, sino que yo os he escogido sacándoos del mundo, por eso el mundo os odia. Recordad lo que os dije: "No es el siervo más que su amo". Si a mí me han perseguido, también a vosotros os perseguirán; si han guardado mi palabra, también guardarán la vuestra. Y todo eso lo harán con vosotros a causa de mi nombre, porque no conocen al que me envió».

Hechos 16, 1-10; *Salmo* 99, 1-3.5 • JUAN 15, 18-21

ORACIÓN **SEÑOR,** experimento a veces ese odio del mundo por creer en ti. A veces, tengo que dar testimonio de ti en situaciones difíciles y comprometidas. **Que no me falte la fuerza de tu Espíritu.** *Aclama al Señor, tierra entera (Salmo 99, 1).*

SANTA MAGDALENA SOFÍA

Santos **BEDA** *pb dc*, **GREGORIO VII** *pp*,
M.ª **MAGDALENA DE PAZZI** *vg*,
Magdalena Sofía *vg*,
Vicenta M.ª López Vicuña *vg*

Papa Francisco: Queridos hermanos y hermanas, ningún pecado, ningún fracaso, ningún rencor debe desanimarnos a la hora de pedir con insistencia el don del Espíritu Santo que nos da la paz. Cuanto más sentimos que el corazón está agitado, cuanto más advertimos en nuestro interior nerviosismo, intolerancia, rabia, más debemos pedir al Señor el Espíritu de la paz. Aprendamos a decir cada día: "Señor, dame tu paz, dame el Espíritu Santo". Es una hermosa oración; ¿la decimos juntos?: "Señor, dame tu paz, dame el Espíritu Santo". No he oído bien, otra vez: "Señor, dame tu paz, dame el Espíritu Santo". Y pidámoslo también para quienes viven junto a nosotros, para quienes encontramos todos los días y para los responsables de las naciones. (22-05-2022)

PALABRA

• *Hechos* 15, 1-2.22-29: En aquellos días unos que bajaron de Judea se pusieron a enseñar a los hermanos que, si no se circuncidaban conforme al uso de Moisés, no podían salvarse. Esto provocó un altercado y una violenta discusión con Pablo y Bernabé; y se decidió que Pablo, Bernabé y algunos más de entre ellos subieran a Jerusalén a consultar a los apóstoles y presbíteros sobre esta controversia. Entonces los apóstoles y los presbíteros con toda la Iglesia acordaron elegir a algunos de ellos para mandarlos a Antioquía con Pablo y Bernabé. Eligieron a Judas llamado Barsabás y a Silas, miembros eminentes entre los hermanos y enviaron por medio de ellos esta carta: «Los apóstoles y los presbíteros hermanos saludan a los hermanos de Antioquía, Siria y Cilicia provenientes de la gentilidad. Habiéndonos enterado de que algunos de aquí, sin encargo nuestro, os han alborotado con sus palabras, desconcertando vuestros ánimos, hemos decidido, por unanimidad, elegir algunos y enviároslos con nuestros queridos Bernabé y Pablo, hombres que han entregado su vida al nombre de nuestro Señor Jesucristo. Os mandamos, pues, a Silas y a Judas, que os referirán de palabra lo que sigue: Hemos decidido, el Espíritu Santo y nosotros, no imponeros más cargas que las indispensables: que os abstengáis de carne sacrificada a los ídolos, de sangre, de animales estrangulados y de uniones ilegítimas. Haréis bien en apartaros de todo esto. Saludos».

• *Salmo* 66, 2-3.5-6.8: ***Oh Dios, que te alaben los pueblos, que todos los pueblos te alaben.***

• *Apocalipsis* 21, 10-14.22-23: El ángel me llevó en espíritu a un monte grande y elevado, y me mostró la ciudad santa de Jerusalén, que descendía del cielo, de parte de Dios, y tenía la gloria de Dios: su resplandor era semejante a una piedra muy preciosa, como piedra de jaspe cristalino. Tenía una muralla grande y elevada, tenía doce puertas y sobre las puertas doce ángeles y nombres grabados que son las doce las tribus de Israel. Al oriente tres puertas, al norte tres puertas, al sur tres puertas, y al poniente tres puertas, y la muralla de la ciudad tenía doce cimientos y sobre ellos los nombres de los doce apóstoles del Cordero. Y en ella no vi santuario, pues el Señor, Dios todopoderoso, es su santuario, y también el Cordero. Y la ciudad no necesita del sol ni de la luna que la alumbre, pues la gloria del Señor la ilumina y su lámpara es el Cordero.

• **JUAN 14, 23-29:** En aquel tiempo dijo Jesús a sus discípulos: «El que me ama guardará mi palabra y mi Padre lo amará, y vendremos a él y haremos morada en él. El que no me ama no guarda mis palabras. Y la palabra que estáis oyendo no es mía, sino del Padre que me envió. Os he hablado ahora que estoy a vuestro lado; pero el Paráclito, el Espíritu Santo, que enviará el Padre en mi nombre, será quien os lo enseñe todo y os vaya recordando todo lo que os he dicho. La paz os dejo, mi paz os doy: no os la doy yo como la da el mundo. Que no se turbe vuestro corazón ni se acobarde. Me habéis oído decir: "Me voy y vuelvo a vuestro lado". Si me amarais os alegraríais de que vaya al Padre, porque el Padre es mayor que yo. Os lo he dicho ahora, antes de que suceda, para que cuando suceda, creáis».

SEÑOR Jesús, amo tu Palabra, me fío de tu Palabra, creo en tu Palabra. Ven a mí con el Padre y el Espíritu. **Habita en mí, Santa Trinidad, lléname de tu amor y de tu vida.**

ORACIÓN

SAN FELIPE NERI

Santos **FELIPE NERI** *pb*,
Mariana de Jesús Paredes *vg*,
Pedro Mártir Sans *ob mr*, Felicísima *mr*

Papa Francisco: El cristiano, con la fuerza del Espíritu, da testimonio de que el Señor vive, que el Señor ha resucitado, que el Señor está entre nosotros, que el Señor celebra con nosotros su muerte, su resurrección, cada vez que nos acercamos al altar; y lo hace en su vida cotidiana, con su modo de obrar. Es el testimonio continuo del cristiano. Al mismo tiempo, el cristiano debe ser consciente de que a veces este testimonio provoca ataques, provoca persecuciones: son «las pequeñas persecuciones», como las de las habladurías y de las críticas, pero también las persecuciones de las que la historia de la Iglesia está llena, es decir, las que conducen a los cristianos a la cárcel o incluso a dar la vida. (02-05-2016)

PALABRA En aquel tiempo, dijo Jesús a sus discípulos: «Cuando venga el Paráclito, que os enviaré desde el Padre, el Espíritu de la verdad, que procede del Padre, él dará testimonio de mí; y también vosotros daréis testimonio, porque desde el principio estáis conmigo. Os he hablado de esto, para que no os escandalicéis. Os excomulgarán de la sinagoga; más aún, llegará incluso una hora cuando el que os dé muerte pensará que da culto a Dios. Y esto lo harán porque no han conocido ni al Padre ni a mí. Os he hablado de esto para que, cuando llegue la hora, os acordéis de que yo os lo había dicho».

Hechos 16, 11-15; *Salmo* 149, 1bc-6.9 • **JUAN 15, 26 – 16, 4a**

ORACIÓN **SEÑOR Jesús,** en medio de mis luchas y dificultades, que no me falte nunca la luz y la fuerza de tu Espíritu Santo, **nuestro abogado y consuelo.** *El Señor ama a su pueblo* (Salmo 149, 4a).

MAYO

27

MARTES

Martes 6º de Pascua　　Tomo II - Salterio 2ª semana

Santos AGUSTÍN DE CANTERBURY *ob*,
Bruno *ob*, **Bárbara Kim** y
Bárbara Yi *mrs*

SAN AGUSTÍN DE CANTERBURY

Papa Francisco: Con el diablo no se dialoga, porque él nos vence, es más inteligente que nosotros. Es un ángel; es un ángel de luz. Y muchas veces se acerca a nosotros haciendo ver esta luz, pero ha perdido la luz, y se disfraza como ángel de luz, pero es un ángel de sombra, un ángel de muerte. (08-05-2018)

PALABRA En aquel tiempo, dijo Jesús a sus discípulos: «Ahora me voy al que me envió, y ninguno de vosotros me pregunta: "¿Adónde vas?". Sino que, por haberos dicho esto, la tristeza os ha llenado el corazón. Sin embargo, os digo la verdad: os conviene que yo me vaya; porque si no me voy, no vendrá a vosotros el Paráclito. En cambio, si me voy, os lo enviaré. Y cuando venga, dejará convicto al mundo acerca de un pecado, de una justicia y de una condena. De un pecado, porque no creen en mí; de una justicia, porque me voy al Padre, y no me veréis; de una condena, porque el príncipe de este mundo está condenado».

Hechos 16, 22-34; *Salmo* 137, 1-3.7c-8 • **JUAN 16, 5-11**

ORACIÓN **SEÑOR Jesús,** necesitamos tu Espíritu Santo. Sigue renovando su presencia en nosotros para que nos guíe constantemente en el camino de tu seguimiento, **ayudándonos a vivir más conformes a ti.** *Tu derecha me salva, Señor* (Salmo 137, 7c).

Tomo II - Salterio 2ª semana   **Miércoles 6º de Pascua**

MAYO
28
MIÉRCOLES

Santos Justo de Urgel *ob*,
Germán de París *ob*, Guillermo *mj*

SAN JUSTO DE URGEL

Papa Francisco: El Espíritu nos guía por nuevas situaciones existenciales con una mirada dirigida a Jesús y, al mismo tiempo, abierto a los eventos y al futuro. Él nos ayuda a caminar en la historia firmemente radicados en el Evangelio y también con dinámica fidelidad a nuestras tradiciones y costumbres. (22-05-2016)

En aquellos días, dijo Jesús a sus discípulos: «Muchas cosas me quedan por deciros, pero no podéis cargar con ellas por **PALABRA** ahora; cuando venga él, el Espíritu de la verdad, os guiará hasta la verdad plena. Pues no hablará por cuenta propia, sino que hablará de lo que oye y os comunicará lo que está por venir. Él me glorificará, porque recibirá de lo mío y os lo anunciará. Todo lo que tiene el Padre es mío. Por eso os he dicho que recibirá y tomará de lo mío y os lo anunciará».

Hechos 17, 15.22 – 18,1; *Salmo* 148, 1-2.11-14 • **JUAN 16, 12-15**

SEÑOR Jesús, guíanos y mantennos en la Verdad con la gracia del **Espíritu Santo que envías a nuestros corazones.** *Llenos están el cielo y la tierra de tu gloria* (Isaías 6, 3c).

ORACIÓN

Jueves 6° de Pascua   Tomo II - Salterio 2ª semana

Santos Pablo VI pp, Maximino de Tréveris ob, Bona vg, Gerardo ob, Beato José Gérard pb.

SAN PABLO VI

Papa Francisco: La alegría cristiana no es una simple diversión, no es una alegría pasajera. Más bien, la alegría cristiana es un don del Espíritu Santo: es tener el corazón siempre alegre porque el Señor ha vencido, el Señor reina, el Señor está a la derecha del Padre, el Señor me miró a mí, me envió, me dio su gracia y me hizo hijo del Padre. He aquí lo que de verdad es «a alegría cristiana. Un cristiano, por lo tanto, vive en la alegría. Pero, ¿dónde está esta alegría en los momentos más tristes, en los momentos de dolor? Pensemos en Jesús en la Cruz, ¿tenía alegría? ¡Pues no! En cambio, ¡sí, tenía paz!» En efecto, la alegría, en el momento del dolor, de la prueba, se convierte en paz» En cambio, «a sola diversión en el momento del dolor se convierte en oscuridad, se hace tiniebla. (15-05-2015)

PALABRA   En aquel tiempo, dijo Jesús a sus discípulos: «Dentro de poco ya no me veréis, pero dentro de otro poco me volveréis a ver». Comentaron entonces algunos discípulos: «¿Qué significa eso de "dentro de poco ya no me veréis, pero dentro de otro poco me volveréis a ver", y eso de "me voy al Padre"?». Y se preguntaban: «¿Qué significa ese "poco"? No entendemos lo que dice». Comprendió Jesús que querían preguntarle y les dijo: «¿Estáis discutiendo de eso que os he dicho: "Dentro de poco ya no me veréis, y dentro de otro poco me volveréis a ver"? En verdad, en verdad os digo: vosotros lloraréis y os lamentaréis, mientras el mundo estará alegre; vosotros estaréis tristes, pero vuestra tristeza se convertirá en alegría».

Hechos 18, 1-8; *Salmo* 97, 1-4 • **JUAN 16, 16-20**

ORACIÓN   **SEÑOR Jesús,** el gozo de tu resurrección nadie nos lo puede arrebatar. Fortaléceme en la fe y en la esperanza para que, en medio de las circunstancias de cada día, **mi corazón no pierda la alegría.** *El Señor revela a las naciones su salvación* (Salmo 97, 2b).

Santos FERNANDO III *re,*
Juana de Arco *vg,*
Matías Mulumba *mr,* **Gabino** *mr.*
Beata Matilde Téllez

SAN FERNANDO, REY

Papa Francisco: Nada puede destruir la alegría sobrenatural, que «se adapta y se transforma, y siempre permanece al menos como un brote de luz que nace de la certeza personal de ser infinitamente amado, más allá de todo. Es una seguridad interior, una serenidad esperanzada que brinda una satisfacción espiritual incomprensible para los parámetros mundanos. (Gaudete et exultate)

PALABRA

En aquel tiempo, dijo Jesús a sus discípulos: «En verdad, en verdad os digo: vosotros lloraréis y os lamentaréis, mientras el mundo estará alegre; vosotros estaréis tristes, pero vuestra tristeza se convertirá en alegría. La mujer, cuando va a dar a luz, siente tristeza, porque ha llegado su hora; pero, en cuanto da a luz al niño, ni se acuerda del apuro, por la alegría de que al mundo le ha nacido un hombre. También vosotros ahora sentís tristeza; pero volveré a veros, y se alegrará vuestro corazón, y nadie os quitará vuestra alegría. Ese día no me preguntaréis nada».

Hechos 18, 9-18; *Salmo* 46, 2-7 • **JUAN 16, 20-23a**

SEÑOR Jesús, fuente de la verdadera alegría, **que no busque la felicidad en las cosas pasajeras sino en los bienes eternos.** *Dios es el rey del mundo* (Salmo 46, 8a).

ORACIÓN

FIESTA DE LA VISITACIÓN DE LA VIRGEN MARÍA
Santos Noé Mawaggali *mr,*
Petronila *vg mr,* **Silvio** *ob*

VISITACIÓN DE MARÍA

Papa Francisco: María es bendecida porque creyó: el encuentro con Dios es el fruto de la fe. Zacarías en cambio, quien dudó y no creyó, permaneció sordo y mudo. Crecer en fe durante el largo silencio: sin fe, inevitablemente permanecemos sordos a la voz consoladora de Dios; y seguimos sin poder pronunciar palabras de consuelo y esperanza para nuestros hermanos. (23-12-2018)

PALABRA

En aquellos días, María se levantó y se puso en camino de prisa hacia la montaña, a una ciudad de Judá; entró en casa de Zacarías y saludó a Isabel. Aconteció que, en cuanto Isabel oyó el saludo de María, saltó la criatura en su vientre. Se llenó Isabel de Espíritu Santo y, levantando la voz exclamó: «¡Bendita tú entre las mujeres y bendito el fruto de tu vientre! ¿Quién soy yo para que me visite la madre de mi Señor? Pues, en cuanto tu saludo llegó a mis oídos, la criatura saltó de alegría en mi vientre. ¡Bienaventurada la que ha creído, porque lo que le ha dicho el Señor se cumplirá!». María dijo: «Proclama mi alma la grandeza del Señor, se alegra mi espíritu en Dios, mi salvador; porque ha mirado la humildad de su esclava. Desde ahora me felicitarán todas las generaciones, porque el Poderoso ha hecho obras grandes en mí: su nombre es santo, y su misericordia llega a sus fieles de generación en generación. Él hace proezas con su brazo: dispersa a los soberbios de corazón, derriba del trono a los poderosos y enaltece a los humildes, a los hambrientos los colma de bienes y a los ricos los despide vacíos. Auxilia a Israel, su siervo, acordándose de la misericordia –como lo había prometido a nuestros padres– en favor de Abrahán y su descendencia por siempre». María se quedó con Isabel unos tres meses y volvió a su casa.

Romanos 12, 9-16b; *Salmo: Isaías* 12,2-6 • **LUCAS 1, 39-56**

SEÑOR Jesús, tu Madre, la Virgen María, creyó firmemente y por ello es bienaventurada y dichosa. **Por su materna intercesión, fortalece mi fe para que como Ella esté yo dispuesto a decirte siempre "sí".** *Es grande en medio de ti el Santo de Israel (Isaías 12, 6b).*

ORACIÓN

SAN PEDRO Y SAN PABLO (El Greco)

JUNIO

Durante el mes de junio la piedad popular
cristiana orienta nuestro espíritu hacia
el misterio del Corazón de Jesús.
Rico en misericordia hacia todos
los que están oprimidos por el pecado,
el Sagrado Corazón es principio y
fundamento de paz y de verdadera esperanza.
Jesús devuelve a todo hombre a la comunión
con el Padre, atrayendo hacia sí mismo,
desde la cruz, la mirada de
cuantos buscan la salvación.
(San Juan Pablo II, 16-6-1991)

JUNIO

JUNIO

1

DOMINGO

DOMINGO VII DE PASCUA   Tomo II - Salterio 3ª semana

Santos **JUSTINO** *mr*, Fortunato *pb*,
Íñigo *ab*, Próculo *mr*. Ntra. Sra. de la Luz

JORNADA MUNDIAL DE LAS COMUNICACIONES SOCIALES

ASCENSIÓN DEL SEÑOR

SOLEMNIDAD DE LA ASCENSIÓN DEL SEÑOR

Papa Francisco: El Evangelio quiere decirnos que Jesús es el gran sacerdote de nuestra vida. Jesús sube al Padre para interceder por nosotros, para presentarle nuestra humanidad. Así, ante los ojos del Padre, están y estarán siempre, con la humanidad de Jesús, nuestras vidas, nuestras esperanzas, nuestras heridas. Así, al hacer su "éxodo" al Cielo, Cristo "nos abre camino", va a preparar un lugar para nosotros y, desde ahora, intercede por nosotros, para que siempre estemos acompañados y bendecidos por el Padre. Hermanos y hermanas, pensemos hoy en el don del Espíritu que hemos recibido de Jesús para ser testigos del Evangelio. Preguntémonos si realmente lo somos; y también si somos capaces de amar a los demás, dejándolos libres y dejándoles espacio. (29-05-2022)

PALABRA • Hechos 1, 1-11: En mi primer libro, Teófilo, escribí de todo lo que Jesús hizo y enseñó hasta el día en que fue llevado al cielo, después de haber dado instrucciones a los apóstoles que había escogido, movido por el Espíritu Santo. Se les presentó él mismo después de su pasión, dándoles numerosas pruebas de que estaba vivo, apareciéndoseles durante cuarenta días y hablándoles del reino de Dios. Una vez que comían juntos les ordenó que no se alejaran de Jerusalén, sino «aguardad que se cumpla la promesa del Padre, de la que me habéis oído hablar, porque Juan bautizó con agua, pero vosotros seréis bautizados con Espíritu Santo dentro de no muchos días». Los que se habían reunido, le preguntaron, diciendo: «¿Señor, es ahora cuando vas a restaurar el reino de Israel?». Les dijo: «No os toca a vosotros conocer los tiempos o momentos que el Padre ha establecido con su propia autoridad; en cambio, recibiréis la fuerza del Espíritu Santo que va a venir sobre vosotros y seréis mis testigos en Jerusalén, en toda Judea, en Samaría y "hasta el confín de la tierra». Dicho esto, a la vista de ellos, fue elevado al cielo hasta que una nube se lo quitó de la vista. Cuando miraban fijos al cielo, mientras él se iba marchando, se les presentaron dos hombres vestidos de blanco, que les dijeron:

«Galileos, ¿qué hacéis ahí plantados mirando al cielo? El mismo Jesús que ha sido tomado de entre vosotros y llevado al cielo, volverá como lo habéis visto marcharse al cielo».

• *Salmo* 46, 2-3.6-9: **Dios asciende entre aclamaciones; el Señor, al son de trompetas.**

• *Efesios* 1, 17-23: Hermanos: El Dios de nuestro Señor Jesucristo, el Padre de la gloria, os dé espíritu de sabiduría y revelación para conocerlo, e ilumine los ojos de vuestro corazón para que comprendáis cuál es la esperanza a la que os llama, cuál la riqueza de gloria que da en herencia a los santos y cuál la extraordinaria grandeza de su poder en favor de nosotros, los creyentes, según la eficacia de su fuerza poderosa, que desplegó en Cristo, resucitándolo de entre los muertos y sentándolo a su derecha en el cielo, por encima de todo principado, poder, fuerza y dominación, y por encima de todo nombre conocido, no solo en este mundo, sino en el futuro. Y «todo lo puso bajo sus pies», y lo dio a la Iglesia, como Cabeza, sobre todo. Ella es su cuerpo, plenitud del que llena todo en todos.

• **LUCAS 24, 46-53:** En aquel tiempo, dijo Jesús a sus discípulos: «Así está escrito: el Mesías padecerá, resucitará de entre los muertos al tercer día y en su nombre se proclamará la conversión para el perdón de los pecados a todos los pueblos, comenzando por Jerusalén. Vosotros sois testigos de esto. Mirad, yo voy a enviar sobre vosotros la promesa de mi Padre; vosotros, por vuestra parte, quedaos en la ciudad, hasta que os revistáis de la fuerza que viene de lo alto». Y los sacó hasta cerca de Betania y, levantando las manos, los bendijo. Y mientras los bendecía, se separó de ellos y fue llevado hacia el cielo. Ellos se postraron ante él y se volvieron a Jerusalén con gran alegría; y estaban siempre en el templo bendiciendo a Dios.

SEÑOR, tu Ascensión corona tu victoria. Vuelves al Padre, pero siempre estarás unido a nosotros, eres nuestra cabeza y nosotros tu ORACIÓN cuerpo. **Atráenos constantemente hacia ti y renuévanos en nuestro compromiso de ser tus testigos.**

Santos MARCELINO Y PEDRO *mrs*,
Eugenio I *pp*, **Erasmo** *ob mr*, **Guido** *ob*.
Beato Sadoc y *co mrs*

SANTOS MARCELINO Y PEDRO

Papa Francisco: Cuando decimos de Jesús que está 'espiritualmente' presente, esta presencia espiritual no es una forma menos fuerte que la física, sino infinitamente más real y eficaz. Es la presencia del resucitado que actúa en el poder del Espíritu, en todo tiempo y lugar, y que actúa dentro de nosotros. (31-03-2023)

PALABRA

En aquel tiempo, los discípulos dijeron a Jesús: «Ahora sí que hablas claro y no usas comparaciones. Ahora vemos que lo sabes todo y no necesitas que te pregunten; por ello creemos que has salido de Dios». Les contestó Jesús: «¿Ahora creéis? Pues mirad: está para llegar la hora, mejor, ya ha llegado, en que os disperséis cada cual por su lado y a mí me dejéis solo. Pero no estoy solo, porque está conmigo el Padre. Os he hablado de esto, para que encontréis la paz en mí. En el mundo tendréis luchas; pero tened valor: yo he vencido al mundo».

Hechos 19, 1-8; *Salmo* 67, 2-7 • **JUAN 16, 29-33**

ORACIÓN

SEÑOR, tú traes paz a mi corazón. Tú me das valor en medio de mis luchas. **Tu victoria es mi esperanza y fortaleza.** *Reyes de la tierra, cantad a Dios (Salmo 67, 33a).*

Santos **CARLOS LUANGA** y *co mrs,*
Juan Grande *rl,*
Clotilde *re,* **Olivia** *vg*

SAN CARLOS LUANGA

Papa Francisco: Jesús pide la gloria, una petición que parece paradójica mientras la Pasión está a las puertas. ¿De qué gloria se trata? La gloria, en la Biblia, indica la revelación de Dios, es el signo distintivo de su presencia salvadora entre los hombres. Ahora bien, Jesús es Aquel que manifiesta de forma definitiva la presencia y la salvación de Dios, y lo hace en Pascua: levantado en la cruz, es glorificado. Allí, Dios finalmente revela su gloria: quita el último velo y nos sorprende como nunca antes. Descubrimos, en efecto, que la gloria de Dios es todo amor: amor puro, loco e impensable, más allá de cualquier límite y medida. (17-04-2019)

PALABRA En aquel tiempo, levantando los ojos al cielo, dijo Jesús: «Padre, ha llegado la hora, glorifica a tu Hijo, para que tu Hijo te glorifique a ti y, por el poder que tú le has dado sobre toda carne, dé la vida eterna a todos los que le has dado. Esta es la vida eterna: que te conozcan a ti, único Dios verdadero, y a tu enviado, Jesucristo. Yo te he glorificado sobre la tierra, he llevado a cabo la obra que me encomendaste. Y ahora, Padre, glorifícame junto ti, con la gloria que yo tenía junto a ti antes que el mundo existiese. He manifestado tu nombre a los que me diste de en medio del mundo. Tuyos eran, y tú me los diste, y ellos han guardado tu palabra. Ahora han conocido que todo lo que me diste procede de ti, porque yo les he comunicado las palabras que tú me diste, y ellos las han recibido, y han conocido verdaderamente que yo salí de ti, y han creído que tú me has enviado. Te ruego por ellos; no ruego por el mundo, sino por estos que tú me diste, porque son tuyos. Y todo lo mío es tuyo, y lo tuyo mío; y en ellos he sido glorificado. Ya no voy a estar en el mundo, pero ellos están en el mundo, mientras yo voy a ti».

Hechos 20, 17-27; *Salmo* 67, 10-11.20-21 • **JUAN 17, 1-11a**

ORACIÓN **SEÑOR,** somos tuyos, somos tu pueblo. Por ti hemos conocido al Padre, **por ti estamos unidos a Él y somos herederos de la vida eterna.** *Reyes de la tierra, cantad a Dios (Salmo 67, 33a).*

4

MIÉRCOLES

Santos Pedro de Verona *pb mr*,
Francisco Caracciolo *pb*,
Walter *ab*

SAN PEDRO MÁRTIR DE VERONA

Papa Francisco: Dejemos que nos sorprenda una vez más el Resucitado. Que sea Él desde su costado herido, signo de lo dura e injusta que se vuelve la realidad, quien nos impulse a no darle la espalda a la dura y difícil realidad de nuestros hermanos. Que sea Él quien nos enseñe a acompañar, cuidar y vendar las heridas de nuestro pueblo. (30-05-2020)

PALABRA

En aquel tiempo, levantando los ojos al cielo, oró Jesús diciendo: «Padre santo, guárdalos en tu nombre, a los que me has dado, para que sean uno, como nosotros. Cuando estaba con ellos, yo guardaba en tu nombre a los que me diste, y los custodiaba, y ninguno se perdió, sino el hijo de la perdición, para que se cumpliera la Escritura. Ahora voy a ti, y digo esto en el mundo para que tengan en sí mismos mi alegría cumplida. Yo les he dado tu palabra, y el mundo los ha odiado porque no son del mundo, como tampoco yo soy del mundo. No ruego que los retires del mundo, sino que los guardes del maligno. No son del mundo, como tampoco yo soy del mundo. Santifícalos en la verdad: tu palabra es verdad. Como tú me enviaste al mundo, así yo los envío también al mundo. Y por ellos yo me santifico a mí mismo, para que también ellos sean santificados en la verdad».

Hechos 20, 28-38; *Salmo* 67, 29-30.33-36 • **JUAN 17, 11b-19**

ORACIÓN

SEÑOR, nos has dado tu palabra y nos envías al mundo a anunciarla, santificándonos en la verdad, **para que seamos auténticos testigos.** *Reyes de la tierra, cantad a Dios* (Salmo 67, 33a).

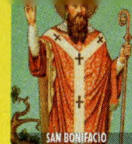

Papa Francisco: Jesús rezó por nosotros, en ese momento, y lo sigue haciendo. Se lee, en efecto, en el Evangelio: «Padre, ruego por ellos, pero también por los muchos otros que vendrán». Un detalle no irrelevante hacia el cual, tal vez, no estamos lo suficientemente atentos. Y, sin embargo, Jesús rezó por mí y esto es precisamente fuente de confianza. Podríamos imaginar a Jesús ante el Padre, en el cielo, que ruega por nosotros. Y ¿qué ve el Padre? Las llagas, o sea el precio que Jesús ha pagado por nosotros. ¿Qué pide Jesús al Padre en esta oración? ¿Dice acaso: «Ruego por ellos para que la vida sea buena, para que tengan dinero, para que sean todos felices, para que no les falte nada»? No, Jesús ruega para que todos sean uno: "Como tú, Padre, en mí, y yo en ti"». En ese momento Él ruega por nuestra unidad. Por la unidad de su pueblo, por la unidad de su Iglesia. (21-05-2015)

En aquel tiempo, Jesús levantando los ojos al cielo, oró diciendo: «No solo por ellos ruego, sino también por los que crean en mí **PALABRA** por la palabra de ellos, para que todos sean uno, como tú, Padre, en mí, y yo en ti, que ellos también sean uno en nosotros, para que el mundo crea que tú me has enviado. Yo les he dado la gloria que tú me diste, para que sean uno, como nosotros somos uno: yo en ellos y tú en mí, para que sean completamente uno, de modo que el mundo sepa que tú me has enviado y los has amado como me has amado a mí. Padre, este es mi deseo: que los que me has dado estén conmigo, donde yo estoy, y contemplen mi gloria, la que me diste, porque me amabas, antes de la fundación del mundo. Padre justo, si el mundo no te ha conocido, yo te he conocido, y estos han conocido que tú me enviaste. Les he dado a conocer y les daré a conocer tu nombre, para que el amor que me tenías esté en ellos, y yo en ellos».

Hechos 22, 30; 23, 6–11; *Salmo* 15, 1b–2a. 5.7-11 • JUAN 17, 20–26

SEÑOR, que quieres siempre la unidad y la fraternidad en tu Iglesia como signo veraz de nuestra comunión contigo, **ayúdame a ser instrumento de concordia y paz.** *Protégeme, Dios mío, que me refugio en ti* (Salmo 15, 1b).

Santos **NORBERTO** *ob*,
Bonifacia Rodríguez *vg*,
Rafael Guízar *ob*, **Marcelino**
Champagnat *ph*, **Artemio y Paulina** *mrs*

SAN MARCELINO CHAMPAGNAT

Papa Francisco: El pastor ama, pastorea, se prepara para la cruz, despojado y no mete la nariz en la vida de los demás, no pierde el tiempo en las ternas, en las ternas eclesiásticas. Él ama, se pastorea y se prepara, y no cae en la tentación. Quedan las tres enseñanzas fundamentales: «amar, pastorear y prepararse para la cruz». Estos tres aspectos son el "sígueme"; así Jesús quiere que los pastores lo sigan: amando, pastoreando y preparándose para la cruz. (18-05-2018)

PALABRA · Habiéndose aparecido Jesús a sus discípulos, después de comer, le dice a Simón Pedro: «Simón, hijo de Juan, ¿me amas más que estos?». Él le contestó: «Sí, Señor, tú sabes que te quiero». Jesús le dice: «Apacienta mis corderos». Por segunda vez le pregunta: «Simón, hijo de Juan, ¿me amas?». Él le contesta: «Sí, Señor, tú sabes que te quiero». Él le dice: «Pastorea mis ovejas». Por tercera vez le pregunta: «Simón, hijo de Juan, ¿me quieres?». Se entristeció Pedro de que le preguntara por tercera vez: "¿Me quieres?", y le contestó: «Señor, tú conoces todo, tú sabes que te quiero». Jesús le dice: «Apacienta mis ovejas. En verdad, en verdad te digo: cuando eras joven, tú mismo te ceñías e ibas adonde querías; pero, cuando seas viejo, extenderás las manos, otro te ceñirá y te llevará adonde no quieras». Esto dijo aludiendo a la muerte con que iba a dar gloria a Dios. Dicho esto, añadió: «Sígueme».

Hechos 25, 13b-21; *Salmo* 102, 1-2.11-12.19-20ab • **JUAN 21, 15-19**

ORACIÓN · **SEÑOR,** quiero vivir siguiéndote, amándote de verdad. **Sé que soy débil, pero te entrego mi corazón, transfórmalo y fortalécelo.** *El Señor puso en el cielo su trono* (Salmo 102, 19a).

B. ANA DE S. BARTOLOMÉ

Papa Francisco: Conocer a Jesús una aventura que te lleva toda la vida, porque el amor de Jesús no tiene límites. [...] Pero tenemos que pedirlo: "Señor, que yo te conozca; que cuando yo hable de ti, no diga palabras como un loro, diga palabras que nacen de mi experiencia, y como Pablo pueda decir: "Me amó y se entregó por mí" y decirlo con convicción. (25-10-2018)

PALABRA En aquel tiempo Pedro, volviéndose, vio que los seguía el discípulo a quien Jesús amaba, el mismo que en la cena se había apoyado en su pecho y le había preguntado: «Señor, ¿quién es el que te va a entregar?». Al verlo, Pedro dice a Jesús: «Señor, y este ¿qué?». Jesús le contesta: «Si quiero que se quede hasta que yo venga, ¿a ti qué? Tú sígueme». Entonces se empezó a correr entre los hermanos el rumor de que ese discípulo no moriría. Pero no le dijo Jesús que no moriría, sino: «Si quiero que se quede hasta que yo venga, ¿a ti qué?». Este es el discípulo que da testimonio de todo esto y lo ha escrito; y nosotros sabemos que su testimonio es verdadero. Muchas otras cosas hizo Jesús. Si se escribieran una por una, pienso que ni el mundo entero podría contener los libros que habría que escribir».

Hechos 28, 16-20.30-31; *Salmo* 10, 4.5.7 • JUAN 21, 20-25

ORACIÓN **SEÑOR,** quiero ser como tu discípulo amado. **Sentarme cerca de ti, apoyarme en tu regazo, sentir el latido de tu corazón que ama hasta el extremo y hablar de ti a los hermanos.** *Los buenos verán tu rostro, Señor (Salmo 10, 7b).*

Santos **Maximino de AIX** *ob*, **Guillermo** *ob*,
Medardo *ob*. **Beatas Diana** y **Cecilia** *vgs*

DÍA DEL APOSTOLADO SEGLAR Y DE LA ACCIÓN CATÓLICA

PENTECOSTÉS

SOLEMNIDAD DE PENTECOSTÉS

Papa Francisco: El Espíritu Santo nunca te dirá que en tu camino va todo bien. Nunca te lo dirá porque no es verdad. No, te corrige, te lleva también a llorar por los pecados, y te anima a cambiar, a combatir contra tus falsedades e hipocresías, aun cuando eso implique esfuerzo, lucha interior y sacrificio. El mal espíritu, en cambio, te empuja a hacer siempre lo que te guste y lo que quieras; te lleva a creer que tienes derecho a usar tu libertad como te parezca. Pero después, cuando te quedas vacío interiormente, —es fea esta experiencia de sentir el vacío dentro, ¡muchos de nosotros lo hemos sentido!—, y cuando tú te quedas con el vacío dentro, te acusa. El espíritu malo te acusa, se convierte en el acusador, te tira por tierra y te destruye. El Espíritu Santo, que te corrige a lo largo del camino, nunca te deja tirado en el suelo, nunca, sino que siempre te toma de la mano, te consuela y te alienta. (05-06-2022)

VIGILIA

PALABRA

• **Génesis** 11, 1-9: Se llama Babel, allí confundió el Señor la lengua de toda la tierra.

• **Éxodo** 19, 3-8.16-20b: El Señor descendió al monte Sinaí, a la vista del pueblo.

• **Ezequiel** 37, 1-14: Huesos secos: infundiré espíritu sobre vosotros y viviréis.

• **Joel** 3, 1-5: Sobre mis siervos y siervas derramaré mi Espíritu.

• **Salmo** 103, 1-2a.24.35c.27-30: *Envía tu Espíritu, Señor, y repuebla la faz de la tierra.*

• **Romanos** 8, 22-27: El Espíritu intercede por nosotros con gemidos inefables.

• **JUAN 7, 37-39:** El último día, el más solemne de la fiesta, Jesús en pie gritó: «El que tenga sed, que venga a mí y beba el que cree en mí; como dice la Escritura: "de sus entrañas manarán ríos de agua viva"». Dijo esto refiriéndose al Espíritu, que habían de recibir los que creyeran en él. Todavía no se había dado el Espíritu, porque Jesús no había sido glorificado.

MISA DEL DÍA

• **Hechos** 2, 1-11: Al cumplirse el día de Pentecostés, estaban todos juntos en el mismo lugar. De repente, se produjo desde el cielo un estruendo, como de un viento que soplaba fuertemente y llenó toda la casa donde se encontraban sentados. Vieron aparecer unas lenguas, como llamaradas, que se dividían posándose encima de cada uno de ellos. Se llenaron todos de Espíritu Santo y empezaron a hablar en otras lenguas, según el Espíritu les concedía manifestarse. Residían entonces en Jerusalén judíos devotos venidos de todos los pueblos que hay bajo el cielo. Al oírse este ruido, acudió la multitud y quedaron desconcertados, porque cada uno los oía hablar en su propia lengua. Estaban todos estupefactos y admirados, diciendo: «¿No son galileos todos esos que están hablando? Entonces, ¿cómo es que cada uno de nosotros los oímos hablar en nuestra lengua nativa? Entre nosotros hay partos, medos, elamitas y habitantes de Mesopotamia, de Judea y Capadocia, del Ponto y Asia, de Frigia y Panfilia, de Egipto y de la zona de Libia que limita con Cirene; hay ciudadanos romanos forasteros, tanto judíos como prosélitos; también hay cretenses y árabes; y cada uno los oímos hablar de las grandezas de Dios en nuestra propia lengua».

• *Salmo* 103,1ab.24ac.29bc-31.34: *Envía tu Espíritu, Señor, y repuebla la faz de la tierra.*

• *1Corintios* 12, 3b-7.12-13: Hermanos: Nadie puede decir «Jesús es Señor», sino por el Espíritu Santo. Hay diversidad de carismas, pero un mismo Espíritu; hay diversidad de ministerios, pero un mismo Señor; y hay diversidad de actuaciones, pero un mismo Dios que obra todo en todos. Pero a cada cual se le otorga la manifestación del Espíritu para el bien común. Pues, lo mismo que el cuerpo es uno y tiene muchos miembros, y todos los miembros del cuerpo, a pesar de ser muchos, son un solo cuerpo, así es también Cristo. Pues todos nosotros, judíos y griegos, esclavos y libres, hemos sido bautizados en un mismo Espíritu, para formar un solo cuerpo. Y todos hemos bebido de un solo Espíritu.

• *SECUENCIA: –Ven, Espíritu divino, / manda tu luz desde el cielo. / Padre amoroso del pobre, / don, en tus dones espléndido; / luz que penetra las almas; / fuente del mayor consuelo. –Ven, dulce huésped del alma, / descanso en nuestro esfuerzo, / tregua en el duro trabajo, / brisa en las horas de fuego, / gozo que enjuga las lágrimas / y reconforta en los duelos. –Entra hasta el fondo del alma, / divina luz, y enriquécenos. / Mira el vacío del hombre, / si tú le faltas por dentro; / mira el poder del pecado, / cuando no envías tu aliento. –Riega la tierra en sequía, / sana el corazón enfermo, / lava las manchas, / infunde / calor de vida en el hielo, / doma el espíritu indómito, / guía al que tuerce el sendero. –Reparte tus siete dones, / según la fe de tus siervos; / por tu bondad y tu gracia, / dale al esfuerzo su mérito; / salva al que busca salvarse / y danos tu gozo eterno.*

• **JUAN 20, 19-23:** Al anochecer de aquel día, el primero de la semana, estaban los discípulos en una casa, con las puertas cerradas por miedo a los judíos. Y en esto entró Jesús, se puso en medio y les dijo: «Paz a vosotros». Y, diciendo esto, les enseñó las manos y el costado. Y los discípulos se llenaron de alegría al ver al Señor. Jesús repitió: «Paz a vosotros. Como el Padre me ha enviado, así también os envío yo». Y, dicho esto, sopló sobre ellos y les dijo: «Recibid el Espíritu Santo; a quienes les perdonéis los pecados, les quedan perdonados; a quienes se los retengáis, les quedan retenidos».

SEÑOR Jesús, renueva en nosotros, en tu Iglesia entera, el don maravilloso del Espíritu Santo para que inflame nuestros corazones en tu amor y nos ORACIÓN haga alegres, **audaces y decididos discípulos tuyos en medio del mundo.**

Lunes 10º Tiempo Ordinario   Tomo III · Salterio 2ª semana

Santos **EFRÉN** *di dc*, José de Anchieta *pb*,
Ricardo *ob*, Columba *ab*.
Beata Ana M.ª Taigi *mf*

BIENAVENTURADA VIRGEN MARÍA, MADRE DE LA IGLESIA

TIEMPO ORDINARIO
TOMO III de la Liturgia de las Horas

Papa Francisco: Es cierto que, a veces, cuando nos hemos abierto a los demás nos ha hecho mucho daño. También es verdad que, en nuestras realidades políticas, la historia de desencuentro de los pueblos todavía está dolorosamente fresca. María se muestra como mujer abierta al perdón, a dejar de lado rencores y desconfianzas; renuncia a hacer reclamos por lo que "hubiera podido ser" si los amigos de su Hijo, si los sacerdotes de su pueblo o si los gobernantes se hubieran comportado de otra manera, no se deja ganar por la frustración o la impotencia. María le cree a Jesús y recibe al discípulo, porque las relaciones que nos sanan y liberan son las que nos abren al encuentro y a la fraternidad con los demás, porque descubren en el otro al mismo Dios. (24-09-2018)

PALABRA En aquel tiempo, junto a la cruz de Jesús estaba su madre, la hermana de su madre, María, la de Cleofás, y María, la Magdalena. Jesús, al ver a su madre y junto a ella al discípulo al que amaba, dijo a su madre: «Mujer, ahí tienes a tu hijo». Luego, dijo al discípulo: «Ahí tienes a tu madre». Y desde aquella hora, el discípulo la recibió como algo propio.

Génesis 3, 9-15. 20; *Judit* 13, 18bcde. 19 • JUAN 19, 25-27

ORACIÓN SEÑOR Jesús, que la Santísima Virgen María, Madre tuya y de tu Iglesia, nos guíe siempre hacia ti y **nos ayude con su cuidado maternal y protección**. *Tú eres el honor de nuestro pueblo* (Salmo Jdt: 15, 9d).

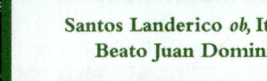
Papa Francisco: La misión de los cristianos en la sociedad es la de dar "sabor" a la vida con la fe y el amor que Cristo nos ha donado, y al mismo tiempo tiene lejos los gérmenes contaminantes del egoísmo, de la envidia, de la maledicencia, etc. Estos gérmenes arruinan el tejido de nuestras comunidades, que deben, sin embargo, resplandecer como lugares de acogida, de solidaridad, de reconciliación. Para unirse a esta misión, es necesario que nosotros mismos seamos los primeros liberados de la degeneración que corrompe de las influencias mundanas, contrarias a Cristo y al Evangelio; y esta purificación no termina nunca, se hace continuamente, ¡se hace cada día! (05-02-2017)

PALABRA En aquel tiempo, dijo Jesús a sus discípulos: «Vosotros sois la sal de la tierra. Pero si la sal se vuelve sosa, ¿con qué la salarán? No sirve más que para tirarla fuera y que la pise la gente. Vosotros sois la luz del mundo. No se puede ocultar una ciudad puesta en lo alto de un monte. Tampoco se enciende una lámpara para meterla debajo del celemín, sino para ponerla en el candelero y que alumbre a todos los de casa. Brille así vuestra luz ante los hombres, para que vean vuestras buenas obras y den gloria a vuestro Padre que está en el cielo».

2Corintios 1, 18-22; *Salmo* 118, 129-133.135 • **MATEO 5,13-16**

ORACIÓN **SEÑOR,** me invitas a ser sal y luz para el mundo. **Que mi testimonio de vida evangélica sazone e ilumine allí donde yo esté presente.** *Haz brillar, Señor, tu rostro sobre tu siervo (Salmo118, 135a).*

SAN BERNABÉ, APÓSTOL

Santas M.ª Rosa Molas *vg*, Alicia (Aleida) *vg*, Paula Frassinetti *vg*

SAN BERNABÉ

Papa Francisco: La gracia es gratuita. Todos los bienes de Dios son gratuitos. El problema es que el corazón se encoge, se cierra y no es capaz de recibir tanto amor, tanto amor gratuito». Por eso todo lo que hagamos para obtener algo, incluso una promesa "Si consigo esto, haré lo otro" debe ensanchar el corazón, y no entrar en negociaciones con Dios.... No, con Dios no se negocia. Con Dios vale «simplemente el lenguaje del amor, del Padre y de la gratuidad. (11-06-2019)

En aquel tiempo, dijo Jesús a sus apóstoles: «Id y proclamad que ha llegado el reino de los cielos. Curad enfermos, resucitad muertos, limpiad leprosos, arrojad demonios. Gratis habéis recibido, dad gratis. No os procuréis en la faja oro, plata ni cobre; ni tampoco alforja para el camino, ni dos túnicas, ni sandalias, ni bastón; bien merece el obrero su sustento. Cuando entréis en una ciudad o aldea, averiguad quién hay allí de confianza y quedaos en su casa hasta que os vayáis. Al entrar en una casa, saludadla con la paz: si la casa se lo merece, vuestra paz vendrá a ella. Si no se lo merece, la paz volverá a vosotros».

Hechos 11, 21b-26; 13, 1-3; *Salmo* 97, 1-6 • **MATEO 10, 7-13**

SEÑOR, hazme comprender la importancia de evangelizar, de dar testimonio de ti, que no me pueda la timidez y la comodidad. **Quiero ser tu testigo.** *El Señor revela a las naciones su justicia (Salmo 97, 2b).*

ORACIÓN

JESUCRISTO SACERDOTE

Santos León III *pp*, Onofre *er*, Juan de Sahagún *pb*. Beata Mercedes de Jesús *vg*

FIESTA DE JESUCRISTO SUMO Y ETERNO SACERDOTE

Papa Francisco: Jesús dice que la Iglesia no es rígida, es libre. En la Iglesia hay tantos carismas, hay una gran diversidad de personas y de dones del Espíritu. Jesús dice: en la Iglesia tú debes dar tu corazón al Evangelio, a lo que el Señor enseñó, y no guardarte una alternativa. El Señor nos dice: «si quieres entrar en la Iglesia, hazlo por amor, para dar todo, todo el corazón y no para hacer negocios en tu favor». De hecho, la Iglesia no es una casa de alquiler para quienes quieren hacer su voluntad; por el contrario, es una casa para vivir. (05-06-2014)

PALABRA En aquel tiempo, Jesús, levantando los ojos al cielo, dijo: «Padre, ha llegado la hora, glorifica a tu Hijo, para que tu Hijo te glorifique a ti y, por el poder que tú le has dado sobre toda carne, dé la vida eterna a todos los que tú le has dado. Te ruego por ellos; no ruego por el mundo, sino por estos que tú me diste, porque son tuyos. Yo les he dado tu palabra, y el mundo los ha odiado porque no son del mundo, como tampoco yo soy del mundo. No ruego que los retires del mundo, sino que los guardes del maligno. No son del mundo, como tampoco … yo soy del mundo. Santifícalos en la verdad: tu palabra es verdad. Como tú me enviaste al mundo, así yo los envío también al mundo. Y por ellos yo me santifico a mí mismo, para que también ellos sean santificados en la verdad. No solo por ellos ruego, sino también por los que crean en mí por la palabra de ellos, para que todos sean uno, como tú, Padre, en mí y yo en ti, que ellos también sean uno en nosotros, para que el mundo crea que tú me has enviado. Yo les he dado la gloria que tú me diste, para que sean uno, como nosotros somos uno: yo en ellos y tú en mí, para que sean completamente uno de modo que el mundo sepa que tú me has enviado y que los has amado a ellos como me has amado a mí. Padre, este es mi deseo: que los que me has dado estén conmigo, donde yo estoy, y contemplen mi gloria, la que me diste, porque me amabas, antes de la fundación del mundo. Padre justo, si el mundo no te ha conocido, yo te he conocido, y estos han conocido que tú me enviaste. Les he dado a conocer y les daré a conocer tu nombre, para que el amor que me tenías esté en ellos, y yo en ellos».

Isaías 6, 1-4.8; *Salmo* 22, 2-3.5.6 • **JUAN 17, 1-2.9.14-26**

ORACIÓN **SEÑOR Jesús,** Pastor bueno y Sumo Sacerdote, a ti que por nosotros y **por nuestra salvación entregaste tu vida, te alabamos y te glorificamos.** *El Señor es mi pastor, nada me falta (Salmo 22, 1b).*

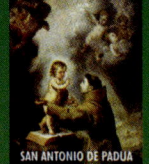

SAN ANTONIO DE PADUA

Papa Francisco: Que este pasaje del Evangelio nos ayude a pensar en el mercado de las mujeres, en el mercado, sí: la trata, la explotación, lo que se ve. Pensemos también en el mercado que no se ve, el que se hace y no se ve. Porque se pisotea a la mujer porque es mujer. Jesús tuvo una madre y tuvo muchas amigas que lo siguieron para ayudarlo en su ministerio, para sostenerlo. Además, Jesús encontró a muchas mujeres despreciadas, marginadas, descartadas: y con cuánta ternura, con cuánto amor las alivió, les dio de nuevo la dignidad. Con este espíritu, recemos por todas las mujeres despreciadas, marginadas, descartadas y también hagamos como Jesús: tratemos a las mujeres como lo que falta a todos los hombres para ser imagen y semejanza de Dios. (27-07-2018)

PALABRA

En aquel tiempo, dijo Jesús a sus discípulos: «Habéis oído que se dijo: No cometerás adulterio». Pero yo os digo: todo el que mira a una mujer deseándola, ya ha cometido adulterio con ella en su corazón. Si tu ojo derecho te induce a pecar, sácatelo y tíralo. Más te vale perder un miembro que ser echado entero en la "gehenna". Si tu mano derecha te induce a pecar, córtatela y tírala, porque más te vale perder un miembro que ir a parar entero a la "gehenna". Se dijo: "El que repudie a su mujer, que le dé acta de repudio". Pero yo os digo que si uno repudia a su mujer —no hablo de unión ilegítima— la induce a cometer adulterio, y el que se casa con la repudiada comete adulterio».

2Corintios 4,7-15; *Salmo* 115, 10-11.15-18 • **MATEO 5, 27-32**

ORACIÓN

SEÑOR, con tu gracia y tu perdón, ayúdame a cambiar todas esas actitudes mías que no me hacen bien y **me impiden vivir plenamente mi vocación cristiana.** *Te ofreceré, Señor, un sacrificio de alabanza (Salmo115, 17a).*

Santos Eliseo *prof*, **Anastasio** y *co mrs*,
Fortunato *ob*, **Metodio** *ob*

PROFETA ELISEO

Papa Francisco: Jesús dice a sus discípulos que no juren, en cuanto el juramento es señal de la inseguridad y de la doblez con la cual se desarrollan las relaciones humanas. Se instrumentaliza la autoridad de Dios para dar garantía a nuestras actividades humanas. Más bien estamos llamados a instaurar entre nosotros, en nuestras familias y en nuestras comunidades un clima de limpieza y de confianza recíproca, de manera que podemos ser considerados sinceros sin recurrir a intervenciones superiores para ser creídos. ¡La desconfianza y las sospechas recíprocas amenazan siempre la serenidad! (12-02-2017)

En aquel tiempo, dijo Jesús a sus discípulos: «Habéis oído que se dijo a los antiguos: «No jurarás en falso» y «Cumplirás PALABRA tus juramentos al Señor». Pero yo os digo que no juréis en absoluto: ni por el cielo, que es el trono de Dios; ni por la tierra, que es estrado de sus pies; ni por Jerusalén, que es la ciudad del Gran Rey. Ni jures por tu cabeza, pues no puedes volver blanco o negro un solo cabello. Que vuestro hablar sea sí, sí, no, no. Lo que pasa de ahí viene del Maligno».

2Corintios 5, 14–21; *Salmo* 102, 1-4.8-9.11-12 • **MATEO 5, 33-37**

SEÑOR, que mi hablar, mi pensar, mi decidir sea siempre conforme a ti, conforme a tu voluntad. **Confío en tu gracia.** *El Señor es compasivo y misericordioso* (Salmo 102, 8a).
ORACIÓN

Santos M.ª **MICAELA** *vg*, **Amós** *prof*,
Germana *vg*, **Benilde** *mr*, **Vito** *mr*

SOLEMNIDAD DE LA SANTÍSIMA TRINIDAD

Papa Francisco: Celebrar la Santísima Trinidad no es solo un ejercicio teológico, sino una revolución de nuestra manera de vivir. Dios, en quién cada Persona vive para la otra en continua relación, no para sí misma, nos estimula a vivir con los demás y para los demás. Abiertos. Hoy podemos preguntarnos si nuestra vida refleja el Dios en el que creemos: yo, que profeso la fe en Dios Padre e Hijo y Espíritu Santo, ¿creo verdaderamente que para vivir necesito a los demás, necesito entregarme a los demás, necesito servir a los demás? ¿Lo afirmo de palabra o lo afirmo con la vida? (12-06-2022)

PALABRA

• *Proverbios* 8, 22-31: Esto dice la Sabiduría de Dios: «El Señor me creó al principio de sus tareas, al comienzo de sus obras antiquísimas En un tiempo remoto fui formada, antes de que la tierra existiera. Antes de los abismos fui engendrada, antes de los manantiales de las aguas. Aun no estaban aplomados los montes, antes de las montañas fui engendrada. No había hecho aún la tierra y la hierba, ni los primeros terrones del orbe. Cuando colocaba los cielos, allí estaba yo; cuando trazaba la bóveda sobre la faz del abismo; cuando sujetaba las nubes en la altura, y fijaba las fuentes abismales cuando ponía un límite al mar, cuyas aguas no traspasan su mandato; cuando asentaba los cimientos de la tierra, yo estaba junto a él, como arquitecto, y día tras día lo alegraba, todo el tiempo jugaba en su presencia: jugaba con la bola de la tierra, y mis delicias están con los hijos de los hombres».

• *Salmo* 8, 4-9: *Señor, Dios nuestro, ¡qué admirable es tu nombre en toda la tierra.*

• *Romanos* 5, 1-5: Hermanos: Habiendo sido justificados en virtud de la fe estamos en paz con Dios, por medio de nuestro Señor Jesucristo, por el cual hemos obtenido además por la fe el acceso a esta gracia en la cual nos encontramos; y nos gloriamos en la esperanza de la gloria de Dios. Más aún, nos gloriamos incluso en las tribulaciones, sabiendo que la tribulación produce paciencia, la paciencia, virtud probada, la virtud probada, esperanza, y la esperanza no defrauda, porque el amor de Dios ha sido derramado en nuestros corazones por el Espíritu Santo que se nos ha dado.

• **JUAN 16, 12-15:** En aquel tiempo, dijo Jesús a sus discípulos: «Muchas cosas me quedan por deciros, pero no podéis cargar con ellas por ahora; cuando venga él, el Espíritu de la verdad, os guiará hasta la verdad plena. Pues no hablará por cuenta propia, sino que hablará de lo que oye y os comunicará lo que está por venir. Él me glorificará, porque recibirá de lo mío y os lo anunciará. Todo lo que tiene el Padre es mío. Por eso os he dicho que recibirá y tomará de lo mío y os lo anunciará».

ORACIÓN

SEÑOR Jesús, que con el Padre y el Espíritu Santo, eres un solo Dios y un solo Señor, recibe la alabanza de tu Iglesia. **Bendice a los monjes y monjas, que con su vida entregada en el silencio y la oración, nos enseñan a buscar tu Rostro con toda el alma y el corazón.**

Cuando venga él, el Espíritu de la verdad, os guiará hasta la verdad plena

SANTOS QUIRICO Y JULITA

Papa Francisco: Jesús no pide a sus discípulos sufrir el mal, es más, pide reaccionar, pero no con otro mal, sino con el bien. Solo así se rompe la cadena del mal: un mal lleva a otro mal, otro lleva a otro mal... Se rompe esta cadena de mal, y cambian realmente las cosas. De hecho, el mal es un "vacío", un vacío de bien, y un vacío no se puede llenar con otro vacío, sino solo con un "lleno", es decir con el bien. La represalia no lleva nunca a la resolución de conflictos. "Tú me lo has hecho, yo te lo haré": esto nunca resuelve un conflicto, y tampoco es cristiano. (19-02-2017)

PALABRA En aquel tiempo, dijo Jesús a sus discípulos: «Habéis oído que se dijo: Ojo por ojo, diente por diente. Pero yo os digo no hagáis frente al que os agravia. Al contrario, si uno te abofetea en la mejilla derecha, preséntale la otra; al que quiera ponerte pleito para quitarte la túnica, dale también el manto; a quien te requiera para caminar una milla, acompáñale dos; a quien te pide dale, y al que te pide prestado, no lo rehúyas».

2Corintios 6, 1-10; *Salmo* 97, 1-4 • **MATEO 5, 38-42**

ORACIÓN **SEÑOR Jesús,** me pides que perdone, que no devuelva mal por mal. Conviérteme y hazme instrumento de tu bondad. *El Señor da a conocer su salvación (Salmo 97, 2a).*

Santos Teresa de Portugal *re*, **Avito** *ab*,
Domingo Nguyên y *co mrs*

SANTA TERESA DE PORTUGAL, reina

Papa Francisco: En las familias es muy difícil, a veces, perdonarse. Sucede, por ejemplo, a los cónyuges después de cualquier disputa o al hijo pedir perdón al padre; y a veces es difícil también perdonar a la suegra. Cada día se experimenta la dificultad de perdonar, aunque sea a las personas que más amamos. Pero también hay que perdonar a aquellos que te están matando, que quieren quitarte de en medio... No solo perdonar: rezar por ellos, para que Dios los custodie. Es más: amarlos. Parece difícil, solamente la palabra de Jesús puede explicar esto. (19-06-2018)

PALABRA En aquel tiempo, dijo Jesús a sus discípulos: «Habéis oído que se dijo: «Amarás a tu prójimo y aborrecerás a tu enemigo». Pero yo os digo: Amad a vuestros enemigos, y rezad por los que os persiguen, para que seáis hijos de vuestro Padre celestial, que hace salir su sol sobre malos y buenos, y manda la lluvia a justos e injustos. Porque, si amáis a los que os aman, ¿qué premio tendréis? ¿No hacen lo mismo también los publicanos? Y si saludáis solo a vuestros hermanos, ¿qué hacéis de extraordinario? ¿No hacen lo mismo también los gentiles? Por tanto, sed perfectos, como vuestro Padre celestial es perfecto».

2Corintios 8, 1-9; *Salmo* 145, 1b–2.5-9 • **MATEO 5, 43-48**

ORACIÓN **SEÑOR,** amar hasta el extremo, ese es el verdadero amor, el que aprendemos de ti. Me cuesta amar a mis enemigos. **Tu perdonaste a los tuyos, dame tu gracia para poder imitarte.** *Alaba, alma mía, al Señor* (Salmo 145, 1b).

SS. MARCOS Y MARCELINO

Papa Francisco: El ayuno será una gimnasia espiritual para renunciar con alegría a lo que es superfluo y nos sobrecarga, para ser interiormente más libres y volver a lo que realmente somos. (22-02-2023)

PALABRA

En aquel tiempo, dijo Jesús a sus discípulos: «Cuidad de no practicar vuestra justicia delante de los hombres para ser vistos por ellos, de lo contrario, no tenéis recompensa de vuestro Padre celestial. Por tanto, cuando hagas limosna, no mandes tocar la trompeta ante ti, como hacen los hipócritas en las sinagogas y por las calles para ser honrados por la gente; en verdad os digo que ya han recibido su recompensa. Tú, en cambio, cuando hagas limosna, que no sepa tu mano izquierda lo que hace tu derecha; así tu limosna quedará en secreto, y tu Padre, que ve en lo secreto, te recompensará. Cuando oréis, no seáis como los hipócritas, a quienes les gusta orar de pie en las sinagogas y en las esquinas de las plazas, para que los vean los hombres. En verdad os digo que ya han recibido su recompensa. Tú, en cambio, cuando ores, entra en tu cuarto, cierra la puerta y ora a tu Padre, que está en lo secreto, y tu Padre, que ve en lo secreto, te lo recompensará. Cuando ayunéis, no pongáis cara triste, como los hipócritas, que desfiguran sus rostros para hacer ver a los hombres que ayunan. En verdad os digo que ya han recibido su paga. Tú, en cambio, cuando ayunes, perfúmate la cabeza y lávate la cara, para que tu ayuno lo note, no los hombres, sino tu Padre, que está en lo escondido; y tu Padre, que ve en lo escondido, te recompensará».

2Corintios 9, 6–11; *Salmo* 111, 1-4.9 • **MATEO 6, 1-6.16–18**

ORACIÓN

SEÑOR, haznos auténticos, sin hipocresía. **Danos un corazón nuevo, veraz, sin doblez, que te ame y que te sirva de verdad.** *Dichoso quien teme al Señor* (Salmo 111,1b).

Santos **ROMUALDO** *ab*,
Gervasio y Protasio *mrs*, Lamberto *mr*,
Juliana de Falconieri *vg*

SAN ROMUALDO

Papa Francisco: Fuera del perdón, en efecto, no hay esperanza; fuera del perdón no hay paz. El perdón es el oxígeno que purifica el aire contaminado por el odio, es el antídoto que cura de los venenos del rencor, es la vía para desactivar la ira y curar tantas enfermedades del corazón que contaminan la sociedad. (17-09-2023)

PALABRA En aquel tiempo, dijo Jesús a sus discípulos: «Cuando recéis, no uséis muchas palabras, como los gentiles, que se imaginan que por hablar mucho les harán caso. No seáis como ellos, pues vuestro Padre sabe lo que os hace falta antes de que lo pidáis. Vosotros orad así: "Padre nuestro que estás en el cielo, santificado sea tu nombre, venga a nosotros tu reino, hágase tu voluntad en la tierra como en el cielo, danos hoy nuestro pan de cada día, perdona nuestras ofensas, como también nosotros perdonamos a los que nos ofenden, no nos dejes caer en la tentación, y líbranos del mal". Porque si perdonáis a los hombres sus ofensas, también os perdonará vuestro Padre celestial, pero si no perdonáis a los hombres, tampoco vuestro Padre perdonará vuestras ofensas».

2Corintios 11, 1-11; *Salmo* 110, 1b-4.7-8 • **MATEO 6, 7-15**

SEÑOR, que tu Espíritu me enseñe a orar como conviene, **desde ese silencio que me permite escucharte para llevar a la vida tu palabra** ORACIÓN y tu voluntad. *Justicia y verdad son las obras de tus manos, Señor* (Salmo 110, 7a).

JUNIO

20

VIERNES

Viernes 11° Tiempo Ordinario Tomo III · Salterio 3ª semana

Santos Florentina de Cartagena *vg ab*,
Metodio *ob*, Juan de Mateola *ab*

STA. FLORENTINA DE CARTAGENA

Papa Francisco: Pensemos cómo es nuestro corazón, cómo es la luz de nuestro corazón, cómo es el ojo de nuestro corazón: ¿es sencillo? En efecto, dice el Señor en el mismo Evangelio de Mateo, que «todo el cuerpo será luminoso». Pero si, al contrario, es malo, si está apegado a su propio interés y no a los demás, será un corazón tenebroso. Y precisamente esto es lo que hacen las riquezas a través de los vicios y la corrupción: hacen que el corazón sea tenebroso cuando el hombre está apegado a ellas. (19-06-2015)

En aquel tiempo, dijo Jesús a sus discípulos: «No atesoréis para vosotros tesoros en la tierra, donde la polilla y la carcoma los roen y donde los ladrones abren boquetes y los roban. Haceos tesoros en el cielo, donde no hay polilla ni carcoma que los roen, ni ladrones que abren boquetes y roban. Porque donde está tu tesoro allí estará tu corazón. La lámpara del cuerpo es el ojo. Si tu ojo está sano, tu cuerpo entero tendrá luz; pero si tu ojo está enfermo, tu cuerpo entero estará a oscuras. Si, pues, la luz que hay en ti está oscura, ¡cuánta será la oscuridad!».

2Corintios 11, 18.21b-30; *Salmo* 33, 2-7 • MATEO 6, 19-23

SEÑOR Jesús, que mire por los bienes de verdad, los bienes del Cielo, que no me atrapen los bienes materiales de este mundo. *Dios libra a los justos de sus angustias* (Salmo 33, 18b).

Santos LUIS GONZAGA *rl,*
Ramón de Roda *ob,*
José Isabel Flores *pb mr,* Radolfo *ob*

Papa Francisco: El Señor fue claro: «busquen primero el Reino y su justicia, y todo lo demás se les dará por añadidura». Salir a ungir con el espíritu de Cristo todas las realidades terrenas, en sus múltiples encrucijadas principalmente allí donde se gestan los nuevos relatos y paradigmas, alcanzar con la Palabra de Jesús los núcleos más profundos del alma de las ciudades. (29-06-2019)

En aquel tiempo, dijo Jesús a sus discípulos: «Nadie puede servir a dos señores. Porque despreciará a uno y amará al otro; o, al contrario, se dedicará al primero y no hará caso del segundo. No podéis servir a Dios y al dinero. Por eso os digo: No estéis agobiados por vuestra vida, pensando qué vais a comer, ni por vuestro cuerpo pensando con qué os vais a vestir. ¿No vale más la vida que el alimento, y el cuerpo que el vestido? Mirad los pájaros del cielo: no siembran ni siegan, ni almacenan y, sin embargo, vuestro Padre celestial los alimenta. ¿No valéis vosotros más que ellos? ¿Quién de vosotros, a fuerza de agobiarse, podrá añadir una hora al tiempo de su vida? ¿Por qué os agobiáis por el vestido? Fijaos cómo crecen los lirios del campo: ni trabajan ni hilan. Y os digo que ni Salomón, en todo su fasto, estaba vestido como uno de ellos. Pues si a la hierba, que hoy está en el campo y mañana se arroja al horno, Dios la viste así, ¿no hará mucho más por vosotros, gente de poca fe? No andéis agobiados, pensando qué vais a comer, o qué vais a beber, o con qué os vais a vestir. Los paganos se afanan por esas cosas. Ya sabe vuestro Padre celestial que tenéis necesidad de todo eso. Buscad sobre todo el reino de Dios y su justicia; y todo esto se os dará por añadidura. Por tanto, no os agobiéis por el mañana, porque el mañana traerá su propio agobio. A cada día le basta su desgracia».

2Corintios 12, 1-10; *Salmo* 33, 8-13 • **MATEO 6, 24-34**

SEÑOR, quiero confiar más en ti y en el amor providente de Dios Padre, como tú nos pides, **y no servir a nadie más que a ti.** *Gustad y ved qué bueno es el Señor* (Salmo 33, 9a).

ORACIÓN

Santos **PAULINO DE NOLA** *ob*, **JUAN FISHER** *ob* y **TOMÁS MORO** *pf mrs*

DÍA Y COLECTA DE LA CARIDAD

SOLEMNIDAD DEL SANTÍSIMO CUERPO Y SANGRE DE CRISTO

Papa Francisco: En el Cuerpo y en la Sangre de Cristo encontramos su presencia, su vida donada por cada uno de nosotros. No nos da solo la ayuda para ir adelante, sino que se da a sí mismo: se hace nuestro compañero de viaje, entra en nuestras historias, visita nuestras soledades, dando de nuevo sentido y entusiasmo. Esto nos sacia, cuando el Señor da sentido a nuestra vida, a nuestras oscuridades, a nuestras dudas, pero Él ve el sentido y este sentido que nos da el Señor nos sacia, esto nos da ese "algo más" que todos buscamos: ¡es decir la presencia del Señor! Porque al calor de su presencia nuestra vida cambia: sin Él sería realmente gris. Adorando el Cuerpo y la Sangre de Cristo, pidámosle con el corazón: "¡Señor, dame el pan cotidiano para ir adelante, Señor sáciame con tu presencia!". (19-06-2022)

• **Génesis** 14, 18-20: En aquellos días, Melquisedec, rey de Salén, sacerdote del Dios Altísimo, sacó pan y vino y lo bendijo diciendo: «Bendito sea Abrán por el Dios Altísimo, creador de cielo y tierra. Bendito sea el Dios Altísimo que te ha entregado tus enemigos». Y Abrán le dio el diezmo de todo.

• **Salmo** 109, 1-4: *Tú eres sacerdote eterno, según el rito de Melquisedec.*

• **1Corintios** 11, 23-26: Hermanos: Yo he recibido una tradición, que procede del Señor, y que a mi vez os he transmitido: que el Señor Jesús, en la noche en que iba a ser entregado, tomó pan y, pronunciando la Acción de Gracias, lo partió y dijo: «Esto es mi cuerpo, que se entrega por vosotros. Haced esto en memoria mía». Lo mismo hizo con el cáliz, después de cenar, diciendo: «Este cáliz es la nueva alianza en mi sangre; haced esto cada vez que lo bebáis, en memoria mía». Por eso, cada vez que coméis de este pan y bebéis del cáliz, proclamáis la muerte del Señor, hasta que vuelva.

–He aquí el pan de los ángeles / hecho viático nuestro; /
verdadero pan de los hijos, /no lo echemos a los perros. /
–Figuras lo representaron:/ Isaac fue sacrificado; /
el cordero pascual, inmolado; / el maná nutrió a nuestros padres. /
–Buen Pastor, Pan verdadero, / ¡oh Jesús!, ten piedad. /
Apaciéntanos y protégenos; /haz que veamos los bienes /
en la tierra de los vivientes. /
–Tú, que todo sabes y puedes, / que nos apacientas aquí siendo aún mortales, /
haznos allí tus comensales, /coherederos y compañeros /
de los santos ciudadanos.

• LUCAS 9, 11b-17: En aquel tiempo, Jesús hablaba a la gente del reino y sanaba a los que tenían necesidad de curación. El día comenzaba a declinar. Entonces, acercándose los Doce, le dijeron: «Despide a la gente; que vayan a las aldeas y cortijos de alrededor a buscar alojamiento y comida; porque aquí estamos en descampado». Él les contestó: «Dadles vosotros de comer». Ellos replicaron: «No tenemos más que cinco panes y dos peces; a no ser que vayamos a comprar de comer para toda esta gente». Porque eran unos cinco mil hombres. Jesús dijo a sus discípulos: «Haced que se sienten en grupos de unos cincuenta cada uno». Lo hicieron así, y dispusieron que se sentaran todos. Entonces, tomando él los cinco panes y los dos peces y alzando la mirada al cielo, pronunció la bendición sobre ellos, los partió y se los dio a los discípulos para que se los sirvieran a la gente. Comieron todos y se saciaron, y recogieron lo que les había sobrado: doce cestos de trozos.

SEÑOR, Pan vivo bajado del Cielo, te doy gracias por el misterio admirable de tu Eucaristía que nos alimenta y **nos asegura tu presencia viva en medio de nosotros.**

ORACIÓN

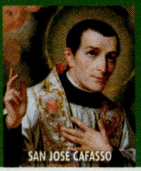

SAN JOSÉ CAFASSO

Papa Francisco: Cuando juzgamos nos colocamos en el lugar de Dios, esto es verdad, pero nuestro juicio es un pobre juicio: nunca, nunca puede ser un verdadero juicio. Porque, precisamente, el verdadero juicio es el que da Dios. Y ¿por qué el nuestro no puede ser como el de Dios?; ¿por qué Dios es omnipotente y nosotros no? No, porque a nuestro juicio le falta la misericordia. Y cuando Dios juzga, juzga con misericordia. (20-06-2016)

PALABRA

En aquel tiempo, dijo Jesús a sus discípulos: «No juzguéis para que no seáis juzgados. Porque seréis juzgados como juzguéis vosotros, y la medida que uséis, la usarán con vosotros. ¿Por qué te fijas en la mota que tiene tu hermano en el ojo y no reparas en la viga que llevas en el tuyo? ¿Cómo puedes decirle a tu hermano: "Déjame que te saque la mota del ojo", teniendo una viga en el tuyo? Hipócrita; sácate primero la viga del ojo; entonces verás claro y podrás sacar la mota del ojo de tu hermano».

Génesis 12, 1–9; *Salmo* 32, 12–13.18–20.22; • **MATEO 7, 1–5**

SEÑOR, por qué juzgo. Porque mi corazón no es humilde y necesita conversión. **Confío en tu gracia que todo lo puede en mí.** *Dichoso el pueblo que el Señor se escogió como heredad (Salmo 32, 12).*

ORACIÓN

SAN JUAN BAUTISTA

| Santos **JUAN BAUTISTA** prof, **María Guadalupe García Zavala** *vg*, **Simplicio** *pf ob*, **Rumoldo** *er mr*. **Beata**, *vg* | **JUNIO** **24** **MARTES** |

SOLEMNIDAD DE LA NATIVIDAD DE SAN JUAN BAUTISTA

Papa Francisco: El pueblo fiel de Dios es capaz de vivir la fe con alegría, con sentido de asombro, de sorpresa y de gratitud. Vemos a aquella gente que hablaba bien de esta cosa maravillosa, de este milagro del nacimiento de Juan, y lo hacía con alegría, estaba contenta, con sentido de asombro, de sorpresa y de gratitud. Y viendo esto preguntémonos: ¿cómo es mi fe? ¿Es una fe alegre o una fe siempre igual, una fe «plana»? (24-06-2018)

PALABRA A Isabel se le cumplió el tiempo del parto y dio a luz un hijo. Se enteraron sus vecinos y parientes de que el Señor le había hecho una gran misericordia, y se alegraban con ella. A los ocho días vinieron a circuncidar al niño, y querían llamarlo Zacarías, como su padre; pero la madre intervino diciendo: «¡No! Se va a llamar Juan». Y le dijeron: «Ninguno de tus parientes se llama así». Entonces preguntaban por señas al padre cómo quería que se llamase. Él pidió una tablilla y escribió: «Juan es su nombre». Y todos se quedaron maravillados. Inmediatamente se le soltó la boca y la lengua, y empezó a hablar bendiciendo a Dios. Los vecinos quedaron sobrecogidos, y se comentaban todos estos hechos por toda la montaña de Judea. Y todos los que los oían reflexionaban diciendo: «Pues ¿qué será este niño?». Porque la mano del Señor estaba con él. El niño iba creciendo y se fortalecía en el espíritu, y vivía en lugares desiertos hasta los días de su manifestación a Israel.

Isaías 49, 1-6; *Salmo* 138, 1b-3.13-15; *Hechos* 13, 22-26
• **LUCAS 1, 57–66.80**

SEÑOR, quiero vivir en la fidelidad y la justicia, como Juan Bautista. **Quiero anunciarte con la palabra y con la vida.** *Te doy gracias porque me has escogido portentosamente (Salmo 138, 14a).*

ORACIÓN

Miércoles 12° Tiempo Ordinario Tomo III - Salterio 4ª semana

Santos Domingo Henares *ob mr*,
Máximo de Turín *ob*,
Próspero de Aquitania *es mj*, **Orosia** *vg mr*

SANTO DOMINGO HENARES

Papa Francisco: Uno que solamente habla y hace no es un verdadero profeta, no es un verdadero cristiano, y al final se derrumbará todo, porque no está sobre la roca del amor de Dios, no está "cimentado en roca". En cambio, uno que sabe escuchar y tras escuchar hace, con la fuerza de la palabra de otro, no de la suya, este permanece firme como la roca: aunque sea una persona humilde, que no parece importante, es grande. ¡Y cuántos de estos grandes hay en la Iglesia! ¡Cuántos obispos grandes, cuántos sacerdotes grandes, cuántos fieles grandes hay que saben escuchar y tras escuchar hacen! (25-06-2015)

PALABRA

En aquel tiempo, dijo Jesús a sus discípulos: «Cuidado con los profetas falsos; se acercan con piel de oveja, pero por dentro son lobos rapaces. Por sus frutos los conoceréis. ¿Acaso se cosechan uvas de las zarzas o higos de los cardos? Así, todo árbol sano da frutos buenos; pero el árbol dañado da frutos malos. Un árbol sano no puede dar frutos malos, ni un árbol dañado dar frutos buenos. El árbol que no da fruto bueno se tala y se echa al fuego. Es decir, que por sus frutos los conoceréis».

Génesis 15, 1-12. 17-18; *Salmo* 104, 1-4.6-9 • **MATEO 7, 15-20**

ORACIÓN

SEÑOR, que tu gracia me sane para dar buenos frutos, los frutos de amor que tú me pides. *El Señor se acuerda de su alianza eternamente* (Salmo 104, 8a).

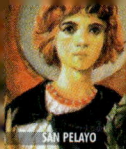

Santos **PELAYO** *mr*, Josemaría Escrivá *pb*,
Juan y Pablo *mrs*, José María Robles *pb mr*

SAN PELAYO

Papa Francisco: Cuando oramos diciendo "hágase tu voluntad", no estamos invitados a inclinar nuestras cabezas servilmente, como si fuéramos esclavos. No, Dios nos quiere libres, es su Amor el que nos libera. El Padre Nuestro, de hecho, es la oración de los hijos, que conocen el corazón de su padre y están seguros de su designio de amor. (20-03-2019)

En aquel tiempo, dijo Jesús a sus discípulos: «No todo el que me dice "Señor, Señor" entrará en el reino de los cielos, sino PALABRA el que cumple la voluntad de mi Padre que está en los cielos. Aquel día muchos dirán: "Señor, Señor, ¿no hemos profetizado en tu nombre, y en tu nombre echado demonios, y no hemos hecho en tu nombre muchos milagros?". Entonces yo les declararé: "Nunca os he conocido. Alejaos de mí, los que obráis la iniquidad". El que escucha estas palabras mías y las pone en práctica se parece a aquel hombre prudente que edificó su casa sobre roca. Cayó la lluvia, se desbordaron los ríos, soplaron los vientos y descargaron contra la casa; pero no se hundió, porque estaba cimentada sobre roca. El que escucha estas palabras mías y no las pone en práctica se parece a aquel hombre necio que edificó su casa sobre arena. Cayó la lluvia, se desbordaron los ríos, soplaron los vientos y rompieron contra la casa, y se derrumbó. Y su ruina fue grande». Al terminar Jesús este discurso, la gente estaba admirada de su enseñanza, porque les enseñaba con autoridad, y no como sus escribas.

Génesis 16, 1-12.15-16; *Salmo* 105, 1-5 • **MATEO 7, 21-29**

SEÑOR, quiero vivir desde el cimiento de tu Palabra para que mi vida cristiana no sea una farsa sino firme y **coherente con tu evangelio.** ORACIÓN *Dad gracias al Señor, porque es bueno (Salmo 105, 1b).*

JUNIO		
27		
VIERNES		

Santos **CIRILO DE ALEJANDRÍA** *ob dc*,
Zoilo *mr*, Gudena *mr*.
Ntra. Sra. del Perpetuo Socorro

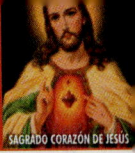

SAGRADO CORAZÓN DE JESÚS

SOLEMNIDAD DEL SAGRADO CORAZÓN DE JESÚS

Papa Francisco: El rebaño del Señor está siempre en camino: no se posesiona del Señor, no puede ilusionarse con aprisionarlo en nuestros esquemas y en nuestras estrategias. Al pastor se lo encontrará allí donde está la oveja perdida. Así, pues, al Señor hay que buscarlo allí donde Él quiere encontrarnos, no donde nosotros pretendemos encontrarlo. De ninguna otra forma se podrá reconstituir el rebaño si no es siguiendo la senda trazada por la misericordia de pastor. (04-05-2016)

PALABRA En aquel tiempo, Jesús dijo a los fariseos y a los escribas esta parábola: «¿Quién de vosotros que tiene cien ovejas y pierde una de ellas, no deja las noventa y nueve en el desierto y va tras la descarriada, hasta que la encuentra? Y cuando la encuentra se la carga sobre los hombros, muy contento; y, al llegar a casa reúne a los amigos y a los vecinos y les dice: «¡Alegraos conmigo! he encontrado la oveja que se me había perdido». Os digo que así también habrá más alegría en el cielo por un solo pecador que se convierta, que por noventa y nueve justos que no necesitan convertirse».

Ezequiel 34, 11-16; *Salmo* 22, 1b-6; *Romanos* 5, 5b-11 • **LUCAS 15, 3-**

ORACIÓN **SEÑOR Jesús,** la puerta de tu sagrado corazón está siempre abierta Qué descanso, qué gozo, qué seguridad la de tu amor y tu perdón *El Señor es mi pastor, nada me falta* (Salmo 22, 1b).

Tomo III - Salterio 4ª semana · Sábado 12º Tiempo Ordinario

JUNIO

28

SÁBADO

Santos IRENEO DE LYON *ob mr*,
Argimiro *mj mr*, Pablo I *pp*,
Lucía Wang-Cheng y *co mrs*

INMACULADO
CORAZÓN DE MARÍA

Inmaculado Corazón de la Bienaventurada Virgen María

Papa Francisco: La Virgen y su esposo habían recibido a ese Hijo, lo custodiaban y lo veían crecer en edad, sabiduría y gracia en medio de ellos, pero sobre todo crecía dentro de sus corazones. Y poco a poco aumentaban su afecto y comprensión por él. Por eso la familia de Nazaret es santa: porque estaba centrada en Jesús, a Él se dirigían todas las atenciones y preocupaciones de María y José. (30-12-2018)

PALABRA Los padres de Jesús solían ir cada año a Jerusalén por las fiestas de Pascua. Cuando Jesús cumplió doce años, subieron a la fiesta según la costumbre y, cuando terminó, se volvieron; pero el niño Jesús se quedó en Jerusalén, sin que lo supieran sus padres. Estos, creyendo que estaba en la caravana, anduvieron el camino de un día y se pusieron a buscarlo entre los parientes y conocidos; al no encontrarlo, se volvieron a Jerusalén buscándolo. Y sucedió que, a los tres días, lo encontraron en el templo, sentado en medio de los maestros, escuchándolos y haciéndoles preguntas. Todos los que le oían quedaban asombrados de su talento y de las respuestas que daba. Al verlo, se quedaron atónitos, y le dijo su madre: «Hijo, ¿por qué nos has tratado así? Tu padre y yo te buscábamos angustiados». Él les contestó: «¿Por qué me buscabais? ¿No sabíais que yo debía estar en las cosas de mi Padre?». Pero ellos no comprendieron lo que les dijo. Él bajó con ellos a Nazaret y estaba sujeto a ellos. Su madre conservaba todo esto en su corazón.

Génesis 18, 1-15; *Salmo: Lucas* 1, 46b-50.53-55 • LUCAS 2, 41-51

ORACIÓN **SEÑOR,** quiero cuidar mi interior, allí quiero encontrarme contigo. Miro hoy el corazón inmaculado de tu Madre, la Virgen María. **Que Ella me enseñe a amarme mejor y a guardar tu Palabra.** *El Señor se acuerda de su misericordia. (Lucas 1, 54b).*

SANTOS PEDRO Y PABLO

SOLEMNIDAD DE LOS APÓSTOLES
SAN PEDRO Y SAN PABLO

Papa Francisco: Hermanos y hermanas, celebremos a Pedro y a Pablo. Ellos respondieron a la pregunta fundamental de la vida "¿quién es Jesús para mí?", viviendo el seguimiento y anunciando el Evangelio. Es hermoso si crecemos como Iglesia del seguimiento, como Iglesia humilde que nunca da por sentado la búsqueda del Señor. Es hermoso si nos convertimos en una Iglesia en salida, que no encuentra su alegría en las cosas del mundo, sino en anunciar el Evangelio al mundo, para sembrar la pregunta sobre Dios en el corazón de las personas. Llevar al Señor Jesús a todas partes, con humildad y alegría: en nuestra ciudad de Roma, en nuestras familias, en las relaciones y en los barrios, en la sociedad civil, en la Iglesia, en la política, en el mundo entero, especialmente allí donde anidan la pobreza, la degradación y la marginación. (29-06-2023)

PALABRA

• *Hechos* 12, 1-11: En aquellos días, el rey Herodes decidió arrestar a algunos miembros de la Iglesia para maltratarlos. Hizo pasar a cuchillo a Santiago, el hermano de Juan. Al ver que esto les gustaba a los judíos, llegó también a prender a Pedro. Eran los días de los Azimos. Le apresó, pues, le encarceló y le confió a cuatro escuadras de cuatro soldados para que le custodiasen, con la intención de presentarle delante del pueblo después de la Pascua. Así pues, Pedro estaba custodiado en la cárcel, mientras la Iglesia oraba insistentemente por él a Dios. Cuando ya Herodes le iba a presentar, aquella misma noche estaba Pedro durmiendo entre dos soldados, atado con dos cadenas; también había ante la puerta unos centinelas custodiando la cárcel. De pronto se presentó el Ángel del Señor y la celda se llenó de luz. Le dio el ángel a Pedro en el costado, le despertó y le dijo: «Levántate aprisa.» Y cayeron las cadenas de sus manos. Le dijo el ángel: «Cíñete y cálzate las sandalias.» Así lo hizo. Añadió: «Ponte el manto y sígueme.» Y salió siguiéndole. No acababa de darse cuenta de que era verdad cuanto hacía el ángel, sino que se figuraba ver una visión. Pasaron la primera y segunda guardia y llegaron a la puerta de hierro que daba a la ciudad. Esta se les abrió por sí misma. Salieron y anduvieron hasta el final de una calle. Y de pronto el ángel le dejó. Pedro volvió en sí y dijo: «Ahora sé realmente que el Señor ha enviado a su ángel para librarme de las manos de Herodes y de toda la expectación del pueblo de los judíos.»

• *Salmo* 33, 2-9: *El señor me libró de todas mis ansias.*

• *2Timoteo* 4,6-8.17-18: Querido hermano: Yo estoy a punto de ser derramado en libación y el momento de mi partida es inminente. He combatido en noble combate, he acabado la carrera, he conservado la fe. Y ya está preparada para mí la corona de justicia, que el Señor, como justo Juez, me dará en ese Día, y no solamente a mí, sino a todos los que hayan aguardado con amor su Manifestación.

Pero el Señor estuvo a mi lado, dándome fuerzas, para que el mensaje fuera proclamado por mi intermedio y llegara a oídos de todos los paganos. Así fui librado de la boca del león. El Señor me librará de toda obra mala y me salvará llevándome a su Reino celestial. A él la gloria por los siglos de los siglos. Amén.

• **MATEO 16,13-19:** En aquel tiempo, al llegar a la región de Cesarea de Filipo, Jesús preguntó a sus discípulos: «¿Quién dice la gente que es el Hijo del hombre?». Ellos contestaron: «Unos que Juan el Bautista, otros que Elías, otros que Jeremías o uno de los profetas». Él les preguntó: «Y vosotros, ¿quién decís que soy yo?». Simón Pedro tomó la palabra y dijo: «Tú eres el Mesías, el Hijo del Dios vivo». Jesús le respondió: «¡Bienaventurado tú, Simón, hijo de Jonás!, porque eso no te lo ha revelado ni la carne ni la sangre, sino mi Padre que está en los cielos. Ahora yo te digo: tú eres Pedro, y sobre esta piedra edificaré mi Iglesia, y el poder del infierno no la derrotará. Te daré las llaves del reino de los cielos; lo que ates en la tierra quedará atado en los cielos, y lo que desates en la tierra, quedará desatado en los cielos».

SEÑOR Jesús, que la intercesión de los santos Pedro y Pablo, **fortalezca a tu Iglesia para que siga dando testimonio de ti en el mundo, con la entrega y amor de tus apóstoles.**

ORACIÓN

JUNIO

30

LUNES

Lunes 13º Tiempo Ordinario   Tomo III - Salterio 1ª semana

Santos PROTOMÁRTIRES DE ROMA,
Marcial *ob*, **Ladislao** *re*, **Adolfo** *ob*

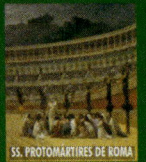

SS. PROTOMÁRTIRES DE ROMA

Papa Francisco: Jesús nos indica a nosotros, sus discípulos, que nuestra misión en el mundo no puede ser estática, sino que es itinerante. El cristiano es un itinerante. La Iglesia por su naturaleza está en movimiento, no es sedentaria y no se queda tranquila en su propio recinto. Está abierta a los horizontes más amplios, enviada —¡la Iglesia es enviada!— a llevar el Evangelio a los caminos y llegar a las periferias humanas y existenciales. (30-06-2019)

En aquel tiempo, viendo Jesús que lo rodeaba mucha gente, dio orden de atravesar a la otra orilla. Se le acercó un escriba y le dijo: «Maestro, te seguiré a donde vayas». Jesús le respondió: «Las zorras tienen madrigueras y los pájaros nidos, pero el Hijo del hombre no tiene donde reclinar la cabeza». Otro, que era discípulo, le dijo: «Señor, déjame ir primero a enterrar a mi padre». Jesús le replicó: «Tú, sígueme. Deja que los muertos entierren a sus muertos».

Génesis 18,16-33; *Salmo* 102, 1b-4.8-11 • **MATEO 8, 18-22**

SEÑOR Jesús, para seguirte tú me pides desprendimiento y decisión. Quiero. **Estoy dispuesto. Sostenme con tu gracia.** *El Señor es compasivo y misericordioso* (Salmo 102, 8a).

JULIO

Al celebrar tu memoria, santo Apóstol peregrino,
guíanos por el camino al Pórtico de la gloria.
Camino de Compostela, va un romero caminando,
y es el camino de estrellas polvareda de sus pasos.
En el pecho las vieiras, y alto bordón en la mano,
sembrando por la vereda las canciones y los salmos.
llegó al corazón de España por el monte y por el llano:
en los anchos horizontes cielo y tierra se abrazaron.
(Bernardo Velayo)

JULIO

1

MARTES

Martes 13° Tiempo Ordinario   Tomo III • Salterio 1ª semana

Santos Aarón *AT*, Nicasio *mr*, Teodorico *pb*,
Justino Orona y Atilano Cruz *pbs mrs*

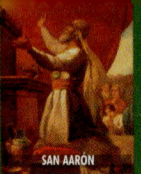

SAN AARÓN

Papa Francisco: En la barca, de hecho, incluso si duerme, Jesús está, y comparte con los suyos todo lo que está sucediendo. Su sueño, por un lado nos sorprende, y por el otro nos pone a prueba. El Señor está ahí, presente; de hecho, espera —por así decir— que seamos nosotros los que le impliquemos, le invoquemos, le pongamos en el centro de lo que vivimos. Su sueño nos provoca el despertarnos. Porque, para ser discípulos de Jesús, no basta con creer que Dios está, que existe, sino que es necesario involucrarse con Él, es necesario también alzar la voz con Él. (20-06-2021)

PALABRA

En aquel tiempo, subió Jesús a la barca y sus discípulos lo siguieron. En esto se produjo una tempestad tan fuerte, que la barca desaparecía entre las olas; él dormía. Se acercaron y lo despertaron, gritándole: «¡Señor, sálvanos, que perecemos!». Él les dice: «¿Por qué tenéis miedo, hombres de poca fe?». Se puso en pie, increpó a los vientos y al mar, y vino una gran calma. Los hombres se decían asombrados: «¿Quién es este, que hasta el viento y el mar lo obedecen?».

Génesis 19, 15-29; *Salmo* 25, 2-3.9-12 • **MATEO 8, 23-27**

ORACIÓN

SEÑOR, muchas veces pienso que perezco cuando la tempestad agita mi vida. **Necesito más fe, más confianza en ti, pues tú no me dejas, tú siempre estás en mi barca.** *Tengo ante los ojos tu bondad, Señor* (Salmo 25, 3a).

SAN BERNARDINO REALINO

Tomo III - Salterio 1ª semana   **Miércoles 13° Tiempo Ordinario**

JULIO
2
MIÉRCOLES

Santos Bernardino Realino *pb*,
Liberato y co *mrs*, **Monegunda** *er*

Papa Francisco: Jesús ha venido para destruir al demonio, a liberarnos de la esclavitud del demonio sobre nosotros. Y, no se puede decir que así exageramos. En este tema no hay matices. Es una lucha donde se juega la salud, la salud eterna, la salvación eterna de todos nosotros. (11-10-2013)

En aquel tiempo, llegó Jesús a la otra orilla, a la región de los gadarenos. Desde los sepulcros, dos endemoniados salieron a su encuentro; eran tan furiosos que nadie se atrevía a transitar por aquel camino. Y le dijeron a gritos: «¿Qué tenemos que ver nosotros contigo, Hijo de Dios? ¿Has venido a atormentarnos antes de tiempo?». A cierta distancia, una gran piara de cerdos estaba paciendo. Los demonios le rogaron: «Si nos echas, mándanos a la piara». Jesús les dijo: «Id». Salieron y se metieron en los cerdos. Y la piara entera se abalanzó acantilado abajo y murieron en las aguas. Los porquerizos huyeron al pueblo y lo contaron todo, incluyendo lo de los endemoniados. Entonces el pueblo entero salió a donde estaba Jesús y, al verlo, le rogaron que se marchara de su país.

Génesis 21, 5.8-20; *Salmo* 33, 7-8.10-13 • **MATEO 8, 28-34**

SEÑOR, el mal nos destruye y cuanto más dejamos que cale en el corazón más se desmorona nuestra vida. **Que tu Palabra poderosa nos proteja, nos fortalezca y nos defienda contra el mal.** *El afligido invocó al Señor, y él lo escuchó (Salmo 33, 7ab).*

Santos Heliodoro *ob*, León II *pp*,
Raimundo Gayrard *es*

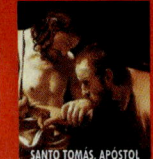

SANTO TOMÁS, APÓSTOL

FIESTA DE SANTO TOMÁS APÓSTOL

Papa Francisco: Queridos hermanos y hermanas, la invitación hecha a Tomás es válida también para nosotros. Nosotros, ¿dónde buscamos al Resucitado? ¿En algún evento especial, en alguna manifestación religiosa espectacular o sorprendente, únicamente en nuestras emociones o sensaciones? ¿O en la comunidad, en la Iglesia, aceptando el desafío de quedarnos, aunque no sea perfecta? No obstante todos sus límites y sus caídas, que son nuestros límites y nuestras caídas, nuestra Madre Iglesia es el Cuerpo de Cristo; y es ahí, en el Cuerpo de Cristo, que se encuentran impresas, aún y para siempre, las señales más grandes de su amor. (16-04-2023)

PALABRA

Tomás, uno de los Doce, llamado el Mellizo, no estaba con ellos cuando vino Jesús. Y los otros discípulos le decían: «Hemos visto al Señor». Pero él les contestó: «Si no veo en sus manos la señal de los clavos, si no meto el dedo en el agujero de los clavos y no meto la mano en su costado, no lo creo». A los ocho días, estaban otra vez dentro los discípulos y Tomás con ellos. Llegó Jesús, estando cerradas las puertas, se puso en medio y dijo: «Paz a vosotros». Luego dijo a Tomás: «Trae tu dedo, aquí tienes mis manos; trae tu mano y métela en mi costado; y no seas incrédulo, sino creyente». Contestó Tomás: «¡Señor mío y Dios mío!». Jesús le dijo: «¿Porque me has visto has creído? Bienaventurados los que crean sin haber visto».

Efesios 2, 19-22; *Salmo* 116, 1-2 • **JUAN 20, 24-29**

ORACIÓN

SEÑOR Jesús, también yo tengo dudas, soy débil. **Pero hoy te digo con tu apóstol Tomás: "Señor mío y Dios mío".** *Id al mundo entero y proclamad el Evangelio (Marcos 16,15).*

Tomo III - Salterio 1ª semana — **Viernes 13° Tiempo Ordinario** — JULIO

Santos ISABEL DE PORTUGAL *re,*
Valentín de Berriochoa *ob mr,* **Berta** *ab.*
Beato Pedro Jorge Frassati *la*

4
VIERNES

B. PEDRO JORGE FRASSATI

Papa Francisco: Cuando el apóstol olvida sus orígenes y comienza a hacer carrera, se aleja del Señor y se convierte en un funcionario; que hace mucho bien, tal vez, pero no es un apóstol. Y así será incapaz de transmitir a Jesús; será un ordenador de planes pastorales, de muchas cosas; pero finalmente, un especulador, un especulador del reino de Dios, porque ha olvidado de dónde fue elegido. Por esta razón es importante tener la memoria, siempre, de nuestros orígenes, del lugar en el que el Señor me miró; ese encanto de la mirada del Señor que me ha llamado a ser cristiano, a ser apóstol. Esta memoria debe acompañar la vida del apóstol y de todo cristiano. (21-09-2018)

En aquel tiempo, al pasar vio Jesús a un hombre llamado Mateo sentado al mostrador de los impuestos, y le dijo: «Sígueme». Él se levantó y lo siguió. Y, estando en la casa, sentado a la mesa, muchos publicanos y pecadores, que habían acudido, se sentaban con Jesús y sus discípulos. Los fariseos, al verlo, preguntaron a los discípulos: «¿Cómo es que vuestro maestro come con publicanos y pecadores?». Jesús lo oyó y dijo: «No tienen necesidad de médico los sanos, sino los enfermos. Andad, aprended lo que significa "Misericordia quiero y no sacrificios": que no he venido a llamar a los justos, sino a los pecadores».

Génesis 23, 1-4. 19; 24, 1-8. 62-67; *Salmo* 105, 1-5 • **MATEO 9, 9-13**

SEÑOR, quiero aprender la lección de la misericordia para mirar a los demás como lo haces tú, **con amor y compasión.** *Dad gracias al Señor, porque es bueno (Salmo 105, 1b).*

JULIO	Sábado 13° Tiempo Ordinario · Tomo III - Salterio 1° semana
5	**Santos ANTONIO M.ª ZACCARIA** *pb,*
SÁBADO	**Marta** *mf*

SAN ANTONIO Mª ZACCARIA

Papa Francisco: ¡Vino nuevo en odres nuevos!". Porque ante las novedades del Espíritu, ante las sorpresas de Dios, también las costumbres deben renovarse. Esperemos que el Señor nos dé la gracia de un corazón abierto, un corazón abierto a la voz del Espíritu, que sepa discernir lo que nunca debe cambiar, porque es fundamento, de aquello que tiene que cambiar para poder recibir la novedad del Espíritu Santo. (18-01-2016)

PALABRA En aquel tiempo, los discípulos de Juan se acercan a Jesús, preguntándole: «¿Por qué nosotros y los fariseos ayunamos a menudo y, en cambio, tus discípulos no ayunan?». Jesús les dijo: «¿Es que pueden guardar luto los amigos del esposo, mientras el esposo está con ellos? Llegará un día en que les arrebatarán al esposo, y entonces ayunarán. Nadie echa un remiendo de paño sin remojar a un manto pasado; porque la pieza tira del manto y deja un roto peor. Tampoco se echa vino nuevo en odres viejos; porque revientan los odres; se derrama el vino, y los odres se estropean; el vino nuevo se echa en odres nuevos, y así las dos cosas se conservan».

Génesis 27, 1-5. 15-29; *Salmo* 134, 1b-6 • **MATEO 9, 14-17**

ORACIÓN **SEÑOR,** en nuestra vida cristiana, preciosa novedad, no caben remiendos ni odres viejos, no sirve nuestra mentalidad caduca. **Renueva nuestra mente y corazón según tu evangelio.** *Alabad al Señor, porque es bueno (Salmo 134, 3a).*

SANTA MARÍA GORETTI

Santos MARÍA GORETTI *vg mr,*
Nazaria Ignacia March *vg,*
Rómulo *ob,* **Paladio** *ob*

JULIO
6
DOMINGO

JORNADA DE RESPONSABILIDAD EN EL TRÁFICO

Papa Francisco: La tarea de los discípulos es ir por delante a las aldeas y preparar a la gente para recibir a Jesús; y las instrucciones que Él les da no se refieren tanto a lo que deben decir, sino a cómo deben ser, es decir, no acerca del "guion" che deben decir, no, sobre al testimonio de vida, el testimonio que han de dar más que a las palabras que han de decir. De hecho, los llama obreros: es decir, están llamados a trabajar, a evangelizar por medio de su comportamiento. Y la primera acción concreta con la que los discípulos llevan a cabo su misión es precisamente la de ir de dos en dos. Los discípulos no son 'francotiradores', predicadores que no saben ceder la palabra a otro. Es ante todo la vida misma de los discípulos la que anuncia el Evangelio: su saber estar juntos, su respeto mutuo, su no querer demostrar que son más capaces que el otro, su referencia unánime al único Maestro. 03-07-2022)

• **Isaías** 66,10-14c: Festejad a Jerusalén, gozad con ella, todos los que la amáis, alegraos de su alegría, los que por ella llevasteis luto; mamaréis a sus pechos y os saciaréis de sus consuelos, y apuraréis las delicias de sus ubres abundantes. Porque así dice el Señor: «Yo haré derivar hacia ella, como un río, la paz, como un torrente en crecida, las riquezas de las naciones. Llevarán en brazos a sus criaturas y sobre las rodillas las acariciarán; como a un niño a quien su madre consuela, así os consolaré yo y en Jerusalén seréis consolados. Al verlo se alegrará vuestro corazón y vuestros huesos florecerán como un prado; se manifestará a sus siervos la mano del Señor».

• **Salmo** 65, 1-7.16.20: *Aclamad, al Señor, tierra entera.*

• **Gálatas** 6, 14-18: Hermano: Dios me libre de gloriarme si no es en la cruz de nuestro Señor Jesucristo, por la cual el mundo está crucificado para mí, y yo para el mundo. Pues lo que cuenta no es la circuncisión ni la incircuncisión, sino la nueva criatura. La paz y la misericordia de Dios vengan sobre todos los que se ajustan a esta norma; también sobre el Israel de Dios. En adelante, que nadie me moleste, pues yo llevo en mi cuerpo las marcas de Jesús. La gracia de nuestro Señor Jesucristo esté con vuestro espíritu, hermanos. Amén.

• **LUCAS 10, 1-12.17-20:** En aquel tiempo, designó el Señor otros setenta y dos, y los mandó por delante, de dos en dos, a todos los pueblos y lugares adonde pensaba ir él. Y les decía: «La mies es abundante y los obreros pocos: rogad, pues, al dueño de la mies que envíe obreros a su mies. ¡Poneos en camino! Mirad que os envío como corderos en medio de lobos. No llevéis bolsa, ni alforja, ni sandalias; y no saludéis a nadie por el camino. Cuando entréis en una casa, decid primero: "Paz a esta casa". Y si allí hay gente de paz, descansará sobre ellos vuestra paz; si no, volverá a vosotros. Quedaos en la misma casa, comiendo y bebiendo de lo que tengan: porque el obrero merece su salario. No andéis cambiando de casa en casa. Si entráis en una ciudad y os reciben, comed lo que os pongan, curad a los enfermos que haya en ella, y decid: "El reino de Dios ha llegado a vosotros". Pero si entráis en una ciudad y no os reciben, saliendo a sus plazas, decid: "Hasta el polvo de vuestra ciudad, que se nos ha pegado a los pies, nos lo sacudimos sobre vosotros. De todos modos, sabed que el reino de Dios ha llegado". Os digo que aquel día será más llevadero para Sodoma que para esa ciudad». Los setenta y dos volvieron con alegría diciendo: «Señor, hasta los demonios se nos someten en tu nombre». Él les contestó: «Estaba viendo a Satanás caer del cielo como un rayo. Mirad: os he dado potestad para pisotear serpientes y escorpiones y todo poder del enemigo. Y nada os hará daño alguno. Sin embargo, no estéis alegres porque se os someten los espíritus; estad alegres porque vuestros nombres están inscritos en el cielo».

SEÑOR, siento que me llamas a la misión, a ponerme en camino. Soy cómodo y prefiero un testimonio sin complicaciones y que no me quite ORACIÓN mucho tiempo. **Cura mi egoísmo, mi pereza y hazme comprender la urgencia de evangelizar.**

Santos Fermín *ob*, Odón *ob*,
Edilburga *ab*. Beato Benedicto XI *pp*

SAN FERMÍN

Papa Francisco: Estos dos episodios —una curación y una resurrección— tienen un único centro: la fe. El mensaje es claro, y se puede resumir en una pregunta: ¿creemos que Jesús nos puede curar y nos puede despertar de la muerte? Todo el Evangelio está escrito a la luz de esta fe: Jesús ha resucitado, ha vencido la muerte, y por su victoria también nosotros resucitaremos. Esta fe, que para los primeros cristianos era segura, puede empañarse y hacerse incierta, hasta el punto que algunos confunden resurrección con reencarnación. La Palabra de Dios de este día nos invita a vivir en la certeza de la resurrección: Jesús es el Señor, Jesús tiene poder sobre el mal y sobre la muerte, y quiere llevarnos a la casa del Padre, donde reina la vida. Y allí nos encontraremos todos, todos los que estamos aquí en la plaza hoy, nos encontraremos en la casa del Padre, en la vida que Jesús nos dará. La Resurrección de Cristo actúa en la historia como principio de renovación y esperanza. Cualquier persona desesperada y cansada hasta la muerte, si confía en Jesús y en su amor puede volver a vivir. (28-06-2015)

PALABRA

En aquel tiempo, mientras Jesús hablaba, se acercó un jefe de los judíos que se arrodilló ante él y le dijo: «Mi hija acaba de morir. Pero ven tú, impón tu mano sobre ella y vivirá». Jesús se levantó y lo siguió con sus discípulos. Entre tanto, una mujer que sufría flujos de sangre desde hacía doce años, se le acercó por detrás y le tocó la orla del manto, pensando que con solo tocarle el manto se curaría. Jesús se volvió y, al verla, le dijo: «¡Ánimo, hija! Tu fe te ha salvado». Y en aquel momento quedó curada la mujer. Jesús llegó a casa de aquel jefe y, al ver a los flautistas y el alboroto de la gente, dijo: «¡Retiraos! La niña no está muerta, está dormida». Se reían de él. Cuando echaron a la gente, entró él, cogió a la niña de la mano, y ella se levantó. La noticia se divulgó por toda aquella comarca.

Génesis 28, 10-22a; *Salmo* 90, 1-4.14-15ab • **MATEO 9, 18-26**

ORACIÓN **SEÑOR,** nos curas, nos levantas, nos resucitas de tantas muertes. **Bendita mano tuya siempre dispuesta a sanarnos y a animarnos para seguir adelante.** *Dios mío, confío en ti (Salmo 90, 2b).*

JULIO	Martes 14° Tiempo Ordinario	Tomo III - Salterio 2ª semana
8	Santos Áquila y Priscila *NT es*, Adrián *pp*,	
MARTES	Pancracio *ob mr*, Landrada *ab*	

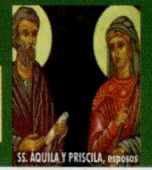

SS. AQUILA y PRISCILA, esposos

Papa Francisco: Cuando nos alejamos de Jesús y de su amor, nos perdemos y la existencia se transforma en desilusión e insatisfacción. Con Jesús al lado, se puede proceder con seguridad, se pueden superar las pruebas, avanzar en el amor hacia Dios y hacia el prójimo. Jesús se hizo don para los demás, convirtiéndose así en modelo de amor y de servicio para cada uno de nosotros. (22-07-2018)

PALABRA

En aquel tiempo, le llevaron a Jesús un endemoniado mudo. Y después de echar al demonio, el mudo habló. La gente decía admirada: «Nunca se ha visto en Israel cosa igual». En cambio, los fariseos decían: «Este echa los demonios con el poder del jefe de los demonios». Jesús recorría todas las ciudades y aldeas, enseñando en sus sinagogas, proclamando el evangelio del reino y curando toda enfermedad y toda dolencia. Al ver a las muchedumbres, se compadecía de ellas, porque estaban extenuadas y abandonadas, «como ovejas que no tienen pastor». Entonces dice a sus discípulos: «La mies es abundante, pero los trabajadores son pocos; rogad, pues, al Señor de la mies que mande trabajadores a su mies».

Génesis 32, 23-33; *Salmo* 16, 1-3.6-8.15 • **MATEO 9, 32-38**

ORACIÓN

SEÑOR, te compadeces y nos curas, nos sanas. Todo por tu gran compasión. ¡**Cómo no darte gracias y anunciar a los demás tu inmensa misericordia!** *Yo con mi apelación vengo a tu presencia, Señor* (Salmo 16, 15a).

Tomo III - Salterio 2ª semana   **Miércoles 14° Tiempo Ordinario**

Santos **AGUSTÍN ZHAO RONG** *pb y co*
mars, **Juan de Colonia** *pb y co mars*,
Verónica Giuliani *ab*,
N.ª S.ª del Rosario de Chiquinquirá

JULIO

9

MIÉRCOLES

SAN AGUSTÍN ZHAO RONG

Papa Francisco: La búsqueda del rostro de Dios está motivada por el anhelo de un encuentro con el Señor, encuentro personal, un encuentro con su inmenso amor, con su poder que salva. Los doce apóstoles, de quienes nos habla el Evangelio de hoy, tuvieron la gracia de encontrarlo físicamente en Jesucristo, Hijo de Dios encarnado. Él los llamó por su nombre, uno a uno —lo hemos escuchado—, mirándolos a los ojos; y ellos contemplaron su rostro, escucharon su voz, vieron sus prodigios. El encuentro personal con el Señor, un tiempo de gracia y salvación, lleva a la misión. Jesús les exhortó: «Id y proclamad que ha llegado el reino de los cielos». Encuentro y misión no se separan. (08-07-2020)

PALABRA En aquel tiempo, Jesús llamó a sus doce discípulos y les dio autoridad para expulsar espíritus inmundos y curar toda enfermedad y toda dolencia. Estos son los nombres de los doce apóstoles: el primero, Simón, llamado Pedro, y Andrés, su hermano; Santiago el de Zebedeo, y Juan, su hermano; Felipe y Bartolomé, Tomás y Mateo el publicano; Santiago el de Alfeo, y Tadeo; Simón el de Caná, y Judas Iscariote, el que lo entregó. A estos doce los envió Jesús con estas instrucciones: «No vayáis a tierra de paganos, ni entréis en las ciudades de Samaría, sino id a las ovejas descarriadas de Israel. Id y proclamad que ha llegado el reino de los cielos».

Génesis 41, 55-57; 42, 5-7a. 17-24a; *Salmo* 32, 2-3.10-11.18-19
• **MATEO 10, 1-7**

ORACIÓN **SEÑOR,** incluye mi nombre en la lista de tus discípulos. Quiero colaborar contigo en tu misión y proclamar que el Reino de los Cielos ha llegado, que tu ofreces un proyecto de vida de verdad. *Que tu misericordia, Señor, venga sobre nosotros, como lo esperamos de ti (Salmo 32, 22).*

JULIO

10

JUEVES

Jueves 14° Tiempo Ordinario   Tomo III - Salterio 2ª semana

Santos Félix y Felipe *mrs*, Rufina y
Segunda *mrs*, Anatolia y Victoria *mrs*,
Bianor y Silvano *mrs*.

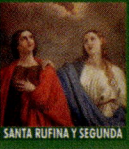

SANTA RUFINA Y SEGUNDA

Papa Francisco: Nosotros, hombres de Dios que anunciamos el Evangelio del Resucitado, tenemos el deber de gritar esta verdad de fe. Dios es un Dios de paz, amor y esperanza. Un Dios que quiere que todos seamos hermanos, como nos enseñó su Hijo Jesucristo. Los horrores de la guerra, de toda guerra, ofenden el santísimo nombre de Dios. Y lo ofenden aún más cuando se abusa de su nombre para justificar tales estragos indecibles (05-12-2022)

En aquel tiempo, dijo Jesús a sus apóstoles: «Id y proclamad que ha llegado el reino de los cielos. Curad enfermos, resucitad muertos, limpiad leprosos, arrojad demonios. Gratis habéis recibido, dad gratis. No os procuréis en la faja oro, plata ni cobre; ni tampoco alforja para el camino, ni dos túnicas, ni sandalias, ni bastón; bien merece el obrero su sustento. Cuando entréis en una ciudad o aldea, averiguad quién hay allí de confianza y quedaos en su casa hasta que os vayáis. Al entrar en una casa, saludadla con la paz; si la casa se lo merece, vuestra paz vendrá a ella. Si no se lo merece, la paz volverá a vosotros. Si alguno no os recibe o no escucha vuestras palabras, al salir de su casa o de la ciudad, sacudid el polvo de los pies. En verdad os digo que el día del juicio les será más llevadero a Sodoma y Gomorra que a aquella ciudad».

Génesis 44, 18-21.23b-29; 45, 1-5; *Salmo* 104, 16-21 • **MATEO 10, 7-15**

SEÑOR, sigue habiendo mucha gente necesitada de tu amor que no te conoce de verdad. **Dame luz y fuerza para hablar de ti y dar testimonio de tu salvación. *Recordad las maravillas que hizo el Señor*** (Salmo 104, 5a).

SAN BENITO

Santos **BENITO ABAD,**
PATRONO DE EUROPA, Pío I *pp,*
Olga *mf,* Marciana *vg mr,* Abundio *pb mr*

FIESTA DE SAN BENITO, ABAD, PATRONO DE EUROPA

Papa Francisco: Jesús vendrá al final de los tiempos para juzgar a todas las naciones, pero viene a nosotros cada día, de tantos modos y nos pide acogerlo. Que la Virgen María nos ayude a encontrarlo y recibirlo en su Palabra y en la Eucaristía, y al mismo tiempo en los hermanos y en las hermanas que sufren el hambre, la enfermedad, la opresión, la injusticia. Puedan nuestros corazones acogerlo en el hoy de nuestra vida, para que seamos por Él acogidos en la eternidad de su Reino de luz y de paz. (26-11-2017)

PALABRA En aquel tiempo, dijo Pedro a Jesús: «Ya ves, nosotros lo hemos dejado todo y te hemos seguido; ¿qué nos va a tocar?». Jesús les dijo: «En verdad os digo: cuando llegue la renovación, y el Hijo del hombre se siente en el trono de su gloria, también vosotros, los que me habéis seguido, os sentaréis en doce tronos para juzgar a las doce tribus de Israel. Todo el que por mí deja casa, hermanos o hermanas, padre o madre, hijos o tierras, recibirá cien veces más, y heredará la vida eterna».

Proverbios 2, 1-9; *Salmo* 33, 2-11 • **MATEO 19, 27-29**

ORACIÓN **SEÑOR,** que nos ayude la intercesión de San Benito, patrono de Europa, él no antepuso nada a tu amor. **Que nos impulse su testimonio para ser tus testigos fieles.** *Bendigo al Señor en todo momento (Salmo 33, 2a. 9a).*

JULIO
12
SÁBADO

Sábado 14° Tiempo Ordinario   Tomo III - Salterio 2ª semana

Santos Luis y Celia Martín *es pf,*
Ignacio Clemente Delgado *ob mr,*
Juan Gualberto *ab,*
Juan Jones y Juan Wall *pbs mrs*

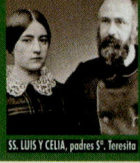

SS. LUIS y CELIA, padres S°. Teresita

Papa Francisco: El Señor nos sigue diciendo, como decía a los discípulos de su tiempo: '¡No les tengáis miedo!'. No olvidemos esta palabra: siempre, cuando tengamos alguna tribulación, alguna persecución, algo que nos haga sufrir, escuchemos la voz de Jesús en nuestro corazón: '¡No les tengáis miedo! '¡No le tengas miedo: sigue adelante! ¡Yo estoy contigo! No tengáis miedo del que se burla de vosotros y os maltrata, y no tengáis miedo de quien os ignora, o del que "por delante" os alaba pero, a vuestra espalda combate contra el Evangelio. Hay tantos que por delante nos sonríen, pero a nuestras espaldas combaten contra el Evangelio. Todos los conocemos. Jesús no nos deja solos porque somos preciosos para Él. Por eso no nos deja solos: cada uno de nosotros es precioso para Jesús, y Él nos acompaña. (25-06-2017)

En aquel tiempo, dijo Jesús a sus apóstoles: «Un discípulo no es más que su maestro, ni un esclavo más que su amo; ya le basta al discípulo con ser como su maestro, y al esclavo como su amo. Si al dueño de la casa lo han llamado Belzebú, ¡cuánto más a los criados! No les tengáis miedo, porque nada hay encubierto que no llegue a descubrirse; nada hay escondido que no llegue a saberse. Lo que os digo en la oscuridad, decidlo a la luz, y lo que os digo al oído, pregonadlo desde la azotea. No tengáis miedo a los que matan el cuerpo, pero no pueden matar el alma. No; temed al que puede llevar a la perdición alma y cuerpo en la "gehenna". ¿No se venden un par de gorriones por un céntimo? Y, sin embargo, ni uno solo cae al suelo sin que lo disponga vuestro Padre. Pues vosotros hasta los cabellos de la cabeza tenéis contados. Por eso, no tengáis miedo; valéis más vosotros que muchos gorriones. A quien se declare por mí ante los hombres, yo también me declararé por él ante mi Padre que está en los cielos. Y si uno me niega ante los hombres, yo también lo negaré ante mi Padre que está en los cielos».

Génesis 49, 29–32; 50, 15–26a; *Salmo* 104, 1–4.6–7 • **MATEO 10, 24–33**

SEÑOR, me cuesta confiar en tu providencia porque todavía estoy demasiado anclado en mis propias seguridades, tan efímeras y débiles. **Sáname, quiero confiar más en tu amor.** *Los humildes, buscad al Señor, y revivirá vuestro corazón (Salmo 68, 33).*

Papa Francisco: El Evangelio nos educa a ver: guía a cada uno de nosotros a comprender rectamente la realidad, superando día tras día ideas preconcebidas y dogmatismos. Muchos creyentes se refugian en dogmatismos para defenderse de la realidad. Y, además, seguir a Jesús nos enseña a tener compasión: a fijarnos en los demás, sobre todo en quien sufre, en el más necesitado, y a intervenir como el samaritano: no pasar de largo sino detenerse. (10-07-2022)

• ***Deuteronomio*** 30, 10-14: Moisés habló al pueblo diciendo: «Escucha la voz del Señor tu Dios, observando sus preceptos y mandatos, lo que está escrito en el libro de esta ley, y vuelve al Señor tu Dios con todo tu corazón y con toda tu alma. Porque este precepto que yo te mando hoy no excede tus fuerzas, ni es inalcanzable. No está en el cielo, para poder decir: "¿Quién de nosotros subirá al cielo y nos lo traerá y nos lo proclamará para que lo cumplamos?". Ni está más allá del mar, para poder decir: "¿Quién de nosotros cruzará el mar y nos los traerá y nos lo proclamará para que lo cumplamos?". El mandamiento está muy cerca de ti: en tu corazón y en tu boca, para que lo cumplas».

• ***Salmo*** 68, 14.17.30.31.33.34.36-37: *Humildes, buscad al Señor, y revivirá vuestro corazón.*

• ***Colosenses*** 1, 15-20: Cristo Jesús es imagen de Dios invisible, primogénito de toda criatura; porque en él fueron creadas todas las cosas: celestes y terrestres, visibles e invisibles. Tronos y Dominaciones, Principados y Potestades; todo fue creado por él y para él. Él es anterior a todo, y todo se mantiene en él. Él es también la cabeza del cuerpo: de la Iglesia. Él es el principio, el primogénito de entre los muertos, y así es el primero en todo. Porque en él quiso Dios que residiera toda la plenitud. Y por él y para él quiso reconciliar todas las cosas: las del cielo y las de la tierra, haciendo la paz por la sangre de su cruz.

• **LUCAS 10, 25-37:** En aquel tiempo, se levantó un maestro de la ley y preguntó a Jesús para ponerlo a prueba: «Maestro, ¿qué tengo que hacer para heredar la vida eterna?». Él le dijo: «¿Qué está escrito en la Ley? ¿Qué lees en ella?». Él respondió: «"Amarás al Señor tu Dios con todo tu corazón y con toda tu alma y con toda tu fuerza" y con toda tu mente. Y "a tu prójimo como a ti mismo"». Él le dijo: «Has respondido correctamente. Haz esto y tendrás la vida». Pero el maestro de la ley, queriendo justificarse, dijo a Jesús: «¿Y quién es mi prójimo?». Respondió Jesús diciendo: «Un hombre bajaba de Jerusalén a Jericó, cayó en manos de unos bandidos, que lo desnudaron, lo molieron a palos y se marcharon, dejándolo medio muerto. Por casualidad, un sacerdote bajaba por aquel camino y, al verlo, dio un rodeo y pasó de largo. Y lo mismo hizo un levita que llegó a aquel sitio: al verlo dio un rodeo y pasó de largo. Pero un samaritano que iba de viaje, llegó adonde estaba él y, al verlo, se compadeció, y acercándose, le vendó las heridas, echándoles aceite y vino y, montándolo en su propia cabalgadura, lo llevó a una posada y lo cuidó. Al día siguiente, sacando dos denarios, se los dio al posadero y le dijo: "Cuida de él y lo que gastes de más yo te lo pagaré cuando vuelva". ¿Cuál de estos tres te parece que ha sido prójimo del que cayó en manos de los bandidos?». El letrado contestó: «El que practicó la misericordia con él». Jesús le dijo: «Anda y haz tú lo mismo».

SEÑOR, quiero amarte con toda mi existencia y ser capaz de "hacer lo mismo" que ese samaritano, **testimoniando así el amor cristiano hacia el prójimo sin excusas y sin peros.**

ORACIÓN

Santos CAMILO *pb*, **Francisco Solano** *pb*,
Tuscana *vd rl*. **Beato Mariano de Euse** *pb*

SAN CAMILO DE LELIS

Papa Francisco: La generosa gratitud de Dios Padre tiene en cuenta hasta el más pequeño gesto de amor y de servicio prestado a nuestros hermanos. [...] Cuando alguien nos ofrece un servicio, no debemos pensar que todo nos es debido. No, muchos servicios se realizan de forma gratuita. Pensad en el voluntariado, que es una de las mejores cosas que tiene la sociedad italiana. Los voluntarios... ¡Y cuántos de ellos dejaron sus vidas en esta pandemia! Se hace por amor, simplemente por servicio. La gratitud, el reconocimiento, es en primer lugar una señal de buenos modales, pero también es una característica distintiva del cristiano. Es un simple pero genuino signo del reino de Dios, que es el reino del amor gratuito y generoso. (28-06-2020)

PALABRA

En aquel tiempo, dijo Jesús a sus apóstoles: «No penséis que he venido a la tierra a sembrar paz; no he venido a sembrar paz, sino espada. He venido a enemistar al hombre con su padre, a la hija con su madre, a la nuera con su suegra; los enemigos de cada uno serán los de su propia casa. El que quiere a su padre o a su madre más que a mí no es digno de mí; el que quiere a su hijo o a su hija más que a mí no es digno de mí; y el que no carga con su cruz y me sigue no es digno de mí. El que encuentre su vida la perderá, y el que pierda su vida por mí la encontrará. El que os recibe a vosotros me recibe a mí, y el que me recibe, recibe al que me ha enviado; el que recibe a un profeta porque es profeta tendrá recompensa de profeta; y el que recibe a un justo porque es justo tendrá recompensa de justo. El que dé a beber, aunque no sea más que un vaso de agua fresca, a uno de estos pequeños, solo porque es mi discípulo, en verdad os digo que no perderá su recompensa». Cuando Jesús acabó de dar instrucciones a sus doce discípulos, partió de allí para enseñar y predicar en sus ciudades.

Éxodo 1, 8-14.22; *Salmo* 123, 1-8 • **MATEO 10, 34 – 11, 1**

ORACIÓN

SEÑOR, tú debes ser el primero en mi vida. Desde tu amor amaré más y mejor a todos, incluso a los que se convierten en "espada" para mí. **Dame tu paz, dame tu fuerza.** *Nuestro auxilio es el nombre del Señor* (Salmo 123, 8a).

JULIO
15
MARTES

Martes 15° Tiempo Ordinario   Tomo III - Salterio 3ª semana

Santos **BUENAVENTURA** *ob dc*,
Pompilio M. Pirrotti *pb*, Vladimiro *re*.
Beata Ana Mª Javouhey

SAN BUENAVENTURA

Papa Francisco: Jesús parece enfadado. Y recordó que inmediatamente después, en el mismo Evangelio, él habla de conversión, con el sermón del profeta Jonás: "Y vosotros, ¿no os convertís?". Es un fuerte reproche de Jesús a estas ciudades, a estos pueblos que, teniéndolo allí, viendo sus maravillas, están siempre en la lógica del "sí, sí, pero... Nunca se sabe", y no dan el paso para reconocerlo como el Mesías. Detrás de este reproche hay un llanto, porque Jesús lamenta ser rechazado, no ser recibido. El Señor ama a esta gente, pero se siente triste. Así que el llanto de Jesús está detrás del reproche. [...] Jesús quería llegar a todos los corazones, con un mensaje que no era un mensaje dictatorial, sino que era un mensaje de amor. Y Jesús lloró, porque estas personas no habían sido capaces de amar. (05-10-2018)

En aquel tiempo, se puso Jesús a recriminar a las ciudades donde había hecho casi todos sus milagros, porque no se habían convertido: «¡Ay de ti, Corazaín, ay de ti, Betsaida! Si en Tiro y en Sidón se hubieran hecho los milagros que en vosotras, hace tiempo que se habrían convertido, cubiertas de sayal y ceniza. Os digo que el día del juicio les será más llevadero a Tiro y Sidón que a vosotras. Y tú, Cafarnaún, ¿piensas escalar el cielo? Bajarás al infierno. Porque si en Sodoma se hubieran hecho los milagros que en ti, habría durado hasta hoy. Pues os digo que el día del juicio le será más llevadero a Sodoma que a ti».

Éxodo 2, 1-15a; *Salmo* 68, 3.14.30-31.33-34 • **MATEO 11, 20-24**

SEÑOR Jesús, la falta de fe y humildad es lo que recriminas a esas ciudades. A mí, en muchos casos, también me faltan. **Estas virtudes me hacen más auténtico. Necesito tu gracia.** *Los humildes, buscad al señor, y revivirá vuestro corazón* (Salmo 68, 33).

Bienaventurada Virgen María del Monte Carmelo

Papa Francisco: Esta palabra de Jesús ha renovado radicalmente la familia, por lo que el vínculo más fuerte, más importante para nosotros cristianos ya no es el de sangre, sino que es el amor de Cristo. Su amor transforma la familia, la libera de las dinámicas del egoísmo, que derivan de la condición humana y del pecado, la libera y la enriquece con un vínculo nuevo, aún más fuerte pero libre, no dominado por los intereses y las convenciones del parentesco, sino animado por la gratitud, el renacimiento, el servicio recíproco. (05-05-2023)

PALABRA En aquel tiempo, estaba Jesús hablando a la gente, cuando su madre y sus hermanos se presentaron fuera, tratando de hablar con él. Uno se lo avisó: "Tu madre y tus hermanos están fuera y quieren hablar contigo". Pero él contestó al que le avisaba: "¿Quién es mi madre y quiénes son mis hermanos?". Y, extendiendo su mano hacia sus discípulos, dijo: "Estos son mi madre y mis hermanos. El que haga la voluntad de mi Padre que está en los cielos, ese es mi hermano y mi hermana y mi madre".

Zacarías 2, 14-17; *Salmo: Lucas* 1, 46b-55 • **MATEO 12, 46-50**

ORACIÓN **SEÑOR,** el ejemplo de tu Madre, hoy recordada en su advocación del Carmen, me anima a vivir cumpliendo fielmente la voluntad de Dios. **Que su intercesión me ayude a crecer en fidelidad al evangelio.** *El Poderoso ha hecho obras grandes en mí: su nombre es santo* (Lucas 1, 49).

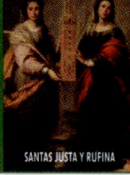

SANTAS JUSTA Y RUFINA

Papa Francisco: Que el Señor nos enseñe a no tener miedo de seguirle, para que la esperanza que ponemos en Él no sea defraudada. Estamos llamados a aprender de Él qué significa vivir de misericordia para ser instrumentos de misericordia. Vivir de misericordia para ser instrumentos de misericordia: vivir de misericordia es sentirse necesitado de la misericordia de Jesús, y cuando nosotros nos sentimos necesitados de perdón, de consolación, aprendemos a ser misericordiosos con los demás. Tener la mirada fija en el Hijo de Dios nos hace entender cuánto camino debemos recorrer aún; pero al mismo tiempo nos infunde la alegría de saber que estamos caminando con Él y que no estamos nunca solos. (14-09-2016)

En aquel tiempo, tomó la palabra Jesús y dijo: «Venid a mí todos los que estáis cansados y agobiados y yo os aliviaré. Tomad mi yugo sobre vosotros y aprended de mí, que soy manso y humilde de corazón, y encontraréis descanso para vuestras almas. Porque mi yugo es llevadero y mi carga ligera».

Éxodo 3, 13–20; *Salmo* 104, 1.5.8–9.24–27 • **MATEO 11, 28–30**

SEÑOR, no me faltan agobios y preocupaciones, pero tú me das fuerza, serenidad, paz y consuelo para afrontarlas. **Me refugio en ti.** *El Señor se acuerda de su alianza eternamente (Salmo 104, 8a).*

Tomo III · Salterio 3ª semana   **Viernes 15º Tiempo Ordinario**   JULIO

18

VIERNES

Santos Bartolomé de los Mártires *ob,*
Federico *ob,* **Arnulfo** *ob,*
Teodosia *mj mr,* **Bruno** *ob*

S. BARTOLOMÉ MÁRTIRES

Papa Francisco: Jesús no piensa en las personas obtusas que se escandalizan incluso de una curación, que se escandalizan de cualquier apertura, a cualquier paso que no entre en sus esquemas mentales o espirituales, a cualquier caricia o ternura que no corresponda a su forma de pensar y a su pureza ritualista. Él ha querido integrar a los marginados, salvar a los que están fuera del campamento. (15-02-2015)

En aquel tiempo, atravesó Jesús en sábado un sembrado; los discípulos, que tenían hambre, empezaron a arrancar espigas y a comérselas. Los fariseos, al verlo, le dijeron: «Mira, tus discípulos están haciendo una cosa que no está permitida en sábado». Les replicó: «¿No habéis leído lo que hizo David, cuando él y sus hombres sintieron hambre? Entró en la casa de Dios y comieron de los panes de la proposición, cosa que no les estaba permitida ni a él ni a sus compañeros, sino solo a los sacerdotes. ¿Y no habéis leído en la Ley que los sacerdotes pueden violar el sábado en el templo sin incurrir en culpa? Pues os digo que aquí hay uno que es más que el templo. Si comprendierais lo que significa "quiero misericordia y no sacrificio", no condenaríais a los inocentes. Porque el Hijo del hombre es señor del sábado».

Éxodo 11, 10-12. 14; *Salmo* 115, 12-13.15-18 • **MATEO 12, 1-8**

SEÑOR, quiero aprender la lección de la misericordia, principal precepto que me asemeja a ti y **me convierte en testigo vivo del evangelio.** *Alzaré la copa de la salvación, invocando el nombre del Señor (Salmo 115, 13).*

19

SÁBADO

Sábado 15° Tiempo Ordinario — Tomo III · Salterio 3° semana

Santos Áurea de Córdoba *vg mr,*
Bernoldo *ob,* Epafras *NT,* Macrina *vg*

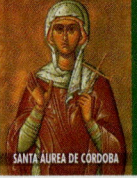

SANTA ÁUREA DE CÓRDOBA

Papa Francisco: Dios nos salvó sirviéndonos. Normalmente pensamos que somos nosotros los que servimos a Dios. No, es Él quien nos sirvió gratuitamente, porque nos amó primero. Es difícil amar sin ser amados, y es aún más difícil servir si no dejamos que Dios nos sirva. Pero, una pregunta: ¿Cómo nos sirvió el Señor? Dando su vida por nosotros. Él nos ama, puesto que pagó por nosotros un gran precio. (05-04-2020)

PALABRA En aquel tiempo, al salir de la sinagoga, los fariseos planearon el modo de acabar con Jesús. Pero Jesús se enteró, se marchó de allí, y muchos lo siguieron. Él los curó a todos, mandándoles que no lo descubrieran. Así se cumplió lo dicho por medio del profeta Isaías: «Mirad a mi siervo, mi elegido, mi amado, en quien me complazco. Sobre él pondré mi espíritu para que anuncie el derecho a las naciones. No porfiará, no gritará, nadie escuchará su voz por las calles. La caña cascada no la quebrará, la mecha vacilante no la apagará, hasta llevar el derecho a la victoria; en su nombre esperarán las naciones».

Éxodo 12, 37–42; *Salmo* 135, 1a.23a.24a.10a–15a • **MATEO 12, 14–21**

SEÑOR Jesús, enviado por el Padre como siervo de todos, **que no busque yo ser servido sino servir con amor como tú.** *Porque es*
ORACIÓN *eterna su misericordia (Salmo 135, 1b).*

Tomo III - Salterio 4ª semana · **DOMINGO XVI TIEMPO ORDINARIO**

JULIO

20

DOMINGO

Santos **APOLINAR** *ob mr*, **Elías** *prof*,
José Mª Díaz Sanjurjo *ob mr*,
Marina *vg mr*, **Aurelio** *ob*. Beatas **Rita**,
Dolores y **Francisca** *vgs mrs*

S. JOSÉ Mª DÍAZ SANJURJO

Papa Francisco: La palabra de Jesús no es abstracta, es una enseñanza que toca y plasma la vida, la cambia, la libera de las opacidades del mal, satisface e infunde una alegría que no pasa: la palabra de Jesús es la parte buena, la que había elegido María. Por eso ella le da el primer lugar: se detiene y escucha. El resto vendrá después. Esto no quita nada al valor del empeño práctico, pero eso no debe preceder, sino brotar de la escucha de la palabra de Jesús, debe estar animado por su Espíritu. De lo contrario, se reduce a fatigarse y agitarse por muchas cosas, se reduce a un activismo estéril. (17-07-2022)

PALABRA

• *Génesis* 18, 1-10a: En aquellos días, el Señor se apareció a Abrahán junto a la encina de Mambré, mientras él estaba sentado a la puerta de la tienda, en lo más caluroso del día. Alzó la vista y vio tres hombres frente a él. Al verlos, corrió a su encuentro desde la puerta de la tienda, se postró en tierra y dijo: «Señor mío, si he alcanzado tu favor, no pases de largo junto a tu siervo. Haré que traigan agua para que os lavéis los pies y descanséis junto al árbol. Mientras, traeré un bocado de pan para que recobréis fuerzas antes de seguir, ya que habéis pasado junto a la casa de vuestro siervo». Contestaron: «Bien, haz lo que dices». Abrahán entró corriendo en la tienda donde estaba Sara y le dijo: «Aprisa, prepara tres cuartillos de flor de harina, amásalos y haz unas tortas». Abrahán corrió enseguida a la vacada, escogió un ternero hermoso y se lo dio a un criado para que lo guisase de inmediato. Tomó también cuajada, leche, y el ternero guisado y se lo sirvió. Mientras él estaba en pie bajo el árbol, ellos comían. Después le dijeron: «¿Dónde está Sara tu mujer?». Contestó: «Aquí, en la tienda». Y uno añadió: «Cuando yo vuelva a verte, dentro del tiempo de costumbre, Sara habrá tenido un hijo».

• *Salmo* 14, 2-5: *Señor, ¿quién puede hospedarse en tu tienda?*

• *Colosenses* 1, 24-28: Hermanos: Ahora me alegro de mis sufrimientos por vosotros: así completo en mi carne lo que falta a los padecimientos de Cristo, en favor de su cuerpo que es la Iglesia, de la cual Dios me ha nombrado servidor, conforme al encargo que me ha sido encomendado en orden a vosotros: llevar a plenitud la palabra de Dios, el misterio escondido desde siglos y generaciones y revelado ahora a sus santos, a quienes Dios ha querido dar a conocer cuál es la riqueza de la gloria de este misterio entre los gentiles, que es Cristo en vosotros, la esperanza de la gloria. Nosotros anunciamos a ese Cristo; amonestamos a todos, enseñamos a todos, con todos los recursos de la sabiduría, para presentarlos a todos perfectos en Cristo.

• **LUCAS 10, 38-42:** En aquel tiempo, entró Jesús en una aldea, y una mujer llamada Marta lo recibió en su casa. Esta tenía una hermana llamada María, que, sentada a los pies del Señor, escuchaba su palabra. Marta, en cambio, andaba muy afanada con los muchos servicios; hasta que, acercándose, dijo: «Señor, ¿no te importa que mi hermana me haya dejado sola para servir? Dile que me eche una mano». Respondiendo, le dijo el Señor: «Marta, Marta, andas inquieta y preocupada con muchas cosas: solo una es necesaria. María, pues, ha escogido la parte mejor, y no le será quitada».

SEÑOR, tú eres la parte mejor de mi vida. Quiero estar contigo. No quiero vivir apresado por mis inquietudes y preocupaciones sino buscándote a ti ORACIÓN y postrándome a tus pies, **para escuchar con atención tu Palabra que me sana y fortalece.**

Marta lo recibió.
María ha escogido la parte mejor

Papa Francisco: Los testarudos de alma, los rígidos, no entienden qué es la misericordia de Dios. Son como Jonás: "debemos predicar esto, que se castigue a estos porque han hecho el mal y deben ir al infierno". Es decir, los rígidos no saben agrandar el corazón como el Señor. Los rígidos son pusilánimes, como el pequeño corazón cerrado, pegados a la justicia desnuda. Sobre todo, los rígidos olvidan que la justicia de Dios se hizo carne en su Hijo, se hizo misericordia, se hizo perdón; que el corazón de Dios siempre está abierto al perdón. Es más, olvidan lo que rezamos la semana pasada en la oración colecta: olvidan que Dios, su omnipotencia, se manifiesta sobre todo en la misericordia y en el perdón. Para el hombre, «no es fácil entender la misericordia de Dios, no es fácil». Y «es necesaria tanta oración para entenderla, porque es una gracia. (10-10-2017)

En aquel tiempo, algunos de los escribas y fariseos dijeron a Jesús: «Maestro, queremos ver un milagro tuyo». Él les contestó: «Esta generación perversa y adúltera exige una señal; pues no se le dará más signo que el del profeta Jonás. Tres días y tres noches estuvo Jonás en el vientre del cetáceo; pues tres días y tres noches estará el Hijo del hombre en el seno de la tierra. Los hombres de Nínive se alzarán en el juicio contra esta generación y harán que la condenen; porque ellos se convirtieron con la proclamación de Jonás, y aquí hay uno que es más que Jonás. Cuando juzguen a esta generación, la reina del Sur se levantará y hará que la condenen, porque ella vino desde los confines de la tierra, para escuchar la sabiduría de Salomón, y aquí hay uno que es más que Salomón».

Éxodo 14, 5-18; *Salmo: Éxodo* 15, 1b-6; • **MATEO 12, 38-42**

SEÑOR Jesús, necesito más conversión para darme cuenta de todo lo que has hecho por nosotros y de cómo estás presente en mi vida. **Bendito seas.** *Cantaré al Señor, gloriosa es su victoria (Salmo: Éxodo 15, 1b).*

Santos **MARÍA MAGDALENA** *NT,*
Anastasio *mj,* Cirilo *ob,*
Gualterio (Walter) *cf*

SANTA MARÍA MAGDALENA

FIESTA DE SANTA MARÍA MAGDALENA

Papa Francisco: Jesús no es uno que se adapta al mundo, tolerando que en él perduren la muerte, la tristeza, el odio, la destrucción moral de las personas... Nuestro Dios no es inerte, sino que nuestro Dios —me permito la palabra— es un soñador: sueña la transformación del mundo, y la ha realizado en el misterio de la Resurrección. María quisiera abrazar a su Señor, pero Él está ya orientado al Padre celeste, mientras que ella es enviada a llevar el anuncio a los hermanos. Y así esa mujer, que antes de encontrar a Jesús estaba a merced del maligno, ahora se ha convertido en apóstol de la nueva y más grande esperanza. Su intercesión nos ayude a vivir también a nosotros esta experiencia: en la hora del llanto y del abandono, escuchar a Jesús Resucitado que nos llama por nuestro nombre, y con el corazón lleno de alegría ir y anunciar: «¡He visto al Señor!». (17-05-2017)

El primer día de la semana, María la Magdalena fue al sepulcro al amanecer, cuando aún estaba oscuro, y vio la losa quitada del sepulcro. Echó a correr y fue adonde estaba Simón Pedro y el otro discípulo, a quien Jesús amaba, y les dijo: «Se han llevado del sepulcro al Señor y no sabemos dónde lo han puesto». Estaba María fuera, junto al sepulcro, llorando. Mientras lloraba, se asomó al sepulcro y vio dos ángeles vestidos de blanco, sentados, uno a la cabecera y otro a los pies, donde había estado el cuerpo de Jesús. Ellos le preguntan: «Mujer, ¿por qué lloras?». Ella les contesta: «Porque se han llevado a mi Señor y no sé dónde lo han puesto». Dicho esto, se vuelve y ve a Jesús, de pie, pero no sabía que era Jesús. Jesús le dice: «Mujer, ¿por qué lloras?, ¿a quién buscas?». Ella tomándolo por el hortelano, le contesta: «Señor, si tú te lo has llevado, dime dónde lo has puesto y yo lo recogeré». Jesús le dice: «¡María!». Ella se vuelve y le dice: «¡Rabbuní!», que significa: «¡Maestro!». Jesús le dice «No me retengas, que todavía no he subido al Padre. Pero, anda, ve a mis hermanos y diles: "Subo al Padre mío y Padre vuestro, al Dios mío y Dios vuestro"». María Magdalena fue y anunció a los discípulos: «He visto al Señor y ha dicho esto».

Cantar de los Cantares 3, 1-4b; *Salmo* 62, 2-6.8-9 • **JUAN 20, 1-2.11-18**

SEÑOR, María Magdalena, a quien tú sanaste, fue fiel discípula tuya y testigo de tu resurrección. **Que su intercesión me ayude a crecer en tu amistad y en sed de ti.** *Mi alma está sedienta de ti, Dios mío (Sal 62, 2b).*

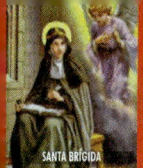

SANTA BRÍGIDA

FIESTA DE SANTA BRÍGIDA, RELIGIOSA, PATRONA DE EUROPA

Papa Francisco: Sin Jesús no podemos hacer nada, como los sarmientos sin la vid. Y Él —me permita el Señor decirlo— sin nosotros parece que no puede hacer nada, porque el fruto lo da el sarmiento, no el árbol, la vid. En esta comunidad, en esta intimidad del "permanecer" que es fecunda, el Padre y Jesús permanecen en mí y yo permanezco en Ellos. (13-05-2020)

PALABRA

En aquel tiempo, dijo Jesús a sus discípulos: «Yo soy la verdadera vid, y mi Padre es el labrador. A todo sarmiento que no da fruto en mí lo arranca, y a todo el que da fruto lo poda, para que dé más fruto. Vosotros ya estáis limpios por la palabra que os he hablado; permaneced en mí, y yo en vosotros. Como el sarmiento no puede dar fruto por sí, si no permanece en la vid, así tampoco vosotros, si no permanecéis en mí. Yo soy la vid, vosotros los sarmientos; el que permanece en mí y yo en él, ese da fruto abundante; porque sin mí no podéis hacer nada. Al que no permanece en mí lo tiran fuera, como el sarmiento, y se seca; luego los recogen y los echan al fuego, y arden. Si permanecéis en mí, y mis palabras permanecen en vosotros, pedid lo que deseáis, y se realizará. Con esto recibe gloria mi Padre, con que deis fruto abundante; así seréis discípulos míos».

Gálatas 2,19-20; *Salmo* 33, 2-11 • **JUAN 15, 1-8**

ORACIÓN

SEÑOR, soy sarmiento tuyo. No quiero ser improductivo. **Quiero dar el fruto que me pides: amor y caridad.** *Bendigo al Señor en todo momento (Salmo 33, 2a.9a).*

24

JUEVES

Santos **SARBELIO MAKHLÛF** *pb*,
Cristina *vg mr*, Balduino *ab*, Boris
y Gleb *mrs*, José Fernández *pb mr*.
Beatas Mª Pilar, Teresa y Ángeles *mjs y mrs*

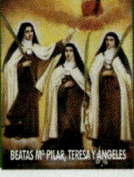

BEATAS Mª PILAR, TERESA Y ÁNGELES

Papa Francisco: En el fondo, la verdadera "Parábola" de Dios es Jesús mismo, su Persona, que, en el signo de la humanidad, oculta y al mismo tiempo revela la divinidad. De esta manera Dios no nos obliga a creer en él, sino que nos atrae hacia sí con la verdad y la bondad de su Hijo encarnado: de hecho, el amor respeta siempre la libertad. (10-07-2014)

PALABRA En aquel tiempo, se acercaron a Jesús los discípulos y le preguntaron: «¿Por qué les hablas en parábolas?». Él les contestó: «A vosotros se os han dado a conocer los secretos del reino de los cielos y a ellos no. Porque al que tiene se le dará y tendrá de sobra, y al que no tiene se le quitará hasta lo que tiene. Por eso les hablo en parábolas, porque miran sin ver y escuchan sin oír ni entender. Así se cumple en ellos la profecía de Isaías: "Oiréis con los oídos sin entender; miraréis con los ojos sin ver; porque está embotado el corazón de este pueblo, son duros de oído, han cerrado los ojos; para no ver con los ojos, ni oír con los oídos, ni entender con el corazón, ni convertirse para que yo los cure". Pero bienaventurados vuestros ojos, porque ven, y vuestros oídos, porque oyen. En verdad os digo que muchos profetas y justos desearon ver lo que veis vosotros y no lo vieron, y oír lo que oís y no lo oyeron».

Éxodo 19, 1-2. 9-11.16-20b; *Salmo: Daniel* 3, 52a-56a • **MATEO 13, 10-17**

ORACIÓN **SEÑOR,** no permitas que se embote mi corazón. Quiero vivir creyendo más en ti y en comunión contigo. **Tú eres mi verdadero gozo. ¡A ti gloria y alabanza por los siglos!** *(Salmo: Daniel 3, 52b).*

SANTIAGO EL MAYOR

Santos **SANTIAGO EL MAYOR** *ap*,
Cucufate *mr*, Cristóbal *mr*, Olimpia *vd mr*

SOLEMNIDAD DE SANTIAGO, APÓSTOL, PATRONO DE ESPAÑA

Papa Francisco: El camino del servicio es el antídoto más eficaz contra la enfermedad de la búsqueda de los primeros puestos; es la medicina para los arribistas, esta búsqueda de los primeros puestos, que infecta muchos contextos humanos y no perdona tampoco a los cristianos, al pueblo de Dios, ni tampoco a la jerarquía eclesiástica. Por lo tanto, como discípulos de Cristo, acojamos este Evangelio como un llamado a la conversión, a dar testimonio con valentía y generosidad de una Iglesia que se inclina a los pies de los últimos, para servirles con amor y sencillez. (21-10-2018)

PALABRA

En aquel tiempo, se acercó a Jesús la madre de los hijos de Zebedeo con sus hijos y se postró para hacerle una petición. Él le preguntó: «¿Qué deseas?». Ella contestó: «Ordena que estos dos hijos míos se sienten en tu reino, uno a tu derecha y el otro a tu izquierda». Pero Jesús replicó: «No sabéis lo que pedís. ¿Podéis beber el cáliz que yo he de beber?». Contestaron: «Podemos». Él les dijo: «Mi cáliz lo beberéis; pero sentarse a mi derecha o a mi izquierda no me toca a mí concederlo, es para aquellos para quienes lo tiene reservado mi Padre». Los otros diez, al oír aquello, se indignaron contra los dos hermanos. Y llamándolos, Jesús les dijo: «Sabéis que los jefes de los pueblos los tiranizan y que los grandes los oprimen. No será así entre vosotros: el que quiera ser grande entre vosotros, que sea vuestro servidor, y el que quiera ser primero entre vosotros, que sea vuestro esclavo. Igual que el Hijo del hombre no ha venido a ser servido sino a servir y a dar su vida en rescate por muchos».

Hechos 4, 33; 5, 12.27-33; 12, 2; *Salmo* 66, 2-3.5.7-8; 2 *Corintios* 4, 7-15

• **MATEO 20, 20-28**

ORACIÓN **SEÑOR,** nos enseñas la grandeza del servicio, clave en nuestra vida cristiana. **Que tu apóstol Santiago nos ayude a vivir fieles a ti y a tu evangelio.** *Oh Dios, que te alaben los pueblos, que todos los pueblos te alaben (Salmo 66, 4).*

JULIO

26

SÁBADO

Sábado 16º Tiempo Ordinario   Tomo III - Salterio 4ª semana

Santos JOAQUÍN Y ANA *es,*
Jorge Preca *pb.* **Beato Vicente** *pb* y *co mrs*

DÍA DE LOS ABUELOS

SAN JOAQUÍN Y SANTA ANA

Papa Francisco: Jesús ama hablar de su victoria con el lenguaje de las parábolas. Por ejemplo, dice que el Reino de Dios se asemeja a un campo donde el trigo bueno y la cizaña crecen juntos: el peor error sería querer intervenir inmediatamente extirpando del mundo lo que nos parece malas hierbas. Dios no es como nosotros, Dios tiene paciencia. El Reino de Dios no se instaura en el mundo con la violencia: su estilo de propagación es la mansedumbre. El Reino de Dios es ciertamente una gran fuerza, la más grande que existe, pero no de acuerdo con los criterios del mundo. Por eso nunca parece tener mayoría absoluta. Es como la levadura que se amasa en la harina: aparentemente desaparece, pero es precisamente la que fermenta la masa. (06-03-2019)

PALABRA

En aquel tiempo, Jesús propuso esta parábola al gentío: «El reino de los cielos se parece a un hombre que sembró buena semilla en su campo; pero, mientras los hombres dormían, un enemigo fue y sembró cizaña en medio del trigo y se marchó. Cuando empezaba a verdear y se formaba la espiga, apareció también la cizaña. Entonces fueron los criados a decirle al amo: "Señor, ¿no sembraste buena semilla en tu campo? ¿De dónde sale la cizaña?". Él les dijo: "Un enemigo lo ha hecho". Los criados le preguntan: "¿Quieres que vayamos a arrancarla?". Pero él les respondió: "No, que al recoger la cizaña podéis arrancar también el trigo. Dejadlos crecer juntos hasta la siega, y cuando llegue la siega diré a los segadores: Arrancad primero la cizaña y atadla en gavillas para quemarla, y el trigo almacenadlo en mi granero"».

Éxodo 24, 3-8; *Salmo* 49, 1b-2.5-6.14-15 • **MATEO 13, 24-30**

ORACIÓN

SEÑOR, que tu gracia me ayude a hacer germinar lo bueno que tú has sembrado en mi corazón. **Te pido hoy por los abuelos, ayúdales en la labor tan hermosa e importante que desempeñan en la familia.** *Ofrece a Dios un sacrificio de alabanza (Salmo 49).*

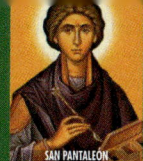

Tomo III · Salterio 1ª semana   **DOMINGO XVII TIEMPO ORDINARIO**

JULIO

27

DOMINGO

Santos Pantaleón *mr*, **Celestino I** *pp*,
Beatos Tito Brandsma pb mr.,
Mª Pilar Izquierdo vg, Natalia

SAN PANTALEÓN

Papa Francisco: Cuando Jesús nos enseña el Padre Nuestro nos hace entrar en la paternidad de Dios y nos muestra el camino para entrar en un diálogo orante y directo con Él, a través del camino de la confianza filial. Es un diálogo entre el papá y su hijo, del hijo con su papá. Lo que pedimos en el "Padre Nuestro" ya está hecho para nosotros en el Hijo Unigénito: la santificación del Nombre, el advenimiento del Reino, el don del pan, el perdón y la liberación del mal. Mientras pedimos, abrimos nuestras manos para recibir. Recibir los dones que el Padre nos mostró en el Hijo. La oración que el Señor nos enseñó es la síntesis de toda oración, y nosotros siempre la dirigimos al Padre en comunión con los hermanos. (28-07-2019)

• *Génesis* 18, 20-32: En aquellos días, el Señor dijo: «El clamor contra Sodoma y Gomorra es fuerte y su pecado es grave: voy a bajar, a ver si realmente sus acciones responden a la queja llegada a mí, y si no, lo sabré». Los hombres se volvieron de allí y se dirigieron a Sodoma, mientras Abrahán seguía en pie ante el Señor. Abrahán se acercó y le dijo: «¿Es que vas a destruir al inocente con el culpable? Si hay cincuenta inocentes en la ciudad, ¿los destruirás y no perdonarás al lugar por los cincuenta inocentes que hay en él? ¡Lejos de ti tal cosa!, matar al inocente con el culpable, de modo que la suerte del inocente sea como la del culpable; ¡lejos de ti! El juez de toda la tierra ¿no hará justicia?». El Señor contestó: «Si encuentro en la ciudad de Sodoma cincuenta inocentes, perdonaré a toda la ciudad en atención a ellos». Abrahán respondió: «¡Me he atrevido a hablar a mi Señor, yo que soy polvo y ceniza! Y si faltan cinco para el número de cincuenta inocentes, ¿destruirás, por cinco, toda la ciudad?». Respondió el Señor: «No la destruiré, si es que encuentro allí cuarenta y cinco». Abrahán insistió: «Quizá no se encuentren más que cuarenta». Él dijo: «En atención a los cuarenta, no lo haré». Abrahán siguió hablando: «Que no se enfade mi Señor si sigo hablando. ¿Y si se encuentran treinta?». Él contestó: «No lo haré, si encuentro allí treinta». Insistió Abrahán: «Ya que me he atrevido a hablar a mi Señor, ¿y si se encuentran allí veinte?». Respondió el Señor: «En atención a los veinte no la destruiré».

Abrahán continuó: «Que no se enfade mi Señor si hablo una vez más. ¿Y si se encuentran diez?». Contestó el Señor: «En atención a los diez no la destruiré».

• *Salmo* 137,1-3.6-8: *Cuando te invoqué, me escuchaste, Señor.*

• *Colosenses* 2,12-14: Hermanos: Por el bautismo fuisteis sepultados con Cristo y habéis resucitado con él, por la fe en la fuerza de Dios que lo resucitó de los muertos. Y a vosotros, que estabais muertos por vuestros pecados y la incircuncisión de vuestra carne, os vivificó con él, y nos perdonó todos los pecados. Canceló la nota de cargo que nos condenaba con sus cláusulas contrarias a nosotros; la quitó de en medio, clavándola en la cruz.

• **LUCAS 11, 1-13:** Una vez que estaba Jesús orando en cierto lugar, cuando terminó, uno de sus discípulos le dijo: «Señor, enséñanos a orar, como Juan enseñó a sus discípulos». Él les dijo: «Cuando oréis decid: Padre, santificado sea tu nombre, venga tu reino, danos cada día nuestro pan cotidiano, perdónanos nuestros pecados, porque también nosotros perdonamos a todo el que nos debe, y no nos dejes caer en tentación». Y les dijo: «Suponed que alguno de vosotros tiene un amigo y viene durante la medianoche y le dice: "Amigo, préstame tres panes, pues uno de mis amigos ha venido de viaje y no tengo nada que ofrecerle"; y, desde dentro, aquel le responde: "No me molestes; la puerta ya está cerrada; mis niños y yo estamos acostados; no puedo levantarme para dártelos"; os digo que, si no se levanta y se los da por ser amigo suyo, al menos por su importunidad se levantará y le dará cuanto necesite. Pues yo os digo a vosotros: pedid y se os dará, buscad y hallaréis, llamad y se os abrirá; porque todo el que pide, recibe, y el que busca halla, y al que llama se le abre. ¿Qué padre entre vosotros, si su hijo le pide un pez, le dará una serpiente en lugar del pez? ¿O si le pide un huevo, le dará un escorpión? Si vosotros, pues, que sois malos, sabéis dar cosas buenas a vuestros hijos, ¿cuánto más el Padre del cielo dará el Espíritu Santo a los que le piden?».

 SEÑOR, quiero orar con confianza y perseverancia y quiero hacer vida el Padrenuestro, **oración de la santidad que me regalas y me enseñas.**

ORACIÓN

Tomo III - Salterio 1ª semana   **Lunes 17° Tiempo Ordinario**

JULIO

28

LUNES

Santos Catalina Thomas, Víctor I *pp,*
Melchor de Quirós *ob mr,*
Nazario y Celso *mrs*

SAN MELCHOR DE QUIRÓS

Papa Francisco: En muchas situaciones de la vida puede suceder que nos desanimemos al ver la debilidad del bien respecto a la fuerza aparente del mal. Y podemos dejar que el desánimo nos paralice cuando constatamos que nos hemos esforzado pero no hemos obtenido resultados y parece que las cosas nunca cambian. El Evangelio nos pide una mirada nueva sobre nosotros mismos y sobre la realidad; pide que tengamos ojos grandes que saben ver más allá, especialmente más allá de las apariencias, para descubrir la presencia de Dios que, como amor humilde, está siempre operando en el terreno de nuestra vida y en el de la historia. (13-06-2021)

PALABRA En aquel tiempo, Jesús propuso otra parábola al gentío: «El reino de los cielos se parece a un grano de mostaza que uno toma y siembra en su campo; aunque es la más pequeña de las semillas, cuando crece es más alta que las hortalizas; se hace un árbol hasta el punto de que vienen los pájaros del cielo a anidar en sus ramas». Les dijo otra parábola: «El reino de los cielos se parece a la levadura; una mujer la amasa con tres medidas de harina, hasta que todo fermenta». Jesús dijo todo esto a la gente en parábolas y sin parábolas no les hablaba nada, para que se cumpliera lo dicho por medio del profeta: «Abriré mi boca diciendo parábolas, anunciaré lo secreto desde la fundación del mundo».

Éxodo 32, 15-24.30-34; *Salmo* 105, 19-23 • **MATEO 13, 31-35**

ORACIÓN **SEÑOR,** que tu evangelio en mi corazón sea como potente levadura que fermente la masa de mi vida y me ayude a crecer, **a madurar según tu Palabra y tu voluntad.** *Dad gracias al Señor porque es bueno* (Salmo 105, 1b).

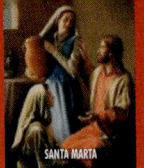

SANTA MARTA

Santos MARTA, MARÍA Y LÁZARO,
Urbano II *pp*, **Félix** *mr*, **Próspero** *mr*

SANTOS MARTA, MARÍA Y LÁZARO

Papa Francisco: La resurrección de Lázaro es también un signo de la regeneración que tiene lugar en el creyente a través del Bautismo, con la plena inserción en el Misterio Pascual de Cristo. Gracias a la acción y al poder del Espíritu Santo, el cristiano es una persona que camina en la vida como una nueva criatura: una criatura para la vida y que camina hacia la vida. (29-03-2020)

PALABRA En aquel tiempo, muchos judíos habían ido a ver a Marta y a María, para darles el pésame por su hermano. Cuando Marta se enteró de que llegaba Jesús, salió a su encuentro, mientras María se quedaba en casa. Y dijo Marta a Jesús: «Señor, si hubieras estado aquí no habría muerto mi hermano. Pero aún ahora sé que todo lo que pidas a Dios, Dios te lo concederá». Jesús le dijo: «Tu hermano resucitará». Marta respondió: «Sé que resucitará en la resurrección del último día». Jesús le dice: «Yo soy la resurrección y la vida: el que cree en mí, aunque haya muerto, vivirá; y el que está vivo y cree en mí, no morirá para siempre. ¿Crees esto?». Ella le contestó: «Sí, Señor, yo creo que tú eres el Cristo, el Hijo de Dios, el que tenía que venir al mundo».

1Juan 4, 7-16; *Salmo* 33, 2-11 • **JUAN 11,19-27**

ORACIÓN **SEÑOR,** como Santa Marta, te digo que creo en ti, **verdadero Mesías e Hijo de Dios.** *A veces flaquea mi fe, pero tu gracia me sostiene. Bendigo al Señor en todo momento* (Salmo 33, 2a).

Tomo III • Salterio 1ª semana   **Miércoles 17º Tiempo Ordinario**   JULIO

30

Santos PEDRO CRISÓLOGO *ob y dc*,
Abdón y Senén *mrs*, Julita *mr.*
Beatos Braulio y *co mrs*, José M.ª Muro y *co mrs*

MIÉRCOLES

SAN PEDRO CRISÓLOGO

Papa Francisco: La actitud de la búsqueda es la condición esencial para encontrar; es necesario que el corazón queme desde el deseo de alcanzar el bien precioso, es decir el Reino de Dios que se hace presente en la persona de Jesús. Es Él el tesoro escondido, es Él la perla de gran valor. Él es el descubrimiento fundamental, que puede dar un giro decisivo a nuestra vida, llenándola de significado. (30-07-2017)

En aquel tiempo, dijo Jesús al gentío: «El reino de los cielos se parece a un tesoro escondido en el campo: el que lo encuentra, lo vuelve a esconder, y, lleno de alegría, va a vender todo lo que tiene y compra el campo. El reino de los cielos se parece también a un comerciante de perlas finas, que al encontrar una de gran valor se va a vender todo lo que tiene y la compra».

Éxodo 34, 29-35; *Salmo* 98, 5-9 • **MATEO 13, 44-46**

SEÑOR Jesús, tesoro y perla de mi vida, quiero estar más unido a ti, quiero seguirte con decisión. **Tú eres la fuerza que me anima y alegra mi corazón. ¡Santo eres, Señor, nuestro Dios!** *(Salmo 98,9c).*

JULIO

31

JUEVES

Jueves 17° Tiempo Ordinario   Tomo III • Salterio 1ª semana

San IGNACIO DE LOYOLA *pb*,
Fabio *mr*, Elena *vd*

SAN IGNACIO DE LOYOLA

Papa Francisco: Cada día leer un pasaje del Evangelio; y también llevar un pequeño Evangelio con nosotros, en el bolsillo, en la cartera, al alcance de la mano. Y allí, leyendo un pasaje encontraremos a Jesús. Todo adquiere sentido allí, en el Evangelio, donde encuentras este tesoro, que Jesús llama «el reino de Dios», es decir, Dios que reina en tu vida, en nuestra vida; Dios que es amor, paz y alegría en cada hombre y en todos los hombres. Esto es lo que Dios quiere, y esto es por lo que Jesús entregó su vida hasta morir en una cruz, para librarnos del poder de las tinieblas y llevarnos al reino de la vida, de la belleza, de la bondad, de la alegría. Leer el Evangelio es encontrar a Jesús y tener esta alegría cristiana, que es un don del Espíritu Santo. (27-07-2014)

En aquel tiempo, dijo Jesús al gentío: «El reino de los cielos se parece también a la red que echan en el mar y recoge toda clase de peces: cuando está llena, la arrastran a la orilla, se sientan, y reúnen los buenos en cestos y los malos los tiran. Lo mismo sucederá al final de los tiempos: saldrán los ángeles, separarán a los malos de los buenos y los echarán al horno de fuego. Allí será el llanto y el rechinar de dientes. ¿Habéis entendido esto?». Ellos le responden: «Sí». Él les dijo: «Pues bien, un escriba que se ha hecho discípulo del reino de los cielos es como un padre de familia que va sacando de su tesoro lo nuevo y lo antiguo». Cuando Jesús acabó estas parábolas, partió de allí.

Éxodo 40, 16-21.34-38; *Salmo* 83, 3-8.11 • **MATEO 13, 47-53**

SEÑOR, no quiero una vida cristiana mediocre, quiero crecer en fidelidad a tu amor, a tu voluntad, **a tu evangelio de vida que me orienta y me encamina. ¡Qué deseables son tus moradas, Señor del universo!** (Salmo 83,2).

AGOSTO

Transfigúrame.
Señor, transfigúrame.
Traspáseme tu rayo rosa y blanco.
Quiero ser tu vidriera,
tu alta vidriera azul, morada y amarilla
en tu más alta catedral.

Gerardo Diego
Segunda Antología de sus Versos (1941-1967),
poema nº 73

Viernes 17° Tiempo Ordinario   Tomo III - Salterio 1ª semana

Santos **ALFONSO**
M.ª DE LIGORIO *ob dc*, Félix *mr*,
B. Pedro Claverie *ob y co mrs*

B. PEDRO CLAVERIÉ

Papa Francisco: Dios es humilde, Dios es tierno, Dios está escondido, se hace cercano a nosotros habitando la normalidad de nuestra vida cotidiana. Y entonces, a nosotros nos sucede como a los paisanos de Jesús, corremos el riesgo de que, cuando pase, no lo reconozcamos. Vuelvo a decir una bonita frase de San Agustín: "Tengo miedo de Dios, del Señor, cuando pasa". Pero, Agustín, ¿por qué tienes miedo? "Tengo miedo de no reconocerlo. Tengo miedo del Señor cuando pasa. Timeo Dominum transeuntem". No lo reconocemos, nos escandalizamos de Él. Pensemos en cómo está nuestro corazón respecto a esta realidad. (04-07-2021)

En aquel tiempo, Jesús fue a su ciudad y se puso a enseñar en la sinagoga. La gente decía admirada: «¿De dónde saca este esa sabiduría y esos milagros? ¿No es el hijo del carpintero? ¿No es su Madre María, y sus hermanos Santiago, José, Simón y Judas? ¿No viven aquí todas sus hermanas? Entonces, ¿de dónde saca todo eso?». Y se escandalizaban a causa de él. Jesús les dijo: «Solo en su tierra y en su casa desprecian a un profeta». Y no hizo allí muchos milagros, por su falta de fe.

Levítico 23,1.4-11.15-16.27.34b-37; *Salmo* 80, 3-6.10-11ab
• **MATEO 13, 54-58**

SEÑOR Jesús, no me escandaliza tu humanidad, sino que me admira y te agradezco que, siendo Dios, **te hayas hecho uno como nosotros para salvarnos.** *Aclamad a Dios, nuestra fuerza (Salmo 80, 2a).*

Tomo III · Salterio 1ª semana **Sábado 17° Tiempo Ordinario** AGOSTO

2

SÁBADO

Santos EUSEBIO *ob*, PEDRO J. EY-MARD *pb*, Pedro Fabro *pb*, Pedro de Osma *ob*. Beata Juana de Aza *mf*. Ntra. Sra. de los Ángeles

BEATA JUANA DE AZA, madre de santo Domingo

Papa Francisco: Herodías odiaba a Juan, porque hablaba con claridad. Y nosotros sabemos que el odio es capaz de todo es una fuerza grande. Satanás respira el odio. Pensemos que él no sabe amar, no puede amar. Su 'amor' es el odio. Y esta mujer tenía el espíritu satánico del odio, que destruye. [...] Piensen en los cuatro personajes: el rey corrupto, la señora que sólo sabía odiar, la muchacha vanidosa que no tiene consciencia de nada, y el profeta decapitado solo en su celda. Ver eso, y que cada uno abra el corazón para que el Señor nos hable sobre esto. (08-02-2019)

PALABRA

En aquel tiempo, oyó el tetrarca Herodes lo que se contaba de Jesús y dijo a sus cortesanos: «Ese es Juan el Bautista, que ha resucitado de entre los muertos, y por eso las fuerzas milagrosas actúan en él». Es que Herodes había mandado prender a Juan y lo había metido en la cárcel encadenado, por motivo de Herodías, mujer de su hermano Filipo; porque Juan le decía que no le era lícito vivir con ella. Quería mandarlo matar, pero tuvo miedo de la gente, que lo tenía por profeta. El día del cumpleaños de Herodes, la hija de Herodías danzó delante de todos, y le gustó tanto a Herodes que juró darle lo que pidiera. Ella, instigada por su madre, le dijo: «Dame ahora mismo en una bandeja la cabeza de Juan el Bautista. El rey lo sintió; pero, por el juramento y los invitados, ordenó que se le dieran; y mandó decapitar a Juan en la cárcel. Trajeron la cabeza en una bandeja, se la entregaron a la joven, y ella se la llevó a su madre. Sus discípulos recogieron el cadáver, lo enterraron, y fueron a contárselo a Jesús.

Levítico 25, 1. 8-17; *Salmo* 66, 2-3.5.7-8 • **MATEO 14, 1-12**

ORACIÓN

SEÑOR Jesús, evangelizar no es hacer propaganda, sino invitar a otros a conocerte para vivir en comunión contigo y experimentar tu amor salvador. **Que sea yo consciente de esta misión.** *Oh Dios, que te alaben los pueblos, que todos los pueblos te alaben* (Salmo 66, 4).

B. AGUSTÍN KAZOTIC

TOMO IV DE LA LITURGIA DE LAS HORAS

Papa Francisco: ¿No se puede desear ser ricos? Por supuesto que se puede, es más, es justo desearlo, es bueno hacerse rico, ¡pero rico según Dios! Dios es el más rico de todos: es rico en compasión, en misericordia. Su riqueza no empobrece a nadie, no crea peleas ni divisiones. Es una riqueza que ama dar, distribuir, compartir. Hermanos, hermanas, acumular bienes materiales no es suficiente para vivir bien, porque —repite Jesús— la vida no depende de lo que se posee. En cambio, depende de las buenas relaciones: con Dios, con los demás y también con los que tienen menos. (31-07-2022)

PALABRA

• *Eclesiastés* 1, 2; 2, 21-23: ¡Vanidad de vanidades! –dice Qohélet–. ¡Vanidad de vanidades, todo es vanidad! Hay quien trabaja con sabiduría, ciencia y acierto, y tiene que dejarle su porción a uno que no ha trabajado. También esto es vanidad y grave dolencia. Entonces, ¿qué saca el hombre de todos los trabajos y preocupaciones que lo fatigan bajo el sol? De día su tarea es sufrir y penar, de noche no descansa su mente. También esto es vanidad.

• *Salmo* 89, 3-6.12-14.17: *Señor, tú has sido nuestro refugio de generación en generación.*

• *Colosenses* 3, 1-5.9-11: Hermanos: Si habéis resucitado con Cristo, buscad los bienes de allá arriba, donde está Cristo, sentado a la derecha de Dios, aspirad a los bienes de arriba, no a los de la tierra. Porque habéis muerto; y vuestra vida está con Cristo escondida en Dios. Cuando aparezca Cristo, vida nuestra, entonces también vosotros apareceréis gloriosos, juntamente con él. En consecuencia, dad muerte a todo lo terreno que hay en vosotros: la fornicación, la impureza, la pasión, la codicia y la avaricia, que es una idolatría. ¡No os mintáis unos a otros!: os habéis despojado del hombre viejo, con sus obras, y os habéis revestido de la nueva condición que, mediante el conocimiento, se va renovando a imagen de su Creador, donde no hay griego y judío, circunciso e incircunciso, bárbaro, escita, esclavo y libre; porque Cristo lo es todo, y en todos.

• **LUCAS 12, 13-21:** En aquel tiempo, dijo uno de entre la gente a Jesús: «Maestro, dile a mi hermano que reparta conmigo la herencia». Él le dijo: «Hombre, ¿quién me ha constituido juez o árbitro entre vosotros?». Y les dijo: «Mirad: guardaos de toda clase de codicia. Pues, aunque uno ande sobrado, su vida no depende de sus bienes». Y les propuso una parábola: «Las tierras de un hombre rico produjeron una gran cosecha. Y empezó a echar cálculos, diciéndose: "¿Qué haré? No tengo donde almacenar la cosecha". Y se dijo: "Haré lo siguiente: derribaré los graneros y construiré otros más grandes, y almacenaré allí todo el trigo y mis bienes". Y entonces me diré a mí mismo: alma mía, tienes bienes acumulados para muchos años; descansa, come, bebe, banquetea alegremente". Pero Dios le dijo: "Necio, esta noche te van a reclamar el alma, y ¿de quién será lo que has preparado?". Así es el que atesora para sí y no es rico ante Dios».

SEÑOR, que la codicia y el ansia de bienes materiales no arruine mi corazón. Ayúdame a vivir en esa pobreza de espíritu que me hace realmente bienaventurado, **más libre, más generoso y más dispuesto para ti.**

ORACIÓN

Guardaos de toda clase de codicia

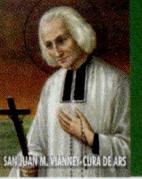

SAN JUAN M. VIANNEY-CURA DE ARS

Papa Francisco: Nosotros tratamos de acumular y aumentar lo que tenemos; Jesús, en cambio, pide dar, disminuir. Nos encanta añadir, nos gustan las adiciones; a Jesús le gustan las sustracciones, quitar algo para dárselo a los demás. Queremos multiplicar para nosotros; Jesús aprecia cuando dividimos con los demás, cuando compartimos. Es curioso que en los relatos de la multiplicación de los panes presentes en los Evangelios no aparezca nunca el verbo "multiplicar". (25-07-2021)

PALABRA En aquel tiempo, al enterarse Jesús de la muerte de Juan el Bautista, se marchó de allí en barca, a solas, a un lugar desierto. Cuando la gente lo supo, lo siguió por tierra desde los poblados. Al desembarcar, vio Jesús una multitud, se compadeció de ella y curó a los enfermos. Como se hizo tarde, se acercaron los discípulos a decirle: «Estamos en despoblado y es muy tarde, despide a la multitud para que vayan a las aldeas y se compren comida». Jesús les replicó: «No hace falta que vayan, dadles vosotros de comer». Ellos le replicaron: «Si aquí no tenemos más que cinco panes y dos peces». Les dijo: «Traédmelos». Mandó a la gente que se recostara en la hierba y, tomando los cinco panes y los dos peces, alzando la mirada al cielo, pronunció la bendición, partió los panes y se los dio a los discípulos; los discípulos se los dieron a la gente. Comieron todos y se saciaron y recogieron doce cestos llenos de sobras. Comieron unos cinco mil hombres, sin contar mujeres y niños.

Números 11, 4b-15; *Salmo* 80, 12-17 • **MATEO 14, 13-21**

ORACIÓN **SEÑOR,** a veces buscas estar a solas, con el Padre. En el silencio de tu oración te sientes reforzado y renovado para continuar tu misión. **Quiero aprender de tu ejemplo.** *Aclamad a Dios, nuestra fuerza (Salmo 80, 2a).*

DEDICACIÓN DE LA BASÍLICA DE SANTA MARÍA LA MAYOR, Ntra. Sra. de las Nieves, Virgen Blanca. Santos Casiano *ob*, Viator *er*, Margarita *vd*

BASÍLICA SANTA MARÍA MAYOR

Papa Francisco: Tener fe quiere decir, en medio de la tempestad, tener el corazón dirigido a Dios, a su amor, a su ternura de Padre. Jesús quería enseñar esto a Pedro y a los discípulos, y también hoy a nosotros. En los momentos oscuros, en los momentos de tristeza, Él sabe bien que nuestra fe es pobre. ¡Él es el Resucitado! No olvidemos esto: Él es el Señor que ha atravesado la muerte para ponernos a salvo. Él está presente junto a nosotros. Y levantándonos de nuestras caídas, nos hace crecer en la fe. (09-08-2020)

PALABRA

Después que la gente se hubo saciado, Jesús apremió a sus discípulos a que subieran a la barca y se le adelantaran a la otra orilla, mientras él despedía a la gente. Y, después de despedir a la gente, subió al monte a solas para orar. Llegada la noche, estaba allí solo. Mientras tanto, la barca iba ya muy lejos de tierra, sacudida por las olas, porque el viento era contrario. A la cuarta vela de la noche se les acercó Jesús andando sobre el mar. Los discípulos, viéndole andar sobre el agua, se asustaron y gritaron de miedo, diciendo que era un fantasma. Jesús les dijo enseguida: «¡Ánimo, soy yo, no tengáis miedo!». Pedro le contestó: «Señor, si eres tú, mándame ir hacia ti sobre el agua». Él le dijo: «Ven». Pedro bajó de la barca y echó a andar sobre el agua, acercándose a Jesús; pero, al sentir la fuerza del viento, le entró miedo, empezó a hundirse y gritó: «Señor, sálvame». Enseguida Jesús extendió la mano, lo agarró y le dijo: «¡Hombre de poca fe! ¿Por qué has dudado?». En cuanto subieron a la barca, amainó el viento. Los de la barca se postraron ante él, diciendo: «Realmente eres Hijo de Dios». Terminada la travesía, llegaron a tierra en Genesaret. Y los hombres de aquel lugar, apenas lo reconocieron, pregonaron la noticia por toda aquella comarca y le trajeron a todos los enfermos. Le pedían tocar siquiera la orla de su manto, y cuantos la tocaban quedaban curados.

Números 12, 1-13; *Salmo* 50, 3-7.12-13 • **MATEO 14, 22-36**

SEÑOR, caminando sobre el agua muestras tu poder sobre lo que nos hace temblar. No eres un fantasma, eres real y estás con nosotros. **Sé que me falta fe, como a Pedro, pero confío en tu ayuda.** *Misericordia, Señor, hemos pecado (Salmo 50, 3a).*

ORACIÓN

FIESTA DE LA TRANSFIGURACIÓN DEL SEÑOR
Santos Justo y Pastor *mrs*, **Hormisdas** *pp*

TRANSFIGURACIÓN DEL SEÑOR

Papa Francisco: El evento de Jesús transfigurándose sobre el monte nos hace entender mejor también su resurrección. Para entender el misterio de la cruz es necesario saber con antelación que el que sufre y que es glorificado no es solamente un hombre, sino el Hijo de Dios, que con su amor fiel hasta la muerte nos ha salvado. El padre renueva así su declaración mesiánica sobre el Hijo, ya hecha en la orilla del Jordán después del bautismo y exhorta: «Escuchadle». (25-02-2018)

PALABRA

En aquel tiempo, tomó Jesús a Pedro, a Juan y a Santiago y subió a lo alto del monte para orar. Y, mientras oraba, el aspecto de su rostro cambió y sus vestidos brillaban de resplandor. De repente, dos hombres conversaban con él: eran Moisés y Elías, que, apareciendo con gloria, hablaban de su éxodo, que iba a consumar en Jerusalén. Pedro y sus compañeros se caían de sueño, pero se espabilaron y vieron su gloria y a los dos hombres que estaban con él. Mientras estos se alejaban de él, dijo Pedro a Jesús: «Maestro, qué bueno es que estemos aquí. Haremos tres tiendas: una para ti, otra para Moisés y otra para Elías». No sabía lo que decía. Todavía estaba diciendo esto, cuando llegó una nube que los cubrió con su sombra. Se llenaron de temor al entrar en la nube. Y una voz desde la nube decía: «Este es mi Hijo, el Elegido, escuchadlo». Después de oírse la voz, se encontró Jesús solo. Ellos guardaron silencio y, por aquellos días, no contaron a nadie nada de lo que habían visto.

2Pedro 1,16-19; *Salmo* 96,1-2.5-6.9 • LUCAS 9,28b-36

ORACIÓN

SEÑOR, mientras oras te transfiguras en el monte ante tus discípulos y muestras tu identidad divina. **Ilumíname y transfigúrame escuchando permanentemente tu Palabra de vida.** *El Señor reina, Altísimo sobre toda la tierra (Salmo 96, 1a.9b).*

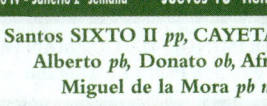

Tomo IV - Salterio 2ª semana   Jueves 18° Tiempo Ordinario   AGOSTO

Santos SIXTO II *pp,* **CAYETANO** *pb,*
Alberto *pb,* **Donato** *ob,* **Afra** *mr,*
Miguel de la Mora *pb mr*

7

JUEVES

SAN CAYETANO

Papa Francisco: Frente a la perspectiva de que Jesús pueda fracasar y morir en la cruz, el mismo Pedro se rebela y le dice: «Dios no lo quiera, Señor; no te ocurrirá eso». Cree en Jesús —Pedro es así—, tiene fe, cree en Jesús, cree; le quiere seguir, pero no acepta que su gloria pase a través de la pasión. Para Pedro y los otros discípulos, —¡pero también para nosotros! — la cruz es algo incómodo, la cruz es un "escándalo", mientras que Jesús considera "escándalo" el huir de la cruz, que sería como eludir la voluntad del Padre, a la misión que Él le ha encomendado para nuestra salvación. (30-08-2020)

PALABRA En aquel tiempo, al llegar a la región de Cesarea de Filipo, Jesús preguntó a sus discípulos: «¿Quién dice la gente que es el Hijo del hombre?». Ellos contestaron: «Unos que Juan el Bautista, otros que Elías, otros que Jeremías o uno de los profetas». Él les preguntó: «Y vosotros, ¿quién decís que soy yo?». Simón Pedro tomó la palabra y dijo: «Tú eres el Mesías, el Hijo de Dios vivo». Jesús le respondió: «¡Bienaventurado tú, Simón, hijo de Jonás!, porque eso no te lo ha revelado ni la carne ni la sangre, sino mi Padre que está en los cielos. Ahora yo te digo: Tú eres Pedro, y sobre esta piedra edificaré mi Iglesia, y el poder del infierno no la derrotará. Te daré las llaves del reino de los cielos; lo que ates en la tierra, quedará atado en los cielos, y lo que desates en la tierra, quedará desatado en los cielos». Y les mandó a los discípulos que no dijesen a nadie que él era el Mesías. Desde entonces empezó Jesús a manifestar a sus discípulos que tenía que ir a Jerusalén y padecer allí mucho por parte de los ancianos, sumos sacerdotes y escribas, y que tenía que ser ejecutado y resucitar al tercer día. Pedro se lo llevó aparte y se puso a increparlo: «¡Lejos de ti tal cosa, Señor! Eso no puede pasarte». Jesús se volvió y dijo a Pedro: «¡Ponte detrás de mí, Satanás! Eres para mí piedra de tropiezo, porque tú piensas como los hombres, no como Dios».

Números 20, 1-13; *Salmo* 94, 1-2.6-9 • **MATEO 16, 13-23**

ORACIÓN **SEÑOR Jesucristo,** verdadero Mesías e Hijo de Dios, me pongo detrás de ti para seguirte con humildad y docilidad, **aprendiendo a entregar la vida como hiciste tú.** *Ojalá escuchéis hoy la voz del Señor: no endurezcáis vuestro corazón (Salmo 94, 7d.8a).*

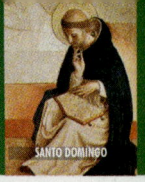
SANTO DOMINGO

Papa Francisco: Gastar los propios talentos, las propias energías y el propio tiempo sólo para salvarse, cuidarse y realizarse a sí mismo, conduce en realidad a perderse, es decir, a una existencia triste y estéril. Si en cambio, vivimos para el Señor y configuramos nuestra vida sobre el amor, como hizo Jesús, podremos saborear la alegría auténtica, y nuestra vida no será estéril, será fecunda. (03-09-2017)

PALABRA En aquel tiempo, dijo Jesús a sus discípulos: «Si alguno quiere venir en pos de mí, que se niegue a sí mismo, tome su cruz y me siga. Porque quien quiera salvar su vida, la perderá; pero el que la pierda por mí la encontrará. ¿Pues de qué le servirá a un hombre ganar el mundo entero, si pierde su alma? ¿O qué podrá dar para recobrarla? Porque el Hijo del hombre vendrá, con la gloria de su Padre, entre sus ángeles, y entonces pagará a cada uno según su conducta. En verdad os digo que algunos de los aquí presentes no gustarán la muerte hasta que vean al Hijo del hombre en su reino».

Deuteronomio 4, 32-40; *Salmo* 76, 12-16.21 • **MATEO 16, 24-28**

ORACIÓN **SEÑOR,** el ejemplo de Santo Domingo de Guzmán, predicador de tu Palabra, me estimule a seguirte como tú me pides: **unido a ti, con decisión, con amor y con entrega hasta el final.** *Recuerdo las proezas del Señor (Salmo 76, 12a).*

SANTA TERESA BENEDICTA

FIESTA DE SANTA TERESA B. DE LA CRUZ, VIRGEN Y MÁRTIR, PATRONA DE EUROPA

Santos Cándida M.ª de J. *vg,* **Román** *mr.*
Beatos Florentino Asensio *ob mr*

Papa Francisco: El significado de ser sabios y prudentes se trata de no esperar al último momento de nuestra vida para colaborar con la gracia de Dios, sino de hacerlo ya ahora. Sería hermoso pensar un poco: un día será el último. Si fuera hoy, ¿cómo estoy preparado, preparada? Debo hacer esto y esto... prepararse como si fuera el último día: esto hace bien. (12-11-2017)

PALABRA En aquel tiempo, dijo Jesús a sus discípulos esta parábola: «El reino de los cielos se parece a diez vírgenes que tomaron sus lámparas y salieron al encuentro del esposo. Cinco de ellas eran necias y cinco eran prudentes. Las necias, al tomar las lámparas, no se proveyeron de aceite; en cambio, las prudentes se llevaron alcuzas de aceite con las lámparas. El esposo tardaba, les entró sueño a todas y se durmieron. A medianoche se oyó una voz: "¡Que llega el esposo, salid a su encuentro!". Entonces se despertaron todas aquellas vírgenes y se pusieron a preparar sus lámparas. Y las necias dijeron a las prudentes: "Dadnos de vuestro aceite, que se nos apagan las lámparas". Pero las prudentes contestaron: "Por si acaso no hay bastante para vosotras y nosotras, mejor es que vayáis a la tienda y os lo compréis". Mientras iban a comprarlo, llegó el esposo, y las que estaban preparadas entraron con él al banquete de bodas, y se cerró la puerta. Más tarde llegaron también las otras vírgenes, diciendo: "Señor, señor, ábrenos". Pero él respondió: "En verdad os digo que no os conozco". Por tanto, velad, porque no sabéis el día ni la hora».

Oseas 2,16b.17de.21-22; *Salmo* 44, 11-17 • **MATEO 25, 1-13**

ORACIÓN **SEÑOR,** que mi vida sea siempre una lámpara encendida con el aceite de la fe. **Una fe ardiente, luminosa y valiente como la que confesó Santa Teresa Benedicta en su vida y martirio.** *¡Que llega el esposo, salid al encuentro de Cristo, el Señor!* (Mateo 25, 6b).

AGOSTO

10

DOMINGO

DOMINGO XIX DEL TIEMPO ORDINARIO   Tomo IV - Salterio 3ª semana

**SAN LORENZO,
DIÁCONO Y MÁRTIR**
San Blano *ob*

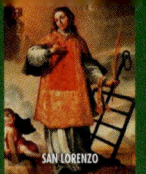

SAN LORENZO

Papa Francisco: Jesús anima a los discípulos. Acaba de terminar de hablarles del cuidado amoroso y providente del Padre, que se preocupa de los lirios del campo y de los pájaros del cielo y, por tanto, mucho más de sus hijos. Por eso no hay que afanarse y agitarse: nuestra historia está firmemente en las manos de Dios. Nos alienta esta invitación de Jesús a no temer. A veces, en efecto, nos sentimos presos de un sentimiento de desconfianza y de angustia: es el miedo a no lograrlo, a no ser reconocidos y amados, el miedo a no conseguir realizar nuestros proyectos, a no ser nunca felices, etc. Y entonces nos afanamos buscando soluciones, para encontrar algún espacio en el que emerger, para acumular bienes y riquezas, para obtener seguridades; ¿y cómo terminamos? Terminamos viviendo en la ansiedad y en la preocupación constante. Jesús, en cambio, nos tranquiliza: ¡no temáis! Fiaos del Padre, que desea daros todo lo que realmente necesitáis. Ya os ha donado a su Hijo, su Reino, y siempre os acompaña con su providencia, cuidando de cada uno de vosotros cada día. (07-08-2022)

• *Sabiduría* 18, 6-9: La noche de la liberación les fue preanunciada a nuestros antepasados, para que, sabiendo con certeza en qué promesas creían, tuvieran buen ánimo. Tu pueblo esperaba la salvación de los justos y la perdición de los enemigos, pues con lo que castigaste a los adversarios, nos glorificaste a nosotros, llamándonos a ti. Los piadosos hijos de los justos ofrecían sacrificios en secreto y establecieron unánimes esta ley divina: que los fieles compartirían los mismos bienes y peligros, después de haber cantado las alabanzas de los antepasados.

• *Salmo* 32, 1.12.18-22: *Dichoso el pueblo que el Señor se escogió como heredad.*

• *Hebreos* 11,1-2.8-12: Hermanos: La fe es fundamento de lo que se espera, y garantía de lo que no se ve. Por ella son recordados los antiguos. Por la fe obedeció Abraán a la llamada y salió hacia la tierra que iba a recibir en heredad. Salió sin saber adónde iba. Por fe vivió como extranjero en la tierra prometida, habitando en tiendas, y lo mismo Isaac y Jacob, herederos de la misma promesa, mientras esperaba la ciudad de sólidos cimientos cuyo arquitecto y constructor iba a ser Dios. Por la fe también Sara, siendo estéril, obtuvo "vigor para concebir" cuando ya le había pasado la edad, porque considero fiel al que se lo prometía. Y así, de un hombre, marcado ya por la muerte, nacieron hijos numerosos, como las estrellas del cielo y como la arena incontable de las playas.

• **LUCAS 12, 32-48:** En aquel tiempo, dijo Jesús a sus discípulos: «No temas, pequeño rebaño; porque vuestro Padre ha tenido a bien daros el reino. Vended vuestros bienes, y dad limosna; haceos bolsas que no se estropeen; y un tesoro inagotable en el cielo, adonde no se acercan los ladrones ni roe la polilla. Porque donde está vuestro tesoro, allí estará también vuestro corazón. Tened ceñida la cintura y encendidas las lámparas: Vosotros estad como los hombres que aguardan a que su señor vuelva de la boda, para abrirle, apenas venga y llame. Bienaventurados aquellos criados a quienes el señor, al llegar, los encuentre en vela; en verdad os digo que se ceñirá, los hará sentar a la mesa y, acercándose, les irá sirviendo. Y si llega a la segunda vigilia o a la tercera y los encuentra así, bienaventurados ellos. Comprended que si supiera el dueño de casa a qué hora viene el ladrón, velaría y no le dejaría abrir un boquete en casa. Lo mismo vosotros, estad preparados, porque a la hora que menos penséis, viene el Hijo del hombre». Pedro le dijo: «Señor, ¿dices esta parábola por nosotros o por todos?». El Señor dijo: «¿Quién es el administrador fiel y prudente a quien el señor pondrá al frente de su servidumbre para que reparta la ración de alimento a sus horas? Bienaventurado aquel criado a quien su señor al llegar lo encuentre portándose así. En verdad os digo que lo pondrá al frente de todos sus bienes. Pero si aquel criado dijere para sus adentros: "Mi señor tarda en llegar", y empieza a pegarles a los criados y criadas, a comer y beber y emborracharse, vendrá el señor de ese criado el día que no espera y a la hora que no sabe y lo castigará con rigor, y le hará compartir la suerte de los que no son fieles. El criado que, conociendo la voluntad de su señor, no se prepara ni obra de acuerdo con su voluntad, recibirá muchos azotes; pero el que, sin conocerla, ha hecho algo digno de azotes, recibirá menos. Al que mucho se le dio, mucho se le reclamará; al que mucho se le confió, más aún se le pedirá».

SEÑOR, somos tu pequeño rebaño, que cuidas y guías con amor constante. Haznos dóciles para aprender todo lo que tú nos enseñas y así vivir evangélicamente. **Queremos ser tus servidores atentos para hacer lo que nos pides estando siempre dispuestos para ti.**

ORACIÓN

SANTA CLARA

Papa Francisco: Cuántas familias destruidas hemos visto por problemas de dinero: ¡hermano contra hermano; padre contra hijos! Porque la primera consecuencia del apego al dinero es la destrucción del individuo y de quien le está cerca. Cuando una persona está apegada al dinero se destruye a sí misma, destruye a la familia. Cierto, el dinero no hay que demonizarlo en sentido absoluto. El dinero sirve para llevar adelante muchas cosas buenas, muchos trabajos, para desarrollar la humanidad. Lo que hay que condenar, en cambio, es su uso distorsionado. (21-10-2013)

PALABRA En aquel tiempo, mientras Jesús y los discípulos recorrían juntos Galilea, les dijo: «El Hijo del hombre será entregado en manos de los hombres, lo matarán, pero resucitará al tercer día». Ellos se pusieron muy tristes. Cuando llegaron a Cafarnaún, los que cobraban el impuesto de las dos dracmas se acercaron a Pedro y le preguntaron: «¿Vuestro Maestro no paga las dos dracmas?». Contestó: «Sí». Cuando llegó a casa, Jesús se adelantó a preguntarle: «¿Qué te parece, Simón? Los reyes del mundo, ¿a quién le cobran impuestos y tasas, a sus hijos o a los extraños?». Contestó: «A los extraños». Jesús le dijo: «Entonces, los hijos están exentos. Sin embargo, para no dar mal ejemplo, ve al mar, echa el anzuelo, agarra el primer pez que pique, ábrele la boca y encontrarás una moneda de plata. Tómala y págales por mí y por ti».

Deuteronomio 10, 12-22; *Salmo* 147, 12-15. 19-20 • **MATEO 17, 22-27**

ORACIÓN **SEÑOR Jesús,** anuncias tu pasión a los discípulos. Tu vida se encamina hacia ese final que es en realidad un nuevo principio para nosotros, pecadores, necesitados de salvación. **Gracias por tu entrega incondicional por amor.** *Glorifica al Señor, Jerusalén (Salmo 147, 12a).*

Tomo IV - Salterio 3ª semana **Martes 19º Tiempo Ordinario** AGOSTO

12

Santos **JUANA F. DE CHANTAL** *rl*,
Aniceto y Focio *mrs*. Beatos Inocencio XI *pp*,
Victoria Díez *vg mr*,
Sebastián Calvo y *co mrs*

SANTA FRANCISCA F. DE CHANTAL

MARTES

Papa Francisco: Hay que salir y no cerrarse en sí mismo, en las pequeñas comunidades, en la parroquia, considerándose «los justos». Esto sucede cuando falta el impulso misionero que nos lleva al encuentro de los demás. En la visión de Jesús no hay ovejas definitivamente perdidas, sino sólo ovejas que hay que volver a encontrar. Esto debemos entenderlo bien: para Dios nadie está definitivamente perdido. ¡Nunca! (04-05-2016)

PALABRA En aquel momento, se acercaron los discípulos a Jesús y le preguntaron: «¿Quién es el mayor en el reino de los cielos?». Él llamó a un niño, lo puso en medio y dijo: «En verdad os digo que, si no os convertís y os hacéis como niños, no entraréis en el reino de los cielos. Por tanto, el que se haga pequeño como este niño, ese es el más grande en reino de los cielos. El que acoge a un niño como este en mi nombre me acoge a mí. Cuidado con despreciar a uno de estos pequeños, porque os digo que sus ángeles están viendo siempre en los cielos el rostro de mi Padre celestial. ¿Qué os parece? Suponed que un hombre tiene cien ovejas: si una se le pierde, ¿no deja las noventa y nueve en los montes y va en busca de la perdida? Y si la encuentra, en verdad os digo que se alegra más por ella que por las noventa y nueve que no se habían extraviado. Igualmente, no es voluntad de vuestro Padre que está en el cielo que se pierda ni uno de estos pequeños».

Deuteronomio 31, 1-8; *Salmo: Deuteronomio* 32, 3-4a.7-9.12
• **MATEO 18, 1-5.10.12-14**

SEÑOR, necesito convertirme, ser "como un niño", **confiado y dócil al amor misericordioso del Padre, como tú.** *La porción del Señor* ORACIÓN *fue su pueblo (Deuteronomio 32, 9a).*

Santos **PONCIANO** e **HIPÓLITO** *mrs*,
Máximo el Confesor *ab*, **Radegunda** *re*,
Benildo *rl*. Beatos Secundino
M.ª y *co mrs*, Santiago Gapp *pb mr*

SANTOS PONCIANO E HIPÓLITO

Papa Francisco: Hagamos un esfuerzo: nada de chismes. Es el amor de Jesús, que acogió a publicanos y paganos, escandalizando a las personas rígidas de la época. Por lo tanto, no se trata de una condena sin apelación, sino del reconocimiento de que a veces nuestros intentos humanos pueden fracasar, y que sólo siendo ante Dios puede poner a nuestro hermano ante su propia conciencia y la responsabilidad de sus actos. Y si no funciona, silencio y oración por el hermano y la hermana que se equivocan, pero nunca el chismorreo. (06-09-2020)

PALABRA

En aquel tiempo, dijo Jesús a sus discípulos: «Si tu hermano peca contra ti, repréndele estando los dos a solas. Si te hace caso, has salvado a tu hermano. Si no te hace caso, llama a otro o a otros dos, para que todo el asunto quede confirmado por boca de dos o tres testigos. Si no les hace caso, díselo a la comunidad, y si no hace caso ni siquiera a la comunidad, considéralo como un pagano o un publicano. En verdad os digo que todo lo que atéis en la tierra quedará atado en los cielos, y todo lo que desatéis en la tierra quedará desatado en los cielos. Os digo, además, que si dos de vosotros se ponen de acuerdo en la tierra para pedir algo se lo dará mi Padre que está en los cielos. Porque donde dos o tres están reunidos en mi nombre, allí estoy yo en medio de ellos».

Deuteronomio 34, 1-12; *Salmo* 65, 1b-3a.5.16-17 • **MATEO 18, 15-20**

ORACIÓN

SEÑOR, la corrección fraterna es un hermoso ejercicio de caridad que siempre debe hacerse con mucha humildad. **Ayúdame a evitar la crítica y a emplearme más en el amor.** *Bendito sea Dios, que me ha devuelto la vida (Salmo 65, 20a.9a).*

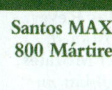

Tomo IV · Salterio 3ª semana — Jueves 19º Tiempo Ordinario

AGOSTO

14

JUEVES

Santos MAXIMILIANO M.ª KOLBE *pb mr*,
800 Mártires de Otranto, Marcelo *ob mr*,
Arnulfo *ob*

SAN MAXIMILIANO M. KOLBE

Papa Francisco: El perdón de Dios es la seña de su desbordante amor por cada uno de nosotros; es el amor que nos deja libres de alejarnos, como el hijo pródigo, pero que espera cada día nuestro retorno; es el amor audaz del pastor por la oveja perdida; es la ternura que acoge a cada pecador que llama a su puerta. El Padre celestial —nuestro Padre— está lleno, está lleno de amor que quiere ofrecernos, pero no puede hacerlo si cerramos nuestro corazón al amor por los otros. (17-09-2017)

PALABRA

En aquel tiempo, acercándose Pedro a Jesús le preguntó: «Señor, si mi hermano me ofende, ¿cuántas veces tengo que perdonarlo? ¿Hasta siete veces?». Jesús le contesta: «No te digo hasta siete veces, sino hasta setenta veces siete. Por esto, se parece el reino de los cielos a un rey que quiso ajustar las cuentas a con sus criados. Al empezar a ajústalas, le preguntaron uno que debía diez mil talentos. Como no tenía con que pagar, el señor mando que lo vendieran a él con su mujer y sus hijos y todas sus posesiones, y que pagara así. El criado, arrojándose a sus pies, les suplicaba diciendo: "Ten paciencia conmigo y te lo pagaré todo". Se compadeció el señor de aquel criado y lo dejo marchar, perdonándole la deuda. Pero al salir, el criado aquel encontró a uno de sus compañeros que le debía cien denarios y, agarrándolo, lo estrangulaba diciendo: "Págame lo que me debes". El compañero, arrojándose a sus pies, le rogaba diciendo; "Ten paciencia conmigo y te lo pagaré". Pero él se negó y fue y lo metió en la cárcel hasta que pagara lo que debía. Sus compañeros, al ver lo ocurrido, quedaron consternados y fueron a contarle a su señor todo lo sucedido. Entonces el señor lo llamo y dijo: "¡Siervo malvado! Toda aquella deuda te la perdoné porque me lo rogaste. ¿No debías tú también tener compasión de tu compañero como yo tuve compasión de ti?". Y el señor, indignado, lo entrego a los verdugos hasta que pagara toda la deuda. Lo mismo hará con vosotros mi Padre celestial si cada cual no perdona de corazón a su hermano». Cuando acabó Jesús estos discursos, partió de Galilea y vino a la región de Judea, al otro lado del Jordán.

Josué 3, 7–10a.11.13–17; *Salmo* 113 A 1–6; • **MATEO 18, 21–19,1**

SEÑOR, el perdón es el testimonio de una vida cristiana auténtica. **Aunque a veces me cuesta, confío en tu gracia que me ayudará para vivir dispuesto a perdonar como tú me perdonas.** *Aleluya (Salmo 113A).*

ORACIÓN

ASUNCIÓN DE LA VIRGEN MARÍA,
Virgen de la Paloma, de los Reyes.
Santos Estanislao de Kostka *rl*,
Tarsicio, Luis Batis, Manuel Morales,
Salvador Lara y David Roldán *mrs*

ASUNCIÓN DE LA VIRGEN MARÍA

SOLEMNIDAD DE LA ASUNCIÓN DE LA BIENAVENTURADA VIRGEN MARÍA

Papa Francisco: A muchos de nosotros nos ha sucedido que, inesperadamente, Jesús salió a nuestro encuentro: por primera vez, experimentamos en Él una cercanía, un respeto, una ausencia de prejuicios y condenas, una mirada de misericordia que nunca habíamos encontrado en los demás. No sólo eso, también sentimos que a Jesús no le bastaba con mirarnos desde lejos, sino que quería estar con nosotros, quería compartir su vida con nosotros. La alegría de esta experiencia despertó en nosotros una prisa por acogerlo, una urgencia por estar con Él y conocerlo mejor. Isabel y Zacarías acogieron a María y a Jesús. ¡Aprendamos de estos dos ancianos el significado de la hospitalidad! (15-08-2022)

PALABRA En aquellos días, María se levantó y se puso en camino de prisa hacia la montaña, a una ciudad de Judá; entró en casa de Zacarías y saludó a Isabel. Aconteció que, en cuanto Isabel oyó el saludo de María, saltó la criatura en su vientre. Se llenó Isabel de Espíritu Santo y, levantando la voz, exclamó: «¡Bendita tú entre las mujeres, y bendito el fruto de tu vientre! ¿Quién soy yo para que me visite la madre de mi Señor? Pues, en cuanto tu saludo llegó a mis oídos, la criatura saltó de alegría en mi vientre. Bienaventurada la que ha creído, porque lo que le ha dicho el Señor se cumplirá». María dijo: «Proclama mi alma la grandeza del Señor, "se alegra mi espíritu en Dios, mi salvador; porque ha mirado la humildad de su esclava". Desde ahora me felicitarán todas las generaciones, porque el Poderoso ha hecho obras grandes en mí: "su nombre es santo, y su misericordia llega a sus fieles de generación en generación". Él hace proezas con su brazo: dispersa a los soberbios de corazón, "derriba del trono a los poderosos y enaltece a los humildes, a los hambrientos los colma de bienes y a los ricos los despide vacíos. Auxilia a Israel, su siervo, acordándose de la misericordia" –como lo había prometido a nuestros padres– en favor de Abrahán y su descendencia por siempre». María se quedó con Isabel unos tres meses y volvió a su casa.

Apocalipsis 11, 19a; 12, 1-6a.10ab; **Salmo** 44, 10-12.16; 1 *Corintios* 15, 20-27.
• **LUCAS** 1, 39-56

ORACIÓN **SEÑOR,** que tu Madre, la Virgen llena de gracia y de gloria, asunta en cuerpo y alma al Cielo, **me proteja, me guíe y me ayude a vivir como** fiel discípulo tuyo para llegar un día a la gloria junto a ti. *De pie a tu derecha está la reina, enjoyada con oro de Ofir (Salmo 44, 10b).*

Tomo IV - Salterio 3ª semana Sábado 19° Tiempo Ordinario

AGOSTO

16

SÁBADO

Santos **ESTEBAN DE HUNGRÍA** *re*,
Roque *cf*, Teodoro *ob*

SAN ESTEBAN DE HUNGRÍA

Papa Francisco: Con demasiada frecuencia caen sobre los niños las consecuencias de vidas desgastadas por un trabajo precario y mal pagado, por horarios insostenibles, por transportes ineficientes... Pero los niños pagan también el precio de uniones inmaduras y de separaciones irresponsables: ellos son las primeras víctimas, sufren los resultados de la cultura de los derechos subjetivos agudizados, y se convierten luego en los hijos más precoces. A menudo absorben violencias que no son capaces de «digerir», y ante los ojos de los grandes se ven obligados a acostumbrarse a la degradación. También en esta época nuestra, como en el pasado, la Iglesia pone su maternidad al servicio de los niños y de sus familias. A los padres y a los hijos de este mundo nuestro les da la bendición de Dios, la ternura maternal, la represión firme y la condena determinada. Con los niños no se juega. Pensad lo que sería una sociedad que decidiese, una vez por todas, establecer este principio: «Es verdad que no somos perfectos y que cometemos muchos errores. Pero cuando se trata de los niños que vienen al mundo, ningún sacrificio de los adultos será considerado demasiado costoso o demasiado grande, con tal de evitar que un niño piense que es un error, que no vale nada y que ha sido abandonado a las heridas de la vida y a la prepotencia de los hombres». ¡Qué bella sería una sociedad así! (08-04-2015)

PALABRA En aquel tiempo, le presentaron unos niños a Jesús para que les impusiera las manos y orase, pero los discípulos los regañaban. Jesús dijo: «Dejadlos, no impidáis a los niños acercarse a mí; de los que son como ellos es el reino de los cielos». Les impuso las manos y se marchó de allí.

Josué 24, 14-29; *Salmo* 15, 1b–2a.5.7-8.11 • **MATEO 19, 13-15**

ORACIÓN **SEÑOR,** te pido por los niños, especialmente los que más sufren debido a la guerra y la violencia. Bendíceles, protégeles. **Que trabajemos por su bien, por su desarrollo integral, humano y espiritual.** *Tú, Señor, eres el lote de mi heredad* (Salmo 15, 5a).

AGOSTO

17

DOMINGO

DOMINGO XX DEL TIEMPO ORDINARIO   Tomo IV - Salterio 4ª semana

Santos Jacinto de Polonia *pb*, Eusebio *pp*,
Beatriz de Silva *vg*, Clara de
Montefalco *vg*, Juana Delanoue *vg*

SAN JACINTO DE POLONIA

Papa Francisco: Jesús vino a traer el Evangelio al mundo, es decir, la buena noticia del amor de Dios por cada uno de nosotros. Por eso, nos está diciendo que el Evangelio es como un fuego, porque es un mensaje que, cuando irrumpe en la historia, quema los viejos equilibrios de la vida, nos desafía a salir del individualismo, nos desafía a superar el egoísmo, nos desafía a pasar de la esclavitud del pecado y de la muerte a la vida nueva del Resucitado, de Jesús Resucitado. En otras palabras, el Evangelio no deja las cosas como están; cuando pasa el Evangelio, y es escuchado y acogido, las cosas no se quedan como están. El Evangelio incita al cambio e invita a la conversión. No concede una falsa paz intimista, sino que enciende una inquietud que nos pone en camino, nos impulsa a abrirnos a Dios y a los hermanos. (14-08-2022)

• *Jeremías* 38, 4-6.8-10: En aquellos días, los dignatarios dijeron al rey: «Hay que condenar a muerte a ese Jeremías, pues, con semejantes discursos, está desmoralizando a los soldados que quedan en la ciudad, y al resto de la gente. Ese hombre no busca el bien del pueblo, sino su desgracia». Respondió el rey Sedecías: «Ahí lo tenéis, en vuestras manos. Nada puedo hacer yo contra vosotros». Ellos se apoderaron de Jeremías y lo metieron en el aljibe de Malquías, príncipe real, en el patio de la guardia, descolgándolo con sogas. Jeremías se hundió en el lodo del fondo, pues el aljibe no tenía agua. Ebedmélec abandonó el palacio, fue al rey y le dijo: «Mi rey y señor, esos hombres han tratado injustamente al profeta Jeremías al arrojarlo al aljibe, donde sin duda morirá de hambre, pues no queda pan en la ciudad». Entonces el rey ordenó a Ebedmélec el cusita: «Toma tres hombres a tu mando, y sacad al profeta Jeremías del aljibe antes de que muera».

• *Salmo* 39, 2-4. 18: **Señor, date prisa en socorrerme.**

• *Hebreos* 12, 1-4: Hermanos: Teniendo una nube tan ingente de testigos corramos, con constancia, en la carrera que nos toca, renunciando a todo lo que nos estorba y al pecado que nos asedia, fijos los ojos en el que inició y completa nuestra fe, Jesús, quien, en lugar del gozo inmediato, soportó la cruz, despreciando la ignominia, y ahora está sentado a la derecha del trono de Dios. Recordad al que soportó tal oposición de los pecadores, y no os canséis ni perdáis el ánimo. Todavía no habéis llegado a la sangre en vuestra pelea contra el pecado.

• LUCAS 12, 49-53: En aquel tiempo, dijo Jesús a sus discípulos: «He venido a prender fuego a la tierra: ¡y cuánto deseo que ya esté ardiendo! Con un bautismo tengo que ser bautizado, ¡y qué angustia sufro hasta que se cumpla! ¿Pensáis que he venido a traer paz a la tierra? No, sino división. Desde ahora estarán divididos cinco en una casa: tres contra dos y dos contra tres; estarán divididos el padre contra el hijo y el hijo contra el padre, la madre contra la hija y la hija contra la madre, la suegra contra su nuera y la nuera contra la suegra».

SEÑOR, quiero ser portador de tu fuego de amor; fuego que ilumine, que prenda en muchos corazones que te conozcan y te amen.

ORACIÓN

Tened ceñida vuestra cintura y encendidas las lámparas

Santos Elena *em*, **Alberto Hurtado** *pb*,
Fermín *ob*, **Agapito** *mr*.
Beatos Manés de Guzmán *pb*,
Martín Martínez Pascual *pb mr*

SANTA ELENA

Papa Francisco: Amigos, también a cada uno de vosotros Jesús os dice: «¡Ven! Sígueme». Tened la valentía de vivir vuestra juventud encomendándoos al Señor y poniéndoos en camino con él. Dejaos conquistar por su mirada de amor que nos libera de la seducción de los ídolos, de las falsas riquezas que prometen la vida pero traen la muerte. No tengáis miedo de acoger la Palabra de Cristo y de aceptar su llamada. No os desaniméis como el joven rico del Evangelio; en cambio, fijad vuestra mirada en María, el gran modelo de la imitación de Cristo, y encomendaos a Ella, que, con su «heme aquí», respondió sin reservas a la llamada del Señor. Su vida es una entrega total, desde el momento de la Anunciación hasta el Calvario, donde se convirtió en nuestra Madre. Miremos a María para encontrar la fuerza y recibir la gracia que nos permita decir nuestro «heme aquí» al Señor. (29-06-2021)

PALABRA En aquel tiempo, se acercó uno a Jesús y le preguntó: «Maestro, ¿qué tengo que hacer de bueno para obtener la vida eterna?». Jesús le contestó: «¿Por qué me preguntas qué es bueno? Uno solo es Bueno. Mira, si quieres entrar en la vida, guarda los mandamientos». Él le preguntó: «¿Cuáles?». Jesús le contestó: «No matarás, no cometerás adulterio, no robarás, no darás falso testimonio, honra a tu padre y a tu madre, y ama a tu prójimo como a ti mismo». El muchacho le dijo: «Todo eso lo he cumplido. ¿Qué me falta?». Jesús le contestó: «Si quieres ser perfecto, anda, vende tus bienes, da el dinero a los pobres –así tendrás un tesoro en el cielo– y luego ven y sígueme». Al oír esto, el joven se fue triste, porque era muy rico.

Jueces 2, 11-19; *Salmo* 105, 34-37.39-40.43ab-44 • **MATEO 19, 16-22**

ORACIÓN **SEÑOR,** hazme descubrir el hermoso valor de la pobreza evangélica que me invita a ser generoso, **desprendido, a dar la vida, a ser así más feliz y dichoso.** *Acuérdate de mí, Señor, por amor a tu pueblo (Salmo 105, 4ab).*

SAN EZEQUIEL MORENO

Santos **EZEQUIEL MORENO** *ob*,
JUAN EUDES *pb*, Luis *ob*, Sixto III *pp*,
Magín *mr*. Beato Guerrico *ab*

Papa Francisco: Cierto, seguir a Jesús conlleva una ascesis, conlleva sacrificios; por otro lado, si cualquier cosa hermosa lo requiere, ¡mucho más la realidad decisiva de la vida! Pero quien testimonia a Cristo muestra la belleza de la meta, más que la fatiga del camino. Nos habrá sucedido contarle a alguien sobre un bonito viaje que hemos hecho. Por ejemplo, habremos hablado de la belleza de los lugares, de lo que hemos visto y vivido, no del tiempo que tardamos en llegar ni de las colas del aeropuerto, ¡no! (25-01-2023)

PALABRA En aquel tiempo, Jesús dijo a sus discípulos: «En verdad os digo que difícilmente entrará un rico en el reino de los cielos. Lo repito: más fácil le es a un camello pasar por el ojo de una aguja que a un rico entrar en el reino de los cielos». Al oírlo, los discípulos dijeron espantados: «Entonces ¿quién puede salvarse?». Jesús se les quedó mirando y les dijo: «Es imposible para los hombres; pero Dios lo puede todo». Entonces dijo Pedro a Jesús: «Ya ves, nosotros lo hemos dejado todo y te hemos seguido; ¿qué nos va a tocar?». Jesús les dijo: «En verdad os digo: cuando llegue la renovación y el Hijo del hombre se siente en el trono de su gloria, también vosotros, los que me habéis seguido, os sentaréis en doce tronos para juzgar a las doce tribus de Israel. Todo el que por mí deja casa, hermanos o hermanas, padre o madre, hijos o tierras, recibirá cien veces más, y heredará la vida eterna. Pero muchos primeros serán últimos y muchos últimos primeros».

Jueces 6, 11-24a; *Salmo* 84, 9-14 • **MATEO 19, 23-30**

ORACIÓN **SEÑOR,** que no caiga en el afán de acumular riquezas y vivir para ellas, pues eso me destruye e impide que tu proyecto de vida, el Reino, cale en mi corazón. **Necesito la luz y la fuerza de tu Espíritu.** *Dios anuncia la paz a su pueblo (Salmo 84, 9bc).*

Santos **BERNARDO** *ab dc,* Samuel *prof,*
Leovigildo y Cristóbal *mjs mrs*

SAN BERNARDO (Murillo)

Papa Francisco: Jesús quiere hacernos contemplar la mirada de aquel jefe: la mirada con la que ve a cada uno de los obreros en espera de trabajo y les llama a ir a su viña. Es una mirada llena de atención, de benevolencia; es una mirada que llama, que invita a levantarse, a ponerse en marcha, porque quiere la vida para cada uno de nosotros, quiere una vida plena, ocupada, salvada del vacío y de la inercia. Dios que no excluye a ninguno y quiere que cada uno alcance su plenitud. (24-09-2017)

PALABRA

En aquel tiempo, dijo Jesús a sus discípulos esta parábola: «El reino de los cielos se parece a un propietario que al amanecer salió a contratar jornaleros para su viña. Después de ajustarse con ellos en un denario por jornada, los mandó a la viña. Salió otra vez a media mañana, vio a otros que estaban en la plaza sin trabajo, y les dijo: «Id también vosotros a mi viña, y os pagaré lo debido». Ellos fueron. Salió de nuevo hacia mediodía y a media tarde e hizo lo mismo. Salió al caer la tarde y encontró a otros, parados, y les dijo: "¿Cómo es que estáis aquí el día entero sin trabajar?". Le respondieron: "Nadie nos ha contratado". Él les dijo: "Id también vosotros a mi viña". Cuando oscureció, el dueño dijo al capataz: "Llama a los jornaleros y págales el jornal, empezando por los últimos y acabando por los primeros". Vinieron los del atardecer y recibieron un denario cada uno. Cuando llegaron los primeros, pensaban que recibirían más, pero ellos también recibieron un denario cada uno. Entonces se pusieron a protestar contra el amo: "Estos últimos han trabajado solo una hora, y los has tratado igual que a nosotros, que hemos aguantado el peso del día y el bochorno". Él replicó a uno de ellos: "Amigo, no te hago ninguna injusticia. ¿No nos ajustamos en un denario? Toma lo tuyo y vete. Quiero darle a este último igual que a ti. ¿Es que no tengo libertad para hacer lo que quiera en mis asuntos? ¿O vas a tener tú envidia porque yo soy bueno?". Así, los últimos serán los primeros y los primeros, los últimos».

Jueces 9, 6-15; *Salmo* 20, 2-7 • MATEO 20, 1-16

ORACIÓN

SEÑOR, eres a la vez justo y generoso. Gracias por llamarme a trabajar en la viña de tu Iglesia, gracias por contar conmigo en la construcción de tu Reino. **Estoy dispuesto.** *Señor, el rey se alegra por tu fuerza (Salmo 20, 2a).*

Tomo IV - Salterio 4ª semana   Jueves 20º Tiempo Ordinario

Santos PÍO X *pp*, Bonoso y Maximiano
mrs, Ciriaca *vd*, José Dang Dinh *pb mr*.
Beatos Victoria Rasoamanarivo *es*,
Ramón Peiró *pb mr*

AGOSTO
21
JUEVES

SAN PÍO X

Papa Francisco: El traje de boda —ese chal— simboliza la misericordia que Dios nos da gratuitamente, es decir, la gracia. Sin la gracia no se puede dar un paso adelante en la vida cristiana. Todo es gracia. No basta con aceptar la invitación a seguir al Señor, hay que estar dispuestos a un camino de conversión que cambia el corazón. El hábito de la misericordia, que Dios nos ofrece sin cesar, es un don gratuito de su amor, es precisamente la gracia. Y requiere ser acogido con asombro y alegría: "Gracias, Señor, por haberme dado este don". (11-10-2020)

En aquel tiempo, Jesús volvió a hablar en parábolas a los sumos sacerdotes y a los ancianos del pueblo, diciendo: «El reino de los cielos se parece a un rey que celebraba la boda de su hijo. Mandó **PALABRA** criados para que llamarán a los convidados, pero no quisieron ir. Volvió a mandar otros criados encargándoles que dijeran a los convidados: "Tengo preparado el banquete, he matado terneros y reses cebadas, y todo está a punto. Venid a la boda". Pero ellos no hicieron caso; uno se marchó a sus tierras, otro a sus negocios, los demás agarraron a los criados y los maltrataron y los mataron. El rey montó en cólera, envió sus tropas, que acabaron con aquellos asesinos y prendieron fuego a la ciudad. Luego dijo a sus criados: "La boda está preparada, pero los convidados no se la merecían. Id ahora a los cruces de los caminos, y a todos los que encontréis, llamadlos a la boda". Los criados salieron a los caminos y reunieron a todos los que encontraron, malos y buenos. La sala del banquete se llenó de comensales. Cuando el rey entró a saludar a los comensales, reparó en uno que no llevaba traje de fiesta y le dijo: "Amigo, ¿cómo has entrado aquí sin el vestido de boda?". El otro no abrió la boca. Entonces el rey dijo a los servidores: "Atadlo de pies y manos y arrojadlo fuera, a las tinieblas. Allí será el llanto y el rechinar de dientes". Porque muchos son los llamados, pero pocos los elegidos».

Jueces 11, 29-39a; *Salmo* 39,5.7-10. • **MATEO 22, 1-14**

SEÑOR, tu amor nos busca, nos invita a tu mesa. Qué necios cuando declinamos esta invitación por otras ocupaciones. **Quiero decirte que ORACIÓN sí y estar siempre a punto con vestido "evangélico".** *Aquí estoy, Señor, para hacer tu voluntad (Salmo 39, 8a y 9a).*

SANTA MARÍA VIRGEN, REINA.
Santos Sigfrido *mr*, Felipe Benizi *pb*, Juan
Kemble *pb mr*

CORONACIÓN DE MARÍA

BIENAVENTURADA VIRGEN MARÍA REINA

Papa Francisco: María no se exalta frente a la perspectiva de convertirse incluso en la madre del Mesías, sino que permanece modesta y expresa la propia adhesión al proyecto del Señor. María no presume. Es humilde, modesta. Se queda como siempre. Este contraste es significativo. Nos hace entender que María es verdaderamente humilde y no trata de exponerse. Reconoce ser pequeña delante de Dios, y está contenta de ser así. Al mismo tiempo, es consciente de que de su respuesta depende la realización del proyecto de Dios, y que por tanto Ella está llamada a adherirse con todo su ser. (24-12-2017)

En aquel tiempo, el ángel Gabriel fue enviado por Dios a una ciudad de Galilea llamada Nazaret, a una virgen desposada con un hombre llamado José, de la casa de David: el nombre de la virgen era María. El ángel, entrando en su presencia, dijo: «Alégrate, llena de gracia, el Señor está contigo». Ella se turbó grandemente ante estas palabras y se preguntaba qué saludo era aquel. El ángel le dijo: «No temas, María, porque has encontrado gracia ante Dios. Concebirás en tu vientre y darás a luz un hijo, y le pondrás por nombre Jesús. Será grande, se llamará Hijo del Altísimo, el Señor Dios le dará el trono de David, su padre, reinará sobre la casa de Jacob para siempre, y su reino no tendrá fin». Y María dijo al ángel: «¿Cómo será eso, pues no conozco varón?». El ángel le contestó: «El Espíritu Santo vendrá sobre ti, y la fuerza del Altísimo te cubrirá con su sombra; por eso el Santo que va a nacer se llamará Hijo de Dios. También tu pariente Isabel ha concebido un hijo en su vejez, y ya está de seis meses la que llamaban estéril, "porque para Dios nada hay imposible"». María contestó: «He aquí la esclava del Señor; hágase en mí según tu palabra». Y el ángel se retiró.

Isaías 9,1-6; *Salmo* 112,1b-8 • LUCAS 1, 26-3

SEÑOR, ¡qué "sí" tan total, confiado y hermoso el de tu Madre la Virgen nuestra reina de misericordia. **Que Ella nos ayude también a pronunciar cada día "hágase en mí" lo que tú quieras.** *Bendito sea el nombre del Señor, por siempre (Salmo 112, 2).*

SANTA ROSA DE LIMA

Papa Francisco: Todos somos hermanos y no debemos de ninguna manera dominar a los otros y mirarlos desde arriba. No. Todos somos hermanos. Si hemos recibido cualidades del Padre celeste, debemos ponerlas al servicio de los hermanos, y no aprovecharnos para nuestra satisfacción e interés personal. No debemos considerarnos superiores a los otros; la modestia es esencial para una existencia que quiere ser conforme a la enseñanza de Jesús, que es manso y humilde de corazón y ha venido no para ser servido sino para servir. (05-11-2017)

PALABRA

Habló Jesús a la gente y a sus discípulos, diciendo: «En la cátedra de Moisés se han sentado los escribas y los fariseos: haced y cumplid todo lo que os digan; pero no hagáis lo que ellos hacen, porque ellos dicen, pero no hacen. Lían fardos pesados y se los cargan a la gente en los hombros, pero ellos no están dispuestos a mover un dedo para empujar. Todo lo que hacen es para que los vea la gente: alargan las filacterias y ensanchan las orlas del manto; les gustan los primeros puestos en los banquetes y los asientos de honor en las sinagogas; que les hagan reverencias en las plazas y que la gente los llame "rabbí". Vosotros, en cambio, no os dejéis llamar "rabbí", porque uno solo es vuestro maestro, y todos vosotros sois hermanos. Y no llaméis padre vuestro a nadie en la tierra, porque uno solo es vuestro Padre, el del cielo. No os dejéis llamar maestros, porque uno solo es vuestro maestro, el Mesías. El primero entre vosotros será vuestro servidor. El que se enaltece será humillado, y el que se humilla será enaltecido».

Rut 2, 1-3.8-11; 4, 13-17; *Salmo* 127, 1bc-5 • **MATEO 23, 1-12**

ORACIÓN

SEÑOR, la hipocresía es incompatible con el evangelio. **Aunque a veces caigo en ella, te pido que me ayudes a vivir un seguimiento tuyo más auténtico y veraz cada día.** *Esta es la bendición del hombre que teme al Señor (Salmo 127, 4).*

SAN BARTOLOMÉ APOSTOL
SS. Jorge *mj*, Juana Antida Thouret *vg*,
Emilia de Vialar *vg*

SAN BARTOLOMÉ, APÓSTOL

Papa Francisco: Pertenecer a Jesús significa seguirle, comprometer la vida en el amor, en el servicio y en la entrega de uno mismo como hizo Él, que pasó por la puerta estrecha de la cruz. Entrar en el proyecto de vida que Dios nos propone implica limitar el espacio del egoísmo, reducir la arrogancia de la autosuficiencia, bajar las alturas de la soberbia y del orgullo, vencer la pereza para correr el riesgo del amor, incluso cuando supone la cruz. (21-08-2022)

PALABRA

• *Isaías* 66, 18-21: Esto dice el Señor: «Yo, conociendo sus obras y sus pensamientos, vendré para reunir a las naciones de toda lengua: vendrán para ver mi gloria. Les daré una señal, y de entre ellos enviaré supervivientes a las naciones: a Tarsis, Libia y Lidia (tiradores de arco), Túbal y Grecia; a las costas lejanas que nunca oyeron mi fama ni vieron mi gloria. Ellos anunciarán mi gloria a las naciones. Y de todas las naciones, como ofrenda al Señor, traerán a todos vuestros hermanos, a caballo y en carros y en literas, en mulos y dromedarios, hasta mi santa montaña de Jerusalén –dice el Señor–, así como los hijos de Israel traen ofrendas, en vasos purificados, al templo del Señor. También de entre ellos escogeré sacerdotes y levitas –dice el Señor–».

• *Salmo* 116, 1-2 (Marcos 16, 15): *Id al mundo entero y proclamad el Evangelio.*

• *Hebreos* 12, 5-7.11-13: Hermanos: Habéis olvidado la exhortación paternal que os dieron: «Hijo mío, no rechaces la corrección del Señor, ni te desanimes por su represión; porque el Señor reprende a los que ama y castiga a sus hijos preferidos». Soportáis la prueba para vuestra corrección, porque Dios os trata como a hijos, pues ¿qué padre no corrige a sus hijos? Ninguna corrección resulta agradable, en el momento, sino que duele; pero luego produce fruto apacible a los ejercitados en ella. Por eso, fortaleced las manos débiles, robusteced las rodillas vacilantes, y caminad por una senda llana: así el pie cojo no se retuerce, sino que se cura.

• LUCAS 13,22-30: En aquel tiempo, Jesús pasaba por ciudades y aldeas enseñando y se encaminaba hacia Jerusalén. Uno le preguntó: «Señor, ¿son pocos los que se salvan?». Él les dijo: «Esforzaos en entrar por la puerta estrecha, pues os digo que muchos intentarán entrar y no podrán. Cuando el amo de la casa se levante y cierre la puerta, os quedaréis fuera y llamaréis a la puerta diciendo: "Señor, ábrenos"; pero él os dirá: "No sé quiénes sois". Entonces comenzaréis a decir: "Hemos comido y bebido contigo y tú has enseñado en nuestras plazas". Pero él os dirá: "No sé de dónde sois. Alejaos de mí todos los que obráis la iniquidad". Allí será el llanto y el rechinar de dientes, cuando veáis a Abrahán, a Isaac y a Jacob y a todos los profetas en el reino de Dios, pero vosotros os veáis arrojados fuera. Y vendrán de oriente y occidente, del norte y del sur y se sentarán a la mesa en el reino de Dios. Mirad: hay últimos que serán primeros y primeros que serán últimos».

SEÑOR, mi vida cristiana no puede ser "de nombre", "de fachada", sino auténtica, firme, fiel, comprometida, veraz. Quiero entrar por la puerta ORACIÓN hacia la vida. **Esa puerta eres tú, puerta "estrecha", es decir, puerta que me habla de amor y de entrega sin reservas y sin demora.**

Alejaos de mí todos los que obráis la iniquidad

AGOSTO

25

LUNES

Lunes 21° Tiempo Ordinario   Tomo IV · Salterio 1° semana

Santos LUIS DE FRANCIA *re*,
JOSÉ DE CALASANZ *pb*, Ginés *mr*.
Beato Luis Urbano *pb mr*

SAN JOSÉ DE CALASANZ

Papa Francisco: La hipocresía pone en peligro la unidad en la Iglesia por la cual el Señor mismo ha rezado. El miedo a la verdad es un comportamiento que no nos permite ser nosotros mismos. El hipócrita vive en el egoísmo y no tiene la fuerza de mostrar su corazón con transparencia. (25-08-2021)

PALABRA En aquel tiempo, Jesús dijo: «¡Ay de vosotros, escribas y fariseos hipócritas, que cerráis a los hombres el reino de los cielos! Ni entráis vosotros, ni dejáis entrar a los que quieren. ¡Ay de vosotros, escribas y fariseos hipócritas, que viajáis por tierra y mar para ganar un prosélito y, cuando lo conseguís, lo hacéis digno de la "gehenna" el doble que vosotros! ¡Ay de vosotros, guías ciegos, que decís: "Jurar por el templo no obliga, jurar por el oro del templo sí obliga"! ¡Necios y ciegos! ¿Qué es más, el oro o el templo que consagra el oro? O también: "Jurar por el altar no obliga, jurar por la ofrenda que está en el altar sí obliga". ¡Ciegos! ¿Qué es más, la ofrenda o el altar que consagra la ofrenda? Quien jura por el altar, jura por él y por cuanto hay sobre él; quien jura por el templo, jura por él y por quien habita en él; y quien jura por el cielo jura por el trono de Dios y también por el que está sentado en él».

1 Tesalonicenses 1, 1-5. 8b-10; *Salmo* 149, 1bc-6a.9b • **MATEO 23, 13-22**

ORACIÓN **SEÑOR**, no puedo vivir con hipocresía. **Que tu gracia ilumine mi corazón siempre necesitado de auténtica conversión.** *El Señor ama a su pueblo* (Salmo 149, 4a).

SANTA TERESA DE JESÚS JORNET

Santos TERESA DE J. JORNET *vg*,
Junípero Serra *pb*,
Melquisedec *AT*, **Juana Isabel** *vg*.

Papa Francisco: Recemos mucho. Pidamos al Señor: "protege a tu Iglesia, que somos todos nosotros: custodia a tu pueblo, el que se había reunido y se pisaban entre ellos, mutuamente. Protege a tu pueblo, para que ame la luz, la luz que viene del Padre, que viene de tu Padre". Tenemos que pedir a Dios que proteja a su pueblo para que no llegue a ser hipócrita, para que no caiga en la tibieza de la vida, para que cuente con la alegría de saber que existe un Padre que nos ama mucho (16-10-2015)

PALABRA En aquel tiempo, Jesús dijo: «¡Ay de vosotros, escribas y fariseos hipócritas, que pagáis el diezmo de la menta, del anís y del comino, y descuidáis lo más grave de la ley: la justicia, la misericordia y la fidelidad! Esto es lo que habría que practicar, aunque sin descuidar aquello. ¡Guías ciegos, que filtráis el mosquito y os tragáis el camello! ¡Ay de vosotros, escribas y fariseos hipócritas, que limpiáis por fuera la copa y el plato, mientras por dentro estáis rebosando de robo y desenfreno! ¡Fariseo ciego!, limpia primero la copa por dentro, y así quedará limpia también por fuera».

1 Tesalonicenses 2, 1-8; *Salmo* 138, 1b-6 • MATEO 23, 23-26

ORACIÓN **SEÑOR**, que no me olvide nunca de lo verdaderamente importante: **"la justicia, la misericordia, la fidelidad".** *Señor, tú me sondeas y me conoces (Salmo 138, 1b).*

AGOSTO

27

MIÉRCOLES

Miércoles 21° Tiempo Ordinario Tomo IV - Salterio 1ª semana

Santos MÓNICA *mf*, Cesáreo de
Arlés *ob*, Amadeo *ob*, David Lewis *pb mr*.
Beato Domingo Barberi *pb*.

SANTA MÓNICA

Papa Francisco: Las personas cerradas, los doctores, los doctores de la Ley, la gente cerrada que no aceptó a Jesús, no aceptó su mensaje de salir. Parecían justos, parecían gente de Iglesia, pero Jesús les dice una palabra no tan bonita: «hipócritas». Así los llama Jesús. Y para hacernos comprender cómo son ellos, la fotografía que Jesús les hace es: «Sois sepulcros blanqueados». Quien está cerrado, no puede recibir, es incapaz de recibir esta valentía del Espíritu Santo y permanece cerrado y no puede ir a la periferia (30-04-2015)

PALABRA

En aquel tiempo, Jesús dijo: «¡Ay de vosotros, escribas y fariseos hipócritas, que os parecéis a los sepulcros blanqueados! Por fuera tienen buena apariencia, pero por dentro están llenos de huesos de muertos y de podredumbre; lo mismo vosotros por fuera parecéis justos, pero por dentro estáis repletos de hipocresía y crueldad. ¡Ay de vosotros, escribas y fariseos hipócritas, que edificáis sepulcros a los profetas y ornamentáis los mausoleos de los justos, diciendo: "Si hubiéramos vivido en tiempo de nuestros padres, no habríamos sido cómplices suyos en el asesinato de los profetas"! Con esto atestiguáis en vuestra contra, que sois hijos de los que asesinaron a los profetas. ¡Colmad también vosotros la medida de vuestros padres!».

1 Tesalonicenses 2, 9-13; *Salmo* 138, 7-12ab • MATEO 23, 27-32

SEÑOR, quiero limpiar mi corazón de todo aquello que me dificulta seguirte. **Confío en tu gracia que siempre me sostiene.** *Señor, tú me sondeas y me conoces (Salmo 138, 1b).*

ORACIÓN

Santos AGUSTÍN *ob dc,*
Julián *mr,* **Hermes** *mr,* **Alejandro** *ob*

SAN AGUSTÍN

Papa Francisco: El servicio de Dios es libre: nosotros somos hijos, no esclavos. Y servir a Dios en paz, con serenidad, cuando Él mismo nos ha retirado los obstáculos que quitan la paz y la serenidad, es servirlo con libertad. No es por casualidad que, cuando nosotros servimos al Señor con libertad, sentimos esa paz todavía más profunda. Y es como volver a escuchar la voz del Señor que dice: «¡ven, ven, ven, siervo bueno y fiel!». (08-11-2016)

PALABRA

En aquel tiempo, dijo Jesús a sus discípulos: «Estad en vela, porque no sabéis qué día vendrá vuestro Señor. Comprended que si supiera el dueño de casa a qué hora de la noche viene el ladrón, estaría en vela y no dejaría que abrieran un boquete en su casa. Por eso, estad también vosotros preparados, porque a la hora que menos penséis viene el Hijo del hombre. ¿Quién es el criado fiel y prudente, a quien el señor encarga de dar a la servidumbre la comida a sus horas? Bienaventurado ese criado, si el señor, al llegar, lo encuentra portándose así. En verdad os digo que le confiará la administración de todos sus bienes. Pero si dijere aquel mal siervo para sus adentros: "Mi señor tarda en llegar", y empieza a pegar a sus compañeros, y a comer y a beber con los borrachos, el día y la hora que menos se lo espera, llegará el amo y lo castigará con rigor y lo hará compartir la suerte de los hipócritas. Allí será el llanto y el rechinar de dientes».

1 Tesalonicenses 3, 7-13; *Salmo* 89, 3-4.12-14.17 • **MATEO 24, 42-51**

SEÑOR, quiero ser un buen servidor tuyo, que haga lo mandado y espere con amor tu venida. *Sácianos de tu misericordia, Señor, y estaremos alegres (Salmo 89, 14).*

ORACIÓN

Martirio de San Juan Bautista
Santos Sabina *mr*, Víctor *er*, Adelfo *ob*

MARTIRIO DE SAN JUAN BAUTISTA

Papa Francisco: San Juan sabía que tenía que "aniquilarse a sí mismo" y recordó que lo había dicho desde el inicio hablando de Jesús: "Él debe crecer, y yo en cambio disminuir". Y él ha disminuido hasta la muerte. Fue el precursor, el anunciador de Jesús, quien ha dicho: "No soy yo, es él el Mesías". Se los mostró a los primeros discípulos, y luego su luz se apagó poco a poco, hasta la obscuridad de esa celda, en la prisión, donde solo, fue decapitado. [...] "El hombre más grande nacido de mujer" terminó solo, en una celda obscura de la prisión. Es un mártir, que dejó que su vida sea menos, menos, menos, para dar lugar al Mesías. (08-02-2019)

PALABRA En aquel tiempo, Herodes había mandado prender a Juan y lo había metido en la cárcel encadenado. El motivo era que Herodes se había casado con Herodías, mujer de su hermano Filipo, y Juan le decía que no le era lícito tener a la mujer de su hermano. Herodías aborrecía a Juan y quería matarlo, pero no podía, porque Herodes respetaba a Juan, sabiendo que era un hombre justo y santo, y lo defendía. Al escucharlo quedaba muy perplejo, aunque lo oía con gusto. La ocasión llegó cuando Herodes, por su cumpleaños, dio un banquete a sus magnates, a sus oficiales y a la gente principal de Galilea. La hija de Herodías entró y danzó, gustando mucho a Herodes y a los convidados. El rey le dijo a la joven: «Pídeme lo que quieras, que te lo daré». Y le juró: «Te daré lo que me pidas, aunque sea la mitad de mi reino». Ella salió a preguntarle a su madre: «¿Qué le pido?». La madre le contestó: «La cabeza de Juan el Bautista». Entró ella enseguida, a toda prisa, se acercó al rey y le pidió: «Quiero que ahora mismo me des en una bandeja la cabeza de Juan el Bautista». El rey se puso muy triste; pero, por el juramento y los convidados, no quiso desairarla. Enseguida le mandó a uno de su guardia que trajese la cabeza de Juan. Fue, lo decapitó en la cárcel, trajo la cabeza en una bandeja y se la entregó a la joven; la joven se la entregó a su madre. Al enterarse sus discípulos, fueron a recoger el cadáver y lo pusieron en un sepulcro.

Jeremías 1, 17-19; *Salmo* 70, 1-6.15-17 • **MARCOS 6, 17-29**

SEÑOR, que San Juan Bautista, mártir de la verdad y de la justicia, me ayude a vivir fielmente tu evangelio con testimonio coherente de vida, **en la verdad y en la caridad.** *Mi boca contará tu salvación* (Salmo 70, 15ab).

ORACIÓN

SANTA JUANA JUGÁN

Tomo IV - Salterio 1ª semana   **Sábado 21° Tiempo Ordinario**   AGOSTO

Santos **Juana Jugán** *vg*, **Félix** y
Adauto *mrs*, **Margarita Ward** *mr*.
Beato **Alfredo Ildefonso Schuster** *ob*

30

SÁBADO

Papa Francisco: La parábola nos dice que los primeros dos servidores multiplicaron el don recibido, mientras el tercero, más que fiarse de su señor, que se lo había entregado, le tuvo miedo y permaneció como paralizado, no arriesgó, no se involucró, y terminó por enterrar el talento. Y esto vale también para nosotros, podemos multiplicar lo que hemos recibido, haciendo de nuestra vida una ofrenda de amor para los demás, o podemos vivir bloqueados por una falsa imagen de Dios y, a causa del miedo, esconder bajo tierra el tesoro que hemos recibido, pensando sólo en nosotros mismos (...) Yo, como cristiana, como cristiano, ¿sé arriesgarme o me refugio en mí mismo por miedo o por cobardía? (19-11-2023)

En aquel tiempo, dijo Jesús a sus discípulos esta parábola: «Un hombre, al irse de viaje, llamó a sus siervos y los dejó encargados de sus bienes: a uno le dejó cinco talentos, a otro dos, a otro uno, a cada cual según su capacidad; luego se marchó. El que recibió cinco talentos fue enseguida a negociar con ellos y ganó otros cinco. El que recibió dos hizo lo mismo y ganó otros dos. En cambio, el que recibió uno fue a hacer un hoyo en la tierra y escondió el dinero de su señor. Al cabo de mucho tiempo viene el señor de aquellos siervos y se pone a ajustar las cuentas con ellos. Se acercó el que había recibido cinco talentos y le presentó otros cinco, diciendo: "Señor, cinco talentos me dejaste; mira, he ganado otros cinco". Su señor le dijo: "¡Bien, siervo bueno y fiel!; cómo has sido fiel en lo poco, te daré un cargo importante; entra en el gozo de tu señor". Se acercó luego el que había recibido dos talentos y dijo: "Señor, dos talentos me dejaste; mira, he ganado otros dos". Su señor le dijo: "¡Bien, siervo bueno y fiel!, como has sido fiel en lo poco, te daré un cargo importante; entra en el gozo de tu señor". Se acercó también el que había recibido un talento y dijo: "Señor, sabía que eres exigente, que siegas donde no siembras y recoges donde no esparces, tuve miedo y fui a esconder tu talento bajo tierra. Aquí tienes lo tuyo". El señor le respondió: "Eres un siervo negligente y holgazán. ¿Conque sabías que siego donde no siembro y recojo donde no esparzo? Pues debías haber puesto mi dinero en el banco, para que, al volver yo, pudiera recoger lo mío con los intereses. Quitadle el talento y dádselo al que tiene diez. Porque al que tiene se le dará y le sobrará, pero al que no tiene, se le quitará hasta lo que tiene. Y a ese siervo inútil echadlo fuera, a las tinieblas; allí será el llanto y rechinar de dientes"».

1 Tesalonicenses 4, 9-11; *Salmo* 97, 1.7-9 • **MATEO 25, 14-30**

SEÑOR, hoy me pregunto qué estoy haciendo con los talentos recibidos. A veces mi pereza me impide desarrollarlos adecuadamente, **pero renuevo mi compromiso de ponerlos a fructificar para el bien de tu Reino.** *El Señor llega para regir los pueblos con rectitud (Salmo 97 ,9).*

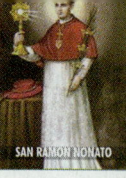
Papa Francisco: El hombre no es el lugar que ocupa, el hombre es la libertad de la que es capaz y que manifiesta plenamente cuando ocupa el último lugar, o cuando se le reserva un lugar en la Cruz. El cristiano sabe que su vida no es una carrera a la manera de este mundo, sino una carrera a la manera de Cristo, que dirá de sí mismo que ha venido para servir y no para ser servido. Hasta que no comprendamos que la revolución del Evangelio está toda en este tipo de libertad, seguiremos asistiendo a guerras, violencias e injusticias, que no son otra cosa que el síntoma externo de una falta de libertad interior. Ahí donde no hay libertad interior, se abren paso el egoísmo, el individualismo, el interés, los abusos y todas estas miserias. Y las miserias toman el mando. (28-08-2022)

PALABRA

• *Eclesiástico* 3,17-20.28-29: Hijo, actúa con humildad en tus quehaceres, y te querrán más que al hombre generoso. Cuanto más grande seas, más debes humillarte, y así alcanzarás el favor del Señor. «Muchos son los altivos e ilustres, pero él revela sus secretos a los mansos». Porque grande es el poder del Señor y es glorificado por los humildes. La desgracia del orgulloso no tiene remedio, pues la planta del mal ha echado en él sus raíces. Un corazón prudente medita los proverbios, un oído atento es el deseo del sabio.

• *Salmo* 67, 4-7.10-11: *Tu bondad, oh Dios, preparó una casa para los pobres.*

• *Hebreos* 12,18-19.22-24a: Hermanos: No os habéis acercado a un fuego tangible y encendido, a densos nubarrones, a la tormenta, al sonido de la trompeta; ni al estruendo de las palabras, oído el cual, ellos rogaron que no continuase hablando. Vosotros os habéis acercado al monte Sion, ciudad del Dios vivo, Jerusalén del cielo, a las miríadas de ángeles, a la asamblea festiva de los primogénitos inscritos en el cielo, a Dios, juez de todos; a las almas de los justos que han llegado a la perfección, y al Mediador de la nueva alianza, Jesús.

• LUCAS 14, 1.7-14: Un sábado, Jesús entró en casa de uno de los principales fariseos para comer y ellos lo estaban espiando. Notando que los convidados escogían los primeros puestos, les decía una parábola: «Cuando te conviden a una boda, no te sientes en el puesto principal, no sea que hayan convidado a otro de más categoría que tú; y venga el que os convidó a ti y al otro, y te diga: "Cédele el puesto a este". Entonces, avergonzado, irás a ocupar el último puesto. Al revés, cuando te conviden, vete a sentarte en el último puesto, para que, cuando venga el que te convidó, te diga: "Amigo, sube más arriba". Entonces quedarás muy bien ante todos los comensales. Porque todo el que se enaltece será humillado; y el que se humilla será enaltecido». Y dijo al que lo había invitado: «Cuando des una comida o una cena, no invites a tus amigos, ni a tus hermanos, ni a tus parientes, ni a los vecinos ricos; porque corresponderán invitándote y quedarás pagado. Cuando des un banquete, invita a pobres, lisiados, cojos y ciegos; y serás bienaventurado, porque no pueden pagarte; te pagarán en la resurrección los justos».

SEÑOR, sé que la humildad es importante en la vida cristiana, es la virtud que más nos ayuda a comprenderte y a llevar adelante el proyecto de vida que nos ofreces en tu seguimiento. **Soy soberbio, sana mi corazón.**

ORACIÓN

El que se enaltece será humillado,
y el que se humilla será enaltecido

VIDAS Y SEMBLANZAS

YO, PAULA, APASIONADA POR LA PALABRA

Santa Paula nos presenta su testimonio a modo de autobiografía imaginaria y documentada.
Gloria Ladislao. 78p. 9,50 €

SAN FELIPE NERI EL SANTO DE LA ALEGRÍA

Anécdotas, enseñanzas y obra de san Felipe Neri, que nos invita a seguir a Jesús con un corazón agradecido.
Cristián Abel Lascurain. 144p. 11,00 €

LAS RAÍCES DE NUESTRA FE

¿Conocemos cuáles son las raíces de nuestra fe? La espiritualidad visigoda, sus semblanzas, vidas y oraciones fueron clave para mantener viva la fe en Jesucristo.
Pablo Sierra. 248p. 16,00 €

YO, MARÍA MAGDALENA, DISCÍPULA DE JESÚS

Este libro propone volver al Evangelio y acompañar a María Magdalena, la endemoniada de Galilea que llegó ser la primera apóstol de la Resurrección.
Gloria Ladislao. 70p. 8,00 €

SANTOS DOCTORES DE LA IGLESIA

Recopilación de vidas y enseñanzas de todos los santos que han recibido el título de Doctor.
José Luis Kaufmann. 190p. 13,00 €

SEPTIEMBRE

NUESTRA SEÑORA DE COVADONGA (Asturias)

Bendita la Reina de nuestra montaña,
que tiene por trono la cuna de España
y brilla en la altura más bella que el sol.
Es Madre y es Reina. Venid peregrinos,
que ante ella se aspiran amores divinos
y en ella está el alma del pueblo español.

SEPTIEMBRE

1

LUNES

Lunes 22º Tiempo Ordinario   Tomo IV - Salterio 2ª semana

Ntra. Sra. de los Ángeles del Puig

Santos Josué *AT*, **Gil** *ab*, **Sixto** *ob*,
Vicente *ob*

JOSUÉ

Papa Francisco: Con las personas que no tienen buena voluntad, con las personas que buscan solamente el escándalo, que buscan solamente la división, que buscan solamente la destrucción, también en las familias: silencio. Y oración. Será el Señor, después, quien gane, tanto, como en este caso, con la dignidad de Jesús que refuerza y vuelve libre de esa voluntad de tirarlo, como con la dignidad de la victoria de la resurrección, después de la cruz. Pidamos al Señor la gracia de discernir cuando debemos hablar y cuándo debemos callar. Y esto en toda la vida: en el trabajo, en casa, en la sociedad, en toda la vida. Así seremos más imitadores de Jesús. (03-09-2018)

PALABRA

En aquel tiempo, Jesús fue a Nazaret, donde se había criado, entró en la sinagoga, como era su costumbre los sábados, y se puso en pie para hacer la lectura. Le entregaron el rollo del profeta Isaías y, desenrollándolo, encontró el pasaje donde estaba escrito: «El Espíritu del Señor está sobre mí, porque él me ha ungido. Me ha enviado a evangelizar a los pobres, a proclamar a los cautivos la libertad, y a los ciegos la vista; a poner en libertad a los oprimidos; a proclamar el año de gracia del Señor». Y enrollando el rollo y devolviéndolo al que lo ayudaba, se sentó. Toda la sinagoga tenía los ojos clavados en él. Y él comenzó a decirles: «Hoy se ha cumplido esta Escritura que acabáis de oír». Y todos lo expresaban su aprobación y se admiraban de las palabras de gracia que salían de su boca. Y decían: «¿No es este el hijo de José?». Pero Jesús les dijo: «Sin duda me diréis aquel refrán: "Médico, cúrate a ti mismo", haz también aquí, en tu pueblo, lo que hemos oído que has hecho en Cafarnaún». Y añadió: «En verdad os digo que ningún profeta es aceptado en su pueblo. Puedo aseguraros que en Israel había muchas viudas en los días de Elías, cuando estuvo cerrado el cielo tres años y seis meses y hubo una gran hambre en todo el país; sin embargo, a ninguna de ellas fue enviado Elías, sino a una viuda de Sarepta, en el territorio de Sidón. Y muchos leprosos había en Israel en tiempos del profeta Eliseo, sin embargo, ninguno de ellos fue curado sino Naamán, el sirio». Al oír esto, todos en la sinagoga se pusieron furiosos y, levantándose, lo echaron fuera del pueblo y lo llevaron hasta un precipicio del monte sobre el que estaba edificado su pueblo, con intención de despeñarlo. Pero Jesús se abrió paso entre ellos y seguía su camino.

1 Tesalonicenses 4, 13-18; *Salmo* 95, 1.3-5.11-13 • **LUCAS 4, 16-30**

ORACIÓN

SEÑOR Jesús, tu eres el verdadero Mesías prometido y esperado, que has venido a sanar, a liberar y a anunciar la Buena Nueva. **A ti, redentor y salvador, te alabamos y te glorificamos.** *El Señor llega a regir la tierra (Salmo 95, 13b).*

Papa Francisco: Lo que da autoridad, lo que da identidad es el Espíritu Santo, la unción del Espíritu Santo. Por eso el pueblo no amaba a los predicadores, a los doctores de la ley, porque hablaban, en verdad, de teología, pero no llegaban al corazón, no daban libertad, no eran capaces de hacer que el pueblo encontrase la propia identidad, porque no estaban ungidos por el Espíritu Santo. En cambio, la autoridad de Jesús —y la autoridad del cristiano— viene precisamente de esta capacidad de entender las cosas del Espíritu, de hablar la lengua del Espíritu; viene de esta unción del Espíritu Santo. (02-09-2014)

En aquel tiempo, Jesús bajó a Cafarnaún, ciudad de Galilea, y los sábados les enseñaba. Se quedaban asombrados de su enseñanza, porque su palabra estaba llena de autoridad. Había en la sinagoga un hombre poseído por un espíritu de demonio inmundo, y se puso a gritar con fuerte voz: «¡Basta! ¿Qué tenemos que ver nosotros contigo, Jesús Nazareno? ¿Has venido a acabar con nosotros? Sé quién eres: el Santo de Dios». Pero Jesús le increpó diciendo: «¡Cállate y sal de él!». Entonces el demonio, tirando al hombre por tierra en medio de la gente, salió sin hacerle daño. Quedaron todos asombrados y comentaban entre sí: «¿Qué clase de palabra es esta? Pues da órdenes con autoridad y poder a los espíritus inmundos, y salen». Y su fama se difundía por todos los lugares de la comarca.

1 Tesalonicenses 5, 1-6.9-11; *Salmo* 26, 1.4.13-14 • **LUCAS 4, 31-37**

SEÑOR, tu palabra llena de autoridad y fortaleza, elimina el mal de nuestro corazón y nos hace fuertes contra la tentación. **Gracias por tu cercanía y por tu amor.** *Espero gozar de la dicha del Señor en el país de la vida* (Salmo 26, 13).

SEPTIEMBRE

3

MIÉRCOLES

Miércoles 22° Tiempo Ordinario   Tomo IV - Salterio 2ª semana

Santos GREGORIO MAGNO *pp dc,*
Basilisa *vg mr,* **Sandalio** *mr*

SAN GREGORIO MAGNO

Papa Francisco: Con el ejemplo de Jesús, el médico del amor divino integral, es decir de la sanación física, social y espiritual —como era la sanación que hacía Jesús—, tenemos que actuar ahora, para sanar las epidemias provocadas por pequeños virus invisibles, y para sanar esas provocadas por las grandes y visibles injusticias sociales. Propongo que esto se haga a partir del amor de Dios, poniendo las periferias en el centro y a los últimos en primer lugar. (19-08-2020)

PALABRA

En aquel tiempo, al salir Jesús de la sinagoga, entró en la casa de Simón. La suegra de Simón estaba con fiebre muy alta y le rogaron por ella. Él, inclinándose sobre ella, increpó a la fiebre, y se le pasó; ella, levantándose enseguida, se puso a servirles. Al ponerse el sol, todos cuantos tenían enfermos con diversas dolencias se los llevaban; y él, imponiendo las manos sobre cada uno, los iba curando. De muchos de ellos salían también demonios, que gritaban y decían: «Tú eres el Hijo de Dios». Los increpaba y no les dejaba hablar, porque sabían que él era el Mesías. Al hacerse de día, salió y se fue a un lugar desierto. La gente lo andaba buscando y, llegando donde estaba, intentaban retenerlo para que no se separara de ellos. Pero él les dijo: «Es necesario que proclame el reino de Dios también a las otras ciudades, pues para esto he sido enviado». Y predicaba en las sinagogas de Judea.

Colosenses 1, 1-8; *Salmo* 51, 10-11 • **LUCAS 4, 38-44**

ORACIÓN

SEÑOR, yo padezco a veces esas fiebres de egoísmo y orgullo que terminan postrando mi vida. **Tómame de la mano, levántame y dame fuerzas para seguir caminando contigo.** *Confío en tu misericordia, Señor, por siempre (Salmo 51,10cd).*

SANTA CÁNDIDA DE ROMA

Ntra. Sra. de la Consolación
Santos Moisés *AT*, **Marcelo** *mr*,
Cándida *mr*, **Rosalía** *vg*, **Marino** *di er*.

Papa Francisco: Esta es la lógica que guía la misión de Jesús y la misión de la Iglesia: ir a buscar, «pescar» a los hombres y las mujeres, no para hacer proselitismo, sino para restituir a todos la plena dignidad y libertad, mediante el perdón de los pecados. Esto es lo esencial del cristianismo: difundir el amor regenerante y gratuito de Dios, con actitud de acogida y de misericordia hacia todos, para que cada uno pueda encontrar la ternura de Dios y tener plenitud de vida. (07-02-2016)

PALABRA

En aquel tiempo, la gente se agolpaba en torno a Jesús para oír la palabra de Dios. Estando él de pie junto al lago de Genesaret, vio dos barcas que estaban en la orilla; los pescadores, que habían desembarcado, estaban lavando las redes. Subiendo a una de las barcas, que era la de Simón, le pidió que la apartara un poco de tierra. Desde la barca, sentado, enseñaba a la gente. Cuando acabó de hablar, dijo a Simón: «Rema mar adentro, y echad vuestras redes para la pesca». Respondió Simón y dijo: «Maestro, hemos estado bregando toda la noche y no hemos recogido nada; pero, por tu palabra, echaré las redes». Y, puestos a la obra, hicieron una redada tan grande de peces que las redes comenzaban a reventarse. Entonces hicieron señas a los compañeros que estaban en la otra barca, para que vinieran a echarles una mano. Vinieron y llenaron las dos barcas, hasta el punto de que casi se hundían. Al ver esto, Simón Pedro se echó a los pies de Jesús diciendo: «Señor, apártate de mí, que soy un hombre pecador». Y es que el estupor se había apoderado de él y de los que estaban con él, por la redada de peces que habían recogido; y lo mismo les pasaba a Santiago y Juan, hijos de Zebedeo, que eran compañeros de Simón. Jesús dijo a Simón: «No temas; desde ahora serás pescador de hombres». Entonces sacaron las barcas a tierra y, dejándolo todo, lo siguieron.

Colosenses 1, 9-14; *Salmo* 97, 2-6 • **LUCAS 5, 1-11**

ORACIÓN

SEÑOR, si Pedro no te hubiera hecho caso no hubiera habido pesca. **Me cuesta muchas veces aceptar tu palabra, pero sé que si lo hago mi vida dará fruto.** *El Señor da a conocer su salvación* (Salmo 97, 2a).

Santos TERESA DE CALCUTA *vg,*
Bertín *ab,* **Urbano** y *co mrs,*
Pedro Nguyên Tu y *co mrs.*

SANTA TERESA DE CALCUTA

Papa Francisco: El corazón de Jesus es un corazón gozoso. Estamos acostumbrados a pensar en Jesus mientras predica, mientras cura, mientras va por la calle hablando a la gente, o cuando sube a la cruz. Pero no estamos muy acostumbrados a pensar en Jesus sonriente, alegre. Jesús estaba lleno de alegría. Una alegría que derivaba de la intimidad con el Padre. Es precisamente de esta relación con el Padre en el Espíritu Santo de donde nace la alegría interior de Jesus. Esa alegría que Él nos da (03-12-2013)

En aquel tiempo, los fariseos y los escribas dijeron a Jesús: «Los discípulos de Juan ayunan a menudo y oran, y los de los fariseos también; en cambio, los tuyos, a comer y a beber». Jesús les dijo: «¿Acaso podéis hacer ayunar a los invitados a la boda mientras el esposo está con ellos? Llegarán días en que les arrebatarán al esposo, entonces ayunarán en aquellos días». Les dijo también una parábola: «Nadie recorta una pieza de un manto nuevo para ponérsela a un manto viejo; porque, si lo hace, el nuevo se rompe y al viejo no le cuadra la pieza del nuevo. Nadie echa vino nuevo en odres viejos; porque, si lo hace, el vino nuevo reventará los odres y se derramará, y los odres se estropearán. A vino nuevo, odres nuevos. Nadie que cate vino añejo quiere del nuevo, pues dirá: "El añejo es mejor"».

Colosenses 1,15-20; *Salmo* 99,1-5 • **LUCAS 5, 33-39**

SEÑOR, con tu gracia ayúdame para que mi vida cristiana esté siempre renovada y **a punto para seguir caminando tras de ti.** *Entrad en la presencia del Señor con vítores (Salmo 99, 2b).*

VIRGEN DE GUADALUPE (ESPAÑA)

Ntra. Sra. de Guadalupe (España)
Santos Zacarías *prof*, Onesíforo *NT*,
Bega *mj*.

Papa Francisco: Dejemos que toque el corazón de muchos hombres y mujeres de esta tierra, dejemos que toque también nuestro corazón para que su novedad renueve nuestra vida y la de nuestra comunidad. Y no nos olvidemos que quien convoca con fuerza, quien construye la Iglesia, es el Espíritu Santo. (09-09-2019)

PALABRA Un sábado, iba Jesús caminando por medio de un sembrado y sus discípulos arrancaban y comían espigas, frotándolas con las manos. Unos fariseos dijeron: «¿Por qué hacéis en sábado lo que no está permitido?». Respondió Jesús, les dijo: «¿No habéis leído lo que hizo David, cuando él y sus compañeros sintieron hambre? Entró en la casa de Dios, y tomando los panes de la proposición, que solo está permitido comer a los sacerdotes, comió él y dio a los que estaban con él». Y les decía: «El Hijo del hombre es señor del sábado».

Colosenses 1,21-23; *Salmo* 53,3-4.6.8 • **LUCAS 6, 1-5**

ORACIÓN **SEÑOR Jesús,** Hijo de Dios, bendito seas por tu amor y compasión. Renueva en mí la luz de tu Espíritu para que me guíe siempre hacia ti y hacia el cumplimiento de tu palabra. *Dios es mi auxilio* (*Salmo 53, 6a*).

SANTA REGINA MÁRTIR

Papa Francisco: Él no quiere seducirnos con el engaño, no quiere distribuir alegrías baratas ni le interesan las mareas humanas. No profesa el culto a los números, no busca la aceptación, no es un idólatra del éxito personal. Al contrario, parece que le preocupa que la gente lo siga con euforia y entusiasmos fáciles. De esta manera, en vez de dejarse atraer por el encanto de la popularidad —porque la popularidad encanta—, pide que cada uno discierna con atención las motivaciones que le llevan a seguirlo y las consecuencias que eso implica. Quizá muchos de esa multitud, en efecto, seguían a Jesús porque esperaban que fuera un jefe que los liberara de sus enemigos, alguien que conquistara el poder y lo repartiera con ellos; o bien, uno que, haciendo milagros, resolviera los problemas del hambre y las enfermedades. De hecho, se puede ir en pos del Señor por varias razones, y algunas, debemos reconocerlo, son mundanas. Detrás de una perfecta apariencia religiosa se puede esconder la mera satisfacción de las propias necesidades, la búsqueda del prestigio personal, el deseo de tener una posición, de tener las cosas bajo control, el ansia de ocupar espacios y obtener privilegios, y la aspiración de recibir reconocimientos, entre otras cosas. Esto sucede hoy entre los cristianos. Pero este no es el estilo de Jesús. Y no puede ser el estilo del discípulo y de la Iglesia. Si alguien sigue a Jesús con dichos intereses personales, se ha equivocado de camino. (04-09-2022)

PALABRA

• *Sabiduría* 9, 13-18: ¿Qué hombre conocerá el designio de Dios?, o ¿quién se imaginará lo que el Señor quiere? Los pensamientos de los mortales son frágiles e inseguros nuestros razonamientos, porque el cuerpo mortal oprime el alma y esta tienda terrena abruma la mente pensativa. Si apenas vislumbramos lo que hay sobre la tierra y con fatiga descubrimos lo que está a nuestro alcance, ¿quién rastreará lo que está en el cielo?, ¿quién conocerá tus designios, si tú no le das sabiduría y le envías tu santo espíritu desde lo alto? Así se enderezaron las sendas de los terrestres, los hombres aprendieron lo que te agrada; y se salvaron por la sabiduría.

• *Salmo* 89,3-6.12-14.17: *Señor, tú has sido nuestro refugio de generación en generación.*

• **Filemón** 9b-10.12-17: Querido hermano: Yo, Pablo, anciano y ahora prisionero por Cristo Jesús, te recomiendo a Onésimo, mi hijo, a quien engendré en la prisión. Te lo envío como a hijo. Me hubiera gustado retenerlo junto a mí, para que me sirviera en nombre tuyo en esta prisión que sufro por el Evangelio; pero no he querido retenerlo sin contar contigo: así me harás este favor, no a la fuerza, sino con toda libertad. Quizá se apartó de ti por breve tiempo para que lo recobres ahora para siempre; y no como esclavo, sino como algo mucho mejor que un esclavo, como un hermano querido, que si lo es mucho para mí, cuánto más para ti, humanamente y en el Señor. Si me consideras compañero tuyo, recíbelo a él como a mí.

• **LUCAS 14,25-33:** En aquel tiempo, mucha gente acompañaba a Jesús; él se volvió y les dijo: «Si alguno viene a mí y no pospone a su padre y a su madre, a su mujer y a sus hijos, a sus hermanos y a sus hermanas, e incluso a sí mismo, no puede ser discípulo mío. Quien no carga con su cruz y viene en pos de mí, no puede ser discípulo mío. Así, ¿quién de vosotros, si quiere construir una torre, no se sienta primero a calcular los gastos, a ver si tiene para terminarla? No sea que, si echa los cimientos y no puede acabarla, se pongan a burlarse de él los que miran, diciendo: "Este hombre empezó a construir y no pudo acabar". ¿O qué rey, si va a dar la batalla a otro rey, no se sienta primero a deliberar si con diez mil hombres podrá salir al paso del que lo ataca con veinte mil? Y si no, cuando el otro está todavía lejos, envía legados para pedir condiciones de paz. Así pues, todo aquel de entre vosotros que no renuncia a todos sus bienes, no puede ser discípulo mío».

SEÑOR Jesús, de nuevo dejas claras las cosas en tu seguimiento. No valen medias tintas. No vale posponerte. Tú debes ser siempre principio, fundamento y centro. **Quiero vivir así, que no me falte tu gracia.**

ORACIÓN

FIESTA DE LA NATIVIDAD DE MARÍA

Ntra. Sra. de Covadonga, de la Caridad, del Cobre, de Gracia, de la Encina, del Pino, de los Llanos, del Coro, de la Victoria, de Nuria. Santos Fausto *mr,* **Sergio** *pp.* **Beato Federico Ozanam** *cf*

NATIVIDAD DE MARÍA

Papa Francisco: Un pasaje, el de la genealogía de Jesús, que puede parecer un poco repetitivo: Este engendró a aquel, este otro al de más allá, este a este otro... Es una lista. Sin embargo, es el camino de Dios: el camino de Dios entre los hombres, buenos y malos, porque en esta lista están los santos y están los criminales pecadores. Una lista, por lo tanto, donde se encuentra también mucho pecado. Sin embargo, Dios no se asusta: camina. Camina con su pueblo. (08-09-2015)

PALABRA Isaac a Jacob, Jacob a Judá y a sus hermanos. Judá engendró, de Tamar, a Fares y a Zará, Fares a Esrón, Esrón a Arán, Arán a Aminadab, Aminadab a Naasón, Naasón a Salmón, Salmón engendró, de Rahab, a Booz; Booz engendró, de Rut, a Obed; Obed a Jesé, Jesé engendró a David, el rey. David, de la mujer de Urías, engendró a Salomón, Salomón engendró a Roboam, Roboam a Abías, Abías engendró a Asaf, Asaf engendró a Josafat, Josafat engendró a Jorán, Jorán a Ozías, Ozías a Joatán, Joatán a Acaz, Acaz a Ezequías, Ezequías engendró a Manasés, Manasés engendró a Amós, Amós engendró a Josías; Josías engendró a Jeconías y a sus hermanos, cuando el destierro de Babilonia. Después del destierro de Babilonia, Jeconías engendró a Salatiel, Salatiel engendró a Zorobabel, Zorobabel engendró a Abiud, Abiud engendró a Eliaquín, Eliaquín engendró a Azor, Azor engendró a Sadoc, Sadoc a engendró Aquim, Aquim engendró a Eliud, Eliud engendró a Eleazar, Eleazar engendró a Matán, Matán engendró a Jacob; y Jacob engendró a José, el esposo de María, de la cual nació Jesús, llamado Cristo. La generación de Jesucristo fue de esta manera: María, su madre, estaba desposada con José y, antes de vivir juntos, resultó que ella esperaba un hijo por obra del Espíritu Santo. José, su esposo, como era justo y no quería difamarla, decidió repudiarla en privado. Pero, apenas había tomado esta resolución, se le apareció en sueños un ángel del Señor que le dijo: «José, hijo de David, no temas acoger a María, tu mujer, porque la criatura que hay en ella viene del Espíritu Santo. Dará a luz un hijo, y tú le pondrás por nombre Jesús, porque él salvará a su pueblo de sus pecados». Todo esto sucedió para que se cumpliese lo que había dicho el Señor por medio del Profeta: «Mirad: la Virgen concebirá y dará a luz un hijo y le pondrán por nombre Enmanuel, que significa "Dios-con-nosotros"».

Miqueas 5, 1-4a; *Salmo* 12, 6 • **MATEO 1, 1-16.18-23**

ORACIÓN **SEÑOR,** el nacimiento de tu Madre, la Virgen María, es como hermosa aurora que anuncia la llegada del día, del sol, que eres tú. **Que Ella nos impulse a seguirte con fidelidad y amor.** *Desbordo de gozo con el Señor (Salmo Isaías 61, 10a).*

Tomo IV - Salterio 3ª semana · **Martes 23° Tiempo Ordinario**

SEPTIEMBRE

9

MARTES

Santos **PEDRO CLAVER** *pb*,
María de la Cabeza *es*.

SAN PEDRO CLAVER

Papa Francisco: Los Doce son instituidos para que estén con él y para mandarlos a predicar con el poder de expulsar los demonios. Es el grupo más importante que Jesús eligió, "para que estuvieran con él", más cercanos, "y para mandarlos a predicar" el Evangelio. [...] Precisamente los Doce son los primeros obispos, el primer grupo de obispos. Estos Doce elegidos tenían consciencia de la importancia de esta elección, tanto que después de que Jesús subió a los cielos, Pedro habló a los otros y les explicó que, vista la traición de Judas, era necesario hacer algo. Y así, precisamente entre ellos que habían estado con Jesús, desde el bautismo de Juan hasta la ascensión, eligieron un testigo "con nosotros" —dice Pedro— de la resurrección. Por eso, el puesto de Judas fue ocupado, lo tomó Matías: fue elegido Matías. (22-01-2016)

En aquellos días, Jesús salió al monte a orar, y pasó la noche orando a Dios. Cuando se hizo de día, llamó a sus discípulos, escogió de entre ellos a Doce a los que también nombró apóstoles: Simón, al que puso de nombre Pedro, y Andrés, su hermano; Santiago, Juan, Felipe, Bartolomé, Mateo, Tomás, Santiago el de Alfeo, Simón, llamado el Zelote; Judas el de Santiago y Judas Iscariote, que fue el traidor. Después de bajar con ellos, se paró en una llanura, con un grupo grande de discípulos y una muchedumbre del pueblo, procedente de toda Judea, de Jerusalén y de la costa de Tiro y de Sidón. Venían a oírlo y a que los curara de sus enfermedades; los atormentados por espíritus inmundos quedaban curados, y toda la gente trataba de tocarlo, porque salía de él una fuerza que los curaba a todos.

Colosenses 2, 6-15; *Salmo* 144, 1-2.8-11 • **LUCAS 6, 12-19**

SEÑOR, quiero ser más consciente del valor y la importancia de la oración en mi vida. Quiero orar. Necesito orar. **Quiero detenerme en medio de mis prisas, de mis quehaceres, para experimentar tu presencia y tu amor.** *El Señor es bueno con todos (Salmo 144, 9a).*

SEPTIEMBRE

10

MIÉRCOLES

Miércoles 23° Tiempo Ordinario Tomo IV · Salterio 3ª semana

Santos Nicolás de Tolentino *pb*,
Pedro de Mezonzo *ob*, Beatos Alfonso
Navarrete y *co mrs*, Francisco Gárate *rl*.

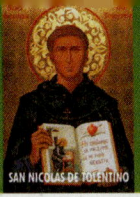

SAN NICOLÁS DE TOLENTINO

Papa Francisco: Jesús abre nuestros ojos a la realidad. Estamos llamados a la felicidad, a ser bienaventurados, y lo somos desde el momento en que nos ponemos de la parte de Dios, de su Reino, de la parte de lo que no es efímero, sino que perdura para la vida eterna. Nos alegramos si nos reconocemos necesitados ante Dios, y esto es muy importante: "Señor, te necesito", y si como Él y con Él estamos cerca de los pobres, de los afligidos y de los hambrientos. Nosotros también lo somos ante Dios: somos pobres, afligidos, tenemos hambre ante Dios. Somos capaces de alegría cada vez que, poseyendo los bienes de este mundo, no los convertimos en ídolos a los que vender nuestra alma, sino que somos capaces de compartirlos con nuestros hermanos. (17-02-2019)

PALABRA En aquel tiempo, Jesús, levantando los ojos hacia sus discípulos, les decía: Bienaventurados los pobres, porque vuestro es el reino de Dios. Bienaventurados los que ahora tenéis hambre, porque quedaréis saciados. Bienaventurados los que ahora lloráis, porque reiréis. Bienaventurados vosotros, cuando os odien los hombres, y os excluyan, y os insulten, y proscriban vuestro nombre como infame, por causa del Hijo del hombre. Alegraos ese día y saltad de gozo, porque vuestra recompensa será grande en el cielo. Eso es lo que hacían vuestros padres con los profetas. Pero, ¡ay de vosotros, los ricos!, porque habéis recibido vuestro consuelo. ¡Ay de vosotros, los que estáis saciados!, porque tendréis hambre. ¡Ay de los que ahora reís, porque haréis duelo y lloraréis! ¡Ay si todo el mundo habla bien de vosotros! Eso es lo que hacían vuestros padres con los falsos profetas».

Colosenses 3, 1-11; *Salmo* 144, 2-3. 10-13ab • **LUCAS 6, 20-26**

SEÑOR, seguirte a ti es fuente de dicha cuando lo vivo en plenitud y me entrego de lleno a ello. **Quiero hacerlo así, ayúdame.** *El Señor es bueno con todos (Salmo 144, 9a).*

ORACIÓN

Tomo IV - Salterio 3ª semana   Jueves 23° Tiempo Ordinario

SEPTIEMBRE

11

JUEVES

Ntra. Sra. de Valvanera de Coromoto
Santos Proto y Jacinto *mrs*, Félix y Régula *mrs*,
Emiliano *ob*. Beato Buenaventura Gran *rl*.

SANTOS PROTO Y JACINTO

Papa Francisco: El camino del cristiano siempre está ante una encrucijada: por un lado, la invitación del Señor a ser misericordioso, una invitación que es una gracia, una gracia de filiación, para parecerse al Padre. Por otro lado, está el gran acusador, Satanás, que nos insta a acusar a otros, a destruirlos. No se puede entrar en la lógica del acusador y, de hecho, la única acusación legítima que tenemos los cristianos es acusarnos a nosotros mismos. Para los demás solo misericordia, porque somos hijos del Padre que es misericordioso. (13-09-2018)

PALABRA En aquel tiempo, dijo Jesús a sus discípulos: «A vosotros los que me escucháis os digo: Amad a vuestros enemigos, haced el bien a los que os odian, bendecid a los que os maldicen, orad por los que os calumnian. Al que te pegue en una mejilla, preséntale la otra; al que te quite la capa, no le impidas que tome también la túnica. A quien te pide, dale; al que se lleve lo tuyo, no se lo reclames. Tratad a los demás como queréis que ellos os traten. Pues, si amáis a los que os aman, ¿qué mérito tenéis? También los pecadores aman a los que los aman. Y si hacéis bien solo a los que os hacen bien, ¿qué mérito tenéis? También los pecadores hacen lo mismo. Y si prestáis a aquellos de los que esperáis cobrar, ¿qué mérito tenéis? También los pecadores prestan a otros pecadores, con intención de cobrárselo. Por el contrario, amad a vuestros enemigos, haced el bien y prestad sin esperar nada; será grande vuestra recompensa y seréis hijos del Altísimo, porque él es bueno con los malvados y desagradecidos. Sed misericordiosos como vuestro Padre es misericordioso; no juzguéis, y no seréis juzgados; no condenéis, y no seréis condenados; perdonad, y seréis perdonados; dad, y se os dará: os verterán una medida generosa, colmada, remecida, rebosante, pues con la medida con que midiereis se os medirá a vosotros».

Colosenses 3, 12-17; *Salmo* 150, 1b.2-6a • **LUCAS 6, 27-38**

SEÑOR, la llamada que nos haces a la santidad es, en definitiva, una llamada a vivir la misericordia, centro de las bienaventuranzas. No puedo **ORACIÓN** amar a medias tintas, me pides que ame "hasta el extremo". Dame tu fuerza. **Gracias, Jesús.** *Todo ser que alienta alabe al Señor (Salmo 150, 6a).*

SEPTIEMBRE

12

VIERNES

Viernes 23° Tiempo Ordinario   Tomo IV - Salterio 3ª semana

DULCE NOMBRE DE MARÍA,
Ntra. Sra. de la Fuensanta (Murcia),
de Lluc, de Estíbaliz.
Santos Guido *cf*, Albeo *ob*

Papa Francisco: Cuando juzgamos nos colocamos en el lugar de Dios, esto es verdad, pero nuestro juicio es un pobre juicio: nunca, nunca puede ser un verdadero juicio». Porque, precisamente, «el verdadero juicio es el que da Dios». Y «¿por qué el nuestro no puede ser como el de Dios?; ¿por qué Dios es omnipotente y nosotros no? No, porque a nuestro juicio le falta la misericordia». Y «cuando Dios juzga, juzga con misericordia. (20-06-2016)

En aquel tiempo, dijo Jesús a los discípulos una parábola: «¿Acaso puede un ciego guiar a otro ciego? ¿No caerán los dos en el hoyo? No está el discípulo sobre su maestro, si bien, cuando termine su aprendizaje, será como su maestro. ¿Por qué te fijas en la mota que tiene tu hermano en el ojo y no reparas en la viga que llevas en el tuyo? ¿Cómo puedes decirle a tu hermano: "Hermano, déjame que te saque la mota del ojo", sin fijarte en la viga que llevas en el tuyo? ¡Hipócrita! Sácate primero la viga de tu ojo, y entonces verás claro para sacar la mota del ojo de tu hermano».

1Timoteo 1, 1–2.12-14; *Salmo* 15, 1b-2a.5.7-8.11 • **LUCAS 6, 39-42**

SEÑOR, cura mi ceguera, mi hipocresía, sana mi corazón, ayúdame a ser humilde, **a vivir en la sencillez de la verdad.** *Tú eres, Señor, el lote de mi heredad* (Salmo 15, 5a).

Tomo IV · Salterio 3ª semana   **Sábado 23° Tiempo Ordinario**   SEPTIEMBRE

13

Santos **JUAN CRISÓSTOMO** *ob dc*,
Julián *pr mr*, Marcelino *mr*.

SÁBADO

Papa Francisco: El fruto son las acciones, pero también las palabras. La calidad del árbol también se conoce de las palabras. Efectivamente, quien es bueno saca de su corazón y de su boca el bien y quien es malo saca el mal, practicando el ejercicio más dañino entre nosotros, que es la murmuración, el chismorreo, hablar mal de los demás. Esto destruye; destruye la familia, destruye la escuela, destruye el lugar de trabajo, destruye el vecindario. Por la lengua empiezan las guerras. Pensemos un poco en esta enseñanza de Jesús y preguntémonos: ¿Hablo mal de los demás? ¿Trato siempre de ensuciar a los demás? ¿Es más fácil para mí ver los defectos de otras personas que los míos? Y tratemos de corregirnos al menos un poco: nos hará bien a todos. (03-03-2019)

En aquel tiempo, decía Jesús a sus discípulos: «No hay árbol bueno que dé fruto malo, ni árbol malo que dé fruto bueno; por ello cada árbol se conoce por su fruto; porque no se recogen higos de las zarzas, ni se vendimian racimos de los espinos. El que es bueno, de la bondad que atesora en su corazón saca el bien, y el que es malo, de la maldad saca el mal; porque lo que rebosa del corazón, lo habla la boca. ¿Por qué me llamáis "Señor, Señor", y no hacéis lo que digo? Todo el que viene a mí, escucha mis palabras y las pone en práctica, os voy a decir a quién se parece: se parece a uno que edificó una casa: cavó, ahondó y puso los cimientos sobre roca; vino una crecida, arremetió el río contra aquella casa, y no pudo derribarla, porque estaba sólidamente construida. El que escucha y no pone en práctica se parece a uno que edificó una casa sobre tierra, sin cimiento; arremetió contra ella el río, y enseguida se derrumbó desplomándose, y fue grande la ruina de aquella casa».

1 Timoteo 1, 15-17; *Salmo* 112, 1-7 • **LUCAS 6, 43-49**

SEÑOR, quiero llenar mi corazón de ti para que rebose de amor y de bondad. **Quiero edificar mi vida en la solidez de tu palabra, de tu enseñanza, de tu evangelio.** *Bendito sea el nombre del Señor por siempre* (Salmo 112, 2).

FIESTA DE LA EXALTACIÓN DE LA SANTA CRUZ

Santos Alberto *ob*, Notburga *vg*

Papa Francisco: Hermanos y hermanas, este es el camino, el camino de nuestra salvación, de nuestro renacimiento y resurrección: mirar a Jesús crucificado. Desde esa altura podemos ver nuestra vida y la historia de nuestros pueblos de un modo nuevo. Porque desde la Cruz de Cristo aprendemos el amor, no el odio; aprendemos la compasión, no la indiferencia; aprendemos el perdón, no la venganza. Los brazos extendidos de Jesús son el tierno abrazo con el que Dios quiere acogernos. Y nos muestran la fraternidad que estamos llamados a vivir entre nosotros y con todos. Nos indican el camino, el camino cristiano; no el de la imposición y la coacción, del poder o de la relevancia, nunca el camino que empuña la cruz de Cristo contra los demás hermanos y hermanas por quienes Él ha dado la vida. El camino de Jesús, el camino de la salvación, es otro: es el camino del amor humilde, gratuito y universal, sin condiciones y sin "peros". (14-09-2022)

PALABRA • **Números** 21, 4b-9: En aquellos días, el pueblo se cansó de caminar y habló contra Dios y contra Moisés; «¿Por qué nos has sacado de Egipto para morir en el desierto? No tenemos ni pan ni agua, y nos da náusea ese pan sin sustancia.» El Señor envió contra el pueblo serpientes abrasadoras, que los mordían, y murieron muchos de Israel. Entonces el pueblo acudió a Moisés, diciendo: «Hemos pecado hablando contra el Señor y contra ti; reza al Señor para que aparte de nosotros las serpientes.» Moisés rezó al Señor por el pueblo, y el Señor le respondió: «Haz una serpiente abrasadora y colócala en un estandarte: los mordidos de serpientes quedarán sanos al mirarla.» Moisés hizo una serpiente de bronce y la colocó en un estandarte. Cuando una serpiente mordía a alguien, este miraba a la serpiente de bronce y salvaba la vida.

• **Salmo** 77, 1-2. 34-38: *No olvidéis las acciones del Señor.*

• *Filipenses* 2, 6-11: Cristo Jesús, siendo de condición divina, no retuvo ávidamente el ser igual a Dios; al contrario, se despojó de sí mismo tomando la condición de esclavo, hecho semejante a los hombres. Y así, reconocido como un hombre por su presencia, se humilló a sí mismo hecho obediente hasta la muerte, y una muerte de cruz. Por eso Dios lo exaltó sobre todo y le concedió el «Nombre-sobre-todo-nombre»; de modo que al nombre de Jesús toda rodilla se doble en el cielo, en la tierra, en el abismo, y toda lengua proclame: Jesucristo es Señor, para gloria de Dios Padre.

• **JUAN 3,13-17:** En aquel tiempo, dijo Jesús a Nicodemo: «Nadie ha subido al cielo, sino el que bajó del cielo, el Hijo del hombre. Lo mismo que Moisés elevó la serpiente en el desierto, así tiene que ser elevado el Hijo del hombre, para que todo el que cree en él tenga vida eterna. Porque tanto amó Dios al mundo que entregó a su Unigénito, para todo el que cree en él no perezca, sino que tengan vida eterna. Porque Dios no envió a su Hijo al mundo para juzgar al mundo, sino para que el mundo se salve por él».

SEÑOR, cuánto amor revela tu Cruz, el signo de nuestra salvación. Adoramos tu Cruz, te adoramos a ti en ella. **Desde allí, elevado y exaltado, nos atraes hacia tu corazón abierto de par en par para acogernos en tu misericordia.**

ORACIÓN

Tanto amó Dios al mundo que entregó a su Unigénito

SEPTIEMBRE

15

LUNES

Lunes 24º Tiempo Ordinario   Tomo IV · Salterio 4ª semana

**NUESTRA SEÑORA,
LA VIRGEN DE LOS DOLORES,**
del Camino, de Aránzazu,
de las Angustias, Bien Aparecida.
Santos Nicomedes *mr*, Valeriano *mr*, Alpino *ob*

NTRA. SRA. DE LOS DOLORES (Salzillo)

Papa Francisco: El gobernante que ama a un pueblo, incluso siendo extranjero. Y amaba a su siervo: porque amaba se preocupaba y porque se preocupaba fue a buscar la solución para resolver este problema de la enfermedad. Y acudió a Jesús y rezó. Este hombre sintió la necesidad de la oración, pero, ¿por qué? Porque amaba, ciertamente. Pero también porque tenía la conciencia de no ser el dueño de todo, de no ser la última instancia. [...] Es muy importante que los gobernantes recen: es muy importante. Pero tal vez alguno pueda decirme: "Padre, es cierto eso que usted dice, pero yo no soy creyente, yo soy agnóstico, soy ateo". De acuerdo, pero mídete: si no puedes rezar, mídete con tu conciencia; mídete con los sabios; llama a los sabios de tu pueblo y mídete. (18-09-2017)

PALABRA En aquel tiempo, cuando Jesús terminó de exponer todas sus enseñanzas al pueblo, entró en Cafarnaún. Un centurión tenía enfermo, a punto de morir, a un criado a quien estimaba mucho. Al oír hablar de Jesús, el centurión le envió unos ancianos de los judíos, rogándole que viniese a curar a su criado. Ellos, presentándose a Jesús, le rogaban encarecidamente: «Merece que se lo concedas, porque tiene afecto a nuestra gente y nos ha construido la sinagoga». Jesús se puso en camino con ellos. No estaba lejos de la casa, cuando el centurión le envió unos amigos a decirle: «Señor, no te molestes; porque no soy digno de que entres bajo mi techo; por eso tampoco me creí digno de venir personalmente. Dilo de palabra y mi criado quedará sano. Porque también yo soy un hombre sometido a una autoridad y con soldados a mis órdenes; y le digo a uno: "Ve", y va; al otro: "Ven", y viene; y a mi criado: "Haz esto", y lo hace». Al oír esto, Jesús se admiró de él y, volviéndose a la gente que lo seguía, dijo: «Os digo que ni en Israel he encontrado tanta fe». Y al volver a casa, los enviados encontraron al siervo sano.

1Timoteo 2, 1-8; *Salmo* 27, 2.7-9 • **LUCAS 7, 1-10**

ORACIÓN **SEÑOR,** junto a tu Cruz está tu Madre Dolorosa, fiel, abrazando tu dolor y ensanchando su maternidad con su corazón compasivo aún más dilatado y lleno de amor. **En la noche del dolor, Ella nos ayude a mirarte, a confiar en ti y en tu palabra.** *Bendito el Señor, que escuchó mi voz suplicante (Salmo 27, 6).*

Papa Francisco: Sucede, de hecho, que muchas veces vemos los telediarios o la portada de los periódicos, las tragedias... «pero mira, en ese país los niños no tienen qué comer; en aquel país los niños hacen de soldados; en ese país las mujeres son esclavizadas; en aquel país... ¡oh, qué calamidad! Pobre gente...». Pero después cambio de página y paso a la novela, a la telenovela que viene después. Y esto no es cristiano. ¿Soy capaz de tener compasión, de rezar? Cuando veo estas cosas que me llevan a casa a través de los medios, la televisión... ¿Se mueven las vísceras? El corazón palpita con esa gente, o siento pena, digo «pobre gente», y después, ¿termina ahí? (19-09-2017)

En aquel tiempo, iba Jesús camino de una ciudad llamada Naín, y caminaban con él sus discípulos y mucho gentío. Cuando se acercaba a la puerta de la ciudad, resultó que sacaban a enterrar a un muerto, hijo único de su madre, que era viuda; y un gentío considerable de la ciudad la acompañaba. Al verla el Señor, se compadeció de ella y le dijo: «No llores». Y acercándose al ataúd, lo tocó (los que lo llevaban se pararon) y dijo: «¡Muchacho, a ti te lo digo, levántate!». El muerto se incorporó y empezó a hablar, y se lo entregó a su madre. Todos, sobrecogidos de temor, daban gloria a Dios, diciendo: «Un gran Profeta ha surgido entre nosotros», y «Dios ha visitado a su pueblo». Este hecho se divulgó por toda Judea y por toda la comarca circundante.

1 Timoteo 3, 1-13; *Salmo* 100, 1b-3.5-6 • **LUCAS 7, 11-17**

 SEÑOR Jesús, contigo experimentamos que "Dios ha visitado a su pueblo". Tu compasión es nuestra salvación. **Tú eres nuestra vida.** *Andaré con rectitud de corazón (Salmo 100, 2c).*

SEPTIEMBRE

17

MIÉRCOLES

Miércoles 24° Tiempo Ordinario   Tomo IV - Salterio 4ª semana

Santos **ROBERTO BELARMINO** *ob dc*,
Hildegarda de Bingen *vg dc*,
Lamberto *ob*, **Columba** *vg mr*,
Pedro de Arbués *pb mr*

SAN ROBERTO BELARMINO

Papa Francisco: Cuán urgente es educar para respetar y cuidar: formar hombres capaces de relaciones sanas. Comunicar es formar al hombre. Comunicar es formar sociedad. No abandonéis el camino de la educación: ¡os llevará lejos! (23-11-2023)

PALABRA   En aquel tiempo, dijo el Señor: «¿A quién compararé los hombres de esta generación? ¿A quién son semejantes? Se asemejan a unos niños, sentados en la plaza, que gritan a otros aquello de: "Hemos tocado la flauta y no habéis bailado, hemos entonado lamentaciones, y no habéis llorado". Porque vino Juan el Bautista, que ni come ni bebe vino, y decís: "Tiene un demonio"; vino el Hijo del hombre, que come y bebe, y decís: "Mirad qué hombre más comilón y borracho, amigo de publicanos y pecadores". Sin embargo, todos los hijos de la sabiduría le han dado la razón».

1Timoteo 3, 14–16; *Salmo* 110, 1-6 • **LUCAS 7, 31-35**

SEÑOR, el pecado nos hace caprichosos y volubles. Así no maduramos ni crecemos. **Tu perdón nos renueve, tu gracia nos transforme.** ORACIÓN *Grandes son las obras del Señor (Salmo 110, 2a).*

SANTA MARÍA DE LA PURÍSIMA

Santos María de la Purísima *vg*,
José de Cupertino *pb*, Ariadna *mr*, Sofía,
Domingo Trach *pb mr*, Ricarda *re rl*

Papa Francisco: La Iglesia, cuando camina en la historia, es perseguida por los hipócritas: hipócritas de dentro y fuera. El diablo no tiene nada que hacer con los pecadores arrepentidos, porque miran a Dios y dicen: "Señor, yo soy un pecador. Ayúdame". Y si el diablo es impotente con los pecadores arrepentidos, es fuerte con los hipócritas. Es fuerte, y los usa para destruir, destruir personas, destruir la sociedad, destruir a la Iglesia. Y el caballo de batalla del diablo es la hipocresía, porque es un mentiroso: se muestra a sí mismo como un príncipe hermoso y poderoso, y por atrás es un asesino. (20-09-2018)

PALABRA

En aquel tiempo, un fariseo rogaba a Jesús que fuera a comer con él y, entrando en casa del fariseo, se recostó a la mesa. En esto una mujer de la ciudad, una pecadora, al enterarse de que estaba comiendo en casa del fariseo, vino con un frasco de alabastro lleno de perfume y, colocándose detrás junto a sus pies, llorando, se puso a regarle los pies con sus lágrimas, se los enjugaba con sus cabellos, los cubría de besos y se los ungía con el perfume. Al ver esto, el fariseo que lo había invitado se dijo: «Si este fuera profeta, sabría quién y qué es esta mujer que lo está tocando, pues es una pecadora». Jesús respondió y le dijo: «Simón, tengo algo que decirte». El respondió: «Dímelo, Maestro». Jesús le dijo: «Un prestamista tenía dos deudores; uno le debía quinientos denarios y el otro cincuenta. Como no tenían con qué pagar, los perdonó a los dos. ¿Cuál de los dos lo mostrará más amor?». Simón contestó: «Supongo que aquel a quien le perdonó más». Jesús le dijo: «Has juzgado rectamente». Y, volviéndose a la mujer, dijo a Simón: «¿Ves a esta mujer? He entrado en tu casa y no me has dado agua para los pies; ella, en cambio, me ha regado los pies con sus lágrimas y me los ha enjugado con sus cabellos. Tú no me diste el beso de paz; ella, en cambio, desde que entró, no ha dejado de besarme los pies. Tú no me ungiste la cabeza con ungüento; ella, en cambio, me ha ungido los pies con perfume. Por eso te digo: sus muchos pecados han quedado perdonados porque ha amado mucho; pero al que poco se le perdona, ama poco». Y a ella le dijo: «Han quedado perdonados tus pecados». Los demás convidados empezaron a decir entre ellos: «¿Quién es este, que hasta perdona pecados?». Pero él dijo a la mujer: «Tu fe te ha salvado, vete en paz».

1 Timoteo 4, 12-16; *Salmo* 110, 7-10 • **LUCAS 7, 36-50**

ORACIÓN

SEÑOR, tu corazón está lleno de misericordia hacia los pecadores. A veces me creo mejor que los demás, pero soy pecador también. **Perdona mi soberbia, quiero ser más humilde.** *Grandes son las obras del Señor (Salmo 110, 2a).*

SEPTIEMBRE

19

VIERNES

Viernes 24° Tiempo Ordinario   Tomo IV - Salterio 4ª semana

Santos JENARO *ob mr*,
Alonso de Orozco *pb*, Mariano *er*,
María de Cervelló *vg*,
M.ª Emilia de Rodat *vg*

SAN JENARO

Papa Francisco: Al igual que los primeros discípulos del Señor, también nosotros necesitamos atender su llamada y escuchar su Palabra: en medio de tantas palabras diarias, necesitamos escuchar esa Palabra que no nos habla de cosas, sino de vida. Hagamos espacio a la Palabra de Dios: Leamos algún versículo de la Biblia cada día. Comencemos por el Evangelio; mantengámoslo abierto en casa, en la mesita de noche, llevémoslo en nuestro bolsillo, veámoslo en la pantalla del teléfono, dejemos que nos inspire diariamente. Descubriremos que Dios está cerca de nosotros, que ilumina nuestra oscuridad, que nos guía con amor a lo largo de nuestra vida. (26-01-2020)

PALABRA En aquel tiempo, Jesús iba caminando de ciudad en ciudad y de pueblo en pueblo, proclamando y anunciando la Buena Noticia del reino de Dios, acompañado por los Doce, y por algunas mujeres que habían sido curadas de espíritus malos y de enfermedades: María la Magdalena, de la que habían salido siete demonios; Juana, mujer de Cusa, un administrador de Herodes; Susana y otras muchas que les servían con sus bienes.

1Timoteo 6, 2c-12; *Salmo* 48, 6-10.17-20 • **LUCAS 8, 1-3**

SEÑOR, no rechazas a nadie, a todos acoges, todos son objeto de tu amor. Yo por el contrario levanto barreras y tengo un amor selectivo. ORACIÓN **Cámbiame, hazme más conforme a ti.** *Bienaventurados los pobres en el espíritu, porque de ellos es el reino de los cielos* (Salmo Mateo 5, 3).

Santos **ANDRÉS KIM, PABLO CHONG**
y *co mrs*, Juan Carlos Cornay *pb mr.*
Beatos **Francisco de Posadas** *pb*,
José de Yermo *pb*

20

SÁBADO

SS. ANDRÉS KIM Y PABLO CHONG

Papa Francisco: Imaginemos una semilla: es pequeña, casi no se ve, pero hace crecer plantas que dan frutos. La Palabra de Dios es así; pensemos en el Evangelio, un pequeño libro, sencillo y al alcance de todos, que produce vida nueva en quien lo acoge. Y si la Palabra es la semilla, nosotros somos el terreno: podemos recibirla o no. Jesús, buen sembrador, no se cansa de sembrarla con generosidad. Conoce nuestro terreno, sabe que las piedras de nuestra inconstancia y las espinas de nuestros vicios pueden sofocar la Palabra, y sin embargo siempre espera que nosotros podamos dar fruto abundante. Así como el Señor no se cansa de sembrar, estamos llamados a sembrar sin cansarnos. (16-07-2023)

PALABRA En aquel tiempo, habiéndose reunido una gran muchedumbre y gente que salía de toda la ciudad, dijo Jesús esta parábola: «Salió el sembrador a sembrar su semilla. Al sembrarla, algo cayó al borde del camino, lo pisaron, y los pájaros del cielo se lo comieron. Otro poco cayó en terreno pedregoso y, después de brotar, se secó por falta de humedad. Otra parte cayó entre abrojos, y los abrojos, creciendo al mismo tiempo, lo ahogaron. Y otra parte cayó en tierra buena y, después de brotar, dio fruto al ciento por uno». Dicho esto, exclamó: «El que tenga oídos para oír, que oiga». Entonces le preguntaron los discípulos qué significa esa parábola. Él dijo: «A vosotros se os ha otorgado conocer los misterios del reino de Dios; pero a los demás, en parábolas, "para que viendo no vean y oyendo no entiendan". El sentido de la parábola es este: la semilla es la palabra de Dios. Los del borde del camino son los que escuchan, pero luego viene el diablo y se lleva la palabra de sus corazones, para que no crean y se salven. Los del terreno pedregoso son los que, al oír, reciben la palabra con alegría, pero no tienen raíz; son los que por algún tiempo creen, pero en el momento de la prueba fallan. Lo que cayó entre abrojos son los que han oído, pero, dejándose llevar por los afanes, riquezas y placeres de la vida, se quedan sofocados y no llegan a dar fruto maduro. Los de la tierra buena son los que escuchan la palabra con un corazón noble y generoso, la guardan y dan fruto con perseverancia».

1 Timoteo 6, 13-16; *Salmo* 99, 1-5 • **LUCAS 8, 4-15**

SEÑOR, quiero ser tierra buena donde tu palabra, semilla de vida nueva, dé fruto abundante. **Que me asista siempre tu gracia poderosa.** *Entrad en la presencia del Señor con vítores (Salmo 99, 2b).*

ORACIÓN

SEPTIEMBRE

21

DOMINGO

DOMINGO XXV TIEMPO ORDINARIO   Tomo IV - Salterio 1ª semana

SAN MATEO APÓSTOL EVANGELISTA
Santos Jonás *prof*, Cástor *ob*,
Landelino *mj*, Maura *vg*

JORNADA MUNDIAL DEL TURISMO

SAN MATEO

Papa Francisco: Hermanos y hermanas, también en el mundo de hoy hay historias de corrupción como la del Evangelio; conductas deshonestas, políticas injustas, egoísmos que dominan las decisiones de los individuos y de las instituciones, y tantas otras situaciones oscuras. Pero a los cristianos no se nos permite desanimarnos o, peor aún, dejarlo pasar, permanecer indiferentes. Al contrario, estamos llamados a ser creativos a la hora de hacer el bien, con la prudencia y la astucia del Evangelio, usando los bienes de este mundo —no solo los materiales, sino todos los dones que hemos recibido del Señor— no para enriquecernos, sino para generar amor fraterno y amistad social. Esto es muy importante: generar amistad social con nuestra actitud. (18-09-2022)

• *Amós* 8, 4-7: Escuchad esto, los que pisoteáis al pobre y elimináis a los humildes del país, diciendo: «¿Cuándo pasará la luna nueva para vender el grano, y el sábado para abrir los sacos de cereal –reduciendo el peso y aumentando el precio y modificando las balanzas con engaño– para comprar al indigente por plata y al pobre por un par de sandalias, para vender hasta el salvado del grano?». El Señor lo ha jurado por la Gloria de Jacob: "No olvidaré jamás ninguna de sus acciones".

• *Salmo* 112, 1-8: *Alabad al Señor, que alza al pobre.*

• *1 Timoteo* 2, 1b-2.4-8: Querido hermano: Ruego, lo primero de todo, que se hagan súplicas, oraciones, peticiones, acciones de gracias por toda la humanidad, por los reyes y por todos los constituidos en autoridad, para que podamos llevar una vida tranquila y sosegada, con toda piedad y respeto. Esto es bueno y agradable a los ojos de Dios nuestro Salvador, que quiere que todos los hombres se salven y lleguen al conocimiento de la verdad. Pues Dios es uno, y único también el mediador entre Dios y los hombres: el hombre Cristo Jesús, que se entregó en rescate por todos; este es un testimonio dado en su debido tiempo y para el que fui constituido heraldo y apóstol –digo la verdad, no miento–, maestro de las naciones en la fe y en la verdad. Quiero, pues, que los hombres oren en todo lugar, alzando unas manos limpias, sin ira ni divisiones.

• **LUCAS 16, 1-13:** En aquel tiempo, dijo Jesús a sus discípulos: «Un hombre rico tenía un administrador a quien acusaron ante él de derrochar sus bienes. Entonces lo llamó y le dijo: "¿Qué es eso que estoy oyendo de ti? Dame cuenta de tu administración, porque en adelante no podrás seguir administrando". El administrador se puso a decir para sí: "¿Qué voy a hacer, pues mi señor me quita la administración? Para cavar no tengo fuerzas; mendigar me da ver-güenza. Ya sé lo que voy a hacer para que, cuando me echen de la administración, encuentre quien me reciba en su casa". Fue llamando uno a uno a los deudores de su amo, y dijo al primero: "¿Cuánto debes a mi amo?". Este respondió: "Cien barriles de aceite". Él le dijo: "Toma tu recibo; aprisa, siéntate y escribe cincuenta". Luego dijo a otro: "Y tú, ¿cuánto debes? Él contestó: "Cien fanegas de trigo". Le dice: "Toma tu recibo y escribe ochenta". Y el amo alabó al administrador injusto, porque había actuado con astucia. Ciertamente, los hijos de este mundo son más astutos con su propia gente que los hijos de la luz. Y yo os digo: ganaos amigos con el dinero de iniquidad, para que cuando os falte, os reciban en las moradas eternas. El que es fiel en lo poco, también en lo mucho es fiel; el que es injusto en lo poco, también en lo mucho es injusto. Pues, si no fuisteis fieles en la riqueza injusta, ¿quién os confiará la verdadera? Si no fuisteis fieles en lo ajeno, ¿lo vuestro quién os lo dará? Ningún siervo puede servir a dos señores: porque, o bien aborrecerá a uno y amará al otro, o bien se dedicará al primero y no hará caso del segundo. No podéis servir a Dios y al dinero».

SEÑOR Jesús, tú eres mi único "señor", quiero ser tu siervo fiel. Astuto, no para hacer el mal, sino para hacer crecer en mí y a mi alrede-dor el bien, **la justicia, la paz, el amor, la verdad, los bienes de tu Reino, semillas potentes que transforman y renuevan todo.**

SEPTIEMBRE

22

LUNES

Lunes 25º Tiempo Ordinario   Tomo IV - Salterio 1ª semana

Santos Mauricio y *co mrs*, Emérita *mr.*
Beatos José Aparicio
y 232 mártires de Valencia

BB. JOSÉ APARICIO Y 232 MÁRTIRES DE VALENCIA

Papa Francisco: El cristiano debería ser una persona luminosa, que lleva luz, que siempre da luz. Una luz que no es suya, sino que es el regalo de Dios, es el regalo de Jesús. Y nosotros llevamos esta luz. Si el cristiano apaga esta luz, su vida no tiene sentido: es un cristiano sólo de nombre, que no lleva la luz, una vida sin sentido. Pero yo os quisiera preguntar ahora: ¿cómo queréis vivir? ¿Como una lámpara encendida o como una lámpara apagada? (09-02-2014).

PALABRA En aquel tiempo, dijo Jesús al gentío: «Nadie que ha encendido una lámpara, la tapa con una vasija o la mete debajo de la cama, sino que la pone en el candelero para que los que entren vean la luz. Pues nada hay oculto que no llegue a descubrirse, ni nada secreto que no llegue a saberse y hacerse público. Mirad, pues, cómo oís, pues al que tiene se le dará y al que no tiene se le quitará hasta lo que cree tener».

Esdras 1, 1-6; *Salmo* 125, 1-6 • **LUCAS 8, 16-18**

ORACIÓN **SEÑOR Jesús,** tú has puesto en mi corazón la luz de la fe no para que esté oculta sino para que alumbre. **Ayúdame a acrecentar esta luz y a ser testigo de tu amor allí donde yo esté.** *El Señor ha estado grande con nosotros (Salmo 125, 3a).*

SAN PÍO DE PIETRELCINA

Tomo IV - Salterio 1ª semana · **Martes 25° Tiempo Ordinario**

Santos **PÍO DE PIETRELCINA** *pb*,
Zacarías e Isabel *es.* Cristóbal, Antonio y
Juan de Taxkala, niños *mrs*, Lino *pp.*

Papa Francisco: Jesús nos hace pensar a nosotros que somos su familia, es decir, aquellos que escuchan la palabra de Dios y la ponen en práctica. Un gesto, aquel de Jesús, que restituye el concepto de familiaridad con Dios, de familiaridad con Jesús. De hecho, nosotros podemos ser discípulos, podemos ser amigos, pero ser familia es aún más. [...] Familiaridad con Jesús significa estar con Él, mirarlo, escuchar su palabra, buscar practicarla, hablar con Él». Un diálogo simple en el que se habla con el Señor de las cosas de cada uno [...] Hay que, proceder con esta actitud de familiaridad con el Señor y no quedarse como cristianos que se conforman con tener una actitud buena con el Señor, pero tú allí y yo aquí. La invitación del Señor está clara y es más atrayente: Somos familia, vosotros sois mi familia si escucháis mi palabra y si la ponéis en práctica. (26-09-2017)

PALABRA En aquel tiempo, vinieron a Jesús su madre y sus hermanos, pero con el gentío no lograban llegar hasta él. Entonces le avisaron: «Tu madre y tus hermanos están fuera y quieren verte». Él respondió diciéndoles: «Mi madre y mis hermanos son estos: los que escuchan la palabra de Dios y la cumplen».

Esdras 6, 7–8.12b.14–20; *Salmo* 121, 1-5 • **LUCAS 8, 19–21**

ORACIÓN **SEÑOR,** por el bautismo me has hecho tuyo, de tu familia. **Que mi corazón esté siempre dispuesto a cumplir tu voluntad.** *Vamos alegres a la casa del Señor (Salmo 121, 1bc).*

SEPTIEMBRE

24

MIÉRCOLES

Miércoles 25° Tiempo Ordinario   Tomo IV · Salterio 1ª semana

Ntra. Sra. de la Merced. Santos Gerardo Sagredo *ob mr,* **Antonio González** *pb mr.* **Beato Dalmacio Moner** *pb*

B. DALMACIO MONER

Papa Francisco: Jesús dice que no nos apoyemos en certezas materiales, que vayamos al mundo sin mundanidad. Esto es lo que hay que decir: voy al mundo no con el estilo del mundo, no con los valores del mundo, no con la mundanidad -para la Iglesia, caer en la mundanidad es lo peor que puede pasar. Voy con sencillez. (15-02-2023)

PALABRA En aquel tiempo, habiendo convocado Jesús a los Doce, les dio poder y autoridad sobre toda clase de demonios y para curar enfermedades. Luego los envió a proclamar el reino de Dios y a curar a los enfermos, diciéndoles: «No llevéis nada para el camino: ni bastón ni alforja, ni pan ni dinero; tampoco tengáis dos túnicas cada uno. Quedaos en la casa donde entréis, hasta que os vayáis de aquel sitio. Y si algunos no os reciben, al salir de aquel pueblo sacudíos el polvo de vuestros pies, como testimonio contra ellos». Se pusieron en camino y fueron de aldea en aldea, anunciando la Buena Noticia y curando en todas partes.

Esdras 9, 5-9; *Salmo: Tobías* 13, 1b-5.10 • **LUCAS 9, 1-6**

ORACIÓN **SEÑOR Jesús,** anunciar el Reino de Dios y hacerlo visible fue tu misión y tu pasión. **Así quiero vivir yo mi vocación cristiana, colaborando contigo en esa importante misión de seguir construyendo tu Reino de amor, paz, justicia y verdad.** *Bendito sea Dios, que vive eternamente (Tobías 13, 1b).*

Tomo IV - Salterio 1ª semana   Jueves 25° Tiempo Ordinario

SEPTIEMBRE
25
JUEVES

Ntra. Sra. de la Fuencisla
Santos Cleofás *NT*, Fermín *ob mr*, Pablo y Tata *es*
y cuatro hijos *mrs*.

SAN CLEOFÁS

Papa Francisco: El primer paso para el conocimiento de Jesucristo es el conocimiento propio, de la propia miseria, que necesita ser redimida, que necesita a alguien que pague: que pague el derecho a decirse "hijo de Dios". En realidad, todos lo somos, pero para decirlo, sentirlo, era necesario el sacrificio de Cristo. [...] Entonces, el primer paso es reconocerse pecadores, pero no en teoría, sino en práctica. Decir he empezado a hacer esto, me he detenido, pero si hubiera seguido por ese camino, habría terminado mal, muy mal es la raíz del pecado que te lleva adelante. Por tanto, el primer paso es este: reconocerse pecador y decirse a sí mismo las propias miserias, avergonzarse de sí mismo: es el primer paso. El segundo paso para conocer a Jesús es la contemplación, la oración, proponiendo la simple invocación: «Señor, que yo te conozca». [...] Se trata, ha explicado de conocerse a sí mismo y conocer a Jesús. Y aquí se da esta relación de salvación: la oración, invitando a no conformarse con el decir tres, cuatro palabras adecuadas sobre Jesús porque conocer a Jesús es una aventura, pero una aventura de verdad, no la aventura de un niño. (25-10-2018)

PALABRA En aquel tiempo, el tetrarca Herodes se enteró de lo que pasaba sobre Jesús y no sabía a qué atenerse, porque unos decían que Juan había resucitado de entre los muertos; otros, en cambio, que había aparecido Elías, y otros que había vuelto a la vida uno de los antiguos profetas. Herodes se decía: «A Juan lo mandé decapitar yo. ¿Quién es este de quien oigo semejantes cosas?». Y tenía ganas de verlo.

Ageo 1, 1–8; *Salmo* 149, 1–6. 9b • **LUCAS 9, 7–9**

ORACIÓN **SEÑOR Jesús,** seguirte no es tener curiosidad por ti, es comprometerse a ir detrás de ti, acoger tu palabra y vivir como tú nos enseñas. **Estoy dispuesto, que no me falta tu gracia.** *El Señor ama a su pueblo* (Salmo 149, 4a).

SEPTIEMBRE

26

VIERNES

Viernes 25° Tiempo Ordinario   Tomo IV · Salterio 1ª semana

Santos COSME y DAMIÁN *mrs,*
Gedeón *AT,* Nilo *ab,*
Lucía Kim y *co mrs*

SANTOS COSME Y DAMIAN

Papa Francisco: Pedro nos dice que a la pregunta "¿quién es Jesús para mí?" no basta responder con una fórmula doctrinal impecable, ni siquiera con una idea que nos hayamos construido de una vez por todas. No. Es siguiendo al Señor como aprendemos a conocerlo cada día; es haciéndonos sus discípulos y acogiendo su Palabra la manera en que nos convertimos en sus amigos y experimentamos su amor transformador. Ese "inmediatamente" resuena también para nosotros: si podemos posponer tantas cosas en la vida, el seguimiento de Jesús es inaplazable; ahí no podemos dudar, no podemos poner excusas. Y cuidado, porque algunas excusas se disfrazan de espiritualidad, como cuando decimos "no soy digno", "no soy capaz", "¿qué puedo hacer yo?". Esto es un truco del demonio, que nos roba la confianza en la gracia de Dios, haciéndonos creer que todo depende de nuestras capacidades. (23-06-2023)

Una vez que Jesús estaba orando solo, lo acompañaban sus discípulos y les preguntó: «¿Quién dice la gente que soy yo?». Ellos contestaron: «Unos que Juan el Bautista, otros que Elías, otros dicen que ha resucitado uno de los antiguos profetas». Él les preguntó: «Y vosotros, ¿quién decís que soy yo?». Pedro respondió: «El Mesías de Dios». Él les prohibió terminantemente decírselo a nadie, porque decía: «El Hijo del hombre tiene que padecer mucho, ser desechado por los ancianos, sumos sacerdotes y escribas, ser ejecutado y resucitar al tercer día».

Ageo 2, 1-9; *Salmo* 42, 1-4 • **LUCAS 9, 18-22**

SEÑOR Jesús, la gente opina sobre ti, pero seguirte no es opinar sino conocerte y amarte. **Gracias por buscarme, gracias por haberme encontrado contigo.** *Espera en Dios, que volverás a alabarlo: "Salud de mi rostro, Dios mío"* (Salmo 42, 5cd).

Santos **VICENTE DE PAÚL** *pb*,
Cayo *ob*, Adolfo y Juan *mrs*

SAN VICENTE DE PAÚL

Papa Francisco: No sabemos cómo fue la vida de Judas. Un muchacho normal, tal vez, e incluso con inquietudes, porque el Señor lo llamó a ser discípulo. [...] El amor por el dinero lo había llevado fuera de las reglas: a robar, y de robar a traicionar hay un paso, pequeñito. Quien ama demasiado el dinero traiciona para tener más, siempre: es una regla, es un hecho comprobado. El Judas muchacho, quizás bueno, con buenas intenciones, termina siendo un traidor hasta el punto de ir al mercado a vender: Fue donde los sumos sacerdotes y les dijo: «¿Qué me daréis, si os lo entrego?». [...] Pensemos en tantos Judas institucionalizados en este mundo, que explotan a la gente. Y también pensemos en el pequeño Judas que cada uno de nosotros tiene dentro de sí a la hora de elegir: entre lealtad o interés. Cada uno de nosotros tiene la capacidad de traicionar, de vender, de elegir por el propio interés. Cada uno de nosotros tiene la posibilidad de dejarse atraer por el amor al dinero o a los bienes o al bienestar futuro. (08-04-2020)

En aquel tiempo, entre la admiración general por lo que hacía, Jesús dijo a sus discípulos: «Meteos bien en los oídos estas palabras: el Hijo del hombre va a ser entregado en manos de los hombres». Pero ellos no entendían este lenguaje; les resultaba tan oscuro que no captaban el sentido. Y les daba miedo preguntarle sobre el asunto.

Zacarías 2, 5-9.14-15c; *Salmo: Jeremías* 31, 10-13 • **LUCAS 9, 43b-45**

SEÑOR, también a mí me cuesta entender el lenguaje de tu entrega. Es arriesgado. **Es comprometido. Me interpela. Me cuestiona.** Ayúdame a comprender esa entrega como camino de plenitud. *El Señor nos guardará como pastor a su rebaño (Jeremías 31, 10d).*

SAN WENCESLAO

Papa Francisco: Queridos hermanos y hermanas, es doloroso ver que esta parábola es todavía historia de nuestros días: las injusticias, las disparidades, los recursos de la tierra distribuidos de forma desigual, los abusos de los poderosos contra los débiles, la indiferencia ante el grito de los pobres, el abismo que cavamos día a día generando marginación, no pueden —todas estas cosas— dejarnos indiferentes. Y entonces hoy, juntos, reconozcamos que la Eucaristía es profecía de un mundo nuevo, es la presencia de Jesús que nos pide comprometernos para que ocurra una conversión efectiva: conversión de la indiferencia a la compasión, conversión del derroche al compartir, conversión del egoísmo al amor, conversión del individualismo a la fraternidad. (25-09-2022)

PALABRA

• *Amós* 6, 1a.4-7: Esto dice el Señor omnipotente: «¡Ay de aquellos que se sienten seguros en Sion, confiados en la montaña de Samaría! Se acuestan en lechos de marfil, se arrellanan en sus divanes, comen corderos del rebaño y terneros del establo; tartamudean como insensatos e inventan como David instrumentos musicales, beben el vino en elegantes copas, se ungen con el mejor de los aceites pero no se conmueven para nada por la ruina de la casa de José. Por eso irán al destierro, a la cabeza de los deportados, y se acabará la orgía de los disolutos».

• *Salmo* 145, 6-10: *Alaba, alma mía, al Señor.*

• *1 Timoteo* 6, 11-16: Hombre de Dios, busca la justicia, la piedad, la fe, el amor, la paciencia, la mansedumbre. Combate el buen combate de la fe, conquista la vida eterna, a la que fuiste llamado, y que tú profesaste noblemente delante de muchos testigos. Delante de Dios, que da vida a todas las cosas, y de Cristo Jesús, que proclamó tan noble profesión de fe ante Poncio Pilato, te ordeno que guardes el mandamiento sin mancha ni reproche, hasta la manifestación de nuestro Señor Jesucristo, que, en el tiempo apropiado, mostrará el bienaventurado y único Soberano, Rey de los reyes y Señor de los señores, el único que posee la inmortalidad, que habita una luz inaccesible a quien ningún hombre ha visto ni puede ver. A él honor y poder eterno. Amén.

• **LUCAS: 16,19-31:** En aquel tiempo, dijo Jesús a los fariseos: «Había un hombre rico que se vestía de púrpura y de lino y banqueteaba cada día. Y un mendigo llamado Lázaro estaba echado en su portal, cubierto de llagas, y con ganas de saciarse de lo que caía de la mesa del rico. Y hasta los perros venían y le lamían las llagas. Sucedió que se murió el mendigo y fue llevado por los ángeles al seno de Abrahán. Murió también el rico y fue enterrado. Y estando en el infierno, en medio de los tormentos, levantando los ojos, vio de lejos a Abrahán y a Lázaro en su seno, y gritando, dijo: "Padre Abrahán, ten piedad de mí y manda a Lázaro que moje en agua la punta del dedo y me refresque la lengua, porque me torturan estas llamas". Pero Abrahán le dijo: "Hijo, recuerda que recibiste tus bienes en vida y Lázaro, a su vez, males: por eso ahora él es aquí consolado, mientras que tú eres atormentado. Y, además, entre nosotros y vosotros se abre un abismo inmenso, para que los que quieran cruzar, desde aquí hacia vosotros, no puedan hacerlo, ni tampoco pasar de ahí hasta nosotros". Él dijo: "Te ruego, entonces, padre, que lo mandes a casa de mi padre, pues tengo cinco hermanos: que les dé testimonio de estas cosas, no sea que también ellos vengan a este lugar de tormento". Abrahán le dice: "Tienen a Moisés y a los profetas: que los escuchen". El rico le dice: "No, padre Abrahán. Pero si un muerto va a ellos, se arrepentirán". Abrahán le dijo: "Si no escuchan a Moisés y a los profetas, no se convencerán ni aunque resucite un muerto"».

SEÑOR, no puedo vivir una vida cristiana sin un compromiso real por el amor fraterno pues sería un fraude. No debo vivir sin preocuparme ORACIÓN de los demás, especialmente de los que más sufren. **Ayúdame a cambiar mi corazón egoísta.**

FIESTA DE LOS SANTOS ARCÁNGELES
MIGUEL, GABRIEL Y RAFAEL

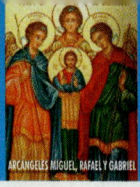

ARCÁNGELES MIGUEL, RAFAEL Y GABRIEL

Papa Francisco: Podemos hallar muchos encuentros en la Biblia, porque el Señor nos busca para tener un encuentro con nosotros y cada uno de nosotros tiene su propio encuentro con Jesús. Quizá lo olvidamos, perdemos la memoria hasta el punto de preguntarnos: «Pero ¿cuándo yo me encontré con Jesús o cuándo Jesús me encontró?». Seguramente Jesús te encontró el día de tu Bautismo: eso es verdad, eras niño. Y con el Bautismo te ha justificado y te ha hecho parte de su pueblo. Todos nosotros hemos tenido en nuestra vida algún encuentro con Él, un encuentro verdadero en el que sentí que Jesús me miraba. No es una experiencia sólo para santos. Y si no recordamos, será bonito hacer un poco de memoria y pedir al Señor que nos dé la memoria, porque Él recuerda, Él se acuerda del encuentro. (24-04-2015)

En aquel tiempo, vio Jesús que se acercaba Natanael y dijo de él: «Ahí tenéis a un israelita de verdad, en quien no hay engaño». Natanael le contesta: «¿De qué me conoces?». Jesús le responde: «Antes de que Felipe te llamara, cuando estabas debajo de la higuera, te vi». Natanael respondió: «Rabí, tú eres el Hijo de Dios, tú eres el Rey de Israel». Jesús le contestó: «¿Por haberte dicho que te vi debajo de la higuera, crees? Has de ver cosas mayores». Y le añadió: «En verdad, en verdad os digo: veréis el cielo abierto y a los ángeles de Dios subir y bajar sobre el Hijo del hombre».

Daniel 7, 9-10.13-14; *Salmo* 137,1-5 • **JUAN 1, 47-51**

SEÑOR, Hijo de Dios, a quién adoran los ángeles; que la protección de los santos arcángeles, **nos ayuden en el camino de nuestra vida cristiana.** *Delante de los ángeles tañeré para ti, Señor (Salmo 137, 1d).*

Santos JERÓNIMO *pb dc,* Eusebia *vg,* Antonio *mr,* Honorio *ob*

SAN JERÓNIMO (Salzillo)

Papa Francisco: Tomemos un poco de tiempo para pensar: Jesús nos ha amado tanto y no fue entendido por los suyos. Incluso los parientes, dice el Evangelio, cuando fueron a encontrarlo decía: "ha perdido la cabeza, ha perdido la cabeza". No era entendido. Y así es importante pensar en Jesús solo, hacia la cruz, decidido, en medio de la incomprensión de los suyos: pensar esto y ver a Jesús caminar decididamente hacia la cruz y darle las gracias. Decir, en conclusión: «Gracias Señor, porque has sido obediente, has sido valiente; has querido tanto, me has querido tanto». (03-10-2017)

PALABRA Cuando se completaron los días en que iba a ser llevado al cielo, Jesús tomó la decisión de ir a Jerusalén. Y envió mensajeros delante de él. Puestos en camino, entraron en una aldea de samaritanos para hacer los preparativos. Pero no lo recibieron, porque su aspecto era el de uno que caminaba hacia Jerusalén. Al ver esto, Santiago y Juan, discípulos suyos, le dijeron: «Señor, ¿quieres que digamos que baje fuego del cielo que acabe con ellos?». Él se volvió y los regañó. Y se encaminaron hacia otra aldea.

Zacarías 8, 20-23; *Salmo* 86, 1b-7 • **LUCAS 9, 51-56**

SEÑOR, la violencia es incompatible con la vida cristiana. **Que sea siempre instrumento de paz y de concordia como testigo veraz de tu evangelio.** *Dios está con nosotros (Salmo Zacarías 8, 23c).*

OCTUBRE, MES DEL ROSARIO

LIBROS

- El libro del Rosario. *Historia, doctrina, práctica, diccionario.* J. A. M. Puche, O.P. 304 p. Cartoné. 12,50 €
- Rosario Bíblico. Comentario y meditaciones de los veinte misterios. Salvador Muñoz. 178 p. 5 €
- La Virgen del Rosario y santo Domingo en el arte. Domingo Iturgaiz, O.P. 144 p.+24 láminas color. Cartoné. 11,50 €
- El Rosario, oración de un corazón en vela. *Mis conversaciones con Maciej, que no lo reza.* E. Cárdenas, SM. 130 p. 5,25 €
- Rosarios para las fiestas del Señor. Sor Marie de la Visitation. Prólogo de Sor Emmanuel Mayllard. 168 p. 10 €. Veinticuatro rosarios originales para todo el año litúrgico.
- Para rezar el Rosario. A. González (Ed.). 104 p. 5 €. Libro básico para rezar el Rosario. Por qué, cómo y diversas formas de hacerlo.

AUDIOLIBROS. COMPACT DISC CD, ROSARIO ELECTRÓNICO

PARA REZAR EL ROSARIO: guiones de J. A. Mtnez. Puche O.P.;
- Rosario con san Juan Pablo II. Comentario y rezo de los 20 Misterios, letanías y Salve. 2 CD+Libro 86 p. 16 €.
- El Rosario. Comentario bíblico, rezo de los 15 Misterios y letanías. 1 casete: 4 €. En catalán: 4 €.
- El Rosario/20. Comentario y rezo de los 20 Misterios, letanías y Salve. 2 CD: 13 €
- Santo Rosario/20. Los 20 Misterios con comentario de san Josemaría Escrivá de Balaguer. 2 CD+folleto: 18,50 €.
- El Rosario del Papa. Juan Pablo II comenta y reza los 15 Misterios. Letanías, Ángelus y Salve. 2 CD: 14 €
- Rosario con el Papa/20. Juan Pablo II comenta y reza los 20 Misterios. Letanías y Salve. 2 CD: 16 €.
- Rosario con Juan Pablo II. Reflexiones y rezo por el Papa de los 15 Misterios. Letanías y Salve. 1 casete: 5 €
- Misterios luminosos. Complemento de "Rosario con el Papa" y "El Rosario". 1 CD: 5 €.
- EL ROSARIO ELECTRÓNICO. Rosario en español con san Juan Pablo II. Guión J.A.M. Puche, O.P. Con auriculares: 49 €. Aparato electrónico con los 20 misterios del Rosario, automatizados para cada día de la semana.

OCTUBRE

El Rosario ha tenido un puesto importante en mi vida espiritual desde mis años jóvenes. El Rosario me ha acompañado en los momentos de alegría y en los de tribulación. A él he confiado tantas preocupaciones y en él siempre he encontrado consuelo. El 29 de octubre de 1978, dos semanas después de la elección a la Sede de Pedro, escribía: "El Rosario es mi oración predilecta. ¡Plegaria maravillosa! Maravillosa en su sencillez y en su profundidad".
(Juan Pablo II, Carta Apost.
"Rosarium V.M.", 2 y 17. 16-10-2002).

Santos **TERESA DEL NIÑO JESÚS** *vg dc*,
Verísimo, Máxima y Julia *mrs*,
Román *di mr*

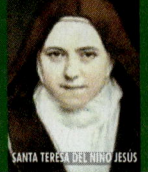

SANTA TERESA DEL NIÑO JESÚS

Papa Francisco: La Iglesia para seguir a Jesús es itinerante, actúa con prontitud, deprisa y decidida. El valor de estas tres condiciones puestas por Jesús —itinerancia, prontitud y decisión— no radica en una serie de "noes" a las cosas buenas e importantes de la vida. El acento, más bien, hay que ponerlo en el objetivo principal: ¡convertirse en discípulo de Cristo! Una elección libre y consciente, hecha por amor, para corresponder a la gracia inestimable de Dios, y no un modo de promoverse a sí mismo. (30-06-2019)

PALABRA En aquel tiempo, mientras Jesús y sus discípulos iban de camino, le dijo uno: «Te seguiré adondequiera que vayas». Jesús le respondió: «Las zorras tienen madrigueras, y los pájaros del cielo nidos, pero el Hijo del hombre no tiene donde reclinar la cabeza». A otro le dijo: «Sígueme». Él respondió: «Señor, déjame primero ir a enterrar a mi padre». Le contestó: «Deja que los muertos entierren a sus muertos; tú vete a anunciar el reino de Dios». Otro le dijo: «Te seguiré, Señor, pero déjame primero despedirme de los de mi casa». Jesús le contestó: «Nadie que pone la mano en el arado y mira hacia atrás vale para el reino de Dios».

Nehemías 2, 1-8; *Salmo* 136, 1-6 • **LUCAS 9, 57-62**

ORACIÓN **SEÑOR,** para seguirte es necesario desprenderse, decidirse y no mirar atrás; **cura, por tanto, mi egoísmo, mis dudas y mi falta de confianza.** *Que se me pegue la lengua al paladar, si no me acuerdo de ti (Salmo 136, 6ab).*

Ntra. Sra. de la Academia
Santos ÁNGELES CUSTODIOS,
Saturio *er.*
Beato Antonio Chevrier *pb.*

SANTOS ÁNGELES CUSTODIOS

Santos Ángeles Custodios

Papa Francisco: Dios nos manda el ángel para liberarnos, para alejar el temor, para alejarnos de la desventura. Nos pide sólo que lo escuchemos, lo respetemos. Así, pues, sólo esto: respeto y escucha. Y este respeto y escucha a este compañero de camino se llama docilidad: el cristiano debe ser dócil al Espíritu Santo, pero la docilidad al Espíritu Santo comienza con la docilidad a los consejos de este compañero de camino. Es el icono del niño que Jesús elige cuando quiere decir cómo debe ser un cristiano. Nos lo recuerda el pasaje litúrgico de Mateo: «El que se haga pequeño como este niño» será el más grande en los cielos; y «cuidado con despreciar a uno de estos pequeños, porque os digo que sus ángeles están viendo siempre en los cielos el rostro de mi Padre celestial». Estas palabras de Jesús significan que la docilidad a este compañero de camino nos hace como niños: no soberbios, nos hace humildes; nos hace pequeños; no suficientes como el orgulloso y soberbio. No, ¡como un niño! Precisamente esta es la docilidad que nos hace grandes y nos lleva al cielo. (02-10-2015)

PALABRA En aquel momento, se acercaron los discípulos a Jesús y le preguntaron: «¿Quién es el mayor en el reino de los cielos?». Él llamó a un niño, lo puso en medio y dijo: «En verdad os digo que, si no os convertís y os hacéis como niños, no entraréis en el reino de los cielos. Por tanto, el que se haga pequeño como este niño, ese es el más grande en el reino de los cielos. El que acoge a un niño como este en mi nombre me acoge a mí. Cuidado con despreciar a uno de estos pequeños, porque os digo que sus ángeles están viendo siempre en los cielos el rostro de mi Padre celestial».

Éxodo 23, 20-23; *Salmo* 90, 1-6.10-11 • **MATEO 18, 1-5.10**

SEÑOR, que, protegido por tus ángeles, **progrese en el camino de tu seguimiento con corazón alegre y dispuesto.** *A sus ángeles ha dado órdenes para que te guarden en tus caminos (Salmo 90, 11).*

ORACIÓN

Santos FRANCISCO DE BORJA *pb*, Dionisio Areopagita *NT*, Gerardo *ab*

SAN FRANCISCO DE BORJA

Papa Francisco: Jesús me habla, te habla, nos habla a cada uno de nosotros. El llamamiento de Jesús es para cada uno de nosotros. Y luego uno se pregunta: «¿Cómo es que esos paganos que, tan pronto como escuchan el sermón de Jesús, van con él y yo, que he nacido aquí en una sociedad cristiana y para mí el cristianismo es como un hábito social, una prenda que me pongo y luego la dejo?». Así es como Jesús llora por cada uno de nosotros cuando vivimos el cristianismo formalmente, al menos no realmente. De esta manera, somos un poco hipócritas. Es la hipocresía de los justos. De hecho, existe la hipocresía de los pecadores, pero la hipocresía de los justos es el temor al amor de Jesús, el temor de dejarse amar. (05-10-2018)

En aquel tiempo, dijo Jesús: «¡Ay de ti, Corozaín; ay de ti, Betsaida! Pues si en Tiro y en Sidón se hubieran hecho los milagros que en vosotras, hace tiempo que se habrían convertido, vestidos de sayal y sentados en la ceniza. Por eso el juicio les será más llevadero a Tiro y a Sidón que a vosotras. Y tú, Cafarnaún, ¿piensas escalar el cielo? Bajarás al abismo. Quien a vosotros escucha, a mí me escucha; quien a vosotros rechaza, a mí me rechaza; y quien me rechaza a mí, rechaza al que me ha enviado».

Baruc 1, 15-22; *Salmo* 78, 1b-5.8-9 • LUCAS 10, 13-16

SEÑOR, que mi corazón esté siempre dócil a tu amor, a tu palabra, a **tu voluntad.** *Por el honor de tu nombre, Señor, líbranos* (Salmo 78, 9b).

SAN FRANCISCO DE ASÍS

San FRANCISCO DE ASÍS *rl*,
Áurea de París *ab*,
Petronio *ob*, **Quintín** *mr*

Papa Francisco: No debemos gloriarnos como si fuésemos nosotros los protagonistas: el protagonista es uno solo, ¡es el Señor! Protagonista es la gracia del Señor. Él es el único protagonista. Nuestra alegría es sólo esta: ser sus discípulos, sus amigos. Que la Virgen nos ayude a ser buenos obreros del Evangelio. (07-06-2013)

PALABRA En aquel tiempo, los setenta y dos volvieron con alegría diciendo: «Señor, hasta los demonios se nos someten en tu nombre». Jesús les dijo: «Estaba viendo a Satanás caer del cielo como un rayo. Mirad: os he dado el poder de pisotear serpientes y escorpiones y todo poder del enemigo, y nada os hará daño alguno. Sin embargo, no estéis alegres porque se os someten los espíritus; estad alegres porque vuestros nombres están escritos en el cielo». En aquella hora, se llenó de alegría en el Espíritu Santo, y dijo: «Te doy gracias, Padre, Señor del cielo y de la tierra, porque has escondido estas cosas a los sabios y a los entendidos, y las has revelado a los pequeños. Sí, Padre, porque así te ha parecido bien. Todo me ha sido entregado por mi Padre, y nadie conoce quién es el Hijo, sino el Padre; ni quién es el Padre, sino el Hijo, y aquel a quien el Hijo se lo quiera revelar». Y volviéndose a sus discípulos, les dijo aparte: «¡Bienaventurados los ojos que ven lo que vosotros veis! Porque os digo que muchos profetas y reyes quisieron ver lo que vosotros veis, y no lo vieron; y oír lo que vosotros oís, y no lo oyeron».

Baruc 4,5-12.27-29; *Salmo* 68, 33-37; • **LUCAS 10, 17-24**

SEÑOR, la sencillez de San Francisco me mueva a seguirte, como él, **por los caminos de la humildad, de la entrega, de la caridad y de ORACIÓN la paz.** *El Señor escucha a sus pobres (Salmo 68, 34a).*

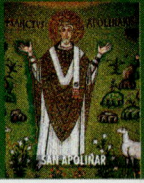

OCTUBRE 5 DOMINGO

DOMINGO XXVII DEL TIEMPO ORDINARIO Tomo IV · Salterio 3ª semana

Santos Froilán, *ob*, Apolinar *ob*, Atilano *ob*, Mauro y Plácido *mjs*. Beatos Raimundo de Capua *pb*, Bartolomé Longo

Papa Francisco: La fe comparable al grano de mostaza es una fe que no es orgullosa ni segura de sí misma, ¡no pretende ser un gran creyente haciendo el ridículo en algunas ocasiones! Es una fe que en su humildad siente una gran necesidad de Dios y, en la pequeñez, se abandona con plena confianza a Él. Es la fe la que nos da la capacidad de mirar con esperanza los altibajos de la vida, la que nos ayuda a aceptar incluso las derrotas y los sufrimientos, sabiendo que el mal no tiene nunca, no tendrá nunca la última palabra. (06-10-2019)

PALABRA

• *Habacuc* 1, 2-3; 2, 2-4: ¿Hasta cuándo, Señor, pediré auxilio sin que me oigas, te gritaré: ¡Violencia!, sin que me salves? ¿Por qué me haces ver crímenes y contemplar opresiones? ¿Por qué me haces ver destrucción y violencia y surgen disputas y se alzan contiendas?». Me respondió el Señor: «Escribe la visión y grábala en tablillas, que se lea de corrido; pues la visión tiene un plazo, pero llegará a su término sin defraudar. Si se retrasa, espera en ella, pues llegará y no tardará. Mira, el altanero no triunfará, pero el justo por su fe vivirá».

• *Salmo* 94, 1-2.6-9: ***Ojalá escuchéis hoy la voz del Señor: No endurezcáis vuestro corazón.***

• *2 Timoteo* 1, 6-8.13-14: Querido hermano: te recuerdo que reavives el don de Dios que hay en ti por la imposición de mis manos, pues Dios no nos ha dado un espíritu de cobardía, sino de fortaleza, de amor y de templanza. Así pues, no te avergüences del testimonio de nuestro Señor ni de mí, su prisionero; antes bien, toma parte en los padecimientos por el Evangelio, según la fuerza de Dios. Ten por modelo las palabras sanas que has oído de mí en la fe y el amor que tienen su fundamento en Cristo Jesús. Vela por el precioso depósito con la ayuda del Espíritu Santo que habita en nosotros.

• LUCAS 17, 5-10: En aquel tiempo, Los apóstoles le dijeron al Señor: «Auméntanos la fe». El Señor dijo: «Si tuvierais fe como un granito de mostaza, diríais a esa morera: "Arráncate de raíz y plántate en el mar", y os obedecería ¿Quién de vosotros, si tiene un criado labrando o pastoreando, le dice cuando vuelve del campo: "Enseguida, ven y ponte a la mesa?" ¿No le diréis más bien: "Prepárame de cenar, cíñete y sírveme mientras como y bebo; y después comerás y beberás tú?" ¿Acaso tenéis que estar agradecidos al criado porque ha hecho lo mandado? Lo mismo vosotros: cuando hayáis hecho todo lo que se os ha mandado, decid: "Somos siervos inútiles, hemos hecho lo que teníamos que hacer"».

SEÑOR, me enseñas que la fe auténtica, la confianza total, da firmeza y es fuente de posibilidades. **Quiero confiar en ti cada día más, entregándome de lleno a tu amor.**

ORACIÓN

¡Auméntanos la fe!

OCTUBRE	Santos **BRUNO** *pb*, **Fe** *mr*,
6	**María Francisca** *vg*,
LUNES	**Román** *ob*. **Beato Juan de Palafox**

SAN BRUNO

TÉMPORAS DE ACCIÓN DE GRACIAS Y DE PETICIÓN

Papa Francisco: El que busca encuentra si busca con todo su corazón, si para él el Señor se vuelve tan vital como el agua para el desierto, como la tierra para una semilla, como el sol para una flor. Y esto, si lo piensas, es muy bello y muy respetuoso con nuestra libertad: la fe no se da de forma automática, como un regalo indiferente a tu participación, sino que te pide que te involucres en primera persona y con todo tu ser. Es un regalo que quiere ser deseado. Es, en esencia, el Amor que quiere ser amado. (07-04-2021)

PALABRA En aquel tiempo, dijo Jesús a sus discípulos: «Pedid y se os dará, buscad y encontraréis, llamad y se os abrirá; porque todo el que pide recibe, quien busca encuentra y al que llama se le abre. Si a alguno de vosotros le pide su hijo pan, ¿le dará una piedra?; y si le pide pescado, ¿le dará una serpiente? Pues si vosotros, aun siendo malos, sabéis dar cosas buenas a vuestros hijos, ¡cuánto más vuestro Padre que está en los cielos dará cosas buenas a los que le piden!».

Deuteronomio 8,7-18; *Salmo: 1 Crónicas* 29,10-12; *2 Corintios* 5,17-21
• **MATEO 7, 7-11**

SEÑOR, te doy gracias por tantos beneficios que tu amor me concede, y te pido perdón por las veces que no he sabido reconocer tu **ORACIÓN** presencia y *ese amor tuyo en mi vida. Tú eres Señor del universo* (*1Crónicas 29, 12b*).

VIRGEN DEL ROSARIO

NTRA. SRA. LA VIRGEN DEL ROSARIO
Santos Justina *vg mr*,
Martín Cid *ab*, Marcelo *mr*

OCTUBRE

7

MARTES

Papa Francisco: Dios mismo es el que toma la iniciativa y elige insertarse, como hizo con María, en nuestros hogares, en nuestras luchas diarias, llenas de ansias y al mismo tiempo de deseos. Y es precisamente dentro de nuestras ciudades, de nuestras escuelas y universidades, de las plazas y los hospitales que se escucha el anuncio más bello que podemos oír: «¡Alégrate, el Señor está contigo!». Una alegría que genera vida, que genera esperanza, que se hace carne en la forma en que miramos al futuro, en la actitud con la que miramos a los demás. Una alegría que se convierte en solidaridad, hospitalidad, misericordia hacia todos. (25-03-2017)

PALABRA En aquel tiempo, el ángel Gabriel fue enviado por Dios a una ciudad de Galilea llamada Nazaret, a una virgen desposada con un hombre llamado José, de la casa de David: el nombre de la virgen era María. El ángel, entrando en su presencia, dijo: «Alégrate, llena de gracia, el Señor está contigo». Ella se turbó grandemente ante estas palabras y se preguntaba qué saludo era aquel. El ángel le dijo: «No temas, María, porque has encontrado gracia ante Dios. Concebirás en tu vientre y darás a luz un hijo, y le pondrás por nombre Jesús. Será grande, se llamará Hijo del Altísimo, el Señor Dios le dará el trono de David, su padre, reinará sobre la casa de Jacob para siempre, y su reino no tendrá fin». Y María dijo al ángel: «¿Cómo será eso, pues no conozco varón?». El ángel le contestó: «El Espíritu Santo vendrá sobre ti, y la fuerza del Altísimo te cubrirá con su sombra; por eso el Santo que va a nacer será llamado Hijo de Dios. También tu pariente Isabel ha concebido un hijo en su vejez, y ya está de seis meses la que llamaban estéril, "porque para Dios nada hay imposible"». María contestó: «He aquí la esclava del Señor; hágase en mí según tu palabra». Y el ángel se retiró.

Hechos 1,12-14; *Salmo: Lucas* 1 46b-55 • **LUCAS 1, 26-38**

ORACIÓN **SEÑOR,** que aprenda de tu Madre, en la preciosa escuela de su Rosario, la oración del corazón, **la oración de contemplación, la oración que me hace mejor discípulo tuyo.** *El Poderoso ha hecho obras grandes en mí: su nombre es santo* (Lucas 1, 49).

OCTUBRE

8

MIÉRCOLES

Miércoles 27° Tiempo Ordinario Tomo IV · Salterio 3ª semana

Santos M.ª Faustina Kowalska *vg* **Hugo**
rl, **Pelagia** *vg mr*,
Evodio *ob*, **Reparada** *vg mr*

SANTA FAUSTINA KOWASKA

Papa Francisco: Cuando Jesús nos enseña el Padre Nuestro nos hace entrar en la paternidad de Dios y nos muestra el camino para entrar en un diálogo orante y directo con Él, a través del camino de la confianza filial. Es un diálogo entre el papá y su hijo, del hijo con su papá. Lo que pedimos en el "Padre Nuestro" ya está hecho para nosotros en el Hijo Unigénito: la santificación del Nombre, el advenimiento del Reino, el don del pan, el perdón y la liberación del mal. Mientras pedimos, abrimos nuestras manos para recibir. Recibir los dones que el Padre nos mostró en el Hijo. La oración que el Señor nos enseñó es la síntesis de toda oración, y nosotros siempre la dirigimos al Padre en comunión con los hermanos. (28-07-2019)

PALABRA Una vez que estaba Jesús orando en cierto lugar, cuando terminó, uno de sus discípulos le dijo: «Señor, enséñanos a orar, como Juan enseñó a sus discípulos». Él les dijo: «Cuando oréis decid: "Padre, santificado sea tu nombre, venga tu reino, danos cada día nuestro pan cotidiano, perdónanos nuestros pecados, porque también nosotros perdonamos a todo el que nos debe, y no nos dejes caer en tentación"».

Jonás 4, 1-11; *Salmo* 85, 3-6.9-10 • **LUCAS 11, 1-4**

ORACIÓN **SEÑOR,** me enseñas el Padrenuestro que yo suelo rezar tan deprisa. Qué grandeza y hermosura encierra esta oración. **Gracias por este regalo de tu corazón que quiero hacer vida.** *Tú, Señor, eres lento a la cólera y rico en piedad* (Salmo 85,15).

Tomo IV - Salterio 3ª semana   Jueves 27º Tiempo Ordinario

Santos **DIONISIO** *ob y compañeros mártires*,
JUAN LEONARDI *pb*, Luis Bertrán *pb*,
Abrahán, patriarca

SAN LUIS BERTRÁN

OCTUBRE

9

JUEVES

Papa Francisco: Al final del pasaje hay una frase que parece un poco críptica: «Si vosotros, pues, que sois malos, sabéis dar cosas buenas a vuestros hijos, ¿cuánto más el Padre del cielo dará el Espíritu Santo a los que se lo piden? ¡Sí! Dará el Espíritu Santo a los que se lo piden. Precisamente este es el regalo, este es el de más de Dios. Porque el Padre jamás te da un regalo, lo que le pides, así, sin envolverlo bien, sin algo más que lo haga más bello. Y lo que el Señor, el Padre nos da de más, es el Espíritu: el verdadero don del Padre es lo que la oración no se atreve a esperar. El hombre toca a la puerta de Dios con la oración para pedir una gracia. Y Él, que es el Padre, me da ese de más: el regalo, el Espíritu Santo. (09-10-2014)

En aquel tiempo, dijo Jesús a sus discípulos: «Suponed que alguno de vosotros tiene un amigo, y viene durante la medianoche y le dice: "Amigo, préstame tres panes, pues uno de mis amigos ha venido de viaje y no tengo nada que ofrecerle" ; y, desde dentro, aquel responde: "No me molestes; la puerta ya está cerrada; mis niños y yo estamos acostados; no puedo levantarme para dártelos"; os digo que, si no se levanta y se los da por ser amigo suyo, al menos por su importunidad se levantará y le dará cuanto necesite. Pues yo os digo a vosotros: pedid y se os dará, buscad y hallaréis, llamad y se os abrirá; porque todo el que pide recibe, y el que busca halla, y al que llama se le abre. ¿Qué padre entre vosotros, si su hijo le pide un pez, le dará una serpiente en lugar del pez? ¿O si le pide un huevo, le dará un escorpión? Si vosotros, pues, que sois malos, sabéis dar cosas buenas a vuestros hijos, ¿cuánto más vuestro Padre del cielo dará el Espíritu Santo a los que le piden?».

Malaquías 3, 13-20a; *Salmo* 1, 1-4.6 • **LUCAS 11, 5-13**

SEÑOR, me enseñas a orar constantemente y con perseverancia. Perdona mi pereza y mi falta de confianza. **Fortaléceme con tu gracia.** *Dichoso el hombre que ha puesto su confianza en el Señor (Salmo 39, 5ab).*

OCTUBRE	Viernes 27° Tiempo Ordinario	Tomo IV · Salterio 3ª semana
10	Santos **TOMÁS DE VILLANUEVA** *ob*,	
VIERNES	**Daniel Comboni** *ob*, **Telquilda** *ab*, **Casio y Florencio** *mrs*	SANTO TOMÁS DE VILLANUEVA

Papa Francisco: Pensemos en estas tres cosas: Cristo crucificado nos salvará de estos demonios educados, de este resbalar lentamente hacia la mundanidad; nos salvará de la estupidez, de la seducción. El examen de conciencia nos ayudará a ver si hay estas cosas. Y las obras de caridad, esas que cuestan, nos llevarán a ser más atentos, más vigilantes para que no entren estos personajes que son astutos. (13-10-2017)

PALABRA

En aquel tiempo, habiendo expulsado Jesús a un demonio, algunos de entre la multitud dijeron: «Por arte de Belzebú, el príncipe de los demonios, echa los demonios». Otros, para ponerlo a prueba, le pedían un signo en el cielo. Él, conociendo sus pensamientos, les dijo: «Todo reino dividido contra sí mismo va a la ruina y se cae casa sobre casa. Si, pues, también Satanás se ha dividido contra sí mismo, ¿cómo mantendrá su reino? Pues vosotros decís que yo echo los demonios con el poder de Belzebú. Pero, si yo echo los demonios con el poder de Belzebú, vuestros hijos, ¿por arte de quién los echan? Por eso, ellos mismos serán vuestros jueces. Pero, si yo echo los demonios con el dedo de Dios, entonces es que el reino de Dios ha llegado a vosotros. Cuando un hombre fuerte y bien armado guarda su palacio, sus bienes están seguros, pero, cuando otro más fuerte lo asalta y lo vence, le quita las armas de que se fiaba y reparte su botín. El que no está conmigo está contra mí; el que no recoge conmigo desparrama. Cuando un espíritu inmundo sale de un hombre, da vueltas por lugares áridos, buscando un sitio para descansar, y, al no encontrarlo, dice: "Volveré a la casa de donde salí". Al volver, se la encuentra barrida y arreglada. Entonces va y toma otros siete espíritus peores que él, y se mete a vivir allí. Y el final de aquel hombre resulta peor que el principio».

Joel 1, 13-15; 2, 1-2; *Salmo* 9, 2-3.6.16.8-9 • **LUCAS 11, 15-26**

ORACIÓN

SEÑOR, contigo ha llegado el Reino de Dios que expulsa el mal de nuestro corazón y nos conquista para Dios. **Quiero ser testigo y agente de este Reino de amor y de vida.** *El Señor juzgará el orbe con justicia* (Salmo 9, 9a).

Ntra. Sra. de Begoña
Santos JUAN XXIII *pp,*
Mª SOLEDAD TORRES *vg,*
Felipe el Diácono *NT,* **Fermín** *ob.*
Beata María de Jesús *mf rl.*

Papa Francisco: A través de la oración, la Palabra de Dios viene a vivir en nosotros y nosotros vivimos en ella. La Palabra inspira buenos propósitos y sostiene la acción; nos da fuerza y serenidad, y también cuando nos pone en crisis nos da paz, en los días "torcidos" y confusos, asegura al corazón un núcleo de confianza y de amor que lo protege de los ataques del maligno. Así la Palabra de Dios se hace carne en aquellos que la acogen en la oración. (27-01-2021)

PALABRA En aquel tiempo, mientras Jesús hablaba a la gente, una mujer de entre el gentío levantando la voz, le dijo: «Bienaventurado el vientre que te llevó y los pechos que te criaron». Pero él dijo: «Mejor, bienaventurados los que escuchan la palabra de Dios y la cumplen».

Joel 4, 12-21; *Salmo* 96, 1-2. 5-6. 11-12 • **LUCAS 11, 27-28**

ORACIÓN **SEÑOR,** bienaventurados los que escuchan tu Palabra, los que cumplen la voluntad de Dios. **Así vivió tu Madre y así quiero hacer yo también.** *Alegraos, justos, con el Señor (Salmo 96, 12a).*

VIRGEN DEL PILAR

FIESTA DE LA BIENAVENTURADA
VIRGEN MARÍA DEL PILAR

Papa Francisco: Qué importante es saber agradecer al Señor, saber alabarlo por todo lo que hace por nosotros. Y así, nos podemos preguntar: ¿Somos capaces de saber decir gracias? ¿Cuántas veces nos decimos gracias en familia, en la comunidad, en la Iglesia? ¿Cuántas veces damos gracias a quien nos ayuda, a quien está cerca de nosotros, a quien nos acompaña en la vida? Con frecuencia damos todo por descontado. Y lo mismo hacemos también con Dios. Es fácil ir al Señor para pedirle algo, pero regresar a darle las gracias... Por eso Jesús remarca con fuerza la negligencia de los nueve leprosos desagradecidos: «¿No han quedado limpios los diez? Los otros nueve, ¿dónde están? ¿No ha vuelto más que este extranjero para dar gloria a Dios?». (09-10-2016)

• *2 Reyes* 5,14-17: En aquellos días, el sirio Naamán bajó y se bañó en el Jordán siete veces, conforme a la palabra de Eliseo, el hombre de Dios. Y su carne volvió a ser como la de un niño pequeño: quedó limpio de su lepra. Naamán y toda su comitiva regresaron al lugar donde se encontraba el hombre de Dios. Al llegar, se detuvo ante él exclamando: «Ahora conozco que no hay en toda la tierra otro Dios que el de Israel. Recibe, pues, un presente de tu siervo». Pero Eliseo respondió: «Vive el Señor ante quien sirvo, que no he de aceptar nada». Y le insistió en que aceptase, pero él rehusó. Naamán dijo entonces: «Que al menos le den a tu siervo tierra del país, la carga de un par de mulos, porque tu servidor no ofrecerá ya holocausto ni sacrificio a otros dioses más que al Señor».

• *Salmo* 97, 1-4: *El Señor revela a las naciones su salvación.*

• *2 Timoteo* 2, 8-13: Querido hermano: Acuérdate de Jesucristo, resucitado de entre los muertos, nacido del linaje de David, según mi Evangelio, por el que padezco hasta llevar cadenas, como un malhechor; pero la palabra de

Dios no está encadenada. Por eso lo aguanto todo por los elegidos, para que ellos también alcancen la salvación y la gloria eterna en Cristo Jesús. Es palabra digna de crédito: Pues si morimos con él, también viviremos con él; si perseveramos, también reinaremos con él; si lo negamos, también él nos negará. Si somos infieles, él permanece fiel, porque no puede negarse a sí mismo.

● **LUCAS 17, 11-19:** Yendo Jesús camino de Jerusalén, pasaba entre Samaría y Galilea. Cuando iba a entrar en una ciudad, vinieron a su encuentro diez leprosos, que se pararon a lo lejos y a gritos le decían: «Jesús, maestro, ten compasión de nosotros». Al verlos, les dijo: «Id a presentaros a los sacerdotes». Y sucedió que, mientras iban de camino, quedaron limpios. Uno de ellos, viendo que estaba curado, se volvió alabando a Dios a grandes gritos y se postró a los pies de Jesús, rostro en tierra, dándole gracias. Este era un samaritano. Jesús tomó la palabra y dijo: «¿No han quedado limpios los diez?; los otros nueve, ¿dónde están? ¿No ha habido quien volviera a dar gloria a Dios más que este extranjero?». Y le dijo: «Levántate, vete: tu fe te ha salvado».

SEÑOR, no sólo curabas y predicabas en los pueblos y ciudades, también lo hacías fuera, en el campo, donde habitaban los excluidos de la ORACIÓN sociedad, como los leprosos, que eran aborrecidos por todos. **Jesús, dame un corazón misericordioso, capaz de amar a todos.**

Allí donde se celebre la fiesta de la Virgen del Pilar:
● 1Crónicas 15,3-4.15-16;16,1-2; Salmo 26, 1.3-5; ● Hechos 1, 12-14;
● Lucas 11, 27-28

Tu fe te ha salvado

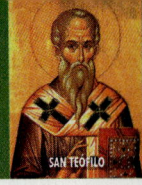

SAN TEÓFILO

Papa Francisco: Hay una grave enfermedad que amenaza hoy a los cristianos: el «síndrome de Jonás», aquello que hace sentirse perfectos y limpios como recién salidos de la tintorería, al contrario de aquellos a quienes juzgamos pecadores y por lo tanto condenados a arreglárselas solos, sin nuestra ayuda. Jesús en cambio recuerda que para salvarnos es necesario seguir el «signo de Jonás», o sea, la misericordia del Señor. (14-10-2013)

En aquel tiempo, la gente se apiñaba alrededor de Jesús, y él se puso a decirles: «Esta generación es una generación perversa. Pide un signo, pero no se le dará más signo que el signo de Jonás. Pues como Jonás fue un signo para los habitantes de Nínive, lo mismo será el Hijo del hombre para esta generación. La reina del Sur se levantará en el juicio contra los hombres de esta generación y hará que los condenen; porque ella vino desde los confines de la tierra para escuchar la sabiduría de Salomón, y aquí hay uno que es más que Salomón. Los hombres de Nínive se alzarán en el juicio contra esta generación, y harán que la condenen; porque ellos se convirtieron con la predicación de Jonás, y aquí hay uno que es más que Jonás».

Romanos 1, 1-7; *Salmo* 97, 1-4 • **LUCAS 11, 29-32**

SEÑOR, que tu gracia me mueva siempre a la conversión, **para que acoja mejor tu palabra y la cumpla en mi vida.** *El Señor da a conocer su salvación* (Salmo 97, 2a).

B. MARÍA POUSSEPIN

Tomo IV - Salterio 4ª semana · **Martes 28º Tiempo Ordinario**

San CALIXTO I *pp y mr*
Beata María Poussepin *vg*

OCTUBRE
14
MARTES

Papa Francisco: Jesús nos llama, nos invita a hacer el bien con humildad, porque de no ser así se cae en un malentendido peligroso: Tú puedes hacer todo el bien que quieras, pero si no lo haces humildemente, como nos enseña Jesús, este bien no sirve, porque es un bien que nace de ti mismo, de tu seguridad, no de la redención que Jesús nos ha dado. Una redención que llega a través del camino de la humildad y de las humillaciones: efectivamente no se llega nunca a la humildad sin las humillaciones. De tal manera que vemos a Jesús humillado en la cruz. (11-10-2016)

PALABRA — En aquel tiempo, cuando Jesús terminó de hablar, un fariseo le rogó que fuese a comer con él. Él entró y se puso a la mesa. Como el fariseo se sorprendió al ver que no se lavaba las manos antes de comer, el Señor le dijo: «Vosotros, los fariseos, limpiáis por fuera la copa y el plato, pero por dentro rebosáis de rapiña y maldad. ¡Necios! El que hizo lo de fuera, ¿no hizo también lo de dentro? Con todo, dad limosna de lo que hay dentro, y lo tendréis limpio todo».

Romanos 1, 16-25; *Salmo* 18, 2-5b • **LUCAS 11, 37-41**

SEÑOR, mi corazón no está siempre a punto. Concédeme la gracia y la fuerza de tu Espíritu para que, renovado, **pueda hacer vida lo que tú me enseñas.** *El cielo proclama la gloria de Dios* (Salmo 18, 2a).

ORACIÓN

Santa Teresa de Jesús vg, dc
Santos Severo *ob*, **Tecla** *ab*

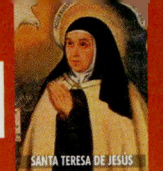

SANTA TERESA DE JESÚS

FIESTA DE SANTA TERESA DE JESÚS, VIRGEN Y DOCTORA DE LA IGLESIA

Papa Francisco: Queridos hermanos y hermanas, también para nosotros hay momentos de cansancio y desilusión. [...] Efectivamente, a veces nuestro cansancio está causado por haber depositado nuestra confianza en cosas que no son lo esencial, porque nos hemos alejado de lo que vale realmente en la vida. Que el Señor nos enseñe a no tener miedo de seguirle, para que la esperanza que ponemos en Él no sea defraudada. Estamos llamados a aprender de Él qué significa vivir de misericordia para ser instrumentos de misericordia. (14-09-2016)

PALABRA

En aquel tiempo, tomó la palabra Jesús y dijo: «Te doy gracias, Padre, Señor del cielo y de la tierra, porque has escondido estas cosas a los sabios y entendidos y se las has revelado a los pequeños. Sí, Padre, así te ha parecido bien. Todo me ha sido entregado por mi Padre, y nadie conoce al Hijo más que el Padre, y nadie conoce al Padre sino el Hijo, y aquel a quien el Hijo se lo quiera revelar. Venid a mí todos los que estáis cansados y agobiados, y yo os aliviaré. Tomad mi yugo sobre vosotros y aprended de mí, que soy manso y humilde de corazón, y encontraréis descanso para vuestras almas. Porque mi yugo es llevadero y mi carga ligera».

Eclesiástico 15,1-6; *Salmo* 88,2-3.6-9.16-19 • **MATEO 11, 25-30**

SEÑOR, que Santa Teresa de Jesús, con su vida y sus escritos, **me mueva a unirme más a ti para vivir de tu amor y cumplir tu voluntad.** *Cantaré eternamente las misericordias del Señor (Salmo 88, 2a).*

ORACIÓN

Santos EDUVIGIS *rl*,
MARGARITA M.ª DE ALACOQUE *vg*,
Longinos *NT*, Gerardo Mayela *rl*.
Beata Petra de S. José *vg*

SANTA MARGARITA Mª ALACOQUE

Papa Francisco: La llave que abre la puerta a la fe es la oración. Porque cuando un cristiano no ora, su testimonio es soberbio. Y él mismo es un soberbio, es un orgulloso, es uno seguro de sí, no es humilde. Busca la propia promoción. En cambio, cuando un cristiano ora, no se aleja de la fe: habla con Jesús. (17-10-2013)

En aquel tiempo, dijo el Señor: «¡Ay de vosotros, que edificáis mausoleos a los profetas, a quienes mataron vuestros padres! Así sois testigos de lo que hicieron vuestros padres, y lo aprobáis; porque ellos los mataron y vosotros les edificáis mausoleos. Por eso dijo la Sabiduría de Dios: "Les enviaré profetas y apóstoles; a algunos de ellos los matarán y perseguirán"; y así, a esta generación se le pedirá cuenta de la sangre de todos los profetas derramada desde la creación del mundo; desde la sangre de Abel hasta la sangre de Zacarías, que pereció entre el altar y el santuario. Sí, os digo: se le pedirá cuenta a esta generación. ¡Ay de vosotros, maestros de la ley, que os habéis apoderado de la llave de la ciencia; vosotros no habéis entrado y a los que intentaban entrar se lo habéis impedido!». Al salir de allí, los escribas y fariseos empezaron a acosarlo implacablemente y a tirarle de la lengua con muchas preguntas capciosas, tendiéndole trampas para cazarlo con alguna palabra de su boca.

Romanos 3, 21-30; *Salmo* 129, 1b-7ab • **LUCAS 11, 47-54**

SEÑOR, haz crecer mi corazón en la verdad y en la caridad, **rechazando la hipocresía y la doblez.** *Del Señor viene la misericordia, la redención copiosa* (Salmo 129, 7cd).

OCTUBRE	Viernes 28° Tiempo Ordinario	Tomo IV - Salterio 4ª semana

OCTUBRE
17
VIERNES

Viernes 28° Tiempo Ordinario · Tomo IV - Salterio 4ª semana

Santos IGNACIO DE ANTIOQUÍA *ob mr*, Oseas *prof*, Rufo y Zósimo *mrs*, Ricardo Gwyn *mr*. Beato Contardo Ferrini *cf*

SAN IGNACIO DE ANTIOQUÍA

Papa Francisco: Jesús nos quiere así: siempre en el camino con la levadura del Espíritu Santo que nunca nos hace crecer hacia adentro, como los doctores de la ley, como los hipócritas. Porque el Espíritu Santo te empuja, te empuja hacia el horizonte. Y precisamente de esta manera el Señor quiere que sean los cristianos: personas que siempre avanzan, con dificultad, con sufrimiento, con problemas, con caídas, pero siempre adelante con la esperanza de encontrar la herencia, porque tienen la levadura que es anticipo, que es el Espíritu Santo. (19-10-2018)

PALABRA En aquel tiempo, miles y miles de personas se agolpaban. Jesús empezó a hablar, dirigiéndose primero a sus discípulos: «Cuidado con la levadura de los fariseos, que es la hipocresía, porque nada hay cubierto que no llegue a descubrirse, nada hay escondido que no llegue a saberse. Por eso, lo que digáis en la oscuridad será oído a plena luz, y lo que digáis al oído en las recámaras se pregonará desde la azotea. A vosotros os digo, amigos míos: no tengáis miedo a los que matan el cuerpo, y después de esto no pueden hacer más. Os voy a enseñar a quién tenéis que temer: temed al que, después de la muerte, tiene poder para arrojar a la "gehenna". A ese tenéis que temer, os lo digo yo. ¿No se venden cinco pájaros por dos céntimos? Pues ni de uno solo de ellos se olvida Dios. Más aún, hasta los cabellos de vuestra cabeza están contados. No tengáis miedo: valéis más que muchos pájaros».

Romanos 4, 1-8; *Salmo* 31, 1b-2.5.11 • **LUCAS 12, 1-7**

ORACIÓN **SEÑOR**, tu evangelio sea la luz que ilumine mi vida y sea como levadura buena que haga crecer **y madurar la masa de mi vida.** *Tú eres mi refugio, me rodeas de cantos de liberación* (Salmo 31, 7a.c).

SAN LUCAS

Papa Francisco: La pobreza como camino del discípulo». Sí, el discípulo, pobre, porque su riqueza es Jesús. Pobre, porque no está apegado a la riqueza: primer paso. Pobre, porque es paciente frente a pequeñas o grandes persecuciones: segundo paso. Pobre, porque entra en este estado de ánimo al final de la vida que nos recuerda el de San Pablo: abandonado. Y el mismo camino de Jesús que termina con esa oración al Padre: "Padre, Padre, ¿por qué me has abandonado?". Que esta revelación de la predilección del Señor por la pobreza nos ayude a avanzar y orar por los discípulos, por todos los discípulos, sean sacerdotes, hermanas, obispos, papas, laicos: todos. Para que sepan recorrer el camino de la pobreza como quiere el Señor. (18-10-2018)

En aquel tiempo, designó el Señor otros setenta y dos, y los mandó por delante, de dos en dos, a todos los pueblos y lugares adonde pensaba ir él. Y les decía: «La mies es abundante y los obreros pocos; rogad, pues, al dueño de la mies que envíe obreros a su mies. ¡Poneos en camino! Mirad que os envío como corderos en medio de lobos. No llevéis bolsa, ni alforja, ni sandalias; y no saludéis a nadie por el camino. Cuando entréis en una casa, decid primero: "Paz a esta casa". Y si allí hay gente de paz, descansará sobre ellos vuestra paz; si no, volverá a vosotros. Quedaos en la misma casa, comiendo y bebiendo de lo que tengan, porque el obrero merece su salario. No andéis cambiando de casa en casa. Si entráis en una ciudad y os reciben, comed lo que os pongan, curad a los enfermos que haya en ella, y decidles: "El reino de Dios ha llegado a vosotros"».

2 Timoteo 4, 10-17b; *Salmo* 144, 10-13ab.17-18 • **LUCAS 10, 1-9**

SEÑOR, quiero ponerme en camino, estoy dispuesto, envíame a anunciar tu amor, tu bondad, tu misericordia, **de la que tanto habló tu evangelista San Lucas.** *Tus santos, Señor, proclaman la gloria de tu reinado* (Salmo 144, 12).

OCTUBRE

19

DOMINGO

DOMINGO XXIX DEL TIEMPO ORDINARIO — Tomo IV • Salterio 1ª semana

Santos **PEDRO DE ALCÁNTARA** *pb,*
JUAN DE BRÉBEUF E ISAAC JOGUES *pbs mrs,*
PABLO DE LA CRUZ *pb,* **Joel** *prof*

SAN PEDRO DE ALCÁNTARA

JORNADA MUNDIAL POR LA EVANGELIZACIÓN DE LOS PUEBLOS

Papa Francisco: Nosotros, a menudo, nos concentramos sobre muchas cosas urgentes, pero no necesarias, nos ocupamos y nos preocupamos de muchas realidades secundarias; y quizá, sin darnos cuenta, descuidamos lo que más cuenta y dejamos que nuestro amor por Dios se vaya enfriando, se enfríe poco a poco. Hoy Jesús nos ofrece el remedio para calentar una fe tibia. ¿Y cuál es el remedio? La oración. La oración es la medicina de la fe, el reconstituyente del alma. Pero es necesario que sea una oración constante. Si tenemos que seguir una cura para estar mejor, es importarte cumplirla bien, tomar los medicamentos en la forma correcta y a su debido tiempo, con constancia y regularidad. En todo en la vida hay necesidad de esto. (16-10-2022)

• *Éxodo* 17, 8-13: En aquellos días, Amalec vino y atacó a Israel en Refidín. Moisés dijo a Josué: «Escoge unos cuantos hombres, haz una salida y ataca a Amalec. Mañana yo estaré en pie en la cima del monte con el bastón de Dios en la mano». Hizo Josué lo que le decía Moisés y atacó a Amalec; entretanto, Moisés, Aarón y Jur subieron a la cima del monte. Mientras Moisés tenía en alto las manos, vencía Israel; mientras las tenía bajadas, vencía Amalec. Y, como le pesaban los brazos, sus compañeros tomaron una piedra y se la pusieron debajo, para que se sentase; mientras, Aarón y Jur le sostenían los brazos, uno a cada lado. Así resistieron en alto sus brazos hasta la puesta del sol. Josué derrotó a Amalec y a su pueblo, a filo de espada.

• *Salmo* 120, 1-8: *Nuestro auxilio es el nombre del Señor, que hizo el cielo y la tierra.*

• *2 Timoteo* 3, 14 ; 4, 2: Querido hermano: Permanece en lo que aprendiste y creíste, consciente de quiénes lo aprendiste, y que desde niño conoces las Sagradas Escrituras: ellas pueden darte la sabiduría que conduce a la salvación por medio de la fe en Cristo Jesús. Toda Escritura es inspirada por Dios y además útil para enseñar, para argüir, para corregir, para educar en la justicia, a fin de que el hombre de Dios sea perfecto y esté preparado para toda obra buena. Te conjuro delante de Dios y de Cristo Jesús, que ha de juzgar a vivos y a muertos, por su manifestación y por su reino: proclama la palabra, insiste a tiempo y a destiempo, arguye, reprocha, exhorta, con toda magnanimidad y doctrina.

• **LUCAS 18, 1-8:** En aquel tiempo, Jesús decía a sus discípulos una parábola para enseñarles que es necesario orar siempre, sin desfallecer. «Había un juez en una ciudad que ni temía a Dios ni le importaban los hombres. En aquella ciudad había una viuda que solía ir a decirle: "Hazme justicia frente a mi adversario". Por algún tiempo se estuvo negando, pero después se dijo a sí mismo: "Aunque ni temo a Dios ni me importan los hombres, como esa viuda me está molestando, le voy a hacer justicia, no sea que siga viniendo a cada momento a importunarme"». Y el Señor añadió: «Fijaos en lo que dice el juez injusto; pues Dios ¿no hará justicia a sus elegidos que claman ante él día y noche?, ¿o les dará largas? Os digo que les hará justicia sin tardar. Pero cuando venga el Hijo del hombre, ¿encontrará esta fe en la tierra?».

SEÑOR, tu Iglesia misionera renueva en este domingo su compromiso de anunciar el evangelio con la palabra y con la vida. Somos tus mensajeros. **Fortalécenos con tu Espíritu Santo y ayuda a quienes dan testimonio de ti en lugares difíciles y hostiles.**

OCTUBRE

20

LUNES

Lunes 29° Tiempo Ordinario

Tomo IV - Salterio 1ª semana

Santos Cornelio Centurión *NT*, Vital *ob*,
Adelina *ab*, Andrés Calibia *mj mr*, Beato
Timoteo Giaccardo *pb*

SAN CORNELIO EL CENTURIÓN

Papa Francisco: Se trata de tender hacia una vida vivida, no en el estilo mundano, sino en el estilo evangélico: amar a Dios con todo nuestro ser, y amar al prójimo como Jesús lo amó, es decir, en el servicio y en el don de sí mismo. La codicia de bienes, el deseo de tener bienes, no satisface al corazón, al contrario, causa más hambre. La codicia es como esos caramelos buenos: tomas uno y dices: «¡Ah, qué bien!», y luego tomas el otro; y uno tira del otro. Así es la avaricia: nunca estás satisfecho. ¡Tened cuidado! El amor así comprendido y vivido es la fuente de la verdadera felicidad, mientras que la búsqueda ilimitada de bienes materiales y riquezas es a menudo fuente de inquietud, de adversidad, de prevaricaciones, de guerra. (04-08-2019)

PALABRA En aquel tiempo, dijo uno de entre la gente a Jesús: «Maestro, dile a mi hermano que reparta conmigo la herencia». Él le dijo: «Hombre, ¿quién me ha constituido juez o árbitro entre vosotros?». Y les dijo: «Mirad: guardaos de toda clase de codicia. Pues, aunque uno ande sobrado, su vida no depende de sus bienes». Y les propuso una parábola: «Las tierras de un hombre rico produjeron una gran cosecha. Y empezó a echar cálculos, diciéndose: "¿Qué haré? No tengo dónde almacenar la cosecha". Y se dijo: "Haré lo siguiente: derribaré los graneros y construiré otros más grandes, y almacenaré allí todo el trigo y mis bienes. Y entonces me diré a mí mismo: alma mía, tienes bienes almacenados para muchos años; descansa, come, bebe, banquetea alegremente". Pero Dios le dijo: "Necio, esta noche te van a reclamar el alma, y de quién será lo que has preparado?". Así es el que atesora para sí y no es rico ante Dios».

Romanos 4, 20-25; *Salmo: Lucas* 1, 69-70.71-75 • **LUCAS 12, 13-21**

SEÑOR, a veces pienso en los bienes materiales como si fuera lo más importante de la vida. **Dame sabiduría y luz para no dejarme arrastrar por ellos.** *Bendito sea el Señor, Dios de Israel, porque ha visitado a su pueblo (Lucas 1, 68).*

ORACIÓN

S. LAURA DE S. CAT. MONTOYA

Tomo IV · Salterio 1ª semana   **Martes 29º Tiempo Ordinario**   OCTUBRE

21

MARTES

Santos Hilarión de Gaza *ab,* **Viator** *cf,*
Celina *mf,* **Severino** *ob,* **Úrsula** *vg mr,*
Laura de S. Catalina S. Montoya *vg*

Papa Francisco: Cada día el Señor nos visita, nos habla, se revela de maneras inesperadas y, al final de la vida y de los tiempos, vendrá. Por eso Él mismo nos exhorta a permanecer despiertos, a estar vigilantes, a perseverar en la espera. Lo peor que nos puede ocurrir, en efecto, es caer en el "sueño del espíritu": dejar adormecer el corazón, anestesiar el alma, almacenar la esperanza en los rincones oscuros de la decepción y la resignación. (02-02-2024)

PALABRA

En aquel tiempo, dijo Jesús a sus discípulos: «Tened ceñida vuestra cintura y encendidas las lámparas. Vosotros estad como los hombres que aguardan a que su señor vuelva de la boda, para abrirle apenas venga y llame. Bienaventurados aquellos criados a quienes el señor, al llegar, los encuentre en vela; en verdad os digo que se ceñirá, los hará sentar a la mesa y, acercándose, les irá sirviendo. Y si llega a la segunda vigilia o a la tercera y los encuentra así, bienaventurados ellos».

Romanos 5, 12.15b.17–19.20b–21; *Salmo* 39, 7-10.17 • **LUCAS 12, 35–38**

ORACIÓN

SEÑOR, aquí estoy en vela y preparado, dispuesto para ti. No permitas que nada me distraiga de tu amor y de tu palabra. *Aquí estoy, Señor, para hacer tu voluntad (Salmo 39, 8a.9a).*

SAN JUAN PABLO II

OCTUBRE
22
MIÉRCOLES

Miércoles 29° Tiempo Ordinario · Tomo IV - Salterio 1ª semana

Santos JUAN PABLO II *pp,*
Nunilo y Alodía *vgs mrs.*
Beato Timoteo Giaccardo *pb*

Papa Francisco: Jesús reza por nosotros, Jesús nos mira y pide al Padre por nosotros, Jesús nos sirve ahora, es nuestro siervo. Y esta será la última alegría. El pensamiento del encuentro final con el Padre, rico en misericordia, nos llena de esperanza y nos estimula a comprometernos constantemente en nuestra santificación y en la construcción de un mundo más justo y fraterno. (11-08-2019)

PALABRA En aquel tiempo, dijo Jesús a sus discípulos: «Comprended que si supiera el dueño de casa a qué hora viene el ladrón, velaría y no le dejaría abrir un boquete en casa. Lo mismo vosotros, estad preparados, porque a la hora que menos penséis viene el Hijo del hombre». Pedro le dijo: «Señor, ¿dices esta parábola por nosotros o por todos?». El Señor dijo: «¿Quién es el administrador fiel y prudente a quien el señor pondrá al frente de su servidumbre para que reparta la ración de alimento a sus horas? Bienaventurado aquel criado a quien su señor, al llegar, lo encuentre portándose así. En verdad os digo que lo pondrá al frente de todos sus bienes. Pero si aquel criado dijere para sus adentros: "Mi señor tarda en llegar", y empieza a pegarles a los criados y criadas, a comer y beber y emborracharse, vendrá el señor de ese criado el día que no espera y a la hora que no sabe y lo castigará con rigor, y le hará compartir la suerte de los que no son fieles. El criado que, conociendo la voluntad de su señor, no se prepara ni obra de acuerdo con su voluntad, recibirá muchos azotes; el que, sin conocerla, ha hecho algo digno de azotes, recibirá menos. Al que mucho se le dio, mucho se le reclamará; al que mucho se le confió, más aún se le pedirá».

Romanos 6, 12-18; *Salmo* 123, 1b-8 • **LUCAS 12, 39-48**

ORACIÓN **SEÑOR,** los dones que me confías deben fructificar en beneficio del prójimo. **A veces me puede la pereza y el egoísmo. Perdóname y dame tu fuerza.** *Nuestro auxilio es el nombre del Señor (Salmo 123, 8a).*

Tomo IV - Salterio 1ª semana · Jueves 29° Tiempo Ordinario

OCTUBRE

23

JUEVES

SAN JUAN DE CAPISTRANO

Santos **JUAN DE CAPISTRANO** *pb*,
Marcos *ob*, Valerio *di mr*

Papa Francisco: Para vivir según el espíritu del Evangelio es necesario que, ante las siempre nuevas necesidades que se perfilan en el mundo, existan discípulos de Cristo que sepan responder con nuevas iniciativas de caridad. Y así, con la adoración a Dios y el servicio al prójimo —ambas juntas, adorar a Dios y servir al prójimo— es como se manifiesta realmente el Evangelio como el fuego que salva, que cambia el mundo a partir del cambio del corazón de cada uno. (18-08-2019)

PALABRA

En aquel tiempo, dijo Jesús a sus discípulos: «He venido a prender fuego a la tierra, ¡y cuánto deseo que ya esté ardiendo! Con un bautismo tengo que ser bautizado, ¡y qué angustia sufro hasta que se cumpla! ¿Pensáis que he venido a traer paz a la tierra? No, sino división. Desde ahora estarán divididos cinco en una casa: tres contra dos y dos contra tres; estarán divididos el padre contra el hijo y el hijo contra el padre, la madre contra la hija y la hija contra la madre, la suegra contra la nuera y la nuera contra la suegra».

Romanos 6, 19-23; *Salmos* 1, 1-4.6 • **LUCAS 12, 49-53**

ORACIÓN

SEÑOR, creer en ti me hace experimentar, en ocasiones, dificultades, rechazos, problemas, pero tú eres el tesoro de mi vida, **la paz de mi corazón, mi salvador.** *Dichoso el hombre que ha puesto su confianza en el Señor* (Salmo 39, 5ab).

Viernes 29º Tiempo Ordinario Tomo IV · Salterio 1ª semana

Santos **ANTONIO M.ª CLARET** *ob,*
Proclo *ob,* **Luis Guanella** *pb*

SAN ANTONIO Mº CLARET

Papa Francisco: Somos libres por el don de la libertad que nos dio Jesucristo. Pero nuestro trabajo es examinar lo que sucede dentro de nosotros, discernir nuestros sentimientos, nuestros pensamientos; y analizar lo que sucede fuera de nosotros, discernir los signos de los tiempos. ¿Cómo? Con el silencio, con la reflexión y con la oración. (23-10-2015)

PALABRA

En aquel tiempo, decía Jesús a la gente: «Cuando veis subir una nube por el poniente, decís enseguida: "Va a caer un aguacero", y así sucede. Cuando sopla el sur, decís: "Va a hacer bochorno", y sucede. Hipócritas: sabéis interpretar el aspecto de la tierra y del cielo, pues ¿cómo no sabéis interpretar el tiempo presente? ¿Cómo no sabéis juzgar vosotros mismos lo que es justo? Por ello, mientras vas con tu adversario al magistrado, haz lo posible en el camino por llegar a un acuerdo con él, no sea que te lleve a la fuerza ante el juez, y el juez te entregue al guardia, y el guardia te meta en la cárcel. Te digo que no saldrás de allí hasta que no pagues la última monedilla».

Romanos 7, 18-24; *Salmo* 118, 66.68.76-77.93-94 • **LUCAS 12, 54-59**

SEÑOR, pongo demasiado interés en las cosas del mundo y tengo pereza para prestar atención a los signos de tu presencia a mi alrededor. **Dame tu luz.** *Instrúyeme, Señor, en tus decretos* (Salmo 118, 68b).

ORACIÓN

Santos **Bernardo Calbó** *ob*, **Crisanto** y **Daría** *mrs*, **Frutos**, **Valentín** y **Engracia** *mrs*

SAN BERNARDO CALBO

Papa Francisco: Jesús intercede ante el Padre en favor de la humanidad —y lo hace siempre— y le pide que espere y le conceda un poco más de tiempo para que los frutos del amor y la justicia broten en ella. La higuera de la parábola que el dueño quiere erradicar representa una existencia estéril, incapaz de dar, incapaz de hacer el bien. Es un símbolo de quien vive para sí mismo, saciado y tranquilo, replegado en su comodidad, incapaz de dirigir su mirada y su corazón a aquellos que están cerca de él en un estado de sufrimiento, pobreza y malestar. A esta actitud de egoísmo y esterilidad espiritual se contrapone el gran amor del viñador por la higuera: hace esperar al dueño, tiene paciencia, sabe esperar, le dedica su tiempo y su trabajo. [...] Y esta similitud del viñador manifiesta la misericordia de Dios, que nos deja un tiempo para la conversión. (14-03-2019)

PALABRA

En aquel momento se presentaron algunos a contar a Jesús lo de los galileos, cuya sangre había mezclado Pilato con la de los sacrificios que ofrecían. Jesús respondió: «¿Pensáis que esos galileos eran más pecadores que los demás galileos porque han padecido todo esto? Os digo que no; y si no os convertís, todos pereceréis lo mismo. O aquellos dieciocho sobre los que cayó la torre de Siloé y los mató, ¿pensáis que eran más culpables que los demás habitantes de Jerusalén? Os digo que no. Y si no os convertís, todos pereceréis de la misma manera». Y les dijo esta parábola: «Uno tenía una higuera plantada en su viña, y fue a buscar fruto en ella, y no lo encontró. Dijo entonces al viñador: "Ya ves: tres años llevo viniendo a buscar fruto en esta higuera, y no lo encuentro. Córtala. ¿Para qué va a perjudicar el terreno?". Pero el viñador respondió: "Señor, déjala todavía este año; y mientras tanto yo cavaré alrededor y le echaré estiércol, a ver si da fruto en adelante. Si no, la puedes cortar"».

Romanos 8, 1-11; *Salmo* 23, 1-6 • **LUCAS 13, 1-9**

ORACIÓN

SEÑOR, tu bondad nos da siempre nuevas oportunidades para la conversión. **Gracias por tanto amor inmerecido, gracias por tu inmensa misericordia.** *Esta es la generación que busca tu rostro, Señor (Salmo 23, 6).*

OCTUBRE

26

DOMINGO

DOMINGO XXX DEL TIEMPO ORDINARIO   Tomo IV - Salterio 2ª semana

Santos Albino *ob*, Fulco *ob*,
Luciano y Marciano *mrs*, Amando *ob*

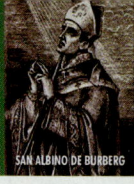

SAN ALBINO DE BURBERG

Papa Francisco: Para elevarnos a Dios, necesitamos bajar. ¿Por qué? ¿Qué significa esto? Para ascender hacia Él debemos descender dentro de nosotros mismos: cultivar la sinceridad y la humildad de corazón, que nos permiten mirar con honestidad nuestras fragilidades y nuestra pobreza interior. En efecto, en la humildad nos hacemos capaces de llevar a Dios, sin fingir, lo que realmente somos, las limitaciones y las heridas, los pecados y las miserias que pesan en nuestro corazón, y de invocar su misericordia para que nos cure y nos levante. Él será quien nos levante, no nosotros. Cuanto más descendemos en humildad, más nos eleva Dios. (23-10-2022)

PALABRA

• *Eclesiástico* 35, 12-14.16-19a: El Señor es juez, y para él no cuenta el prestigio de las personas. Para él no hay acepción de personas en perjuicio del pobre, sino que escucha la oración del oprimido; No desdeña la súplica del huérfano, ni de la viuda cuando se desahoga en su lamento. Quien sirve de buena gana, es bien aceptado, y su plegaria sube hasta las nubes. La oración del humilde atraviesa las nubes y no se detiene hasta que alcanza su destino. No desiste hasta que el Altísimo lo atiende, juzga a los justos y les hace justicia. El Señor no tardará.

• *Salmo* 33, 2-3.17-19.23: *El afligido invocó al Señor, y él lo escuchó.*

• *2 Timoteo* 4, 6-8.16-18: Querido hermano: Yo estoy a punto de ser derramado en libación y el momento de mi partida es inminente. He combatido el noble combate, he acabado la carrera, he conservado la fe. Por lo demás me está reservada la corona de la justicia, que el Señor, juez justo, me dará aquel día; y no solo a mí, sino también a todos los que hayan aguardado con amor su manifestación. En mi primera defensa, nadie estuvo a mi lado, sino que todos me abandonaron. ¡No les sea tenido en cuenta! Mas el Señor estuvo a mi lado y me dio fuerzas para que, a través de mí, se proclamara plenamente el mensaje y lo oyeran todas las naciones. Y fui librado de la boca del león. El Señor me librará de toda obra mala y me salvará llevándome a su reino celestial. A él la gloria por los siglos de los siglos. Amén.

• **LUCAS 18, 9-14:** En aquel tiempo, Jesús dijo esta parábola a algunos que confiaban en sí mismos por considerarse justos y despreciaban a los demás: «Dos hombres subieron al templo a orar. Uno era fariseo; el otro, publicano. El fariseo, erguido, oraba así en su interior: "¡Oh Dios!, te doy gracias porque no soy como los demás hombres: ladrones, injustos, adúlteros; ni tampoco como ese publicano. Ayuno dos veces por semana y pago el diezmo de todo lo que tengo". El publicano, en cambio, quedándose atrás, no se atrevía ni a levantar los ojos al cielo; sino que se golpeaba el pecho, diciendo: "¡Oh Dios!, ten compasión de este pecador". Os digo que este bajó a su casa justificado y aquel no. Porque todo el que se enaltece será humillado y el que se humilla será enaltecido».

SEÑOR, no puedo orar como el fariseo porque sé que no soy mejor que nadie. Soy pecador, soy como ese publicano que reconoce su pecado y todo lo espera de tu amor. **Ten compasión de mí.**

ORACIÓN

El que se humilla será enaltecido

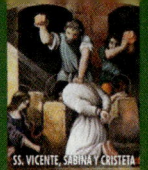

SS. VICENTE, SABINA Y CRISTETA

Papa Francisco: Pensemos en el buen pastor, pensemos en Jesús que ve, llama, habla, toca y sana; pensemos en el Padre que se hace carne en su Hijo, por compasión. Este es el camino del buen pastor, el pastor que hoy vemos aquí, en este pasaje del Evangelio: es una gracia para el Pueblo de Dios tener buenos pastores, pastores como Jesús, que no se avergüenzan de tocar la carne herida, que saben que sobre esto —no solo ellos, sino todos nosotros— seremos juzgados: estaba hambriento, estaba en la cárcel, estaba enfermo... (30-10-2017)

Un sábado, enseñaba Jesús en una sinagoga. Había una mujer que desde hacía dieciocho años estaba enferma por causa de un espíritu, y andaba encorvada, sin poderse enderezar de ningún modo. Al verla, Jesús la llamó y le dijo: «Mujer, quedas libre de tu enfermedad». Le impuso las manos, y enseguida se puso derecha. Y glorificaba a Dios. Pero el jefe de la sinagoga, indignado porque Jesús había curado en sábado, se puso a decir a la gente: «Hay seis días para trabajar; venid, pues, a que os curen en esos días y no en sábado». Pero el Señor, le respondió y dijo: «Hipócritas: cualquiera de vosotros, ¿no desata en sábado su buey o su burro del pesebre, y los lleva a abrevar? Y a esta, que es hija de Abrahán, y que Satanás ha tenido atada dieciocho años, ¿no era necesario soltarla de tal ligadura en día de sábado?». Al decir estas palabras, sus enemigos quedaron abochornados, y toda la gente se alegraba por todas las maravillas que hacía.

Romanos 8, 12–17; *Salmo* 67, 2.4.6.7ab.20–21 • **LUCAS 13, 10–17**

SEÑOR, mi vida está demasiado encorvada hacia mí porque soy egoísta. **Enderézame para ver mejor la realidad y abrir mi vida al amor y a la generosidad.** *Nuestro Dios es un Dios que salva* (Salmo 67, 21a).

SAN SIMÓN Y SAN JUDAS

FIESTA DE LOS SANTOS
SIMÓN Y JUDAS TADEO, APÓSTOLES
Santos Fidel *mr*, Francisco Serrano *ob* y
co mrs, Rodrigo Aguilar *pb mr*

OCTUBRE
28
MARTES

Papa Francisco: El amor no mira si uno tiene la cara poco agraciada o la cara hermosa: ¡ama! Y Jesús hace lo mismo: ama y elige con amor. Y elige a todos. En su «lista» no hay personas importantes según los criterios del mundo: hay gente común. El único elemento que los caracteriza a todos es que son pecadores. Jesús eligió a los pecadores. Elige a los pecadores. Y esta es la acusación que le hacen los doctores de la ley, los escribas. Pero Jesús es así y, por lo tanto, llama a todos. Su criterio es el amor, como se ve claro desde que nosotros, el día de nuestro Bautismo, hemos sido elegidos oficialmente. En esa elección está el amor de Jesús. Él me miró y me dijo: «¡tú!». Basta pensar, por lo demás, en la elección de Judas Iscariote, que fue el traidor, el pecador más grande para Él. Pero fue elegido por Jesús. (09-09-2014)

PALABRA En aquellos días, Jesús salió al monte a orar, y pasó la noche orando a Dios. Cuando se hizo de día, llamó a sus discípulos, escogió de entre ellos a doce, a los que también nombró apóstoles: Simón, al que puso de nombre Pedro, y Andrés, su hermano, Santiago, Juan, Felipe, Bartolomé, Mateo, Tomás, Santiago el de Alfeo, Simón, llamado el Zelote, Judas el de Santiago y Judas Iscariote, que fue el traidor. Después de bajar con ellos, se paró en una llanura, con un grupo grande de discípulos y una gran muchedumbre del pueblo, procedente de toda Judea, de Jerusalén y de la costa de Tiro y de Sidón. Venían a oírlo y a que los curara de sus enfermedades; los atormentados por espíritus inmundos quedaban curados, y toda la gente trataba de tocarlo, porque salía de él una fuerza que los curaba a todos.

Efesios 2,19-22; *Salmo* 18,2-5b • **LUCAS 6, 12-19**

SEÑOR, por la intercesión de tus Apóstoles, **fortalécenos en la misión de construir tu Reino con nuestro trabajo y testimonio. *A toda la tierra alcanza su pregón*** (Salmo 18, 5a).

ORACIÓN

OCTUBRE

29

MIÉRCOLES

Miércoles 30° Tiempo Ordinario   Tomo IV - Salterio 2ª semana

Santos Narciso *ob*, **Feliciano** *mr*,
Honorato *ob*, **Joaquín Royo** *pb mr*

SAN JOAQUÍN ROYO

Papa Francisco: El Señor nos reconocerá sólo por una vida humilde, una vida buena, una vida de fe que se traduce en obras. Y para nosotros, los cristianos, esto significa que estamos llamados a establecer una verdadera comunión con Jesús, orando, yendo a la iglesia, acercándonos a los Sacramentos y nutriéndonos con su Palabra. Esto nos mantiene en la fe, alimenta nuestra esperanza, reaviva la caridad. Y así, con la gracia de Dios, podemos y debemos dedicar nuestra vida para el bien de nuestros hermanos y hermanas, luchando contra todas las formas de maldad e injusticia. (25-08-2019)

PALABRA   En aquel tiempo, Jesús pasaba por ciudades y aldeas enseñando y se encaminaba hacia Jerusalén. Uno le preguntó: «Señor, ¿son pocos los que se salvan?». Él les dijo: «Esforzaos en entrar por la puerta estrecha, pues os digo que muchos intentarán entrar y no podrán. Cuando el amo de la casa se levante y cierre la puerta, os quedaréis fuera y llamaréis a la puerta diciendo: "Señor, ábrenos"; pero él os dirá: "No sé quiénes sois". Entonces comenzaréis a decir: "Hemos comido y bebido contigo y tú has enseñado en nuestras plazas". Pero él os dirá: "No sé de dónde sois. Alejaos de mí todos los que obráis la iniquidad". Allí será el llanto y el rechinar de dientes, cuando veáis a Abrahán, a Isaac y a Jacob y a todos los profetas en el reino de Dios, pero vosotros os veáis arrojados fuera. Y vendrán de oriente y occidente, del norte y del sur, y se sentarán a la mesa en el reino de Dios. Mirad: hay últimos que serán primeros y primeros que serán últimos».

Romanos 8,26-30; *Salmo* 12,4-6 • LUCAS 13, 22-30

ORACIÓN   **SEÑOR,** quiero entrar por la puerta estrecha del amor y de la entrega, quiero ser tuyo de verdad, **sin reservas, sin excusas.** *Yo confío, Señor, en tu misericordia (Salmo 12, 6a).*

Tomo IV · Salterio 2ª semana   Jueves 30º Tiempo Ordinario

OCTUBRE

30

JUEVES

SS. CLAUDIO, LUPERCIO Y VICTORIO

Santos Claudio, Lupercio y Victorio *mrs*,
Marcelo *mr*, **Germán** *ob*, **Gerardo** *ob*

Papa Francisco: Incluso el hombre más malo, el más blasfemo es amado por Dios con una ternura de padre, de papá o, para usar las palabras de Jesús, «como una gallina a sus polluelos». Dios el poderoso, el creador lo puede hacer todo; sin embargo, Dios llora y en esas lágrimas está todo su amor. Dios llora por mí, cuando yo me alejo; llora por cada uno de nosotros; Dios llora por los malvados, los que hacen muchas cosas malas, mucho mal a la humanidad… Él, en efecto, espera, no condena, llora. ¿Por qué? ¡Porque ama! (29-10-2015)

PALABRA

En aquel día, se acercaron unos fariseos a decir a Jesús: «Sal y marcha de aquí, porque Herodes quiere matarte». Jesús les dijo: «Id y decid a ese zorro: "Mira, yo arrojo demonios y realizo curaciones hoy y mañana, y al tercer día mi obra quedará consumada. Pero es necesario que camine hoy y mañana y pasado, porque no cabe que un profeta muera fuera de Jerusalén". ¡Jerusalén, Jerusalén, que matas a los profetas y apedreas a los que se te envían! Cuántas veces he querido reunir a tus hijos, como la gallina reúne a sus pollitos bajo las alas, y no habéis querido. Mirad, vuestra casa va a ser abandonada. Os digo que no me veréis hasta el día que digáis: "Bendito el que viene en nombre del Señor"».

Romanos 8, 31b–39; *Salmo* 108, 21-22.26-27.30-31 • **LUCAS 13, 31-35**

ORACIÓN

SEÑOR, nadie ni nada te detiene en tu camino hacia Jerusalén, la ciudad que mata a los profetas. **Quiero seguirte con esa entereza y decisión que tú me enseñas.** *Sálvame, Señor, según tu misericordia* (*Salmo 108, 26b*).

Viernes 30° Tiempo Ordinario   Tomo IV · Salterio 2ª semana

Santos Jerónimo Hermosilla *ob mr*,
Alonso Rodríguez *rl*, **Quintín** *mr*

SAN JERÓNIMO HERMOSILLA

Papa Francisco: Dios, nuestro Padre, cuida de cada persona, sin distinción. Por esta razón Él también quiere usar nuestro conocimiento, nuestras manos y nuestro corazón para sanar y sanar a cada ser humano, porque quiere dar vida y amor a cada uno de nosotros. (22-06-2019)

PALABRA Un sábado, entró Jesús en casa de uno de los principales fariseos para comer, y ellos lo estaban espiando. Había allí, delante de él, un hombre enfermo de hidropesía, y, tomando la palabra, dijo a los maestros de la ley y a los fariseos: «¿Es lícito curar los sábados, o no?». Ellos se quedaron callados. Jesús, tocando al enfermo, lo curó y lo despidió. Y a ellos les dijo: «¿A quién de vosotros se le cae al pozo el asno o el buey y no lo saca enseguida en día de sábado?». Y no pudieron replicar a esto.

Romanos 9, 1-5; *Salmo* 147, 12-15. 19-20 • **LUCAS 14, 1-6**

ORACIÓN **SEÑOR,** gracias por tu amor que nos sana interiormente, **que nos dispone a la vida nueva que nos regalas.** *Glorifica al Señor, Jerusalén* (Salmo 147, 12a).

EL MATRIMONIO Y LA FAMILIA

Libros para fortalecer
la vida matrimonial y familiar

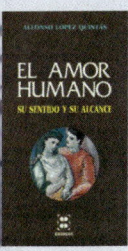  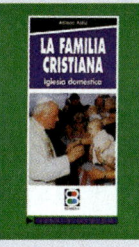 

- **El amor humano.** *Su sentido y su alcance.* A. López Quintás. 256 p. 9,00 €. Ética y amor.

- **No tienen vino.** *Espiritualidad matrimonial y familiar.* Mons. Francisco Cerro, arzobispo de Toledo. 70 p. 6,75 €

- **El matrimonio en Cristo.** J.Mª Iraburu. 144 p. 4,25 €

- **Amor y vida.** *Acerca del Matrimonio Cristiano.* F. García. 308 p. 11,45 €

- **Familia, vida y sociedad.** *Textos sociales católicos.* M, J. Núñez. 346 p. 11,75 v

- **La familia cristiana.** *Iglesia doméstica.* Atilano Aláiz, 346 p. 11,50 €

- **Escuela de padres en casa** (3ª ed.). N. Martínez, 212 p. 7,25 €. Para educar desde la familia y el diálogo.

- **Quince cartas a un padre preocupado** (3ª ed.). Venancio Luis Agudo. 150 p. 5,25 €

SAN JUAN PABLO II

LO MEJOR DE SU MENSAJE, editado por J.A. Martínez Puche, O.P., con varios y práctivos Índices:

1. ENCÍCLICAS DE JUAN PABLO II.
7ª edición de sus 14 encíclicas- 1.872 p. 42,50 €.
2. EXHORTACIONES APOSTÓLICAS DE SAN JUAN PABLO II. 1.290 P. 33 €.
3. San Juan Pablo II. Su vida cotidiana.
148 p. 12.50 €
4. San Juan Pablo II vivía con Dios.
174 p. 15 €

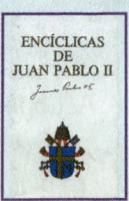

El que fue su segundo secretario personal, Mons. Mieczysław Mokrzycki, y la periodista Brigada Grysiak, nos acercan al Juan Pablo II de los últimos años de su vida contando aspectos y detalles inéditos en estos dos libros.

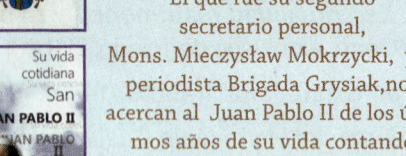

La muerte y el más allá.
Navidad eterna.
Daniel-Ange. 280 p. 15,75 €
Precioso libro para vivir la vida con intensidad y no temer ni el dolor ni la muerte.

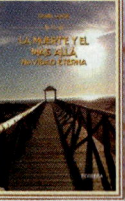

NOVIEMBRE

A TI, OH DIOS, TE ALABAMOS.

Los ángeles todos, los cielos,
los querubines y serafines te cantan sin cesar.
ti te ensalza el glorioso coro de los apóstoles,
la multitud admirable de los profetas,
el blanco ejército de los mártires.
Padre de inmensa majestad,
Hijo único, digno de adoración,
Espíritu Santo, Defensor.

SOLEMNIDAD DE TODOS LOS SANTOS

TODOS LOS SANTOS

Papa Francisco: El pobre en espíritu es el cristiano que no se fía de sí mismo, de las riquezas materiales, no se obstina en las propias opiniones, sino que escucha con respeto y se remite con gusto a las decisiones de los otros. Si en nuestras comunidades hubiera más pobres de espíritu, ¡habría menos divisiones, contrastes y polémicas! La humildad, como la caridad, es una virtud esencial para la convivencia en las comunidades cristianas. Los pobres, en este sentido evangélico, aparecen como aquellos que mantienen viva la meta del Reino de los cielos. (29-01-2017)

PALABRA En aquel tiempo, al ver Jesús el gentío, subió al monte, se sentó y se acercaron sus discípulos; y, abriendo su boca, les enseñaba diciendo: «Bienaventurados los pobres en el espíritu, porque de ellos es el reino de los cielos. Bienaventurados los mansos, porque ellos heredarán la tierra. Bienaventurados los que lloran, porque ellos serán consolados. Bienaventurados los que tienen hambre y sed de la justicia, porque ellos quedarán saciados. Bienaventurados los misericordiosos, porque ellos alcanzarán misericordia. Bienaventurados los limpios de corazón, porque ellos verán a Dios. Bienaventurados los que trabajan por la paz, porque ellos serán llamados hijos de Dios. Bienaventurados los perseguidos por causa de la justicia, porque de ellos es el reino de los cielos. Bienaventurados vosotros cuando os insulten y os persigan y os calumnien de cualquier modo por mi causa. Alegraos y regocijaos, porque vuestra recompensa será grande en el cielo».

Apocalipsis 7, 2-4.9-14; *Salmo* 23, 1b-6; *1Juan* 3, 1–3 • **MATEO 5, 1-12a**

ORACIÓN **SEÑOR,** las bienaventuranzas son la carta magna de la santidad cristiana. **Que todos tus santos y santas, bienaventurados por vivirlas, nos ayuden a nosotros a vivirlas también.** *Esta es la generación que busca tu rostro, Señor (Salmo 23, 6).*

Papa Francisco: Hoy el Señor nos recuerda que la muerte viene a hacer la verdad sobre la vida y quita cualquier circunstancia atenuante a la misericordia. Hermanos, hermanas, no podemos decir que no lo sabemos. No podemos confundir la realidad de la belleza con el maquillaje hecho artificialmente. El Evangelio explica cómo vivir la espera: se va al encuentro de Dios amando porque Él es amor. Y, en el día de nuestra despedida, la sorpresa será feliz si ahora nos dejamos sorprender por la presencia de Dios, que nos espera entre los pobres y los heridos del mundo. No tengamos miedo de esta sorpresa: vayamos adelante con las cosas que el Evangelio nos dice, para ser juzgados justos al final. Dios espera ser acariciado no con palabras, sino con los hechos. (02-11-2022)

• *Lamentaciones* 3, 17-26: He perdido la paz, me he olvidado de la dicha; me dije: "Ha sucumbido mi esplendor y mi esperanza en el Señor». Recordar mi aflicción y mi vida errante es ajenjo y veneno; no dejo de pensar en ello, estoy desolado; hay algo que traigo a la memoria, por eso esperaré: Que no se agota de bondad del Señor, no se acaba su misericordia; se renuevan cada mañana, ¡qué grande es tu fidelidad!; me dije: «¡Mi lote es el Señor, por eso esperaré en él!». El Señor es bueno para quien espera en él, para quien lo busca; es bueno esperar en el silencio la salvación del Señor.

• *Salmo* 129, 1b-8: ***Desde lo hondo a ti grito, Señor.***

• *Romanos* 6, 3-9: Hermanos: ¿Sabéis que cuantos fuimos bautizados en Cristo Jesús fuimos bautizados en su muerte? Por el bautismo fuimos sepultados con él en la muerte, para que, lo mismo que Cristo resucitó de entre los muertos por la gloria del Padre, así también nosotros andemos en una vida nueva. Pues si hemos sido incorporados a él en una muerte como la suya, lo seremos también en una resurrección como la suya; sabiendo que nuestro hombre viejo fue crucificado con Cristo, para que fuera destruido el cuerpo de pecado, y, de este modo, nosotros dejaremos de servir al pecado; porque quien muere ha quedado libre del pecado. Si hemos muerto con Cristo, creemos que también viviremos con él; pues sabemos que Cristo, una vez resucitado de entre los muertos, ya no muere más; la muerte ya no tiene dominio sobre él.

• **JUAN 14, 1-6:** En aquel tiempo, dijo Jesús a sus discípulos: «No se turbe vuestro corazón; creed en Dios y creed también en mí. En la casa de mi Padre hay muchas moradas; si no, os lo habría dicho, porque me voy a prepararos un lugar. Cuando vaya y os prepare un lugar, volveré y os llevaré conmigo, para que donde estoy yo estéis también vosotros. Y adonde yo voy, ya sabéis el camino». Tomás le dice: «Señor, no sabemos adónde vas, ¿cómo podemos saber el camino?». Jesús le responde: «Yo soy el camino, y la verdad, y la vida. Nadie va al Padre, sino por mí».

ORACIÓN **SEÑOR Jesucristo,** resurrección y vida nuestra; **te pedimos por nuestros hermanos difuntos para que, en tu misericordia, puedan gozar de la luz donde tú habitas.**

En la casa de mi padre hay muchas moradas

Santos MARTÍN DE PORRES *rl,*
Pedro Almató *pb mr,* **Germán, Silvia** *mf,*
Beato Manuel Lozano Garrido (Lolo) *la*

Papa Francisco: La salvación es un regalo de Dios al cual se responde con otro regalo, el regalo de mi corazón. Pero hay quien tiene otros intereses, cuando escuchan hablar de regalos: "Sí, es cierto, sí, pero se debe hacer regalos". E inmediatamente piensan: "He aquí, yo haré este regalo y él mañana y pasado mañana, en otra ocasión, me hará otro". Así hay siempre un intercambio. En cambio, el Señor no pide nada a cambio: solo amor, fidelidad, como Él es amor y Él es fiel. Porque la salvación no se compra, simplemente se entra en el banquete: "Bienaventurado quien coma en el reino de Dios". Esta es la salvación. (07-11-2017)

En aquel tiempo, Jesús dijo a uno de los principales fariseos que lo había invitado: «Cuando des una comida o una cena, PALABRA no invites a tus amigos, ni a tus hermanos, ni a tus parientes, ni a los vecinos ricos; porque corresponderán invitándote, y quedarás pagado. Cuando des un banquete, invita a pobres, lisiados, cojos y ciegos; y serás bienaventurado, porque no pueden pagarte; te pagarán en la resurrección los justos».

Romanos 11, 29-36; ***Salmo*** 68, 30-31.33-34.36-37 • **LUCAS 14,12-14**

SEÑOR Jesús, nos invitas a ser generosos no solo con los cercanos sino con todos. **Tu amor no conoce fronteras. Que pueda yo amar** ORACIÓN **así.** *Señor, que me escuche tu gran bondad (Salmo 68, 14c).*

NOVIEMBRE

4

MARTES

Martes 31° Tiempo Ordinario   Tomo IV - Salterio 3ª semana

Santos **CARLOS BORROMEO** *ob*,
Vital y Agrícola *mrs*, **Modesta** *ab*,
Félix de Valois *pb*

SAN CARLOS BORROMEO

Papa Francisco: También nosotros tenemos miedo y «pensamos que la santidad se construye con nuestras cosas, y acabamos siendo un poco pelagianos. En cambio, la salvación es gratuita. [...] es gratis, porque Cristo Jesús, quien siendo de condición divina, no retuvo ávidamente el ser igual a Dios.... Es Jesús quien pagó la fiesta con su humillación hasta la muerte, muerte de Cruz. Esta es la gran gratuidad de Dios. Sólo tenemos que abrir el corazón, hacer de nuestra parte todo lo que podamos; pero la gran fiesta la hará Él. (04-11-2014)

En aquel tiempo, uno de los comensales dijo a Jesús: «¡Bienaventurado el que coma en el reino de Dios!». Jesús le contestó: «Un hombre daba un gran banquete y convidó a mucha gente; a la hora del banquete mandó a su criado a avisar a los convidados: "Venid, que ya está preparado". Pero todos a una empezaron a excusarse. El primero le dijo: "He comprado un campo y necesito ir a verlo. Dispénsame, por favor". Otro dijo: "He comprado cinco yuntas de bueyes y voy a probarlas. Dispénsame por favor". Otro dijo: "Me acabo de casar y, por ello, no puedo ir" El criado volvió a contárselo a su señor. Entonces el dueño de casa indignado, dijo a su criado: "Sal aprisa a las plazas y calles de la ciudad y tráete aquí a los pobres, a los lisiados, a los ciegos y a los cojos". El criado dijo: "Señor, se ha hecho lo que mandaste, y todavía queda sitio". Entonces el señor le dijo: "Sal por los caminos y senderos, e insísteles hasta que entren y se llene mi casa". Y os digo que ninguno de aquellos convidados probará mi banquete».

Romanos 12, 5-16a; *Salmo* 130, 1-3 • **LUCAS** 14, 15-24

SEÑOR, no me faltan excusas para tomarme en serio tu seguimiento por eso necesito que me fortalezcas interiormente. **Sé que cuento** contigo. *Guarda mi alma en la paz junto a ti, Señor* (Salmo 130).

Santos **ÁNGELA DE LA CRUZ** *vg,*
Bertila *ab*, **Domingo Mâu** *pb mr,*
Guido M. Conforti *ob.*
Beata María Rafols *vg.*

SANTA ÁNGELA DE LA CRUZ

Papa Francisco: Sólo acogiendo con humilde gratitud el amor del Señor nos liberamos de la seducción de los ídolos y de la ceguera de nuestras ilusiones. El dinero, el placer, el éxito deslumbran, pero luego desilusionan: prometen vida, pero causan muerte. El Señor nos pide el desapego de estas falsas riquezas para entrar en la vida verdadera, la vida plena, auténtica y luminosa. (11-10-2015)

PALABRA

En aquel tiempo, mucha gente acompañaba a Jesús; él se volvió y les dijo: «Si alguno viene a mí y no pospone a su padre y a su madre, a su mujer y a sus hijos, a sus hermanos y a sus hermanas, e incluso a sí mismo, no puede ser discípulo mío. Quien no carga con su cruz y viene en pos de mí, no puede ser discípulo mío. Así, ¿quién de vosotros, si quiere construir una torre, no se sienta primero a calcular los gastos, a ver si tiene para terminarla? No sea que, si echa los cimientos y no puede acabarla, se pongan a burlarse de él los que miran, diciendo: "Este hombre empezó a construir y no pudo acabar". ¿O qué rey, si va a dar la batalla a otro rey, no se sienta primero a deliberar si con diez mil hombres podrán salir al paso del que lo ataca con veinte mil? Y si no, cuando el otro está todavía lejos, envía legados para pedir condiciones de paz. Así, pues, todo aquel de entre vosotros que no renuncia a todos sus bienes no puede ser discípulo mío».

Romanos 13, 8-10; *Salmo* 111, 1-2.4-5.9 • **LUCAS 14, 25-33**

SEÑOR, seguirte implica decisión, la cual me lleva a negarme a mí mismo y no anteponer nada a ti. **Quiero hacerlo. Sostenme con tu gracia.** *Dichoso el que se apiada y presta (Salmo 111, 5a).*

ORACIÓN

NOVIEMBRE

6

JUEVES

Jueves 31° Tiempo Ordinario   Tomo IV · Salterio 3ª semana

Santos PEDRO POVEDA e INOCENCIO CANOURA
pbs y co mrs, **Severo** *ob,* **Leonardo** *er,*
Melanio *ob.* **Beata Josefa Naval** *vg*

SAN PEDRO POVEDA

Papa Francisco: El buen pastor y el buen cristiano encarnan la ternura. El cristiano y el pastor a mitad de camino tal vez conocen la diversión, la tranquilidad, una cierta paz. Pero la alegría es otra cosa, la alegría que hay en el paraíso, la alegría que viene de Dios, la alegría que viene precisamente del corazón de padre que va a salvar. (06-11-2014)

PALABRA

En aquel tiempo, solían acercarse a Jesús todos los publicanos y los pecadores a escucharlo. Y los fariseos y los escribas murmuraban diciendo: «Ese acoge a los pecadores y come con ellos». Jesús les dijo esta parábola: «¿Quién de vosotros que tiene cien ovejas y pierde una de ellas, no deja las noventa y nueve en el desierto y va tras la descarriada, hasta que la encuentra? Y, cuando la encuentra, se la carga sobre los hombros, muy contento; y, al llegar a casa, reúne a los amigos y a los vecinos, y les dice: "¡Alegraos conmigo!, he encontrado la oveja que se me había perdido". Os digo que así también habrá más alegría en el cielo por un solo pecador que se convierta que por noventa y nueve justos que no necesitan convertirse. ¿O qué mujer que tiene diez monedas, si se le pierde una, no enciende una lámpara y barre la casa y busca con cuidado, hasta que la encuentra? Y, cuando la encuentra, reúne a las amigas y a las vecinas y les dice: «¡Alegraos conmigo!, he encontrado la moneda que se me había perdido". Os digo que la misma alegría tendrán los ángeles de Dios por un solo pecador que se convierta».

Romanos 14, 7-12; *Salmo* 26, 1.4.13-14 • LUCAS 15, 1-10

ORACIÓN

SEÑOR, qué grande es tu misericordia que nos ama, nos quiere, nos busca y nos perdona. **Gracias de corazón.** *Espero gozar de la dicha del Señor en el país de la vida* (Salmo 26, 13).

Tomo IV · Salterio 3ª semana   **Viernes 31° Tiempo Ordinario**   NOVIEMBRE

Santos Lázaro *cf*, **Jerón** *mr*, **Florencio** *ob*,
Jacinto Castañeda y Vicente Lê *pbs mrs*.
Beato Francisco Palau *pb*

7

B. FRANCISCO PALAU

VIERNES

Papa Francisco: Cuando intentamos seguir la lógica evangélica de la integridad, de la transparencia, en las intenciones y en los comportamientos, de la fraternidad, nosotros nos convertimos en artesanos de justicia y abrimos horizontes de esperanza para la humanidad. Con la gratuidad y la donación de nosotros mismos a los hermanos, servimos al dueño justo: Dios. (18-09-2016)

PALABRA

En aquel tiempo, decía Jesús a sus discípulos: «Un hombre rico tenía un administrador, a quien acusaron ante él de derrochar sus bienes. Entonces lo llamó y le dijo: "¿Qué es eso que estoy oyendo de ti? Dame cuenta de tu administración, porque en adelante no podrás seguir administrando". El administrador se puso a decir para sí: "¿Qué voy a hacer, pues mi señor me quita la administración? Para cavar no tengo fuerzas; mendigar me da vergüenza. Ya sé lo que voy a hacer para que, cuando me echen de la administración, encuentre quien me reciba en su casa". Fue llamando uno a uno a los deudores de su amo y dijo al primero: "¿Cuánto debes a mi amo?". Este respondió: "Cien barriles de aceite". Él le dijo: "Toma tu recibo; aprisa, siéntate y escribe cincuenta". Luego dijo a otro: "Y tú, ¿cuánto debes?". Él dijo: "Cien fanegas de trigo". Le dice: "Toma tu recibo y escribe ochenta". Y el amo alabó al administrador injusto, porque había actuado con astucia. Ciertamente, los hijos de este mundo son más astutos con su propia gente que los hijos de la luz».

Romanos 15, 14-21; *Salmo* 97, 1-4 • **LUCAS 16, 1-8**

SEÑOR, ese administrador corrupto, con astucia y empeño, evita que lo eche su amo. **Tú me llamas a ser veraz, honrado y a emplearme con "agudeza y perspicacia evangélica" en las cosas de tu Reino.**
El Señor revela a las naciones su salvación (Salmo 97, 2b).

ORACIÓN

B. JUAN DUNS ESCOTO

Papa Francisco: Mientras que honrar a estos ídolos lleva a resultados tangibles aunque fugaces, elegir por Dios y por su Reino no siempre muestra inmediatamente sus frutos. Es una decisión que se toma en la esperanza y que deja a Dios la plena realización. La esperanza cristiana tiende al cumplimiento futuro de la promesa de Dios y no se detiene frente a ninguna dificultad, porque está fundada en la fidelidad de Dios, que nunca falta. Es fiel, es un padre fiel, es un amigo fiel, es un aliado fiel. (26-02-2017)

PALABRA

En aquel tiempo, decía Jesús a sus discípulos: «Ganaos amigos con el dinero de iniquidad, para que, cuando os falte, os reciban en las moradas eternas. El que es fiel en lo poco, también en lo mucho es fiel; el que es injusto en lo poco, también en lo mucho es injusto. Pues, si no fuisteis fieles en la riqueza injusta, ¿quién os confiará la verdadera? Si no fuisteis fieles en lo ajeno, ¿lo vuestro, quién os lo dará? Ningún siervo puede servir a dos señores, porque, o bien aborrecerá a uno y amará al otro, o bien se dedicará al primero y no hará caso del segundo. No podéis servir a Dios y al dinero». Los fariseos, que eran amigos del dinero, estaban escuchando todo esto y se burlaban de él. Y les dijo: «Vosotros os las dais de justos delante de los hombres, pero Dios conoce vuestros corazones, pues lo que es sublime entre los hombres es abominable ante Dios».

Romanos 16, 3-9.16.22-27; *Salmo* 144, 2-5.10-11 • **LUCAS 16, 9-15**

SEÑOR, tengo que ser honrado con el dinero y los bienes materiales para que tú me confíes otros bienes mayores. **Quiero un corazón sincero y transparente.** *Bendeciré tu nombre por siempre, Dios mío, mi Rey (Salmo 144, 1bc).*

ORACIÓN

FIESTA DE LA DEDICACIÓN DE LA BASÍLICA DE LETRÁN

Ntra. Sra. de la Almudena, Santos Isabel de la Trinidad *vg*, Jorge *ob*, Ursino *ob*.

SANTA ISABEL DE LA TRINIDAD

DIA Y COLECTA DE LA IGLESIA DIOCESANA

Papa Francisco: «Nuestros templos —preguntó— ¿son lugares de adoración? ¿Favorecen la adoración? Nuestras celebraciones, ¿favorecen la adoración?». Judas Macabeo y el pueblo «tenían el celo por el templo de Dios porque es la casa de Dios, la morada de Dios. E iban en comunidad a encontrar a Dios allí, a adorar». (22-11-2013)

• *Ezequiel* 47, 1-2.8-9.12: En aquellos días, el ángel me hizo volver a la entrada del templo del Señor. Debajo del umbral del templo corría agua hacia este – el templo miraba al este –. El agua bajaba por el lado derecho del templo, al sur del altar. Me hizo salir por el pórtico septentrional y me llevó por fuera hasta el pórtico exterior que mira al este. El agua corría por el lado derecho. Me dijo: «Estas aguas fluyen hacia la zona oriental, descienden hasta la estepa y desembocan en el mar de la sal. Cuando hayan entrado en él, sus aguas serán saneadas. Todo ser viviente que se agita allí donde desemboque la corriente, tendrá vida; y habrá peces en abundancia. Porque apenas estas aguas hayan llegado hasta allí, habrán saneado el mar y habrá vida allí donde llegue el torrente. En ambas riberas del torrente crecerá toda clase de árboles frutales; no se marchitarán sus hojas ni se acabarán sus frutos; darán nuevos frutos cada mes, porque las aguas del torrente fluyen del santuario; su fruto será comestible y sus hojas medicinales».

• *Salmo* 45, 2-3.5-6.8-9: *Un río y sus canales alegran la ciudad de Dios, el Altísimo consagra su morada.*

• *1Corintios* 3, 9c.11.16-17: Hermanos: Sois edificio de Dios. Conforme a la gracia que Dios me ha dado, yo, como hábil arquitecto, puse el cimiento, mientras que otro levanta el edificio. Mire cada cual cómo construye. Pues nadie puede poner otro cimiento fuera del ya puesto, que es Jesucristo. ¿No sabéis que sois templo de Dios y que el espíritu de Dios habita en vosotros? Si alguno destruye el templo de Dios, Dios lo destruirá a él; Porque el templo de Dios es santo y ese templo sois vosotros.

• JUAN 2, 13-22: Se acercaba la Pascua de los judíos y Jesús subió a Jerusalén. Y encontró en el templo a los vendedores de bueyes, ovejas y palomas, y a los cambistas sentados; y, haciendo un azote de cordeles, los echó a todos del templo, ovejas y bueyes; y a los cambistas les esparció las monedas y les volcó las mesas; y a los que vendían palomas les dijo: «Quitad esto de aquí; no convirtáis en un mercado la casa de mi Padre». Sus discípulos se acordaron de lo que está escrito: «El celo de tu casa me devora». Entonces intervinieron los judíos y le preguntaron: «¿Qué signos nos muestras para obrar así?». Jesús contestó: «Destruid este templo, y en tres días lo levantaré». Los judíos replicaron: «Cuarenta y seis años ha costado construir este templo, ¿y tú lo vas a levantar en tres días?». Pero él hablaba del templo de su cuerpo. Y, cuando resucitó de entre los muertos, los discípulos se acordaron de que lo había dicho, y creyeron a la Escritura y a la Palabra que había dicho Jesús.

ORACIÓN — **SEÑOR,** al recordar la dedicación de la Basílica romana de Letrán, te pido por el Papa, por la unidad de la Iglesia, **por la concordia en el amor, la fe y la verdad de todos los que te seguimos.**

No convirtáis en un mercado la casa de mi Padre

Santos **LEÓN MAGNO** *pp dc*,
Orestes *mr*, **Andrés Avelino** *pb*

SAN LEÓN MAGNO

Papa Francisco: El escándalo es feo porque hiere la vulnerabilidad del Pueblo de Dios, hiere la debilidad del Pueblo de Dios, y muchas veces estas heridas se llevan para toda la vida. Es más, el escándalo no solo hiere, sino que es capaz de matar: matar esperanzas, matar ilusiones, matar familias, matar muchos corazones. [...] Hoy puede ser un bonito día para hacer un examen de conciencia sobre esto: ¿escandalizo o no y cómo? Y así podemos responder al Señor y acercarnos un poco más a Él. (13-11-2017)

PALABRA En aquel tiempo, dijo Jesús a sus discípulos: «Es imposible que no haya escándalos; pero ¡ay de quien los provoca! Al que escandaliza a uno de estos pequeños, más le valdría que le ataran en el cuello una piedra de molino y lo arrojasen al mar. Tened cuidado. Si tu hermano te ofende, repréndelo; y si se arrepiente, perdónalo; si te ofende siete veces en un día, y siete veces vuelve a decirte: "Me arrepiento", lo perdonarás». Los apóstoles le pidieron al Señor: «Auméntanos la fe». El Señor dijo: «Si tuvierais fe como un granito de mostaza, diríais a esa morera: "Arráncate de raíz y plántate en el mar". Y os obedecería».

Sabiduría 1, 1-7; *Salmo* 138, 1b-10 • **LUCAS 17, 1-6**

SEÑOR, aumenta mi fe, mi esperanza y mi caridad; que viva cada día más unido a ti, en tu presencia, **que mi conducta te agrade en todo momento.** *Guíame, Señor, por el camino eterno (Salmo 138, 24b).*

ORACIÓN

NOVIEMBRE
11
MARTES

Martes 32º Tiempo Ordinario   Tomo IV • Salterio 4ª semana

Santos MARTÍN DE TOURS *ob*,
Teodoro Estudita *ab*,
Marina de Ômura *vg mr*

SAN MARTÍN DE TOURS

Papa Francisco: Jesús nos enseña el servicio, como camino del cristiano». De hecho, el cristiano existe para servir, no para ser servido. Y es una regla que vale toda la vida. Todo está encerrado ahí: de hecho, muchos hombres y mujeres en la historia, que se lo han tomado en serio, han dejado rastro de verdaderos cristianos: de amor y de servicio. (26-04-2018)

PALABRA En aquel tiempo, dijo el Señor: «¿Quién de vosotros, si tiene un criado labrando o pastoreando, le dice cuando vuelve del campo: "Enseguida, ven y ponte a la mesa"? ¿No le diréis más bien: "Prepárame de cenar, cíñete y sírveme mientras como y bebo, y después comerás y beberás tú"? ¿Acaso tenéis que estar agradecidos al criado porque ha hecho lo mandado? Lo mismo vosotros: cuando hayáis hecho todo lo que se os ha mandado, decid: "Somos siervos inútiles, hemos hecho lo que teníamos que hacer"».

Sabiduría 2, 23-3, 9; *Salmo* 33, 2-3.16-19 • **LUCAS 17, 7-10**

SEÑOR, tu siervo inútil soy; quiero cumplir lo que me pides, **con fe, con amor, con la prontitud y dedicación que tu mereces.** *Bendigo al Señor en todo momento* (Salmo 33, 2a).

ORACIÓN

Tomo IV - Salterio 4ª semana · Miércoles 32º Tiempo Ordinario

NOVIEMBRE

12

MIÉRCOLES

SAN JOSAFAT

Santos **JOSAFAT** *ob mr*
Millán de la Cogolla *pb*, **Nilo** *ab*,
Margarito Flores *pb mr*

Papa Francisco: Hermanos y hermanas, vivamos el presente, tomemos con nuestra mano, tomemos con la mano el presente, pero no nos dejemos arrasar por él; miremos hacia arriba, miremos al Cielo, recordemos la meta, pensemos que estamos llamados a la eternidad, al encuentro con Dios. Y, desde el cielo al corazón, renovemos hoy la elección de Jesús, la elección de amarlo y de caminar detrás de Él. Que la Virgen María, que siguiendo a Jesús ya llegó a la meta, sostenga nuestra esperanza. (07-05-2023)

PALABRA

Una vez, yendo Jesús camino de Jerusalén, pasaba entre Samaría y Galilea. Cuando iba a entrar en una ciudad, vinieron a su encuentro diez hombres leprosos, que se pararon a lo lejos y a gritos le decían: «Jesús, maestro, ten compasión de nosotros». Al verlos, les dijo: «Id a presentaros a los sacerdotes». Y sucedió que, mientras iban de camino, quedaron limpios. Uno de ellos, viendo que estaba curado, se volvió alabando a Dios a grandes gritos y se postró a los pies de Jesús, rostro en tierra, dándole gracias. Este era un samaritano. Jesús tomó la palabra y dijo: «¿No han quedado limpios los diez?; los otros nueve, ¿dónde están? ¿No ha habido quien volviera a dar gloria a Dios más que este extranjero?». Y le dijo: «Levántate, vete; tu fe te ha salvado».

Sabiduría 6, 1-11; *Salmo* 81, 3-4.6-7 • **LUCAS 17, 11-19**

ORACIÓN

SEÑOR, en ese leproso, curado y agradecido por tu amor, me veo reflejado yo, también amado y sanado por ti. **Te doy gracias por todo lo que haces por mí.** *Levántate, oh Dios, y juzga la tierra (Salmo 81, 8a).*

NOVIEMBRE

13

JUEVES

Jueves 32º Tiempo Ordinario   Tomo IV - Salterio 4ª semana

Ntra. Sra. de los Treinta y Tres
Santos LEANDRO *ob,* **Diego de Alcalá** *rl,*
Eugenio *ob,* **Agustina** *vg.*

SAN LEANDRO

Papa Francisco: La victoria de Cristo aún no se actuado completamente: muchos hombres y mujeres todavía viven con el corazón cerrado. Es sobre todo en estas situaciones que la segunda invocación del «Padre Nuestro» brota de los labios del cristiano: «¡Venga a nosotros tu Reino!». Que es como decir: «¡Padre, te necesitamos!, ¡Jesús te necesitamos! ¡Necesitamos que en todas partes y para siempre seas Señor entre nosotros!». Venga a nosotros tu Reino, ven en medio de nosotros. (06-03-2019)

PALABRA En aquel tiempo, los fariseos preguntaron a Jesús: «¿Cuándo va a llegar el reino de Dios?». Él les contestó: «El reino de Dios no viene aparatosamente, ni dirán: "Está aquí" o "Está allí", porque, mirad, el reino de Dios está en medio de vosotros». Dijo a sus discípulos: «Vendrán días en que desearéis ver un solo día del Hijo del hombre, y no lo veréis. Entonces se os dirá: "Está aquí" o "Está allí"; no vayáis ni corráis detrás, pues como el fulgor del relámpago brilla de un extremo al otro del cielo, así será el Hijo del hombre en su día. Pero primero es necesario que padezca mucho y sea reprobado por esta generación».

Sabiduría 7,22-8,1; *Salmo* 118, 89-91.130.135.175 • **LUCAS 17, 20-25**

ORACIÓN **SEÑOR,** que mi corazón se llene del fuego por tu Reino; **quiero vivir el proyecto de tu reino, quiero que mi vida rezume de evangelio.** *Tu palabra, Señor, es eterna (Salmo 118, 89a).*

Tomo IV · Salterio 4ª semana **Viernes 32º Tiempo Ordinario**

NOVIEMBRE

14

VIERNES

Santos José Pignatelli *pb*, Rufo *ob*,
Lorenzo O'Toole *ob*, Serapio *mr*

Papa Francisco: Gastar los talentos propios, las energías y el propio tiempo solo para cuidarse, custodiarse y realizarse a sí mismos conduce en realidad a perderse, o sea, a una experiencia triste y estéril. En cambio, vivamos para el Señor y asentemos nuestra vida sobre su amor, como hizo Jesús: podremos saborear la alegría auténtica y nuestra vida no será estéril, será fecunda. (03-09-2017)

En aquel tiempo, dijo Jesús a sus discípulos: «Como sucedió en los días de Noé, así será también en los días del Hijo del hombre: comían, bebían, se casaban los hombres y las mujeres tomaban esposo, hasta el día en que Noé entró en el arca; entonces llegó el diluvio y acabó con todos. Asimismo, como sucedió en los días de Lot: comían, bebían, compraban, vendían, sembraban, construían; pero el día que Lot salió de Sodoma, llovió fuego y azufre del cielo y acabó con todos. Así sucederá el día que se revele el Hijo del hombre. Aquel día, el que esté en la azotea y tenga sus cosas en casa no baje a recogerlas; igualmente, el que esté en el campo, no vuelva atrás. Acordaos de la mujer de Lot. El que pretenda guardar su vida, la perderá; y el que la pierda, la recobrará. Os digo que aquella noche estarán dos juntos: a uno se lo llevarán y al otro lo dejarán; estarán dos moliendo juntas: a una se la llevarán y a la otra la dejarán». Ellos le preguntaron: «¿Dónde, Señor?». Él les dijo: «Donde está el cadáver, allí se reunirán los buitres».

Sabiduría 13, 1-9; *Salmo* 18, 2-5b • **LUCAS 17, 26-37**

SEÑOR, quiero sacudir de mi corazón la mundanidad que me hace olvidar tu presencia, tu venida. **Acrecienta mi fe y mi esperanza en ti.** *El cielo proclama la gloria de Dios (Salmo 18, 2a).*

NOVIEMBRE

15

SÁBADO

Sábado 32° Tiempo Ordinario   Tomo IV · Salterio 4ª semana

Santos **ALBERTO MAGNO** *ob dc,*
Marino y Aniano *mrs,* Leopoldo *cf,*
Roque y Alfonso *pbs mrs*

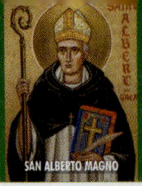

SAN ALBERTO MAGNO

Papa Francisco: La enseñanza del Evangelio es clara: se debe rezar siempre, también cuando todo parece vano, cuando Dios parece sordo y mudo y nos parece que perdemos el tiempo. Incluso si el cielo se ofusca, el cristiano no deja de rezar. Su oración va a la par que la fe. [...] Quien reza nunca está solo. Jesús de hecho no es solo testigo y maestro de oración, es más. Él nos acoge en su oración, para que nosotros podamos rezar en Él y a través de Él. (11-11-2020)

PALABRA En aquel tiempo, Jesús dijo a sus discípulos una parábola para enseñarles que es necesario orar siempre, sin desfallecer: «Había un juez en una ciudad que ni temía a Dios ni le importaban los hombres. En aquella ciudad había una viuda que solía ir a decirle: "Hazme justicia frente a mi adversario". Por algún tiempo se estuvo negando, pero después se dijo a sí mismo: "Aunque ni temo a Dios ni me importan los hombres, como esta viuda me está molestando, le voy a hacer justicia, no sea que siga viniendo a cada momento a importunarme"». Y el Señor añadió: «Fijaos en lo que dice el juez injusto; pues Dios, ¿no hará justicia a sus elegidos que le claman día y noche?; ¿o les dará largas? Os digo que les hará justicia sin tardar. Pero, cuando venga el Hijo del hombre, ¿encontrará esta fe en la tierra?».

Sabiduría 18, 14-16; 19, 6-9; *Salmo* 104, 2-3.36-37.42-43

• **LUCAS 18, 1-8**

ORACIÓN **SEÑOR,** quiero orar sin desfallecer y con perseverancia. Perdona mi pereza. **Que comprenda la importancia de la oración constante.** *Recordad las maravillas que hizo el Señor (Salmo 104, 5a).*

Santos **MARGARITA DE ESCOCIA** *re mf*, **GERTRUDIS** *vg*, **Edmundo** *ob*

JORNADA MUNDIAL DE LOS POBRES

Papa Francisco: Jesús nos pide que seamos "severos", disciplinados, persistentes en lo que a Él le importa, en lo que importa. Porque, lo que realmente importa, muchas veces no coincide con lo que atrae nuestro interés: a menudo, como aquellas personas en el templo, priorizamos las obras de nuestras manos, nuestros logros, nuestras tradiciones religiosas y civiles, nuestros símbolos sagrados y sociales. Esto está bien, pero le damos demasiada prioridad. Estas cosas son importantes, pero pasan. En cambio, Jesús dice que nos centremos en lo que permanece, que evitemos dedicar nuestra vida a construir algo que luego se destruirá, como aquel templo, olvidándonos de construir lo que no se derrumba, de construir sobre su palabra, sobre el amor, sobre el bien. Ser perseverantes, ser severos y decididos para edificar aquello que no pasa. (13-11-2022)

- *Malaquías* 3,19-20a: He aquí que llega el día, ardiente como un horno, en el que todos los orgullosos y malhechores serán como paja; los consumirá el día que está llegando, dice el Señor del universo, y no les dejará ni copa ni raíz. Pero a vosotros, los que teméis mi nombre, os iluminará un sol de justicia y hallaréis salud a su sombra.

- *Salmo* 97, 5-9: **El Señor llega para regir los pueblos con rectitud.**

- *2 Tesalonicenses* 3,7-12: Hermanos: Ya sabéis vosotros cómo tenéis que imitar nuestro ejemplo: no vivimos entre vosotros sin trabajar, no comimos de balde el pan de nadie, sino que con cansancio y fatiga, día y noche, trabajamos a fin de no ser carga para ninguno de vosotros. No porque no tuviéramos derecho, sino para daros en nosotros un modelo que imitar. Además, cuando estábamos entre vosotros, os mandábamos que si alguno no quiere trabajar, que no coma. Porque nos hemos enterado de que algunos viven desordenadamente, sin trabajar, antes bien metiéndose en todo. A esos les mandamos y exhortamos, por el Señor Jesucristo, que trabajen con sosiego para comer su propio pan.

• **LUCAS 21, 5-19:** En aquel tiempo, como algunos hablaban del templo, de lo bellamente adornado que estaba con piedra de calidad y exvotos, Jesús les dijo: «Esto que contempláis, llegarán días en que no quedará piedra sobre piedra que no sea destruida». Ellos le preguntaron: «Maestro, ¿cuándo va a ser eso?, ¿y cuál será la señal de que todo eso está para suceder?». Él dijo: «Mirad que nadie os engañe. Porque muchos vendrán en mi nombre diciendo: "Yo soy", o bien: "Está llegando el tiempo"; no vayáis tras ellos. Cuando oigáis noticias de guerras y de revoluciones, no tengáis pánico. Porque es necesario que eso ocurra primero, pero el fin no será enseguida». Entonces les decía: «Se alzará pueblo contra pueblo y reino contra reino, habrá grandes terremotos, y en diversos países hambres y pestes. Habrá también fenómenos espantosos y grandes signos en el cielo. Pero antes de todo eso os echarán mano, os perseguirán, entregándoos a las sinagogas y a las cárceles, y haciéndoos comparecer ante reyes y gobernadores por causa de mi nombre. Esto os servirá de ocasión para dar testimonio. Por ello, meteos bien en la cabeza que no tenéis que preparar vuestra defensa, porque yo os daré palabras y sabiduría a las que no podrá hacer frente ni contradecir ningún adversario vuestro. Y hasta vuestros padres, y parientes, y hermanos, y amigos os entregarán, y matarán a algunos de vosotros, y todos os odiarán por causa de mi nombre. Pero ni un cabello de vuestra cabeza perecerá: con vuestra perseverancia salvaréis vuestras almas».

SEÑOR, seguirte a veces implica persecución y contrariedades, pero tú me invitas hoy a perseverar confiando en tu providencia amorosa. ORACIÓN **Gracias porque no me dejas nunca.**

SANTA ISABEL DE HUNGRÍA

Tomo IV · Salterio 1ª semana · **Lunes 33º Tiempo Ordinario**

Santos ISABEL DE HUNGRÍA *rl*,
Acisclo *mr*, Aniano *ob*, Hugo *ob*, Hilda *ab*,
Filipina Duchesne *rl*, Juan del Castillo *pb mr*

NOVIEMBRE
17
LUNES

Papa Francisco: Dios escucha siempre el grito del pobre y no se molesta en absoluto por la voz de Bartimeo. Es más, constata que está llena de fe, una fe que no teme en insistir, en llamar al corazón de Dios, a pesar de las incomprensiones y las reprimendas. Y aquí se encuentra la raíz del milagro. (24-10-2021)

Cuando se acercaba Jesús a Jericó, había un ciego sentado al borde del camino, pidiendo limosna. Al oír que pasaba gente, preguntaba qué era aquello; y le informaron: «Pasa Jesús el Nazareno». Entonces empezó a gritar: «¡Jesús, hijo de David, ten compasión de mí!». Los que iban delante lo regañaban para que se callara, pero él gritaba más fuerte: «¡Hijo de David, ten compasión de mí!». Jesús se paró y mandó que se lo trajeran. Cuando estuvo cerca, le preguntó: «¿Qué quieres que haga por ti?». Él dijo: «Señor, que recobre la vista». Jesús le dijo: «Recobra la vista, tu fe te ha salvado». Y enseguida recobró la vista y lo seguía glorificando a Dios. Y todo el pueblo, al ver esto, alabó a Dios.

1Macabeos 1,10-15.41-43.54-57.62-64; *Salmo* 118, 53.61.134.150.155.158
• **LUCAS 18, 35-43**

SEÑOR Jesús, también te digo yo "ten compasión de mí", **con la confianza en que me escuchas y me atiendes con amor.** *Dame vida, Señor, para que observe tus preceptos* (Salmo 118, 88).

NOVIEMBRE

18

MARTES

Martes 33° Tiempo Ordinario   Tomo IV · Salterio 1ª semana

DEDICACIÓN DE LAS BASÍLICAS DE LOS SANTOS PEDRO Y PABLO
San Román *mr.*
Ntra. Sra. de la Divina Providencia

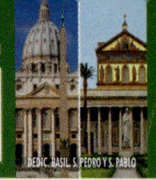

DEDIC. BASÍL. S. PEDRO Y S. PABLO

Papa Francisco: Dios condena el pecado, pero trata de salvar al pecador, va en busca de él para traerlo de vuelta al camino correcto. Aquellos que nunca se han sentido buscados por la misericordia de Dios tienen dificultades para comprender la extraordinaria grandeza de los gestos y de las palabras con las que Jesús se acerca a Zaqueo. La acogida y la atención de Jesús hacia él lo condujo a un claro cambio de mentalidad: en un momento se dio cuenta de lo mezquina que es una vida esclava del dinero, a costa de robar a los demás y recibir su desprecio. Tener al Señor allí, en su casa, le hace ver todo con otros ojos, incluso con un poco de la ternura con la que Jesús lo miraba. Y su manera de ver y de usar el dinero también cambia: el gesto de arrebatar es reemplazado por el de dar. (03-11-2019)

En aquel tiempo, Jesús entró en Jericó e iba atravesando la ciudad. En esto, un hombre llamado Zaqueo, jefe de publicanos y rico, trataba de ver quién era Jesús, pero no lo lograba a causa del gentío, porque era pequeño de estatura. Corriendo más adelante, se subió a un sicomoro, para verlo, porque tenía que pasar por allí. Jesús, al llegar a aquel sitio, levantó los ojos y dijo: «Zaqueo, date prisa y baja, porque es necesario que hoy me quede en tu casa». Él se dio prisa en bajar y lo recibió muy contento. Al ver esto, todos murmuraban, diciendo: «Ha entrado a hospedarse en casa de un pecador». Pero Zaqueo, de pie, dijo al Señor: «Mira, Señor, la mitad de mis bienes se la doy a los pobres; y si he defraudado a alguno, le restituyo cuatro veces más». Jesús le dijo: «Hoy ha sido la salvación de esta casa; pues también este es hijo de Abrahán. Porque el Hijo del hombre ha venido a buscar y a salvar lo que estaba perdido».

2Macabeos 6, 18–31; *Salmo* 3, 2–8a • **LUCAS 19, 1-10**

SEÑOR, te invito a entrar en mi casa, te necesito. Sé que tu presencia todo lo renueva y todo lo transforma en mí. **Gracias por tu amor.** *El Señor me sostiene (Salmo 3, 6b).*

ORACIÓN

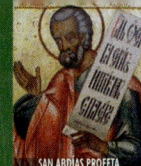
Santos Abdías prof, **Matilde** vg,
Rafael J. Kalinowski pb,
Máximo mr, **Inés de Asís** vg

SAN ABDÍAS PROFETA

Papa Francisco: Un cristiano que se cierra en sí mismo, que oculta todo lo que el Señor le ha dado, es un cristiano... ¡no es cristiano! ¡Es un cristiano que no agradece a Dios todo lo que le ha dado! Esto nos dice que la espera del retorno del Señor es el tiempo de la acción —nosotros estamos en el tiempo de la acción—, el tiempo de hacer rendir los dones de Dios no para nosotros mismos, sino para Él, para la Iglesia, para los demás; el tiempo en el cual buscar siempre hacer que crezca el bien en el mundo. (24-04-2013)

PALABRA

En aquel tiempo, Jesús dijo una parábola, porque estaba cerca de Jerusalén y ellos pensaban que el reino de Dios iba a manifestarse enseguida. Dijo, pues: «Un hombre noble se marchó a un país lejano para conseguirse el título de rey, y volver después. Llamó a diez siervos suyos y les repartió diez minas de oro, diciéndoles: "Negociad mientras vuelvo". Pero sus conciudadanos lo aborrecían y enviaron tras de él una embajada diciendo: "No queremos que este llegue a reinar sobre nosotros". Cuando regresó de conseguir el título real, mandó llamar a su presencia a los siervos a quienes había dado el dinero, para enterarse de lo que había ganado cada uno. El primero se presentó y dijo: "Señor, tu mina ha producido diez". Él le dijo: "Muy bien, siervo bueno: ya que has sido fiel en lo pequeño, recibe el gobierno de diez ciudades". El segundo llegó y dijo: "Tu mina, señor, ha rendido cinco". A ese le dijo también: "Pues toma tú el mando de cinco ciudades". El otro llegó y dijo: "Señor, aquí está tu mina; la he tenido guardada en un pañuelo, porque te tenía miedo, pues eres un hombre exigente, que retiras lo que no has depositado y siegas lo que no has sembrado". Él le dijo: "Por tu boca te juzgo, siervo malo ¿Conque sabías que soy exigente, que retiro lo que no he depositado y siego lo que no he sembrado? Pues, ¿por qué no pusiste mi dinero en el banco? Al volver yo, lo habría cobrado con los intereses". Entonces dijo a los presentes: "Quitadle a este la mina y dádsela al que tiene diez minas". Le dijeron: "Señor, ya tiene diez minas". "Os digo: al que tiene se le dará, pero al que no tiene se le quitará hasta lo que tiene. Y en cuanto a esos enemigos míos, que no querían que llegase a reinar sobre ellos, traedlos acá y degolladlos en mi presencia"». Dicho esto, caminaba delante de ellos, subiendo hacia Jerusalén.

2Macabeos 7, 1.20-31; *Salmo* 16, 1.5-6.8.15 • **LUCAS 19, 11-28**

SEÑOR, dame tu gracia para vivir mi vocación cristiana responsablemente, **haciendo fructificar los dones que tu amor me concede. *Al despertar, me saciaré de tu semblante, Señor*** (Salmo 16, 15b).

ORACIÓN

NOVIEMBRE
20
JUEVES

Jueves 33° Tiempo Ordinario   Tomo IV · Salterio 1ª semana

Stos. Crispín *ob mr*, Edmundo *re mr*, Francisco J. Cân *ct mr*. Beata Ángela y *co mrs*

SAN CRISPÍN

Papa Francisco: La propuesta de paz de Jesús no fue escuchada. Y por eso llora mirando Jerusalén y llora ahora. Nos hará bien a nosotros pedir la gracia del llanto por este mundo que no reconoce el camino de la paz, que vive para declarar la guerra, con el cinismo de decir que no se haga. Pidamos la conversión del corazón. (19-11-2015)

PALABRA

En aquel tiempo, al acercarse Jesús a Jerusalén y ver la ciudad, lloró sobre ella, mientras decía: «¡Si reconocieras tú también en este día lo que conduce a la paz! Pero ahora está escondido a tus ojos. Pues vendrán días sobre ti en que tus enemigos te rodearán de trincheras, te sitiarán, apretarán el cerco de todos lados, te arrasarán con tus hijos dentro, y no dejarán piedra sobre piedra. Porque no reconociste el tiempo de tu visita».

1Macabeos 2, 15–29; *Salmo* 49, 1b–2.5–6.14–15 • **LUCAS 19, 41–44**

SEÑOR, dame dolor de mis pecados y espíritu de firme conversión. **Perdóname porque a veces te olvido y no te hago caso.** *Al que sigue buen camino le haré ver la salvación de Dios* (Salmo 49, 23cd).

ORACIÓN

PRESENTACIÓN DE LA BIENAVENTURADA
VIRGEN MARÍA
Santos Gelasio I *pp*, Mauro *ob*, Rufo *NT.*
Ntra. Sra. de la Paz

PRESENTACIÓN DE LA VIRGEN MARÍA

Papa Francisco: Jesús vino a traernos la gratuidad total del amor de Dios. Por ello, cuando la Iglesia o las iglesias se convierten en negocios, se dice que la salvación no es tan gratuita. Y es justo por eso que Jesús toma el látigo en la mano para hacer este rito de purificación en el templo. (21-11-2014)

En aquel tiempo, Jesús entró en el templo y se puso a echar a los vendedores, diciéndoles: «Escrito está: "Mi casa es casa de oración"; pero vosotros la habéis hecho una "cueva de bandidos"». Todos los días enseñaba en el templo. Por su parte, los sumos sacerdotes, los escribas y los principales del pueblo buscaban acabar con él, pero no sabían qué hacer, porque el pueblo estaba pendiente de él, escuchándolo.

1Macabeos 4, 36-37.52-59; *Salmo 1Crónicas* 29, 10bc-12 • **LUCAS 19, 45-48**
(o de la Presentación de María: *Zacarías* 2, 14-17; *Salmo Lucas* 1, 46b-55
• **MATEO 12, 46-50**)

SEÑOR, mi casa, el templo de mi corazón, no puede ser cueva de bandidos. Quiero tenerlo bien dispuesto para ti. **El ejemplo de la Virgen María me estimula.** *Alabamos tu nombre glorioso, Señor* (1 Crónicas 29, 13b).

SANTA CECILIA

NOVIEMBRE	Sábado 33º Tiempo Ordinario	Tomo IV · Salterio 1ª semana
22	Santos **CECILIA** *vg mr,*	
SÁBADO	**Filemón** *NT,* **Benigno** *ob.*	

Papa Francisco: Jesús invita a sus interlocutores —y a nosotros también— a pensar que esta dimensión terrenal en la que vivimos ahora no es la única dimensión, sino que hay otra, ya no sujeta a la muerte, en la que se manifestará plenamente que somos hijos de Dios. Es un gran consuelo y esperanza escuchar estas palabras sencillas y claras de Jesús sobre la vida más allá de la muerte; las necesitamos sobre todo en nuestro tiempo, tan rico en conocimientos sobre el universo, pero tan pobre en sabiduría sobre la vida eterna. (10-11-2019)

PALABRA

En aquel tiempo, se acercaron algunos saduceos, los que dicen que no hay resurrección, y le preguntaron a Jesús: «Maestro, Moisés nos dejó escrito: "Si a uno se le muere su hermano, dejando mujer, pero sin hijos, que tome la mujer como esposa y dé descendencia a su hermano". Pues bien, había siete hermanos; el primero se casó y murió sin hijos. El segundo y el tercero se casaron con ella, y así los siete, y murieron todos sin dejar hijos. Por último, también murió la mujer. Cuando llegue la resurrección, ¿de cuál de ellos será la mujer? Porque los siete la tuvieron como mujer». Jesús les dijo: «En este mundo, los hombres se casan y las mujeres toman esposo, pero los que sean juzgados dignos de tomar parte en el mundo futuro y en la resurrección de entre los muertos no se casarán ni ellas serán dadas en matrimonio. Pues ya no pueden morir, ya que son como ángeles; y son hijos de Dios, porque son hijos de la resurrección. Y que los muertos resucitan, lo indicó el mismo Moisés en el episodio de la zarza, cuando llama al Señor "Dios de Abrahán, Dios de Isaac, Dios de Jacob". No es Dios de muertos, sino de vivos; porque para él todos están vivos». Intervinieron unos escribas: «Bien dicho, Maestro». Y ya no se atrevían a hacerle más preguntas.

1Macabeos 6, 1-13; *Salmo* 9, 2-4.6.16.19 • **LUCAS** 20, 27-40

ORACIÓN

SEÑOR Jesús, eres nuestra Vida y nos llamas a la Vida. **Gracias por este don que nos haces, por esta victoria tuya sobre la muerte.** *Gozaré con tu salvación, Señor (Salmo 9, 15c).*

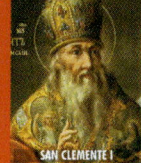
SOLEMNIDAD DE JESUCRISTO
REY DEL UNIVERSO

Papa Francisco: El Evangelio habla del buen ladrón por nosotros, para invitarnos a vencer el mal dejando de ser espectadores. Por favor, la indiferencia es peor que hacer el mal. ¿Por dónde comenzar? Por la confianza, por llamar a Dios por su nombre, tal como lo hizo el buen ladrón, que al final de la vida vuelve a encontrar la confianza valiente que caracteriza a los niños, que se fían, piden, insisten. Y con esa confianza admite sus fallas, llora, pero no compadeciéndose de sí mismo, sino poniéndose delante del Señor. Y nosotros, ¿tenemos esta confianza, le llevamos a Jesús todo lo que tenemos en nuestro interior, o nos disfrazamos frente a Dios, quizás con un poco de sacralidad y de incienso? Por favor, no vivan la espiritualidad del maquillaje, es aburrida. Ante Dios agua y jabón, nada más, sin maquillajes, el alma tal cual es. Y de ahí viene la salvación. Aquel que pone en práctica la confianza, como este buen ladrón, aprende la intercesión, aprende a presentar ante Dios lo que ve, los sufrimientos del mundo, las personas que encuentra. Aprende a decirle, como el buen ladrón, "¡acuérdate, Señor!". No estamos en el mundo únicamente para salvarnos a nosotros mismos, no, sino para llevar a los hermanos y hermanas al abrazo del Rey. (20-11-2022)

PALABRA • *2 Samuel* 5, 1-3: En aquellos días, todas las tribus de Israel se presentaron ante David en Hebrón y le dijeron: «Hueso tuyo y carne tuya somos. Desde hace tiempo, cuando Saúl reinaba sobre nosotros, eras tú el que dirigía las salidas y entradas de Israel. Por su parte, el Señor te ha dicho: "Tú pastorearás a mi pueblo Israel, tú serás el jefe de Israel"». Los ancianos de Israel vinieron a ver al rey en Hebrón. El rey hizo una alianza con ellos en Hebrón, en presencia del Señor, y ellos le ungieron como rey de Israel.

• *Salmo* 121, 1-2.4-5: *Vamos alegres a la casa del Señor.*

• *Colosenses* 1, 12-20: Hermanos: Demos gracias a Dios Padre, que os ha hecho capaces de compartir la herencia del pueblo santo en la luz. Él nos ha sacado del dominio de las tinieblas, y nos ha trasladado al reino del Hijo de su amor, por cuya sangre hemos recibido la redención, el perdón de los pecados. Él es imagen del Dios invisible, primogénito de toda criatura; porque en él fueron creadas todas las cosas: celestes y terrestres, visibles e invisibles. Tronos y Dominaciones, Principados y Potestades; todo fue creado por él y para él. Él es anterior a todo, y todo se mantiene en él. Él es también la cabeza del cuerpo: de la Iglesia. Es el principio, el primogénito de entre los muertos, y así es el primero en todo. Porque en él quiso Dios que residiera toda la plenitud. Y por él y para él quiso reconciliar todas las cosas, las del cielo y las de la tierra, haciendo la paz por la sangre de su cruz.

• **LUCAS 23, 35-43:** En aquel tiempo, los magistrados hacían muecas a Jesús, diciendo: «A otros ha salvado; que se salve a sí mismo, si él es el Mesías de Dios, el Elegido». Se burlaban de él también los soldados, que se acercaban y le ofrecían vinagre, diciendo: «Si eres tú el rey de los judíos, sálvate a ti mismo». Había también por encima de él un letrero: «Este es el rey de los judíos». Uno de los malhechores crucificados lo insultaba diciendo: «¿No eres tú el Mesías? ¡Sálvate a ti mismo y a nosotros!». Pero el otro, respondiéndole e increpándolo, le decía: «¿Ni siquiera temes tú a Dios estando en la misma condena? Nosotros, en verdad, lo estamos justamente, porque recibimos el justo pago de lo que hicimos; en cambio, este no ha hecho nada malo». Y decía: «Señor, acuérdate de mí cuando llegues a tu reino». Jesús le dijo: «En verdad te digo: hoy estarás conmigo en el paraíso».

SEÑOR Jesús, Rey del universo, manifiestas tu realeza con tu gran misericordia. Guíame siempre. **Sé tú mi guardián, mi pastor que me conduzca a los pastos de tu amor, pastos de vida y salvación.**

ORACIÓN

Papa Francisco: Jesús nos salvó gratuitamente, no nos hizo pagar la redención. Nos salvó gratuitamente. Y nosotros, debemos hacer las cosas como expresión de gratuidad. Por eso, Jesús indica a esa viuda pobre y generosa como modelo a imitar de vida cristiana. No sabemos su nombre, pero conocemos su corazón —la encontraremos en el Cielo y seguramente iremos a saludarla—, y eso es lo que cuenta ante Dios. Cuando nos sentimos tentados por el deseo de aparentar y de contabilizar nuestros gestos de altruismo, cuando estamos demasiado interesados en la mirada de los demás pensemos en esta mujer y, —permítidme las palabras— cuando nos pavoneemos, pensemos en esta mujer. Nos hará bien: nos ayudará a despojarnos de lo superfluo para ir a lo que realmente importa, y a permanecer humildes. (11-11-2018)

En aquel tiempo, Jesús, alzando los ojos, vio a unos ricos que echaban donativos en el tesoro del templo; vio también una viuda pobre que echaba dos monedillas, y dijo: «En verdad os digo que esa pobre viuda ha echado más que todos, porque todos esos han contribuido a los donativos con lo que les sobra, pero ella, que pasa necesidad, ha echado todo lo que tenía para vivir».

Daniel 1, 1-6.8-20; *Salmo: Daniel* 3, 52-56 • **LUCAS 21, 1-4**

SEÑOR Jesus, mi vida cristiana tiene sentido desde la entrega generosa. **Ayúdame a vencer las resistencias que hay en mí. ¡A ti gloria y alabanza por los siglos!** *(Daniel 3, 52b).*

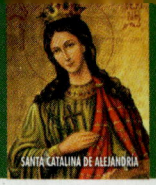

SANTA CATALINA DE ALEJANDRÍA

Papa Francisco: Estamos frente a una auténtica llamada del Señor para pensar seriamente en el final: en mi final, en el juicio, mi juicio. De pequeño, cuando iba a catequesis, nos enseñaban cuatro cosas: muerte, juicio, infierno o gloria. Cierto, alguno podría decir: «Padre, esto nos asusta». Pero es la verdad. Porque si tú no cuidas el corazón, para que el Señor esté contigo y tú vives alejado del Señor siempre, quizá hay un peligro, el peligro de continuar así alejado del Señor por la eternidad. ¡Esto es muy feo! Es por eso que hoy nos hará bien pensar en esto: ¿cómo será mi final? ¿Cómo será cuando me encuentre delante del Señor? (22-11-2016)

PALABRA En aquel tiempo, como algunos hablaban del templo, de lo bellamente adornado que estaba con piedra de calidad y exvotos, Jesús les dijo: «Esto que contempláis, llegarán días en que no quedará piedra sobre piedra que no sea destruida». Ellos le preguntaron: «Maestro, ¿cuándo va a ser eso?, ¿y cuál será la señal de que todo eso está para suceder?». Él dijo: «Mirad que nadie os engañe. Porque muchos vendrán en mi nombre, diciendo: "Yo soy", o bien: "Está llegando el tiempo"; no vayáis tras ellos. Cuando oigáis noticias de guerras y de revoluciones, no tengáis pánico. Porque es necesario que eso ocurra primero, pero el fin no será enseguida». Entonces les decía: «Se alzará pueblo contra pueblo y reino contra reino, habrá grandes terremotos, y en diversos países, hambres y pestes. Habrá también fenómenos espantosos y grandes signos en el cielo».

Daniel 2, 31-45; *Salmo: Daniel* 3, 57-61 • **LUCAS 21, 5-11**

ORACIÓN **SEÑOR,** quiero centrarme en ti, en tu amor. **Unido a ti ningún mal temeré, unido a ti camino seguro.** *¡Ensalzadlo con himnos por los siglos!* (Daniel 3, 59b).

B. SANTIAGO ALBERIONE

Santos Juan Berchmans *rl*, **Delfina** *re*,
Conrado *ob*, **Leonardo** *pb*,
Tomás Dinh y Domingo Nguyên *pbs mrs*.
Beato Santiago Alberione

Papa Francisco: Amen a sus enemigos y recen por los que los persiguen. Esta es la novedad cristiana. Es la diferencia cristiana. Orar y amar: esto es lo que debemos hacer; y no solo hacia los que nos aman, no solo hacia nuestros amigos, no solo hacia nuestro pueblo. Porque el amor de Jesús no conoce fronteras ni barreras. El Señor nos pide el coraje de un amor sin cálculos. Porque la medida de Jesús es el amor sin medida. (11-02-2023)

PALABRA En aquel tiempo, dijo Jesús a sus discípulos: «Os echarán mano, os perseguirán, entregándoos a las sinagogas y a las cárceles, y haciéndoos comparecer ante reyes y gobernadores, por causa de mi nombre. Esto os servirá de ocasión para dar testimonio. Por ello, meteos bien en la cabeza que no tenéis que preparar vuestra defensa, porque yo os daré palabras y sabiduría a las que no podrá hacer frente ni contradecir ningún adversario vuestro. Y hasta vuestros padres, y parientes, y hermanos, y amigos os entregarán, y matarán a algunos de vosotros, y todos os odiarán a causa de mi nombre. Pero ni un cabello de vuestra cabeza perecerá; con vuestra perseverancia salvaréis vuestras almas».

Daniel 5, 1-6.13-14.16-17.23-28; *Salmo: Daniel* 3, 62-67
• **LUCAS 21, 12-19**

SEÑOR, gracias por tanto amor como me das y por tu presencia junto a mí, especialmente en el momento del aprieto, **en el momento de la prueba. ¡Ensalzadlo con himnos por los siglos!** (Daniel 3, 59b).

ORACIÓN

NOVIEMBRE
27
JUEVES

Jueves 34º Tiempo Ordinario   Tomo IV - Salterio 2ª semana

Ntra. Sra. de la Medalla Milagrosa.
Santos Facundo y Primitivo *mrs*, Sigfrido
ob, Bilgilda *vg*. Beato Ramón Llull *mr*

Papa Francisco: La libertad de la fe cristiana —la libertad cristiana— no indica una visión estática de la vida y de la cultura, sino una visión dinámica, una visión dinámica también de la tradición. La tradición crece pero siempre con la misma naturaleza. Por tanto, no pretendamos tener posesión de la libertad. Hemos recibido un don para custodiar. Y es más bien la libertad que nos pide a cada uno estar en un constante camino, orientados hacia su plenitud. Es la condición de peregrinos; es el estado de caminantes, en un continuo éxodo: liberados de la esclavitud para caminar hacia la plenitud de la libertad. (13-10-2021)

PALABRA

En aquel tiempo, dijo Jesús a sus discípulos: «Cuando veáis a Jerusalén sitiada por ejércitos, sabed que entonces está cerca su destrucción. Entonces, los que estén en Judea, que huyan a los montes; los que estén en medio de Jerusalén, que se alejen; los que estén en los campos, que no entren en ella; porque estos son "días de venganza" para que se cumpla todo lo que está escrito. ¡Ay de las que estén encintas o criando en aquellos días! Porque habrá una gran calamidad en esta tierra y un castigo para este pueblo. "Caerán a filo de espada", los llevarán cautivos "a todas las naciones", y "Jerusalén será pisoteada por gentiles", hasta que alcancen su plenitud los tiempos de los gentiles. Habrá signos en el sol y la luna y las estrellas, y en la tierra angustia de las gentes, perplejas por el estruendo del mar y el oleaje, desfalleciendo los hombres por el miedo y la ansiedad ante lo que se le viene encima al mundo, pues las potencias del cielo serán sacudidas. Entonces verán al Hijo del hombre venir en una nube, con gran poder y gloria. Cuando empiece a suceder esto, levantaos, alzad la cabeza: se acerca vuestra liberación».

Daniel 6, 12–28; *Salmo: Daniel* 3, 68-74 • LUCAS 21, 20–28

SEÑOR, tú eres la garantía de nuestro destino: liberación, salvación, victoria del bien. De tu amor nada ni nadie nos puede separar. **Gracias, Jesús.** *¡Ensalzadlo con himnos por los siglos!* (Daniel 3, 59b).

ORACIÓN

SANTA CATALINA LABOURÉ

Santos Catalina Labouré *vg*,
Esteban *mj mr*, Andrés Trân *mr*

Papa Francisco: Jesús con palabras sencillas alienta a pensar para comprender». Y es una invitación a pensar no sólo con la cabeza, sino también con el corazón, con el espíritu, con todo nosotros mismos. Es esto, precisamente, "pensar en cristiano", para poder comprender los signos de los tiempos. (29-11-2013)

PALABRA En aquel tiempo, dijo Jesús a sus discípulos una parábola: «Fijaos en la higuera y en todos los demás árboles: cuando veis que ya echan brotes, conocéis por vosotros mismos que ya está llegando el verano. Igualmente vosotros, cuando veáis que suceden estas cosas, sabed que está cerca el reino de Dios. En verdad os digo que no pasará esta generación sin que todo suceda. El cielo y la tierra pasarán, pero mis palabras no pasarán».

Daniel 7, 2-14; *Salmo: Daniel* 3, 75-81 • **LUCAS 21, 29-33**

SEÑOR, tu palabra eficaz se cumple, no retorna a ti vacía. **Se cumplirán tus designios de bondad, de paz y de amor, de victoria sobre el odio** **ORACIÓN** **y el mal. ¡Ensalzadlo con himnos por los siglos!** (Daniel 3, 59b).

B. BERNARDO F. DE HOYOS

Papa Francisco: El Adviento nos invita a un esfuerzo de vigilancia, mirando más allá de nosotros mismos, alargando la mente y el corazón para abrirnos a las necesidades de la gente, de los hermanos y al deseo de un mundo nuevo. Es el deseo de tantos pueblos martirizados por el hambre, por la injusticia, por la guerra; es el deseo de los pobres, de los débiles, de los abandonados. Este es un tiempo oportuno para abrir nuestros corazones, para hacernos preguntas concretas sobre cómo y por quién gastamos nuestras vidas. (02-12-2018)

PALABRA En aquel tiempo, dijo Jesús a sus discípulos: «Tened cuidado de vosotros, no sea que se emboten vuestros corazones con juergas, borracheras y las inquietudes de la vida, y se os eche encima de repente aquel día; porque caerá como un lazo sobre todos los habitantes de la tierra. Estad, pues, despiertos en todo tiempo, pidiendo que podáis escapar de todo lo que está por su–ceder y manteneros en pie ante el Hijo del hombre».

Daniel 7, 15–27; *Salmo Daniel* 3, 82a.83a.84a.85a.86a.87a.
• **LUCAS 21, 34–36**

ORACIÓN **SEÑOR,** quiero vivir sobrio, despierto, no adormilado, para darme cuenta de que estás con nosotros y seguir trabajando, **con decisión e ilusión, en la construcción de tu Reino.** *Ensalzadlo con himnos por los siglos (Daniel 3, 59b).*

Mañana, Tomo I de la LITURGIA DE LAS HORAS

SAN ANDRÉS APÓSTOL
Santos Cutberto *pb mr*, Tadeo Liu *pb mr*,
José Marchand *pb mr*

SAN ANDRÉS, APÓSTOL

NUEVO AÑO LITÚRGICO, CICLO "A"
TOMO I DE LA LITURGIA DE LAS HORAS
TIEMPO DE ADVIENTO

Papa Francisco: Hermanos y hermanas, en este tiempo de Adviento, ¡sacudamos el letargo y despertemos del sueño! Preguntémonos: ¿soy consciente de lo que vivo, estoy alerta, estoy despierto? ¿Estoy tratando de reconocer la presencia de Dios en las situaciones cotidianas, o estoy distraído y un poco abrumado por las cosas? Si no somos conscientes de su venida hoy, tampoco estaremos preparados cuando venga al final de los tiempos. Por lo tanto, hermanos y hermanas, ¡permanezcamos vigilantes! Esperando que el Señor venga, esperando que el Señor se acerque a nosotros, porque está ahí, pero esperando: atentos. Y la Virgen Santa, Mujer de la espera, que supo captar el paso de Dios en la vida humilde y oculta de Nazaret y lo acogió en su seno, nos ayude en este camino a estar atentos para esperar al Señor que está entre nosotros y pasa. (27-11-2022)

• **Isaías** 2, 1-5: Visión de Isaías, hijo de Amós, acerca de Judá y de Jerusalén: En los futuros estará firme el monte de la casa del Señor, PALABRA en la cumbre de las montañas, más elevado que las colinas. Hacia él confluirán todas las naciones, caminarán pueblos numerosos y dirán: «venid, subamos al monte del Señor, a la casa del Dios de Jacob. Él nos instruirá en sus caminos y marcharemos por sus sendas; porque de Sion saldrá la ley, la palabra del Señor de Jerusalén. Juzgará entre las naciones, será árbitro de pueblos numerosos. De las espadas forjarán arados; de las lanzas, podaderas. No alzará la espada pueblo contra pueblo, no se adiestrarán para la guerra. Casa de Jacob, venid; caminemos a la luz del Señor.

• **Salmo** 121,1bc-2.4-9: *Vamos alegres a la casa del Señor.*

• **Romanos** 13, 11-14a: Hermanos: Comportaos reconociendo el momento en que vivís, pues ya es hora de despertaros del sueño, porque ahora la salvación está más cerca de nosotros que cuando abrazamos la fe. La noche está avanzada, el día está cerca: dejemos, pues, las obras de las tinieblas y pongámonos las armas de la luz. Andemos como en pleno día, con dignidad. Nada de comilonas y borracheras, nada de lujuria y desenfreno, nada de riñas y envidias. Revestíos más bien del Señor Jesucristo.

• **MATEO 24, 37-44:** En aquel tiempo, dijo Jesús a sus discípulos: «Cuando venga el Hijo del hombre pasará como en tiempo de Noé. En los días antes del diluvio la gente comía y bebía, se casaban los hombres y las mujeres tomaban esposo, hasta el día en que Noé entró en el arca; y cuando menos lo esperaban llegó el diluvio y se los llevó a todos; lo mismo sucederá cuando venga el Hijo del hombre: dos hombres estarán en el campo: a uno se lo llevarán y a otro lo dejarán; dos mujeres estarán moliendo: a una se la llevarán y a otra la dejarán. Por tanto, estad en vela, porque no sabéis qué día vendrá vuestro Señor. Comprended que si supiera el dueño de casa a qué hora de la noche viene el ladrón, estaría en vela y no dejaría que abrieran un boquete en su casa. Por eso estad también vosotros preparados, porque a la hora que menos penséis viene el Hijo del hombre».

SEÑOR Jesús, hijo de Dios, esperamos con gozo y anhelo tu venida. **Que estemos preparados cuando llames a nuestra puerta para abrirte de par en par el corazón.**

ORACIÓN

DICIEMBRE

«El sueño como un pájaro crecía
de luz a luz borrando la mirada;
tranquila y por los ángeles llevada,
la nieve entre las alas descendía.
El cielo deshojaba su alegría,
mira la luz el niño, ensimismada,
con la tímida sangre desatada
del corazón, la Virgen sonreía».
De cómo estaba la luz, Luis Rosales

DICIEMBRE

1

LUNES

Lunes 1° de Adviento   Tomo I - Salterio 1ª semana

Santos Nahún *prof*, Florencia *vg*,
Eligio *ob*, Edmundo, Radulfo y
Alejandro *pbs mrs.*, Carlos de Foucauld *pb*,
Beatos Juan de Vercelli *pb*,

S. CARLOS DE FOUCAULD

Papa Francisco: Ese centurión romano que un día suplicó a Jesús que sanara a su siervo enfermo se sentía completamente inadecuado: no era judío, era oficial del odiado ejército de ocupación. Pero la preocupación por el siervo le hace osar, y dice: «Señor, no soy digno de que entres bajo mi techo; basta que lo digas de palabra y mi criado quedará sano». Es la frase que también nosotros repetimos en cada liturgia eucarística. Dialogar con Dios es una gracia: nosotros no somos dignos, no tenemos ningún derecho que reclamar, nosotros "cojeamos" con cada palabra y cada pensamiento... Pero Jesús es la puerta que nos abre a este diálogo con Dios. (03-03-2021)

PALABRA   En aquel tiempo, al entrar Jesús en Cafarnaún, un centurión se le acercó rogándole: «Señor, tengo en casa un criado que está en cama paralítico y sufre mucho». Le contestó: «Voy yo a curarlo». Pero el centurión le replicó: «Señor, no soy digno de que entres bajo mi techo. Basta que lo digas de palabra, y mi criado quedará sano. Porque yo también vivo bajo disciplina y tengo soldados a mis órdenes; y le digo a uno: "Ve", y va; al otro: "Ven", y viene; a mi criado: "Haz esto", y lo hace». Al oírlo, Jesús quedó admirado y dijo a los que lo seguían: «En verdad os digo que en Israel no he encontrado en nadie tanta fe. Os digo que vendrán muchos de oriente y occidente y se sentarán con Abrahán, Isaac y Jacob en el reino de los cielos».

Isaías 2, 1-5; *Salmo* 121, 1bc-9 • MATEO 8, 5-11

SEÑOR, qué fe tan grande la de aquel centurión. **Así quiero yo confiar en ti, creyendo en la fuerza transformadora de tu palabra.** *Vamos alegres a la casa del Señor* (Salmo 121, 1bc).

ORACIÓN

Santos Habacuc *prof*, Bibiana *mr*, Silverio *pp mr.* Beatos M.ª Ángela Astorch *ab*, Juan de Ruusbroeck *pb*

Papa Francisco: Resulta evidente que la grandeza del misterio de Dios sólo se conoce en el misterio de Jesús, y el misterio de Jesús es precisamente un misterio de abajarse, de anonadarse, de humillarse, y trae la salvación a los pobres, a quienes son aniquilados por muchas enfermedades, pecados y situaciones difíciles. Fuera de este marco no se puede comprender el misterio de Jesús, no se puede comprender esta unción del Espíritu Santo que lo hace gozar, como hemos escuchado en el Evangelio, en la alabanza al Padre, que lo lleva a evangelizar a los pobres, a los marginados. (02-12-2014)

PALABRA En aquella hora Jesús se llenó de alegría en el Espíritu Santo, y dijo: «Te doy gracias, Padre, Señor del cielo y de la tierra, porque has escondido estas cosas a los sabios y entendidos, y las has revelado a los pequeños. Sí, Padre, porque así te ha parecido bien. Todo me ha sido entregado por mi Padre, y nadie conoce quién es el Hijo, sino el Padre; ni quién es el Padre, sino el Hijo, y aquel a quien el Hijo se lo quiera revelar». Y, volviéndose a sus discípulos, les dijo aparte: «¡Bienaventurados los ojos que ven lo que vosotros veis! Porque os digo que muchos profetas y reyes quisieron ver lo que vosotros veis, y no lo vieron; y oír lo que vosotros oís, y no lo oyeron».

Isaías 11, 1-10; *Salmo* 71, 1-2.7-8.12-13.17 • LUCAS 10, 21-24

ORACIÓN **SEÑOR Jesús,** concédeme ojos y oídos atentos a ti y un corazón siempre agradecido **al Padre por tantos beneficios como nos ha dado por medio de ti.** *En sus días florezca la justicia y la paz abunde eternamente (Salmo 71, 7).*

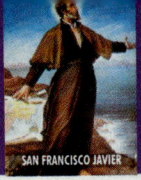

SAN FRANCISCO JAVIER

Papa Francisco: Nosotros tratamos de acumular y aumentar lo que tenemos; Jesús, en cambio, pide dar, disminuir. Nos encanta añadir, nos gustan las adiciones; a Jesús le gustan las sustracciones, quitar algo para dárselo a los demás. Queremos multiplicar para nosotros; Jesús aprecia cuando dividimos con los otros, cuando compartimos. (25-07-2021)

PALABRA En aquel tiempo, Jesús se dirigió al mar de Galilea, subió al monte y se sentó en él. Acudió a él mucha gente llevando tullidos, ciegos, lisiados, sordomudos y muchos otros; los ponían a sus pies, y él los curaba. La gente se admiraba al ver hablar a los mudos, sanos a los lisiados, andar a los tullidos y con vista a los ciegos, y daban gloria al Dios de Israel. Jesús llamó a sus discípulos y les dijo: «Siento compasión de la gente, porque llevan ya tres días conmigo y no tienen qué comer. Y no quiero despedirlos en ayunas, no sea que desfallezcan en el camino». Los discípulos le dijeron: «¿De dónde vamos a sacar en un despoblado panes suficientes para saciar a tanta gente?». Jesús les dijo: «¿Cuántos panes tenéis?». Ellos contestaron: «Siete y algunos peces». Él mandó que la gente se sentara en el suelo. Tomó los siete panes y los peces, dijo la acción de gracias, los partió y los fue dando a los discípulos, y los discípulos a la gente. Comieron todos hasta saciarse y recogieron las sobras: siete canastos llenos.

Isaías 25, 6-10a; *Salmo* 22, 1b-6 • **MATEO 15, 29-37**

SEÑOR, tu compasión es nuestra salvación. A todos miras con amor y a todos curas y alimentas. **Gracias por tanto amor.** *Habitaré en la* ORACIÓN *casa del Señor por años sin término* (Salmo 22, 6cd).

Tomo I - Salterio 1ª semana **Jueves 1° de Adviento** DICIEMBRE

4

JUEVES

SAN JUAN DAMASCENO

Santos JUAN DAMASCENO *pb dc,*
Bárbara *vg mr,*
Juan Taumaturgo *ob,* **Bernardo** *ob*

Papa Francisco: La roca. Así es el Señor. Quien se encomienda al Señor siempre estará seguro, porque sus cimientos están en la roca. Es lo que Jesús dice en el Evangelio. Habla de un hombre sabio que construyó su casa sobre una roca, es decir, sobre la confianza en el Señor, sobre cosas serias. Y también esta confianza es un material noble, porque el fundamento de esta construcción de nuestra vida es seguro, es fuerte. (05-12-2019)

En aquel tiempo, dijo Jesús a sus discípulos: «No todo el que me dice "Señor, Señor" entrará en el reino de los cielos, sino el que hace la voluntad de mi Padre que está en los cielos. El que escucha estas palabras mías y las pone en práctica se parece a aquel hombre prudente que edificó su casa sobre roca. Cayó la lluvia, se desbordaron los ríos, soplaron los vientos y descargaron contra la casa; pero no se hundió, porque estaba cimentada sobre roca. El que escucha estas palabras mías y no las pone en práctica se parece a aquel hombre necio que edificó su casa sobre arena. Cayó la lluvia, se desbordaron los ríos, soplaron los vientos y rompieron contra la casa, y se derrumbó. Y su ruina fue grande».

Isaías 26, 1–6; *Salmo* 117, 1.8–9.19–21. 25–27a; • **MATEO 7, 21.24–27**

SEÑOR Jesús, quiero que la roca de mi vida seas tú. **No quiero seguirte "de nombre" sino de verdad, con autenticidad, entregándome totalmente a ti.** *Bendito el que viene en nombre del Señor (Salmo 117, 26a).*

SAN SABAS ABAD

Papa Francisco: Jesús nos invita a renovar nuestra forma de ver a las personas y las cosas. Nos propone una visión siempre nueva de nuestras relaciones con los demás, especialmente en la familia, de nuestra fragilidad humana, de la enfermedad y de la muerte. Nos invita a ver todo esto con los ojos de Dios. (19-02-2022)

PALABRA

En aquel tiempo, dos ciegos seguían a Jesús, gritando: «Ten compasión de nosotros, hijo de David». Al llegar a la casa se le acercaron los ciegos, y Jesús les dijo: «¿Creéis que puedo hacerlo?». Contestaron: «Sí, Señor». Entonces les tocó los ojos, diciendo: «Que os suceda conforme a vuestra fe». Y se les abrieron los ojos. Jesús les ordenó severamente: «¡Cuidado con que lo sepa alguien!». Pero ellos, al salir, hablaron de él por toda la comarca.

Isaías 29, 17-24; *Salmo* 26, 1.4.13-14 • **MATEO 9, 27-31**

ORACIÓN

SEÑOR, una fe firme puede cambiar y transformar en nosotros muchas cosas. **Concédeme tu gracia para fortalecer mi confianza en ti.** *El Señor es mi luz y mi salvación* (Salmo 26, 1b).

Tomo I - Salterio 1ª semana   **Sábado 1° de Adviento**

SAN NICOLÁS

Santos NICOLÁS *ob*, **Pedro Pascual** *ob mr*,
Carmen M.ª Sallés *vg*

DICIEMBRE

6

SÁBADO

Papa Francisco: Jesús conoce nuestras fortalezas y nuestras debilidades, y está siempre listo para cuidar de nosotros, para sanar las llagas de nuestros errores con la abundancia de su gracia. En Él se realiza plenamente la imagen del pastor del pueblo de Dios delineada por los profetas: se preocupa por sus ovejas, las reúne, venda la que está herida, cura la que está enferma. (25-04-2021)

PALABRA En aquel tiempo, Jesús recorría todas las ciudades y aldeas, enseñando en sus sinagogas, proclamando el evangelio del reino y curando toda enfermedad y toda dolencia. Al ver a las muchedumbres, se compadecía de ellas, porque estaban extenuadas y abandonadas, «como ovejas que no tienen pastor». Entonces dijo a sus discípulos: «La mies es abundante, pero los trabajadores son pocos; rogad, pues, al Señor de la mies que mande trabajadores a su mies». Llamó a sus doce discípulos y les dio autoridad para expulsar espíritus inmundos y curar toda enfermedad y toda dolencia. A estos doce los envió Jesús con estas instrucciones: «Id a las ovejas descarriadas de Israel. Id y proclamad que ha llegado el reino de los cielos. Curad enfermos, resucitad muertos, limpiad leprosos, arrojad demonios. Gratis habéis recibido, dad gratis».

Isaías 30, 19-21.23-26; *Salmo* 146,1bc-6; • **MATEO 9, 35 ; 10, 1.5a.6-8**

ORACIÓN **SEÑOR,** siguen haciendo falta obreros en tu mies. **Sigue conquistando corazones para tu seguimiento y sigue animándonos a todos a anunciar tu evangelio.** *Dichosos los que esperan en el Señor (Isaías 30, 18).*

DICIEMBRE

7

DOMINGO

DOMINGO II DE ADVIENTO   Tomo I - Salterio 2ª semana

Santos **AMBROSIO** *ob dc*,
Sabino *ob mr*, **Urbano** *ob*, **Fara** *ab*

SAN AMBROSIO

Papa Francisco: Con Jesús la posibilidad de volver a comenzar siempre existe. Nunca es demasiado tarde, siempre está la posibilidad de volver a comenzar, tened valor, Él está cerca de nosotros en este tiempo de conversión. Cada uno puede pensar: "Tengo esta situación dentro, este problema que me avergüenza…" Pero Jesús está cerca de ti, vuelve a comenzar, siempre existe la posibilidad de dar un paso más. Él nos espera y no se cansa nunca de nosotros. ¡Nunca se cansa! Y nosotros somos tediosos, pero nunca se cansa. Escuchemos el llamamiento de Juan Bautista para volver a Dios y no dejemos pasar este Adviento como los días del calendario porque este es un tiempo de gracia, de gracia también para nosotros, ahora, aquí. (04-12-2022)

• **Isaías** 11,1-10: Aquel día, brotará un renuevo del tronco de Jesé, y de su raíz florecerá un vástago. Sobre él se posará el espíritu del Señor: espíritu de sabiduría y entendimiento, espíritu de consejo y fortaleza, espíritu de ciencia y temor del Señor. Lo inspirará el temor del Señor. No juzgará por apariencias, ni sentenciará de oídas; juzgará a los pobres con justicia, sentenciará con rectitud a los sencillos de la tierra; pero golpeará al violento con la vara de su boca, y con el soplo de sus labios hará morir al malvado. La justicia será ceñidor de su cintura; y la lealtad, cinturón de sus caderas. Habitará el lobo con el cordero, el leopardo se tumbará con el cabrito, el ternero y el león pacerán juntos: un muchacho será su pastor. La vaca pastará con el oso, sus crías se tumbarán juntas; el león como el buey comerá paja. El niño de pecho retoza junto al escondrijo de la serpiente, y el recién destetado extiende la mano hacia la madriguera del áspid. Nadie causará daño ni estrago por todo mi monte santo: porque está lleno el país del conocimiento del Señor, como las aguas colman el mar. Aquel día, la raíz de Jesé será elevada como enseña de los pueblos: se volverán hacia ella las naciones y será gloriosa su morada.

• **Salmo** 71,1bc-2.7-8.12-13.17: *Que en sus días florezca la justicia, y la paz abunde eternamente.*

• **Romanos** 15,4-9: Hermanos: Todo lo que se escribió en el pasado, se escribió para enseñanza nuestra, a fin de que a través de nuestra paciencia y el consuelo que dan las Escrituras mantengamos la esperanza. Que el Dios de la paciencia y del consuelo, os conceda tener entre vosotros los mismos sentimientos, según Cristo Jesús; de este modo, unánimes, a una voz, glorificaréis al Dios y Padre de nuestro Señor Jesucristo. Por eso, acogeos mutuamente como Cristo os acogió para gloria de Dios. Es decir, Cristo se hizo servidor de la circuncisión en atención a la fidelidad de Dios, para llevar a cumplimiento las promesas hechas a los patriarcas, y, en cuanto a los gentiles, para que glorifiquen a Dios por su misericordia: como está escrito: «Por eso te alabaré entre los gentiles y cantaré para tu nombre».

• **MATEO 3, 1-12:** Por aquellos días, Juan el Bautista se presentó en el desierto de Judea predicando: «Convertíos, porque está cerca el reino de los cielos». Este es el que anunció el profeta Isaías diciendo: «Voz del que grita en el desierto: "Preparad el camino del Señor, allanad sus senderos"». Juan llevaba un vestido de piel de camello, con una correa de cuero a la cintura, y se alimentaba de saltamontes y miel silvestre. Y acudía a él toda la gente de Jerusalén, de Judea y de la comarca del Jordán; confesaban sus pecados y él los bautizaba en el Jordán. Al ver que muchos fariseos y saduceos venían a que los bautizara, les dijo: «¡Raza de víboras!, ¿quién os ha enseñado a escapar del castigo inminente? Dad el fruto que pide la conversión. Y no os hagáis ilusiones pensando: "Tenemos por padre a Abrahán", pues os digo que Dios es capaz de sacar hijos de Abrahán de estas piedras. Ya toca el hacha la raíz de los árboles, y todo árbol que no dé buen fruto será talado y echado al fuego. Yo os bautizo con agua para que os convirtáis; pero el que viene detrás de mí es más fuerte que yo, y no merezco ni llevarle las sandalias. Él os bautizará con Espíritu Santo y fuego. Él tiene el bieldo en la mano: aventará su parva, reunirá su trigo en el granero y quemará la paja en una hoguera que no se apaga».

 SEÑOR, que San Juan Bautista me anime a vivir este Adviento desde la conversión sincera con fruto verdadero, **preparando los caminos**
ORACIÓN **para tu venida.**

DICIEMBRE

8

LUNES

Ntra. Sra. de Caacupé,
Santa Narcisa de Jesús *vg*

INMACULADA CONCEPCIÓN DE MARÍA

SOLEMNIDAD DE LA INMACULADA CONCEPCIÓN DE LA BIENAVENTURADA VIRGEN MARÍA PATRONA DE ESPAÑA

Papa Francisco: En aquel tiempo, el ángel Gabriel fue enviado por Dios a una ciudad de Galilea llamada Nazaret, a una virgen desposada con un hombre llamado José, de la casa de David; el nombre de la virgen era María. María, la única criatura humana sin pecado de la historia, está con nosotros en la lucha, es nuestra hermana y sobre todo nuestra Madre. Y nosotros, a quienes nos cuesta elegir el bien, podemos encomendarnos a ella. (08-12-2022)

En aquel tiempo, el ángel Gabriel fue enviado por Dios a una ciudad de Nazaret, a una virgen desposada con un hombre llamado José, de la casa de David; el nombre de la virgen era María. El ángel, entrando en su presencia, dijo: «Alégrate, llena de gracia, el Señor está contigo». Ella se turbó grandemente ante estas palabras y se preguntaba qué saludo era aquel. El ángel le dijo: «No temas, María, porque has encontrado gracia ante Dios. Concebirás en tu vientre y darás a luz un hijo, y le pondrás por nombre Jesús. Será grande, se llamará Hijo del Altísimo, el Señor Dios le dará el trono de David, su padre, reinará sobre la casa de Jacob para siempre, y su reino no tendrá fin». Y María dijo al ángel: «¿Cómo será eso, pues no conozco varón?». El ángel le contestó: «El Espíritu Santo vendrá sobre ti, y la fuerza del Altísimo te cubrirá con su sombra; por eso el Santo que va a nacer se llamará Hijo de Dios. También tu pariente Isabel ha concebido un hijo en su vejez, y ya está de seis meses la que llamaban estéril, "porque para Dios nada hay imposible"». María contestó: «He aquí la esclava del Señor; hágase en mí según tu palabra». Y el ángel se retiró.

Génesis 3,9-15.20; *Salmo* 97,1-4; *Efesios* 1,3-6.11-12; • LUCAS 1,26-38

SEÑOR, gracias por tu Madre Inmaculada. *Que Ella, la llena de gracia, me ayude con su amor maternal a seguirte con fidelidad desde un sí sincero. Cantad al Señor un cántico nuevo, porque ha hecho maravillas (Salmo 97, 1bc).*

SAN JUAN DIEGO

Santos **JUAN DIEGO** *cf,*
Leocadia *vg mr,* **Siro** *ob,*
Pedro Fourier *pb*

Papa Francisco: Quien no conoce las caricias del Señor no conoce la doctrina cristiana. Quien no se deja acariciar por el Señor está perdido. Y es precisamente este el mensaje alegre, esta es la sincera exultación que nosotros queremos hoy. Esta es la alegría, esta es la consolación que buscamos: que venga el Señor con su poder, que son las caricias, para encontrarnos, salvarnos, como a la oveja descarriada y a llevarnos de regreso a la grey de su Iglesia. (06-12-2016)

PALABRA En aquel tiempo, dijo Jesús a sus discípulos: «¿Qué os parece? Suponed que un hombre tiene cien ovejas: si una se le pierde, ¿no deja las noventa y nueve en los montes y va en busca de la perdida? Y si la encuentra, en verdad os digo que se alegra más por ella que por las noventa y nueve que no se habían extraviado. Igualmente, no es voluntad de vuestro Padre que está en el cielo que se pierda ni uno de estos pequeños».

Isaías 40, 1-11; *Salmo* 95, 1-3.10ac-13; • **MATEO 18, 12-14**

SEÑOR, gracias por mostrarnos la misericordia del Padre que siempre nos busca y nos llama. **Bendito seas.** *Aquí está nuestro Dios, que* ORACIÓN *llega con fuerza* (Isaías 40, 9-10).

DICIEMBRE

10

MIÉRCOLES

Miércoles 2º de Adviento   Tomo I - Salterio 2ª semana

NTRA. SRA. DE LORETO
Santos EULALIA DE MÉRIDA *vg mr*,
Mauro *mr*, Gregorio III *pp*.

SANTA EULALIA DE MÉRIDA

Papa Francisco: Caminando junto con Él e imitándolo, aprenderéis de Él. Él es un Maestro que no impone a los demás una carga que él mismo no lleva. Se dirige a los humildes, a los pequeños y pobres porque Él mismo se ha hecho pobre y humilde. Y para aprender, antes que nada, es necesario ser humildes y reconocer la propia ignorancia y soberbia que nos hacen pensar que podemos hacerlo todo nosotros solos y con nuestras propias fuerzas. Es necesario tener el oído abierto a las palabras del Maestro. Así se aprende su corazón, su amor, su forma de pensar, de ver y de actuar. Es necesaria la valentía de estar cerca de Él e imitarlo. (05-08-2022)

PALABRA En aquel tiempo, Jesús tomó la palabra y dijo: «Venid a mí todos los que estáis cansados y agobiados, y yo os aliviaré. Tomad mi yugo sobre vosotros y aprended de mí, que soy manso y humilde de corazón, y encontraréis descanso para vuestras almas. Porque mi yugo es llevadero y mi carga ligera».

Isaías 40, 25-31; *Salmo* 102, 1bc-4.8.10; • **MATEO 11, 28-30**

ORACIÓN **SEÑOR,** quiero que repose sobre mí el dulce **yugo de tu Palabra** que me **guía derecho por el camino** de la vida. *Bendice, alma mía al Señor* (Salmo 102, 1b).

SAN DÁMASO, PAPA

Santos DÁMASO I *pp*,
Maravillas de Jesús *vg*, Daniel *pb*,
Sabino *ob*

Papa Francisco: El Bautista es ciertamente un hombre extraordinario. La gente acude a escucharle atraída por su forma de ser, coherente y sincera. La franqueza de su lenguaje, la honestidad de su comportamiento y la austeridad de su vida le diferencian de otros personajes famosos y poderosos de la época, que invertían mucho en la apariencia. Personas como él, rectas, libres y valientes, son figuras luminosas, fascinantes: nos inspiran a salir de la mediocridad y a ser a su vez modelos de buena vida para los demás. (17-12-2023)

PALABRA En aquel tiempo, dijo Jesús al gentío: «En verdad os digo que no ha nacido de mujer uno más grande que Juan el Bautista; aunque el más pequeño en el reino de los cielos es más grande que él. Desde los días de Juan el Bautista hasta ahora el reino de los cielos sufre violencia y los violentos lo arrebatan. Los Profetas y la Ley han profetizado hasta que vino Juan; él es Elías, el que tenía que venir, con tal que queráis admitirlo. El que tenga oídos que oiga».

Isaías 41, 13-20; *Salmo* 144, 1bc.9-13ab • **MATEO 11, 11-15**

ORACIÓN **SEÑOR,** tu Reino, a pesar de muchas dificultades y violencia, se abre camino en nuestra vida y en nuestra historia. **Quiero colaborar contigo en su construcción y desarrollo.** *El Señor es clemente y misericordioso, lento a la cólera y rico en piedad* (Salmo 144, 8).

DICIEMBRE

12

VIERNES

Viernes 2º de Adviento   Tomo I - Salterio 2ª semana

NTRA. SRA. DE GUADALUPE
(México: Solemnidad)
Santos Israel *pb*, Simón Phan *pf mr.*

VIRGEN DE GUADALUPE

BIENAVENTURADA VIRGEN MARÍA DE GUADALUPE

Papa Francisco: La imagen del Evangelio con los niños que tienen miedo de bailar, de llorar, que tienen miedo a todo, que piden seguridad en todo, lleva a pensar en esos cristianos tristes que critican siempre a los predicadores de la verdad porque tienen miedo de abrirle la puerta al Espíritu Santo. Recemos por ellos y también por nosotros mismos, para que no seamos cristianos tristes, de esos que quitan al Espíritu Santo la libertad de venir a nosotros a través del escándalo de la predicación. (13-12-2013)

En aquel tiempo, dijo Jesús al gentío: «¿A quién compararé esta generación? Se asemeja a unos niños sentados en la plaza, que gritan diciendo: "Hemos tocado la flauta, y no habéis bailado; hemos entonado lamentaciones, y no habéis llorado". Porque vino Juan, que ni comía ni bebía, y dicen: "Tiene un demonio". Vino el Hijo del hombre, que come y bebe, y dicen: "Ahí tenéis a un comilón y borracho, amigo de publicanos y pecadores". Pero la sabiduría se ha acreditado por sus obras».

Isaías 48, 17-19; *Salmo* 1, 1-4.6; • **MATEO 11, 16-19**

SEÑOR, perdona la indiferencia que, a veces, muestro ante tu palabra. **Quiero ser más receptivo y más permeable a su mensaje de vida.** *El que te sigue, Señor, tendrá luz de la vida (Juan 8, 12).*

Santos **LUCÍA** *vg mr*,
Otilia *ab*, Autberto *ob*.
Beato Antonio Gras *pb*

Papa Francisco: Jesús mismo se refiere a Elías para confirmar la misión y el testimonio de Juan el Bautista. La Sagrada Escritura nos dice que Elías era un hombre íntegro, de fe cristalina, incapaz de compromisos mezquinos. Y no obstante las pruebas difíciles que tuvo que afrontar, permaneció siempre fiel a Dios. La oración era su fuerza vital: ésta le permitió defender el primado de Dios ante los falsos profetas de Baal, en el Monte Carmelo; y lo hizo también consciente de sus propias fragilidades. Elías era un contemplativo, pero sin desentenderse de las situaciones concretas de su tiempo. Él nos enseña que en la vida de oración no puede existir separación: el fruto de la intimidad con el Señor en la oración, no puede ser otro que el amor concreto a los hermanos y hermanas, a los que Jesús nos envía. La oración y la caridad hacia el prójimo van de la mano. (07-10-2020)

Cuando bajaban del monte, los discípulos preguntaron a Jesús: «¿Por qué dicen los escribas que primero tiene que venir Elías?». Él les contestó: «Elías vendrá y lo renovará todo. Pero os digo que Elías ya ha venido, y no lo reconocieron, sino que han hecho con él lo que han querido. Así también el Hijo del hombre va a padecer a manos de ellos». Entonces entendieron los discípulos que se refería a Juan el Bautista.

Eclesiástico 48, 1-4.9-11b; *Salmo* 79, 2ac.3b.15-16.18-19;
• **MATEO 17, 10-13**

SEÑOR, vienes a cumplir todo lo que fue anunciado sobre ti. Vienes a consumar tu entrega por nosotros. **Gracias por tu disponibilidad.** *Oh, Dios, restáuranos, que brille tu rostro y nos salve (Salmo 79, 4).*

DICIEMBRE	DOMINGO III DE ADVIENTO	Tomo I - Salterio 3ª semana
14	Santos **JUAN DE LA CRUZ** *pb dc*, Venancio Fortunato *ob*, **Jerón** y *co mrs*, Pompeyo *ob*, **Drósida** *mr*	
DOMINGO	GAUDETE	

SAN JUAN DE LA CRUZ

Papa Francisco: Juan se encuentra en la cárcel, y esto, además de en el lugar físico, hace pensar en la situación interior que está viviendo: en la cárcel hay oscuridad, falta la posibilidad de ver claro y ver más allá. De hecho, el Bautista ya no logra reconocer Jesús como Mesías esperado. Está asaltado por la duda y envía a los discípulos a verificar: "Id a ver si es el Mesías o no". […] Esto significa que también el creyente más grande atraviesa el túnel de la duda. Y esto no es un mal, es más, a veces es esencial para el crecimiento espiritual: nos ayuda a entender que Dios es siempre más grande de cómo lo imaginamos; las obras que realiza son sorprendentes respecto a nuestros cálculos; su acción es diferente, siempre, supera nuestras necesidades y nuestras expectativas; y por eso no debemos dejar nunca de buscarlo y de convertirnos a su verdadero rostro. (11-12-2022)

• *Isaías* 35, 1-6a.10: El desierto y el yermo se regocijarán, se alegrará la estepa y florecerá, germinará y florecerá como flor de narciso, se festejará con gozo y cantos de júbilo. Le ha sido dada la gloria del Líbano, el resplandor del Carmelo y del Sarón. Contemplarán la gloria del Señor, la majestad de nuestro Dios. Fortaleced las manos débiles, afianzad las rodillas vacilantes; decid a los inquietos: sed fuertes, no temáis. ¡He aquí vuestro Dios! Llega el desquite, la retribución de Dios. Viene en persona y os salvará». Entonces se despegarán los ojos de los ciegos, los oídos de los sordos se abrirán; entonces saltará el cojo como un ciervo. Retornan los rescatados del Señor. Llegarán a Sion con cantos de júbilo: alegría sin límite en sus rostros. Los dominan el gozo y la alegría. Quedan atrás la pena y la aflicción.

• *Salmo* 145, 6c-10: ***Ven, Señor, a salvarnos.***

• *Santiago* 5, 7-10: Hermanos, esperad con paciencia hasta la venida del Señor. Mirad: el labrador aguarda el fruto precioso de la tierra, esperando con paciencia hasta que recibe la lluvia temprana y la tardía. Esperad con paciencia también vosotros, y fortaleced vuestros corazones, porque la venida del Señor está cerca. Hermanos, no os quejéis los unos de los otros, para que no seáis condenados: mirad, el juez está ya a las puertas. Hermanos, tomad como modelo de resistencia y de paciencia a los profetas que hablaron en nombre del Señor.

• **MATEO 11, 2-11:** En aquel tiempo, Juan, que había oído en la cárcel las obras del Mesías, mandó a sus discípulos a preguntarle: «¿Eres tú el que ha de venir o tenemos que esperar a otro?». Jesús les respondió: «Id a anunciar a Juan lo que estáis viendo y oyendo: los ciegos ven y los cojos andan; los leprosos quedan limpios y los sordos oyen; los muertos resucitan, y los pobres son evangelizados. ¡Y bienaventurado el que no se escandalice de mí!». Al irse ellos, Jesús se puso a hablar a la gente sobre Juan: «¿Qué salisteis a contemplar en el desierto, una caña sacudida por el viento? ¿O qué salisteis a ver, un hombre vestido con lujo? Mirad, los que visten con lujo habitan en los palacios. Entonces, ¿a qué salisteis?, ¿a ver a un profeta? Sí, os digo, y más que profeta. Este es de quien está escrito: «Yo envío a mi mensajero delante de ti, el cual preparará tu camino ante ti». En verdad os digo que no ha nacido de mujer uno más grande que Juan el Bautista, aunque el más pequeño en el reino de los cielos es más grande que él».

SEÑOR, vienes a renovarlo todo, a transformarlo todo. Las promesas de salvación se cumplen en ti. Ven pronto, no tardes, te queremos, te necesitamos. **Estamos alegres porque estás cerca.**

ORACIÓN

Se acerca vuestra liberación

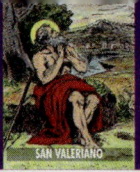
Papa Francisco: Jesús nos enseña que el cristiano debe tener el corazón fuerte, firme, que crece sobre la roca, que es Cristo, y luego ir por el mundo con prudencia. En efecto, no se negocia el corazón, no se negocia la roca. La roca es Cristo, no se negocia. Este es el drama de la hipocresía de esta gente. Y Jesús no negociaba nunca su corazón de Hijo del Padre, sino que estaba abierto a la gente, buscando caminos para ayudar. (15-12-2014)

PALABRA   En aquel tiempo, Jesús llegó al templo y, mientras enseñaba, se le acercaron los sumos sacerdotes y los ancianos del pueblo para preguntarle: «¿Con qué autoridad haces esto? ¿Quién te ha dado semejante autoridad?». Jesús les replicó: «Os voy a hacer yo también una pregunta; si me la contestáis, os diré yo también con qué autoridad hago esto. El bautismo de Juan ¿de dónde venía, del cielo o de los hombres?». Ellos se pusieron a deliberar: «Si decimos "del cielo", nos dirá: "¿Por qué no le habéis creído?". Si le decimos "de los hombres", tememos a la gente; porque todos tienen a Juan por profeta». Y respondieron a Jesús: «No sabemos». Él, por su parte, les dijo: «Pues tampoco yo os digo con qué autoridad hago esto».

Números 24, 2-7.15-17a; *Salmo* 24, 4-5a.6.7cd.8-9; • MATEO 21, 23-27

 SEÑOR, cúrame de la falsedad, de la hipocresía, de la mentira que puede arruinar mi corazón. **Quiero vivir bajo tu autoridad, la autoridad de la verdad.** *Señor, instrúyeme en tus sendas (Salmo 24, 4b).*

SAN JOSÉ MAÑANET

Santos Ageo *prof*, José Mañanet *pb*,
Everardo *mj*, Adelaida *em*

Papa Francisco: Dios es paciente con cada uno de nosotros: no se cansa, no desiste después de nuestro «no»; nos deja libres también de alejarnos de Él y de equivocarnos. ¡Pensar en la paciencia de Dios es maravilloso! Cómo el Señor nos espera siempre; siempre junto a nosotros para ayudarnos; pero respeta nuestra libertad. Y espera ansiosamente nuestro «sí», para acogernos nuevamente entre sus brazos paternos y colmarnos de su misericordia sin límites. (27-09-2020)

PALABRA   En aquel tiempo, dijo Jesús a los sumos sacerdotes y a los ancianos del pueblo: «¿Qué os parece? Un hombre tenía dos hijos. Se acercó al primero y le dijo: "Hijo, ve hoy a trabajar en la viña". Él le contestó: "No quiero". Pero después arrepintió y fue. Se acercó al segundo y le dijo lo mismo. Él le contestó: "Voy, señor". Pero no fue. ¿Quién de los dos cumplió la voluntad de su padre?». Contestaron: «El primero». Jesús les dijo: «En verdad os digo que los publicanos y las prostitutas van por delante de vosotros en el Reino de Dios. Porque vino Juan a vosotros enseñándoos el camino de la justicia, y no le creísteis; en cambio, los publicanos y prostitutas le creyeron. Y, aun después de ver esto, vosotros no os arrepentisteis ni le creísteis».

Sofonías 3, 1-2.9-13; *Salmo* 33, 2-3.6-7.17-19.23; • MATEO 21, 28-32

ORACIÓN   **SEÑOR,** me arrepiento de mi rechazo a cumplir tu voluntad; quiero cumplirla, confío en ti. **Dame tu fuerza.** *El afligido invocó al Señor, y él lo escuchó (Salmo 33, 7ab).*

Papa Francisco: La genealogía de Jesús no es una simple lista de nombres, sino historia viva, historia de un pueblo con el que Dios ha caminado y, al hacerse uno de nosotros, nos ha querido anunciar que por su sangre corre la historia de justos y pecadores, que nuestra salvación no es una salvación aséptica, de laboratorio, sino concreta, una salvación de vida que camina. (08-09-2017)

PALABRA

Libro del origen de Jesucristo, hijo de David, hijo de Abrahán. Abrahán engendró a Isaac, Isaac engendró a Jacob, Jacob engendró a Judá y a sus hermanos. Judá engendró, de Tamar, a Fares y a Zará, Fares engendró a Esrón, Esrón engendró a Arán, Arán engendró a Aminadab, Aminadab engendró a Naasón, Naasón engendró a Salmón, Salmón engendró, de Rajab, a Booz, Booz engendró, de Rut, a Obed; Obed engendró a Jesé, Jesé engendró a David, el rey. David, de la mujer de Urías, engendró a Salomón, Salomón engendró a Roboam, Roboam a Abías, Abías engendró a Asaf, Asaf engendró a Josafat, Josafat engendró a Jorán, Jorán engendró a Ozías, Ozías engendró a Joatán, Joatán engendró a Acaz, Acaz engendró a Ezequías, Ezequías engendró a Manasés, Manasés engendró a Amós, Amós engendró a Josías; Josías engendró a Jeconías y a sus hermanos, cuando el destierro de Babilonia. Después del destierro de Babilonia, Jeconías engendró a Salatiel, Salatiel engendró a Zorobabel, Zorobabel engendró a Abiud, Abiud engendró a Eliaquín, Eliaquín engendró a Azor, Azor engendró a Sadoc, Sadoc engendró a Aquín, Aquín engendró a Eliud, Eliud engendró a Eleazar, Eleazar engendró a Matán, Matán engendró a Jacob; y Jacob engendró a José, el esposo de María, de la cual nació Jesús, llamado Cristo. Así, las generaciones desde Abrahán hasta David fueron en total catorce; desde David hasta la deportación a Babilonia, catorce; y desde la deportación a Babilonia hasta el Cristo, catorce.

Génesis 49,1-2.8-10; *Salmo* 71,1-4ab.7-8.17; • **MATEO 1, 1-17**

ORACIÓN

SEÑOR, vienes a nosotros y te metes de lleno en nuestra historia, como uno más, **para renovarlo todo, para recrearlo todo con tu amor.** *En sus días florezca la justicia y la paz abunde eternamente* (Salmo 71, 7).

VIRGEN DE LA ESPERANZA MACARENA

FERIA MAYOR

**Ntra. Sra. de la O (Expectación, Espe-
ranza, Macarena). Santos Malaquías** *prof,*
Pablo Nguyên y *co cts mrs*

DICIEMBRE

18

JUEVES

Papa Francisco: José entiende, en la fe, que el niño nacido en el seno de María no es su hijo, sino el Hijo de Dios, y él, José, será su guardián, asumiendo plenamente su paternidad terrenal. El ejemplo de este hombre gentil y sabio nos exhorta a levantar la vista, a mirar más allá. Se trata de recuperar la sorprendente lógica de Dios que, lejos de pequeños o grandes cálculos, está hecha de apertura hacia nuevos horizontes, hacia Cristo y Su Palabra. (22-12-2019)

La generación de Jesucristo fue de esta manera: María, su madre, estaba desposada con José y, antes de vivir juntos, resultó que ella esperaba un hijo por obra del Espíritu Santo. José, su esposo, como era justo y no quería difamarla, decidió repudiarla en privado. Pero, apenas había tomado esta resolución, se le apareció en sueños un ángel del Señor que le dijo: «José, hijo de David, no temas acoger a María, tu mujer, porque la criatura que hay en ella viene del Espíritu Santo. Dará a luz un hijo y tú le pondrás por nombre Jesús, porque él salvará a su pueblo de sus pecados». Todo esto sucedió para que se cumpliese lo que había dicho el Señor por medio del profeta: «Mirad: la virgen concebirá y dará a luz un hijo y le pondrá por nombre Enmanuel, que significa "Dios – con - nosotros"». Cuando José se despertó, hizo lo que le había mandado el ángel del Señor y acogió a su mujer.

Jeremías 23, 5-8; *Salmo* 71, 1-2.12-13.18-19 • **MATEO 1, 18-24**

SEÑOR, gracias a la disponibilidad de María y de José, llevas adelante tu plan de salvación. **Quiero confiar en ti y cumplir tu voluntad como ellos.** *En sus días florezca la justicia, y la paz abunde eternamente (Salmo 71, 7).*

 433

SAN ANASTASIO I PAPA

Papa Francisco: La Iglesia, en algunos lugares, más que ser madre es una empresaria. Por ello, mirando esta historia de esterilidad del pueblo de Dios, y tantas historias en la historia de la Iglesia que han hecho a la Iglesia estéril, pidamos al Señor, hoy, mirando el belén, la gracia de que la Iglesia sea madre, como María: ¡madre! (19-12-2014)

En los días de Herodes, rey de Judea, había un sacerdote de nombre Zacarías, del turno de Abías, casado con una descendiente de Aarón, cuyo nombre era Isabel. Los dos eran justos ante Dios, y caminaban sin falta según los mandamientos y leyes del Señor. No tenían hijos, porque Isabel era estéril, y los dos eran de edad avanzada. Una vez que Zacarías oficiaba delante de Dios con el grupo de su turno, según la costumbre de los sacerdotes, le tocó en suerte a él entrar en el santuario del Señor a ofrecer el incienso; la muchedumbre del pueblo estaba fuera rezando durante la ofrenda del incienso. Y se le apareció el ángel del Señor, de pie a la derecha del altar del incienso. Al verlo, Zacarías se sobresaltó y quedó sobrecogido de temor. Pero el ángel le dijo: «No temas, Zacarías, porque tu ruego ha sido escuchado: tu mujer Isabel te dará un hijo, y le pondrás por nombre Juan. Te llenarás de alegría y gozo, y muchos se alegrarán de su nacimiento. Pues será grande a los ojos del Señor: no beberá vino ni licor; estará lleno del Espíritu Santo ya en el vientre materno, y convertirá muchos hijos de Israel al Señor, su Dios. Irá delante del Señor, con el espíritu y poder de Elías, "para convertir los corazones de los padres hacia los hijos", y a los desobedientes, a la sensatez de los justos, para preparar al Señor un pueblo bien dispuesto». Zacarías replicó al ángel: «¿Cómo estaré seguro de eso? Porque yo soy viejo, y mi mujer es de edad avanzada». Respondiendo el ángel le dijo: «Yo soy Gabriel, que sirvo en presencia de Dios; he sido enviado para hablarte y comunicarte esta buena noticia. Pero te quedarás mudo, sin poder hablar, hasta el día en que esto suceda, porque no has dado fe a mis palabras, que se cumplirán en su momento oportuno». El pueblo, que estaba aguardando a Zacarías, se sorprendía de que tardase tanto en el santuario. Al salir no podía hablarles, y ellos comprendieron que había tenido una visión en el santuario. Él les hablaba por señas, porque seguía mudo. Al cumplirse los días de su servicio en el templo volvió a casa. Días después concibió Isabel, su mujer, y estuvo sin salir de casa cinco meses, diciendo: «Esto es lo que ha hecho por mí el Señor, cuando se ha fijado en mí para quitar mi oprobio ante la gente».

Jueces 13, 2-7.24-25a; *Salmo* 70, 3-6.16-17 • **LUCAS 1, 5-25**

SEÑOR, también a mí, a veces, me pasa como a Zacarías, me cuesta creer. Pero siempre me sorprendes. **Por eso, a las puertas de la Navidad, renuevo mi fe en ti.** *Que se llene mi boca de tu alabanza, y así cantaré tu gloria* (Salmo 70, 8a).

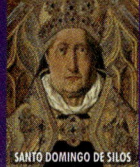

FERIA MAYOR

DICIEMBRE

20

Santos Domingo de Silos *ab*,
Ceferino *pp*, Ursicino *er*

SÁBADO

SANTO DOMINGO DE SILOS

Papa Francisco: María es verdaderamente humilde y no trata de exponerse. Reconoce ser pequeña delante de Dios, y está contenta de ser así. Al mismo tiempo, es consciente de que de su respuesta depende la realización del proyecto de Dios, y que por tanto Ella está llamada a adherirse con todo su ser. (24-12-2017)

En el mes sexto, el ángel Gabriel fue enviado por Dios a una ciudad de Galilea llamada Nazaret, a una virgen desposada con un hombre llamado José, de la casa de David: el nombre de la virgen era María. El ángel, entrando en su presencia, dijo: «Alégrate, llena de gracia, el Señor está contigo». Ella se turbó grandemente ante estas palabras y se preguntaba qué saludo era aquel. El ángel le dijo: «No temas, María, porque has encontrado gracia ante Dios. Concebirás en tu vientre y darás a luz un hijo, y le pondrás por nombre Jesús. Será grande, se llamará Hijo del Altísimo, el Señor Dios le dará el trono de David, su padre; reinará sobre la casa de Jacob para siempre, y su reino no tendrá fin». Y María dijo al ángel: «¿Cómo será eso, pues no conozco varón?». El ángel le contestó: «El Espíritu Santo vendrá sobre ti, y la fuerza del Altísimo te cubrirá con su sombra; por eso el Santo que va a nacer será llamado Hijo de Dios. También tu pariente Isabel ha concebido un hijo en su vejez, y ya está de seis meses la que llamaban estéril, "porque para Dios nada hay imposible"». María contestó: «He aquí la esclava del Señor; hágase en mí según tu palabra». Y el ángel se retiró.

Isaías 7, 10-14; *Salmo* 23, 1b-6 • **LUCAS** 1, 26-38

SEÑOR, bendito seas por tu Madre Santísima, la tierra más hermosa donde quisiste germinar. **Haz de mí, por su intercesión, tierra buena y fértil para tu palabra.** *Va a entrar el Señor; él es el Rey de la gloria* (Salmo 23, 7c.10c).

Santos **PEDRO CANISIO** *pb dc*,
Miqueas *prof*, **Temístocles** *mr*

SAN PEDRO CANISIO

Papa Francisco: Hermanos, hermanas, ¿qué nos dice José hoy a nosotros? También nosotros tenemos nuestros sueños, y quizá en Navidad pensamos más en ellos, los discutimos juntos. Quizá añoramos algunos sueños rotos, y vemos que las mejores esperanzas a menudo deben enfrentarse a situaciones inesperadas, desconcertantes. Y cuando esto sucede, José nos indica el camino: no hay que ceder a los sentimientos negativos, como la rabia y la cerrazón, ¡este es un camino equivocado! Por el contrario, debemos acoger las sorpresas, las sorpresas de la vida, incluidas las crisis, teniendo en cuenta que cuando se está en crisis no hay que decidir apresuradamente, según el instinto, sino pasar por la criba, como hizo José, "considerar todas las cosas" y apoyarse en el criterio principal: la misericordia de Dios. (18-12-2022)

• *Isaías* 7,10-14: En aquellos días, el Señor habló a Ajaz y le dijo: «Pide una señal al Señor tu Dios en lo hondo del abismo o en lo alto del cielo». Respondió Ajaz: «No la pido, no quiero tentar al Señor». Entonces dijo Dios: «Escucha, casa de David: ¿no os basta cansar a los hombres que cansáis incluso a Dios? Pues el Señor, por su cuenta, os dará un signo. Mirad: la virgen está encinta y da a luz un hijo, y le pone por nombre Emmanuel».

• *Salmo* 23, 1b-6: *Va a entrar el Señor; él es el Rey de la gloria.*

• *Romanos* 1, 1-7: Pablo, siervo de Cristo Jesús, llamado a ser apóstol, escogido para el Evangelio de Dios, que fue prometido por sus profetas en las Escrituras Santas y se refiere a su Hijo, nacido de la estirpe de David según la carne, constituido Hijo de Dios en poder según el Espíritu de santidad por la resurrección de entre los muertos: Jesucristo nuestro Señor. Por él hemos recibido la gracia del apostolado, para suscitar la obediencia de la fe entre todos los gentiles, para gloria de su nombre. Entre ellos os encontráis también vosotros, llamados de Jesucristo. A todos los que están en Roma, amados de Dios, llamados santos, gracia y paz de Dios nuestro padre y del Señor Jesucristo.

• **MATEO 1, 18-24:** La generación de Jesucristo fue de esta manera: La madre de Jesús estaba desposada con José y, antes de vivir juntos, resultó que ella esperaba un hijo por obra del Espíritu Santo. José, su esposo, como era justo y no quería difamarla, decidió repudiarla en privado. Pero, apenas había tomado esta resolución, se le apareció en sueños un ángel del Señor que le dijo: «José, hijo de David, no temas acoger a María, tu mujer, porque la criatura que hay en ella viene del Espíritu Santo. Dará a luz un hijo, y tú le pondrás por nombre Jesús, porque él salvará a su pueblo de los pecados». Todo esto sucedió para que se cumpliese lo que había dicho el Señor por el Profeta: «Mirad: la virgen concebirá y dará a luz un hijo y le pondrá por nombre Emmanuel, que significa "Dios-con-nosotros"». Cuando José se despertó, hizo lo que le había mandado el ángel del Señor y acogió a su mujer.

SEÑOR, ya estás más cerca. Todo se prepara para tu venida. Quiero acogerte con gozo, con alegría. Ven a mi corazón. **Te espero con fe.**

ORACIÓN

Mirad: la virgen está en cinta

FERIA MAYOR

Santos Francisca J. Cabrini *vg,*
Isquirión *mr*

SANTA FRANCISCA J. CABRINI

Papa Francisco: Esta es una actitud noble: saber asombrarse ante los dones del Señor, no darlos nunca por supuestos, apreciar su valor, alegrarse de la confianza y la ternura que traen consigo. Y también es importante testimoniar este asombro delante de los demás, hablando con humildad de los dones de Dios, del bien recibido, y no solo de los problemas cotidianos. Ser más positivos. (08-12-2023)

En aquel tiempo, María dijo: «Proclama mi alma la grandeza del Señor, "se alegra mi espíritu en Dios, mi salvador; porque ha mirado la humildad de su esclava". Desde ahora me felicitarán todas las generaciones, porque el Poderoso ha hecho obras grandes en mí: "su nombre es santo, y su misericordia llega a sus fieles de generación en generación". Él hace proezas con su brazo: dispersa a los soberbios de corazón, "derriba del trono a los poderosos y enaltece a los humildes, a los hambrientos los colma de bienes y a los ricos los despide vacíos. Auxilia a Israel, su siervo, acordándose de la misericordia" —como lo había prometido a nuestros padres— en favor de Abrahán y su descendencia por siempre». María se quedó con Isabel unos tres meses y volvió a su casa.

1Samuel 1, 24-28; *Salmo: 1Samuel* 2, 1.4-8 • **LUCAS 1,** 46-56

SEÑOR, me uno al cántico de la Virgen María, para cantar tu grandeza, para ensalzarte por tu bondad, **por tu misericordia de generación en generación.** *Mi corazón se regocija en el Señor, mi Salvador* (1Samuel 2, 1a).

SAN JUAN DE KETY

FERIA MAYOR

Santos JUAN DE KETY *pb*, **Ivón** *ob*,
Juan Stone *pb mr*, **M.ª Margarita** *mf rl*.
Beatos Nicolás Factor *pb*,
Antonio Galvão de França *pb*

DICIEMBRE

23

MARTES

Papa Francisco: Hermanos y hermanas, el pueblo fiel intuye que ha sucedido algo grande, incluso si humilde y escondido y se pregunta «¿Qué será este niño?». El pueblo fiel de Dios es capaz de vivir la fe con alegría, con sentido de asombro, de sorpresa y de gratitud. Vemos a aquella gente que hablaba bien de esta cosa maravillosa, de este milagro del nacimiento de Juan, y lo hacía con alegría, estaba contenta, con sentido de asombro, de sorpresa y de gratitud. Y viendo esto preguntémonos: ¿cómo es mi fe? ¿Es una fe alegre o una fe siempre igual, una fe «plana»? ¿Tengo un sentido de asombro cuando veo las obras del Señor, cuando escucho hablar de cosas de la evangelización o de la vida de un santo?, o cuando veo a tanta gente buena: ¿siento la gracia dentro, o nada se mueve en mi corazón? (24-06-2018)

PALABRA A Isabel se le cumplió el tiempo del parto y dio a luz un hijo. Se enteraron sus vecinos y parientes de que el Señor le había hecho una gran misericordia, y se alegraban con ella. A los ocho días vinieron a circuncidar al niño, y querían llamarlo Zacarías, como su padre; la madre intervino diciendo: «¡No! Se va a llamar Juan».Y le dijeron: «Ninguno de tus parientes se llama así». Entonces preguntaban por señas al padre cómo quería que se llamase. Él pidió una tablilla y escribió: «Juan es su nombre».Y todos se quedaron maravillados. Inmediatamente se le soltó la boca y la lengua, y empezó a hablar bendiciendo a Dios. Los vecinos quedaron sobrecogidos, y se comentaban todos estos hechos por toda la montaña de Judea.Y todos los que los oían reflexionaban diciendo: «Pues ¿qué será este niño?». Porque la mano del Señor estaba con él.

Malaquías 3, 1-4.23-24; *Salmo* 24, 4-5a. 8-10.14 • **LUCAS 1, 57-66**

ORACIÓN **SEÑOR,** todo se cumple según lo has previsto. Está cerca la noche santa de tu nacimiento. Me estremezco y mi corazón se llena de anhelo. **Gracias Jesús por tu venida.** *Levantaos, alzad la cabeza: se acerca vuestra liberación (Lucas 21, 28).*

FERIA MAYOR

**Santos Antepasados de Jesús:
Adán, Abrahán, Jacob,
David…, Delfín *ob*, Tarsila *vg***

ASCENDIENTES DE JESÚS

Papa Francisco: También nosotros debemos alegrarnos y alabar a Dios porque las personas humildes y sencillas acogen el Evangelio. En el futuro del mundo y en las esperanzas de la Iglesia están siempre los pequeños. (13-01-2021)

PALABRA En aquel tiempo, Zacarías, padre de Juan, se llenó de Espíritu Santo y profetizó diciendo: «"Bendito sea el Señor, Dios de Israel", porque ha visitado y "redimido a su pueblo", suscitándonos una fuerza de salvación en la casa de David, su siervo, según lo había predicho desde antiguo por boca de sus santos profetas. Es la salvación que nos libra de nuestros enemigos y de la mano de todos los que nos odian; realizando la "misericordia que tuvo con nuestros padres, recordando su santa alianza" y el "juramento que juró a nuestro padre Abrahán", para concedernos que, libres de temor, arrancados de la mano de los enemigos, le sirvamos con santidad y justicia, en su presencia, todos nuestros días. Y a ti, niño, te llamarán profeta del Altísimo, porque irás delante "del Señor a preparar sus caminos, anunciando a su pueblo la salvación por el perdón de sus pecados. Por la entrañable misericordia de nuestro Dios, nos visitará el sol que nace de lo alto, para iluminar a los que viven en tinieblas y en sombra de muerte, para guiar nuestros pasos por el camino de la paz».

2Samuel 7, 1-5.8b-12.14a.16; *Salmo* 88, 2-5.27.29 • LUCAS 1, 67-79

ORACIÓN **SEÑOR Jesús,** Sol que naces de lo alto, Sol que vienes a iluminar nuestras tinieblas. **Bendito seas, gloria a ti por siempre.** *Cantaré eternamente tus misericordias, Señor (Salmo 88, 2a).*

SOLEMNIDAD
DE LA NATIVIDAD DEL SEÑOR

Papa Francisco: Jesús, que nace pobre, vivirá pobre y morirá pobre; no hizo muchos discursos sobre la pobreza, sino la vivió hasta las últimas consecuencias por nosotros. Desde el pesebre hasta la cruz, su amor por nosotros fue tangible, concreto: desde su nacimiento hasta su muerte, el hijo del carpintero abrazó la aspereza del leño, la rudeza de nuestra existencia. No nos amó con palabras, no nos amó en broma. Y, por tanto, no se conforma con apariencias. Él, que se hizo carne, no quiere sólo buenos propósitos. Él, que nació en el pesebre, busca una fe concreta, hecha de adoración y de caridad, no de palabrería y exterioridad. Él, que se pone al desnudo en el pesebre y se pondrá al desnudo en la cruz, nos pide verdad, que vayamos a la verdad desnuda de las cosas, que depositemos a los pies del pesebre las excusas, las justificaciones y las hipocresías. Él, que fue envuelto con ternura en pañales por María, quiere que nos revistamos de amor. Dios no quiere apariencia, sino cosas concretas. No dejemos pasar esta Navidad, hermanos y hermanas, sin hacer algo de bueno. Ya que es su fiesta, su cumpleaños, hagámosle a Él regalos que le agraden. En Navidad Dios es concreto, en su nombre hagamos renacer un poco de esperanza a quien la ha perdido. (24-12-2022)

MISA DE MEDIANOCHE

PALABRA

• **Isaías** 9, 1-6: El pueblo que caminaba en tinieblas vio una luz grande; habitaba en tierra y sombras de muerte, y una luz les brilló. Acreciste la alegría, aumentaste el gozo; se gozan en tu presencia, como gozan al segar, como se alegran al repartirse el botín. Porque la vara del opresor, el yugo de su carga, el bastón de su hombro, los quebrantaste como el día de Madián. Porque la bota que pisa con estrépito y la túnica empapada de sangre serán combustible, pasto del fuego. Porque un niño nos ha nacido, un hijo se nos ha dado: lleva a hombros el principado, y es su nombre: «Maravilla de Consejero, Dios fuerte, Padre de eternidad, Príncipe de la paz». Para dilatar el principado, con una paz sin límites, sobre el trono de David y sobre su reino. Para sostenerlo y consolidarlo con la justicia y el derecho, desde ahora y por siempre. El celo del Señor del universo lo realizará.

• *Salmo* 95,1-3.11-13: *Hoy nos ha nacido un Salvador: el Mesías, el Señor.*

• *Tito* 2, 11-14: Querido hermano: Se ha manifestado la gracia de Dios, que trae la salvación para todos los hombres, enseñándonos a que, renunciando a la impiedad y a los deseos mundanos, llevemos ya desde ahora una vida sobria, justa y piadosa, aguardando la dicha que esperamos y la manifestación de la gloria del gran Dios y Salvador nuestro, Jesucristo, el cual se entregó por nosotros para rescatarnos de toda iniquidad, y purificar para sí un pueblo de su propiedad, dedicado enteramente a las buenas obras.

• **LUCAS 2, 1-14:** Sucedió en aquellos días que salió un decreto del emperador Augusto, ordenando que se empadronase todo el Imperio. Este primer empadronamiento se hizo siendo Cirino gobernador de Siria. Y todos iban a empadronarse, cada cual a su ciudad. También José, por ser de la casa y familia de David, subió desde la ciudad de Nazaret, en Galilea, a la ciudad de David, que se llama Belén, en Judea, para empadronarse con su esposa María, que estaba encinta. Y sucedió que, mientras estaban allí, le llegó a ella el tiempo del parto y dio a luz a su hijo primogénito, lo envolvió en pañales y lo recostó en un pesebre, porque no había sitio para ellos en la posada. En aquella misma región había unos pastores que pasaban la noche al aire libre, velando por turno su rebaño. De repente un ángel del Señor se les presentó; la gloria del Señor los envolvió de claridad, y se llenaron de gran temor. El ángel les dijo: «No temáis, os anuncio una buena noticia que será de gran alegría para todo el pueblo: hoy, en la ciudad de David, os ha nacido un Salvador, el Mesías, el Señor. Y aquí tenéis la señal: encontraréis un niño envuelto en pañales y acostado en un pesebre». De pronto, en torno al ángel, apareció una legión del ejército celestial, que alababa a Dios, diciendo: «Gloria a Dios en el cielo, y en la tierra paz a los hombres de buena voluntad».

PALABRA

• **Isaías** 52, 7-10: Qué hermosos son sobre los montes los pies del mensajero que proclama la paz, que anuncia la buena noticia, que pregona la justicia, que dice a Sion: «¡Tu Dios reina!». Escucha: tus vigías gritan, cantan a coro, porque ven cara a cara al Señor, que vuelve a Sion. Romped a cantar a coro, ruinas de Jerusalén, porque el Señor ha consolado a su pueblo, ha rescatado a Jerusalén. Ha descubierto el Señor su santo brazo a los ojos de todas las naciones, y verán los confines de la tierra la salvación de nuestro Dios.

• **Salmo** 97, 1-6: *Los confines de la tierra han contemplado la salvación de nuestro Dios.*

• **Hebreos** 1, 1-6: En muchas ocasiones y de muchas maneras habló Dios antiguamente a los padres por los profetas. En esta etapa final, nos ha hablado por el Hijo, al que ha nombrado heredero de todo, y por medio del cual ha realizado los siglos. Él es reflejo de su gloria, impronta de su ser. Él sostiene el universo con su palabra poderosa. Y, habiendo realizado la purificación de los pecados, está sentado a la derecha de la Majestad en las alturas; tanto más encumbrado sobre los ángeles, cuanto más sublime es el nombre que ha heredado. Pues, ¿a qué ángel dijo jamás: "Hijo mío eres tú, yo te he engendrado hoy"; y en otro lugar: "Yo seré para él un padre y él será para mí un hijo"? Asimismo, cuando introduce en el mundo al primogénito, dice: "Adórenlo todos los ángeles de Dios".

• **JUAN 1, 1-5.9-14:** En el principio existía el Verbo, y el Verbo estaba junto a Dios, y el Verbo era Dios. Él estaba en el principio junto a Dios. Por medio de él se hizo todo, y sin él no se hizo nada de cuanto se ha hecho. En él estaba la vida, y la vida era la luz de los hombres. Y la luz brilla en la tiniebla, y la tiniebla no lo recibió. El Verbo era la luz verdadera, que alumbra a todo hombre, viniendo al mundo. En el mundo estaba; el mundo se hizo por medio de él, y el mundo no lo conoció. Vino a su casa y los suyos no lo recibieron. Pero a cuantos lo recibieron, les dio poder de ser hijos de Dios, a los que creen en su nombre. Estos no han nacido de sangre, ni de deseo de carne, ni de deseo de varón, sino que han nacido de Dios. Y el Verbo se hizo carne y habitó entre nosotros, y hemos contemplado su gloria: gloria como del Unigénito del Padre, lleno de gracia y de verdad.

SEÑOR, qué día más grande el de tu Nacimiento. Todo comienza de nuevo. Todo se renueva. Todo se llena de luz, de esperanza, de vida. ORACIÓN **Todo reverdece por tu amor, tu amor inmenso que nos envuelve de paz y de ternura.**

Y el Verbo se hizo carne y habitó entre nosotros

SAN ESTEBAN

Papa Francisco: La palabra mártir significa testigo: los mártires son testigos, es decir, hermanos y hermanas que, con su vida, nos muestran a Jesús, que venció el mal con la misericordia. E incluso en nuestros días los mártires son numerosos, más que en los primeros tiempos. Hoy rezamos por estos hermanos y hermanas mártires perseguidos que dan testimonio de Cristo. Pero nos hará bien preguntarnos: ¿doy yo testimonio de Cristo? ¿Y cómo podemos mejorar en esto, en dar testimonio de Cristo? Nos puede ayudar precisamente la figura de san Esteban. (26-12-2022)

PALABRA   En aquel tiempo, dijo Jesús a sus discípulos: «¡Cuidado con la gente!, porque os entregarán a los tribunales, os azotarán en las sinagogas y os harán comparecer ante gobernadores y reyes, por mi causa, para dar testimonio ante ellos y ante los gentiles. Cuando os entreguen, no os preocupéis de lo que vais a decir o de cómo lo diréis: en aquel momento se os sugerirá lo que tenéis que decir, porque no seréis vosotros los que habléis, sino que el Espíritu de vuestro Padre hablará por vosotros. El hermano entregará al hermano a la muerte, el padre al hijo; se rebelarán los hijos contra sus padres y los matarán. Y seréis odiados por todos a causa de mi nombre; pero el que persevere hasta el final se salvará».

Hechos 6, 8-10; 7, 54-59; *Salmo* 30, 3-4. 6.8ab.16b-17 • **MATEO 10, 17-22**

ORACIÓN   **SEÑOR,** San Esteban, primer mártir, vivió unido a ti y dio testimonio valiente de amor por ti; **dame esa fuerza que necesito para ser yo también testigo de tu amor.** *A tus manos, Señor, encomiendo mi espíritu* (Salmo 30, 6a).

FIESTA DE SAN JUAN, APÓSTOL Y EVANGELISTA

Santos Fabiola *vd*, **Teodoro** *mj*

SAN JUAN EVANGELISTA (Salzillo)

Papa Francisco: Los Evangelios nos describen la felicidad de María: la resurrección de Jesús no es una alegría dada con cuentagotas, sino una cascada que abarca toda la vida. La existencia cristiana no está tejida con felicidad suave, sino de olas que cubren todo. Intentad pensar también vosotros, en este instante, con el bagaje de desilusiones y derrotas que cada uno de nosotros lleva en su corazón, que hay un Dios cercano a nosotros que nos llama por nuestro nombre y nos dice: "¡Levántate, deja de llorar, porque he venido a liberarte!". Esto es bonito. (17-05-2017)

PALABRA El primer día de la semana, María la Magdalena echó a correr y fue donde estaba Simón Pedro y el otro discípulo, a quien Jesús amaba, y les dijo: «Se han llevado del sepulcro al Señor y no sabemos dónde lo han puesto». Salieron Pedro y el otro discípulo camino del sepulcro. Los dos corrían juntos, pero el otro discípulo corría más que Pedro; se adelantó y llegó primero al sepulcro; e, inclinándose, vio los lienzos tendidos; pero no entró. Llegó también Simón Pedro detrás de él y entró en el sepulcro: vio los lienzos tendidos y el sudario con que le habían cubierto la cabeza, no con los lienzos, sino enrollado en un sitio aparte. Entonces entró también el otro discípulo, el que había llegado primero al sepulcro; vio y creyó.

1Juan 1, 1-4; *Salmo* 96, 1-2.5-6.11-12 • **JUAN 20, 1a.2-8**

ORACIÓN **SEÑOR Jesús,** Verbo de Dios hecho carne, que viva fiel a ti y a tu amor como **San Juan, tu discípulo amado.** *Alegraos, justos, con el Señor* (Salmo 96, 12a).

SAGRADA FAMILIA: JESÚS, MARÍA Y JOSÉ

Papa Francisco: Cada día, en la familia, hay que aprender a escucharnos y comprendernos, a caminar juntos, a afrontar los conflictos y las dificultades. Es el reto diario, y se gana con la actitud adecuada, con pequeñas atenciones, con gestos sencillos, cuidando los detalles de nuestras relaciones. Y también esto, nos ayuda mucho hablar en familia, hablar en la mesa, el diálogo entre padres e hijos, el diálogo entre hermanos, nos ayuda a vivir esta raíz familiar que viene de los abuelos, el diálogo con los abuelos. (26-12-2021)

• *Eclesiástico* 3,2-6.12-14: El Señor honra más al padre que a los hijos y afirma el derecho de la madre sobre ellos. El que honra a su padre expía sus pecados, y quien respeta a su madre es como quien acumula tesoros. Quien honra a su padre se alegrará de sus hijos y cuando rece, será escuchado. Quien respeta a su padre tendrá larga vida, y quien honra a su madre, obedece al Señor. Hijo, cuida de tu padre en su vejez y durante su vida no le causes tristeza. Aunque pierda el juicio, sé indulgente con él y no lo desprecies aun estando tú en pleno vigor. Porque la compasión hacia el padre no será olvidada, y te servirá para reparar tus pecados.

• *Salmo* 127, 1-5: *Dichosos los que temen al Señor, y siguen sus caminos.*

• *Colosenses* 3, 12-21: Hermanos: Como elegidos de Dios, santos y amados, revestíos de compasión entrañable, bondad, humildad, mansedumbre, paciencia. Sobrellevaos mutuamente y perdonaos, cuando alguno tenga quejas contra otro. El Señor os ha perdonado: haced vosotros lo mismo. Y por encima de todo esto, el amor, que es el vínculo de la unidad perfecta. Que la paz de Cristo reine en vuestro corazón: a ella habéis sido convocados, en un solo cuerpo. Sed también agradecidos. La Palabra de Cristo habite entre vosotros en toda su riqueza; enseñaos unos a otros con toda sabiduría; exhortaos mutuamente. Cantad a Dios, dando gracias de corazón, con salmos, himnos y cánticos inspirados. Y todo lo que de palabra o de obra realicéis, sea todo en nombre de Jesús, dando gracias a Dios Padre por medio de él. Mujeres, sed sumisa a vuestros maridos, como conviene en el Señor. Maridos, amad a vuestras mujeres, y no seáis ásperos con ellas. Hijos, obedeced a vuestros padres en todo, que eso agrada al Señor. Padres, no exasperéis a vuestros hijos, no sea que pierdan el ánimo.

• **MATEO 2,13-15.19-23:** Cuando se retiraron los magos, el ángel del Señor se apareció en sueños a José y le dijo: «Levántate, toma al niño y a su madre y huye a Egipto; quédate allí hasta que yo te avise, porque Herodes va a buscar al niño para matarlo». José se levantó, tomó al niño y a su madre, de noche, se fue a Egipto y se quedó hasta la muerte de Herodes para que se cumpliese lo que dijo el Señor por medio del profeta: «De Egipto llamé a mi hijo». Cuando murió Herodes, el ángel del Señor se apareció de nuevo en sueños a José en Egipto y le dijo: «Levántate, coge al niño y a su madre y vuelve a la tierra de Israel, porque han muerto los que atentaban contra la vida del niño». Se levantó, tomó al niño y a su madre y volvió a la tierra de Israel. Pero al enterarse de que Arquelao reinaba en Judea como sucesor de su padre Herodes tuvo miedo de ir allá. Y avisado en sueños se retiró a Galilea y se estableció en una ciudad llamada Nazaret. Así se cumplió lo dicho por medio de los profetas, que se llamaría nazareno.

SEÑOR Jesús, ayúdanos a vivir todos los valores que representa tu Sagrada Familia: amor, paz, humildad, trabajo, madurez, fe, esperanza... **Te pido por todas las familias cristianas y especialmente por la "familia" de la Iglesia.**

ORACIÓN

REY DAVID

Día V dentro de la Octava de Navidad

Santos **TOMÁS BECKET** *ob mr*,
David *re prof*, Martiniano *ob*,
Marcelo *ab*, Trófimo *ob*

DICIEMBRE
29
LUNES

Papa Francisco: El Espíritu Santo es el actor principal de la escena. Es Él quien inflama el corazón de Simeón con el deseo de Dios, es Él quien aviva en su ánimo la espera, es Él quien lleva sus pasos hacia el templo y permite que sus ojos sean capaces de reconocer al Mesías, aunque aparezca como un niño pequeño y pobre. Así actúa el Espíritu Santo: nos hace capaces de percibir la presencia de Dios y su obra no en las cosas grandes, tampoco en las apariencias llamativas ni en las demostraciones de fuerza, sino en la pequeñez y en la fragilidad. (02-02-2022)

PALABRA Cuando se cumplieron los días de su purificación, según la ley de Moisés, los padres de Jesús lo llevaron a Jerusalén, para presentarlo al Señor, de acuerdo con lo escrito en la ley del Señor: «Todo varón primogénito será consagrado al Señor», y para entregar la oblación, como dice la ley del Señor: «un par de tórtolas o dos pichones». Había entonces en Jerusalén un hombre llamado Simeón, hombre justo y piadoso, que aguardaba el consuelo de Israel; y el Espíritu Santo estaba con él. Le había sido revelado por el Espíritu Santo que no vería la muerte antes de ver al Mesías del Señor. Impulsado por el Espíritu, fue al templo. Y cuando entraban con el niño Jesús sus padres para cumplir con él lo acostumbrado según la ley, Simeón lo tomó en brazos y bendijo a Dios diciendo: «Ahora, Señor, según tu promesa, puedes dejar a tu siervo irse en paz. Porque mis ojos "han visto a tu Salvador", a quien has presentado ante todos los pueblos: "luz para alumbrar a las naciones" y gloria de tu pueblo Israel». Su padre y su madre estaban admirados por lo que se decía del niño. Simeón los bendijo y dijo a María, su madre: «Este ha sido puesto para que muchos en Israel caigan y se levanten; y será como un signo de contradicción –a ti misma una espada te traspasará el alma–, para que se pongan de manifiesto los pensamientos de muchos corazones».

1Juan 2, 3-11; *Salmo* 95, 1-3.5b-6 • **LUCAS 2, 22-35**

ORACIÓN **SEÑOR,** salvador de la humanidad, gloria de Israel y luz de las naciones; que toda la tierra se llene de la paz y del gozo de tu Navidad. *Alégrese el cielo, goce la tierra (Salmo 95, 11a).*

SAN FÉLIX I, papa

Papa Francisco: La vida consagrada es esta visión profética en la Iglesia: es mirada que ve a Dios presente en el mundo, aunque muchos no se den cuenta; es voz que dice: «Dios basta, lo demás pasa»; es alabanza que brota a pesar de todo, como lo muestra la profetisa Ana. Era una mujer muy anciana, que había vivido muchos años como viuda, pero no era una persona sombría, nostálgica o encerrada en sí misma; al contrario, llega, alaba a Dios y habla solo de él. Me gusta considerar que esta mujer "murmuraba bien", y contra el mal de murmurar, esta sería una buena patrona para convertirnos, porque fue de un lado para otro diciendo solamente: "¡Es aquel! ¡Es aquel niño! ¡Id a verlo!". (02-02-2019)

PALABRA En aquel tiempo, había una profetisa, Ana, hija de Fanuel, de la tribu de Aser, ya muy avanzada en años. De joven había vivido siete años casada, y luego viuda hasta los ochenta y cuatro; no se apartaba del templo, sirviendo a Dios con ayunos y oraciones noche y día. Presentándose en aquel momento, alababa también a Dios y hablaba del niño a todos los que aguardaban la liberación de Jerusalén. Y, cuando cumplieron todo lo que prescribía la ley del Señor, Jesús y sus padres volvieron a Galilea, a su ciudad de Nazaret. El niño, por su parte, iba creciendo y robusteciéndose, lleno de sabiduría; y la gracia de Dios estaba con él.

1Juan 2, 12-17; *Salmo* 95, 7-10 • **LUCAS 2, 36-40**

SEÑOR, que también nosotros, cada día, **crezcamos en sabiduría y que tu gracia esté siempre con nosotros.** *Alégrese el cielo, goce la tierra* (Salmo 95, 11a).

ORACIÓN

SAN SILVESTRE, PAPA

Día VII dentro de la Octava de Navidad

DICIEMBRE

31

MIÉRCOLES

Santos SILVESTRE I *pp*,
Columba *vg mr*, Melania *es*,
Juan F. Regis *pb*, Mario *ob*

Papa Francisco: La Palabra sirve para comunicar: no se habla solo, se habla con alguien. Así pues, el hecho de que Jesús sea desde el principio la Palabra significa que desde el principio Dios se quiere comunicar con nosotros, quiere hablarnos. (03-01-2021)

PALABRA En el principio existía el Verbo, y el Verbo estaba junto a Dios, y el Verbo era Dios. Él estaba en el principio junto a Dios. Por medio de él se hizo todo, y sin él no se hizo nada de cuanto se ha hecho. En él estaba la vida, y la vida era la luz de los hombres. Y la luz brilla en la tiniebla, y la tiniebla no lo recibió. Surgió un hombre enviado por Dios, que se llamaba Juan: este venía como testigo, para dar testimonio de la luz, para que todos creyeran por medio de él. No era él la luz, sino el que daba testimonio de la luz. El Verbo era la luz verdadera, que alumbra a todo hombre, viniendo al mundo. En el mundo estaba; el mundo se hizo por medio de él, y el mundo no lo conoció. Vino a su casa, y los suyos no lo recibieron. Pero a cuantos lo recibieron, les dio poder de ser hijos de Dios, a los que creen en su nombre. Estos no han nacido de sangre, ni de deseo de carne, ni de deseo de varón, sino que han nacido de Dios. Y el Verbo se hizo carne y habitó entre nosotros, y hemos contemplado su gloria: gloria como del Unigénito del Padre, lleno de gracia y de verdad. Juan da testimonio de él y grita diciendo: «Este es de quien dije: el que viene detrás de mí se ha puesto delante de mí, porque existía antes que yo». Pues de su plenitud todos hemos recibido, gracia tras gracia. Porque la ley se dio por medio de Moisés, la gracia y la verdad nos han llegado por medio de Jesucristo. A Dios nadie lo ha visto jamás: Dios unigénito, que está en el seno del Padre, es quien lo ha dado a conocer.

1Juan 2,18-21; *Salmo* 95,1-2.11-13; • **JUAN 1,1-18**

ORACIÓN **SEÑOR Jesús,** Verbo de luz y de vida, te damos gracias por el año que termina y te pedimos que vivamos el nuevo, **unidos a ti en tu amor.** *Alégrese el cielo, goce la tierra* (Salmo 95, 11a).

LOS MÁS VENDIDOS

LOS CINCO MINUTOS DE DIOS

Una invitación a la reflexión diaria y a la paz del corazón donde se escucha la voz de Dios.

Alfonso Milagro
Rústica. 404p. 8 €

PARA SALVARTE

Enciclopedia del católico del siglo XXI.
El mejor compendio de lo que todo cristiano debe saber, en un lenguaje llano que todos entienden.

Jorge Loring
Rústica. 1004p. 18 €

NOVEDADES 2023-2024
DE EDIBESA

Pier Giorgio Frassati
Arturo José Otero García. 186 p. 16 €

Oración, un diálogo en plenitud
Eusebio Gómez Navarro. 240 p. 16 €

Santa Catalina de Siena (Leyenda Maior)
Beato Raimundo de Capua. 524 p. 35 €

El secreto de María
Juan José Montes González. 156 p. 15 €

Las Siete Palabras de Nuestro Señor Jesucristo en la Cruz
Antonio Royo Marín 100 p. 10 €

Laudate Deum
Papa Francisco. 46 p. 1,90 €

C'est la confiance
(Sobre la confianza en el amor misericordioso;
150º aniversario del nacimiento de Santa Teresa del Niño Jesús)
Papa Francisco. 42 p. 1,90 €

Próximamente...

Confirmamos la fe
Víctor Manuel Fernández

Consagración a la Inmaculada
Santiago Conde Gallego

El acompañamiento espiritual
Paul Evdokimov – Víctor Manuel Fernández –
Eduardo Ghiotto – André Louf – Bernardo Olivera

DOCE VIDAS DE JESÚS

Colección de obras clásicas de la exégesis y de la teología sobre Jesucristo. Formato 13,50 x 20,50 cm.

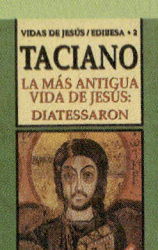

Vida de Jesucristo según el Evangelio (2ª ed.). Obra clásica de la exégesis. Joseph Mª. Lagrange, O.P. XI + 54 p. 17,45 €

La más antigua vida de Jesús: Diatessaron (3ª ed.). Los cuatro Evangelios en un solo relato del siglo II. Taciano. 260 p. 12€

Vida de Cristo (2ª ed.). Fray Luis de Granada, O.P. 36 P. 13,25 €

Jesucristo (2ª ed.). Léonce de Grandmaison, S.J. 644 p. Cristología clásica. 21 €

Vida de Jesús según los Evangelios sinópticos (2ª ed.). José Salguero, O.P. 356 p. 13,85 €

Nuestro Señor Jesucristo según los Evangelios (2ª ed.). Louis Claude Fillion, 448 p. 14,45 €

Memorias de un reportero en los tiempos de Cristo (2ª ed.). Carlos Mª de Heredia, S.J. 1.010 p. 23,45 € Texto novelado, fiel al Evangelio

Vida de nuestro Señor Jesucristo (2ª ed.). Remigio Vilariño Ugarte, S.J. 654 p. 21 €

La vida de Jesús en el país y pueblo de Israel (2ª ed.). Franz Michel William. 494 p. 17,45 €

Vida de Jesús. François Mauriac. 224 p. 10,50 € Joya literaria del novelista francés.

Historia de Cristo (3ª ed.). Gioveni Papini. 384 p. Su obra cumbre. 14,45 €

Vida de Jesucristo (2ª ed.). Giuseppe Ricciotti. 590 p. 19,25 €

Colección completa: 179 €

ÍNDICE DE SANTOS, BEATOS Y CELEBRACIONES

Los beatos llevan asterisco (*) después del nombre.

Everardo mj 16/12
Evodio ob 8/10
Exaltación de la Santa Cruz 14/9
Ezequiel prof 23/7
Ezequiel Moreno ob 19/8

F

Fabián pp y Sebastián mrs 20/1
Fabio mr 31/7
Fabiola vd 27/12
Facundo y Primitivo mrs 27/11
Fara ab 7/12
Fátima, Nª Sª 13/5
Faustino Míguez★ pb 8/3
Faustino y Jovita mrs 15/2
Fausto mr 8/9
Fausto, Jenaro y Marcial mrs 13/10
Fe mr 6/10
Federico ob 18/7
Federico Ozanam★ cf 8/9
Feliciano mr 29/10
Feliciano ob 24/1
Felicísima mr 26/5
Felipe ap 3/5
Felipe mr 10/7
Felipe★ pb mr 7/2
Felipe Benizi pb 22/8
Felipe de Sevilla di mr 3/5
Felipe el Diácono NT 11/10
Felipe Neri pb 26/5
Felipe Rinaldi★ pb 5/12
Félix mr 10/7
Félix mr 1/8
Félix ob 8/3
Félix I pp 30/12
Félix III pp 1/3
Félix IV py 12/10
Félix de Cantalice rl 18/5
Félix de Nola pb 14/1
Félix de Sevilla di mr 2/5
Félix de Valois pb 4/11
Félix y Adauto mrs 30/8
Félix y Régula mrs 11/9
Fermín ob 11/10
Fermín ob 18/8
Fermín ob 7/7
Fermín pb mr 25/9
Fernando III re 30/5
Fidel de Sigmaringa pb mr 24/4
Fidel mr 28/10
Filemón NT 22/11
Filipina Duchesne rl 17/11

Flavia Domitila mr 7/5
Flavio mr 7/5
Flora y María vgs mrs 24/11
Florencia vg 1/12
Florencio mr 13/10
Florencio ob 7/11
Florentina de Cartagena vg ab 20/6
Florentino Asensio★ ob mr 9/8
Florián mr 4/5
Fortunato ob 14/6
Fortunato pb 1/6
Franca ab 25/4
Francisca J. Cabrini vg 22/12
Francisca Romana rl 9/3
Francisco de Asís rl 4/10
Francisco A. Fasani pb 29/11
Francisco Caracciolo pb 4/6
Francisco Castelló★ lc mr 28/9
Francisco Coll pb 19/5
Francisco de Borja pb 3/10
Francisco de Jerónimo pb 11/5
Francisco de Paula er 2/4
Francisco de Posadas★ pb 20/9
Francisco de Sales ob dc 24/1
Francisco Fdez. de Capillas y co
    mrs 15/1
Francisco Faà de Bruno★ pb 27/3
Francisco Gárate★ rl 10/9
Francisco Gil de Fréderic pb mr
    23/1
Francisco J. Cân cf mr 20/11
Francisco Javier pb 3/12
Francisco Laval ob 5/5
Francisco Palau★ pb 7/11
Francisco Regis pb mr 18/2
Francisco Serrano ob y co mrs
    28/10
Francisco Solano pb 14/7
Francisco y Jacinta de Fátima 20/2
Franco er 5/6
Froilán ob 5/10
Fructuoso ob 20/1
Frutos, Valentín y Engracia mrs
    25/10
Fuencisla Nª Sª de la, 25/9
Fuensanta, Nª Sª Dom. post. 8/9
Fulgencio de Ruspe ob 1/1
Fulgencio ob 16/1

G

Gabino mr 30/5
Gabriel arcángel 29/9

Gabriel de la Dolorosa rl 27/2
Gala vd 6/4
Gaspar del Búfalo pb 28/12
Gaudioso ob 27/10
Gedeón AT 26/9
Gelasio I pp 21/11
Gema Galgani vg 16/5
Genoveva vg 3/1
Genoveva Torres vg 4/1
Georgia vg 15/2
Gerardo ab 3/10
Gerardo ob 23/4
Gerardo ob 29/5
Gerardo ob 30/10
Gerardo Mayela rl 16/10
Gerardo Sagredo ob mr 24/9
Germán mr 31/1
Germán ab 21/2
Germán ob 12/5
Germán ob 30/10
Germán de París ob 28/5
Germán José pb 7/4
Germana vg 15/6
Germánico mr 19/1
Gertrudis de Bravante ab 17/3
Gertrudis vg 16/11
Gervasio mr 19/6
Gil ab 1/9
Gil de Asís★ rl 23/4
Gil de Santarem★ pb 16/5
Gilberto pb 4/2
Ginés mr 25/8
Gisela★ vd rl 7/5
Godofredo ob 8/11
Gondulfo mr 16/7
Gonzalo pb 10/1
Gracia Nª Sª de 8/9
Gregorio ob 19/12
Gregorio Barbarigo ob 18/6
Gregorio de Elvira ob 24/4
Gregorio de Nisa ob 10/1
Gregorio III pp 10/12
Gregorio Magno pp dc 3/9
Gregorio VII pp 25/5
Grimoaldo mr 16/7
Guadalupe Nª Sª de (España) 6/9
Guadalupe Nª Sª de (México) 12/1
Guadalupe Ortiz de Landázuri la 18/
Gualterio (Walter) cf 22/7
Gudena mr 27/6
Guerrico★ ab 19/8
Guido cf 12/9

Juan Bretton★ pf mr 1/4
Juan Carlos Cornay pb mr 20/9
Juan Casiano pb 23/7
Juan Clímaco ab 30/3
Juan Crisóstomo ob dc 13/9
Juan Damasceno pb dc 4/12
Juan de Ávila pb dc 10/5
Juan de Brébeuf e Isaac Jogues pbs
  mrs 19/10
Juan de Britto pb mr 4/2
Juan de Capistrano pb 23/10
Juan de Colonia pb y co mrs 9/7
Juan de Dios rl 8/3
Juan de Fiésole (Fra Angelico)★
  pb 18/2
Juan de Kety pb 23/12
Juan de la Cruz pb dc 14/12
Juan de Mata mr 17/12
Juan de Mateola ab 20/6
Juan de Ribera ob 14/1
Juan de Ruusbroeck★ pb 2/12
Juan de Sahagún pb 12/6
Juan de Vercelli★ mr 1/12
Juan del Castillo pb mr 17/11
Juan Diego cf 9/12
Juan Dominici★ ob 10/6
Juan Duns Escoto pb 8/11
Juan E. Newman ob 13/10
Juan Eudes pb 19/8
Juan F. Regis pb 31/12
Juan Fisher ob mr 22/6
Juan Grande rl 3/6
Juan Guadalberto ab 12/7
Juan I pp 18/5
Juan J. de la Cruz pb 5/3
Juan Jones y Juan Wall pbs y mrs
  12/7
Juan José Lataste★ pb 10/3
Juan Kemble pb mr 22/8
Juan Leonardo pb 8/10
Juan Macías rl 16/9
Juan Mª Vianney pb 4/8
Juan Nepomuceno pb mr 20/3
Juan Nep. Neumann ob 5/1
Juan Nep. Zegrí★ 17/3
Juan Ogilvie pb mr 10/3
Juan Pablo II pp 22/10
Juan Sarkander pb mr 17/3
Juan Stone pb mr 23/12
Juan Taumaturgo ob 4/12
Juan XXIII pp 11/10
Juan y Pablo mrs 26/6

Juan Yi pf mr 21/1
Juana Antida Thouret vg 24/8
Juana Beretta Molla mf 28/4
Juana de Arco vg 30/5
Juana de Aza★ mf 2/8
Juana de Lestonnac rl 15/5
Juana de Portugal★ mj 12/5
Juana Delanoue vg 17/8
Juana F. de Chantal rl 12/8
Juana Isabel vg 26/8
Juana Jugan vg 30/8
Juana María Condesa★ vg 16/1
Juana mujer de Cusa NT 24/5
Judas Tadeo ap 28/10
Julia Billiart vg 8/4
Julia Rodzninska vg mr 20/2
Julián mr 16/3
Julián mr 27/1
Julián mr 28/8
Julián pr mr 13/9
Julián de Cuenca ob 28/1
Julián de Toledo ob 6/3
Juliana vd 7/2
Juliana vg 5/4
Juliana vg mr 16/2
Juliana de Falconieri vg 19/6
Julio Álvarez pb mr 30/3
Julio I pp 12/4
Julita mr 16/6
Julita mr 30/7
Junípero Serra pb 26/8
Justa y Eredina mrs 14/5
Justa y Rufina vgs mrs 17/7
Justina vg mr 7/10
Justino mr 1/6
Justino Orona y Atilano Cruz pbs
  mrs 1/7
Justo de Urgel ob 28/5
Justo y Pastor mrs 6/8
Juvenal ob 3/5

L

Ladislao re 30/6
Lamberto mr 19/6
Lamberto ob 14/4
Lamberto ob 17/9
Landelino mj 21/9
Landerico ob 10/6
Landrada ab 8/7
Laura Montoya vg 21/10
Laura Vicuña★ vg 22/1
Lázaro cf 7/11

Lázaro ob 14/3
Lea vd 22/3
Leandro ob 13/11
Leocadia vg mr 9/12
Leocricia vg mr 15/3
León Magno pp dc 10/11
León ob 20/2
León II pp 3/7
León III pp 12/6
León IX pp 19/4
Leonardo er 6/11
Leonardo pb 26/11
Leonardo Murialdo pb 30/3
Leónidas mr 22/4
Leopoldo cf 15/11
Leopoldo de Alpandeire★ 9/2
Leovigildo y Cristóbal mjs mrs
  20/8
Lesmes ab 30/1
Liberata y Faustina vgs mrs 19/1
Liberato y co mrs 2/7
Liborio ob 9/4
Lidia NT 20/5
Lino pp 23/9
Llanos Nª Sª de, 8/9
Lluc Nª Sª de, 12/9
Longinos NT 16/10
Lorenzo de mr 10/8
Lorenzo ob 2/2
Lorenzo de Brindis pb dc 21/7
Lorenzo Justiniano ob 8/1
Lorenzo O'Toole ob 14/11
Lorenzo Ruiz y co mrs 28/9
Loreto Nª Sª de, 10/12
Lourdes Nª Sª de, 11/2
Lucas ev 18/10
Lucía Filippini rl 25/3
Lucía Kim y co mrs 26/9
Lucía vg mr 13/12
Lucía Wang-Cheng y co mrs 28/6
Lucía Yi vg mr 19/2
Luciano pb mr 7/1
Luciano y Marciano mrs 26/10
Lucio Cirenco NT 6/5
Lucio er 3/12
Lucio pp 5/3
Lucio y co mrs 23/5
Lucrecia mr 23/11
Ludivina vg 14/4
Ludolfo ob 29/3
Luis ob 19/8
Luis Batis y Manuel Morales mrs 15/8
Luis Bertrán pb 9/10

uis Gonzaga rl 21/6
uis Guanella pb 24/10
uis IX de Francia re 25/8
uis Mª. G. de Montfort pb 28/4
uis Orione pb 12/3
uis Scrosoppi pb3/4
uis Stepinac★ ob 10/2
uis Urbano★ pb mr 25/8
uis y Celia Martín es pf
uisa de Marillac vd 9/5
uján Nª Sª de, 8/5
upercio mr 30/10
utgarda vg 16/6
uz, Nª Sª de la, 1/6

M

Macario ab 19/1
Macario ob 10/3
Macedonio y Patricia es e hija
  Modesta mrs 13/3
Macrina mf mr 14/1
Macrina vg 19/7
Madelberta ab 7/9
Mafalda★ vg 1/5
Magdalena de Canosa vg 10/4
Magdalena Sofía vg 25/5
Magín mr 19/8
Malaquías prof 18/12
Mamerto ob 11/5
Manés de Guzmán★ pb 18/8
Manuel Enmanuel 1/1
Manuel mr 26/3
Manuel Domingo y Sol★ pb 29/1
Manuel González ob 4/1
Manuel Lozano (Lolo)★ 3/11
Mar Nª Sª del, 8/9
Marana y Cira vgs 28/2
Maravillas de Jesús vg 11/12
Marcela vd 31/1
Marcelina vg 17/7
Marcelino mr 13/9
Marcelino mr 18/6
Marcelino ob 20/4
Marcelino ob 9/1
Marcelino y Pedro mrs 2/6
Marcelino Champagnat pb 6/6
Marcelo ab 29/12
Marcelo mr 4/9
Marcelo mr 7/10
Marcelo ob mr 14/8
Marcelo pp 16/1

Marcelo mr 30/10
Marcelo Spínola★ ob 19/1
Marcial ob 30/6
Marciana de mr 11/7
Marcos ev 25/4
Marcos mr 18/6
Marcos ob 23/10
Margarita vd 5/8
Margarita Clitherow mf mr 25/3
Margarita de Cortona rl 22/2
Margarita de Escocia re mf 16/11
Margarita de Hungría vg 18/1
Margarita M. L. de Maturana★ 23/7
Margarita Mª Alacoque vg 16/10
Margarita Ward mr 30/8
Margarito Flores pb mr 12/11
María, Dulcísimo Nombre 12/9
María Madre de Dios 1/1
María Ángela Astorch★ ab 2/12
María Auxiliadora 24/5
María C. de Rosa vg 15/12
María Cleofé NT 24/4
María de Cervelló vg 19/9
María de Jesús mf rl 11/10
María de la Cabeza es 9/9
María de la Encarnación mf rl 18/4
María de la Encarnación Guyart
  vd rl 30/4
María de la Purísima vg 18/9
María Dominica Mazzarello rl 14/5
María Egipcíaca er 1/4
María Emilia de Rodat vg 19/9
María Eufrasia Pelletier vg 24/4
María Eugenia Milleret vg 10/3
María Faustina Kowalska vg 5/10
María Francisca vg 6/10
María Goretti vg mr 6/7
María Guadalupe G. vg 24/6
María Josefa de S. I.★ vg 21/1
María Josefa del C. J. vg 18/5
María Magdalena de Pazzi vg 25/5
María Magdalena NT 22/7
María Margarita mf rl 23/12
María Micaela vg 15/6
María Pilar★ mj y co mrs 24/7
María Pilar Izquierdo★ vg 27/7
María Poussepin★ vg 14/10
María Rafols★ vg 5/11
María Rosa Molas vg 11/6
María Salomé NT 24/4
María Soledad Torres vg 11/10
María Virgen Reina 22/8

Mariana de Jesús Paredes vg 26/5
Mariano de Euse★ pb 14/7
Mariano Mullerat Soldevila mr 13/8
Mariano y Santiago mrs 6/5
Marina de Omura vg mr 11/11
Marina vg mr 20/7
Marino di er 4/9
Marino y Aniano mrs 15/11
Mario ab 27/1
Mario ob 31/12
Marta NT 29/7
Marta mf 5/7
Marta vg mr 19/4
Martín er 3/8
Martín I pp 13/4
Martín Cid ab 7/10
Martín de Braga ob 20/3
Martín de Porres rl 3/11
Martín de Tours ob 11/11
Martina de Roma mr 30/1
Martiniano ob 29/12
Martino de León pb 12/1
Mártires de Abitinia 12/2
Mártires de Alejandría 28/2
Mártires de Otranto (800) 14/8
Mártires del siglo XX en España 6/11
Mateo Alonso y co mrs 24/11
Mateo ap ev 21/9
Mateo Correa pb mr 6/2
Mateo Elías del Socorro Nieves★
  pb mr 10/3
Matías ap 14/5
Matías Mulumba mr 30/5
Matilde re 14/3
Matilde vg 19/11
Matilde Téllez★ 30/5
Matrona mr 25/3
Maura vg 21/11
Mauricio y co mrs 22/9
Mauro mr 10/12
Mauro ob 21/11
Mauro y Plácido mjs 5/10
Maximiano mr 21/8
Maximiano ob 22/2
Maximiliano mr 12/3
Maximiliano ob 12/10
Maximiliano Mª Kolbe pb mr 14/8
Maximino cf 8/6
Maximino de 29/5
Maximino pb 15/12
Máximo mr 19/11

Máximo ob 5/5
Máximo ob 9/4
Máximo de Turín ob 25/6
Máximo el Confesor ab 13/8
Medalla Milagrosa, Nª Sª 27/11
Medardo ob 8/6
Melania es 31/12
Melanio ob 6/11
Melquisedec AT 26/8
Merced, Nª Sª de la, 24/9
Mercedes de Jesús vg 12/6
Metodio ob 14/6
Metodio ob 20/6
Miguel arcángel 29/9
Miguel A. Pro* pb mr 23/11
Miguel de la Mora pb mr 7/8
Miguel de los Santos pb 10/4
Miguel Febres rl 9/2
Milburga ab 23/2
Millán de la Cogolla pb 12/11
Miltiades pp 10/1
Miqueas prof 21/12
Modesta ab 4/11
Modesto ob 17/12
Modesto ob 24/2
Moisés AT 4/9
Moisés pb 25/11
Moneguna er 2/7
Mónica mf 27/8
Montserrat Nª Sª de, 27/4

N

Nahúm prof 1/12
Narcisa de Jesús vg 8/12
Narciso ob 29/10
Natalia mr 27/7
Natividad de Juan Bautista 24/6
Natividad de María 8/9
Natividad del Señor 25/12
Nazaria Ign. March vg 6/7
Nereo y Aquiles mrs 12/5
Néstor ob mr 25/2
Nicasio mr 1/7
Niceto ob 2/4
Niceto ob 5/5
Nicodemo NT 31/8
Nicolás de Bari ob 6/12
Nicolás de Flüe pf er 21/3
Nicolás de Tolentino pb 10/9
Nicolás Factor* pb 23/12
Nicomedes mr 15/9
Nieves Nª Sª de las, 5/8

Nilo ab 12/11
Nilo ab 26/9
Noé Mawaggali mr 31/5
Norberto ob 6/6
Notburga vg 14/9
Nunilo y Alodia vgs mrs 22/10
Nuño Alvares rl 1/4
Nuria Nª Sª de, 8/9

O

O, Nª Sª de la 18/12
Odón ob 7/7
Olegario ob 6/3
Olga mf 11/7
Olimpia vd mr 25/7
Olivia vg 3/6
Onesíforo NT 6/9
Onésimo NT 15/2
Onofre er 12/6
Oportuna ab 22/4
Orestes mr 10/11
Orosia vg mr 25/6
Óscar ob 3/2
Óscar A. Romero ob mr 24/3
Oseas prof 17/10
Osvaldo ob 28/2
Otilia ab 13/12

P

Pablo ap 29/6
Pablo de la Cruz ob 19/10
Pablo Hong ct y co mrs 1/2
Pablo I pp 28/6
Pablo VI pp 29/5
Pablo Ke Tingzhu mr 8/8
Pablo Miki y co mrs 6/2
Pablo Nguyên y co cts mrs 18/12
Pablo y Hermógenes mrs 17/4
Pablo y Tata es y 4 hijos mrs 25/9
Paciano ob 9/3
Pacomio ab 9/5
Paladio ob 6/7
Paloma, Virgen de la 15/8
Pancracio mr 12/5
Pancracio ob mr 8/7
Papías ob 22/2
Pascual I pp 11/2
Pascual Bailón rl 17/5
Patricio ob 17/3
Paula mr 18/6
Paula vd 26/1
Paula Frassinetti vg 11/6

Paula Montal vg 26/2
Paulina mr 6/6
Paulina rl 14/3
Paz Nª Sª de la, 21/11
Pedro ap 29/6
Pedro ob 3/8
Pedro ob 4/4
Pedro y co mrs 7/6
Pedro Almató pb mr 3/11
Pedro Bautista pb mr 5/2
Pedro Canisio pb dc 21/12
Pedro Chanel pb mr 28/4
Pedro Claver pb 9/9
Pedro Claverie* ob mr 1/8
Pedro Crisólogo ob y dc 30/7
Pedro Damián ob 21/2
Pedro de Alcántara pb 19/10
Pedro de Arbués pb mr 17/9
Pedro de Betancur rl 25/4
Pedro de Mezonzo ob 10/9
Pedro de Osma ob 2/8
Pedro de Verona pb mr 4/6
Pedro Ermengol rl 27/4
Pedro Fournier pb 9/12
Pedro González (San Telmo)* pb 14/
Pedro Fabro pb 2/8
Pedro J. Eymard pb 2/8
Pedro Jorge Frassati* la 4/7
Pedro Maldonado pb mr 11/2
Pedro Mártir Sans ob mr 26/5
Pedro Nguyên Tu y co mrs 5/9
Pedro Nguyên Van Luu pb mr 7/
Pedro Nolasco rl 6/5
Pedro Palatino mr 24/2
Pedro Pascual ob mr 6/12
Pedro Regalado pb 13/5
Pedro Tarrés* y co mrs 31/8
Pedro Tomás ob 6/1
Pedro y Águeda Yi mrs 25/11
Pelagia vg mr 8/10
Pelayo mr 26/6
Peligros Nª Sª de los, 8/2
Perfecto pb mr 18/4
Perpetua y Felicidad mrs 7/3
Perpetuo Socorro Nª Sª del, 27/6
Petra de S. José* vg 16/10
Petronila vg mr 31/5
Petronio ob 4/10
Piedad de la Cruz* vg 26/2
Pilar Nª Sª del, 12/10
Pino Nª Sª del, 8/9
Pío de Pietrelcina pb 23/9

Simón Stock pb 16/5
Simón ap 28/10
Simplicio pf ob 24/6
Sinforiano mr 22/8
Siro ob 29/6
Siro ob 9/12
Sisebuto ab 15/3
Sixto I pp 3/4
Sixto II pp 7/8
Sixto III pp 19/8
Sixto ob 1/9
Sofía 18/9
Sofonías prof 3/12
Sofronio ob 11/3
Solongia vg mr 10/5
Sotera vg mr 11/2
Sotero y Cayo pps 22/4
Suitbert ob 1/3
Sulpicio ob 17/1
Susana mr 11/8

T

Tarsicia vg mr 15/1
Tarsicio mr 15/8
Tarsila vg 24/12
Telmo pb (B. Pedro González) 14/4
Telquilda ab 10/10
Temístocles mr 21/12
Teodora vg mr 2/4
Teodorico pb 1/7
Teodoro mj 27/12
Teodoro mr 17/2
Teodoro ob 16/8
Teodoro ob 22/4
Teodoro ob 7/4
Teodoro y Pausilipo mrs 15/4
Teodoro Estudita ab 11/11
Teodosia mj mr 18/7
Teodosio er 11/1
Teodosio mr 26/3
Teódota mf 2/9
Teófilo ob 13/10
Teófilo ob 5/3
Terencio y co mrs 10/4
Teresa de Jesús vg dc 15/10
Teresa del Niño Jesús vg dc 1/10
Teresa B. de la Cruz vg mr 9/8
Teresa de Calcuta 5/9
Teresa de J. de los Andes vg 13/7
Teresa de J. Jornet vg 26/8
Teresa de Portugal re 17/6
Teresa M. Redi vg 7/3

Timoteo y Tito obs 26/1
Timoteo Giaccardo★ pb 19/10
Timoteo y Maura mrs 3/5
Tíquico NT 29/4
Todos los Fieles Difuntos 2/11
Todos los Santos 1/11
Tomás ap 3/7
Tomás Becket ob mr 29/12
Tomás de Aquino pb dc 28/1
Tomás de Cori pb 11/1
Tomás de Villanueva ob 10/10
Tomás Dinh pb mr 26/11
Tomás Garnet pb mr 23/6
Tomás Moro pf mrs 22/6
Torcuato ob mr 15/5
Toribio de Astorga ob 16/4
Toribio de Mogrovejo ob 23/3
Toribio Romo pb mr 25/2
Toro Nª Sª del, 8/5
Transfiguración del Señor 6/8
Traslación de Sto. Domingo 24/5
Troadio mr 2/3
Trófimo ob 29/12
Tuscana vd rl 14/7

U

Umbelina★ ab 12/2
Urbano I pp 19/5
Urbano ob 7/12
Urbano V pp 19/12
Urbano y co mrs 5/9
Ursicino er 20/12
Ursino ob 9/11
Úrsula vg mr 21/10

V

Valentín mr 14/2
Valentín de Berriochoa ob mr 4/7
Valeriano mr 15/9
Valeriano ob 15/12
Valerio di mr 23/10
Valero ob 29/1
Valvanera, Nª Sª Dom. post. 8/9
Venancio ab 13/10
Venancio Fortunato ob 14/12
Venancio ob mr 1/4
Venidlo rl 13/8
Veremundo ab 8/3
Verísimo, Máxima y Julia mrs 1/10
Verónica Giuliani ab 9/7
Verónica★ vg 13/1
Viator cf 21/10

Viator er 5/8
Vicenta Mª López Vicuña vg 25/9
Vicente mr 22/1
Vicente ob 1/9
Vicente★ y co mrs 26/7
Vicente de León ab 11/3
Vicente de Lérins pb mj 24/5
Vicente de Paúl pb 27/9
Vicente Ferrer pb 5/4
Vicente Lê pb mr 7/11
Vicente Palloti pb 22/1
Vicente, Sabina y Cristeta mrs 27/10
Víctor er 26/2
Víctor er 29/8
Víctor mr 10/3
Víctor mr 12/4
Víctor mr 17/5
Víctor mr 21/7
Víctor mr 8/5
Victoria mr 10/7
Victoria mr 17/11
Victoria Díez★ vg mr 12/8
Victoria Rasoamanarivo★ es 21/8
Victoria Nª Sª de la, 8/9
Victorio mr 30/10
Visia y Sofía mrs 12/4
Visitación de la Virgen María 31/5
Vital mr 14/2
Vital mr 28/4
Vital ob 20/10
Vital y Agrícola mrs 4/11
Vito mr 15/6
Vladimiro re 15/7

W

Waldo ob 31/1
Walter ab 4/6
Wenceslao mr 28/9

Z

Zacarías e Isabel es 23/9
Zacarías prof 6/9
Zedislava de Lemberk mf 4/1
Zenón mr 2/9
Zenón ob 26/12
Zita vg 27/4
Zoilo mr 27/6
Zósimo ob 30/3
Zósimo pp 26/12

ORACIONES Y VIDA CRISTIANA

1. ORACIONES MÁS COMUNES

1. SEÑAL DE LA CRUZ

Por la señal + de la Santa Cruz, de nuestros + enemigos líbranos, Señor + Dios nuestro. En el nombre del Padre, y del Hijo + y del Espíritu Santo. Amén.

2. PADRENUESTRO

Padre nuestro, que estás en el cielo, santificado sea tu nombre, venga a nosotros tu reino, hágase tu voluntad en la tierra como en el cielo. Danos hoy nuestro pan de cada día, perdona nuestras ofensas como también nosotros perdonamos a los que nos ofenden, no nos dejes caer en la tentación, y líbranos del mal. Amén. *(Este Amén se suprime en la misa.)*

3. AVEMARÍA

Dios te salve, María, llena eres de gracia, el Señor es contigo. Bendita tú eres entre todas las mujeres y bendito es el fruto de tu vientre, Jesús. Santa María, Madre de Dios, ruega por nosotros, pecadores, ahora y en la hora de nuestra muerte. Amén.

4. GLORIA

Gloria al Padre, y al Hijo, y al Espíritu Santo. Como era en el principio, ahora y siempre, por los siglos de los siglos. Amén.

5. ACTO DE CONTRICIÓN

Señor mío Jesucristo, Dios y hombre verdadero, Creador y Redentor mío: por ser tú quien eres, Bondad Infinita, y porque te amo sobre todas las cosas, me pesa de todo corazón haberte ofendido; propongo firmemente nunca más pecar, apartarme de todas las ocasiones de ofenderte; confesarme, y cumplir la penitencia que me fuere impuesta. Te ofrezco mi vida, obras y trabajos, en satisfacción de todos mis pecados; y así como te lo suplico, así confío en tu bondad y misericordia infinita que me los perdonarás por los merecimientos de tu sangre, pasión, muerte y resurrección; y me darás gracia para enmendarme, y para perseverar en tu santo servicio hasta la muerte. Amén

6. COMUNIÓN ESPIRITUAL

Creo, Jesús mío, que estás presente en el Santísimo Sacramento del Altar; te amo sobre todas las cosas y deseo recibirte dentro de mi alma. Mas, no pudiendo hacerlo ahora sacramentalmente, ven espiritualmente a mi corazón. No permitas, Jesús mío, que jamás me aparte y separe de ti. Así sea.

7. INVOCACIÓN AL ESPÍRITU SANTO

Ven, Espíritu Santo, llena los corazones de tus fieles y enciende en ellos el fuego de tu amor.
V. Envía, Señor, tu Espíritu y habrá una nueva creación.
R. Y renovarás la faz de la tierra.

Oración: Oh Dios, que has iluminado los corazones de tus fieles con la luz del Espíritu Santo; haznos dóciles a sus inspiraciones para gustar siempre el bien y gozar de su consuelo. Por Cristo nuestro Señor. Amén.

8. SALVE

Dios te salve, Reina y Madre de misericordia, vida, dulzura y esperanza nuestra, Dios te salve. A ti llamamos los desterrados hijos de Eva; a ti suspiramos, gimiendo y llorando, en este valle de lágrimas. Ea, pues, Señora, abogada nuestra, vuelve a nosotros esos tus ojos misericordiosos, y, después de este destierro, muéstranos a Jesús, fruto bendito de tu vientre. ¡Oh clementísima, oh piadosa, oh dulce Virgen María! Ruega por nosotros, santa Madre de Dios, para que seamos dignos de alcanzar las promesas de nuestro Señor Jesucristo. Amén.

9. CÁNTICO DE LA VIRGEN MARÍA (MAGNÍFICAT)

Proclama mi alma la grandeza del Señor, se alegra mi espíritu en Dios, mi salvador; porque ha mirado la humildad de su esclava. Desde ahora me felicitarán todas las generaciones, porque el Poderoso ha hecho obras grandes por mí: su nombre es santo, y su misericordia llega a sus fieles de generación en generación. Él hace proezas con su brazo: dispersa a los soberbios de corazón, derriba del trono a los poderosos y enaltece a los humildes, a los hambrientos los colma de bienes y a los ricos los despide vacíos. Auxilia a Israel, su siervo, acordándose de la misericordia –como lo había prometido a nuestros padres– en favor de Abrahán y su descendencia por siempre.

10. BAJO TU AMPARO

Bajo tu amparo nos acogemos, Santa Madre de Dios: No desprecies nuestras súplicas en las necesidades, mas líbranos siempre de todos los peligros. ¡Oh Virgen gloriosa y bendita!

11. "ACORDAOS" (San Bernardo)

Acuérdate, oh piadosísima Virgen María, que jamás se ha oído decir que ninguno de los que han acudido a tu protección, implorando tu asistencia y reclamando tu socorro, haya sido abandonado de ti. Animado con esta confianza, a ti también acudo, ¡oh Madre, Virgen de las vírgenes! Y, aunque gimiendo bajo el peso de mis pecados, me atrevo a comparecer ante tu presencia soberana. No desoigas mis súplicas, ¡oh Madre de Dios!, antes bien, inclina a ellas tus oídos y dígnate atenderlas favorablemente. Amén.

12. BENDITA SEA TU PUREZA

Bendita sea tu pureza /y eternamente lo sea, /pues todo un Dios se recrea /en tan graciosa belleza. /A ti, celestial princesa, /Virgen sagrada María, /te ofrezco en este día /alma, vida y corazón, mírame con compasión, /no me dejes, Madre mía.

13. HAZ DE MÍ INSTRUMENTO DE TU PAZ (San Francisco)

Señor, haz de mí un instrumento de tu paz: donde haya odio, ponga yo amor; donde haya ofensa, ponga yo perdón; donde haya discordia, ponga yo armonía; donde haya error, ponga yo verdad; donde haya duda, ponga yo la fe; donde haya desesperación, ponga yo esperanza; donde haya tinieblas, ponga yo la luz; donde haya tristeza, ponga yo alegría. Que no me empeñe tanto: en se consolado, como en consolar; en ser comprendido, como en comprender; en ser amado, como en amar. Porque dando, se recibe; olvidándose de sí, se encuentra; perdonando, se es perdonado; muriendo, se resucita a la Vida.

14. ACTO DE AMOR
A CRISTO
CRUCIFICADO

No me mueve, mi Dios, para quererte,
el cielo que me tienes prometido,
ni me mueve el infierno tan temido
para dejar por eso de ofenderte.
Tú me mueves, Señor,
muéveme el verte
clavado en esa cruz y escarnecido,
muéveme el ver tu cuerpo tan herido,
muévenme tus afrentas y tu muerte.
Muéveme, en fin, tu amor de tal manera,
que, aunque no hubiera cielo, yo te amara,
y, aunque no hubiera infierno, te temiera.
No me tienes que dar por que te quiera;
porque, aunque lo que espero no esperara,
lo mismo que te quiero, te quisiera.

15. ME PONGO EN TUS
MANOS (P. Foucauld)

Padre, me pongo en tus manos, haz de mí lo que quieras: sea lo que sea, te doy las gracias. Estoy dispuesto a todo, lo acepto todo, con tal de que tu voluntad se cumpla en mí y en todas tus criaturas. No deseo nada más, Padre. Te confío mi alma, te la doy con todo el amor de que soy capaz, porque te amo y necesito darme, ponerme en tus manos sin medida, con una infinita confianza, porque tú eres mi Padre.

16. MÍRAME, AMADO
Y BUEN JESÚS

Mírame, ¡mi amado y buen Jesús!, postrado en tu divina presencia. Te ruego con el mayor fervor que imprimas en mi corazón vivos sentimientos de fe, esperanza y caridad, verdadero dolor de mis pecados y propósito de jamás ofenderte. Mientras, yo, con el mayor afecto y compasión de que soy capaz, voy considerando tus cinco llagas y tengo presente lo que dijo de ti el santo Profeta David: "Han taladrado mis manos y mis pies y se pueden contar todos mis huesos" (Salmo 22,17).

17. VISITA AL SANTÍSIMO

• *Se repite cinco veces:* Bendito y alabado sea el Santísimo Sacramento del Altar. Sea por siempre bendito y alabado. Padrenuestro... Avemaría... Gloria al Padre...
• *Y una sexta vez, por las intenciones del Papa.*
• Dios mío, que estás aquí presente, yo te adoro con toda humildad, quiero amarte con todo mi corazón y concluir este día y toda mi vida en tu servicio. Amén.

18. OFRECIMIENTO DIARIO
POR LA HUMANIDAD

Dios, Padre nuestro, yo te ofrezco toda mi jornada, mis oraciones, pensamientos, afectos y deseos, palabras, obras, alegrías y sufrimientos, en unión con tu Hijo Jesucristo, que sigue ofreciéndose a ti en la Eucaristía, por la salvación del mundo. Que el Espíritu Santo que guio a Jesús, sea mi guía y mi fuerza en este día, para que pueda ser testigo de tu amor. Con María, la Madre del Señor y de la Iglesia, te pido especialmente por las intenciones del Papa y de nuestros obispos para este mes.

19. OFRECIMIENTO A LA VIRGEN MARÍA

¡Oh Señora mía! ¡Oh Madre mía! Yo me ofrezco enteramente a ti. Y, en prueba de mi filial afecto, te consagro en este día mis ojos, mis oídos, mi lengua, mi corazón: en una palabra, todo mi ser. Ya que soy todo tuyo, Madre de bondad, guárdame y defiéndeme como cosa y posesión tuya. Amén.

20. OFRECIMIENTO AL SEÑOR

Toma, Señor, y recibe toda mi libertad, mi memoria, mi entendimiento y toda mi voluntad, todo mi haber y mi poseer. Tú me lo diste, a ti, Señor, lo torno. Todo es tuyo. Dispón de todo según tu voluntad. Dame tu amor y tu gracia, que esta me basta.

2. LA JORNADA DEL BUEN CRISTIANO

• AL LEVANTARSE

(Hacer la señal de la Cruz)

Yo te adoro, Señor y Padre mío, y te amo con todo mi corazón. Te doy gracias por haberme creado y hecho cristiano y por el nuevo día que me regalas. Te ofrezco las acciones de este día: haz que sean según tu voluntad y para mayor gloria tuya. Líbrame del pecado y de todo mal.

Que tu gracia esté siempre conmigo y con todos los que yo quiero. Amén.

(Rezar un Padrenuestro y tres Avemarías).

—Puede hacerse el «Ofrecimiento diario por la humanidad» y el «Ofrecimiento a la Virgen María» (núms. 18 y 19).

• AL MEDIODÍA. Ángelus

El Ángel del Señor anunció a María; *Y concibió por obra del Espíritu Santo.*
Dios te salve, María...

Aquí está la esclava del Señor; *Hágase en mí según tu palabra.*
Dios te salve, María...

Y el Hijo de Dios se hizo hombre; *Y habitó entre nosotros.*
Dios te salve, María...

V. Ruega por nosotros, Santa Madre de Dios.

R. Para que seamos dignos de las promesas de Cristo.

Oración: Derrama, Señor, tu gracia en nuestros corazones, para que, habiendo conocido por el anuncio del Ángel la encarnación de tu Hijo Jesucristo, por los méritos de su pasión y de su cruz, y con la intercesión de la Virgen María lleguemos a la gloria de la resurrección. Por el mismo Jesucristo, nuestro Señor. Amén.

Regina Coeli

(En tiempo pascual, en lugar del Ángelus se recita esta oración)

Reina del cielo, alégrate, aleluya; porque el Señor, a quien mereciste llevar en tu seno, aleluya; ha resucitado, según su palabra, aleluya. Ruega a Dios por nosotros, aleluya.

V. Gózate y alégrate, Virgen María, aleluya.

R. Porque verdaderamente ha resucitado el Señor, aleluya.

Oración: ¡Oh Dios, que por la resurrección de tu Hijo, nuestro Señor Jesucristo, te has dignado alegrar al mundo! Concédenos, te rogamos, que por la intercesión de su Madre, la Virgen María, alcancemos los gozos de la vida eterna. Por el mismo Jesucristo, nuestro Señor. Amén.

BENDICIÓN DE LA MESA Y ACCIÓN DE GRACIAS

1. Bendice, Señor, los alimentos que vamos a tomar: que nos den fuerzas para hacer el bien a los demás.

2. Te bendecimos, Señor, por estos alimentos recibidos de tu infinita bondad. Da pan a los que tienen hambre, y hambre de ti a los que tenemos pan. Por Cristo nuestro Señor. Amén.

---

1. Te damos gracias, Padre de bondad, por el alimento que nos regalas y por todos tus beneficios: a ti, que vives y reinas por los siglos de los siglos. Amén.

2. Dios, que nos ha dado para hoy, nos dé para mañana: su gracia y su bendición, salud para el cuerpo y salvación para el alma. Amén.

AL ACOSTARSE

Te adoro, Señor y Padre mío, y te amo con todo mi corazón. Te doy gracias por haberme creado y hecho cristiano y por haberme conservado en este día. Guárdame en el descanso y líbrame de todos los peligros. Perdona los males que hoy he cometido y acepta el bien que he hecho.

Sálvame, Señor, despierto, y protégeme mientras duermo, para que viva con Cristo y descanse en paz. Amén.

Jesús, José y María, os doy el corazón y el alma mía.

Jesús, José y María, asistidme en mi última agonía.

Jesús, José y María, descanse con vosotros en paz el alma mía.

(Rezo de un Padrenuestro y tres Avemarías).

3. PRECES ESPECIALES

POR LOS ENFERMOS

En la enfermedad del cristiano se cumple especialmente lo que dijo Jesús: «El que quiera seguirme, que tome su cruz y me siga» (Mc 8,34). Es muy conveniente que el Crucifijo esté presente y visible para el enfermo, a fin de que se sienta unido a los dolores del Señor y encuentre en Cristo y en María el consuelo que tanto necesita. También, según las circunstancias, se le puede ayudar a rezar el rosario (por ejemplo, con el CD "El Rosario/20" o el Rosario electrónico) u otras oraciones. Y animarle a pedir que cada día le lleven la Comunión.

Ante una operación delicada y una situación terminal

Es importantísimo llamar a la parroquia o al capellán para que le administre el Sacramento de la Unción de los Enfermos, sin esperar a última hora. Habrá que advertir al enfermo que es el "sacramento de los enfermos", no la "extremaunción de los moribundos".

POR LOS MORIBUNDOS

Ayudar a bien morir es seguramente la más importante obra de caridad que se puede hacer a un ser querido o conocido. Cuando aparecen los síntomas de una muerte inminente, conviene que el moribundo escuche la

Recomendación de su alma

Querido hermano/a, te entrego a Dios, y, como criatura suya, te pongo en sus manos, pues es tu Creador, el que te formó del polvo de la tierra. Que al dejar esta vida, salgan a tu encuentro la Virgen María y todos los ángeles y santos.

Que Cristo, que sufrió muerte de cruz por ti, te conceda la verdadera libertad. Que Cristo, Hijo de Dios vivo, te aloje en su paraíso. Que Cristo, buen Pastor, te cuente entre sus queridas ovejas. Que te perdone todos los pecados y te agregue al número de sus elegidos. Que puedas contemplar cara a cara a tu Redentor y gozar de la visión de Dios por los siglos de los siglos. Amén.

Cuando, acabada la recomendación del alma, haya síntomas de muerte inminente, se le puede dar a besar el Crucifijo y decir, haciéndole la señal de la cruz en la frente:

Que el Padre, el Hijo y el Espíritu Santo estén contigo, te infundan esperanza y te conduzcan a la paz de su reino celestial, por los siglos de los siglos. Amén.

PRECES POR EL DIFUNTO
En el momento de expirar

Al cerrarle los ojos, rezar esta oración:

Concede, Señor, a nuestro/a hermano/a **N.**, cuyos ojos no verán más la luz de este mundo, contemplar eternamente tu belleza y gozar de tu presencia, por los siglos de los siglos. Amén.

Otras preces por el difunto

A continuación, después de hacerle la señal de la cruz en la frente, se rezan estas preces que también pueden repetirse en distintos momentos del velatorio y entierro:

V. Este primer mundo ha pasado definitivamente para nuestro/a hermano/a **N.** Pidamos al Señor que le conceda gozar ahora del cielo nuevo y de la tierra nueva que Él ha dispuesto para sus elegidos.

Venid en su ayuda, santos de Dios, salid a su encuentro, ángeles del Señor.

Todos. Recibid su alma y presentadla ante el Altísimo.

V. Cristo, que te llamó, te reciba, y los ángeles te conduzcan al regazo de Abrahán.

Todos. Recibid su alma y presentadla ante el Altísimo.

V. Dale, Señor el descanso eterno, y brille para él (ella) la luz perpetua.

Todos. Recibid su alma y presentadla ante el Altísimo.

V. Hacia ti, Señor, levantamos nuestros ojos; contempla, Señor, nuestra fe en este momento de prueba y concede a **N.** el descanso eterno. Oremos con la oración que Cristo nos enseñó, el Avemaría a nuestra Madre, para que interceda por nuestro/a hermano/a **N.**

Padre nuestro... Dios te salve, María...

V. Dale, Señor, el descanso eterno.

Todos. Y brille para él (ella) la luz perpetua.

V. Descanse en paz.

Todos. Amén.

Otro formulario de preces en el velatorio y en el cementerio

V. Oremos por nuestro/a hermano/a **N.** que ha dejado este mundo. Que Cristo

que sufrió la muerte de cruz por él (ella),
le conceda la felicidad verdadera.

Todos. *Te lo pedimos, Señor.*

℣. Que Cristo, el Hijo de Dios vivo, lo/a
reciba en su paraíso.

Todos. *Te lo pedimos, Señor.*

℣. Que le perdone todos sus pecados y
lo/a agregue al número de los elegidos.

Todos. *Te lo pedimos, Señor.*

℣. Que pueda contemplar cara a cara a
su Redentor y gozar de la visión de su
Señor por toda la eternidad.

Todos. *Te lo pedimos, Señor.*

℣. Te pedimos, Señor, que tu siervo/a **N.**,
que ha muerto ya para este mundo, viva
ahora para ti y que tu amor misericordioso
borre los pecados que cometió por fragilidad humana. Por Jesucristo nuestro Señor.

Todos. *Amén.*

Recemos el *Padre nuestro*, la oración que
Cristo nos enseñó, y el *Avemaría* a nuestra Madre, para que interceda por nues-
tro/a hermano/a **N.**

Padre nuestro… Dios te salve, María…

℣. Dale, Señor, el descanso eterno.

Todos. *Y brille para él/ella la luz
perpetua.*

℣. Descanse en paz.

Todos. *Amén.*

POR LAS ALMAS DEL PURGATORIO

"Los que mueren en la gracia y en la
amistad de Dios, pero imperfectamente
purificados, aunque están seguros de su
eterna salvación, sufren después de la
muerte una purificación, a fin de obtener la santidad necesaria para entrar en
la alegría del cielo. La Iglesia llama *purgatorio* a esta purificación final de los elegidos. Desde los primeros tiempos, la
Iglesia ha honrado la memoria de los difuntos y ha ofrecido sufragios en su
favor, en particular el sacrificio eucarístico, para que, una vez purificados, puedan llegar a la visión beatífica de Dios".
*(Catecismo de la Iglesia Católica
1031-1032).*

Ya el Antiguo Testamento recomienda
la ayuda espiritual que los vivos podemos prestar a las almas del purgatorio.
Leemos en el segundo libro de los Ma-
cabeos (12,43-46): *Judas Macabeo recogió
dos mil dracmas de plata y las envió a Jerusalén para que ofreciesen un sacrificio de expiación. Obró con gran rectitud y nobleza,
pensando en la resurrección. Si no hubiera esperado la resurrección de los que habían caído
[en la batalla], habría sido inútil y ridículo
rezar por los muertos. Pero, considerando que
a los que habían muerto piadosamente les estaba reservado el magnífico premio, la idea
era piadosa y santa. Por eso, encargó un sacrificio de expiación por los muertos, para que
fueran liberados del pecado.*

Se atribuye a Jacinto Verdaguer esta afirmación certera: *"Las flores se secan, las
lágrimas se evaporan, la oración llega al
cielo".*

Lo único valioso que podemos hacer
por nuestros difuntos y por todas las
almas del purgatorio, además de lo que
dice el *Catecismo*, es rezar, ofrecer la santa
misa por ellos. Aquí añadimos algunas
oraciones por las almas del purgatorio.

Oración de santa Gertrudis

Santa Gertrudis la Grande (1256-1301),
monja alemana de Turingia, recibió del
Señor esta oración por las almas del

purgatorio, muy eficaz para la liberación de las benditas almas del purgatorio:

"Eterno Padre, yo te ofrezco la preciosísima Sangre de tu divino Hijo Jesús, en unión con todas las misas celebradas hoy en todo el mundo, por todas las benditas almas del purgatorio".

Se puede añadir:

Y por los pecadores del mundo, de la Iglesia universal, de mi familia y de mi comunidad (parroquial, religiosa, cristiana). Amén

Oraciones de la Liturgia

•Acuérdate, Señor, de tus hijos *(nombres de familiares y conocidos difuntos)* que me han precedido con el signo de la fe y duermen ya el sueño de la paz. A ellos y a cuantos descansan en Cristo, concédeles el lugar del consuelo, de la luz y de la paz.

•A mis familiares y conocidos difuntos y a cuantos murieron en tu amistad recíbelos en tu reino, donde esperamos gozar todos juntos de la plenitud eterna de tu gloria. Por Cristo, Señor nuestro, por quien concedes al mundo todos los bienes.

•Dios misericordioso y eterno, vida de los mortales y gozo de los santos, escucha mi oración por todas las benditas almas del purgatorio; líbralas de las cadenas de la muerte y admítelas en las alegrías eternas de tu reino.

•Oh Dios, que resucitaste a tu Hijo para que, venciendo la muerte entrara en tu reino, escucha mi oración por las benditas almas del purgatorio. Que los difuntos que fueron en este mundo miembros de tu Iglesia peregrina, superada su condición mortal puedan parti-

cipar con todos los santos en la asamblea de la Iglesia celestial y contemplarte cara a cara por toda la eternidad.

•Presta oídos, Señor Jesús, a la oración con la que imploro tu misericordia en favor de las benditas almas del purgatorio. Tú que hiciste, a quienes ya han muerto, miembros de tu Iglesia durante su vida mortal, llévalos contigo a la patria de la luz, para que ahora participen de la ciudadanía de los santos, contigo y con tu Madre María, que nos diste por Madre desde la Cruz.

Dales, Señor, el descanso eterno.
Y brille para ellos la luz perpetua.
Que todos los fieles difuntos, por la misericordia de Dios, descansen en paz. Amén.

(¿Cómo agradecerán las benditas almas del purgatorio nuestra oración a Dios por ello, cuando lleguen al cielo gracias a nuestra oración? -Ayudándonos con su santa intercesión en presencia de Dios, Padre misericordioso, Hijo que nos salva, y Espíritu Santo que nos alienta en nuestro caminar hacia la Patria)

4. SACRAMENTOS

Los sacramentos son siete:

El primero, Bautismo.
El segundo, Confirmación.
El tercero, Penitencia.
El cuarto, Eucaristía.
El quinto, Unción de los enfermos.
El sexto, Orden Sacerdotal.
El séptimo, Matrimonio.

El **Bautismo** *y la* **Confirmación,** *sacramentos de la iniciación cristiana, suelen recibirs* de niño y de joven, una sola vez. La **Penitencia** *(confesión)* y la **Eucaristía** *(comunión)* deben recibirse con frecuencia. El **Matrimonio** y el **Orden Sacerdotal** *sirven a la edificación y salvación de los demás, por medio de los cónyuges cristianos y de los ministros sagrados. La* **Unción de los enfermos** *reconforta a los atribulados por la enfermedad.*

LA PENITENCIA

Para celebrar bien este sacramento es necesario:

- el examen de conciencia, *para poner toda tu vida a la luz del Evangelio;*
- el dolor de los pecados (contrición), *por haber ofendido a Dios;*
- el propósito de la enmienda, *porque quieres cambiar de vida, convertirte, con la gracia de Dios;*
- la confesión de los pecados al sacerdote: *exponer todos los pecados con sencillez y sinceridad;*
- la satisfacción: *cumplir la penitencia, reparar el daño causado al prójimo, restituir lo robado (bienes, fama…).*

Examen de conciencia

Es necesario confesar los pecados graves, o «mortales», que son los que tienen como objeto una materia grave (contra los Mandamientos), se cometen con pleno conocimiento y consentimiento deliberado. Sin embargo, para una más profunda y progresiva conversión, será bueno que también te arrepientas y confieses tus pecados veniales. A continuación tienes un cuestionario para ayudarte a examinar tu conciencia.

Primer Mandamiento: ¿Tengo a Dios por encima de todo y trato de aumentar mi fe y mi amor a Dios? ¿He admitido en serio dudas contra las verdades de la fe?, etc.

Segundo Mandamiento: ¿He blasfemado? ¿He pronunciado palabras injuriosas contra Dios, la Virgen María, los santos o las cosas sagradas, incluso delante de otros?, etc.

Tercer Mandamiento (y Mandamientos de la Iglesia): ¿He santificado el domingo, asistiendo consciente y devotamente a la celebración de la Eucaristía y guardando el descanso sagrado?, etc. ¿Cumplo los mandamientos de la Iglesia?

Cuarto Mandamiento: ¿Honro a mis padres con el amor, el respeto y la obediencia debidos, o los maltrato y hago sufrir con mi conducta? ¿Ayudo a mis padres en sus necesidades, enfermedad, ancianidad?, etc.

Quinto Mandamiento: ¿Tengo odio, rencor o enemistad con alguien? ¿He escandalizado a otros, induciéndolos al mal? ¿He causado algún mal físico a otros? ¿He quitado la vida a alguien, en todos los sentidos? ¿He abortado o colaborado en aborto o eutanasia? ¿He conducido imprudentemente el coche o la moto? ¿He tomado drogas, o alcohol en exceso?

Sexto y noveno Mandamientos: ¿Me he entretenido en pensamientos, deseos o recuerdos impuros? ¿He cometido –o deseado– alguna acción impura: solo o con otros, de distinto o del mismo sexo, parientes, consagrados, menores de edad? ¿Me he puesto en peligro con diversiones, lecturas, espectáculos, páginas indecentes de internet? ¿Tengo amistades peligrosas? ¿Guardo la debida castidad en el noviazgo o en el matrimonio?, etc.

Séptimo y décimo Mandamientos:
¿He robado alguna cosa o cantidad de dinero? ¿Lo he devuelto? ¿Cumplo fielmente mis deberes sociales: impuestos, seguros, votaciones, etc.?

Octavo Mandamiento: ¿He mentido? ¿He reparado el daño derivado de mis mentiras? ¿He criticado a otros, descubriendo faltas graves? ¿He calumniado a otros atribuyéndoles algo que es falso? ¿He reparado o estoy dispuesto a reparar esa calumnia?, etc.

LA EUCARISTÍA, LA SANTA MISA

Todos los domingos y fiestas de precepto debes participar en la celebración de la Eucaristía, la Santa Misa, y procura comulgar. Si has cometido algún pecado, confiésate. Y celebra el domingo, día del Señor, en unión con todos los cristianos del mundo. Para participar activamente en la celebración, lee y aprende las oraciones y respuestas que hay a continuación.

Saludo inicial

SACERDOTE: En el nombre del Padre, y del Hijo y del Espíritu Santo.
TODOS: *Amén.*

S: La gracia de nuestro Señor Jesucristo, el amor del Padre y la comunión del Espíritu Santo estén con vosotros.
T: *Y con tu espíritu.*

Acto penitencial

S: Para celebrar dignamente estos sagrados misterios, reconozcamos nuestros pecados.
T: *Yo confieso ante Dios todopoderoso y ante vosotros, hermanos, que he pecado mucho de pensamiento, palabra, obra y omisión. Por mi culpa, por mi culpa, por mi gran culpa.*
Por eso ruego a Santa María, siempre Virgen, a los ángeles, a los santos y a vosotros, hermanos, que intercedáis por mí ante Dios, nuestro Señor.

S: Dios todopoderoso tenga misericordia de nosotros, perdone nuestros pecados y nos lleve a la vida eterna.
T: *Amén.*
S: Señor, ten piedad.
T: *Señor, ten piedad.*
S: Cristo, ten piedad.
T: *Cristo, ten piedad.*
S: Señor, ten piedad.
T: *Señor, ten piedad.*

Gloria

Gloria a Dios en el cielo, y en la tierra paz a los hombres que ama el Señor. Por tu inmensa gloria te alabamos, te bendecimos, te adoramos, te glorificamos, te damos gracias. Señor Dios, Rey celestial, Dios Padre todopoderoso. Señor Hijo único, Jesucristo, Señor Dios, Cordero de Dios, Hijo del Padre; Tú que quitas el pecado del mundo, ten piedad de nosotros; Tú que quitas el pecado del mundo, atiende nuestra súplica; Tú que estás sentado a la derecha del Padre, ten piedad de nosotros.
Porque solo tú eres Santo, solo tú Señor, solo tú Altísimo Jesucristo.
Con el Espíritu Santo, en la gloria de Dios Padre. Amén.

Final de la oración

S: Por Jesucristo... que vive y reina por los siglos de los siglos *(otras oraciones:* Jesucristo nuestro Señor).
T: *Amén.*

Final de las lecturas

L.ector: Palabra de Dios.
T: *Te alabamos, Señor.*

Evangelio

S: El Señor esté con vosotros.
T: *Y con tu espíritu.*
S: Lectura del Santo Evangelio, según san...
T: *Gloria a ti, Señor.*
S *(final):* Palabra del Señor.
T: *Gloria a ti, Señor Jesús.*

Profesión de fe (Credo apostólico)

Creo en Dios, Padre todopoderoso, Creador del cielo y de la tierra.
Creo en Jesucristo, su único Hijo, nuestro Señor, que fue concebido por obra y gracia del Espíritu Santo, nació de Santa María Virgen, padeció bajo el poder de Poncio Pilato, fue crucificado, muerto y sepultado, descendió a los infiernos, al tercer día resucitó de entre los muertos, subió a los cielos y está sentado a la derecha de Dios, Padre todopoderoso.
Desde allí ha de venir a juzgar a vivos y muertos.
Creo en el Espíritu Santo, la santa Iglesia católica, la comunión de los santos, el perdón de los pecados, la resurrección de la carne y la vida eterna. Amén.

Presentación de las ofrendas

S: *(Pan)* Bendito seas, Señor... será para nosotros pan de vida.
T: *Bendito seas por siempre, Señor.*
S: *(Vino)* Bendito seas, Señor... será para nosotros bebida de salvación.
T: *Bendito seas por siempre, Señor.*

S: Orad, hermanos, para que este sacrificio, mío y vuestro, sea agradable a Dios, Padre todopoderoso.
T: *El Señor reciba de tus manos este sacrificio para alabanza y gloria de su nombre, para nuestro bien y el de toda su santa Iglesia.*

Plegaria Eucarística. Prefacio

S: El Señor esté con vosotros.
T: *Y con tu espíritu.*
S: Levantemos el corazón.
T: *Lo tenemos levantado hacia el Señor.*
S: Demos gracias al Señor nuestro Dios.
T: *Es justo y necesario.*
S: *(recita el Prefacio)*
T: *Santo, Santo, Santo es el Señor, Dios del universo. Llenos están los cielos y la tierra de tu gloria. Hosanna en el cielo. Bendito el que viene en nombre del Señor. Hosanna en el cielo.*
S: *Santo eres en verdad, Señor, fuente de toda santidad; por eso te pedimos que santifiques estos dones con la efusión de tu Espíritu, de manera que se conviertan para nosotros en el Cuerpo y + la Sangre de Jesucristo, nuestro Señor.*
El cual, cuando iba a ser entregado a su pasión, voluntariamente aceptada, tomó pan, dándote gracias, lo partió y lo dio a sus discípulos, diciendo:
TOMAD Y COMED TODOS DE ÉL, PORQUE ESTO ES MI CUERPO, QUE SERÁ ENTREGADO POR VOSOTROS.
Del mismo modo, acabada la cena, tomó el cáliz, y, dándote gracias de nuevo, lo pasó a sus discípulos, diciendo:
TOMAD Y BEBED TODOS DE ÉL, PORQUE ESTE ES EL CÁLIZ DE MI SANGRE, SANGRE DE LA ALIANZA NUEVA Y ETERNA

QUE SERÁ DERRAMADA POR VOSOTROS Y POR MUCHOS PARA EL PERDÓN DE LOS PECADOS. HACED ESTO EN CONMEMORACIÓN MÍA.

Después de la Consagración

S: Este es el Sacramento de nuestra fe.

T: *Anunciamos tu muerte, proclamamos tu Resurrección.*

¡Ven, Señor Jesús!

Final de la Plegaria Eucarística

S: Por Cristo... todo honor y toda gloria, por los siglos de los siglos.

T: *AMÉN.*

Rito de la Comunión

—Rezo del Padrenuestro...

S: Líbranos... esperamos la venida gloriosa de nuestro Salvador Jesucristo.

T: *Tuyo es el reino, tuyo el poder y la gloria, por siempre, Señor.*

Rito de la Paz

S: Señor Jesucristo... tú que vives y reinas por los siglos de los siglos.

T: *Amén*

S: La paz del Señor esté siempre con vosotros.

T: *Y con tu espíritu.*

S: Daos fraternalmente la paz.

(se da la paz a los más cercanos, diciendo: La paz sea contigo).

T: *Cordero de Dios, que quitas el pecado del mundo, ten piedad de nosotros (dos veces). Cordero de Dios, que quitas el pecado del mundo, danos la paz.*

Comunión:

S: Este es el Cordero... invitados a la Cena del Señor.

T: *Señor, no soy digno de que entres en mi casa, pero una palabra tuya bastará para sanarme.*

S: El Cuerpo de Cristo.

COMULGANTE: *Amén.*

Rito de despedida

S: El Señor esté con vosotros.

T: *Y con tu espíritu.*

S: La bendición de Dios... descienda sobre vosotros.

T: *Amén.*

S: Podéis ir en paz.

T: *Demos gracias a Dios.*

• PARA ANTES DE LA COMUNIÓN
Oración de santo Tomás de Aquino

Omnipotente y eterno Dios: llego al sacramento de tu Hijo unigénito, como enfermo al médico de la vida, como manchado a la fuente de la misericordia, como ciego a la luz de la eterna claridad, como pobre al Señor de cielos y tierra, como desvalido al Rey de la gloria.

Por eso, Señor, ruego a tu infinita bondad y misericordia, que tengas a bien sanar mi enfermedad, limpiar mis manchas, alumbrar mi ceguera, enriquecer mi pobreza y vestir mi desnudez. Así podré recibir al Rey de los Ángeles y Señor de los señores, con tanta reverencia y humildad, con tanta contrición y ternura, con tanta pureza y fe, con tal propósito e intención cual conviene a la salud de mi alma. Concédeme, te ruego, recibir no solo el Sacramento del Cuerpo y la Sangre del Señor, sino también la gracia y virtud d este Sacramento. Concédeme, Dios mío benignísimo, recibir de tal manera el Cuerpo que tu Hijo unigénito tomó de la Virgen María, que merezca ser incorporado a su Cuerpo Místico y contado entre sus miembros. Concédeme, Padre amantísimo, que logre yo contemplar un día cara a cara, por toda la eternidad, a este tu amadísimo Hijo, a quien ahora, en mi vida mortal, me propongo recibir encubierto bajo el velo del Sacramento. Te lo pido en nombre de tu Hijo Jesucristo, el cual vive y reina contigo en la unidad del Espíritu Santo, por los siglos de los siglos. Amén.

• PARA DESPUÉS DE LA COMUNIÓN

Alma de Cristo

Alma de Cristo, santifícame.
Cuerpo de Cristo, sálvame.
Sangre de Cristo, embriágame.
Agua del costado de Cristo, lávame.
Pasión de Cristo, confórtame.
¡Oh buen Jesús!, óyeme.
Dentro de tus llagas escóndeme.
No permitas que me aparte de ti.
Del maligno enemigo, defiéndeme.
En la hora de mi muerte, llámame, y mándame ir a ti, para que con tus santos te alabe por los siglos de los siglos. Amén.

A Jesús Crucificado

Mírame, ¡oh mi amado y buen Jesús!, postrado en tu divina presencia. Te ruego, con el mayor fervor, que imprimas en mi corazón los sentimientos de fe, esperanza y caridad, verdadero dolor de los pecados y propósito firme de jamás ofenderte. Mientras, yo, con gran

amor y compasión, voy considerando tus cinco llagas, comenzando por aquello que dijo el profeta David:
Han taladrado mis manos y mis pies, y se pueden contar todos mis huesos.

5. SANTO ROSARIO

(Después del enunciado de cada Misterio que se ha de meditar, se reza un Padrenuestro, diez Avemarías y el Gloria).

Misterios gozosos *(lunes y sábados)*
1° La Encarnación del Hijo de Dios.
2° La Visitación de la Virgen María a su prima Santa Isabel.
3° El Nacimiento del Hijo de Dios.
4° La Presentación del Niño Jesús en el Templo.
5° El Niño Jesús, perdido y hallado en el Templo.

Misterios luminosos *(jueves)*
1° El Bautismo del Señor en el Jordán.
2° La revelación de Jesús en las bodas de Caná.
3° El anuncio del Reino de Dios, invitación a la conversión.
4° La Transfiguración del Señor.
5° La institución de la Eucaristía.

Misterios dolorosos *(martes y viernes)*
1° La Oración de Jesús en el Huerto.
2° Los azotes que padeció el Señor, atado a la columna.
3° La coronación de espinas.
4° Jesús con la Cruz a cuestas.
5° La Crucifixión y Muerte del Señor.

Misterios gloriosos *(miércoles y domingos)*
1° La Resurrección del Señor.
2° La Ascensión del Señor a los cielos.

3º La venida del Espíritu Santo.

4º La Asunción de la Virgen María en cuerpo y alma a los cielos.

5º La Coronación de Nuestra Señora como Reina de cielos y tierra.

LETANÍAS DE NUESTRA SEÑORA

Señor, ten piedad.
R. *(Se repite lo mismo).*
Cristo, ten piedad. R.
Señor, ten piedad. R.
Cristo, óyenos. R.
Cristo, escúchanos. R.
Dios, Padre celestial.
R. *Ten misericordia de nosotros.*
Dios, Hijo Redentor del mundo.
R. *Ten misericordia de nosotros.*
Dios, Espíritu Santo. R.
Trinidad Santa, un solo Dios. R.
(A partir de aquí, se responde:
Ruega por nosotros)
Santa María,
Santa Madre de Dios,
Santa Virgen de las vírgenes,
Madre de Cristo,
Madre de la Iglesia,
Madre de la misericordia,
Madre de la divina gracia,
Madre de la esperanza,
Madre purísima,
Madre castísima,
Madre y virgen,
Madre santa,
Madre inmaculada,
Madre amable,
Madre admirable,
Madre del buen consejo,
Madre del Creador,
Madre del Salvador,
Virgen prudentísima,

Virgen digna de veneración,
Virgen digna de alabanza,
Virgen poderosa,
Virgen clemente,
Virgen fiel,
Ideal de santidad,
Morada de la sabiduría,
Causa de nuestra alegría,
Templo del Espíritu Santo,
Honor de los pueblos,
Modelo de entrega a Dios,
Rosa escogida,
Fuerte como la torre de David,
Hermosa como torre de marfil,
Casa de oro,
Arca de la Nueva Alianza,
Puerta del Cielo,
Estrella de la mañana,
Salud de los enfermos,
Refugio de los pecadores,
Consuelo de los migrantes,
Consoladora de los afligidos,
Auxilio de los cristianos,
Reina de los Ángeles,
Reina de los Patriarcas,
Reina de los Profetas,
Reina de los Apóstoles,
Reina de los Mártires,
Reina de los que viven su fe,
Reina de las Vírgenes,
Reina de todos los Santos,
Reina concebida sin pecado original,
Reina elevada al cielo,
Reina del Santo Rosario,
Reina de la familia,
Reina de la paz,

Cordero de Dios, que quitas el pecado del mundo.
R. *Perdónanos, Señor.*

Cordero de Dios, que quitas el pecado del mundo.

R. *Escúchanos, Señor.*

Cordero de Dios, que quitas el pecado del mundo.

R. *Ten misericordia de nosotros.*

V. Ruega por nosotros, Santa Madre de Dios.

R. *Para que seamos dignos de las promesas de Cristo.*

Oremos: Te pedimos, Señor, que nosotros, tus siervos, gocemos siempre de salud de alma y cuerpo, y por la intercesión de santa María, la Virgen, líbranos de las tristezas de este mundo y concédenos las alegrías del cielo. Por Jesucristo nuestro Señor. Amén.

Ave María Purísima. Sin pecado concebida.

6. VÍA CRUCIS

Al comenzar cada Estación, se reza:

V. Te adoramos, Cristo, y te bendecimos.

R. **Porque por tu Santa Cruz redimiste al mundo.**

Y se termina con esta invocación:

Jesús, pequé: ten piedad y misericordia de mí.

Y termina la Estación con

1.ª estación: Jesús es condenado a muerte.

2.ª Jesús carga con la Cruz.

3.ª Jesús cae bajo el peso de la Cruz.

4.ª Jesús se encuentra con su Santísima Madre.

5.ª El Cireneo ayuda a Jesús a llevar la Cruz.

6.ª La Verónica limpia el rostro de Jesús.

7.ª Jesús cae en tierra por segunda vez.

8.ª Jesús consuela a las hijas de Jerusalén.

9.ª Jesús cae por tercera vez.

10.ª Jesús es despojado de sus vestiduras.

11.ª Jesús es clavado en la Cruz.

12.ª Jesús muere en la Cruz.

13.ª Jesús es bajado de la Cruz y puesto en brazos de su Madre.

14.ª Jesús es puesto en el sepulcro.

7. CONOCIMIENTOS CRISTIANOS BÁSICOS

1. Los diez Mandamientos de la Ley de Dios

1.º Amarás a Dios sobre todas las cosas.

2.º No tomarás el nombre de Dios en vano.

3.º Santificarás las fiestas.

4.º Honrarás a tu padre y a tu madre.

5.º No matarás.

6.º No cometerás actos impuros.

7.º No robarás.

8.º No dirás falsos testimonios ni mentirás.

9.º No consentirás pensamientos ni deseos impuros.

10.º No codiciarás los bienes ajenos.

Estos diez Mandamientos se resumen en dos: Amarás a Dios sobre todas las cosas, y al prójimo como Jesús te ha amado y te ama.

2. Las ocho Bienaventuranzas

1.ª Bienaventurados los pobres en el espíritu, porque de ellos es el reino de los cielos.

2.ª Bienaventurados los mansos, porque ellos heredarán la tierra.

3.ª Bienaventurados los que lloran, porque ellos serán consolados.

4.ª Bienaventurados los que tienen hambre y sed de la justicia, porque ellos quedarán saciados.

5.ª Bienaventurados los misericordiosos, porque ellos alcanzarán misericordia.

6.ª Bienaventurados los limpios de corazón, porque ellos verán a Dios.

7.ª Bienaventurados los que trabajan por la paz, porque ellos serán llamados hijos de Dios.

8.ª Bienaventurados los perseguidos por causa de la justicia, porque de ellos es el reino de los cielos.

Bienaventurados vosotros cuando os insulten y os persigan y os calumnien de cualquier modo por mi causa. Alegraos y regocijaos, porque vuestra recompensa será grande en el cielo (Mt 5, 3-12).

3. Los siete dones del Espíritu Santo

Don de sabiduría.
Don de inteligencia.
Don de consejo.
Don de fortaleza.
Don de ciencia.
Don de piedad.
Don de temor de Dios.

4. Los doce frutos del Espíritu Santo

Caridad, gozo, paz, paciencia, longanimidad, bondad, benignidad, mansedumbre, fidelidad, modestia, continencia y castidad.

5. Las siete virtudes

Teologales: fe, esperanza y caridad.
Cardinales: prudencia, justicia, fortaleza y templanza.

7. Las catorce obras de misericordia

Siete espirituales:

1ª Enseñar al que no sabe.
2ª Dar buen consejo al que lo necesita.
3ª Corregir al que yerra.
4ª Perdonar las injurias.
5ª Consolar al triste.
6ª Sufrir con paciencia los defectos del prójimo.
7ª Rogar a Dios por vivos y difuntos.

ORACIÓN A SAN JOSÉ

Salve, custodio del Redentor
y esposo de la Virgen María.

A ti Dios confió a su Hijo, en ti María
depositó su confianza, contigo Cristo
se forjó como hombre.

Oh, bienaventurado José, muéstrate
padre también a nosotros y guíanos
en el camino de la vida.

Concédenos gracia, misericordia y
valentía, y defiéndenos de todo mal.
Amén.

Siete corporales:

1ª Visitar y cuidar a los enfermos.
2ª Dar de comer al hambriento.
3ª Dar de beber al sediento.
4ª Dar posada al peregrino.
5ª Vestir al desnudo.
6ª Redimir al cautivo.
7ª Enterrar a los muertos.

8. Los siete pecados capitales

1° Soberbia (contra la humildad).
2° Avaricia (contra la largueza).
3° Lujuria (contra la castidad).
4° Ira (contra la paciencia).
5° Gula (contra la templanza).
6° Envidia (contra la caridad).
7° Pereza (contra la diligencia).

9. Los cinco mandamientos de la Iglesia

1° Participar en la misa entera todos los domingos y demás fiestas de precepto, no realizar trabajos serviles.
2° Confesar, al menos una vez al año, los pecados graves de que se tenga conciencia.
3° Recibir el sacramento de la Eucaristía al menos por Pascua.
4° Abstenerse de comer carne, y ayunar en los días establecidos por la Iglesia (ayuno y abstinencia: *el miércoles de ceniza y el viernes santo;* abstinencia: *los viernes de cuaresma).*
5° Ayudar a las necesidades de la Iglesia

1. BIBLIA. EVANGELIO

LA BIBLIA PARA LEER

La Biblia de la familia 1.400 p.+CD-Rom interactivo. Texto completo. 21,5x28,5 cm. Color. Cartoné. Canto Dorado. Un gran regalo para bodas. 45 €

La Biblia. Leer. Pensar. Orar... Cada día. 1310 p. 13,50 x 21 cm. Traducción interconfesional. Con método de la Lectio Divina 10 €

La Biblia. Dios habla hoy: El Libro. 1866 p. 12x18,5 cm. 17,75 €. Biblia interconfesional. Texto completo. Ilustraciones. Índices y cuadros pedagógicos.

San Pablo, Hechos y Cartas. 222 p. Texto completo. 2,20 €

San Pablo. Testimonio y doctrina. *Texto de las Cartas por orden temático* 230 p. 8,25 €

LA BIBLIA PARA ESCUCHAR

42 CD + 4 libros: 139 €/USB: 139 €

1. Antiguo Testamento 1. Textos selectos de Pentateuco, Históricos, Narraciones, Sapienciales, Profetas. Libro: 934 p. 15,75 €. Libro+17CD:65€/**USB:** 65 €

2. Antiguo Testamento 2. Los Salmos. 150 salmos. Libro: 322 p. 7,50 €. Libro + 4 CD: 19 €/ **USB:** 19 €

3. Nuevo Testamento 1. Los Cuatro Evangelios. Texto íntegro. Libro: 508 p. 9,75 €. Libro+10 CD: 45 €/**USB:** 45 €

4. Nuevo Testamento 2. Hechos, Cartas, Apocalipsis. Texto íntegro. Libro: 646 p. 9,50 €. Libro + 11 CD: 49€ / USB: 49€

BIBLIAS PARA NIÑOS

Mi primera Biblia. Para niños a partir de 3 años. 26 p. cartón. 16x15,5 cm. Color. Cartoné acolchado. 9,50 €

La Biblia de los niños. A partir de 5 años. 142 p. 21,5x24 cm. Color. Ilustrada. Cartoné. 17,00 €

La Biblia de los pequeños. *Antiguo y Nuevo Testamento para los niños.* 200 p. Cartoné. Color + CD. 24x34 cm. 22,50 €

La Biblia, mi amiga. 320 p. 14x20,5 cm. Color. Ilustrada. Cartoné. 50 relatos para niños mayores y preadolescentes. Primera Comunión. 18 €

Jesús nos cuenta. Las parábolas del Evangelio. 128 p. Ilustradas y adaptadas para los más pequeños. 24x34 cm. 17,25 € Color. Cartoné.

EL EVANGELIO PARA LEER

El Evangelio para nuestros mayores. 500 p. 13,25 €. Letra grande. Bicolor. Reflexión-oración diaria de José A. Martínez Puche, O.P.

El Evangelio. *Oraciones y vida cristiana.* 218 p. 1,25 €. Texto de los cuatro Evangelios para cada día del año con oraciones cristianas. J. A. Martínez Puche.

El Evangelio. *Recuerdo de mi Primera Comunión.* 218 p. 3 €.Texto evangélico para cada día. Oraciones y vida cristiana. Para regalar a todos los niños.

El Evangelio. *Recuerdo de mi Confirmación.* 218 p. 1,25 €. Texto evangélico para cada día. Oraciones y vida cristiana. Para regalar a todos los confirmandos.

El Evangelio *(para cada día del año).* 186 p. Texto de los cuatro Evangelios para cada día del año. Rústica. 1 €. Cartoné. 3 €

El Evangelio para cada día. *Y vocabulario evangélico popular.* 326 p. 5,25 €. Texto evangélico para cada día. Índices de textos, onomástico y numérico. Santoral.

El Evangelio en crucigramas.

Textos de los evangelios concordados con pasatiempos (4ª ed.) 614 p. 15 €
Ejercicios y pasatiempos de "El Evangelio en crucigramas" (2ª ed.). 310 p. 4 €. Sólo los pasatiempos del libro anterior.
Evangelio de los Hebreos. *Vida de Jesús, según los Evangelios y escritos apócrifos.* Pseudo Leví Hispano. 276 p. 8,50 €

EL EVANGELIO PARA ESCUCHAR

Los Evangelios. *Vida y doctrina de Jesucristo en los Cuatro Evangelios.* Textos seleccionados. Libro: 100 p. 2,75 €. Libro+ 1 CD: 9 € seleccionados por J. A. Martínez Puche.
Las Palabras de Jesús. Todo lo que dijo el Señor (extraído de los Cuatro Evangelios por J. A. Martínez Puche.). Libro: 264 p. 5,50 €. Libro + 4 CD: 29 €

PARA COMPRENDER LA BIBLIA

Libros de exégesis, estudios, comentarios bíblicos y reflexión espiritual sobre la Palabra de Dios

Comprender las Escrituras. *Curso completo para el estudio de la Biblia* Scott Hahn. 550 p. Color Rústica. 21,50x28 cm. 45 €.
La Biblia, comentada por ella misma. Jesús Cantera. 368 p. 11,50 €

EL ANTIGUO TESTAMENTO

El Pentateuco. *Historia y sentido* (2ª ed.). A.-Á. García. 292 p. 15 €
Moisés, contado por los sabios. E. Fleg. 246 p. Escritos de los sabios de Israel. 12,50 €
Comentario al Cantar de los Cantares. J-F. Rey. 212 p. 12 €
Cantar de los Cantares. *Resonancias bíblicas.* E. Jiménez. 314 p. 15,25 €
Introducción al estudio de los Salmos. J. G. Trapiello. 232 p. 12 €

EL NUEVO TESTAMENTO

Palabras de Cristo. *El mensaje del Evangelio de Mateo.* Mons. P. Mori. 168 p. 11 €
Hágase en mí. *Comentario espiritual a San Mateo, en 24 charlas.* Ch. Villarroel. 312 p. + CD (56 charlas). 11,25 €
Cristo, mi justicia. *En Cristo estamos salvados.* Comentario y vivencia de Romanos 1-8. Chus Villarroel. 374 p. 12,50 €
Comentario al Evangelio según San Juan. Santo Tomás de Aquino. Del Tomo I al VIII: 7,50 €; Tomos IX y X: 10 €. **Tomo I.** *Cap. 1.* 264 p. **Tomo II.** *Cap. 2, 3 y 4.* 256 p. **Tomo III.** *Cap. 5 y 6.* 256 p. **Tomo IV.** *Cap. 7 y 8.* 224 p. **Tomo V.** *Cap. 9 y 10.* 188 p. **Tomo VI.** *Cap. 11 y 12.* 208 p. **Tomo VII.** *Cap. 13 y 14.* 214 p. **Tomo VIII.** *Cap. 15, 16 y 17.* 252 p. **Tomo IX.** *Cap. 18 y 19, 140 p.* y **Tomo X.** *Capítulos 20 y 21, 236 p.*
Precio de la colección de 10 tomos: 60 €
Pasión de Nuestro Señor Jesucristo. F. Fdez. Ramos. 240 p. 20 €
Pasión y muerte del Señor. Mons. Celso Morga. 252 p. 7,50 €
El Evangelio leído con humor. S. Gil del Muro. 176 p. 8,25 €.
Claves para leer los evangelios sinópticos (2ª ed.). Gerardo Sánchez. 276 p. 14 €
La revolución de la misericordia *Comentario a la parábola del hijo pródigo y al relato de la mujer pecadora.* Mons. Francisco Cerro. 136 p. 9,50 €
El evangelio de la misericordia. J. Peraire. 160 p. 10,50 €
La familia, hogar de la misericordia. J-R. Flecha. 160 p. 10,50 €

ENSEÑANZAS DEL PAPA FRANCISCO

Un libro de cada año de su pontificado con los textos completos de todas sus intervenciones públicas, documentos y homilías.

- **Diccionario primero del Papa Francisco. 2013.** 816 p. 31 €
- **Diccionario segundo del Papa Francisco. 2014.** 904 p. 39 €
- **Diccionario tercero del Papa Francisco. 2015.** 1.032 p. 35 €

2. DIOS . JESUCRISTO

DIOS

Misterio trinitario. *Dios, desde el silencio y la cercanía* (2ª ed.). S. Fuster. 298 p. 15 €

Eucaristía y Trinidad para el siglo XXI. *Doce catequesis* (2ª ed.). Sebastián Fuster. 180 p. 8,75 €

Para encontrar a Dios. *Vida teologal.* M. Gelabert. 292 p. Las virtudes teologales. 15 €

Vivencias de gratuidad. *Dios me salva* (3ª ed.). Chus Villarroel. 366 p. 10 €

Historia de la salvación. *Historia de amor de Dios al hombre.* Emiliano Jiménez. 342 p. 16,25 €

Más que Padre. *El Dios de cada día* (2ª ed.). Rafael de Andrés. 386 p. 11,50 €. 500 textos sobre Dios.

JESUCRISTO

Las credenciales de Jesús. *Perfil humano y mensaje divino.* J. Álvarez. 276 p. Presentación de Jesús para creyentes y no creyentes. 14,50 €

El Señor de la Historia. *Manifestaciones extraordinarias de Jesucristo.* D. Pajariño. 372 p. Recorrido histórico de apariciones de Jesús. 18 €

Jesús. Volver a los comienzos. F.J. Sáez de Maturana. 1144 p. Cartoné. Una obra completa sobre Jesús. Presentación: J.A. Pagola. 9,80 €

Jesús de Nazaret. A. Hari. 228 p. Cartoné. Color. 18,5x23.5 cm. 18 €. Los niños conocen Jesús a través de diez temas.

Un hombre llamado Jesús. A. Ruegenberg (ilust.), G. Wieghaus (Texto). 56 p. Color. Cartoné. 23,5x31 cm. 13,75 €. Jesús visto a través de los ojos de los niños, que están presentes en las principales escenas de su vida, según el Evangelio de Lucas.

Jesucristo, revelación del misterio del hombre. *Ensayo de Antropología Teo-lógica* (4ª ed.). Martín Gelabert. 268 p. 15 €

Jesucristo en sus misterios. Columba Marmion. 344 p. 10,50 €

El lado humano de Jesús de Nazaret. J. Salvador. 438 p. 12,50 €

Emaús. *Era necesaria la pasión y la glorifica-*

-ción de Cristo. I. Domínguez. 156 p. 5,75 €

Mi Cristo roto. *Guión literario.* R. Cué. 160 p. Meditaciones cuaresmales en TVE. 4,50 €

Mi Cristo roto, de casa en casa (3ª ed.). Ramón Cué. 196 p. Segunda parte de *Mi Cristo Roto.* 5,50 €

La Sábana Santa de Turín. *Su autenticidad* (10ª ed.). J. Loring. 254 p. 9,50 €

Jesús, el dinero y los negocios. J. Salvador. 256 p. 10,50 €

Jesucristo. *Todo un Hombre, todo un Dios.* J. Álvarez. 288 p. 8,75 €

Jesús, siempre y más. *Mil opiniones sobre Cristo* (2ª ed.). R. de Andrés. 526 p. 11,50 €

La Cristíada. *Vida de Jesús, N.S.* (1611). F. Diego de Hojeda. 528 p. Edición facsímil de 1896, bicolor, con dibujos originales. 41 €

Las Siete Palabras de Nuestro Señor Jesucristo en lal Cruz. Fr. Antonio Royo Marín. 100 p. 10 €

Colección
DOCE VIDAS DE JESÚS

Colección de obras clásicas de la exégesis y de la teología sobre Jesucristo. Formato 13,50 x 20,50 cm. Colección completa **179 €**

Vida de Jesucristo según el Evangelio (2ª ed.). J. M. Lagrange, O.P. XII + 544 p. Obra clásica de la exégesis. 17,45 €

La más antigua vida de Jesús: Diatessaron (3ª ed.). Taciano. 270 p. 12 €. Los cuatro Evangelios en un solo relato del siglo II.

Vida de Cristo (2ª ed.) Fray Luis de Granada, O.P. 366 p. 13,25 €

Jesucristo (2ª ed.). L. Grandmaison. 644 p. 21 €. Cristología clásica.

Vida de Jesús según los Evangelios sinópticos (2ª ed.) J. Salguero, O.P. 356 p. 13,85 €.

Nuestro Señor Jesucristo según los Evangelios (2ª ed.) L.C. Fillion. 448 p. 14,45 €

Memorias de un reportero de los tiempos de Cristo (2ª ed.) Carlos Mª de Heredia, S.J. 1.010 p. 23,45 €. Texto novelado, fiel al Evangelio.

Vida de Nuestro Señor Jesucristo (2ª ed.). Remigio Vilariño, S.J. 654 p. 21 €

Vida de Jesús. François Mauriac 224 p. 10,50 €. Joya literaria del novelista francés.
História de Cristo (3ª ed.). Giovanni Papini. 384 p. 14,45 €. Su obra cumbre.

Vida de Jesucristo (2ª ed.) Giovanni Ricciotti. 596 p. 19,25 €
Vida de Jesús en el país y pueblo de Israel. Franz Michele William. 494 p. 17,45 €

3. LA VIRGEN MARÍA. EL SANTO ROSARIO

Colección
BIBLIOTECA MARIANA
Colección de grandes clásicos sobre la Virgen María. Formato 14 x 17 cm.

María en la Biblia y en los Padres de la Iglesia (3ª ed.). J-R. Flecha, K. Stock, J. A. M. Puche. 392 p. 13,25 €
Documentos pontificios marianos (3ª ed.). J. A. M. Puche, J. Gil. 510 p. Diecinueve siglos de Magisterio. 16,50 €
San Bernardo de Claraval y san Alberto Magno hablan de María. *Homilías marianas. Marial* (2ª ed.). D. Yáñez, J. Álvarez., J. A. M. Puche. 322 p. 11,30 €
San Luis Mª G. de Montfort y san Alfonso hablan de María (3ª ed.). San Luis: *Tratado de la verdadera devoción a la Santísima Virgen. El secreto de María.* San Alfonso: *Las glorias de María, La salve. Las virtudes de María.* 490 p. 17,25 €
Antología mariana. *100 autores hablan de María* (3ª ed.). J. A. M. Puche, R. de Andrés. 422 p. 14,90 €
María en la literatura y en el arte (2ª ed.). Fray Luis de Granada (*Vida de María*). Poetas, pintores y escultores honran a la Virgen. 382 p. Color. 19,50 €
El Año Mariano. *Cada día con María* (2ª ed.). J. A. M. Puche. 688 p. Liturgia, teología, historia, piedad. Apéndice: El Rosario. El Escapulario del Carmen. 23,50 €
María, Madre de la Hispanidad (2ª ed.). *Vírgenes patronas de España y América.* J. A. Martínez Puche, O.P., R. del Olmo. 636 p. + 84 en color. 24,50 €
Enciclopedia de la Virgen. J. A. M. Puche, O.P., I. H. de la Mota, R del Olmo, O.S.A. 1950 p. 59,50 €
Biblioteca Mariana. Colección completa + Enciclopedia de la Virgen 179 €

Colección
LA SIERVA DEL SEÑOR
María y la renovación carismática Vicente Martínez-Blat. 152 p. 10 €
María, madre del Redentor. E. Jiménez. 328 p. 15,75 €. María, en su virginidad fiel y fecunda, nos muestra el verdadero camino de la fe.
El Evangelio de María. G. Blanquière. 152 p. 12,75 €
La hija de Joaquín. *Comprensión de la humanidad de María.* C. Paradinas. 128 p. 8 €
Vida de la Virgen María. R. L. Melús. 226 p. 13,75 €
La Virgen María. *Historia. Teología. Devoción.* J.Á. Maestro. 220 p. 9 €
El misterio de Guadalupe. Ramiro Ribas. 272 p. 11,50 €. María ayuda a entender la fe y combatir el mal.
Secretos de Fátima. G. Gòrny, J. Rosikon. El Mayor enigma del siglo XX en un libro completamente ilustrado. Imprescindible para conocer la historia y mensajes de Fátima. 400 p. 29 €

Y además
Imitación de María. T. de Kempis. 144 p. 6,80 €
La Iglesia habla de María. *50 años de documentos marianos pontificios.* AA.VV. 418 p. 15 documentos, desde Pío XII a Juan Pablo II. 5,75 €
María. *Un itinerario dogmático.* D. Cerbelaud. 384 p. 25 €
María, la Madre del Señor, en el Nuevo Testamento. Klemens Stock. 184 p. 9 €.
Vida de María. *Vida y misterio de la Santísima Virgen.* Fray Luis de Granada. 108 p. 5,50 €
El libro de la Inmaculada. *Doctrina, historia, poesía y arte.* J. A. M. Puche. 208 p. 10,25 €

Mariam de Judá. *Vida de María.* Jaime Colomina. 278 p. 11,75 €

Queridos hijos. Testimonios sobre Medjugorje. M. Danelon. 400 p. 14,50 €

El Avemaría. L. L. de las Heras. 82 p. 5,25 €. Estudio bíblico y espiritual del Avemaría.

Virgen de Guadalupe, Señora del Tepeyac (2ª ed.). J. A. Montes. 70 p. Historia de las apariciones y actualidad. 4,75 €

Memorias de María, memorias de Juan. *La vida de Jesús contada por la Madre y el Discípulo.* S. Valero. 252 p. 11,45 €

Fátima, ternura y misericordia, por Mons. Francisco Cerro. 2ª edición ampliada y al día. 196 p. 10,75 €

Adorar con María. M-B. Angot. 146 p. La oración con María y oraciones de adoración, por la fundadora de *Casas de Adoración.* 5,25 €

LIBROS SOBRE EL ROSARIO

Rosarios para las fiestas del Señor. Por Marie. 168 p. Veinticuatro rosarios originales para todo el año litúrgico. 10 €

Para rezar el Rosario. A. González. 104 p. Libro básico para rezar el Rosario. Por qué, cómo y diversas formas de hacerlo. 5 €

El Rosario meditado. *Una reflexión del evangelio para cada Avemaría* (8ª ed.). P. Meseguer. 48 p. Color. Los 20 misterios. 1,50 €

El Rosario de la Virgen María (6ª ed.). *Carta apostólica.* Juan Pablo II. 46 p. 2,50 €

El Rosario de Juan Pablo II. *Los 20 misterios comentados por el Papa.* (12ª ed.). J. A. M. Puche. 48 p. Color. 1,50 €

El libro del Rosario. *Historia, doctrina, práctica, diccionario.* J. A. M. Puche. 304 p. Cartoné. 12,50 €

Rosario Bíblico. *Comentario y meditaciones de los veinte misterios.* Salvador Muñoz Iglesias. 178 p. 5 €

El Rosario de María. *Palabra de Dios para la contemplación de los 20 Misterios.* J. A. M. Puche. Desplegable 7,5 x 21,5 cm., a todo color (100 unidades). 10 €

El Rosario de la Virgen. Hoja bicolor plastificada de bolsillo (100 unidades). 7 €

El Rosario, oración de un corazón en vela. *Mis conversaciones con Maciej, que no lo reza.* Emilio Cárdenas. 130 p. 5,25 €

La Virgen del Rosario y santo Domingo en el arte. D. Iturgaiz. 144 p. + 24 láminas color. Cartoné. 11,50 €

PARA REZAR EL ROSARIO

Rosario con san Juan Pablo II. Comentario y rezo de los 20 Misterios, letanías y Salve. 2 CD+Libro 88 p. 16 €

El Rosario. Comentario bíblico, rezo de los 15 Misterios y letanías. 1 casete: 4 €. J.A. M. Puche. En catalán (**Sant Rosari**): 4 €

El Rosario/20. Comentario y rezo de los 20 Misterios. J.A.M. Puche. 2 CD: 13 €.

Santo Rosario/20. Los 20 Misterios con comentario de san Josemaría Escrivá. 2 CD + folleto: 18,50 €. 2 casetes: 8 €

El Rosario del Papa. Juan Pablo II comenta y reza los 15 Misterios. Letanías, Ángelus y Salve. 2 CD: 14 €.

Rosario con Juan Pablo II. Reflexiones y rezo por el Papa de los 15 Misterios. Letanías y Salve. 1 casete. 5 €

El Rosario del Papa (electrónico). Rosario Juan Pablo II. Aparato electrónico con los 20 misterios del Rosario, automatizados para cada día de la semana. Con auriculares 49 €.

ROSARIO ELECTRÓNICO

EL ROSARIO ELECTRÓNICO es un aparato ideal para que los mayores y los enfermos puedan rezar cada día el rosario, sencillamente pulsando solo el botón del día de la semana: L.M.M.J.V.S.D. El mismo aparato contiene las 7 grabaciones.

4. ESPIRITUALIDAD

Palabras de oro
CLÁSICOS DE ESPIRITUALIDAD

Imitación de Cristo (6ª ed.). Tomás de Kempis. 456 p. Traducción de Fray Luis de Granada. 11,75 €

Tratado del Amor de Dios (3ª ed.). S. Francisco de Sales. 952 p. 17,50 €

Credo, Padrenuestro. Avemaría. *Exposición y comentarios.* Santo Tomás de Aquino. 240 p. 12,15 €

El arte de aprovechar nuestras faltas según san Francisco de Sales. J. Tissot. 216 p. 11,75 €

Guía de pecadores. Fray Luis de Granada. 784 p. 19,75 €

A los catequistas y catecúmenos. San Agustín. 320 p. 12,50 €

Libro de la vida. Santa Teresa. 516 p. 17,50 €

Relatos de un peregrino ruso. Anónimo. 112 p. El gran libro de la espiritualidad del Oriente cristiano. 5 €

Confesiones. San Agustín. 448 p. Texto íntegro. 7,75 €

Tratados espirituales de San Vicente Ferrer. *De la vida espiritual, Sobre las tentaciones de la fe, Vida de Cristo en la Misa.* San Vicente Ferrer. 168 p. 5,50 €

El alma de todo apostolado. J. B. Chautard. 240 p. 8,90 €

Colección
ESPIRITUALIDAD DE LOS PADRES DE LA IGLESIA

Nueve libros de divulgación patrística, preparados por las Benedictinas de la Abadía argentina de Santa Escolástica, con selección de textos por temas. Formato 12 x 18 cm. Cada libro 5 €. Colección completa: 37,50 €

La Virgen María. *Padres de la Iglesia.* 132 p.

El Bautismo. *Padres de la Iglesia.* 128 p.

El tiempo de Cuaresma. *Padres de la Iglesia.* 126 p.

Felices los pobres. *Padres de la Iglesia.* 112 p. Sobre la pobreza.

El misterio de la Navidad. *Padres de la*

Iglesia. 96 p.

La conversión. *Padres de la Iglesia.* 104 p.

La unidad de la Iglesia. *Padres de la Iglesia.* 88 p.

Dios y el César. *Padres de la Iglesia.* 144 p. Sobre las relaciones Iglesia-Estado.

La oración. *Padres de la Iglesia.* 136 p.

Colección
EL PAN DE CADA DIA

Colección de libros de espiritualidad para la reflexión y la meditación breve de cada día. Formato 11 x 18 cm.

1. Los cinco minutos de Dios (34 ed.). Alfonso Milagro. 402 p. 8 € Pensamiento bíblico y reflexión para cada día del año.

2. El Evangelio para cada día. *Y vocabulario evangélico popular.* J. A. M. Puche. 326 p. 5,25 € Texto evangélico para cada día. Índices de textos, onomástico y numérico. Santoral.

3. Silencios en alta voz. A. Barriales. 406 p. 8,75 € Reflexiones para cada día de año emitidas en la COPE.

5. El poder del amor cambia tu vida. E. Gómez Navarro. 200 p. 16 € Textos sobre el amor inspirados en la Carta de San Pablo a los Corintios.

6. Palabras de sabiduría. José Román Flecha. 428 p. 20€

7. Oración, un diálogo en plenitud. E. Gómez Navarro. 240p. 16 €

PARA LOS MOMENTOS DIFÍCILES

¿Para qué sufrir? *Sentido del dolor humano, a la luz de la fe en Cristo.* Á. M. Rojas. 140 p. 10 €

Crecer desde el sufrimiento. 319 p. 10,75 €

¿Por qué a mí? A. Grün. 154 p. El misterio del dolor y la justicia de Dios. 10,50 €

Colección AGUA VIVA
Para meditar y reflexionar
Colección de escritos de espiritualidad

...editación y reflexión cristiana. Formato 15 x 21 cm. Serie Minor 12x18 cm.

- **La vida como oblación por los sacerdotes.** Pensamientos de la Madre María del Carmen. 152 p. 6 €
- **Autorretrato de Santa Gema Galgani.** 184 p. 7,50 €
- **Autorretrato de Edith Stein.** 148 p. 7 €
- **Teología y espiritualidad de la santa Juana.** *Una mujer predicadora.* García. 386 p. 14 €
- **Las enseñanzas espirituales del Maestro Gracián.** Amigo y director espiritual de santa Teresa. V. Martínez-Blat O.C.D. 288 p. 11 €
- **La predicación de san Antonio de Padua.** *Exposición sistemática.* L. Pérez O.F.M. 416 p. 15,90 €
- **Nacimiento e infancia de Jesús.** ...na Catalina Emmerick. 232 p. 14 €
- **Pasión y Resurrección de Jesús.** ... C. Emmerick. 338 p. 13,50 €
- **Vida de la Virgen María, los apóstoles, los Mártires y los San-...s.** A. C. Emmerick. 252 p. 11 €
- **0. San Juan Crisóstomo.** *Pensamiento ...piritual.* J.Álvarez. 208 p. 10 €
- **1. Cartas de santa Gema Galgani.** *A su ...rector espiritual,* P. Germán de San Estanislao, ...usionista. P. García M. 352 p. 13,50 €
- **2. Pier Giorgio Frassati.** Arturo José ...tero García. 186 p. 16,00 €

además:

- **Meditaciones y devociones.** Beato J. ... Newman. 332 p. Escritos de la etapa ...atólica del cardenal. 7,50 €
- **1 pozo y los charcos.** G. K. ...hesterton. 288 p. 7,25 €
- **scritos esenciales.** *Una confianza muy ...ncilla.* Roger de Taizé. 208 p. Antología ...e Marcello Fidanzio. 11,75 €
- **anta Faustina y la Divina Miseri-...ordia.** R. Iaria. 264 p. Escritos de santa ...austina Kowalska. 6 €
- **ncuentros con Merton.** *Reflexiones ...spirituales.* H. Nouwen. 112 p. Introducción ...su vida y pensamiento. 9,50 €
- **...uía de la vida interior.** J. Otón. 232 p. Un ...glar escribe para el cristiano actual. 7,75 €
- **...quí en la tierra como en el cielo.** ...s novísimos, asunto de esta vida. Atilano ...láiz. 230 p. 8,75 €

Síntesis de espiritualidad católica. J. Rivera, J.Mª Iraburu. 432 p. 9 €

La tierra del Maestro. *Ejercicios espirituales en los santos lugares* (2ª ed.). Francisco Mª López Melús. 314 p. 10,50 €

El Apostolado de la Oración. *Ascuas o cenizas, en 66 preguntas y respuestas.* D. Muñoz. 146 p. 2,50 €

Corazón de Cristo. *Belleza que salva al mundo.* Mons. Francisco Cerro. 78 p. 5 €

Cartas de un ángel a su sobrino. Janusz Pyda. 126 p. 6,40 €

Armonía interior. *Un camino posible* (9ª ed.). Anselm Grün. 150 p. Cómo lograr la paz espiritual. 11 €

Sanación del alma. *Sanar las heridas de la infancia. Impulsos espirituales.* Anselm Grün. 222 p. 15,30 €

Colección LUX FIDEI

Ángeles y demonios. *Criaturas celestiales.* Santiago Cantera. 280 p. 13,50 €

El Dios que viene. G. Blanco, J. Carballo, M. Santos (eds) 228 p. 16 €

Lo humano que viene. G. Blanco, J. Carballo, M. Santos (eds). 136 p. 15 €

Palabra de Dios en lenguaje humano. Jesús Espeja y Jesús Díaz Sariego. 208p. 16€.

Seducidos por la Sabiduría. Vivir honestamente, estudiar y enseñar. Javier Carballo. 256 p. 19 €.

Teología ¿para qué? Martín Gelabert. 122 p. 15€.

EL EVANGELIO DE JUAN, COMENTADO POR SANTO TOMÁS (10 tomos)

Tomo I. *Capítulo 1.* 264 p.
Tomo II. *Capítulos 2, 3 y 4.* 254 p.
Tomo III. *Capítulos 5 y 6.* 264 p.
Tomo IV. *Capítulos 7 y 8.* 224 p.
Tomo V. *Capítulos 9 y 10.* 188 p.
Tomo VI. *Capítulos 11 y 12.* 208 p.
Tomo VII. *Capítulos 13 y 14.* 216 p.
Tomo VIII. *Capítulos 15, 16 y 17.* 216 p.
Tomo IX. *Capítulos 18 y 19.* 140 p.
Tomo X. *Capítulos 20 y 21.* 236 p.

Del Tomo I al VIII: 7.50 € cada tomo.
Del Tomo IX y X: 10 € cada tomo.

5. FRASES, PENSAMIENTOS y PEQUEÑOS LIBROS

Colección
UN PENSAMIENTO
PARA CADA DÍA

Colección de pensamientos o reflexiones del personaje para cada uno de los días del año... Formato 10x14,5 cm.

1. Los Salmos. 192 p. 4 € 2. Salomón y los sabios de Israel. 160 p. 4 € 3. S. Pablo. 216 p. 5 € 4. S. Agustín. 160 p. 4 € 5. Padres de la Iglesia 1. 170 p. 4 € 6. Sto. Tomás de Aquino. 192 p. 4,50 € 7. Sta. Catalina de Siena . 192 p. 4,50 € 8. S. Ignacio de Loyola. 160 p. 4 € 9. Sta. Teresa. 160 p. 4 € 10. S. Juan de la Cruz. 158 p. 4 € 11. S. Juan de Ávila. 164 p. 4 € 12. Fray Luis de Granada. 204 p. 4,50 € 13. S. Francisco de Sales. 160 p. 4 € 14. El cura de Ars. 128 p. 4 € 15. Sta. Teresita del Niño Jesús. 184 p. 4,50 € 16. S. Juan Bosco. 128 p. 3,50 € 17. S. Claudio de la Colombière. 144 p. 3,70 € 18. Sta. Faustina Kowalska. 194 p. 4 € 19. Sta. Genoveva Torres. 160 p. 4 € 20. Sta. Ángela de la Cruz. 160 p. 4 € 21. Sta. Maravillas de Jesús. 160 p. 4 € 22. El Padre Pío. 144 p. 3,50 € 23. Madre Teresa de Calcuta. 168 p. 4 € 24. S. Juan Pablo II. 158 p. 4 € 25. Padres de la Iglesia / 2. 170 p. 4 € 26. Sta. Margarita Mª Alacoque. 136 p. 3,50 € 27. S. Francisco Javier. 132 p. 4 € 28. S. Rafael Arnaiz Barón. 168 p. 5,50 € 29. S. Josemaría Escrivá de Balaguer. 192 p. 4 € 30. Roger de Taizé. 192 p. 4 € 31. Medjugorje. Mensaje de Ntra. Sra. de la Paz. 256 p. 5,50 € 32. S. Pedro Julián Eymard. S. Aylwin. 160 p. 5 € 33. Bta. Esperanza de Jesús. C. Caballero. 176 p. 4 € 34. Sto. Tomás Moro. 184 p. 5 € 35. Sta. Gema Galgani. 140 p. 5,50 € 36. S. Felipe Neri. 108 p. 5 € 37. S. Alberto Hurtado. 144 p. 5 € 38. Bto. Carlos de Foucauld. 148 p. 5,50 € 39. S. Antonio de Padua. 140 p. 5,50 € 40. S. Vicente de Paúl. 140 p. 5,50 € 41 S. Manuel González. 140 p. 6,50 € 42 S. John Henry Newman. 158 p. 7€ 43 Sta. Juana F. Chantal. 160 p. 6,50€ 44 Edith Stein. 164 p. 6,50€ 45 Stos. Padres Hispanos. 144 p. 8€

Colección
PEQUEÑAS HISTORIAS
DE SANTIDAD

Libritos divulgativos a todo color. Formato 8,50 x 12 cm. 34 p. (1,44) 1,50 € cada uno Colección Completa 12,50 €

San Juan Bautista, predicador
San Pedro, Apóstol
San Juan Bosco
Santa María Goretti
San José, esposo de María
San Agustín, obispo
Beato Juan XXIII
Santiago el Mayor, Apóstol
San Pablo, Apóstol

FRASES Y RECOPILACIONES

Tu palabra me da vida. (2ª ed.). *100 pensamientos de la Biblia.* J. Sáinz. 240 p. 4 €
Al dictado de Dios. *1400 pensamientos la escucha del Señor.* Mª L. Vila. 264 p. 6,50 €
Mil pensamientos para vivir mejor (2ª ed.). Á. Rodríguez (recopilador). 220 p. 5,15 €
Gracias. Meditar con Teresa y Juan Pablo II. G. Schindler (Recopilación). 7 p. Cartoné. Textos selectos de la Madre Teresa de Calcuta y Juan Pablo II. 6,75 €

Colección EL MENSAJE DE...

Colección de libritos a todo color, cartoné. 48 10,5 x 15 cm. Autor: Luis Glinka. 4,50 € cada uno

El mensaje de Jesús
El mensaje de san Agustín
El mensaje de Francisco de Asís
El mensaje de Teresa de Ávila
El mensaje de Juan de la Cruz

6. IGLESIA. ECUMENISMO. PAPAS

IGLESIA. ECLESIOLOGÍA

Atlas histórico de la caridad. Juan Mª Laboa. 240 p. Recorrido histórico por el desarrollo del ejercicio de la caridad en la Iglesia, en sus muchas formas, instituciones y personajes más señalados. 28,50 €

El sentido de la Iglesia. La Iglesia del Señor. Romano Guardini. 188 p. 8,30 €

Esta es tu Iglesia. *Perspectivas desde la fe.* J. Álvarez. 244 p. 9 €

Esta es nuestra fe. *Símbolos de la fe, Teología, Magisterio.* Jesús Álvarez. 278 p. 11,30 €

Mi querida Iglesia, santa y pecadora. M. Purroy. 164 p. 4,50 €

La Iglesia necesita santos. *Santidad, experiencia de Dios.* G. Aparicio. 264 p. 9,90 €

DIÁLOGO INTERRELIGIOSO. ECUMENISMO

Convivencia y Diálogo. *Benedicto XVI y los musulmanes.* Mons. C. Amigo. 168 p. 7,50 €

Hemos roto la Cruz. *Manual de ecumenismo para el pueblo cristiano.* J. Álvarez. 28 p. 9 €

Las religiones del mundo. *Historia, fe y moral en las religiones.* J. Álvarez. 352 p. 11,25 €

MOVIMIENTOS DE IGLESIA

La Parroquia y el Camino Neocatecumenal (2ª ed.). J. Higueras. 144 p. 7,75 €

Legio Mariae. *Manual oficial de la Legión de María.* Legión de María. 468 p. 8,50 €

El alma de la Legión de María. D. Castañón. 110 p. 5,25 €

María y la Renovación Carismática. 152 p. 10 € V. Martínez-Blat

PAPAS

Francisco, nuevo Papa. J. Fernández.128 p. Crónica de la transición de Benedicto XVI a Francisco. Primeros días de pontificado. 9,50 €

Enviados a hacer el bien. J. M. Bergoglio (Francisco). 144 p. Mensajes para sacerdotes y agentes de pastoral. 11,50 €

Europa, identidad y misión. *Aportación de Juan Pablo II a la construcción de Europa.* B. Gazapo, E. Cambón. 408 p. 17,50 €

Juan Pablo II, ¡Santo súbito! *Un nuevo Pentecostés.* A. J. González. 378 p. 6,50 €

Benedicto XVI/Ratzinger habla de Juan Pablo II/Wojtyla. Mª E. Schindler. 112 p. Color, ilustrado. 17x24 cm. 13,75 €

El Papa Benedicto XVI. *Sucesor de Pedro.* M. Collins. 118 p. 14x21 cm. 5,75 €. Biografía completa.

7. MAGISTERIO. DOCTRINA CRISTIANA

ANTOLOGÍAS DE DOCUMENTOS

Encíclicas de Pablo VI. J. A. M. Puche (ed.). 510 p. 22,50 €. Sus seis encíclicas más la Exhortación "*Evangelii nuntiandi*". Índice onomástico y de materias.

Encíclicas de San Juan Pablo II (7ª ed.). J. A. M. Puche. (ed.). 1876 p. 30 €. Las 14 encíclicas y prácticos índices.

Padre, Hijo y Espíritu Santo. *Encíclicas sobre Dios.* Juan Pablo II. 438 p. 5,25 €. *Redemptor hominis, Dominum et vivificantem, Dives in misericordia y Tertio millennio adveniente.*

Exhortaciones Apostólicas de San Juan Pablo II *y la "Evangelii nuntiandi", de Pablo VI.* J. A. M. Puche (ed.). 1296 p. 33 €. Con abundantes y prácticos Índices.

Dios Padre. *Vocabulario de Juan Pablo II sobre el Padre. Encíclica "Dives in misericordia".* J. A. M. Puche. 222 p. 6 €

La Nueva Evangelización. *Enseñanzas del San Juan Pablo II. Aportaciones de Benedicto XVI.* J. A. M. Puche. 142 p. 9,20 €

Sacerdotes para nuestro tiempo. *Juan Pablo II y Benedicto XVI hablan sobre el sacerdocio.* J. A. M. Puche. 382 p. 13,50 €

La Misericordia. *100 textos del Papa Francisco.* J.A. M. Puche (Ed.).196 p. 10 €

Colección
ENSEÑANZAS DE BENEDICTO XVI

Colección preparada por José A. Martínez Puche, O.P. y J. Gil Aguilar, O.Carm. Formato 15,50x21 cm. Cartoné. Recoge todas las intervenciones del Papa a lo largo del año. Cada tomo ofrece un diccionario completo de temas y nombres.

Tomo 1: 2005. 570 p. 19,50 €
Tomo 2: 2006. 1.030 p. 35 €
Tomo 3: 2007. 1.270 p. 43 €
Tomo 4: 2008. 1.022 p. 35 €
Tomo 5: 2009. 970 p. 32 €
Tomo 6: 2010. 942 p. 33 €
Tomo 7: 2011. 1.000 p. 32 €
Tomo 8: 2012. 928 p. 31 €
  Los 8 tomos: 260'50 €. ¡¡OFERTA: 175 €!!

Colección
ENSEÑANZAS DEL PAPA FRANCISCO

• **Diccionario primero del papa Francisco. 2013.** 816 p. 31 €
• **Diccionario segundo del papa Francisco. 2014.** 904 p. 39 €
• **Diccionario tercero del papa Francisco. 2015.** 1032 p. 35 €

ENCÍCLICAS Y OTROS DOCUMENTOS

Lumen fidei. *Encíclica sobre la fe.* Francisco. 84 p. 2,30 €
La alegría del Evangelio. *Evangelii Gaudium.* Francisco. 224 p. 3,50 €
Laudato si'. Francisco. 192 p. 2,50 €
La alegría del amor. Francisco. 240 p. 3,60 €
Laudate Deum. 46 p. 1,90 €.
Alegraos y Regocijaos. Francisco. 128 p. 2,90 €
Vive Cristo, esperanza nuestra. Francisco. 192 p. 3,40 €.
C'Est la Confiance. Francisco. 42 p. 1,90 €. Sobre el amor misericordioso y Santa Teresa del Niño Jesús
Querida Amazonia. Francisco. 96 p. 2,30 €.
Fratelli Tutti. Sobre la fraternidad y la amistad social. 218 p. 3,40 €.
Caminar desde Cristo (6ª ed.). El compromiso de la vida consagrada. 64 p. 3,75 €

Las personas consagradas y su misión en la escuela. C. Educación Católica. 48 p. 2,50 €. Reflexiones y orientaciones.
Ecclesia de Eucharistia. Juan Pablo I. 80 p. 2,50 €. Encíclica sobre la Eucaristía
El sacramento de la redención (3ª ed.). C. Culto Divino. 70 p. 2,50 €. Instrucció sobre la celebración de la Eucaristía
Quédate con nosotros (6ª ed.). Juan Pablo II. 32 p. 1,25 €. Carta Apostólica sobre la Eucaristía.
El Día del Señor. *Carta Apostólica "Dies Domini" sobre la santificación del domingo.* Juan Pablo II. 96 p. 2,75 €
Fides et ratio (2ª ed.). *Encíclica sobre la relaciones entre fe y razón.* Juan Pablo I. 194 p. 4 €. Con índices de materias, ono mástico y de citas bíblicas.
Evangelium vitae (2ª ed.). *Encíclica sobre e valor y el carácter inviolable de la vida huma na.* Juan Pablo II. 252 p. 5,50 €. Apéndic Instrucción "Donum vitae" Con índices.
Reconciliatio et paenitentia. *Exhorta ción Apostólica sobre la reconciliación y penitencia.* Juan Pablo II. 162 p. 4 €
Salvados por la esperanza. Benedict XVI. 64 p. 2 €. Encíclica sobre la esperanz cristiana.
Dios es amor (7ª ed.). Benedicto XVI. 8 p. 2,25 €. Encíclica sobre el amor cristiano
El Sacramento de la caridad Benedicto XVI. 120 p. 2,50 €. Exhortació Apostólica sobre la Eucaristía.
La Palabra del Señor. *Exhortació Apostólica Verbum Domini.* Benedicto XV 204 p. 2,90 €
Caritas in veritate. Benedicto XV 120 p. 2,50 €. Encíclica sobre la caridad e la verdad.
Enseñanzas del Papa en la JMJ 201 Madrid. Benedicto XVI. 144 p. 2,20 € Todas las Intervenciones y el Viacrucis.

DICCIONARIOS

Obras bien preparadas, elegantes, en cartoné, exhaustivas en contenidos. Necesarias para toda buena biblioteca.

Diccionario bíblico ilustrado. N. Molina. 688 p. Color. Cartoné. 20x27 cm. 26,50 €.

Diccionario abreviado del cristianismo. J Álvarez, J. A. M. Puche. 494 p. Más de tres mil voces. 19,50 €.

Diccionario social de los Padres de la Iglesia. Restituto Sierra. 420 p. 17,50 €.

Diccionario doctrinal de san Agustín. P. J. Lasanta, R. del Olmo. 968 p. 29,50 €.

Diccionario teológico de santo Tomás. *Textos de la "Suma" por orden alfabético* J. A. M. Puche. 892 p. 28,75 €

Diccionario de santa Teresa de Jesús. Jesús Martí B. 884 p. 28,50 €. Semblanza, biografía, textos y complemento teológico.

Diccionario teológico-espiritual de san Juan de Ávila. P.J. Lasanta. 552 p. 15 €.

Diccionario de espiritualidad de santa Teresita. *La doctrina de Teresa del Niño Jesús en un millar de textos.* V. Martínez-Blat. 368 p. 11,50 €

Diccionario de Pablo VI. P. J. Lasanta. 870 p. 32 €.

Diccionario social y moral de Juan Pablo II. P.J. Lasanta. 734 p. 2.210 textos. 23,50 €.

Diccionario de teología y espiritualidad de Juan Pablo II. P.J. Lasanta. 1268 p. 32 €.

Diccionario de valores. *De Juan Pablo II a los jóvenes del mundo.* R. Cuadrado. 524 p. 9,80 €.

Doctrina social de la Iglesia. *Diccionario de textos de Benedicto XVI.* J.A.M. Puche. 266 p. 5,50 €.

SÍNTESIS DE LA FE. CATECISMOS

En el nombre del Señor. *Síntesis de la fe y vida cristianas.* E. Carretón. 200 p. 9 €
La fe cristiana explicada. Introducción al cristianismo. Scott Hahn. 616 p. 39 €

Catecismo del Pueblo de Dios, *Creer, vivir, amar y orar con Jesús.* Diego Muñoz. 124 p. 5,50 €
El cristiano ante el judaísmo y el islam. C. de Francisco. 102 p. 5,50 €
Compendio del nuevo Catecismo. *Con notas pastorales y ejemplos.* Mons. J. A. Flores. 510 p. (2ª ed.). 10,75 €
Vive tu fe (4ª ed.). *Esquema Guía para estudiar el Catecismo de la Iglesia Católica.* L. Caram. 388 p. 96 fichas de trabajo con preguntas y pasatiempos. 13,25 €
Enseñanzas del Nuevo Catecismo. Mons. J. A. Flores. 222 p. 4,75 €
Para salvarte. Jorge Loring. 1.004 p. Enciclopedia del católico. (58ª ed.) 18 €
La escuela de Jesús. *Lo fundamental de la vida cristiana en 25 catequesis.* D. Muñoz. 224 p. 6,50 €
Catecismo popular de Dios, uno y trino. *Dios Padre, Jesús, Espíritu Santo.* Diego Muñoz. 248 p. 6,75 €
Catecismo popular de la Eucaristía. Diego Muñoz. 92 p. 2,75 €
Catecismo popular de la Penitencia. Diego Muñoz. 96 p. 5,50 €

LA FE EN IMÁGENES

¡Oh noche realmente gloriosa! M. Coghe. 168 p. La vigilia Pascual y los símbolos de la Pascua. 15 €
El Credo en imágenes. J. A. Rodríguez. 144 p. El mejor regalo para el día de la Confirmación 17 €
El Padrenuestro en imágenes. J. A. Rodríguez. Reflexiones y meditaciones en torno al padrenuestro a través de imágenes. 188 p. 17 €

8. SANTOS, BEATOS Y TESTIGOS

Colección
NUEVO AÑO CRISTIANO

Enciclopedia de doce libros, uno por mes. Dirigida por José A. Martínez Puche, O.P. Contiene: liturgia, santoral -santos, beatos, venerables, siervos de Dios- jornadas eclesiales y tiempos litúrgicos. Encuadernación: cartoné y rústica. Formato 13,50 x 20,50 cm. Los precios indicados son para la encuadernación en rústica; para la de cartoné *hay que sumar* 2 € *más. Colección completa: Rústica:* 179 €. *Cartoné:* 198 €

1. Enero (5ª ed.). 634 p. 20,25 € **2. Febrero** (4ª ed.). 490 p. 15,65 € **3. Marzo** (5ª ed.). 422 p. 13,50 € **4. Abril** (4ª ed.). 475 p. 14 € **5. Mayo** (4ª ed.). 590 p. 18,50 € **6. Junio** (4ª ed.). 570 p. 17,50 € **7. Julio** (4ª ed.). 678 p. 21 € **8. Agosto** (4ª ed.). 756 p. 23,75 € **9. Septiembre** (4ª ed.). 662 p. 20,45 € **10. Octubre** (5ª ed.). 654 p. 20,30 € **11. Noviembre** (4ª ed.). 584 p. 18,25 € **12. Diciembre** (4ª ed.). 634 p. 20,25 €

Colección
VIDAS Y SEMBLANZAS

Biografías y vidas ejemplares de santos, beatos y buenos cristianos. Formato 15x21 cm. Serie Minor: 12x18 cm.

1. Santa Brígida de Suecia. J. Álvarez. 148 p. 8 €

2. Vida de san Romualdo, abad. San Pedro Damián, J-F. Rey. 92 p. 7 €

3. Balduino. el rey que supo amar. J. Mª Salaverri. 128 p. 7,50 €

6. Hildegarda de Bingen. *Profetisa y doctora para el tercer milenio.* P. Dumoulin. 274 p.18 €. Biografía e introducción a la obra de la cuarta "Doctora de la Iglesia"

7. San Bernardo. *El Medievo en su plenitud.* Santiago Cantera Montenegro O.S.B. Prior del Valle de los Caídos. 158 p. 10 €

8. Domingo Barberi. *Apóstol del ecumenismo.* Autobiografía del beato que recibió en la Iglesia católica al cardenal Newman. P. García. 88 p. 7 €

9. San Juan XXIII. *Una vida con sabor a Evangelio.* F. Javier Sáez de Maturana. 408 p. 19 €

10. San Juan Pablo II. Su vida cotidiana. Mons. M. Mokrzycki, B. Grysiak. 132 p. 12,50 €

11. San Juan Pablo II vivía con Dios. Mons. M. Mokrzycki, B. Grysiak. 176 p. 15 €

12. Beata Lucila González. Thomas Baumert. 235 p. 14 €

13. P. Marie-Dominique Philippe. *Obrero de la sabiduría.* Fr. Benoît-Emmanuel. 212 p. Perfil y pensamiento del dominico fundador de los grupos de la Familia San Juan. 14 €

14. Madre Josefa de la Resurrección. J. R. H. Figueiredo. 284 p. Biografía de la fundadora de las Clarisas Reparadoras. 14,50 €

15. Santa Teresa de Jesús. *Biografía poética de una pasión.* P. Galán. 92 p. 7,50 €

16. Santa Isabel de Hungría. *Sólo el amor queda.* S. Cabot. 272 p. 14,50 €

17. San José. *Biografía. Teología. Devoción.* J. Álvarez. 144 p. 10 €

18. Thomas Merton. *Maestro y amigo.* Mª L. López. 188 p. 11,50 €

19. Santa María de la Purísima. T. León. 96 p. 8,50 €

20. Madre María Félix. I.l Roser. 176 p. 10,50 €

21. Santa Bonifacia, maestra de vida. A. Cáceres. 200 p. 11 €

22. Pedro Reyero. Chus Villarroel. 180 p. 10,50 €

23. Madre Esperanza Alhama Valera. Beata, testigo del Amor Misericordioso. G. Rossi, F. A. M. 108 p. 8 €

24. Edith Stein. Filosofa. Judía. Atea. Monja. Mártir. Santa. Jacinto Peraire. 168 p. 10,50 €.

26. San Gabriel de la Dolorosa. Biografía del copatrón de la juventud católica italiana. Pablo García Macho. 136 p. 9 €

27. Albino Luciani. Biografía del Papa Juan Pablo I, "el Papa de la sonrisa". Jesús Martí Ballester. 228 p. 11,50 €

28. El santo cura de Ars. El hombre que se hizo misericordia. Jorge López Teulón. 264 p. 11,50 €

30. Pablo VI en el corazón. Un papa-do que marcó un antes y un después en la historia de la Iglesia. 140 p. 9,00 €

31. Yo, Paula, apasionada por la palabra. Gloria Ladislao. 78 p. 9,50 €.

32. San Felipe Neri, el santo de la Alegría. Cristián Abel Lascurain. 144 p. 11 €

33. Las raíces de nuestra fe. Pablo Sierra. 248 p. 16€

34. Yo, María Magdalena, Discípula de Jesús. Gloria Ladislao. 70 p. 8€

35. Stos. Doctores de la Iglesia. José Luis Kaufmann. 190 p. 13€

Serie MAIOR:

1. San Pedro Nolasco. J. Millán. 352 p. 18 €

2. Martínez Izquierdo. Diputado, senador y primer obispo de Madrid-Alcalá (1830-1886). Francisco Rodríguez de Coro. 1008 p. 28 €

Serie MINOR:

1. San Giovanni Antonio Farina. Fundador de las Hermanas Maestras de Santa Dorotea Hijas de los Sagrados Corazones. F. Vaquerizo. 60 p. 4 €

2. Santa Bonifacia, una mujer tra-bajadora. Fundadora de las Siervas de San José. A. de Cáceres. 48 p. 3 €

3. Pura Sánchez Maqueda. A. Obra de Jesús. 140 p. 7 €

4. Confío. *Las huellas de santa Faustina Kowalska.* J. Rosikon. 328 p. 29 €

5. María del Pilar Cimadevilla "Pilina". Enfermera misionera. Alfonso López Quintás. 96 p. 6,50 €

Otras biografías clasificadas por orden alfabético: San, Santa, Santo, Beatas/os, Colectivos / Otros

San

San Antonio de Padua. *Vida, doctrina, devoción.* Luis Pérez. 170 p. 8,50 €

Damián de Molokai a través de sus cartas. O. Aparicio. 144 p. Color. 5 €

Florecillas de San Francisco de Asís. A. Nucifora. 256 p. 5,50 €

San Francisco de Sales y la Orden de la Visitación de María. *Una escuela de perfección cristiana.* P. Fernández. 222 p. 11 €

Ignacio de Loyola. *Tras el rastro de Jesús.* W. Hewet. 224 p. Guía y comple-mento de CD de igual título. 7,75 €

San Martín de Porres. La vida de "Fray Escoba" (10ª ed.). S. Velasco. 390 p. 7,75 €

San Pedro de Alcántara (1499-1999). B. Jiménez. 104 p. 3 €

El Padre Pío, la Madre Teresa. *Memorias de un colaborador médico de ambos.* F. di Raimondo. 214 p., fotos en color. 10,50 €

Padre Pío. A. Pandiscia. 192 p. 7,90 €

San Rafael Arnaiz Barón. *Vida y men-saje del Hermano Rafael* (2ª ed.). A. Mª Martín. 280 p. Cartoné. 14,50 €

San Raimundo de Peñafort. F. Valls. 246 p. 13,50 €

San Tarsicio (2ª ed.). *El mártir de la Eucaristía.* I. Domínguez. 108 p. 5,25 €

Santa

Santa Catalina de Siena. C. Miglioranza. 168 p. 6,50 €

Santa Juana de Arco. *La vida por la misión.* T. Resusta. 104 p. 7,25 €

Teresa de Jesús. J. Rouco. 250 p. 11,45 €. La santa a través de sus cartas.

Vida de la Madre Teresa de Jesús. *Fundadora de las Descalzas y Descalzos Carmelitas.* F. de la Ribera. 688 p. Cartoné. La primera y más completa vida de Santa Teresa. 21,30 €

Santa Catalina de Siena (Leyenda Maior) Beato Raimundo de Capua. 524 p.

Santo

Santo Domingo de Guzmán. Escritos de sus contemporáneos. Vito T. Gómez. (Ed.). 1198 p. 35 €

Santo Domingo y su Orden. H. Lacordaire. 218 p. (2ª ed.). La *Vida de Santo Domingo* y otros escritos del autor. 9 €

Historia de Santo Domingo. H. M. Vicaire. 974 p. La más prestigiosa biografía de Domingo de Guzmán. 25,50 €

Dones, carismas y frutos de Santo Domingo de Guzmán. 420 p. 18 €.
Santo Tomás de Aquino. *Biografía documentada de un hombre bueno, inteligente, verdaderamente grande.* R. Spiazzi. 418 p. Cartoné. 16,50 €
Santo Domingo: Misión cumplida. 800 años dando vida en abundancia. 382 p. 22 €
El carisma de Santo Domingo. 800 años después. 56 p. 5 €
Domingo de Guzmán. Entre el silencio y la palabra. 160 p. 12 €
Domingo de Caleruega. Las palabras del santo. 120 p. 12 €
Tomás de Aquino. *El Santo, el Maestro.* A. Lobato, J.A. M. Puche. 148 p. 3,75 €
Los modos de orar de Sto. Domingo de Guzmán. Félix Hernández Mariano. 46 p. 18€

Santos y Beatos
Evangelio de una santa. Teresa de Calcuta. P. Arribas. 220 p. 8,75 €
Madre Teresa de Calcuta. J. Córdova (dibujos). 32 p. Color. 1,50 €
A la sombra de la Madre Teresa. P. Jara, voluntario, testigo de las últimas semanas de M. Teresa. 288 p. 11,75 €
Pedro Jorge Frassati. *El joven cristiano ejemplo para hoy.* C. Casalegno. 500 p. 12,50 €
Autobiografía de Ana Catalina Emmerick. 160 p. 9,50 €

Colectivos
EL AÑO DOMINICANO. *514 santos y beatos de la Orden de Predicadores.* J.A. Martínez Puche (Director) 1.408 p. color, cartoné. 75 €.
Los frutos de la siembra de Madre Maravillas. *Catorce carmelitas ejemplares.* B. Jiménez. 116 p. 5,25 €

Otros
Ana de San Bartolomé. *Compañera inseparable de Teresa de Jesús.* B. Yuste. 106 p. 5,75 €
A la escucha del Cardenal Congar. Juan Bosch. 282 p. 11,45 €. Estudio de la vida y obra del teólogo dominico precursor del Vaticano II.
Eckhart, Tauler y Susón. *Vida y doctrina del Maestro y de sus dos mejores discípulos.* Brian Farrelly. 358 p. Los grandes místicos dominicos alemanes. 11,45 €
Amaneció de noche. *Despedida de Narciso*

Yépes (4ª ed.). M. Szumlakowska de Yepes. 294 p. Cartoné. Últimos años del músico. 17,50 €
Pilina. *La niña cristiana del siglo XX para los niños del siglo XXI.* T. Resusta. 138 p. 6,50 €
La voz que aún resuena. *Síntesis de la vida de José Luis Gago de Val.* J. A. Solórzano, Salus Mateos. 244 p. 18,00 €

Colección TESTIMONIO
Secretos. 15 mujeres se confiesan. J.J. Montes. C. López Schlichting. 144 p. 2ª ed. 10 €
Ángelo. *Testimonio de fe de un joven con cáncer.* D. Mondrone. 174 p. 7,50 €. Con prólogo del P. Mario Pezzi.
Sobre la marcha. *Un tetrapléjico que ama la vida* (3ª ed.). 11,50 €. **Luis de Moya.** 212 p.
El día que me encontré a Dios. *Testimonios de vida y conversión.* 12 €. J.J. Montes. 216 p.

MÁRTIRES
El martirio de Cristo y de los cristianos. J.Mª Iraburu. 156 p. 4,25 €
Mártires de ayer y de hoy. *Héroes del amor a Cristo.* O. y R. Mª López Melús. 320 p. Cartoné. 15,50 €
Mártires españolas (1934-1939) *Beatificaciones y canonizaciones.* J. López Teulón. 292 p. Cartoné. 15,90 €
El hábito y la cruz (2ª ed.). *Religiosas asesinadas en la Guerra Civil Española.* G. Rodríguez. 614 p. Cartoné. Datos de 296 mártires. 19,75 €
Mártires dominicos españoles. *92 mártires de la persecución religiosa de 1936.* J. A. M. Puche (Coord.). 296 p. 15,50 €
Mártires de Toledo. *Trece clérigos diocesanos, testigos de Cristo en la España de 1936.* J. L. Teulón. 442 p. Cartoné. 18,50 €
Mártires de Ciudad Real. *El obispo Narciso Estenaga y diez de sus diocesanos.* F. del Campo Real. 212 p. Cartoné. 13,50 €
Mártires franciscanos de Castilla (1936-1938). *73 testigos de Cristo para el siglo XXI.* M. Rincón. 260 p. Cartoné. 14,25 €
El arcipreste mártir de Talavera. *Vida, obra y martirio del beato Saturnino Ortega* (+ 1936). P. Arganda. 162 p. Cartoné. 12,50 €
Toledo 1936, ciudad mártir. *Persecución y martirio.* J. L Teulón. 310 p. Cartoné. 19,50 €

Mártires de Motril. *Y persecución religiosa en la archidiócesis de Granada (1931-1936).* T. Calvo. 536 p. Cartoné. 24,75 €

El mártir de cada día 1: *enero-junio.* J. L. Teulón. 964 p. Cartoné. Breve reseña biográfica para cada día del año de un mártir de la guerra española 1936-1939. 28,50 €

El mártir de cada día 2: *julio-diciembre.* J. L. Teulón. 942 p. Cartoné. 28,50 €

Bajo un manto de estrellas. Marco histórico y guion de la película del mismo título sobre el martirio de los dominicos de Almagro. J. A. M. Puche. 96 p. 5 €

Martirio en el corazón de la Mancha. Francisco del Campo Real. 208p. Cartoné. 14,75 €

Colección
EL CAMINO DE DAMASCO

Colección de grandes convertidos en la historia del cristianismo. Formato 13,50 x 20,50 cm. (Col. Completa: 7 libros). 65 €

San Pablo y convertidos de la Biblia (2ª ed.). J-R. Flecha. 270 p. 14 €

San Agustín y convertidos de la era patrística. R. del Olmo. 360 p. 13,75 €

San Francisco y convertidos de la Edad Media. L. Pérez. 176 p. 8 €

San Ignacio, Santa Teresa y convertido del siglo XVII. I. Iglesias, S. Ros. 218 p. 9 €

Cardenal Newman y convertidos de los siglos XVIII y XIX. P. Langa. 224 p. 9,25 €

Carlos de Foucauld y convertidos del siglo XX. J. L. Vázquez, J. Peraire. 296 p. 13 €

Edith Stein y convertidos de los siglos XX y XXI. J. Peraire, J. A. M. Puche. 420 p. 14,50 €

Colección
SANTOS, AMIGOS DE DIOS

Colección de libros biográficos de santos, beatos y otras personalidades cristianas. Formato 14 x 20 cm.

1. **San Pablo.** *Cuenta su vida. Expone su doctrina.* L.L. de las Heras, J. A. M. Puche. 172 p. 6,50 €

2. **San Judas Tadeo.** *El apóstol de la misericordia de Cristo.* J. L. Teulón. 288 p. 15 €

3. **Santa Mónica.** Cuenta su vida en 50 cartas a las madres y mujeres de hoy. 336 p. 16 €

4. **San Agustín.** R. del Olmo. 160 p. 6,50 €

5. **San Juan Crisóstomo.** J. Álvarez. 188 p. 7,20 €

6. **San Francisco de Asís.** L. Pérez. 230 p. 8,30 €

7. **San Ignacio de Loyola.** *Del Íñigo en busca de Dios al Ignacio compañero de Jesús.* Ignacio Iglesias, S. I. 190 p. 7,20 €

8. **Beato Carlos de Foucauld.** J. L. Vázquez. 120 p. 5,80 €

9. **Santa Rita de Casia.** *Esposa. Madre. Viuda. Religiosa.* J. Álvarez. 208 p. 8,20 €

10. **Jóvenes testigos de Cristo.** *Ejemplos de vida y fe en nuestro tiempo.* J. Mª Montiu, J. A. M. Puche. (Coords.) 358 p. 11,20 €

11. **San Juan Pablo II.** *Habla la historia. Habla el pueblo de Dios. Habla Benedicto XVI.* J. L. Teulón, J. A. M. Puche. 344 p. 11,20 €

12. **Madre María de la Purísima.** *La fuerza heroica del amor.* Teodoro León. 248 p. 8,70 €

13. **Beato Leopoldo de Alpandeire.** *El gemido de un pobre evangélico.* Alfonso Ramírez. 308 p. 9,50 €

14. **Saturnino López Novoa.** *Fundador de las Hermanitas de los Ancianos Desamparados.* Mons. J. J. Asenjo. 304 p. 9,50 €

15. **Beato Juan E. Newman.** *El Cardenal del Movimiento de Oxford.* Pedro Langa. 262 p. 9 €

16. **San Josemaría Escrivá de Balaguer.** M. Dolz. 400 p. 10,20 €

17. **Santa Rosa de Lima.** V. Forcada, 198 p. 13,00 €

18. **Frassati.** *Pedro Jorge: joven, deportista, un cristiano para nuestros días.* Aristónico Montero. 200 p. 5,90 €

19. **Manuel Díaz Martínez.** *Se inmoló por los sacerdotes (1918-1947). Vida y escritos.* E. Vera. 256 p. (2ª ed.). 12,50 €

20. **Santo Domingo de Guzmán.** *Fundador de los dominicos.* Chus Villarroel. 296 p. 9 €

21. **San José.** *Así pudo ser su vida.* F. Álvarez. 460 p. 19,50 €

22. **Madre Rosario Vilallonga Lacave.** *Fundadora de la Institución Benéfica del Sagrado Corazón. 1911-1991.* B. Medina, C. Hdez-Carrillo. 608 p. 19,50 €

23. **Fray Jesús de la Cruz.** *Franciscano. Vida oculta de un místico.* A. Muñoz. 432 p. 17,50 €

24. **San Juan de Ávila.** *Doctor de la Iglesia.* Jorge L. Teulón. 296 p. 8,80 €

25. **Los Santos Padres.** *Vida y obra de los Padres de la Iglesia.* J. Álvarez. 408 p. 12.30 €

26. **Beato Juan José Lataste.** *Fundador de las Dominicas de Betania, apóstoles de la mujer maginada.* E. Marie. 256 p. 10.50 €

27. **Santo Domingo de Guzmán.** *Vida, ejemplaridad y legado.* Vito T. Gómez. 352 p. 11,50 €

SAN JUAN DE ÁVILA

Vida del Padre Maestro Juan de Ávila. *Y las partes que ha de tener un predicador del evangelio.* Fray Luis de Granada. 174 p. 5,75 €

San Juan de Ávila. Tomo I. *Sacerdote y Maestro de espíritu. Pensamientos y sentencias.* San Juan de Ávila. 282 p. 12,75 €. A sacerdotes, religiosos y seglares.

San Juan de Ávila. Tomo II. *Sacerdote, Maestro del Pueblo de Dios. Pensamientos y sentencias.* San Juan de Ávila. 304 p. Año litúrgico. Espíritu Santo, Stmo. Sacramento. María. Santos. 13 €

También: Diccionario teológico-espiritual de san Juan de Ávila / San Juan de Ávila. Doctor de la Iglesia

SANTA MARAVILLAS DE JESÚS

Si Tú le dejas... *Vida de Santa Maravillas de Jesús* (5ª ed.). Carmelitas Descalzas 550 p. 13,25 €

Nuestra Dulcísima Madre. *La Virgen María en la vida y escritos de Santa Maravillas de Jesús* (2ª ed.). R. Mª López Melús. 326 p. 11,50 €

Vida mística de la Madre Maravillas de Jesús. *Su alma.* (2ª ed.). Baldomero Jiménez. 270 p. 11,50 €

Cartas de la Madre Maravillas. *Antología epistolar de Santa Maravillas de Jesús* (2ª ed.). 518 p. Cartoné. 18 €

Mis recuerdos de la Madre Maravillas. M. Dolores de Jesús. 316 p. Cartoné. 13,50 €

Maravillas de Jesús. *Una "maravilla" de naturaleza y gracia.* Mª C. López. 114 p. 4,75 €

Santa Maravillas. *Naturalidad en lo sobrenatural. Influjos configurantes en su fisonomía espiritual.* Alberto J. González Chaves. 652 p. Cartoné. 22,50 €

Madre Maravillas, una llama que arde y enciende. *Selección de artículos sobre la Santa. 1920 y 1974-2003.* Carmelitas Descalzas 296 p. 12,80 €

SANTA TERESA DE LISIEUX

Historia de un alma. Santa Teresita del Niño Jesús. Ed. Bolsillo: 334 p. 4 €

Historia póstuma de Santa Teresa de Lisieux. *Las páginas más bellas sobre su vida y doctrina.* V. Martínez-Blat. 366 p. Cientos de testimonios sobre la santa. 11,75 €

Santa Teresita, día a día. *Biografía íntima de Santa Teresita de Lisieux.* V. Martínez-Blat. 216 p. 9,50 €

Los padres de Santa Teresita. *Beatos Celia y Luis Martín.* A. y H. Quantin. 144 p. 7,50 €

Diccionario de espiritualidad de Santa Teresita. V. Mtez-Blat. 368 p. 11,50 €

BEATO MANUEL LOZANO GARRIDO "LOLO"

Las estrellas se ven de noche. *Diario Póstumo.* 332 p. 5,75 €

Dios habla todos los días. *Diario de un inválido.* (4ª ed.). 260 p. 5,75 €

El árbol desnudo. *Novela autobiográfica.* 264 p. 5,75 €

Las golondrinas nunca saben la hora. 282 p. 5,75 €

Cuentos en "La" sostenido. 180 p. 5,75 €

El sillón de ruedas (2ª ed.). 344 p. 5,75 €

Cartas con la señal de la cruz. *La utilidad... de lo inútil.* 284 p. 5,75 €

Mesa redonda con Dios (2ª ed.). 250 p. 5,75 €

Reportajes desde la cumbre (2ª ed.). 150 p. 5,75 €

Bien venido, amor. 178 p. Mil pensamientos. 1,85 €

La alegría vivida en el dolor. *Vida y virtudes de Manuel Lozano Garrido, inválido y ciego, periodista y escritor.* Rafael Higueras. 270 p. 5,75 €

Lolo, un cristiano. *Semblanza espiritual de Manuel Lozano Garrido.* P. Cámara. 172 p. 2,50 €

9. SACRAMENTOS. VIDA CONSAGRADA

LITURGIA. SACRAMENTOS

Introducción a la liturgia. P. Fernández. 314 p. 18 €

Celebrar, un reto apasionante. *Bases para una comprensión de la liturgia.* J. M. Bernal. 456 p. 23,50 €

Los sacramentos de la Iglesia a tu alcance. P. J. Lasanta. 182 p. 9 €

Las tres grandes catequesis bautismales. *Samaritana, ciego de nacimiento, resurrección de Lázaro.* A. Pardo. 92 p. 3,75 €

Celebrar desde el corazón. *Una invitación a saborear la liturgia.* Francisco J. Sáez de Maturana. 532 p. 21,95 €

Confirmamos la fe. *Un regalo para tu confirmación.* Víctor Manuel Fernández.

PENITENCIA

Arte de confesión. Ramón Llull. 94 p. 3,15 €

El sacramento de la penitencia. *Teología del pecado y del perdón.* P. Fernández. 352 p. 18,50 €

La alegría del perdón. *2000 años de doctrina sobre el Sacramento de la penitencia.* J. Atienza. 290 p. 11,45 €

EUCARISTÍA

La Eucaristía del Nuevo Testamento (2ª ed.). J. L. Espinel. 304 p. 15 €

Preparación para la celebración de la Santa Misa. R. Guardini. 144 p. 7,50 €

Eucaristía. Misterio, vida y fraternidad. *El "Obispo del Sagrario", testigo.* Mons. R. Palmero. 124 p. 5,50 €

Jesús en la Eucaristía. *¿Comprendéis lo que he hecho con vosotros?* A. J. González. 378 p. 12,50 €

De la Eucaristía a la Trinidad (2ª ed.). V. M. Bernadot, O.P. 230 p. 5,15 €

Dar la propia vida. *De la Eucaristía a la vida.* Mons. Pierre Claverie. 128 p. 6,40 €

El Misal de Pablo VI. *De "decir Misa" a "celebrar la Eucaristía".* AA.VV. 316 p. 11,45 €. Evaluación y propuestas por especialistas.

MATRIMONIO. FAMILIA

El amor humano. *Su sentido y su alcance.* A. López Quintás. 352 p. 12,50 €. Ética y amor.

No tienen vino. *Espiritualidad matrimonial y familiar.* Mons. F. Cerro. 70 p. 6,75 €

El matrimonio en Cristo. J. Mª Iraburu. 144 p. 4,25 €

Amor y vida. *Acerca del Matrimonio Cristiano.* F. García. 304 p. 11,45 €

Familia, vida y sociedad. *Textos sociales católicos.* M-J. Núñez. 346 p. 11,75 €

La familia cristiana. *Iglesia doméstica.* Atilano Aláiz, 346 p. 11,50 €

SACERDOCIO

1. Celibato por el Reino de Dios. *Formación y vivencia.* A-L. Crespo. 236 p. 13,75 €

2. Los sacerdotes en el corazón de san Juan Pablo II. S. Fernández. 382 p. 18 €

3. En cada Iglesia designaban presbíteros. *El clero diocesano secular: vocación, misión, espiritualidad.* A. Hiraldo. 470 p. 22,50 €

4. Discípulos y pastores. Seguir a Jesús en el camino. Antonio Hiraldo Velasco. 300 p. 19 €

El sacerdote en el pueblo de Dios. J-R. Flecha. 120 p. 8,75 €

Sacramento del Orden. *Estudio teológico. Vida y santidad del sacerdote ordenado.* P. Fernández. 276 p. 20 €

Hombres de Dios. *Tú puedes ser sacerdote.* J. Álvarez. 158 p. 6 €

Sugerencias sacerdotales. Baldomero Jiménez. 190 p. 603 pensamientos. 5,15 €

Sacerdotes para nuestro tiempo. *Juan Pablo II y Benedicto XVI hablan sobre el sacerdocio.* J. A. M. Puche. 382 p. 13,50 €

VIDA CONSAGRADA

La Vida consagrada a la luz del kerigma. Gerardo Sánchez. 192 p. 8 €

La Santa Regla. San Benito de Nursia 122 p. 4,75 €

La vida religiosa. *Exposición teológica jurídica.* José J. Fernandez Castaño. 181 10,50 €

Espiritualidad de la vida religiosa sus razones teológicas. P. Fernández 336 p. 16,75 €

Religiosos para la Nueva Evangelización *Religiosas y religiosos, testigos de Jesús.* Lasanta. 304 p. 11,45 €.

Proceso de maduración persona *Madurez humana y vida consagrada.* E. Ferreras. 278 p. 9,75 €

El seguimiento de Jesús en la vida consagrada. E. J. Ferreras. 272 p. 9,75

Pensando en Dios. *Experimentar a Dios pa ser sus testigos.* Chus Villarroel. 252 p. 8,75 €

10. MORAL. DERECHOS HUMANOS

MORAL. ÉTICA

Compendio de Teología Moral. *Moral católica para el siglo XXI.* G. Cappelluti. 200 p. 5,50 €

Moral de convicciones, moral de principios. *Una introducción a la ética desde las ciencias humanas.* E. Pérez-Delgado, O.P. 290 p. 15 €

Impacto de la religión en el pensamiento moral de los jóvenes. *El punto de vista psicológico y otros puntos de vista.* E. Pérez-Delgado, O.P. 252 p. 20 €

Síntesis de la moral católica. *Preguntas y respuestas.* Dominicos de Bolonia. 142 p. 4,50 €

Divorcio, aborto, natalidad y educación. *¿Cuatro batallas perdidas?* L. Riesgo. 290 p. 9 €

De la utopía a la política económica. *Para una ética de las políticas económicas.* J. A. Chaves. 280 p. 15 €

Tras la justicia. *Introducción a una filosofía política.* R. Larrañeta. 236 p. 12 €

La conciencia, a examen. I. Domíngue 208 p. Doctrina y pastoral. 6,50 €

Ética informática y ética e interne D. G. Johnson. 256 p. 21 €

El desafío ético de la información N. Blázquez. 354 p. 18,50 €

Ecología, *compromiso Cristiano.* Pedr Jesús Lasanta. 228 p. 15 €.

Covid-19 Dios e Iglesia: *Una lectur creyente de la pandemia.* Cardenal Felip Arizmendi. 240 p. 16 €.

DERECHOS HUMANOS

Teoría de los derechos humanos *Conocer para practicar.* A. Osuna. 254 p.14,50 €

Los derechos humanos. *Ámbitos desarrollo.* A. Osuna. 340 p. 19 €

Dignidad y aventura humana. A. Lobato. 274 p. 13,50 €

Nuestro arquetipo humano. *Trazos su razón soberana.* E. Chávarri. 282 p. 14

Francisco de Vitoria y su "Relecció sobre los Indios". *Los derechos de los hom bres y de los pueblos.* R. Hernández. 185 p. 9 €

11. PASTORAL. CATEQUESIS. NIÑOS

Colección BUEN PASTOR

Libros para la reflexión y la práctica pastoral dirigidos a los diversos agentes de pastoral. Formato 12x19 cm. Serie Materiales 17x24 cm

1. La nueva parroquia evangelizadora. *Renovación interior y creatividad pastoral.* J. Álvarez. 304 p. 12 €

2. El amor: un nombre, un rostro. *En camino con los jóvenes.* Giovanni Marini. 172 p. 10 €

3. ¿Nos casamos o nos vamos a vivir juntos? P. Mª Reyes. 112 p. 9 €.

4. El matrimonio, camino eucarístico. E. y D. Lemaître. 102 p. 9,25 €

5. Preguntas candentes sobre Dios. *Para encontrar y progresar en la fe.* Respuesta a 57 preguntas que recogen las inquietudes actuales sobre Dios, la fe y la vida cristiana. E.Pastore. 228 p. 2,50 €

6. Atreverse a vivir el amor. El reto de vivir de verdad el amor en pareja. G. Blaquière. 228 p. 12,50 €

7. Propuesta pastoral del Papa Francisco. *Desde la "Evangelii Gaudium".* Antonio Danoz. 136 p. 7,50 €

Serie MATERIALES

1. Catequesis familiares con el CIC. *35 temas para fortalecer la fe de los padres.* S. Fernández. 126 p. 7,50 €

Jóvenes felices, jóvenes con valores. R. Cuadrado. 256 p. 9 €

Colección BUEN SAMARITANO

Libros para ayudarse y ayudar a tener una vida feliz y de calidad. Comprenden la persona humana en su triple dimensión: corporal, psicológica y espiritual. Formato 12 x 18 cm.

1. Cuídate, quiérete, *Tú escribes tu historia.* C.F. Martín. 160 p. 12,50 €

2. Vivir la angustia de otra manera. *Aproximación médica, psicológica, espiritual.* L. Masquin. 106 p. 11,75 €

3. La mejor brújula para la vida. Casildo F. Martínez. 134 p. 12 €

4. Combatir los pensamientos negativos. J. Pralong. 130 p. 12 €

5. Para acabar con la culpabilidad. J. Pralong. 146 p. 12,80 €

6. Vencer tus miedos y afrontar el futuro. J. Pralong. 160 p. 12 €

7. Dime que me quieres. *36 formas de amar.* Ch. Prince. 80 p. 9 €

8. Cómo ser un buen padre. O. Belleil. 288 p. 14,50 €

Colección CAMINOS DE SANTIDAD

Libros de recopilación de materiales para facilitar el camino de la felicidad y caminar hacia Dios. Muy útiles para la catequesis, la predicación y la pastoral en todos los ambientes. Hnos. López Melús (Rafael y Justo). Formato 13,50 x 20,50 cm. 9 € cada libro.

Tomo I. *Decálogos que dirigen.* 396 p.
II. *Semillas que dan vida.* 366 p.
III. *Destellos que iluminan.* 336 p.
IV. *Bienaventuranzas que bendicen.* 336 p.
V. *Ejemplos que edifican.* 384 p.

Colección CICLO LITÚRGICO

Libros de utilidad pastoral en los tiempos litúrgicos. Formato 12 x 18 cm.

1. Adviento y Navidad con los Santos Padres. A. González. 104 p. 7 €

2. Cuaresma con los Santos Padres. A. González. 100 p. 7 €

3. Vivir el Adviento en el ciclo B. Una reflexión y oración para cada día al ritmo de las lecturas litúrgicas. Monjas Trinitarias de Suesa 120 p. 7 €

4. Vivir la Cuaresma en el ciclo B. M. T. de Suesa 106 p. 7 €

5. Festivos de Cuaresma a Pascua.
Ciclo B. Evangelio, Comentario. Oración.
Reflexión. S. Moranchel. 200 p. 8,75 €
6. El camino del Adviento.
A. Danoz. 180 p. 9,50 €
7. El camino de la Cuaresma.
A. Danoz. 176 p. 9,50 €

HOMILÍAS

Libros de homilías o textos que pueden ayudar a prepararlas.
1. Los cuentos de mis homilías.
Ciclos A, B, C. A. Illescas. 510 p. 4ª ed.
Un cuento para cada domingo del año como recurso para comenzar la homilía. 16 €
2. Reflexiones evangélicas para los días de diario 1. Leonardo García Martín. OFM. Una breve homilía para cada día de Adviento, Navidad, Cuaresma y Pascua. 282 p. 14,50 €
3. Reflexiones evangélicas para los días de diario 2.
Tiempo Ordinario 436 p. 16,75 €
4. Palabras de vida. Ciclos A, B, C.
J-R. Flecha. 688 p. 20,25 €
6. Dios con nosotros. Ciclo A.
J-R. Flecha. 292 p. 11 €
7. Hijo de Dios. Ciclo B.
J-R. Flecha. 316 p. 11 €
8. Despertar con Dios. Ciclo B.
Á. Galindo. 208 p. 11,45 €
9. Despertar con Dios. Ciclo C.
Á. Galindo. 236 p. 11,45 €
10. Homilías para exequias.
Gerardo Sánchez. 184 p. 7,75 €
11. Palabra de Vida. Evangelio y breve reflexión para meditar. Domingos del año. Ciclo A. Jesús Espeja. 176 p. 14 €.
12. Palabra de Vida. Evangelio y breve reflexión para meditar. Domingos del año. Ciclo B. Jesús Espeja. 184 p. 14 €.
13. Palabra de Vida. Evangelio y breve reflexión para meditar. Domingos del año. Ciclo C. Jesús Espeja. 186 p. 14 € La eternidad en lo efímero. Jesús Espeja. 164 p. 15€.
14. La eternidad en lo efímero.
Jesús Espeja. 164 p. 15€.

LIBROS PARA NIÑOS

Colección preparada por Mª E. Schindler y C Ramos 24 p. Color. Cartoné. 5 € cada una
El libro de los ositos para m
Primera Comunión.
El libro de los ositos para rezar
Oraciones para los más chiquitos.
El libro de los ositos. Mi angelito
de la guarda. *Descubro a mis amigos lo ángeles*
El libro de los ositos. Rezamos a
Mamá María. *Descubro a mi Madre del Ciel*
El libro de los ositos para apren
der las virtudes
María, mi mamá del cielo

Colección
HABLANDO CON MI PAPÁ DEL CIELO

Libros con forma de mano 13,5 x 16 cm., co oraciones elementales para los niños más peque ños. Cartoné. Color. 12 p. 6,50 € cada uno.
Oraciones diarias. Oraciones d
alabanza. Oraciones para las comi
das. Oraciones para dormir

VIDAS DE SANTOS en CÓMIC

Libros a todo color. 40 páginas. Format 22 x 28 cm. Con texto de Miguel Áng Requena y dibujo de Pilarín Bayés. 5,75 cada uno.
-**Santo Domingo de Guzmán. -Sa**
Vicente Ferrer. -El Santo de l
Escoba. San Martín de Porre
(3ª ed.). **Santa Gema. -El Buen pap**
Juan. *Beato Juan XXIII.* -**Josemarí**
Escrivá. *La santidad en la vida corrient*
(2ª ed.). Edición en castellano o catalár
-**El santo Hermano Rafael cuent**
su vida a los niños. C. Aspa
(Texto). M. Jiménez (Dibujos). 86 p
Bicolor. 6,50 €

JUEGOS

Tres juegos para la familia, catequesis y cla ses de religión.
YOBEL. *El juego del peregrino.* De 2 a 2
jugadores. Caja, tablero, fichas, dados
200 tarjetas con mil preguntas de cultu

religiosa sobre Biblia, Historia de la Iglesia, María, los santos y doctrina cristiana. 39 €.

ADELANTE! Juego de la Nueva Evangelización. Juego para la familia, catequesis y clases de religión con 330 preguntas. Caja, tablero, fichas, dados y seis barajas con nombres de santos para aprender cultura religiosa sobre la fe, sacramentos, vida de Cristo, oración, liturgia e historia sagrada. 39 €.

12. ORACIÓN. PIEDAD POPULAR

Colección TU ROSTRO BUSCARÉ

Colección de libros sobre la oración (Formatos 13 x 21 cm.) y de oraciones (Formato 12 x 18 cm.)

1. 33 días para consagrarse a Jesús por María. *Consagración personal. Consagración del mundo.* F. Breynaert. 132 p. 12 €
2. Oraciones sálmicas. 4 series de oraciones..F. Rafael de Pascual (Ed.) Monje Cisterciense. 226 p. 13,75 €
3. La Palabra en la vida diaria. *Saber orar cada día.* Guía de oración para todas las semanas y días del año a partir de la Biblia. T. Rodríguez. 72 p. 4,50 €
4. Orar con la Lectio Divina. *El beso de Dios a su pueblo creyente.* B. Olivera. 96 p. 6,50 €
5. Orar con santa Maravillas. Carmelitas Descalzas de la Aldehuela. 100 p. 2ª ed. 5 €
6. Buenos días, Ángel de mi Guarda. *Doctrina y devocionario angélico.* R. Mª López Melús. 136 p. 8 €
7. Oraciones y devociones. Oracional completo en español y latín. Principalmente para sacerdotes y para todos. J. Socías. 622 p. 16 €
8. Así oraba y nos propone orar santa Teresa. Los cuatro grados de oración de santa Teresa comentados y presentados para los fieles de hoy. J. M. Ballester. 252 p. 11,50 €
10. Reflexiono y rezo en mi enfermedad. Reflexiones y oraciones para cada día y Devocionario apropiado. R. Cuadrado, A. Glez. 164 p. 7,50 €
11. Ante ti, Señor. *Con mi vida en la oración eucarística.* Meditaciones y oraciones ante los momentos de oración ante el santísimo. V. Viguera. 272 p. 10,50 €

12. Orar con el Evangelio de Lucas. A. Danoz. 304 p. 10,75 €
13. Adoraciones eucarísticas 1. *Con las obras de misericordia espirituales.* PP. Sacramentinos. 108 p. 6,75 €
16. Adoraciones eucarísticas 2. Eucaristía, banquete de misericordia.100 p. 6,75 €
19. Adoraciones eucarísticas 3. *Para el tiempo de Adviento y Navidad.* PP. Sacramentinos. 90 p. 9,50 €
20. Rezar, orar, contemplar. Fr. Julián de Cos. 132 p. 12 €
21. Adoraciones eucarísticas 4. La alegría del amor en oración por la familia. 90 p. 10 €
22. Adoraciones eucarísticas 5. Con José hasta Jesús. 96 p. 11 €
23. Adoraciones eucarísticas 6. Para los tiempos de Cuaresma y Pascua. 92 p. 11 €
24. Adoraciones eucarísticas 7. Adviento y Navidad. 148 p. 11€

Y además
Orar con san Benito. P. Minteguía. 80 p. 5,50 €
Caminando en el tiempo. *Salmos para la vida.* F. Clemente. 102 p. (2ª ed.). 5,50 €
Nueva oración de los fieles (I y II). L. Caram. 18 X 27 cm. Tomo I: Festivos. 408 p. 21 €. Tomo II: Ferial. 544 p. 24 €.
Oraciones y vida cristiana (7ª ed.). J. A. M. Puche. 32 p. Oraciones comunes, sacramentos y minicatecismo. 0,75 €
Vida en plenitud. *Orar en la tercera edad.* M. Prieto. 286 p. 10,75 €
Al Dios desconocido. Oraciones al Espíritu Santo. R. de Andrés. 268 p. 9,50 €
Laudes y Vísperas. El Oficio Divino en un formulario para cada día entre semana y cuatro para los domingos. Libro + 4 CD: 29 €.

PIEDAD POPULAR

Materiales para las diversas manifestaciones de la piedad popular: celebraciones, viacrucis, meses especiales, novenas...

Celebraciones

Vivencias de Eucaristía. *10 celebraciones eucarísticas vivas fuera de la misa.* R. Cuadrado. 100 p. 3,50 €

Viacrucis

De la cruz a la luz. *20 viacrucis.* J-R. Flecha. 206 p. 8,75 €
Vía-Crucis Vía-Passionis. Cuatro viacrucis y meditación sobre el rostro de Cristo. P. Gª Macho. 72 p. 6 €
Vía Crucis nuevo. *El itinerario de la crucifixión.* Salvador Muñoz. 70 p. 4 €
Vía Crucis bíblico. *De la Palabra de Dios a la vida del hombre.* J. A. M. Puche. 74 p. 3,75 €. Libro + 1 CD. 9,50 €

Meses

Mes de mayo a María. R. Mª L. Melús. 120 p. 9 €
Un mes con la Madre de Jesús.

Conocer y amar a María. M-M. Breynaert. 16? p. 10 €.
Corazón vivo. *El Corazón de Cristo, fuente de vida.* Mons. Francisco Cerro, arzobispo de Toledo. 78 p. 30 reflexiones para el mes de junio. (2ª ed.). 5,50 €

Novenas

1. Novena a la Virgen del Carmen. R. Mª L. Melús. 60 p. 4 €
2. Novenas a san Josemaría Escrivá de Balaguer. E. Fernández. 88 p. 5 €
3. Novenas a santa Maravillas. Carmelitas Descalzas de la Aldehuela. 94 p. 5 €
4. Novena y oraciones a san Antonio de Padua. L. Pérez. 100 p. 7,50 €
5. Novenas a la Virgen del Rosario. R. Cuadrado. 96 p. 5 €
6. Novenas y devociones a la Divina Misericordia. A. González. 100 p. 7 €
7. Novenas y oraciones a san Juan Bosco. V. Viguera. 96 p. 6 €

Cuentos y fábulas. *Para los niños y niñas que asisten a las escuelas.* 132 cuentos y fábulas: el ser humano, los animales, la naturaleza y los objetos. A. Molina. 256 p. Color. 19,50 €
La voz que aún resuena. *José Luis Gago de Val. Biografía.* J. A. Solórzano y Salus Mateos. 244 p. 18 €

JOSÉ MARÍA PEMÁN

Colección de escritos originales del autor, obras religiosas y de temática general. Formato 14 x 21,50 cm. Colección preparada por J.A.Martínez Puche.

Los testigos de Jesús. Personajes y santos. 174 p. 9 €
A la luz del misterio. *Y otros escritos sobre Dios, la Iglesia, el hombre, la vida.* 374 p. 13,25 €
El "Séneca" y sus puntos de vista. Artículos de sabiduría popular. 192 p. 9 €.

Mis mejores artículos. 326 p. 13,25 €
De las letras y las artes. *El mundo de las letras. Escritores y artistas de ayer y de hoy.* 396 p. 15 €
Mis almuerzos con gente importante. 228 p. 10,50 €
Mis encuentros con Franco. 176 p. 9 €
El "Séneca" en televisión. 224 p. 10,50 €

Teatro selecto. *Cuando las Cortes de Cádiz, La casa, Edipo,* y cuatro obras más. 580 p. 18,75 €
Andalucía. 458 p. 17,45 €. *La eternamente vencedora, Barrio de Santa Cruz, Señorita del mar,* y otros temas andaluces.
Apuntes autobiográficos: 222 p. 10,50 €

JOSÉ LUIS MARTÍN DESCALZO

Antologías de textos publicados en diversos medios, principalmente en el programa de RTVE "Pueblo de Dios". Textos recopilados y ordenados por J.A. Martínez Puche.

María de Nazaret 160 p. Sobre la Virgen. 10 €

Yo amo a la Iglesia (2ª ed.). 290 p. Sobre la Iglesia. 11,75 €

Para mí la vida es Cristo. *El sacerdote habla a sus hermanos.* (3ª ed.) 300 p. 11,75 €. Sobre la vida cristiana.

Relatos de un cura joven 1. *Al filo de la Palabra.* 196 p. 9 €. Antología de folletos de tema bíblico.

Relatos de un cura joven, 2. *Cristianos para nuestro tiempo.* 204 p. Antología de folletos sobre la vida cristiana. 9 €

ARTE

En teoría, es arte. *Una introducción a la estética.* S. J. Castro. 276 p. 16 €

Guía de las Cartujas de España. L. Doeijo. 248 p. con ilustraciones. 11x21 cm. 8,50 €

Los santos y los patronos. Cómo reconocerlos en el arte y en las imágenes populares. Fernando y Gioia Lanzi. 264 p. Cartoné. Color. 300 ilustraciones. Formato: 22x27,5 cm. 25 €.

JOSÉ A. MÁRTINEZ PUCHE (DIRECTOR)

EL AÑO DOMINICANO, de José A. Martínez Puche (Director). 514 SANTOS y beatos de la Orden de Predicadores. 1.408 págs. todo color, cartoné. 75 €.

14. AUDIOLIBROS. TEXTOS SONORIZADOS

LOS SANTOS Y SUS ESCRITOS
(Extractos selectos de Teresa Uriburu y J.A.M. Puche.)

Libro de la Vida. Santa Teresa. 104 p. + 2 CD. 16 €

Para Vos nací. Santa Teresa. Poesías y Exclamaciones. 72 p. + 2 CD. 16 €

Camino de perfección. Santa Teresa. 120 p. 2 CD. 16 €

Confesiones. San Agustín. Libro: 135 p. 3,50 €. Libro + 2 CD: 16 €

Cántico espiritual. San Juan de la Cruz. Libro: 228 p. 5,50 €. Libro + 4 CD: 29 €

Diario del alma. Juan XXIII. Libro: 82 p. 2,75 € Libro + 1 CD: 9 €

Historia de un alma. Santa Teresita del Niño Jesús. Libro 140 p.+ 2 CD. 16 €

Vida de Cristo. Fray Luis de Granada. Libro: 106 p. 2,75 € Libro + 2 CD: 16 €

Hermano Rafael. *Escritos selectos.* Rafael Arnáiz. Libro: 160 p. 3,75 € Libro + 2 CD: 16 €

San Rafael. Monje trapense. Rafael Arnaiz. 12 CD. 35 €

Santa Margarita María y el Corazón de Dios. Santa Margarita Mª Alacoque. Vida y mensaje. Libro: 78 p. 2,75 €. Libro + 2 CD: 16 €

San Pablo cuenta su vida. L. L. de las Heras. Libro: 156 p. 5 € Libro + 2 CD: 16 €

Santa Maravillas de Jesús. Vida y mensaje. J. Onrubia. Libro: 72 p. 2,50 € Libro + 1 CD: 9 €

San Francisco de Sales. M. Salesas. Semblanza biográfica. Libro: 76 p. 1,75 €. Libro + 1 CD: 9 €

Santa Teresa (de Jesús). Pancracio Celdrán. Biografía dramatizada. Libro: 60 p. 1,75 €. Libro + 1 CD: 9 €

Santa Juana Jugan. P. Milcent.
Libro + 2 CD: 16 €.
Fátima. *Historia. Secreto. Mensaje.* Hna.
Lucía. Libro: 90 p. 3,50 €.
Historia de una escoba (*san Martín de
Porres***).** A. Sánchez. Libro: 64 p. 3,70 €.
Libro + 1 CD: 9 €

LITERATURA
(Extractos selectos)

**El ingenioso hidalgo Don Quijote
de la Mancha.** M. de Cervantes. Libro +
4 CD: 29 €
Cantar de Mío Cid. Anónimo. Libro +
1 CD: 9 €
Lazarillo de Tormes. Anónimo. Libro
+ CD: 9 €
La vida es sueño. P. Calderón de la
Barca. Libro + 1 CD:9 €
Fuenteovejuna. F. Lope de Vega. Libro
+ 1 CD:9 €
El divino impaciente. J. M. Pemán.
Libro + 2 CD: 16 €
**Joyas de la palabra I y II. Antología
de poemas espirituales.** AA.VV.
2 CD: 12,50 € cada uno.

HISTORIA. SEMBLANZAS

Isabel la Católica. T. Uriburu. Libro +
1 CD: 9 € Libro, 68 p. 1.75 €

CHARLAS. DRAMATIZACIONES

No os pido más que le miréis.
*Jesucristo a través de los ojos de santa Teresa
de Jesús.* M. Olga Mª del Redentor.72 p. 2 CD
(67+68 min.).16 €
**Darnos del todo al Todo sin hacer-
nos partes.** *Santa Teresa de Jesús y la vida
consagrada.* M. Olga Mª del Redentor. 272 p.
1 DVD-MP3 (12 horas)17,50 €
Hacia la Luz, el Amor y la Vida.
Reflexiones para Cuaresma y Pascua. M. Olga
Mª del Redentor. 258 p. 1 DVD-MP3 (12
horas)17,50 €
Mi Cristo roto. Ramón Cué. Libro + 2
CD: 16 €
Ojos que vieron a Cristo. Ramón
Cué. Nueve charlas sobre personajes del
Evangelio. Libro + 2 CD: 12 €

Yo creo en la alegría. Ramón Cué.
Ocho charlas de vida cristiana. Libro + 1
CD: 9 €
Buscando su rostro. *Memorial de una
vida.* Ignacio Larrañaga. 15 horas de refle-
xiones espirituales. 14 CD: 68 €
Diálogos de Pasión. J.L. Martín Descalzo.
Jesús habla con los diversos personajes de sus
últimos momentos. Libro + 1 CD: 9 €
Amigos de Dios. J. Escrivá de Balaguer. 18
homilías. Libro (460 p.) + 9 CD: 49,50 €
Juan Pablo II, a los cristianos.
Mensajes en español a la familia, jóvenes,
sacerdotes y religiosos. 2 CD: 12,50 €

NUEVO AÑO CRISTIANO
12 TOMOS, 12 MESES (5.ª ed.)
SANTORAL (santos, beatos, venerables, siervos de Dios),
AÑO LITÚRGICO (tiempos y fiestas), JORNADAS ECLESIALES

Obra dirigida por
José A. Martínez Puche, O.P.,
con un amplio equipo de
especialistas. ¡Imprescindible!
«Es una joya, muy completo,
verdaderamente admirable...,
una verdadera enciclopedia
de la santidad cristiana.
Muy hermosa presentación»
(† Alberto Iniesta).

Adquiera los mejores libros publicados
en 2001 para el siglo XXI.
¡GRAN OFERTA! Los 12 libros en
rústica: 179 € (No 223,40).
En cartoné: 198 € (No 247,40).

15. MÚSICA. CDs. Partituras. Cancioneros

POLIFÓNICA. PROCESIONAL

Santo entierro magno. Sevilla. 2 CD + DVD + Fotos: 23 €

PADRE. HIJO. ESPÍRITU SANTO

Al Dios de mi alabanza. A. Gutiérrez. CD: 12,50 €. Partituras: 28 p. 3,50 €
Dios, Padre bueno. V. Muñoz. CD: 12,50 €. Partituras: 28 p. 3,50 €
En el nombre del Padre. *Nuevos espirituales.* E. Bastida. CD: 12,50 €. Partituras: 28 p. 3,50 €.
Manos de Dios. A. de Armas. CD: 12,50 €
Alabanza de gloria. V. Borragán CD: 12,50 €. Partituras: 32 p. 3,50 €
Ven, Señor Jesús. V. Borragán. CD: 12,50 €. Partituras: 36 p. 3,50 €. Cantos a Jesucristo: súplica y esperanza.
Hijo del Hombre. Abelardo de Armas. CD: 12,50 €
La otra mejilla. CD: 12,50 €. Seminaristas de Getafe.
Seguir a Cristo. J. Sagüés (música), santa Genoveva Torres (letra). 2 CD: 21 €. Partituras: 52 p 3,50 €
Espíritu Santo ¡ven! V. Borragán. CD: 12,50 €. Partituras: 30 p. 3,50 €

EUCARISTÍA

Al partir el Pan. *Cantos de Eucaristía.* A. Gutiérrez. CD: 12,50 €. Partituras: 20 p. 3,50 €
Misa del tercer milenio. A. Gutiérrez. CD: 12,50 €. Partituras: 28 p. 3,50 €
Vendremos a él. *Canciones de Trinidad y Eucaristía.* J. M. Glez. Durán. CD: 12,50 €. Partituras: 36 p. 3,50 €
Panis vivus. *Cantata a la Ascensión. Triudios eucarísticos.* L. Iruarrízaga. Escolanía del Valle de los Caídos. CD: 12,50 €.
Venimos a tu mesa. M. Carchenilla. Canciones e instrumental. CD: 12,50 €. Partituras: 28 p. 3,50 €.

NAVIDAD

Gran orquesta de Navidad. Paul Mauriat. CD: 12,50 €.

A la lumbre del Portal II. Grupo Tahona. Villancicos. CD: 12,50 €.
En el Portal de Belén. 16 villancicos populares. CD: 6 €.
Los villancicos del Padre Soler (1729-1783). CD: 12,50 €.
Canciones de Navidad. Escolanía del Valle de los Caídos. 24 villancicos. CD: 12,50 €.
Navidad musical. *Misa de Pastorela. Villancicos populares (Molina de Segura).* CD: 12,50 €.
Oratorio de Navidad. F. Palazón. Cuatro piezas sinfónicas y un Oratorio. 12,50 €
Villancicos espirituales. F. Palazón, J. L. Martín Descalzo (Letra). 9 Villancicos y un himno a San Juan de la Cruz. 12,50 €.
Villancicos por rumbas 1, 2 y 3. Coros rocieros. Cada uno 2 CD: 16 €

MARÍA

Salve, Madre. *Cantos marianos populares y polifónicos.* CD: 12,50 €. Partituras: 34 p, 3,50 €.
Ofrenda musical a María. Coral "Tomás Luis de Vitoria". Salve Marinera, Salve cartagenera, cantigas, himnos marianos. CD: 12,50 €
María Madre del 2000. *Canciones nuevas a Santa María.* A. Gutiérrez. CD: 12,50 €. Partituras: 24 p. 3,50 €.
Flor escondida. A. de Armas. CD: 12,50 €. Cantos a la Virgen.
Salve rociera. Antología. 2 CD: 21 €.
Al Rocío. Antología. 2 CD: 21 €.

FE Y VIDA

Cantos para el siglo nuevo. V. Muñoz. CD: 12,50 €. Partituras: 32 p. 3,50 €
Dominicos. *Ochocientos años (1216-2016).* V. Muñoz. CD: 12,50 €. Partituras: 26 p. 3,50 €
Ama. Es posible el amor. A. Di Mario, P. Tombolato. 12,50 €
Contagiando fe. T. Titos. Cantos juveniles. 12,50 €

Rosa del mundo. Teresa de Calcuta y su mensaje. R. Cabado. Canto a Madre Teresa. Canciones. 12,50 €

Palabras sagradas de Pablo Apóstol. Frei L. Turra. Canciones "estilo Taizé" con textos de san Pablo. 12,50 €

Ignacio de Loyola. *Tras el rastro de Jesús.* W. Hewett. Oratorio musical para coro, solista, orquesta, órgano y narrador. CD: 12,50 €. Partituras: 48 p. 3,50 €

Vamos a Javier. *Javierada musical.* J. Sagüés. Himnos y cantos a san Francisco Javier. CD: 12,50 €. Partituras y catequesis: 28 p. 4,50 €

Camino de Santiago. *Canciones para la marcha y el encuentro.* J.M. G. Durán y Recoletos. Partituras y catequesis: 54 p. 3,50 €

LA MÚSICA DE JUAN ANTONIO ESPINOSA

Las canciones de la asamblea. 49 canciones. 2 CD. 21 €. Partituras 83 canciones: 276 p. 11,75 €. 2 CD (instrumental) 21 €

Al Señor del nuevo siglo. CD: 12,50 €. Partituras: 36 p. 3,50 €

A los que ama el Señor. CD: 12,50 €. Partituras: 52 p. 3,50 €

Eres uno de los nuestros. CD: 12,50 €. Partituras: 36 p. 3,50 €

Cantares de libertad. La tierra grita. Cantares con ojos abiertos. Hombres sin tierra. 2 CD: 21 €

Testigos de Jesús. 41 canciones. 2 CD: 21 €. Partituras: 140 p. 9,50 €

El Senyor es la meva força. CD: 12,50 €

Colección CANCIONES DEL PADRE JOSICO

Nº 1. **Por la Cuaresma a la Pascua / De Ramos a Pascua.** CD: 21 €. Partituras: 64 p. 6,40 €

Nº 2. **Nuevas Cantigas a María / Gracias, María.** CD: 21 €. Partituras: 84 p. 7,25 €

Nº 3. **Celebramos tus fiestas, Señor / Los niños cantan a Dios.** CD: 21 €. Partituras: 68 p. 6,40 €

Nº 4. **Mensajero de tu paz / En tus manos, Señor.** CD. 21 €. Partituras: 52 p. 5,50 €

CANCIONEROS

Himnos de la Liturgia de las Horas. Mª C. Villar. 288 p. Cancionero con partituras: 12,50 €.

Maravillas, nombre y vida. *Himnos y canciones a Santa Maravillas de Jesús.* AA.VV. 222 p. 43 Partituras. 7,75 €

Mira a Jesucristo (4ª ed.). *Himnos, cantos y elementos comunes de las celebraciones.* R. Mª Riera. 200 p. 85 Partituras 6,25 €

16. PELÍCULAS Y DOCUMENTALES en DVD

La Biblia. Personajes y episodios (13 DVD). Episodios de 50 min. en dibujos animados. 1. El jardín del Edén. 2. José y la túnica sagrada. 3. La historia de Moisés. 4. Josué y la batalla de Jericó. 5. Sansón y Dalila. 6. Sodoma y Gomorra. 7. Daniel y la guarida del león. 8. David y Goliat. 9. Jonás y la ballena. 10. La Natividad. 11. Los milagros de Jesús. 12. Los Apóstoles. 13. La Pasión. 64,50 €

Historias de la Biblia. *Los grandes acontecimientos del Antiguo Testamento.* 5 DVD. 26 capítulos de 30 min. Dibujos animados. 39,50 €.

Los misterios de la Biblia. 150 min. Reportaje de Discovery Channel que intenta una explicación de algunos temas bíblicos. DVD 1 (El Éxodo. Los evangelios perdidos) DVD 2 (Sodoma y Gomorra). 21 €.

Los Diez Mandamientos. 222 min. Dir.: C.B. de Mille. Int.: Ch. Heston, Y. Brynner. 16 €.

El Principio. 189 min. Dir.: Kevin Connor. Int.: Martin Landau, Jaqueline Bisset. Recreación histórica de los relatos bíblicos desde Abraham a Moisés. 16 €.

Sansón y Dalila. 12 €. 95 min. Dir.: L. Philips.

El rey de Israel (Moisés). 135 min. Dir.: G. de Bosio. Int.: B. Lancaster. 12 €.

NUEVO TESTAMENTO. JESUCRISTO

Reportajes

Jesús. La verdadera historia. 180 min. Discovery Channel presenta a Jesús desde diversos enfoques. 2 DVD: 21 €.

El Sudario de Cristo. 12 €. 55 min.

La Sábana Santa. *La evidencia científica de la Pasión.* 45 min. Dir.: D. Rolfe. 12 €

El Santo Grial. *Leyenda y realidad del Cáliz de la Última Cena.* 40 min. 12 €

Los Reyes Magos. *¿Leyenda o realidad?* 40 min. Reportaje sobre todo lo relacionado con los personajes. 12 €

Los 40 días ignorados de Jesús. 88 min. Documental. 16 €

Películas sobre Jesucristo

Rey de reyes. 154 min. 16 €. Dir.: N. Ray.

Quo Vadis. 170 min. 16 €. Dir.: M. LeRoy.

La túnica sagrada. 135 min. 16 €. Dir.: H. Koster.

Jesús de Nazaret. 400 min. 2 DVD: 21 €. Dir.: F. Zeffirelli.

Un niño llamado Jesús. 110 min. 16 €. Dir.: F. Rossi

Los años perdidos de Jesús. 60 min. 12 €. Dir.: T. Jennings. La vida de Jesús entre los 12 y 30 años.

Películas sobre personajes del NT

Tomás. 96 min. 12 €. Dir.: R. Mertes. El apóstol incrédulo.

Judas. 91 min. 12 €. Dir.: R. Mertes. El apóstol traidor.

El beso de Judas. 90 min. 12 €. Dir.: R. Gil.

María Magdalena. 98 min. 12 €. Dir.: R. Mertes.

Otras películas relacionadas

Cuentos para Navidad. 260 min. 2 DVD: 19 €. Dir.: Burbank. Animación.

Mi Cristo roto. 83 min. 12 €. R. Cué

MARÍA

Reportajes

De Fátima a Medjugorje. 60 min. 12 €.
Dir.: G. Frascarolo. Documental.

El Rocío es compartir. 55 min. 16 €.
Dir.: F. Campos. Documental sobre la
popular y tradicional romería.

Películas

La Señora de Fátima. 90 min. 12 €.
Dir.: R. Gil.

Aquella joven de blanco (Lourdes).
95 min. 12 €. Dir.: L. Klimovsky.

La Virgen de Guadalupe. 82 min. 12
€. Dir.: A. Salazar.

María de Nazaret (Serie Tv). 205 min.
2 DVD 21 €

SANTOS Y BEATOS

Fray Escoba. 98 min. 16 €. Dir.: R. Torrado.
Vida de san Martín de Porres.

San Agustín. 199 min. 16 €. Dir.: Ch.
Duguay.

Francesco. *San Francisco de Asís.* 127 min.
16 €. Dir.: M. Soavi.

**San Ignacio de Loyola (El capitán
Loyola).** 100 min. 16 €. Dir.: J. Díaz.

Isidro el Labrador. 100 min. 16 €.
Dir.: R.l J. Salvia.

Juana de Arco. 145 min. 16 €. Dir.: V.
Fleming.

**El cielo sobre el pantano (Santa
María Goretti).** 105 min. 16 €. Dir.: A.
Genina.

Maximilian Kolbe. 91 min. 16 €. Dir.:
K. Zanussi.

Padre Pío. 206 min. 16 €. Dir.: C. Carlei.

Rosa de Lima. 97 min. 16 €. Dir.: J. Mª
Elorrieta

Thérèse. 94 min. 16 €. Dir.: A. Cavalier

Becket. 107 min. 16 €. Dir.: P. Glenville

**Un hombre para la eternidad
(Tomás Moro).** 115 min. 16 €. Dir.: F.
Zinnemann.

**Monsieur Vincent (San Vicente de
Paúl).** 111 min. 16 €. Dir: M. Cloche.

Teresa de Calcuta. 111 min. 16 €. Dir.
F. Costa.

San Pedro Claver. *Esclavo de los esclavos.* 24 min. 9 €. Dir.: C. Portabella.
Documental

**Scoto, el defensor de la Inmaculada
(Beato Duns Scoto).** 95 min. 19 €. Dir.
F. Muraca.

Francisco, juglar de Dios. 83 min.
Dir.: R. Rossellini. 19 €

Santa Bárbara. 115 min. Dir.: C. Elia. 19 €

María Goretti. 95 min. 19 €. Dir.: G. Base.

Bajo un manto de estrellas. 88 min.
16 €. Dir.: Óscar Parra. Vida, persecución
y martirio de los dominicos de Almagro.

Colección HÉROES DE LA FE

*Colección de relatos de vidas de santos pen-
sadas para presentar los santos a los niños de
hoy. Películas realizadas en dibujos animados de gran calidad. Producidas por Mondo
TV Group.* 12 € *cada título*

El Padre Karol, Juan Pablo II. 90 min.

San Josemaría Escrivá de B. *Infancia
y juventud.* 65 min.

Madre Teresa de Calcuta. 90 min.

San Antonio de Padua. *Doctor de la
Iglesia.* 90 min.

Padre Pío. 92 min.

Santa Catalina de Siena. *Maestra de
oración.* 30 min.

Santa Juana de Arco. 100 min.

Santas Perpetua y Felicidad. 30 min.

TESTIMONIOS Y VALORES

El credo. La fe de la Iglesia. 75 min. 9 €. 15 vídeos de 5 minutos para explicar el credo y la fe de la Iglesia.

Érase una fe. 84 min. 19 €. Documental. Dir.: P. Barnérias. Los cristianos olvidados y perseguidos.

El camino de la vida. 172 min. 16 €. Dir.: B. Riveiro. El Camino de Santiago.

Alexia. 70 min. 16 €. Dir.: P. Delgado. Vida de Alexia González-Barros, adolescente en proceso de beatificación por su forma ejemplar de afrontar la enfermedad.

Cartas a Dios. 155 min. 16 €. Dir.: E.Emmanuel. Un niño habla a Dios en su enfermedad.

Intocable. 108 min. 19 €. Dir.: E. Toledano. Comedia basada en hechos reales. Un aristócrata tetrapléjico recupera las ganas de vivir animado por su joven cuidador.

Bella. 115 min. 16 €. Dir.: A. Gómez. El aborto y la adopción.

PAPAS

Las sandalias del pescador. 155 min. 16 €. Dir. M. Anderson

Juan XXIII, *el Papa de la paz.* 180 min. 16 €. Dir.: G. Capitani.

Juan Pablo II. En España y en el mundo. 98 min. 12 €. Reportaje

Carol / I. *El hombre que se convirtió en Papa.* 87 min. 16 €. Dir.: G. Battiato. Vida de Juan Pablo II.

Carol / II. *El Papa, el hombre.* 183 min. 16 €. Segunda parte. Dir: G. Battiato.

Juan Pablo II, el amigo de toda la humanidad. 60 min. 9 €. Dir.: J. L. López-Guardia. Biografía en dibujos animados y documental temático doctrinal de sus viajes.

Benedicto XVI, el Papa alemán. 50 min. 9 €. Dir.: C. Singer. Documental biográfico hasta ser elegido Papa.

SACERDOTES

Diario de un cura rural. 120 min. 16 €. Dir.: R. Bresson. Basada en la novela de G. Bernanos.

Balarrasa. 90 min. 16 €. Dir.: J. A. Nieves Conde.

Elefante blanco. 103 min. 19 €. Dir.: P. Trapero. Dos sacerdotes en una barriada de Buenos Aires.

La última cima. 80 min. 16 €. Dir.: J. Ml. Cotelo. Documental sobre la vida del sacerdote Pablo Domínguez.

Las campanas de Santa María. 125 min. 12 €. Dir.: L. McCarey. El P. O'Malley en un barrio de Nueva York.

La guerra de Dios. 96 min. 16 €. Dir.: R. Gil. Un sacerdote lucha por los derechos de los trabajadores.

El noveno día. 98 min. 16 €. Dir.: V. Schlöndorff. El P. Kremer se negó a aceptar las leyes racistas nazis.

El Padrecito. 128 min. 19 €.. Dir.: M. M. Delgado. Int.: Cantinflas.

La mies es mucha. 142 min. : 15 € Dir.: J.L. Sáenz de Heredia. Int.: Fernando Fernán Gómez.

Forja de hombres-La ciudad de los muchachos. 90 y 102 min. : 16 € Dir.: N. Taurog. Int.: S. Tracy, M. Rooney.

RELIGIOSOS

Diálogo de carmelitas. 107 min. 16 €. Dir.: Ph. Agostini. Vida y martirio de 16 monjas en 1794.
El gran silencio. 164 min. 16 €. Dir.: Ph. Gröning. La vida cotidiana en un monasterio cartujo.
La Misión. 120 min. 16 €. Dir.: R. Joffé.
Marcelino Pan y Vino. 87 min. 16 €. Dir.: L. Vajda.

RELIGIOSAS

Un día perdido. 82 min. 19 €. Dir.: J. Mª Forqué. Tres monjas y un taxista tratan de localizar a los padres de un niño por Madrid.
Canción de cuna. 93 min. 15 €. Dir.: J. Mª Elorrieta. Historia de una niña y su adopción en un convento de monjas en el siglo XIX.
Narciso negro. 96 min. 15 €. Dir.: M. Powell. Unas monjas anglicanas viven el choque de dos culturas.
Bendito paladar. 9 horas, 56 min. 4 DVD. 30 €. 22 programas de TVE sobre cocina de tres monjas.
Sister Act 1. Una monja de cuidado. 96 min. 16 €. Dir. E. Ardolino. Int.: Whoopi Goldberg.
Sister Act 2. De vuelta al convento. 107 min. 16 €. Dir. B. Duke. Int.: Whoopi Goldberg.

EDUCACIÓN

Profesor Lazhar. 91 min. 19 €. Dir.: Ph. Falardeau. Un maestro de primaria de origen argelino entra en contacto con un grupo de adolescentes de Montreal obsesionados por el misterio de la muerte.
Solo es el principio. 98 min. 19 €. Dir.: J. Pierre Barougier. Idioma: Francés con subtítulos en español. Una lección de humanidad, calidez, educación, tolerancia y sentido común. El despertar del pensamiento crítico.

También están disponibles hasta agotar stock, a 16 € cada una:
- El club de los poetas muertos.
- El pequeño salvaje.
- Los cuatrocientos golpes.
- Rebelión en las aulas

HISTORIA

El Cid. 172 min. 16 €. Dir.: A. Mann
La caída del Imperio Romano. 173 min. 16 €. Dir.: A. Mann.
Constantino el Grande. 127 min. 16 € Dir.: L. de Felice
Jerusalén. La creación de una ciudad santa. 173 min. 16 €. Documental de la BBC
Las Cruzadas. Una guerra de 200 años. 150 min. 16 €. Dir.: Documental de la BBC

LOS CUENTOS DE LOS HERMANOS GRIMM

Cuentos inmortales de los Hermanos Grimm en dibujos animados de gran calidad. Una producción de Greenlight Media Film. Duración aproximada de cada cuento 30 min., una hora cada DVD. PVP a cada DVD 7 €

Blancanieves / Rumpelstiltskin
La bella durmiente / Los dos hermanos
Cenicienta / Las dos princesas
Pulgarcito / Los músicos de Bremen
Hansel y Gretel / Rapunzel
Juan sin miedo / El rey rana
El rey pico de loro / El maestro ladrón
Los tres pelos de oro del diablo / Los seis criados
Mesita Ponte / Juan el fiel
La luz azul / Los seis cisnes
La doncella de los gansos / Bola de cristal